Liebster Sohn!

Nachdem ich Sie habe Ihnen zu schreiben, bemerke ich mit vieler Vergnügen daß Sie glücklich nach Schönbrunn zurückgekommen sind und daß Ihnen Gesundheit ohngeachtet der schlechten Witterung nicht gelitten hat. Ich bitte täglich zu Gott daß Sie lange und vieler Jahren, so wohl mir und zufrieden bleiben möchten, zum besten aller jenner welche Sie so zärtlich und ehrfurchts voll als ich lieben. Auch die jammervollsten Zeitung habe ich durch dem Tod des Kaisers Napoleon ...

[...]

Liebster Sohn!

Sala den 30ten Juli 1821.

Ihr gehorsamster
treuer Sohn

Irmgard Schiel
Marie Louise

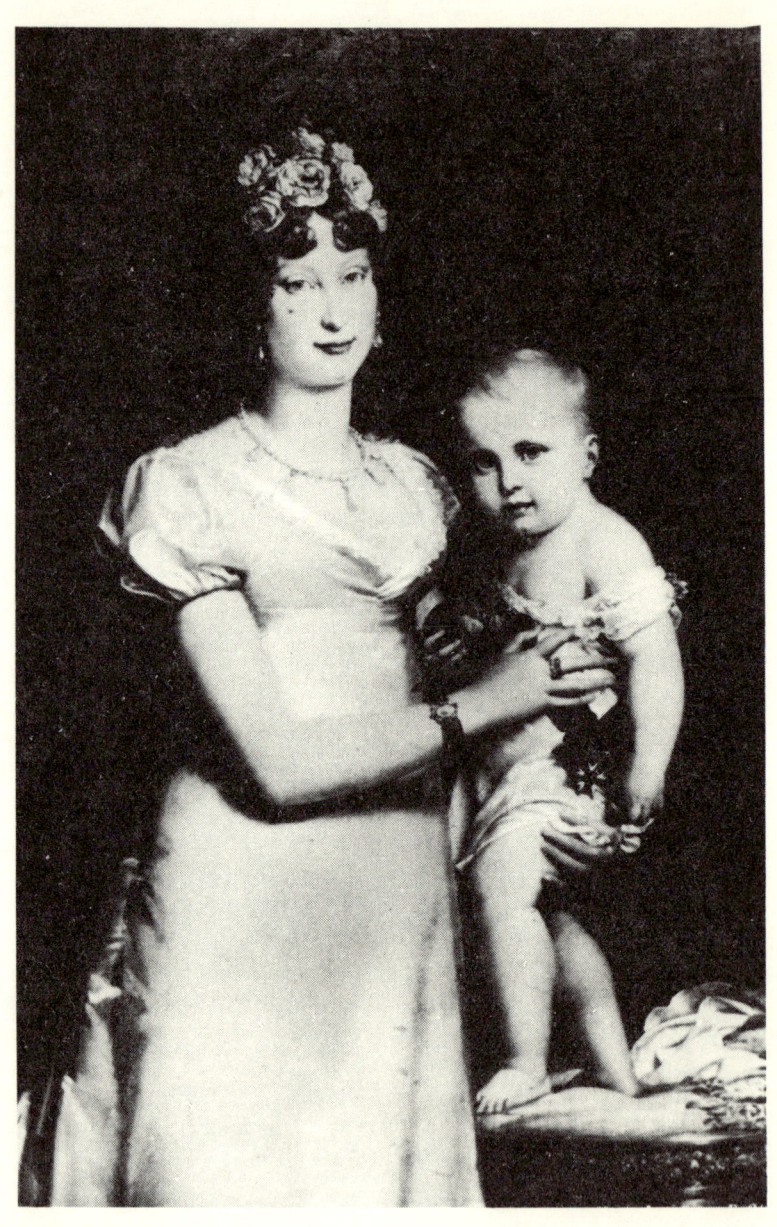

Marie Louise mit dem König von Rom
Gemälde von François Gérard

Irmgard Schiel

Marie Louise

Eine Habsburgerin
für Napoleon

Deutsche Verlags-Anstalt

CIP-Kurztitelaufnahme der Deutschen Bibliothek

Schiel, Irmgard:
Marie Louise: e. Habsburgerin für Napoleon/
Irmgard Schiel. –
Stuttgart: Deutsche Verlags-Anstalt, 1983
ISBN 3 421 06160 2

© 1983 Deutsche Verlags-Anstalt GmbH, Stuttgart
Typographische Gestaltung: Marion Winter
Gesamtherstellung: Wiener Verlag, Himberg
Printed in Austria

Inhalt

Vorwort

Sie war, was sie sein konnte

Die Geschichte liebt es bisweilen, Personen wider ihren Willen und entgegen ihrer Veranlagung aus dem Schatten ihres Daseins herauszuholen und ins Licht der Öffentlichkeit zu stellen. Hätte Napoleon, wie geplant, die Hand der Schwester des Zaren Alexander I. erhalten, die Erzherzogin Marie Louise von Österreich wäre aller Voraussicht nach die Gattin des Erzherzogs Franz von Modena-Este geworden, hätte ihm eine hübsche Anzahl Kinder geboren und wäre eine jener Maria Amalien und Maria Clementinen geworden, die die Geschichte vergessen hat. Es wäre jenes Leben in Ruhe und Beschaulichkeit gewesen, das sie sich immer gewünscht hat: das passende, das richtige Leben der Marie Louise von Österreich.

Als dann der vierzigjährige Napoleon die achtzehnjährige Habsburgerin zur Frau erhielt, schrieb der Publizist und Staatsmann Friedrich Gentz in sein Tagebuch, der Abend des Tages, an dem zu Wien die Hochzeitszeremonie stattfand, sei einer der traurigsten und melancholischsten seines Lebens gewesen. Er habe wie ein Kind geweint.

Der Hofrat Gentz war in jenem März 1810 nicht der einzige Österreicher, dem die Tränen kamen. Dem Usurpator, dem Antichrist, dem Erzfeind, der Österreich viermal besiegt hatte und zweimal in die Haupt- und Residenzstadt Wien eingezogen war, wurde nun auch noch eine kaiserliche Prinzessin geopfert! Dabei hatte es im Jahr zuvor so ausgesehen, als ob sich das Blatt gewendet hätte, als am 21./22. Mai 1809 Erzherzog Carl bei Aspern den heißersehnten Sieg über Napoleon erfochten hatte. Der Rückschlag war dann um so lähmender gewesen. Kein halbes Jahr nach Aspern hatte der Korse Österreich den Frieden von Schönbrunn aufgezwungen. Wer jetzt mit der Postkutsche von Wien abreiste, geriet schon bei Braunau am Inn, bei Salzburg und südlich von Graz auf ein französisch kontrolliertes Gebiet. Alle Wege nach Italien und zum Balkan

7

lagen in den Händen der Franzosen. Tirol blieb verloren, und Österreich hatte große Teile von Galizien hergeben müssen und besaß keinen Zugang mehr zum Meer. Gar nicht zu reden von der maßlosen Kriegsentschädigung, die Österreich aufgezwungen worden war und der Verringerung seiner Armee. Da konnten einem schon die Tränen kommen! In höchster Not bot sich da die österreichische Heirat an. Ein junges Mädchen aus kaiserlichem Haus sollte Österreich ein paar Ruhejahre und Europa den Frieden bringen.

Mit der Abreise der Erzherzogin Marie Louise nach Paris begann am 13. März 1810 das wichtigste ihrer drei Leben und ihre erste, ihre politische Ehe. Darauf folgten noch eine Liebesheirat und eine Vernunftehe. Drei am Leben gebliebene Kinder hat die Habsburgerin zur Welt gebracht. Sie hatte auch drei Vaterländer – Österreich, Frankreich und Italien – und sie sprach die dazugehörigen drei Sprachen: am schlechtesten ihre Muttersprache, Deutsch, die sie nie wirklich gelernt hatte.

Vier kurze Jahre stand Marie Louise an der Seite Napoleons im Licht der Weltgeschichte. Die Lebenskurve dieser Frau aber währte sechsundfünfzig Jahre. Von der Französischen Revolution bis fast zur Revolution von 1848, vom Rokoko bis zum Biedermeier, von der Postkutsche bis zur Eisenbahn hat sie die Entwicklung einer der erregendsten Epochen der Geschichte miterlebt.

Nicht vorher und nicht nachher hat auf dem Gebiet der Musik, Literatur und Philosophie eine solche Fülle von Genies gewirkt wie vom ausgehenden achtzehnten bis zur Mitte des neunzehnten Jahrhunderts. Als Marie Louise 1791 zur Welt kam, war Mozart erst sieben Tage tot, als sie 1847 starb, war Wagners »Lohengrin« vollendet. Dazwischen lag eine musikalische Entwicklung, die von der Wiener Klassik bis zur Grande Opéra und von der Romantik bis zu den ersten Triumphen des Wiener Walzers reichte. Gentz, der 1801 nach Weimar kam, notierte, er habe am 20. November den Abend bis neun Uhr bei Herrn von Goethe verbracht, wo sich auch Wieland, Herder und Schiller einfanden. Als wäre es selbstverständlich, mit vier Unsterblichen am Tisch zu sitzen. Anno 1808 hätte der Herr von Gentz dann freilich auch Gelegenheit gehabt, der denkwürdigen Aufführung von Haydns »Schöpfung« im Festsaal der Universität zu Wien beizuwohnen, bei der Haydn selbst und Beethoven und Hummel anwesend waren, wo Antonio Salieri dirigierte und Konradin Kreutzer die Rezitative begleitete.

Überall war geistiger Aufbruch. Hegel vermittelte den Deutschen ein neues Bild ihres Zeitalters, Heine stellte ihnen seine Sozialkritik vor, Marx seine politische Philosophie. Über Reaktion und Restauration hinweg dämmerte ein neues Zeitalter herauf: das der Naturwissenschaften und der Industrierevolution. Magische Gestalt, Held und Antiheld, war über seine Lebenszeit hinaus Napoleon. Dichter und Denker aus aller Welt haben zu diesem Phänomen Stellung bezogen: die Deutschen Fichte und Nietzsche, die Russen Tolstoi und Puschkin, die Engländer Byron und Scott, die Franzosen Chateaubriand, Balzac, Hugo und Stendhal. David hat ihn gemalt, Beethoven widmete ihm eine Symphonie und tilgte erzürnt die Widmung, als sich Bonaparte die Kaiserkrone aufs Haupt setzte. Grillparzer hat ihn in seinem Böhmenkönig Ottokar nachgezeichnet, und Heines Grenadiere haben die Napoleonmanie der Grande Armée besser geschildert als ganze Geschichtswerke. In einem pompösen Tongemälde hat Tschaikowsky das Schicksalsjahr 1812 festgehalten. Joseph Haydn aber hat das Kaiserquartett und das »Gott erhalte« nicht für den Kaiser Napoleon geschrieben, sondern für den Kaiser Franz, den Österreicher.

Für dessen Tochter Marie Louise, Erzherzogin von Österreich, Kaiserin der Franzosen, Herzogin von Parma, Piacenza und Guastalla, sind keine Hymnen geschrieben worden, über sie gibt es nur Bücher, in denen sie viel getadelt wurde. Sie sei keine große Kaiserin gewesen, urteilen ihre Kritiker, keine starke Persönlichkeit, keine zweite Leonore, die dem Gatten in den Kerker gefolgt wäre, keine aufopfernde Mutter. Gerechterweise muß dieser »schwächsten aller Fürstinnen« jedoch zugute gehalten werden, daß sie durch die hohe Politik manipuliert wurde. Mit allen Mitteln hat man sie daran gehindert, dem Zug ihres Herzens zu folgen. Marie Louise hat auch Verteidiger gefunden, die ihre menschlichen Qualitäten würdigten und auf ihre Erbanlagen hinwiesen, die ihr Schicksal mitbestimmten. »Sie war, was sie sein konnte«, resümierte ein Freund ihres Sohnes, des Herzogs von Reichstadt, »kein Mensch vermag mehr.«

Wer also war die Habsburgerin Marie Louise? Eine normale Durchschnittsfrau, die gezwungen wurde, ein falsches Leben zu führen, eine in einer Phase ihres Lebens sogar tragische Gestalt. Eine Statistin wurde über Nacht als Protagonistin auf die Weltbühne gestellt, und, als das Stück zu Ende war, wieder zurück in die Kulissen geschickt. In einem bescheideneren Stück und auf einer kleineren Bühne aber spielte sie zuletzt doch noch eine Rolle zur allgemeinen Zufriedenheit. Die Tochter des »guten Kaisers Franz« wurde zur »buona duchessa« von Parma. Das dreifache Leben der Habsburgerin zu schildern, ist die eine Aufgabe dieses Buches. Es vor dem Hintergrund ihrer Zeit zu zeichnen, die andere. Wie sollte die europäische Ordnung beschaffen sein, die Napoleon vorschwebte, wie wirkte sich die Kontinentalsperre auf Europa aus, wie sahen die napoleonischen Feldzüge aus, wenn man sie der heroischen Legende entkleidet? Aber auch: Wie reiste und wie speiste man, was hatte es mit der Teuerung auf sich, und wie sah die vielgepriesene Backhendlzeit des Biedermeier wirklich aus?

Als Quellen für dieses Buch wurden die Briefe von und an Marie Louise herangezogen, die im Familienarchiv des Wiener Haus-Hof-und Staatsarchivs lagern sowie die über 8000 Briefe aus dem Montenuovo-Nachlaß. Diese an Marie Louise gerichteten Schreiben, die von den zahlreichen Familienmitgliedern der Habsburgerin, von ihren Freunden, Erzieherinnen, Ärzten und Bediensteten, von Politikern und Militärs usw. stammen, wären um ein Haar in alle Winde zerstreut worden, als sie 1958 in München zur Versteigerung ausgeschrieben wurden. In letzter Minute untersagte die österreichische Regierung dann den Verkauf, und die Briefe wurden dem österreichischen Staatsarchiv anvertraut. Eine Ausnahme davon bildeten nur die Briefe des Herzogs von Reichstadt und die seines Erziehers Dietrichstein an Marie Louise. Als diese Dokumente doch noch zur Versteigerung gelangten, wurden für das Wiener Archiv Mikrofilme angefertigt.

Von großer Bedeutung für das Verhalten der »femme derrière Napoléon« sind ferner die Briefe Marie Louises an Napoleon, die 1945 im Stockholmer Archiv der schwedischen königlichen Familie aufgefunden wurden. Dorthin waren sie über Napoleons Bruder Joseph gelangt, der sie seiner Schwägerin Désirée, der Kronprinzessin und späteren Königin von Schweden, übergab. Für die Erlaubnis, die von C. F. Palmstierna herausgegebenen, kommentierten und mit den Briefen Napoleons zusammengestellten Briefe zu benützen, sei der C. H. Beck'schen Verlagsbuchhandlung, München, herzlich gedankt. Sehr aufschlußreich sind ferner die Briefe, die Marie Louise ihrer Vertrauten, der Herzogin von Montebello, schrieb und die Edouard Gachot in seinem Buch »Marie Louise intime« veröffentlicht hat. Aus der im Anhang ersichtlichen, für das Buch verwendeten Literatur seien hier noch gesondert die wertvollen Forschungen J. Alexander Freiherr von Helferts, Eduard von Wertheimers und Jean de Bourgoings angeführt, an deren Werken kein Marie-Louise-Biograph vorbeigehen kann.

Die deutschsprachigen Briefe Marie Louises, viele ihres Vaters und ihrer sonstigen Briefpartner weisen zahlreiche grammatikalische und orthographische Fehler auf. Um die Unmittelbarkeit dieser Dokumente zu erhalten, wurden sie originalgetreu wiedergegeben. Der besseren Lesbarkeit halber wurde lediglich die Interpunktion korrigiert. Fehlerfreie Briefe sind ins Deutsche übersetzte fremdsprachige Schreiben.

Die hier vorgelegte Lebensgeschichte der Marie Louise von Österreich möchte die Habsburgerin transparenter und psychologisch verständlicher machen. Das Buch wurde nicht für Historiker, sondern für den historisch interessierten Leser geschrieben. Es ist dennoch kein Roman, sondern ein quellenmäßig fundierter Tatsachenbericht. Sollte sich die Biographie allerdings lesen wie ein Roman, hätten Autorin und Verlag nichts dagegen einzuwenden.

Ich bin einer Reihe von Persönlichkeiten zu Dank verpflichtet, die meine Arbeit gefördert haben, vor allem den Damen und Herren des Haus-, Hof- und Staatsarchivs, Wien, der Wiener Nationalbibliothek und ihres Bildarchivs sowie des Archivio di Stato in Parma. Dankbar gedenke ich Herrn Professor Otto Kerrys und seiner Frau Ruth, die mir wertvolle Literatur aus eigenen Beständen überlassen haben. Ich danke ferner Herrn Felix Berner, DVA, für Beratung und Kritik. Vor allem aber war es mein Mann, Hannes Schiel, der mir jede mögliche Hilfe zuteil werden ließ. Ohne sein Verständnis für meine vier Jahre während Arbeit, seine Ermutigung und Unterstützung, wäre dieses Buch nicht entstanden.

Wien, im Frühjahr 1983   Irmgard Schiel

I

»Man muß sie opfern . . .«

Der Kaiser Franz stand im Zeremoniensaal der Wiener Hofburg. Er trug weiße Galauniform mit Hut und hatte unter dem Thronhimmel Aufstellung genommen. Vor ihm stand der kaiserlich französische Großbotschafter, Marschall Alexandre Berthier, Fürst von Neuchâtel, und warb im Namen Napoleons um die älteste Tochter des Kaisers, die Erzherzogin Marie Louise. Es war der 8. März 1810, sechs Uhr abends.

Der Kaiser, eben zweiundvierzig Jahre alt geworden, war von kleiner, schmächtiger Gestalt. Dennoch überragte er alle Anwesenden, denn er stand auf einem dreistufigen Podest. Speziell der unterste »Staffel« sprang weit vor, so daß der Großbotschafter genötigt war, gehörigen Abstand zu halten. Subtil aber unübersehbar dokumentierte so der Wiener Hof, daß der österreichische Kaiser Franz I., der bis 1806 noch des Heiligen Römischen Reiches Kaiser Franz II. gewesen war, auch als Besiegter immer noch um vieles höher stand als jener Sieger in Paris, der nun durch seinen Abgesandten eine Habsburgerin zur Frau begehrte.[1]

Berthier trat »unbedeckter, unter dreyen Verbeugungen«[2] vor und begann nach der dritten Reverenz seine Rede.

»Sire«, sagte er in französischer Sprache, »ich komme im Namen des Kaisers, meines Herrn, Sie um die Hand der Erzherzogin Marie Louise, Ihrer erlauchten Tochter zu bitten . . .«

Die Rede war kurz und einfach, schwierig war nur das Hutzeremoniell. Zunächst gestattete der Kaiser dem Marschall mit einer Handbewegung, sich zu bedecken, aber jedesmal, wenn Berthier den Namen Seiner Majestät oder den Napoleons aussprach, hatte er den Hut abzunehmen. War von Napoleon die Rede, lüftete auch der Kaiser den Hut, freilich nur andeutungsweise, »in etwas«, wie es in dem »Entwurf zu dem wegen Anwerbung Ihrer k. Hoheit, der durchlauchtigsten Erzherzogin Marie Louise für den Kaiser der

8. *März 1810: Marschall Berthier wirbt bei Kaiser Franz um die Hand
der Erzherzogin Marie Louise
Ölgemälde von Johann Nep. Hoechle*

Franzosen und König von Italien einzuhaltenden Ceremoniells«
vorgesehen war.[3]

»Die eminenten Qualitäten, die diese Prinzessin auszeichnen«,
sagte der Abgesandte Napoleons, »haben sie für einen großen
Thron bestimmt. Sie wird das Glück eines großen Volkes und eines
großen Mannes ausmachen . . .«

Mit dem großen Mann hatte Berthier eine gewisse Ähnlichkeit.
Auch er war klein und untersetzt und wies die gleiche gelbliche Gesichtsfarbe auf wie sein um sechzehn Jahre jüngerer Herr. Er war
ein großer Herr, dieser Marschall und Vizeconnétable von Frankreich! Anno 1800 war er französischer Kriegsminister gewesen und
1805 Generalstabschef Napoleons geworden, der ihm nicht nur

13

souveräne Herrschaften und Schlösser, sondern auch seine Freundschaft schenkte. Erst im Vorjahr hatte der Fürst und Herzog von Neuchâtel und Valangin noch einen Titel dazuerhalten: den eines Fürsten von Wagram. Taktvollerweise führte er ihn bei seiner jetzigen Mission nicht. Man wollte französischerseits die Österreicher nicht an ihre Niederlage erinnern.

Den Wienern war Berthier kein Unbekannter. Im Mai 1809, als die Franzosen zum zweiten Mal in Wien eingezogen waren, hatte er mit seinem kaiserlichen Herrn in Schönbrunn Quartier genommen. Wiederholt war Berthiers Name unter den Proklamationen und Verordnungen der französischen Besatzungsmacht in der »Wiener Zeitung« zu lesen gewesen, zuletzt unter dem Tagesbefehl, der den am 14. Oktober 1809 zu Schönbrunn geschlossenen Frieden zwischen Frankreich und Österreich kundgemacht hatte, diesen Frieden, der der härteste war, dem je ein Habsburger hatte zustimmen müssen. Keinen Monat später, am 7. November, hatte Berthier dann Wien verlassen.

Und nun war er wiedergekommen zur glänzendsten Mission seines Lebens. Am 4. März 1810 betrat er wieder Wiener Boden und wurde zu seiner eigenen Verwunderung von der Bevölkerung mit Jubel empfangen. »Das Volk«, meldete er Napoleon, »ist im Delirium seiner Freude. Die Bewohner der Vorstädte Wiens hatten die Absicht, meinen Wagen selbst zu ziehen. Man kann sich keine Vorstellung von ihrem Enthusiasmus machen.«[4]

Die Freude der Wiener galt freilich weniger dem Wiedersehen mit dem Marschall als der Aussicht auf Frieden und ruhige Zeiten. In den achtzehn Jahren, die der Kaiser Franz nun an der Regierung war, hatte es mit kurzen Unterbrechungen immer Krieg gegeben.

Am 5. März war Berthier dann vom fürstlich Schwarzenbergischen Gartenpalais, das außerhalb des Kärntnertores lag, in einem langen Zug sechsspänniger Hofwagen »in Galla« in die Hofburg geleitet worden, wo er dem Kaiser feierlich seine Creditive und Vollmachten überreichte. Man hatte höflich-feierliche Ansprachen gehalten und viel von Frieden und Freundschaft geredet. Dann war der Großbotschafter bei der Kaiserin erschienen und schließlich zum Bruder des Kaisers, dem Erzherzog Carl, gefahren.

Dem Erzherzog war bei der Vermählung in Wien eine bedeutende Rolle zugedacht. Er sollte den abwesenden Bräutigam bei der Wiener Trauung vertreten. Eigentlich hatte Napoleon auch dafür Berthier vorgesehen, aber der Wiener Hof hatte dezidiert abgewinkt. Die Ehre, eine Erzherzogin zum Altar zu führen, gebühre allein einem Erzherzog. Napoleon hatte sofort nachgegeben. Speziell den Erzherzog Carl schätzte er. Zweimal waren sie einander gegenübergestanden, beide Male 1809; bei Aspern hatte der österreichische Generalissimus, Erzherzog Carl, gesiegt und den Nimbus der Unschlagbarkeit Napoleons zunichte gemacht, bei Wagram war Napoleon siegreich geblieben. »Ich kenne keinen würdigeren Fürstensohn, keinen größeren Feldherrn als Eure Kaiserliche Hoheit«, schrieb der Korse an den Erzherzog. »Die zwey mitsammen geführten Riesenschlachten haben mir Ihre Verdienste, Ihren Ruhm zu tief ins Herz geschrieben, als daß ich es der Welt nicht mit dem beweisen sollte, Sie, mein Prinz, an der linken Hand meiner geliebtesten Louise, künftiger Kaiserin von Frankreich, an meiner statt trauen zu lassen. Vollziehen Sie diesen wichtigen Schritt für mich, der Europa Ruhe gewährt, und indem Sie, mein Prinz, Louise die Hand reichen, verschwinde auch alles, was nicht festen Bezug auf immerwährende Freundschaft für Frankreich und Österreich hat.«[5] Carl hatte ebenso zuvorkommend zugestimmt. Er sei zwar etwas leidend, sagte er zu Berthier, aber einzig Bettlägrigkeit könne ihn davon abhalten, dem Wunsch Kaiser Napoleons nachzukommen.[6]

Soweit war alles geordnet und Berthier durfte zufrieden sein. Seine Mission bekam nun kaiserlichen Glanz. Am 6. März war bei der Kaiserin Familientafel, der neben den Brüdern Seiner Majestät und den obersten Hofchargen natürlich Berthier und auch der neuernannte französische Botschafter, Graf Louis Guillaume Otto, zugezogen wurde. Auch der neue österreichische Außenminister, der vom Rhein stammende Clemens Wenzel Lothar Metternich, Weltmann von Natur, Diplomat durch Berufung, und eben siebenunddreißig Jahre alt, war anwesend; er vor allem, schmeichelte er sich doch, diese Heirat zustande gebracht zu haben. Die Familientafel verlief harmonisch. Selbst die Kaiserin Maria Ludovica, eine unversöhnliche Feindin Napoleons, und dem Heiratshandel zutiefst abgeneigt, hatte sich Berthier gegenüber ein paar freundliche Worte abgerungen.

Wirklich: Er machte keine üble Figur, dieser Marschall von Frankreich! Sein Auftreten war würdig und gemessen, und er schien sich der Bedeutung seiner Mission bewußt zu sein. Als er schließlich am 8. März mit feierlichem Ernst die Werbung seines Kaisers vorbrachte, konnte niemand am Wiener Hof etwas daran aussetzen. Geschickt setzte der Franzose der Heiratsangelegenheit zuletzt noch ein kleines politisches Licht auf.

»La politique de mon souverain s'est trouvée d'accord avec les voeux de son coeur«, sagte der Fürst von Neuchâtel. Die Politik seines Souveräns stehe im Einklang mit den Wünschen seines Herzens. Diese Verbindung zweier mächtiger Familien werde zwei edlen Nationen mit Gewißheit Ruhe und Glück bringen.[7] Der Gesandte war zu Ende. Nun war die Reihe an Kaiser Franz. Der Kaiser sprach lieber deutsch als französisch: ein wienerisches, gemütliches, von Dialektwörtern durchsetztes Deutsch. Jetzt antwortete er »auf das gnädigste« französisch. Mit Vergnügen, sagte er, nehme er durch den Mund des Fürsten den Antrag Seiner Majestät des Kaisers Napoleon an, geschmeichelt durch dessen Wahl und durchdrungen von dem guten Vorgefühl, daß diese Verbindung die politischen Meinungsverschiedenheiten ausräumen, die Greuel des Krieges enden und zwei Nationen eine glückliche Zukunft bereiten würde.

Der Kaiser sagte diese Phrasen mit selbstverständlicher Geläufigkeit. Er brauchte nur nachzusprechen, was ihm sein Außenminister, Graf Metternich, aufgesetzt hatte. Der Metternich war lange genug Botschafter in Paris gewesen. Ihm konnte man vertrauen, schon gar, wenn man, wie der Kaiser Franz, so ungern Entscheidungen fällte. Niemand sah dem Kaiser an, ob es ihm tatsächlich eine Freude war, sein Kind einem Mann zur Frau geben zu müssen, der sein, Franzens, Reich an den Rand des Ruins gebracht, seine schönsten Provinzen geraubt und ihn selbst um ein Haar zur Abdankung gezwungen hatte. Erst vor einem Vierteljahr war er, Kaiser Franz, als Besiegter in seine Haupt- und Residenzstadt Wien zurückgekehrt. Die Wiener hatten ihn die Niederlage nicht entgelten lassen. »Tausende harrten auf dem Burgplatze«, hatte die »Wiener Zeitung« geschrieben[8], »und beim Aussteigen wurde Seine Majestät von der nachströmenden Menge unter lauten Vivat-Rufen . . . bis zu Allerhöchst ihren Gemächern getragen.«

Der freundliche Empfang durch seine lieben Wiener hatte den Kaiser Franz gefreut, aber nichts daran geändert, daß dieses Jahr 1809 das bitterste seines Lebens gewesen war. Schon nahm das ernste, schmale Gesicht des Kaisers jenen müden, resignierenden Ausdruck an, den so viele seiner Porträts zeigen . . .

Die Werbung war vorgebracht und angenommen. Jetzt erst erschien die Braut. Vom Nebenzimmer trat sie, begleitet von ihrem Obersthofmeister und ihrer Obersthofmeisterin ein. Mit einer tiefen Verbeugung näherte sie sich dem kaiserlichen Vater und nahm zu seiner Linken, »seitwärts auf dem Staffel« Aufstellung.

Berthier trat vor und überreichte der Erzherzogin ein Schreiben und das Bildnis des Kaisers der Franzosen, das sich Marie Louise durch ihre Obersthofmeisterin an die Brust heften ließ. Zum ersten Mal huldigte Berthier seiner künftigen Kaiserin, jenem blutjungen, unfertigen Mädchen, das mit dem Schritt auf den Staffel auch den ersten Schritt in die Weltgeschichte getan hatte.

Über die Erzherzogin Marie Louise liegen mehrere Beschreibungen vor, vorwiegend von Männern. Darf man den Berichten glauben, die Graf Otto nach Paris sandte, so scheint die Prinzessin auf ihn einen günstigen Eindruck gemacht zu haben. Der sechsundfünfzigjährige, liebenswürdige und feingebildete Diplomat, der französischer Gesandter in London und München gewesen war, hatte am 25. Januar 1810 als Botschafter mit der Instruktion Wien betreten, eine versöhnliche und freundschaftliche Sprache zu führen und ausführliche Berichte über den Wiener Hof nach Paris zu senden.

Der Graf machte kurz nach seiner Ankunft auch der Erzherzogin Marie Louise seine Aufwartung. Sie empfing ihn in großer Toilette und muß ihm graziös und attraktiv erschienen sein. »Die Prinzessin«, berichtete er seinem Ministerium, »ist achtzehn Jahre alt, groß und wohl gewachsen, sie hat eine edle Haltung, eine angenehme Physiognomie, Grazie und zeigt einen Ausdruck von Sanftmut und Leutseligkeit, der Vertrauen einflößt. Sie scheint eine sehr sorgfältige Erziehung genossen zu haben, singt, spielt gut Klavier und malt.«[9] Kritischer urteilte ein anderer Augenzeuge, der ehemalige Sekretär Mirabeaus, Monsieur Pellenc, über Marie Louise. »Diese Erzherzogin«, formulierte er, »war noch vor acht Monaten sehr klein und ist von einer kaum mehr als mittelmäßigen Taille (Größe, Verf.). Sie hat in einem hohen Grade das, was man den deutschen Teint nennt. Ihre Züge sind regelmäßig, das Gesicht oval, die Haare schwanken zwischen hellerem Kastanienbraun und Blond, die blauen Augen sind sehr schön, und der Blick der Augen ist noch schöner als diese selbst. Auf dem hellen Teint spiegeln sich sehr lebhafte Farben, aber von einem zuweilen ein wenig tiefen Rot – ein Fehler, den in ihrer Jugend auch die Königin von Frankreich (Marie Antoinette, Verf.) hatte. Ihre Schultern sind ein wenig hervortretend und scheinen eine starke Konstitution anzukündigen. Sie geht sehr gut, zeigt jedoch mehr Würde als Grazie und kleidet sich ohne Geschmack. Man sagt wenig von ihrem Geiste, weder Gutes noch Schlechtes. Man weiß nur, daß ihre Erziehung, in die sich ihre Mutter zu viel mengte, schlecht geleitet war . . . Man kann daher, ohne sich zu täuschen, behaupten, daß die Prinzessin noch weit unter dem steht, was sie einst werden kann. Einer ihrer Vorteile dagegen ist, aus einer Familie zu stammen, wo die Fruchtbarkeit wie gewiß ist. Man hat sie sehr häufig mit der gegenwärtigen Kaiserin von Österreich verglichen, und allgemein gefiel sie mehr in Beziehung auf Schönheit.«

Weniger den äußeren Reizen als den charakterlichen Werten der Prinzessin zollte Graf Metternich seine Anerkennung. Was ihre Erscheinung betraf, würde man sie noch ein wenig herausstaffieren müssen! »Die junge Kaiserin«, so urteilte der große Frauenkenner, »wird und muß in Paris durch ihre Güte, ihre außerordentliche Sanftmut und Einfachheit gefallen . . . sie hat eine sehr schöne Gestalt, und wenn sie ein wenig hergerichtet und gut angezogen ist, wird sie sehr gut aussehen.«[10]

Schließlich hat noch Graf de Laborde, der dem Gefolge des Großbotschafters Berthier angehörte und in der Heiratsgeschichte eine besondere Rolle spielte, seinen Eindruck von der Braut festgehalten. Der Graf sah Marie Louise auf dem Ball, der am Abend nach der Werbung stattfand. »Die Frau Erzherzogin war an diesem Abend reizend«, berichtete er nach Paris.[11] »Sie trug eine weiße Robe von Tüll mit Silber bestickt, welche nicht, wie alle ihre Roben von Goldbrokat, die sie gewöhnlich trägt, die Taille verhüllten. Die blonden Haare, die sie in großer Fülle besitzt, waren in die Höhe gekämmt und ließen frei ihren Hals und die Schultern sehen. Ihre ungemeine Frische, das Lächeln, der Ausdruck des Gesichtes und die besondere Grazie und Bescheidenheit im Auftreten ließen uns alle sagen, daß sie gewiß eine der angenehmsten Damen des Hofes sein wird. Es ist auch unstreitig, daß, abgesehen von der Schönheit, es unmöglich sein würde, selbst in der unteren Klasse eine gesündere Person zu finden, die sich stets des besten Wohlseins erfreut. Niemals sah man an ihr auch nur die geringste Verunstaltung der Haut, und ich bin überzeugt, daß ihre Kinder stark und frisch sein werden wie sie.«

Zuletzt noch das Zeugnis einer Frau, der Schriftstellerin Caroline Pichler, einer Wiener Lokalberühmtheit. Die Pichler sah die Braut auf dem Ball in den Redoutensälen und verglich sie mit ihrer Stiefmutter, der nur um vier Jahre älteren Kaiserin Maria Ludovica. Der Vergleich fiel zuungunsten Marie Louises aus, an der auch Madame Pichler die unelegante Kleidung rügte. »Bei dem gegenwärtigen Fest«, so Caroline Pichler, »übertraf die Kaiserin, obwohl nicht regelmäßig schön und älter, kränklicher als die blühende Braut, diese doch durch Anmuth der Bewegungen, vortheilhaften Anzug und eine Majestät der Haltung, welche bei dieser nicht großen Gestalt doppelt überraschend war. Daß der mindere Glanz der Braut großentheils von einer unvortheilhaften Art sich zu kleiden und ihrer Schüchternheit herrührte, erwies sich später . . .«[12]

Das also war das Mädchen, das Kaiserin der Franzosen werden sollte. Sie schien gesund, freundlich, sanftmütig, bescheiden, ja schüchtern zu sein und durch ihre Jugendlichkeit einen gewissen Liebreiz auszustrahlen. Offenbar war sie nicht besonders klug, aber auch nicht besonders töricht und künstlerisch nicht unbegabt. Sie hatte keine Blatternarben und war gerade gewachsen. Aber da war nichts von der Grazie, dem Charme und der Eleganz der ersten Gemahlin Napoleons, der Kaiserin Joséphine, die zwar auch keine Schönheit, aber von einem unwiderstehlichen Zauber gewesen war. Die gewundenen Berichte aus Wien schienen dem Bräutigam jedenfalls eines auszudrücken. »Es ist mir klar, daß meine Frau häßlich ist«, gestand sich Napoleon ein, nachdem er die Schilderungen seiner Wiener Vertrauensleute gelesen hatte, »denn keiner von diesen Teufelskerlen hat es fertiggebracht, mir weiszumachen, daß sie hübsch sei.«[13]

Vorläufig aber war anderes ohnehin wichtiger als Schönheit, und diese anderen Kriterien erfüllte Marie Louise aufs beste. Sie war eine Erzherzogin, Mitglied der ältesten Herrscherdynastie Europas, und sie stammte aus einer notorisch fruchtbaren Familie. Ihre Urgroßmutter, die Kaiserin Maria Theresia, hatte sechzehn Kinder gehabt; ihre Großmutter väterlicherseits, die spanische Maria Luisa, Gemahlin Kaiser Leopolds II., gebar ebenfalls sechzehn Kinder, darunter neun Söhne; die Großmutter mütterlicherseits, Marie Karoline, Königin von Neapel und Sizilien, eine Tochter Maria Theresias, hatte sogar achtzehn Nachkommen, und deren Tochter Marie Therese, zweite Gattin des Kaisers Franz und Mutter Marie Louises, hätte es ihr möglicherweise gleichgetan, wäre sie nicht nach der Geburt ihres dreizehnten Kindes gestorben. Marie Louise würde also können, was Joséphine verwehrt war: Napoleons

Thron den fehlenden legitimistischen Glanz, und seiner Dynastie durch einen Erben Bestand zu verleihen. Wie sehr Napoleon diesen Erben brauchte, wußte er seit Jahren. »Es ist die Qual meines Lebens«, sagte er 1805 zu seinem Vertrauten, Bourrienne. »Meine Stellung wird so lange nicht gesichert sein, solange ich keine Kinder habe. Keiner meiner Brüder ist fähig, mich zu ersetzen, alles ist begonnen, nichts ist vollendet . . .«[14] Wie brennend aktuell dieses Problem war und wie schnell ihn ein überraschender Tod ereilen konnte, wurde ihm vollends klar, als er zum zweiten Mal in Wien als Sieger weilte.

Es war am 12. Oktober 1809 gewesen, punkt neun Uhr. Napoleon, der täglich um diese Stunde Musterung im Schloßhof von Schönbrunn zu halten pflegte, schritt wie jeden Tag die große Stiege herab. Am Fuß derselben hielt er gewöhnlich an und nahm Bittschriften entgegen. Diesmal ging er auf die Truppe zu, um französische Kriegsgefangene, die vor kurzem gegen österreichische ausgetauscht worden waren, in Augenschein zu nehmen.

Da drängte sich ein junger Mensch nach vorn. Er trug einen einfachen blauen Überrock und einen Militärhut auf dem Kopf, und da er ein Schriftstück in der Hand hatte, hielt man ihn für einen Bittsteller.

Der junge Mann war recht aufdringlich. So ungestüm drängte er sich durch die Suite hindurch dem Kaiser nach, daß ihn Berthier zurechtwies. Der junge Mensch aber ließ sich nicht abhalten und wurde so zudringlich, daß ihn General Rapp schließlich von der Schloßwache abführen ließ. Als man ihn durchsuchte, fand sich in der Tasche seines Rockes ein langes, zweischneidiges Messer.

Was er damit gewollt habe?

Das könne er nur dem Kaiser Napoleon selbst sagen.

Napoleon ließ ihn vorführen.

Wie er heiße?

Friedrich Stapps heiße er, sei eines Pastors Sohn und stamme aus Naumburg; achtzehn Jahre alt.

Was er mit dem Messer gewollt habe?

Ihn, den Kaiser Napoleon, habe er umbringen wollen!

Napoleon war so verblüfft über diese Antwort, daß er seinen Leibarzt Corvisart kommen ließ. Der Kerl müsse verrückt sein.

Corvisart kam, fühlte ihm den Puls und fand nichts. Der Mann sei gesund!

Napoleon, seltsam berührt, begann ein Gespräch mit dem jungen Menschen. Wenn er, Napoleon, ihn, Stapps, begnadige, werde er doch aus Dankbarkeit von seinem verbrecherischen Vorhaben ablassen? Stapps blieb ganz ruhig. Das Attentat sei für ihn kein Verbrechen, sondern vaterländische Pflicht. Er bedauere, daß er es nicht habe ausführen können und werde es wieder versuchen! Napoleon war von dem Vorfall zutiefst beeindruckt. Plötzlich konnte der Kaiser der Franzosen nicht schnell genug Frieden haben. »Schließen Sie ab, ich will den Frieden, ich will der Sache ein Ende machen!« befahl er seinem Unterhändler, dem Außenminister Champagny, Herzog von Cadore.[15] Champagny setzte daraufhin die enormen französischen Forderungen in Hinsicht auf die Kriegsentschädigung, die Österreich zahlen sollte, von 100 Millionen – ursprünglich waren es gar 190 Millionen gewesen[16] – auf 85 Millionen Francs herab, und am 14. Oktober wurde der Friede von Schönbrunn unterzeichnet. Am 15. Oktober wurde Stapps erschossen. Tags darauf verließ Napoleon Schönbrunn.

Es ging auch weiter jetzt sehr schnell. Binnen fünf Monaten war Napoleon von seiner ersten Gemahlin, der Kaiserin Joséphine, geschieden, neu verlobt und wieder verheiratet.

Bis heute ist nicht völlig geklärt, welche Seite den ersten Anstoß zur österreichischen Heirat des Korsen gegeben hat. War es Napoleon, der die Heirat mit der Erzherzogin entrierte oder hat Metternich sie zustande gebracht? Während die französischen Historiker unterstreichen, daß Österreich, um die Monarchie zu retten, zur Familienallianz gedrängt habe, weisen österreichische Biographen Marie Louises nach, daß es Napoleon gewesen sei, der zuerst in Wien wegen seiner Chancen sondieren ließ.[17]

Seit Jahren hegte Napoleon die Absicht, sich von seiner Gemahlin zu trennen, zuerst aus Eifersucht, später aus der schmerzlichen Erkenntnis heraus, von ihr keinen Erben erwarten zu können. Geschickt verstand es Joséphine, in ihm die Überzeugung zu nähren, daß die Schuld an dem fehlenden Kindersegen an ihm liege. Hatte sie nicht aus erster Ehe mit dem Aristokraten Alexandre de Beauharnais, der 1794 durch die Guillotine geendet hatte, zwei wohlgeratene Kinder, Hortense und Eugène? Napoleon hatte ihr lange geglaubt und sich damit abgefunden, den ältesten Sohn seines Bruders Louis, den er mit Hortense verheiratet und zum König von Holland erhoben hatte, als seinen Nachfolger heranzuziehen. Er

hegte große Zuneigung zu dem begabten Kind, und alles schien zufriedenstellend geregelt, als der kleine Napoleon Charles, vierjäh-
rig, 1807 starb.

Wieder war das Problem der Kinderlosigkeit akut geworden,
aber diesmal sanken Joséphines Chancen, als Napoleons Geliebte,
Louise Cathérine Revel[18] einem Sohn das Leben schenkte. Da der
Ruf der Dame jedoch nicht einwandfrei war, konnte Napoleon
über seine Vaterschaft immer noch Zweifel hegen, die erst schwan-
den, als die über jeden Verdacht erhabene polnische Gräfin Marie
Walewska 1809 Mutterfreuden entgegensah.

Wer aber sollte die künftige Kaiserin der Franzosen werden? Zunächst ließ Napoleon vorsichtig in Rußland sondieren. Bei der Entrevue, die 1808 in Erfurt stattgefunden hatte, waren sich der Korse
und der junge Zar Alexander I. freundschaftlich nähergekommen.
Eine Verbindung der Höfe von Paris und St. Petersburg schien für
beide Seiten von Vorteil. Die Schwester des Zaren, Großfürstin
Anna, war es, auf die Napoleon sein Auge geworfen hatte. Aber
abgesehen von ihrer großen Jugend – sie war 1795 geboren und
noch nicht mannbar – stieß der Heiratsplan auf Widerstand in der
Zarenfamilie. Speziell die Mutter der präsumtiven Braut konnte
ihren Abscheu vor Napoleon nicht überwinden und weigerte sich,
ihr Kind dem korsischen Emporkömmling zur Frau zu geben.

Die Verhandlungen in St. Petersburg ließen den Wiener Hof
aufhorchen. Einer eventuellen Verbindung Frankreichs mit Rußland sah man in Wien mit Unbehagen entgegen. Würde Napoleon
der Schwager des Zaren, konnte man die Hoffnung, das napoleonische Joch mit russischer Hilfe doch noch abzuschütteln, für unabsehbare Zeiten begraben.

Das war der Augenblick, wo Metternich begann, seine Fäden zu
spinnen. Seit 1807 wußte er von einer bevorstehenden Pariser
Scheidung und dem Plan einer russischen Heirat. Von Österreich
war damals noch nicht die Rede. Jetzt, 1809, tauchte die Möglichkeit einer Familienallianz in Wiener Hofkreisen zum ersten Mal auf.
Metternich selbst hat über das Interesse Napoleons an einer österreichischen Erzherzogin eine berühmte Geschichte überliefert.[19]

Es war auf einer Redoute im Hause des französischen Erzkanzlers
Cambacérès. Geladen war zu diesem Fest auch die Gräfin Eleonore
Metternich, die nach der Reise ihres Gatten heim nach Wien
während des Krieges von 1809 in der französischen Hauptstadt
geblieben war. Nach Darstellung Metternichs hatte sie an jenem

Abend ein seltsames Erlebnis. Während des Festes sei eine Maske auf sie zugetreten, habe sie in ein Kabinett geführt und sie eindringlich ausgefragt, wie das Wiener Kaiserhaus eine Werbung um die Erzherzogin Marie Louise aufnehmen würde. Die verwirrte Gräfin verwies den Fragenden, in dem sie unschwer Napoleon erkannte, an den österreichischen Botschafter in Paris, Fürst Karl Philipp Schwarzenberg, und setzte auch selbst den auf dem Ball anwesenden Fürsten von dem Gespräch in Kenntnis.

Seltsamerweise erwähnte die Gräfin diesen doch sehr merkwürdigen Vorfall in keinem ihrer Briefe an ihren Gatten. Sie hätte das auch schwerlich tun können, denn Napoleon hat dieses Fest nachweislich überhaupt nicht besucht.[20] Metternich hat die ganze Szene, die er in seinen nachgelassenen Papieren festgehalten hat, einfach erfunden und das mit gutem Grund. Hatte er 1809 das Heiratsprojekt mit Österreich dringend gewünscht und vorangetrieben, ja sich als den Urheber des ganzen Plans bezeichnet, so wollte er es später, als sich die Dinge änderten und Napoleon gestürzt wurde, nicht mehr gewesen sein und schob die Urheberschaft der Familienallianz einfach Napoleon in die Schuhe. Es sollte nicht die einzige Geschichtskorrektur sein, die der um sein Prestige in der Nachwelt besorgte Staatsmann vornahm.

Tatsächlich hat Napoleon Andeutungen eventueller Heiratsabsichten mit einer Österreicherin gemacht, aber nicht zur Gräfin Metternich, sondern zum Fürsten Johann Liechtenstein, der nach der Schlacht von Wagram als Friedensunterhändler zu ihm kam. »Österreich hat mit Heiraten stets Glück gehabt«, erklärte am 1. Oktober 1809 der französische Kaiser dem Fürsten. »Bezeugt mir eine aufrichtige und offenherzige Freundschaft, behindert mich nicht in meinem Vorgehen und Ihr werdet sehen, was ich für Euch zu leisten imstande bin. Die österreichische Nation ist diejenige, die ich am meisten unter allen liebe; ich nehme allerdings die Franzosen aus.«[21] Auch der französische Unterhändler Champagny machte gewisse Anspielungen. »Das Haus Österreich hätte von jeher durch Heurathen viel gewonnen«, meldete Liechtenstein am 2. Oktober seinem Kaiser. »Die Zeit, durch solche sanfte Mittel Länder zu erwerben, könne wiederkommen.«[22]

Am 14. Oktober 1809 wurde der für Österreich so drückende Friede von Schönbrunn unterzeichnet, der noch keinerlei Hinweise auf eine Familienallianz enthielt. Auch die Instruktionen, die Metternich am 29. Oktober dem neuernannten österreichischen Botschafter in Paris, dem Fürsten Schwarzenberg, mit auf den Weg gab, beinhalteten kein Wort über eine geplante französisch-österreichische Heirat.

General der Kavallerie, Fürst Schwarzenberg, eben achtunddreißig Jahre alt, eine stattliche, etwas zur Fülle neigende Erscheinung, hatte an den französischen Revolutionskriegen und den napoleonischen Kriegen teilgenommen und war dann österreichischer Botschafter in Rußland gewesen. Am 21. November 1809 traf er in Paris ein, Vertreter einer Macht, die eben erst von Napoleon empfindlich gedemütigt worden war. Zu seinem nicht geringen Erstaunen aber wurde er dort mit allen Ehren und einer Zuvorkommenheit empfangen, als sei er der Botschafter eines siegreichen Alliierten. Er wurde auch recht seltsame Dinge gefragt. Wie sich der österreichische Kaiser und die Kaiserin und die jungen Herrschaften befänden? Ob er die Erzherzogin Marie Louise kenne? Wo sie sich derzeit aufhalte? Gelte sie nicht als das gesündeste und wohlerzogenste aller kaiserlichen Kinder?

Die zweite Heirat Napoleons entwickelte sich zunehmend zur »grande affaire«. Aber noch war nichts entschieden. In seinem Bericht nach Wien vom 4. Dezember erwähnte Schwarzenberg die Prinzessinnen, die als neue Kaiserin in Frage kamen. »Es heißt, daß man sich über die Wahl noch nicht geeinigt hat und spricht von einer österreichischen und von der sächsischen Prinzessin. Es wird sogar, was nichts weniger als wahrscheinlich ist, eine dreizehnjährige Schwester des Kaisers Alexander, schließlich die Tochter Lucien Bonapartes genannt.« Die sächsische Prinzessin Karoline Louise von Sachsen-Weimar (geb. 1786) hatte freilich ebenso wenig ernstliche Chancen wie die Prinzessin Charlotte (geb. 1796), eine Tochter von Napoleons Bruder Lucien.

Die einzigen realen Aussichten hatten die Großfürstin und die Erzherzogin. Schwarzenberg war Realist genug, um die politischen Vorteile einer solchen Verbindung einzusehen. »Wenn der Papst die Scheidung bestätigt«, schrieb er in einem vertraulichen Schreiben am 4. Dezember an Metternich, »und Napoleon gestattet, sich wieder zu vermählen, warum sollte man sich nicht diesen Umstand zunutze machen, der uns zumindest für einige Zeit eine dauerhafte Ruhe sichern würde . . . Man muß Mut zeigen und zu allen Mitteln greifen, die beitragen könnten, den Staat zu retten.«[23]

Am 17. Dezember meldete der »Moniteur« die Auflösung der Ehe Napoleons und Joséphines. Da aus Rußland keine befriedigenden Nachrichten eintrafen, trieb Napoleon nun das Heiratsprojekt nach der österreichischen Seite voran. Fürst Schwarzenberg war in unangenehmer Lage. Ohne ausdrückliche Instruktionen aus Wien wußte er nicht recht, wie er sich verhalten sollte und konnte nur vorsichtig lavieren. Als Vertreter des besiegten Österreich war ihm klar, daß man den Wünschen Napoleons keinen ernstlichen Widerstand entgegensetzen konnte. Als Patriot und Aristokrat war ihm der Gedanke, dem Usurpator eine Erzherzogin zu opfern, ein Greuel. Schließlich siegte der Diplomat in ihm. »Erschrecken Sie nicht, wenn ich sage, man muß sie opfern«, schrieb er am 21. Dezember an Metternich. »Eine Ablehnung, wie immer man sie drehen möge, würde ihn und alles, was ihn umgibt, zu unseren unversöhnlichen Feinden machen. Keine Hoffnung dann mehr, einige ruhige Friedensjahre zu erleben. Unser Untergang würde daher sehr bald auf diese Ablehnung folgen. Kann man zögern, zwischen dem Untergang der Monarchie und dem Unglück einer Prinzessin zu wählen? Millionen Menschen werden geopfert, und wäre es etwa nicht ruhmvoll für eine Prinzessin, ihr Vaterland zu retten, selbst wenn sie dabei zugrunde gehen sollte? . . . Die Zeiten können sich ändern, aber gegenwärtig haben wir nicht die Wahl . . .«[24]

Metternich war derselben Ansicht, denn er ermächtigte Schwarzenberg, sich den Anfragen und Eröffnungen von seiten Napoleons nicht zu entziehen, unterstrich jedoch, daß Schwarzenberg keine offiziellen Befugnisse zu Verhandlungen oder Abschlüssen habe. Wohl aber solle er zu erfragen versuchen, welche politischen Vorteile diese Familienallianz mit sich bringen werde. »Die Tatsache seiner Werbung«, schrieb Metternich in der ihm eigenen verklausulierten Ausdrucksweise, »scheint uns einen Maßstab zu bieten, nach dem es uns gestattet ist, das Ausmaß der von ihm gegen uns gerichteten destruktiven Absichten und den mehr oder weniger nahen Zeitpunkt, den er zu ihrer Durchführung bestimmt, zu berechnen.«[25]

Schließlich wurde auch noch Talleyrand in die »grande affaire« hineingezogen. Der Fürst von Benevent war als französischer Außenminister 1807 durch Jean-Baptiste Nompère de Champagny, Herzog von Cadore, ersetzt worden, unterhielt aber immer noch Beziehungen zu allen diplomatischen Vertretungen und war somit nach wie vor ein Mann von großem Einfluß. Anfang Januar fragte ihn Napoleon, was er tun solle, wenn sich die russische Heirat verzögern sollte. Talleyrand warnte vor dem schlechten Eindruck, den eine Scheidung ohne darauffolgende Hochzeit in der Öffentlichkeit machen würde. Napoleon beauftragte daraufhin den alten Fuchs, mit der österreichischen Seite Verhandlungen zu führen. Er selbst lud am 7. Januar die Gräfin Metternich an seinen Spieltisch ein und sprach zwar nicht von seinen Heiratsplänen, hofierte die Gräfin aber in einer Weise, daß es dem ganzen Hof auffiel. Talleyrand seinerseits setzte die österreichischen Diplomaten in Kenntnis, daß der Kaiser der Franzosen, sofern Rußland eine abschlägige Antwort erteile, eine Erzherzogin begehren würde und wies auf die Vorteile für Österreich hin, wenn der Wiener Hof die Heiratsabsichten Napoleons positiv aufnähme.

In die gleiche Kerbe schlug auch Laborde. Als ihm Schwarzenberg andeutete, es werde der Erzherzogin schwerfallen, den Feind ihres Vaterlandes zu ehelichen, wenn man ihr diese Mariage nicht schmackhaft mache, indem man ihre »Dankbarkeit« erwecke, fragte Laborde sofort, welche der verlorenen Provinzen dem österreichischen Kaiser die liebste gewesen sei. Jede durch die beiden letzten Friedensverträge verlorene, antwortete Schwarzenberg diplomatisch, ließ sich aber dann doch zu Andeutungen bewegen: das Land Tirol und der von Oberösterreich abgetrennte Teil lägen seinem Herrn und Kaiser besonders am Herzen.

Napoleon aber war zu keinen Zugeständnissen zu bewegen. Immer noch standen französische Truppen auf österreichischem Gebiet, und insgeheim hatte der Korse ein höchst verwerfliches Mittel der wirtschaftlichen Kriegführung parat. Wie Schwarzenberg nach Wien meldete, ließ Napoleon österreichische Banknoten fälschen, um sie, falls Österreich erneut Krieg führte, in Deutschland auszugeben und so den Wiener Kurs zu drücken. »Ich hatte schon 300 Millionen Bancozettel (österreichisches Papiergeld, Verf.) der Bank von Wien bereitliegen«, sagte Napoleon wenige Wochen später zu Metternich. »Ich hätte Sie damit überschwemmt . . .«[26]

Sorgenschwer verging für Schwarzenberg der Januar. Schon hielt er die Heirat Napoleons mit der Zarenschwester »für mehr als wahrscheinlich«, als am 28. Januar ein Familienrat in die Tuilerien einberufen wurde, bei dem sich die Mehrheit der Bonapartes und der Großwürdenträger des Reiches für die Österreicherin aussprach, während die Großfürstin – nicht zuletzt aus konfessionellen Gründen – nur wenige Stimmen erhielt, und die Möglichkeit, eine Französin ins Kalkül zu ziehen, ganz verworfen wurde.

Champagny ließ den Botschafter Österreichs von dem Ergebnis

unterrichten, und sogleich sandte Schwarzenberg einen Kurier nach Wien. Er hoffte, endlich definitive Instruktionen zu erhalten, die immer noch ausblieben. Zögerte Metternich auch, sich zu deklarieren, so hatte er doch die Bedeutung der »grande affaire« klar erkannt. »Ich betrachte diese Angelegenheit als die wichtigste, die in diesem Augenblick in Europa zu regeln ist«, schrieb er am 27. Januar an seine Gattin.[27] Und plötzlich überschlugen sich die Ereignisse. Mit Rußland hatten sich politische Schwierigkeiten ergeben. Zar Alexander verlangte von Napoleon Zugeständnisse in Polen, die der Korse rundweg abschlug. Als ihm der Zar daraufhin auf seine konkrete Anfrage in der Heiratsangelegenheit mit hinhaltendem Schweigen antwortete, wandte sich der Kaiser von Rußland ab. Damit waren die Würfel gefallen.

Am 7. Februar sprach Eugène Beauharnais bei Schwarzenberg vor und forderte ihn auf, unverzüglich ins Außenministerium zur Unterzeichnung des Ehekontraktes zu kommen. Der überrumpelte Schwarzenberg verwies erschrocken auf den Umstand, daß er dazu nicht befugt sei. Er bat, aus Wien Instruktionen abwarten zu dürfen. Dazu sei keine Zeit, wurde ihm nachdrücklich mitgeteilt. Schließlich unterzeichnete der verzweifelte Fürst den Kontrakt mit dem Vorbehalt, »keinerlei Vollmacht ad hoc« zu besitzen.

Anderntags rechtfertigte er sich Metternich gegenüber. »Sie werden sich bald überzeugen«, schrieb er, »daß ich nicht anders handeln konnte, wollte ich nicht alles verderben; wenn ich auf dem Standpunkt verharrt wäre, nicht zu unterzeichnen, hätte er abgebrochen, um mit der Russin oder der Sächsin abzuschließen . . . Ich beschwöre Sie, lieber Freund, tragen Sie Sorge, daß diese Angelegenheit auf keinerlei Schwierigkeiten stößt und mit Entgegenkommen geführt wird . . .«[28]

Das brüske Vorgehen Napoleons empörte Kaiser Franz und Metternich. Aber die verzweifelte Lage Österreichs ließ einen Protest nicht zu. Am 16. Februar erfolgte in Wien die Ratifizierung des erzwungenen Heiratskontraktes. »Durch dieses Opfer das Meistmögliche zu erreichen«, hatte Metternich zwei Tage zuvor, am 14. Februar, an Schwarzenberg geschrieben, »soll uns im wesentlichen in unseren Berechnungen leiten. Die stets heilsamen und gemäßigten Absichten des Kaisers (Franz, Verf.) zielen in erster Linie auf die Sicherheit und die zukünftige Ruhe seiner Völker hin.«[29]

Von der Sicherheit und der zukünftigen Ruhe des Mädchens, das dieses Opfer bringen sollte, war nicht die Rede.

II

Die verkaufte Braut

Marie Louise und ihr jüngerer Bruder Franz Karl spielten als Kinder ein Spiel, das ihnen nie langweilig wurde: sie malträtierten eine Holzpuppe. Marie Louise ohrfeigte sie, warf sie in einen Winkel, trat nach ihr, und Franz Karl versuchte sogar, sie anzuzünden. Er röste den Korsen, sagte er genüßlich.[1] Die Puppe hieß »Buonaparte«, und die Szene aus der Jugend Marie Louises war symptomatisch.

Selten ist eine Prinzessin mit einem verhaßteren Gatten vermählt worden als Marie Louise mit Napoleon. Von früher Jugend an war er für sie der Mann, der dem lieben Papa Böses antun wollte. Genau konnte sie sich ja diesen Buonaparte nicht vorstellen, aber alle Welt redete mit Angst und Schrecken von ihm. An aller Unruhe, allem Unheil, das die kindliche Welt der Louise bedrohte, war dieser Buonaparte schuld, der schon bald Bonaparte und schließlich Napoleon hieß. Zweimal hatte er die Stadt Wien besetzt, zweimal hatte sie, die Louise, mit der ganzen kaiserlichen Familie, vor ihm fliehen müssen.

In kindlicher Ohnmacht suchte sich die Erzherzogin an diesem Unhold zu rächen, indem sie ihn so schlecht wie möglich machte. Der Korse war für sie der »Menschenfresser«, der »Usurpator«, der »Antichrist«. Als sie in rumpelnden Kutschen auf aufgeweichten Wegen vor ihm floh, nannte sie die Wanzen in den Herbergen »Napoleons«. Von Herzen wünschte sie dem wüsten Kerl den Tod an den Hals. »Die Leute machen hier schon sehr viele Prophezeyungen über sein Ende«, schrieb sie am 25. April 1809 an den Papa[2], »und unter andern will jemand aus der Apocalipse erklären, daß er 1809 in Kölln im Gasthofe beym rothen Krebs sterben wird; obwohl man keinen Glauben darauf setzen kann, so wünsche ich herzlich, daß es wahr wird . . .«

Fest glaubte die Louise an die gerechte Sache des lieben Papa.

»Wir erwarten alles vom lieben Gott«, schrieb sie anno 1805 an ihre
Mutter.[3] »Er hat uns noch nie verlassen, und mit seiner Gnade wird
er uns auch diesmal nicht verlassen. Der Vortheil wird sich auf
Papa's Seite neigen, und der Augenblick wird endlich kommen, wo
dieser Usurpator gedemüthigt sein wird . . .«

Leider wurde nicht Napoleon, sondern immer wieder der liebe
Papa gedemütigt, was den ohnmächtigen Zorn der Louise noch
mehr steigerte. Als vom Feldzug 1809 Nachrichten und Gerüchte
zu ihr drangen, gab die Siebzehnjährige an Franz Karl wahre Schau-
ergeschichten weiter, die sie gar nicht drastisch genug ausschmük-
ken konnte. Die französischen Soldaten, so machte sie dem Bruder
weis, hätten wie sengende, plündernde Mordbrenner in den österreichischen Landen gehaust, und den armen Wienern drohe eine
Hungersnot, »weil alle Lebensmittel abgeschnitten wurden, ein
Brod kostet einen Thaler. Auch bekömmt man ein Maas Milch
nicht unter 5 fl (Gulden, Verf.), indem nur 20 Kühe in der ganzen
umliegenden Gegend vorhanden sind, die Soldaten schlagen sie alle
todt, sie plünderten Penzing, Hietzing und Döbling (damals Wiener Vorstädte, Verf.) und mordeten alle ruhigen Bauern.«[4]

Der ärgste Wüterich war nach Louisens Berichten »der Kaiser Napoleon«, der ein wahres Schreckensregiment unter seinen Truppen
auszuüben und seine Generäle und Marschälle nur so hinzumetzeln
schien. »Samstag 20. ging Kaiser Napoleon mit 30.000 bei Simme-
ring über die Donau«, teilte sie dem Bruder 1809 mit. »Sonntag früh
griff er uns mit 92.000 Mann an, unser linker Flügel wurde von Johann Liechtenstein, der rechte von Fürst Reuß, das Centrum von
Erzherzog Karl kommandiert. Wir hatten Samstag abends einen
Échec (Niederlage, Verf.), der liebe Papa wollte in der Nacht es noch
gut machen und in der Finster selbst angreifen . . . Kaiser Napoleon
war selbst à la tête von seiner Kavalerie und sie kehrte um, er schrie
ihnen zu, sie sollten umkehren oder er würde sie mitsammt der
Brücke auf die Luft sprengen lassen, und erschoß durch einen (sic) Pi-
stolenschuß zwei seiner besten Generäle . . .«[5]

Nicht besser ging es angeblich den Marschällen Masséna und Bessières, die die Louise gleichfalls eines schauerlichen Todes sterben
ließ. »Masséna«, teilte sie dem Bruder mit, »welchem die Kugel
durch die zwei Wangen in die Luftröhre gegangen ist und tödtlich
verwundet ist . . . Bessières ist nach einem Disput, welchen er mit
Kaiser Napoleon hatte, plötzlich auf ewig verschwunden, man
glaubt, er hat ihn in die Donau hineingedrückt.«[6]

Brief Marie Louises an Kaiser Franz vom 5. Januar 1809 (recte 1810), in dem sie dem Vater ihre Absicht mitteilt, sich mit Erzherzog Franz von Modena-Este zu verloben

Wirklich, wenn die sanfte, gutmütige Louise überhaupt imstande war, jemanden zu hassen, dann war es der Kaiser Napoleon . . .

Es mochte kein geringer Schreck gewesen sein, als die Nachricht von der Ehetrennung des Korsen Marie Louise zu Ohren kam. Plötzlich fiel ein Schlagschatten auf ihre bis dahin so einfache, helle Welt. Leicht konnte sie sich ausrechnen, daß sie als katholische Prinzessin im heiratsfähigen Alter als Braut in Frage kam.

Marie Louise war damals achtzehn Jahre alt, befand sich als Flüchtling vor Napoleon in Ofen und war zum ersten Mal verliebt. Der Auserwählte war der Bruder ihrer Stiefmutter, Erzherzog Franz von Modena-Este, der ihr gefiel und von dem sie sich wiedergeliebt wußte. Das junge Paar erfreute sich einer hohen Gönnerin. Die Kaiserin Maria Ludovica wünschte nichts sehnlicher, als eine neuerliche Bindung ihrer Familie mit dem Kaiserhaus.

Und nun dämmerte da plötzlich die Gefahr herauf, daß die Tochter des Kaisers von Österreich den Erbfeind ihres Vaterlandes heiraten müßte.

In großer Angst setzte sich die Louise hin und schrieb dem kaiserlichen Vater einen Brief. »Liebster Papa«, schrieb sie, »die vielen Beweise, die Sie mir von Ihrer väterlichen Nachsicht und Güte gegeben haben, bewegen mich, einen Schritt zu wagen, welchen ich gern bis zu Ihrer Ankunft in Ofen aufgeschoben hätte, machten nicht die neuesten Vorfälle zur Nothwendigkeit, Ihnen ohne Verzug mein Herz zu öffnen. Ich las heute in der Zeitung die Scheidungsacte Napoleons von seiner Gemahlinn; ich muß Ihnen gestehen, lieber Papa, daß ich heftig darüber beunruhigt wurde; der Gedanke, daß es nicht in die Reihe der Unmöglichkeiten gehört, daß ich in der Zahl derjenigen seyn könnte, die man vielleicht zu seiner künftigen Gemahlin vorschlagen würde, bewog mich, Ihnen ein Geständniß zu machen, welches ich in Ihr väterliches Herz lege. Sie hatten wiederhohlte mahle die Güte, mich zu versichern, daß Sie meine Neigung nie zwingen würden; seit meinen Aufenthalt in Ofen hatte ich Gelegenheit, den Erzherzog Franz kennen zu lernen, und entdeckte in ihm alle Eigenschaften, die mich glücklich machen würden; ich gestand es der Mama, die so billige Ansprüche auf mein uneingeschränktes Zutrauen hat, und die Güte hatte, mir die Gelegenheit zu verschaffen, Ihnen meine Gefühle mitzutheilen. In der Zuversicht, daß ich mein künftiges Glück in keine beßern Hände als in die Ihrigen legen kann, erwarte ich Ihre Entscheidung mit den Gesinnungen der kindlichen Ehrfurcht und Liebe, mit welchen ich stets seyn werde, Liebster Papa, Ihre unterthänigste, gehorsamste Tochter Louise.«

So erregt war sie, die Louise, daß sie sich gleich um ein ganzes Jahr im Datum irrte. Sie schrieb »Ofen, den 5ten Jänner 1809« statt 1810[7].

Da vom Papa keine Antwort und kein Trost kam, tröstete sich Marie Louise selbst, indem sie die unangenehme Angelegenheit von sich fortschob. Als ihr Klavierlehrer beunruhigende Nachrichten nach Ofen brachte, nahm sie diese nicht ernst. »Ich sehe, wie er von der Scheidung Napoleons von seiner Frau spricht«, schrieb sie an ihre ehemalige Aja, die Gräfin Victoria Colloredo*. »Ich glaube sogar herauszuhören, daß er mich für die hält, welche sie ersetzen wird, aber darin irrt er sich, denn Napoleon hat zu große Angst vor

---

* Victoria, geborene Gräfin Folliot de Crenneville, in zweiter Ehe mit dem Staatsminister Grafen Colloredo verheiratet, Erzieherin der Erzherzogin Marie Louise.

einer Absage und zu große Lust, uns noch weiter Böses anzutun, um einen solchen Antrag zu stellen, und der Papa ist zu gut, um mir in einem so wichtigen Punkt Zwang anzutun.«[8] Und kühn setzte sie hinzu, ihr tue nur die arme Prinzessin leid, die er erwählen werde,»denn ich bin sicher, daß ich es nicht sein werde, welche dieses Opfer der Politik sein wird«.[9] Die Erzherzogin irrte. Immer alarmierender wurden die Nachrichten, die in Ofen eintrafen. Schließlich entschloß sich die Kaiserin Maria Ludovica, nach Wien zu reisen, um zu retten, was noch zu retten war. Am 30. Januar 1810 traf sie mit Marie Louise in Wien ein und hatte erregte Aussprachen mit ihrem Gatten.

Der Kaiser Franz liebte seine Louise. Sie war sogar seine Lieblingstochter. Aber wichtiger als ihr künftiges Glück war ihm das Glück seiner Monarchie. Der Kaiser war ein Phlegmatiker. Wenn die politischen Umständ' Opfer erforderten, konnte man halt nichts machen! Sie tat ihm ja leid, die Louise, aber Erzherzoginnen wurden schließlich von Jugend an mit dem Gedanken vertraut gemacht, politische Ehen eingehen zu müssen. Eigene Heiratspläne hatten da keine Chance. Im übrigen hielt der Kaiser Franz von den Heiratsabsichten seiner Tochter mit dem Erzherzog Franz von Modena ohnehin nichts. »Er hat nichts, du hast nichts, das Mädel hat nichts und ich hab auch nichts mehr; was soll das für eine Mariage geben«, sagte er zu seiner Gemahlin[10].

Wie das ängstliche Vorgefühl der Louise dann zur bitteren Gewißheit wurde, hat dreißig Jahre später Marie Louises Tochter, Albertine Gräfin Sanvitale, berichtet. Nach der Erzählung ihrer Mutter, die die Gräfin niederschrieb, spielte sich folgende Szene ab:

»Ende Februar 1810 ließ Kaiser Franz eines Tages seine Tochter Marie Louise rufen und erklärte ihr, Kaiser Napoleon habe um ihre Hand geworben.

›Wie denkst Du darüber?‹ sagte er ihr.

›Mein Vater, lassen Sie mir zur Überlegung 24 Stunden Zeit!‹

Während sie diese Worte sprach, konnte sie nur mit Mühe ihre Erregung und Bestürzung verbergen. Zwei große Tränen quollen hierauf aus den Augen des Kaisers, der ganz verzweifelt fortfuhr: ›Leider Gottes, mein Kind, sie haben Dich versprochen, ohne mich zu verständigen!‹ Er spielte damit auf die Schritte Metternichs und Schwarzenbergs an.

›Mein Vater, jedes Opfer für Sie‹, sagte die Erzherzogin, ›selbst das meines Lebens wird mir süß sein.‹ Und sie brachte ein heroisches Opfer, indem sie sich dem Manne hingab, den sie seit ihrer frühesten Kindheit als den Feind ihres Vaterlandes betrachtet hatte . . .[11]«

Diese rührende Szene ist entweder von der Gräfin Sanvitale heroisiert oder von Marie Louise entstellt überliefert worden. Die Erzherzogin, deren Abneigung gegenüber Metternich bezeugt ist, entlastete ihren Vater, indem sie dessen Minister und Botschafter die alleinige Schuld am Zustandekommen des Heiratshandels zuschob. Daß die Verhandlungen ohne Informierung des Kaisers stattgefunden hätten, ist undenkbar.

Tatsächlich hatte sich Marie Louise durch die dringliche Vorstellung Metternichs, das Wohl der Monarchie, ja ihr Bestand, hänge von dem Opfer dieser Eheschließung ab, ihr Einverständnis abringen lassen. So konnte Metternich am 14. Februar 1810 an seine Frau schreiben:»Ich teile heute Schwarzenberg mit, daß wir die Zustimmung der Frau Erzherzogin besitzen; wenn ich jemals eine schwierige Unterhaltung zu führen hatte, so ist es wohl diese gewesen – aber Gott sei Dank ist sie voll gelungen, und ich glaube versichern zu können, daß sie nur mir allein gelungen wäre und dazu die gesamte Kraft meiner Haltung notwendig war.«[12] Jetzt galt es nur noch, durch die Heirat möglichst viel herauszuschlagen.»Durch das Opfer der Erzherzogin so viel als möglich zu erlangen«, schrieb er, gleichfalls am 14. Februar, an Schwarzenberg,»das muß vor allem für uns in Rechnung kommen . . .«[13]

Der Brief war kaum abgegangen, als am 15. Februar die Nachricht von der überstürzten Unterzeichnung des Heiratskontrakts in Wien eintraf. Metternich fühlte sich düpiert: die Braut war verkauft worden, ehe man noch über den Preis gefeilscht hatte.

Schockiert waren auch der österreichische Adel, das gehobene Bürgertum und die ausländischen Diplomaten. Der russische Gesandte, Graf Schuwalow, war wie versteinert, der englische sprach von einer neuerlichen Demütigung des Hauses Österreich.[14] Der plötzliche Ausbruch eines Vulkans, schrieb der Publizist Varnhagen von Ense, habe nicht ärger überraschen können,»aller Sinn war betäubt, alle bisherigen Vorstellungen lagen umgestürzt, die verwirrten Begriffe rangen nach neuer Fassung und Folge«.[15] In den Wiener Salons konnte man sich nicht genug entsetzen. Eine österreichische Erzherzogin würde diesen Emporkömmling heiraten! Der geistreiche Prince de Ligne, der, sooft er den Mund aufmachte, ein Bonmot kreierte, meinte maliziös, dem Minotaurus werde eine schöne Färse geopfert. Aber, so fuhr er fort, sei es nicht besser, eine Erzherzogin gehe zum Teufel als die ganze Monarchie? Selbst die Wiener Börse reagierte auf die Heiratsnachricht. Die Kurse sanken so besorgniserregend, daß sie nur durch eine Stützungsaktion der Regierung aufgefangen werden konnten. Dem Mann auf der Straße war das freilich gleichgültig. Die Heirat versprach Ruhe und Frieden, das war das wichtigste! »Diesem großen Bunde huldigen Millionen«, schrieb die »Wiener Zeitung« am 24. Februar, als sie das »förmliche Eheverlöbnis« kundmachte, »in ihm sehen die Völker Europas das Unterpfand des Friedens, nach nun erloschenen Kämpfen die Segnungen der Zukunft.« Die Freude war allgemein. »Was sagst Du zu der glücklichen Wahl unserer Prinzessin Marie Louise«, schrieb Konstanze Nissen, die Witwe Mozarts, an ihren Sohn Carl nach Mailand. »Kaiserin von Frankreich! . . . Alles ist außer sich vor Freuden . . . Möge sie durch ihre Schönheit und Tugend den großen Napoleon mit ihrem Vater so aussöhnen, daß sie die engste Freundschaft zwischen ihnen finden. So kann Österreich noch glücklich werden.«[16]

Am 23. Februar setzte sich Napoleon hin und schrieb seinen ersten Brief an seine Braut. Er habe zwei Stunden lang geschwitzt, gestand er dem zu Besuch weilenden König von Bayern. Das bezog sich weniger auf die Abfassung des Schreibens als auf die Mühe, es mit seiner berüchtigt unleserlichen Handschrift halbwegs adrett zu Papier zu bringen. Ob er hoffen dürfe, daß seine Braut die Gefühle, die ihn zu diesem Schritt veranlaßten, gütig aufnehmen werde, schrieb er. Ob er sich schmeicheln dürfe, daß sie sich nicht nur von ihrem pflichtgemäßen Gehorsam gegenüber ihren Eltern habe leiten lassen?

»Ich bitte Eure Majestät«, antwortete Marie Louise, »den Ausdruck meiner Dankbarkeit für den verbindlichen Brief zu genehmigen, den Eure Majestät mir durch Graf von Lauriston zu übermitteln geruht hat. Seit meiner Jugend gewohnt, mich in allem den Wünschen meiner Eltern zu unterwerfen, habe ich geglaubt, die Entscheidung über mein Schicksal keinen besseren Händen anvertrauen zu können als denen des liebevollsten aller Väter. Indem ich seinem Wunsche Folge leiste, mich mit Eurer Majestät zu verbinden, bitte ich Sie, überzeugt zu sein, daß ich mich von nun ab verpflichtet halte, dauernd bestrebt zu sein, diejenigen Eigenschaften zu erwerben, die mich Euer Majestät liebenswert machen und mir Ihre Liebe gewinnen können.«[17] Ob sie an die Puppe Buonaparte, an die vermeintlichen Greueltaten Napoleons und an den »Rothen Krebs« zu Köln dachte, als sie diese Zeilen schrieb?

Aber die Würfel waren gefallen, die Heirat beschlossen. Schon ließ der Kaiser Franz die Akten über die Vermählung der Erzherzogin Marie Antoinette heraussuchen, die den Hochzeitsfeierlichkeiten zum Muster dienen sollten, schon wurden der Kaiserin Maria Ludovica, die den Trousseau zusammenstellen sollte, 400.000 Gulden angewiesen. Eine Hochzeit wurde ausgerichtet, der ein perfides Täuschungsmanöver vorangegangen war, eine Hochzeit, die nach katholischem Recht eigentlich gar nicht hätte stattfinden dürfen.

Marie Louise im Alter von achtzehn Jahren
Miniatur aus dem Jahr 1809

III

War es Bigamie?

Der Wiener Hof hatte seine Einwilligung zur Heirat Napoleons mit Marie Louise an die einzige Bedingung geknüpft, die er stellen konnte: daß der zweiten Eheschließung des Kaisers kein kirchliches Hindernis im Wege stehe. Die zivile Auflösung der ersten Ehe des Korsen mit der Kaiserin Joséphine war glatt über die Bühne gegangen. Am 15. Dezember 1809 hatte das französische Kaiserpaar seine Bereitwilligkeit zur Auflösung seiner Ehe –»zum Wohle Frankreichs«– erklärt. Die gesamte kaiserliche Familie hatte das Protokoll unterzeichnet, ein Schiedsspruch des Senats tags darauf die Auflösung der Ehe bestätigt.[1] Der Schiedsspruch stand freilich im Widerspruch zu einem von Napoleon selbst erlassenen Gesetz vom 30. März 1806, das Mitgliedern des kaiserlichen Hauses jeden Geschlechts und jeden Alters Scheidungen untersagte. Der Spruch verletzte ferner den Artikel 277 des Code Civil, der selbst Ehetrennungen mit gegenseitigem Einverständnis verbot, wenn die Frau ein Alter von 45 Jahren bereits erreicht hatte, ein Umstand, der bei der 1763 geborenen Joséphine zutraf. Beide Einwände machten später, während der Restauration, die Anhänger der Bourbonen in der Absicht geltend, Napoleons und Marie Louises Sohn zum Bastard zu stempeln. Napoleon-Apologeten freilich wischen derlei unangenehme Argumente mit dem Hinweis vom Tisch, daß es sich bei der Causa Napoleon kontra Joséphine nicht um eine Scheidung, sondern um eine Ungültigkeitserklärung der Ehe gehandelt habe.[2]

Blieb aber noch die kirchliche Seite der Angelegenheit, und die war verworren genug.

Im Jahr 1796 hatte der General Buonaparte die verwitwete Joséphine Beauharnais, geborene Tascher de la Pagerie, geheiratet. Mit Rücksicht auf die republikanische und antiklerikale Einstellung des Bräutigams war es eine Ziviltrauung gewesen. Sie fand am Abend des 9. März im Bürgermeisteramt des zweiten Arrondissements von Paris statt.[3]

Als sich Napoleon dann 1804 zum Kaiser krönen ließ und für die Krönungszeremonie den Papst nach Paris kommen ließ, gab es die erste Schwierigkeit. Wenige Tage vor der Krönung erfuhr Pius VII., daß auch Joséphine gekrönt werden sollte. Der Papst war aufs unangenehmste berührt. Mutete man ihm zu, ein Paar zu krönen, das nicht kirchlich getraut war? Dezidiert gab er zu erkennen, daß er in diesem Fall seine Mitwirkung bei der Krönung verweigern müsse. Um ihn zu beruhigen, fand am 1. Dezember, dem Vortag der Krönung, in aller Eile und großer Heimlichkeit eine Art kirchliche Trauung statt, die der Onkel Napoleons, Kardinal Fesch, vornahm. Vor dem Altar standen die an der kirchlichen Trauung höchlichst interessierte Joséphine und ein unwilliger Napoleon. Wie heimlich und versteckt alles vor sich ging, geht schon daraus hervor, daß die Angaben voneinander abweichen, ob die Einsegnung in den Gemächern Joséphines oder in der Kapelle der Tuilerien stattgefunden hat. Auch über die Trauzeugen gab es später Zweifel. Angeblich waren es Berthier und Cambacérès, vermutlich aber Berthier, Talleyrand und General Duroc, welch letztere freilich, wie sich bald zeigen sollte, ihre Beistandsleistung sehr schnell wieder vergaßen.

Die kaiserliche Ehe war also nach katholischem Ritus eingesegnet worden. Sie hatte freilich einen kleinen Schönheitsfehler: Kardinal Fesch war nicht, wie eigentlich vorgeschrieben, der ordentliche Seelsorger des kaiserlichen Paares und von jenem Geistlichen auch nicht bevollmächtigt gewesen; aber im kirchenrechtlichen Sinn war die Ehe Napoleons und Joséphines zweifellos gültig.

Wie nun daraus herauskommen?

Nach katholischem Ritus gibt es keine Scheidung der Ehe, lediglich eine Trennung von Tisch und Bett, die aber keine neue Heirat gestattet. Wollte Napoleon eine zweite Ehe eingehen, mußte vom kirchlichen Standpunkt aus seine Verbindung mit Joséphine als bloße Scheinehe erklärt werden, und diese Entscheidung stand einzig dem Papst zu. Das Diözesan-Offizialat von Paris, das in erster Instanz angerufen wurde, entschied denn auch genau in diesem Sinne: eine Eheangelegenheit zwischen gekrönten Häuptern gehöre vor den Richterstuhl des Papstes.

Nun war es Napoleon, der aufs unangenehmste berührt war. Mit Pius VII. stand er auf Kriegsfuß. 1808 waren die Franzosen in Rom einmarschiert, im Mai 1809 hatte Napoleon von Wien aus den Kirchenstaat annektiert. Prompt hatte der Papst die Exkommunizierung gegen alle jene ausgesprochen, die sich an der päpstlichen Autorität vergangen hatten. Napoleon war nicht ausdrücklich erwähnt worden, durfte sich aber durchaus als eingeschlossen betrachten. Kurzerhand hatte er daraufhin Pius VII. aus Rom fortschaffen und in Savona festsetzen lassen.[4] Sollte er jetzt als Bittender zum Gefangenen von Savona kommen? Ihn über sich zu Gericht sitzen lassen?

Nun war Napoleon nicht der erste Souverän, der seine Gemahlin los sein wollte. Auch Karl der Große sowie Ludwig XII. und Heinrich IV. von Frankreich hatten sich von ihren Frauen getrennt, und Heinrich VIII. von England hatte seiner Scheidungswünsche wegen sogar England von der Römischen Kirche getrennt. Auch Napoleon fand einen Ausweg. Er ließ ein Kollegium aus sieben gefügigen Prälaten zusammentreten, die das Pariser Offizialat »unter den gegebenen Verhältnissen« für zuständig erklärten, in der kaiserlichen Eheangelegenheit ein Urteil zu fällen. Als Ungültigkeitsgründe wurden dem Offizialat eine Reihe fadenscheiniger Ausreden vorgelegt, darunter die höchst lächerliche, daß der General Buonaparte die Ehe ohne Einwilligung seiner Mutter (der Vater war bereits tot) geschlossen habe, und die höchst sonderbare, daß er bei der Trauung anno 1804 keineswegs eine unauflösliche Verbindung habe eingehen wollen und die Einsegnung nur auf Joséphines Drängen, ohne Zeugen und ohne schriftliche Beglaubigung »mit innerem Widerstreben und nur zum Schein« zugelassen habe[5]. In das gleiche Horn stießen Berthier, Talleyrand und Duroc. Als sie am 6. Januar 1810 als Zeugen einvernommen wurden, gaben sie die Erklärung ab, »daß die kirchliche Einsegnung, falls eine solche zwischen Ihren Majestäten stattgefunden habe, ohne wahrhafte Zustimmung seitens des Kaisers, ohne den zuständigen Pfarrer, ohne Zeugen und ohne darüber ausgestellte beweiskräftige Urkunde vorgenommen worden sei«.[6]

Blieb noch der Onkel Fesch, der natürlich nicht gut leugnen konnte, die Trauung vorgenommen zu haben. Aber auch er gab als vierter Zeuge das Fehlen von Trauzeugen an, und der zuständige Seelsorger war er ja tatsächlich nicht, was ihm allerdings bereits 1804 hätte auffallen müssen.

Die ganze Angelegenheit war eine Farce, und die Beteiligten wußten das. Aber so fadenscheinig das Gewebe der Ausreden und

Verdrehungen auch war, es hielt. Am 9. Januar 1810 erfolgte der Urteilsspruch des Diözesan-Offizialates von Paris, das »mit Rücksicht auf die Schwierigkeit, sich an das Oberhaupt der Kirche zu wenden«[7], entschied, daß die Ehe der kaiserlichen und königlichen Majestäten null und nichtig sei und daß es beiden Majestäten freistehe, ein anderes Ehebündnis nach den gesetzlichen Vorschriften einzugehen. Der Spruch wurde tags darauf in zweiter Instanz vom Pariser Metropolitan-Offizialat bestätigt.[8] Niemandem fiel auf, wie sehr Napoleon seine erste Gemahlin demütigte und sich selbst herabwürdigte, als er sich unter Einsatz seines ganzes Prestiges bestätigen ließ, daß die vierzehn Ehejahre mit Joséphine nur ein Verhältnis gewesen waren.

Zuletzt wurde die ganze trübe Eheangelegenheit vollends zur Komödie. Als sich der Diözesan-Offizial Boilesve zu Napoleon begab, ihm den Inhalt des gefällten Spruches vortrug und als Buße für die Außerachtlassung kirchenrechtlicher Förmlichkeiten eine Spende für die Armen verlangte, wandte sich Napoleon an den danebenstehenden Kardinal Fesch und sagte mit gespielter Entrüstung: »Da hörst du es jetzt! Ich bin zu einer Geldstrafe verurteilt, aber die wirst *du* zahlen, denn *du* hast den Fehler gemacht, daß du uns trautest ohne dazu die Vollmacht zu haben. Du hättest dein Handwerk besser verstehen sollen!«[9]

Die Komödie war freilich noch nicht zu Ende und sollte noch ein Nachspiel haben. Es gab nämlich nicht nur die sieben willfährigen Prälaten, die die Übergehung des Gefangenen von Savona sanktionierten, sondern auch noch eine Reihe von Kardinälen, die die Zuständigkeit der Pariser geistlichen Gerichte nicht anerkannten. Für sie war die erste Ehe Napoleons kirchenrechtlich gültig und intakt. Sie sollten mit diesem Argument noch sehr viel Staub aufwirbeln.

Vorläufig aber galt es, den Wiener Hof zu überzeugen, daß in Paris alles geordnet war und dem neuen Ehebund mit der Erzherzogin kein kirchliches Hindernis entgegenstand. Die Sache war recht heikel: Man mußte notgedrungen den Schiedsspruch des Pariser Offizialates nach Wien schicken, tunlichst aber vermeiden, daß die Papiere allzu genau eingesehen wurden, da sie exakten Prüfungen selbstredend nicht standhielten. Also erhielt der französische Botschafter in Wien, Graf Otto, die Dokumente mit der Ordre zugesandt, sie auf Verlangen dem kaiserlichen Hof zu Wien zur Einsichtnahme vorzulegen. Das Schwergewicht lag dabei auf den Worten »auf Verlangen«. Nicht konvenabel wäre es, so wurde der

Graf instruiert, sollten Kopien angefertigt werden. Überhaupt sollten die Papiere nicht zu lange in Wien herumliegen. »Sie werden trachten, mir diese Entscheidungen, sobald Sie ihrer nicht mehr bedürfen, zurückzusenden«, hieß es in dem Begleitschreiben Champagnys an Otto.[10] Graf Otto wußte über die Hintergründe dieser Ordre zwar selbst nicht Bescheid, tat aber wie ihm geheißen. Am 17. Februar trafen die Dokumente in Wien ein, und sofort begab er sich zu Metternich, der die leidige Eheangelegenheit zur Sprache brachte und zu wissen verlangte, ob die erste Ehe Napoleons wirklich nicht kirchlich eingesegnet worden sei. Graf Otto gab beruhigende Erklärungen ab, legte die Dokumente jedoch nicht vor, sondern kehrte heim und verschloß sie in seiner Schreibtischlade. Metternich hatte die Einsichtnahme ja nicht ausdrücklich verlangt! Als nach drei Tagen noch immer keine Nachfrage kam, sandte der Botschafter die brisanten Papiere mittels Kurier an Außenminister Champagny zurück.[11]

Alles schien somit geregelt. Kaiser Franz und der Wiener Hof schienen beruhigt, und Metternich war an Schwierigkeiten in letzter Minute ohnehin nicht interessiert. Da tauchte plötzlich ein ernstzunehmendes Hindernis auf: Der Wiener Erzbischof, Graf Sigismund Hohenwart, ein kluger Achtziger mit viel Lebenserfahrung, äußerte ernste Bedenken in Hinsicht auf die Nichtigkeit der ersten Ehe Napoleons. Wenn er nicht die Schiedssprüche der französischen Geistlichkeit zu Gesicht bekomme, ließ sich der resolute alte Herr vernehmen, sei er nicht imstande, die bevorstehende Ehe mit der Erzherzogin einzusegnen. Und er ließ eine Liste dringender Fragen zusammenstellen, deren Beantwortung er zur Beruhigung seines Gewissens verlangte. Er müsse Bescheid wissen über die Art der ersten Heirat Napoleons, eine etwaige kirchliche Sanktionierung der Ehe und die Gründe ihrer Auflösung.

Eiligst wandte sich Metternich nun an Graf Otto, aber der bedauerte: Die Akten seien schon wieder nach Paris unterwegs. Es habe sie ja niemand verlangt. Natürlich werde er umgehend einen Kurier hinterhersenden, um sie zurückzuholen, aber der Zeitverlust werde beträchtlich sein, und bei der Ungeduld seines Kaisers, die Sache zum Abschluß zu bringen, werde es Schwierigkeiten geben . . .

Ein hektisches diplomatisches Hin und Her setzte ein. Man beschuldigte einander, die Lage zu verwirren, wechselte offizielle

Noten, gab beruhigende Erklärungen ab. Tatsächlich war das ganze ein Täuschungsmanöver Napoleons und seiner Diplomaten, bei dem Metternich allerdings mitmischte. Um die Heirat nicht in letzter Minute platzen zu lassen, hatte er den beim päpstlichen Stuhl akkreditierten österreichischen Legationsrat Ludwig von Lebzeltern beauftragt, einen Bericht zu verfassen, aus dem »um jeden Preis« hervorzugehen hatte, daß die Pariser Annullierungsgründe rechtskräftig seien. Lebzeltern tat, wie ihm geheißen und sandte gleich zwei Berichte, die Metternich unvorsichtigerweise nicht verschwinden ließ.[12] Der tüchtige Legationsrat kolportierte darin eine Geschichte, die er angeblich von einem hohen Kirchenfürsten, dem Kardinal Consalvi, hatte. Danach sei der Papst anno 1804 vor der Krönung Napoleons und Joséphines aufs schmählichste getäuscht worden. Als er unverzüglich Beweise über die Gültigkeit der Ehe des Kaiserpaares verlangt habe, hätten ihn französische Bischöfe mit angeblichen Details von der kirchlichen Einsegnung beruhigt, und so habe der irregeführte, überlistete Papst das Paar gekrönt. Erst einige Tage danach habe der Hl. Vater erfahren, daß man sein Vertrauen mißbraucht habe, doch da nun schon einmal gekrönt worden sei, habe er über die ganze Angelegenheit Stillschweigen bewahrt, um nicht vor der Öffentlichkeit als derjenige dazustehen, der »ein Konkubinat sanktioniert« habe.[13] Mit Napoleon aber habe es lebhafte Auseinandersetzungen gegeben.

Überflüssig zu erwähnen, daß die ganze Sache erfunden war, da Kardinal Consalvi in seinen Memoiren ausdrücklich Kardinal Fesch als jenen Priester erwähnt, der die kirchliche Trauung des Kaisers Napoleon mit Joséphine am Vortag der Krönung vorgenommen hatte.[14]

Graf Ottos Erklärungen und Lebzelterns erfundene Berichte beruhigten den Wiener Erzbischof aber keineswegs. Am 28. Februar setzte er sich hin und schrieb an Kaiser Franz, und aus seinem Brief spricht die schwere Sorge, »das H. Sacrament der Gefahr der Nullität, das Brautpaar in eine gefährliche, wankende, vielen Witzeleien, Klüglereien ausgesetzte Lage zu setzen«. Noch immer besitze er keinen »vor Gott, vor der Kirche und vor der Welt sichernden Beweis«, daß es sich bei der ersten Ehe des Kaisers Napoleon nur um eine »zeitliche, auflösbare und nicht lebenslängliche eheliche Verbindung« gehandelt habe.

Die ganze Angelegenheit war deshalb so verworren, weil die Pariser Dokumente vor der Wiener Trauung kaum mehr zeitgerecht eintreffen konnten. Um keine uferlosen Schwierigkeiten zu machen, gab der Erzbischof seinem Herzen einen Stoß. Er würde, so erklärte er, sich auch zufriedengeben, wenn ihm die österreichische Staatskanzlei respektive andere oberste Hof- oder Gerichtsstellen bestätigten, daß die Ungültigkeit des zivilehelichen Vertrages »zwischen dem Kaiser Napoleon und der Kaiserin Josepha (sic) ordentlich und rechtmäßig sey anerkannt und publiziert worden«. Dann werde er »getroster, sicherer zu Werke gehen« und sich und das Brautpaar keiner Gefahr aussetzen.[15]

Statt der gewünschten österreichischen Bestätigung gab Graf Otto eine hochoffizielle, eidesstattliche Erklärung ab, daß er selbst die beiden Urteilssprüche der Pariser Geistlichkeit in Händen gehabt und eingesehen habe »und daß darin die Nichtigkeit der ersten Heirat Sr. Maj. des Kaisers Napoleon durch sieben ehrwürdige Kirchenfürsten . . . auf Grund glaubwürdiger Originaldokumente anerkannt worden sei«.[16]

Das beruhigte den Erzbischof. Viel später freilich sickerte die Wahrheit durch. Auf dem Wiener Kongreß soll der Erzbischof von Kardinal Consalvi erfahren haben, daß er schmählich getäuscht worden war: daß die erste Ehe Napoleons doch kirchlich eingesegnet worden und somit noch intakt gewesen war, als er, Graf Hohenwart, die zweite mit der Erzherzogin sanktionierte. Bis an sein Totenbett soll den Erzbischof dieser Gedanke gefoltert haben.[17]

Die Erzherzogin Marie Louise freilich hatte keine Ahnung von alledem. Sie, die die Wiener »ihre fromme Louise« nannten, wußte nicht, daß sie einen Exkommunizierten heiraten sollte, der, kirchenrechtlich gesehen, noch mit einer anderen verheiratet war. Vermutlich hat man ihr auch den Heiratsvertrag nicht gezeigt. Der Contrat de mariage, den Champagny Duc de Cadore und Fürst Carl Schwarzenberg am 7. Februar 1810 unterzeichnet hatten, sah vor, daß die Hochzeit binnen acht Tagen nach der angenommenen Werbung nach Brauch und Etikette des Wiener Hofes stattfinden und die durchlauchtigste Braut sogleich danach, begleitet von einem ihrem Rang entsprechenden Hochzeitszug und mit allen Ehren ihrer neuen Würde die Reise nach Frankreich antreten sollte. In Braunau am Inn sollte sie ihrem französischen Hofstaat übergeben werden. An Mitgift hatte der Kaiser von Österreich 200 000 Gulden Rheinischer Währung oder 500 000 Francs zu zahlen. Außerdem erklärte er sich bereit, seiner Tochter »Geschmuck« im Wert von ebenfalls 200 000 Gulden mitzugeben. Umgekehrt würde

Seine Majestät der Kaiser der Franzosen der durchlauchtigsten Braut bei ihrer Ankunft in Frankreich Geschenke oder Juwelen bis zu einem Wert von 200 000 Ecus (Taler im Wert von 3 Francs) machen und ihr als Witwenrente jährlich 500 000 Francs aussetzen.[18]

Blieb nur noch die »bei Heurathen kayserlicher Prinzessinnen« übliche Renunziation durchzuführen. Am 9. März um 13 Uhr fand diese feierliche Verzichtleistung Marie Louises auf ihre Thronrechte in Österreich in der »Geheimen Ratsstube« der Wiener Hofburg statt. In Anwesenheit von Kaiser Franz, der obersten Hofämter, der Minister und des Wiener Erzbischofs, des französischen Großbotschafters und des französischen Botschafters leistete Marie Louise den Eid auf das Evangelium des hl. Johannes und unterschrieb die Verzichtleistung.

Und nun stand der Eheschließung kein Hindernis mehr im Wege.

IV

Die Hochzeit

Am 11. März 1810 – es war ein Sonntag – um punkt halb sechs Uhr abends setzte sich der Hochzeitszug in Bewegung. Er führte von den kaiserlichen Appartements in der Wiener Hofburg über den geschmückten, beleuchteten Augustinergang in die Augustinerkirche, die Hochzeitskirche der Habsburger.

Pünktlich war Berthier bei Hofe eingetroffen und hinter den Edelknaben, den Kammerfourieren, Truchsessen, den Kämmerern und geheimen Räten, Ministern und Obersthofämtern eingereiht worden. Seiner Würde entsprechend ging der französische Großbotschafter allein, paarweise gefolgt von den Brüdern des Kaisers, den Erzherzogen Rudolph und Ludwig, Rainer und Johann, Anton und Joseph.

Der Kaiser Franz schritt hinter seinem Bruder Carl, der den Bräutigam vertreten sollte. Seinen Schwiegersohn kannte der Kaiser schon. Im Unglücksjahr 1805, nach der Schlacht bei Austerlitz, hatte er ihn kennengelernt.

2. Dezember 1805: Drei-Kaiser-Schlacht bei dem mährischen Ort Austerlitz. Napoleon auf der einen, Kaiser Franz – damals noch als römisch-deutscher Kaiser Franz II. – und Zar Alexander I. auf der anderen Seite. Auch Berthier war dabeigewesen. Um halb zwei Uhr dieses Tages hatte er die Siegesnachricht an den damaligen französischen Außenminister Talleyrand zu Papier gebracht. »Ich mache Ihnen«, hatte er geschrieben, »mit Vergnügen Mitteilung von dem glänzendsten Sieg, den Kaiser Napoleon erfochten hat . . .«[1]

Auch der Kaiser Franz hatte an jenem 2. Dezember die Feder zur Hand genommen und seiner Gemahlin ein winziges Billett mit einer lapidaren Nachricht gesandt. »Heute ist eine Schlacht geliefert worden, die nicht gut ausgefallen«, schrieb er, ». . . ich bitte dich dem zufolge auf Teschen dich von Olmütz zurückzuziehen mit allen was zu uns gehöret. Ich bin gesund. Dein zärtlichster Franz.« Und zwei Tage später hatte er bekannt: »Bey dieser Laage der Sachen ist leider nichts mehr zu thun als sobald möglich ein Ende zu machen.«[2]

Am selben Tag, dem 4. Dezember 1805, war er dann persönlich mit Napoleon zusammengetroffen, um Friedensgespräche zu führen. Genauer gesagt: um den Sieger um halbwegs erträgliche Friedensbedingungen zu bitten.

Der Korse hatte den Habsburger zu einer Mühle bei dem mährischen Ort mit dem zungenbrecherischen Namen Nasiedlowice bestellt. Der Kaiser Franz war kein Soldatenkaiser. Er kam nicht, begleitet von einem Kavallerie-Detachement, hoch zu Roß, sondern, gemeinsam mit dem Fürsten Liechtenstein, in einer Kutsche. Napoleon empfing ihn, umgeben von Generälen, zwei Marschällen und vier Adjutanten, an einem Lagerfeuer. Es war ein denkwürdiger Augenblick gewesen: der Repräsentant einer jahrhundertealten europäischen Ordnung verhandelte mit dem Mann, der sie zunichte machte.

Das Gespräch fand unter vier Augen statt und dauerte anderthalb Stunden. Napoleon, sechsunddreißig Jahre alt und um nur ein Jahr jünger als der Kaiser Franz, war ein höflicher Sieger. »Mit Bonaparte selbst bin ich ganz zufrieden gewesen, insoweit man es mit einem Sieger seyn kann, der einen grossen Theil meiner Monarchie in Besitz hat«, schrieb der Kaiser an seine Frau. »An Achtung gegen mich und die meinigen hat er es nicht fehlen lassen . . .«[3]

Das Resultat der Entrevue bei Nasiedlowice aber war niederschmetternd gewesen. Der Kaiser Franz verlor in diesen anderthalb Stunden Venedig, Dalmatien und, was ihn besonders schmerzte, Tirol und Vorarlberg. Beides sollte an Bayern fallen. Württemberg erhielt einige österreichische Donaustädte, Baden die noch verbliebenen österreichischen Vorlande, darunter den Breisgau. In den anderthalb Stunden von Nasiedlowice verlor der Kaiser Franz 2,8 Millionen Untertanen, und er bekam 40 Millionen Gulden an Kriegskontribution aufgebrummt.[4] Daß Salzburg mit Berchtesgaden österreichisch werden sollte, war da nur ein geringer Trost. Wirklich, es war dem Kaiser nicht zu verdenken gewesen, daß er auf dem Heimweg von der denkwürdigen Unterredung zum Fürsten Liechtenstein gesagt hatte: »Reden S', was Sie wollen. Der Bonaparte ist doch ein widerlicher Kerl!«[5]

Er hatte dann noch einen letzten Versuch unternommen und seinen Bruder Carl zu Napoleon geschickt. Carl sollte den Gegner um Mäßigung der drückenden Bedingungen bitten. Im kaiserlichen Jagdschloß Stammersdorf bei Wien waren am 26. Dezember 1805 die beiden größten Heerführer ihrer Zeit zusammengetroffen. Napoleon schenkte Carl einen Degen. Von den demütigenden Bedingungen des Friedens von Preßburg, der an demselben 26. Dezember 1805 unterzeichnet wurde, schenkte er ihm nichts.

Gemessenen Schrittes ging der Lieblingsgegner Napoleons nun als dessen Stellvertreter im Hochzeitszug. Rein äußerlich war der Erzherzog Carl nicht gerade der Prototyp eines Kriegshelden. Kaum mittelgroß, mager, von blasser Gesichtsfarbe, hatte er früh sein braunes Haupthaar verloren und durch eine Perücke ersetzen müssen. Auffallend war seine helle, starke Stimme und die vitale Art, mit der er sich gab.[6] »Kleines, lebhaftes Männchen, österreichisches Sprechen, durchaus freundschaftliches, ächtdeutsches Wesen«, jubelte Joseph von Eichendorff.[7] Carls Vater, Kaiser Leopold II., hatte seinen Sohn kritischer gesehen. »Er hat Talent«, schrieb der Kaiser, »aber er muß im Zaum gehalten werden, neigt dazu, schroff, heftig und ungestüm zu sein, sich von niemand etwas sagen zu lassen.«[8]

Von Jugend an war der Erzherzog kränklich. Seit seinem achten Lebensjahr litt er an epileptischen Anfällen, und seiner schwachen Gesundheit wegen hätte er eigentlich Geistlicher werden sollen. Wäre er es geworden, hätte Österreich seinen bedeutendsten Heerführer seit dem Prinzen Eugen versäumt.

Der erste militärische Ruhm kam früh: Als Einundzwanzigjähriger siegte Carl in Belgien über die Franzosen. Mit vierundzwanzig war er Reichsgeneralfeldmarschall; als er dem Vordringen der Franzosen in Deutschland Einhalt gebot und sie über den Rhein zurückwarf, nannte man ihn den »Retter Germaniens«. Sein Sieg bei Aspern und Eßling am 21. und 22. Mai 1809 war wie ein Fanal in ganz Europa. Der Korse war also doch nicht unbesiegbar. Man konnte nicht nur seine Armeen, sondern auch ihn, ihn ganz persönlich, schlagen, und der kleine österreichische Generalissimus hatte es getan!

War Carl auch der Abgott seiner Soldaten, so war er doch weit davon entfernt, ein Haudegen zu sein. Er spielte vorzüglich Klavier, sah im Unterschied zu seinem Bruder Franz, der den »Büchelmachern« mit Mißtrauen begegnete, gern Dichter und Denker bei sich und führte selbst eine brillante Feder. Er veröffentlichte eine Reihe von Werken über die Kriegskunst, und was er mit seinen Reformen für das österreichische Militärwesen geleistet hat, ist gar nicht hoch genug zu veranschlagen. Zum ersten Mal war da einer, der den Makel vom Militär nahm, eine Art Strafanstalt für minderwertige Subjekte zu sein.

Politisch war Carl weit aufgeschlossener als sein reaktionärer kaiserlicher Bruder. Unvoreingenommen stand er den politischen Strömungen seiner Zeit gegenüber, und er, der kaiserliche Prinz, begriff sogar die Ursprünge der großen Revolution. »Je mehr man die vornehmsten Franzosen, ihre Denkungsart und ihre Art zu handeln, kennenlernt«, schrieb er 1791 freimütig an seinen Bruder Franz, »desto weniger verwundert man sich über die Revolution. Es könnte Frankreich kein größeres Unglück geschehen, als wenn alles auf den vorigen Fuß gesetzt und die Herren wieder zu dem Staatsruder und zur Leitung der Geschäfte kommen würden.«[9]

Über solche anarchistische Gedanken konnte sich sein Bruder Franz nicht genug entsetzen. Er, der die Angst nicht los wurde, seine Untertanen könnten die revolutionären Parolen von Freiheit, Gleichheit und Brüderlichkeit doch noch aufgreifen und auch so eine schreckliche »Demokratie« errichten, wurde auch das Mißtrauen gegen seinen Bruder Carl nicht los. »Enthalte dich, in was immer, für ein nicht militärisches Geschäft einzumischen, besonders in politische Gegenstände«, schrieb er ihm brüsk, »du hast mit dem Militärischen genug zu tun . . . Sollten dir ein oder andere in das Politische einschlagende Anträge vorkommen, so weise sie alle an meine Staatskanzlei oder an Mich selbst: widrigenfalls desavouire Ich alles, was du gethan hast . . .«[10] Anno 1800 riet er Carl gar, »sich aller Nachdenken erfordernden Beschäftigung zu enthalten«.[11] Kein Wunder, daß dem Grafen Zinzendorf die Behandlung des Erzherzogs »nicht besser als die eines Küchenjungen« erschien.[12]

Den trotz seiner Warnungen und Mahnungen stets loyalen Erzherzog verletzte das kaiserliche Mißtrauen zutiefst. »Möchtest du mir jenes Zutrauen schenken, daß (sic) du so oft an Männer verschwendet hast, die deine Gnade misbrauchten«, schrieb er gekränkt an den Kaiser. »Möchtest du dich ewig erinnern, daß ich keinen andern Anspruch kenne als den auf die Erhaltung des Staates, auf das ungestörte Glück deiner geheiligten Person, auf den Schutz des Thrones und auf die Bruderliebe meines Souveräns.«[13]

1809 sickerte durch, daß Napoleon Carl die österreichische Kaiser-krone angetragen habe. Carl hatte dezidiert abgewinkt, der Kaiser Franz aber fühlte sich in seinem Mißtrauen nur bestärkt. Tatsächlich hielt Carl die Politik seines Bruders für verfehlt und seine Kriege für verfrüht. »Der Armee fehlt es an Geld, Brot, Pfer-den, Verpflegung und Menschen«, schrieb er 1805 vom italieni-schen Kriegsschauplatz an den Bruder.[14] Wie sollte man Krieg füh-ren gegen einen Napoleon, wenn hinten und vorn kein Geld da war?! Der Kaiser hörte nur selten auf seinen Bruder. Zweimal ent-ließ er ihn und berief ihn doch wieder. Und wenn Not am Mann war, wenn Kaiser und Vaterland riefen, war Carl immer da, und während einer Schlacht hatte er auch nie epileptische Anfälle. Was Carl fehlte, war das Zutrauen zu sich selbst und der Elan, auch ein-mal alles auf eine Karte zu setzen. Der Erzherzog war immer allzu-schnell bereit, zu resignieren und Frieden zu schließen, vielleicht, weil er den Krieg so gut kannte. »Man muß ein Schlachtfeld gese-hen haben, um die Schrecken und Leiden des Krieges zu begreifen«, sagte er als abgeklärter Mann zu seinen Söhnen.[15]

Die Spitze des Hochzeitszuges hatte die Augustinerkirche er-reicht. Das bis auf den letzten Platz gefüllte Gotteshaus war festlich geschmückt. Gespannt sahen die »in Galla« erschienenen Herren und die herausgeputzten Damen der Braut entgegen.

Marie Louise schritt hinter dem kaiserlichen Vater an der Seite der Kaiserin und Königin Maria Ludovica, »allerhöchstwelche die durchlauchtigste Braut an der rechten Hand führten und von bey-den Oberhofmeistern seitwärts begleitet wurden«.[16]

Wieder überstrahlte der Charme der Kaiserin die Braut, wirkte jener morbide Zauber, der vom Tod gezeichnete junge Frauen oft so reizvoll macht. Es war ein offenes Geheimnis am Wiener Hof, daß die dritte Gemahlin des Kaisers Franz, eine geborene Erzherzo-gin von Modena-Este, an einem Lungenleiden litt. Auch sie selbst wußte um ihre Krankheit. »Gott flehe ich um seine Hilfe, aber täu-schen kann ich mich nicht«, schrieb sie an ihren Gemahl, »ich sehe mein bitteres Schicksal klar vor den Augen, doch wenn du nur ge-sund bist, so will ich alles ertragen . . .«[17] Sie durfte nicht reiten, keine langen Spaziergänge unternehmen, sollte »alles Leuthe Emp-fangen, Aufputzen, in das Theater gehen« vermeiden[18], mußte sehr geschont werden und wurde doch immer weniger. »Ich leide viel und nehme täglich ab, du thäst (sic) dich über meine schröckliche Mägern (Magerkeit, Verf.) wundern«, klagte sie ihrem Gatten[19].

Sie litt doppelt unter ihrer Krankheit, da sie, eine starke Persönlichkeit und die klügste aller vier Frauen des Kaisers Franz, tätig sein wollte. (»Es fallt mir äußerst schwer, auf mein Kanape genagelt zu seyn; ich möchte Hand anlegen.«[20]) Der leidende Zustand der jungen Kaiserin war so offensichtlich, daß Friedrich Gentz ihr Schicksal schon für besiegelt hielt.»Mir kommt ihr Zustand so bedenklich vor, daß ich nicht glaube, daß sie den Winter überlebt«, schrieb er am 24. Oktober 1809.[21]

Auch Marie Louise machte sich Sorgen um die Gesundheit der »lieben Mama«. Als sie im Mai des Unglücksjahres 1809 vor Napoleon gemeinsam nach Ungarn flüchten mußten und die junge Kaiserin blaß und sichtlich von Schmerzen gepeinigt in der Kutsche lehnte, beobachtete sie die Stieftochter besorgt. »Gestern im Wagen litt sie äußerst an Milzstechen«, schrieb Marie Louise anderntags (den 6. Mai 1809) an den Vater,»und da es stark stoßte, so that ihr jeder Schlag außerordentlich weh. Für uns war es schröcklich, sie so leiden zu sehen und wir empfanden jeden Stoß an ihrer Stelle. Gebe Gott, daß sie nur wohlauf bleibt, wir suchen sie so viel es in unseren Kräften steht, zu trösten, denn wir fürchten, daß ihr der Kummer endlich schadet.«

Tatsächlich sollte die Kaiserin Maria Ludovica ihr 30. Lebensjahr nicht vollenden. Die ihr noch verbleibenden sechs Jahre teilte sie in die Liebe zu ihrem Gatten, den Haß gegen Napoleon, der sie und ihre Familie aus Italien vertrieben hatte, und in die Sorge für ihre Stiefkinder. (»Gottlob, daß ich deine Kinder hab, die sollen mein Herz besitzen, und ewig werde ich mich ihrem besten widmen; es ist genug, daß sie dein sind, aber ich muß sagen, daß sie mich als leibliche Mutter behandlen.«[22]) Der Louise war sie besonders zugetan. »Ich glaube nicht, daß ich sie mehr lieben könnte, wenn ich sie in mein Leib getragen hätte«, schrieb sie dem Kaiser, »sie verdient es auch, denn ihr Grund ist vortrefflich, leider wenig oder falsch bearbeit, aber das ist nicht ihre Schuld, und da sie das Gute will, so hoffe ich, mit Liebe sie langsam dahin zu bringen, wo sie seyn soll.«[23]

Dazu war die Zeit freilich zu kurz gewesen, und da ging sie nun, die noch so kindliche, unreife, schüchterne Louise, jung, rosig und kerngesund, und sollte selbst Kaiserin werden.

Wie verhielt sich eine Prinzessin, die Napoleons Gemahlin werden sollte? Wie gab sie sich ihren künftigen Untertanen gegenüber, was sprach sie etwa mit dem Botschafter ihres Landes?

Beim Galadiner, das am 6. März stattgefunden hatte, saß Graf Otto an Marie Louisens Seite und es entwickelte sich ein recht merkwürdiges Gespräch. Nicht über Land und Leute, Kunst und Kultur Frankreichs, schon gar nicht über Politik oder die historische Entwicklung, aber auch kaum über den Kaiser Napoleon sprach die Braut. Sie erkundigte sich nur, ob das Musée Napoléon in der Nähe der Tuilerien gelegen sei, weil sie es besuchen wolle. Sie fragte, ob Napoleon ihr wohl gestatten werde, Unterricht im Harfenspiel zu nehmen, weil sie dieses Instrument sehr liebe, sie verriet, daß sie keine Quadrille tanzen könne, es aber lernen wolle, wenn es der Kaiser wünsche. Schließlich versicherte sie den Botschafter, daß sie einfache Neigungen habe, sich an jede Art Leben anpassen könne und nur das Verlangen habe, Napoleons Wünschen zu entsprechen.[24] Sie war eben von Kindheit an gewohnt, blind zu gehorchen, die sanfte, fügsame Louise, und sie scheint sich überraschend schnell in ihre Rolle als Braut hineingefunden zu haben.

Graf Otto war jedenfalls durchaus zufrieden und fand alles in Ordnung. Nach Paris berichtete er positiv über die präsumtive Kaiserin und maß ihr in übertriebener Begeisterung mehr Reife zu als sie tatsächlich besaß. »Sie liebt ihr Interieur, ihre Pflichten, ihre Beschäftigung, und obgleich noch jung, hat sie doch die Art zu denken wie eine sechsundzwanzigjährige Frau . . . Sie hält viel auf religiöse Übungen, und eine ihrer ersten Sorgen war, Madame Lažansky (ihre Obersthofmeisterin, Verf.) zu fragen, ob der Kaiser Napoleon sie hierin nicht genieren werde. Musik und Zeichnen werden einen großen Teil ihres Tages ausfüllen; sie wird alle Mittel suchen, um Eurer Majestät zu gefallen und Ihr Vertrauen zu gewinnen; so äußerte sie sich häufig zu den Personen ihrer Umgebung. Ihr Vater, den sie sehr liebt, gibt ihr denselben Rat; noch gestern sagte er ihr: ›Es ist notwendig, daß du Französin wirst, sobald du den Inn überschritten hast. . .‹«[25]

Die Braut hatte die Kirche erreicht. »Trompeten und Paucken-Chöre ertönten beim Eintritte Ihrer Majestäten und der höchsten Herrschaften in die Kirche«, lasen die Wiener drei Tage später in der Zeitung[26]. Erzbischof Graf Hohenwart, der die Trauung vornahm, ging den Majestäten und der Braut entgegen und besprengte sie mit Weihwasser. Dann nahm das Kaiserpaar Platz, der Erzbischof schritt mit seiner Assistenz zum Altar und die Braut und der »Erzherzog Procurator« knieten in Betschemeln nieder. Nach einem Gebet trat Marie Louise mit dem Erzherzog Carl vor den Altar und »es ward die Trauung nach dem Wienerischen Rituale in deutscher Sprache vorgenommen«.[27]

Marie Louise war bewegt. »Der Fürst von Neuchatel wird Ihnen erzählen, daß ich an den Hochzeitsfeierlichkeiten heute morgen nicht ohne große Ergriffenheit teilgenommen habe«, schrieb sie an ihren Gatten.[28] Da man die Fingerdicke Napoleons nicht kannte, wurden zwölf Ringe geweiht, von denen Marie Louise elf nach der Trauung an sich nahm, um sie ihrem Gemahl selbst zu überreichen. Dann stimmte der Erzbischof das »Herr Gott, wir loben dich« an, und brausend fiel die Hofkapelle ein. Kniend hörten das Kaiserpaar und die kaiserliche Familie den Lobgesang, während draußen auf dem Neuen Markt die erste Salve abgefeuert wurde. Glockengeläut und Kanonendonner verkündeten den Wienern, daß Marie Louise die Gattin Napoleons geworden war.

Die Rückkehr nach Hofe erfolgte in der gleichen Ordnung, und dann begann im Spiegelsaal die Aufwartung. Das Kaiserpaar und die Braut empfingen die Glückwünsche der Hochzeitsgäste, während Berthier mit seiner Suite dem Erzherzog Carl »von Seiten seines Souveräns das Compliment ablegte«.[29]

Inzwischen wurde im hell erleuchteten Zeremoniensaal auf einer Estrade die hufeisenförmige Tafel aufgestellt, gedeckt und von den Truchsessen und Edelknaben mit Speisen besetzt. Nach der Handwaschung in vergoldeten Becken und einem Gebet des Weihbischofs setzten sich die allerhöchsten und höchsten Herrschaften sowie der Großbotschafter Berthier zu Tisch. In der Mitte der Tafel saß zum ersten Mal »Ihre Majestät die französische Kaiserin«. Zaungäste waren die Diplomaten und Minister, der Hofstaat und die jüngeren Kinder des Kaisers Franz, die der Tafel von einer Galerie aus zusahen. Vokal- und Instrumentalmusik begleitete das Diner.

Auch die Wiener feierten. In allen Theatern der Stadt und der Vorstädte war an diesem Tag freier Eintritt, und abends waren die Burg, die Stadt und die Vorstädte beleuchtet. Das Kaiserpaar und die Braut fuhren durch die Stadt. Sie bewunderten nicht nur die Illumination, sondern bekamen auch die Transparente und Inschriften zu sehen, die das Volk durch die Straßen trug. Manche davon waren recht drastisch, wie: »Durch Röcke und Hosen – vereinigen sich Österreicher und Franzosen.«[30]

Gleich nach der Trauung hatte Marie Louise einen Kammerherrn in Begleitung eines französischen Offiziers in alle Militärspitäler geschickt, um jedem kranken oder verwundeten französischen Soldaten einen Napoleondor und jedem Amputierten fünf Napoleondors überreichen zu lassen. Auch die Sachsen, Bayern und anderen Alliierten der Franzosen erhielten Geldgeschenke.[31] Marie Louise war zur Französin geworden.

Der folgende Tag – es war der 12. März – war ein Ruhetag für die Braut. Berthier verließ Wien, um sich nach Braunau am Inn zu begeben und seine Herrin dort zu erwarten. Napoleon selbst hatte die Einzelheiten der Übergabeformalitäten bestimmt und dabei keine glückliche Hand bewiesen. Sie sollten nämlich genau den Modalitäten entsprechen, die vierzig Jahre zuvor für Marie Antoinette ausgearbeitet worden waren. Selbst die Geschenke für Marie Louise waren den damals Marie Antoinette überreichten ähnlich. Was mußte einer Braut durch den Sinn gehen, die auf Schritt und Tritt an eine Großtante erinnert wurde, die, wie sie, nach Frankreich verheiratet worden war und ihr Ende auf dem Schafott gefunden hatte?

Zum Empfang der neuen Kaiserin der Franzosen hatte Napoleon seine jüngste Schwester, Caroline Murat, ausgesucht. Caroline sollte die erste der Bonapartes sein, die Marie Louise – in Braunau – willkommen hieß. Auch das war keine kluge Wahl gewesen, saß doch Caroline Murat seit 1808 als Königin auf dem Thron von Neapel und hatte von dort eine Namensschwester – die Königin Marie Karoline, eine Tochter Maria Theresias – verdrängt, die ausgerechnet die Großmutter Marie Louises war. Es war dem Wiener Adel wirklich nicht zu verdenken, daß er die Taktlosigkeiten des Korsen verurteilte. Die Fürstin Eleonore Liechtenstein machte sich zum Sprachrohr dieser Gefühle. »Die kleine Erzherzogin«, sagte sie, »ist ein wahres Opfer. Wie schrecklich ist es, diesem Mann seine Tochter zu geben!«[32]

Am 13. März schickte sich dieses Opfer an, seine Reise ins Ungewisse anzutreten. Dreihundert Personen in dreiundachtzig Kutschen machten sich bereit, der Braut das Geleit zu geben. Zum zweitenmal fuhr eine Erzherzogin von Österreich als Unterpfand europäischer Diplomatie nach Frankreich, ihrem Schicksal entgegen.

V

Brautfahrt

Der 13. März 1810 war ein regnerischer, windiger Tag. Schon um acht Uhr früh hatte sich der gesamte Wiener Hof im Audienzsaal der Hofburg versammelt. Gegen neun Uhr erschien Marie Louise, von der Kaiserin Maria Ludovica geführt. Die neue Kaiserin der Franzosen versuchte, ein paar Worte des Abschieds zu sprechen, aber Tränen erstickten ihre Stimme. Dann kam der schmerzliche Abschied von der Familie, und schließlich geleitete Erzherzog Carl seine Nichte zum Wagen. Kaiser Franz war nach St. Pölten vorausgefahren, um seine Tochter dort ein letztes Mal zu umarmen.

»Die Trennung von der Louise, die ich so innigst liebe, fiel mir sehr hart, und ich hatte keine Kräften, sie zum Wagen zu begleiten und blieb im Zimmer«, schrieb die Kaiserin ihrem Gatten. »Morgen früh werde ich mehr als je an dich denken; Gott segne sie, fleißig werde ich für sie bethen.«[1]

Es war, als wäre die Louise aus der Welt gegangen. Verwaist waren ihr Hund und ihr Kanarienvogel zurückgeblieben, und da lag noch die Stickerei, die sie nicht mehr hatte vollenden können. Aber ein großer Trost war der Braut geblieben: Napoleon selbst hatte vorgeschlagen, daß sie eine Wiener Dame mitnahm nach Paris. Marie Louise hatte sich für ihre Obersthofmeisterin, die Gräfin Maria Lažansky, entschieden, und an ihrer Seite nahm sie nun im sechsspännigen Hofwagen Platz. Eine Division Kürassiere, eine Eskadron Kavallerie und drei blasende Postillone setzten sich an die Spitze des Zuges, und dann folgten vor und hinter der Brautkutsche Galawagen mit zwölf Palastdamen und zwölf Kammerherren, mit Marie Louisens Obersthofmeister, dem Grafen Edling, dem Erbland-Postmeister und dem »Übergabs-Hof-Commissär«. Für dieses wichtige Amt war der Erste Obersthofmeister des Kaisers, Fürst Ferdinand Trauttmansdorff-Weinsberg, ernannt worden, dem der vom Kaiser als öffentlicher Notar bestimmte Hofrat und

Geheime Staatsoffizial Joseph von Hudelist zur Seite stand. Französischerseits sollte Berthier, Fürst von Neuchâtel, die Übergabe abwickeln.

Langsamen Schrittes ging es über den Michaelerplatz, den Kohlmarkt, über den Graben und durch die Kärntnerstraße. Von den Häusern wehten österreichische Fahnen und die Trikolore, Musikkapellen spielten und das Bürgerkorps paradierte. Kopf an Kopf standen trotz des schlechten Wetters die Wiener Spalier und blickten voll Mitgefühl auf das junge Mädchen, das seine Tränen nicht verbergen konnte. »Herr Vetter«, hieß es in einer damals vielgelesenen Publikation, »das war für viele treue Wiener ein halber Trauertag; denn unsre liebenswürdige Kaiserstochter ist von eben so viel Thränen als von Glück- und Segenswünschen begleit worden . . .«[2]

Glück- und Segenswünsche hatte es auch an dem Tag gegeben, als die Braut zur Welt gekommen war. Von den älteren Wienern, die Marie Louise nun zum Abschied zuwinkten, mochte sich manch einer zurückerinnern an diesen Freudentag. Am 12. Dezember 1791 »wurden der gesammte Hof und zugleich alle Einwohner der Stadt durch die glückliche Entbindung der Erzherzoginn Maria Theresia, Gemahlinn Sr. K. H. des Erzherzogs Franz, in Freude und Entzücken gesetzt. Die durchlauchtigste Erzherzoginn wurde Nachts um halb 12 Uhr von einer Erzherzoginn entbunden«. So war es in der »Wiener Zeitung«[3] zu lesen gewesen. Die Kindesmutter – zweite Gemahlin des Erzherzogs Franz – war die Tochter des Königs Ferdinand IV. von Neapel (als König beider Sizilien Ferdinand I.), dem jüngeren Sohn des Bourbonenkönigs von Spanien, und der Marie Karoline, einer Tochter der Kaiserin Maria Theresia.

Die Geburt der kleinen Erzherzogin war glücklich verlaufen, und am 13. Dezember war das kleine Mädchen in Anwesenheit seiner Großeltern väterlicherseits, des Kaisers Leopold II. und seiner Gemahlin Maria Ludovica, mit Jordanwasser getauft worden. Die Kaiserin selbst hatte das Kind über die Taufe gehalten, und ihr zu Ehren erhielt die neugeborene Erzherzogin auch ihre Namen: Maria Ludovica (Rufname: Louise). Dazu noch Leopoldina, Franziska, Theresia, Josepha und Lucia. Auch damals hatten die Glocken geläutet, und auf den Wällen, die noch keine französische Spitzhacke demoliert hatte, waren die Kanonen abgefeuert worden.

Kaiserin Marie Therese, Prinzessin von Neapel-Sizilien,
die Mutter Marie Louises
Gemälde von Alexander Macco

Kaiser Franz, als Römischer Kaiser der Zweite,
als Kaiser von Österreich der Erste
Von Joseph Kreutzinger

Die Eltern der kleinen Erzherzogin waren beide Enkelkinder der
Kaiserin Maria Theresia, und auch durch ihre anderen Elternteile so
nah miteinander verwandt, daß sie zweimal Cousin und Cousine
ersten Grades waren. Das sollte sich bei einigen ihrer Kinder verheerend auswirken, am ärgsten bei dem Kronprinzen, Erzherzog
Ferdinand, der zwei Jahre nach der Louise das Licht der Welt erblickte. Der »Nandl« war ein geistig behindertes Kind, und man
hätte ihn als grenzdebil bezeichnen müssen, hätte er nicht bisweilen
auch hellere Momente gehabt.

Als ihr erstes Kind, die Tochter Marie Louise, zur Welt kam, waren die Kindeseltern noch sehr jung gewesen: der Erzherzog Franz
dreiundzwanzig, die »Kindbetterinn« Marie Therese neunzehn
Jahre alt, und mit ihrer Thronbesteigung schien es in jenem Dezember 1791 noch gute Weile zu haben, war doch Kaiser Leopold II. bei der Geburt seiner Enkelin erst vierundvierzig Jahre alt
und nach dem Tod seines Bruders, Joseph II., selbst noch nicht

einmal zwei Jahre an der Regierung. Aber das Unglück kam über Nacht. Der tüchtige, kluge Kaiser Leopold erkrankte plötzlich an fiebrigen Leibschmerzen und Erbrechen. Die Ärzte glaubten zunächst an Vergiftung, verordneten allsogleich Aderlässe und schwächten dadurch den Kranken nur noch mehr. Drei Tage nach Ausbruch der Krankheit, am 1. März 1792, starb Leopold II., vermutlich an einem Blinddarmdurchbruch. Die kleine Erzherzogin Marie Louise war noch kein Jahr alt, da war ihr Vater gekrönter König von Ungarn und Böhmen und des Römischen Reiches Kaiser Franz II.

Fünf Jahre später, am 12. Februar 1797, wurde dem Kaiser Franz an seinem 29. Geburtstag ein Lied vorgesungen. Der Text war von Lorenz Leopold Haschka[4], die Melodie hatte Joseph Haydn über Auftrag des Grafen Franz von Saurau, damals k. k. niederösterreichischer Regierungspräsident, komponiert.[5] »Gott erhalte Franz den Kaiser, unsern guten Kaiser Franz«, so begann das Lied. Als es der Kaiser zum ersten Mal hörte, wußte er nicht, welchen Schatz ihm der Haydn da geschenkt hatte: Das monarchische Prinzip, an das der Kaiser Franz so unverrückbar glaubte, hatte seine Hymne erhalten.

Der Brautzug bewegte sich über das Glacis und fuhr durch die Mariahilferstraße zur »Linie« hinaus. Statt nach Westen wäre die Braut ohne Zweifel lieber nach Süden gefahren, wo das Schloß Laxenburg lag. Im Sommer, wenn das Kaiserpaar mit den kleineren Kindern in Baden bei Wien oder in Schönbrunn weilte, war die Louise mit ihren Erzieherinnen häufig nach Laxenburg geschickt worden, in das Schloß, das auch der Kaiser Franz besonders liebte und ausbauen ließ. Er legte dort einen Turnierplatz nach mittelalterlichem Vorbild an und erbaute die »Franzensburg«, ein Produkt der Ritterromantik jener Zeit. »Laxenburg wird er mir ja lassen«, sagte er mit der ihm eigenen stoischen Ruhe, als es so aussah, als würde ihn der Korse zur Abdankung zwingen.

Für Marie Louise war Laxenburg das Paradies ihrer Kinderjahre. Der ernste Kaiser Franz mag doch gelegentlich gelächelt haben, wenn sie ihm ihre hochwichtigen Kindheitserlebnisse schilderte. »Neulich habe ich einen großmächtigen grün, gelb und blauen Wurm gefunden, er war sehr schön«,[6] oder: »Ich habe in einem Hauß eine weiß und graue Feldmauß, welche aus der Hand frißt.«[7]

Im Laxenburger Park durfte die naturliebende kleine Erzherzogin selbst schalten und walten. Schon als Dreizehnjährige war die kleine Prinzessin eine erfolgreiche Gärtnerin und wußte sich in dieser Liebhaberei eins mit dem Vater. Die praktische Kleine verlegte sich weniger auf die Blumenzucht als auf den Gemüseanbau. »Ich habe in meinem Garten Fisolen (Grüne Bohnen, Verf.), Erbsen, Gurken, Kohl und Salatt, welches alles sehr schön steht, ich werde auch später Spinat anbauen, um daß, wenn er nachdem zeitig wird, daß ich meinen lieben Papa damit aufwarten kann.«[8] Und wenig später: »Wenn Sie da wären, lieber Papa, so hätte ich die Ehre, Ihnen recht schöne Kohlrüben aus meinem Garten zu geben.«[9]

Es war ein fast bürgerliches Milieu, in dem Marie Louise aufwuchs. Das strenge Zeremoniell des Wiener Hofes wurde nur bei offiziellen Anlässen geübt, privat bewegte sich die kaiserliche Familie frei und ungezwungen. Man lebte mit Vorliebe auf dem Lande und hatte es gern gemütlich. Wollte sich der Kaiser entspannen, widmete er sich seiner Porträtsammlung, züchtete Rosen oder musizierte. Er unterhielt ein eigenes Streichquartett und musizierte auch mit der Familie. Er selbst spielte die Geige, seine Frau strich die Baßgeige und Marie Louise akkompagnierte auf dem Fortepiano. War man in Wien, ging die Kaiserin Marie Therese mit den Kindern auf der »Bastey« spazieren, mischte sich ungescheut unter die Passanten und unterhielt sich mit ihnen. Man sprach deutsch in der kaiserlichen Familie, ein recht mundartlich gefärbtes Wienerisch, und man schrieb einander zärtliche Briefe, die vor Fehlern wimmelten.

Auch die Louise hat Hunderte von Briefen geschrieben, in einer leichten, flüssigen, gut lesbaren Handschrift. Die meisten, die wichtigsten, die herzlichsten, waren an den Vater gerichtet, an den vielbewunderten, schwärmerisch verehrten, heißgeliebten Papa, den sie gegen keinen anderen Menschen hätte eintauschen wollen, »weil Sie mir das Liebste, was ich auf der Welt habe, sind«.[10]

Ihre Gebete drehten sich ausschließlich um Glück und Gesundheit und um das Waffenglück des kaiserlichen Vaters, hundertmal beteuerte sie, den glücklichen Augenblick nicht erwarten zu können, den Entfernten wiederzusehen und hatte nur den einen Wunsch, »daß ich Ihn könnte aus eigenen Kräften 100.000 Jahre so gesund erhalten als er jetz ist[11]«. Ein Kinderbrief ist geradezu symptomatisch für Marie Louisens ganzes Leben. »Ich bitte Sie, lieber Papa«, heißt es in einem Schreiben vom 4. Oktober, das sie als Achtjährige schrieb, »thuns mich in Ihrer Gnade erhalten, und

ich versichere, daß ich mit Ehrfurcht und mit Zärtlichkeit so lange
ich lebe bin, Lieber Papa, Ihre unterthänigste gehorsamste Tochter
Louise.«[12]

Der oben zitierte Kinderbrief Marie Louises an Kaiser Franz

An die Mama bewahrte die Louise nur noch eine schmerzliche
Erinnerung. Die Kaiserin Marie Therese war – noch nicht fünfund-
dreißig Jahre alt – am 13. April 1807 nach ihrer dreizehnten Entbindung mitsamt ihrem Baby gestorben. Zum zweiten Mal hatte der
Kaiser Franz eine Gemahlin im Kindbett verloren. 1790 war seine
erste Frau, die württembergische Prinzessin Elisabeth, nach ihrer
ersten Geburt gestorben, und das Kind, ein Mädchen, war ihr,
kaum anderthalb Jahre alt, bald in den Tod gefolgt.

Der Tod der Kaiserin Marie Therese erschütterte den Kaiser
Franz zutiefst. Er war wie versteinert, und sein Bruder Carl mußte
ihn fast mit Gewalt vom Totenbett wegführen. Vor Schmerz fühlte
sich der Kaiser nicht einmal imstande, ihrem Begräbnis beizuwohnen, ließ sich durch seinen Bruder Johann vertreten und fuhr mit
der Louise und dem Ferdinand nach Ungarn.

Sie war keine große Kaiserin gewesen, die verewigte Marie Therese, keine bedeutende Monarchin, und wenn sie dem Kaiser Franz
nicht zwölf Kinder geboren hätte, wäre sie wohl ebenso in Verges-
senheit geraten wie ihre Vorgängerin. Aber sie war ihrem Franz
eine liebevolle, treusorgende Ehefrau gewesen. War sie krank, fand
er das Leben absolut unerträglich. Tatsächlich war der Hof fröhli-
cher geworden, als sie Kaiserin wurde, denn unermüdlich war sie
im Ersinnen immer neuer Amusements. Der ernste Kaiser Franz
ließ sie gewähren und tat sogar ab und zu mit bei den Komödien-
spielen, den Tanzereien und Picknicks, die sie veranstaltete. In
Kriegszeiten aber war aus der verspielten, sorglosen jungen Frau
plötzlich eine tapfere Kaiserin geworden. Statt zu singen und zu
tanzen wünschte sie jetzt, »ein Mann zu seyn und der erste, für Dich

fechten zu gehen«[13], und als nach Austerlitz alles verloren schien, war sie es, die zum Ausharren drängte: »Lasse Dich nicht abschrekken; macht Bonaparte zu grosse Forderungen, gieb ihm nicht nach. Carl ist nicht weit, vereinige dich mit ihm, lasse alle deine Völker aufstehen, sie werden es gerne thun und zeige ihm, daß wir noch nicht verlassen seyn.«[14]

Ihre Kinder erzog sie mit liebevoller Strenge, verhängte Hausarrest, wenn sie nicht lernen wollten und steckte sie »im Profoß«, wenn sie unartig waren. Der Louise schrieb sie unzweideutig, die erste Pflicht eines Kindes sei der Gehorsam gegen seine Eltern: »que le premier devoir d'un Enfant est l'obeissance pour ses Parents«[15]. Als die Louise einmal gegen dieses Gebot verstieß und sich für selbstsüchtige Zwecke ihrer Erzieherin, der Gräfin Colloredo, einspannen ließ, prasselte ein Donnerwetter auf die Unfolgsame nieder, und die Gräfin wurde auf der Stelle entlassen.

Die Kinder wurden zu Bescheidenheit erzogen, und tatsächlich war die Louise gänzlich unverwöhnt. Für ein »Bindband« (Angebinde, Geschenk) küßte sie dem Vater »tausendmal die Hände« und bedankte sich überschwenglich bei der »chère Maman« für ein paar Kuchen, die ihr die Kaiserin geschickt hatte. Durfte sie gelegentlich von Laxenburg nach Baden zum Speisen mit den Eltern kommen, reagierte sie darauf mit fast übertriebener Dankbarkeit.

War das Milieu, in dem die Louise aufwuchs auch fast bürgerlich, so war der Zuschnitt der Lebenshaltung doch kaiserlich. Neben ihrer Aja – wie die Kinderfrauen der kaiserlichen Familie hießen – hatte schon die zweijährige Erzherzogin eine Kammerfrau, zwei Kammerdienerinnen, ein »Kammermensch«, einen Kammerheizer, vier »Leiblaquaien«, eine »Leibwäscherin«, ein »Extraweib« und einen Hausknecht. Wie die meisten Habsburger traf Marie Louise ihren Bedienten gegenüber jenen vertrauten Ton, der dennoch Distanz hielt. Ihre Befehle kleidete sie immer in Bitten, legte ihren Briefen an ihre Kammerfrau mitunter kleine Geschenke bei und unterschrieb »Deine ergebenste Louise«.

Es waren herzerfrischend natürliche Briefe, die die junge Erzherzogin schrieb. Herzerfrischend war freilich auch ihr unbekümmert falsches Deutsch. Ihr ganzes Leben lang sollte sie ihre Muttersprache nicht richtig erlernen, nie kannte sie sich in der Grammatik aus. Sie verwechselte regelmäßig den Dativ mit dem Akkusativ (»in diesen Augenblick«), sie schrieb »ich wir«, statt »ich werde«, verwendete Mundartausdrücke (»packe sie nur derweil zusammen«), ließ Endungen weg (»die Stickrahm«) und verwechselte regelmäßig »daß« mit »das« und »wahr« mit »war«.

Wie aber hätte sie sich echte Bildung aneignen sollen, wenn die eigene Mutter bekannte: »Ich habe Lessings ›Emilia Galotti‹ mit einemmal genug, das Stück macht mir erschreckliche Lange Weile, hingegen den ›Bettelstudenten‹ (ein Lustspiel von P. Weidmann, 1776, Verf.) könnte ich hundertmal nach einander sehen!«[16] Erzherzoge und noch mehr Erzherzoginnen hatten nach damaliger Überzeugung nicht Wissen anzuhäufen, sondern vorzüglich Anstand und Würde zu lernen, womit sie in der Welt aufzutreten hatten. Bildung bestand am österreichischen Kaiserhof lediglich in Sprachkenntnissen, einem Anstrich von wissenschaftlichem Interesse und einigem Kunstsinn. Marie Louise hat einmal dem kaiserlichen Vater ihren Tagesablauf geschildert. Danach hat sie »zwey Stunden des Tages« Geschichte, Logik und Geographie betrieben, die übrige Zeit des Tages mit »Lesen, Schreiben und Arbeiten« verbracht, viel Klavier gespielt und »in Oehl« gemalt.[17] Die Literatur ihrer Zeit bekam sie nicht in die Hand, und sie hätte sie vermutlich auch nicht interessiert. Schwarzenberg hat mit seiner Laborde gegenüber geäußerten Bemerkung, daß Marie Louise seit vier Jahren alles lese, was Gutes in der französischen Literatur erscheine, zweckdienlich stark übertrieben.[18] Statt Beaumarchais, Chateaubriand und Madame de Staël las sie Heiligenlegenden, statt Lessing, Schiller, Goethe oder Schlegel Robinsonaden. Einzig die Humboldtschen Reisen scheinen sie interessiert zu haben.[19] In den Büchern, die man ihr zu lesen gab, waren zu allem Überfluß auch noch Wörter, Absätze, ja ganze Seiten, die einer Erzherzogin »gefährlich« werden konnten, eliminiert. Sie hatte sich nie dagegen aufgelehnt, die brave, fügsame Louise. Stets würde sie nachgeben und tun, was andere wollten. Ihr Leben lang.

An der »Linie«, jenem Wall, der zu Anfang des 18. Jahrhunderts zu Verteidigungszwecken errichtet worden war und der die Vorstädte nach außen abschloß, hatte der Brautzug einen Aufenthalt. Eine patriotische Schlossermeistersgattin huldigte inmitten weißgekleideter Mädchen der jungen Kaiserin, und auf der Straße nach Schönbrunn hatte der Kaffeesieder Friedrich Halderlein ein nicht eben glückliches »Tableau« arrangiert. Zwölf Mädchen, die zu beiden Seiten eines Altars mit lodernden Flammen knieten, baten mit aufgehobenen Händen den Himmel um Segen für die Braut[20], deren Augen sich beim Anblick der larmoyanten Szene gleich wieder mit Tränen füllten.

Die Gräfin Lažansky hätte sie ja gern getröstet, aber was konnte sie schon einer Braut Tröstliches sagen, die ihren Bräutigam noch nie gesehen und von ihm bisher nur Ungemach erfahren hatte? Zweimal hatte sie vor ihm fliehen müssen: 1805 in eisiger Winterkälte über dreihundert Meilen weit, bis Krakau, 1809 bei Frühjahrsregen und Sturm ins Ungarische hinein bis Erlau, und jedesmal auf so schlechten Straßen, daß man nur im Schritt weiterkam. Zwölf Stunden und mehr saß man ununterbrochen im Wagen und lief immer wieder Gefahr, umzuwerfen, »denn es waren fürchterliche Gruben«[21]. Oft hatte es unterwegs nichts als ein Stück Brot zu essen gegeben, oft war das Bettzeug, das man, in Koffern auf die Wagen geschnallt, mit sich führte, durchnäßt gewesen, wiederholt hatte die Mama ihr Bett mit einem der Kinder teilen müssen. Und immer hatte man gewärtig sein müssen, unsanft geweckt zu werden: »Stehen Sie auf, wir müssen fort, wir haben eine Bataille verloren!«[22] Saß man dann wieder in der dahinrumpelnden Kutsche und ließ den Blick über die Landschaft schweifen, boten sich auch nicht nur liebliche Eindrücke dar: »In Groswardein (sic) und in der hiesigen Gegend haben sie einen sonderbaren Gebrauch: sie laßen die Delinquenten so lange am Galgen hängen, zur Warnung, bis sie in Stücke gefaulter zerfallen«, meldete Marie Louise dem Vater.[23]

Mochte eine Flucht für einen so jungen Menschen noch einen gewissen abenteuerlichen Reiz haben, so war ein Umstand für die Louise eine wirkliche Strafe gewesen: die Trennung von der Familie. Der beschränkten Unterbringungsmöglichkeiten wegen, aus Sicherheitsgründen und weil auf den Poststationen nicht so viele Pferde zur Verfügung standen, hatte der kaiserliche Hof nicht beisammenbleiben können und sich in mehrere Reisegruppen teilen müssen. Und die verhaßten Franzosen saßen inzwischen in Schloß Schönbrunn und ließen sich's wohlsein! »Gott muß wohl sehr im Zorn auf uns sein, weil er uns so hart straft«, jammerte die Louise in einem Brief an Kaiserin Marie Therese.[24] »Vielleicht daß in diesem Augenblicke in den Zimmern, die wir in Schönbrunn bewohnten, einer dieser Generale wohnt, die falsch sind wie die Katzen. Unsere Familie ist in Stücke zerschlagen, meine theuren Ältern in Olmüz, wir in Kaschau, eine dritte Colonne in Ofen, das ist ein recht trauriges Geschick!«

Dazu kam, daß die Nachrichtenverbindungen schlecht waren

und man oft durch Gerüchte genarrt wurde (». . . man erzählt mir manchmal einen Sieg, welchen die Wiener erfunden haben, ich freue mich außerordentlich, und bald kömmt leider die Nachricht von der Unwahrheit dieser Erzählung an und ich verfalle in eine desto größere und schmerzhaftere Traurigkeit«[25]). Oft mußte man sich noch im nachhinein um den lieben Papa ängstigen. (»Ich bin recht erschrocken, als ich hörte, daß Sie . . . selbst wollten die Feinde angreifen gehen, ich bin recht froh, daß wir es nicht eher wußten, sonsten wäre ich vor Schrecken halb gestorben, und danke recht inniglich den Onkeln, daß Sie Ihnen davon abwendig gemacht haben«[26]).

Dann war die liebe Mama im Dezember 1805 auch noch schwer krank geworden und beinahe gestorben. In Schlesien, gerade als Marie Louise zu ihr reisen sollte, wurde sie von den »Flecken«, wie man damals die Masern nannte, befallen. »Wegen der Louise«, schrieb die Kaiserin in großer Konfusion an den Kaiser: »Ich kann sie jetzt zu mir nicht kommen lassen, was soll ich mit ihr machen? Ach Gott, Dein Wille geschehe, es ist aber eine harte Prüfung!« In Todesangst hatte sie sich schon in den Händen der Franzosen gesehen, und doch in selbstloser Tapferkeit den Kaiser gebeten: »Wegen meiner thue keinen Schritt, welcher Dir und dem Staat schädlich sey, aber nur nicht nach Frankreich führen lassen . . .«[27]

Und nun fuhr ihre eigene Tochter nach Frankreich zu eben dem Mann, der soviel Unglück verschuldet hatte! Es war wirklich kein Wunder, daß die alte Königin Marie Karoline von Neapel außer sich geriet, als sie von der Heirat ihrer Enkelin mit Napoleon erfuhr. »Das hat mir gerade noch gefehlt«, sagte die resolute Mutter Marie Thereses, »daß ich nun auch noch des Teufels Großmutter werde . . .«[28]

Von Wien nach St. Pölten fährt man heute im Auto etwa 40 Minuten. Marie Louise, morgens von Wien abgereist, traf am Nachmittag dort ein. Schneller war mit bestem Willen nicht voranzukommen, mußte doch bei jeder Poststation ein langwieriger Pferdewechsel vorgenommen werden. 390 bis 400 Wagen- und 24 bis 30 Reitpferde für die Leibgarden hatten jeweils bereitzustehen.

In St. Pölten erlebte die Kaisertochter die Freude, ihren Vater wiederzusehen, und die Überraschung, auch Maria Ludovica noch einmal zu treffen. Die Kaiserin hatte sich, ihrer Schwäche nicht achtend, in einen Wagen gesetzt und war ihrer Stieftochter nachgefahren, um ihr ein letztes Lebewohl zu sagen. Sie hatte nicht vergessen, daß es die Louise gewesen war, die den Postillon d'amour zwischen ihr und dem Kaiser gespielt hatte.

Es war der Vortag von Maria Ludovicas zwanzigstem Geburtstag gewesen, der 13. Dezember 1807. Der Kaiser Franz war damals verreist gewesen, aber in seinem Auftrag hatte sich Marie Louise mit Blumen, einem Geschenk und einem Brief bei der lieben Cousine eingefunden. Die Wirkung dieser Gratulation war außerordentlich gewesen. »Die liebe Cousine wurde vor Freuden roth, steckte schnell den Brief in den Sack und öffnete den Korb, wo sie nicht genug bewundern konnte die schönen Spitzkleider und die Schärpe«, hatte die sechzehnjährige Louise dem Papa über ihre Mission Bericht erstattet[29]. Aber noch weit mehr als das Geschenk hatte Maria Ludovica der Brief des Kaisers erregt: »Sie stellte sich an das Fenster, erbrach ihn und laß ihn mit innigster Rührung. Sie wurde dabey mehrmal feuerroth vor Freuden.« Die naive Louise hatte nicht erfaßt, daß sie einen Heiratsantrag überbracht hatte und daß die Cousine, die ihr so gut gefiel, ihre neue Mama werden sollte . . .

Nach tränenreichem Abschied in St. Pölten fuhr die Kaiserin nach Wien zurück, während Kaiser Franz seiner Tochter noch bis Enns das Geleit gab. »Ich bewundere, wie schnell du nach Ens gefahren bist und kann mir wohl vorstellen, wie schwer dir die Trennung von deiner geliebten Tochter muß gefallen seyn«, schrieb ihm die Kaiserin am 17. März von Wien. Auch Berthier meldete nach Paris: »Die Trennung von Vater und Tochter war schmerzlich.«[30]

Von nun an übernahm der österreichische Übergabekommissär, Fürst Trauttmansdorff, die Berichterstattung. »Eine kleine Stunde hinter Lambach erreichten wir die neugesetzten Gränz Pfälle«, meldete er seinem Herrn und Kaiser.[31] »Graf Saurau, als Stadthalter samt einigen ständischen Deputierten, stand auf einer Seite, um die Kaiserinn noch vor Ihrem Austritt aus den Erblanden zu komplimentieren. Ein starkes Detachement französischer Hußaren und Chasseurs stand auf der anderen, unter dem Kommando der Generale Lauriston und Monbrun.«

In Ried, wo übernachtet wurde, speiste Marie Louise mit 32 Personen ihres Gefolges und den Generalen Lauriston und Monbrun zu Abend. Lauriston hatte die Ehre, der Kaiserin zur Seite zu sitzen, die sich »sehr artig und munter« mit ihm unterhielt, während Lauriston es an Ehrerbietung fehlen ließ und, wie Trauttmansdorff tadelte, »gar bald den französischen, äußerst ungezwungenen Ton« annahm.

Marie Louise hatte sich schon zurückgezogen, als der französische Botschaftssekretär Laborde in Ried ankam und Trauttmansdorff allein zu sprechen verlangte. Er brachte nichts Gutes. Man besorge französischerseits, eröffnete er etwas verlegen dem Fürsten, daß die Reise der Gräfin Lažansky als Begleiterin der Kaiserin im Lande »eine widrige Wirkung« hervorrufen würde, und, kurz gesagt, »man« wünsche, die Gräfin wolle der Reise nach Paris entsagen.

Trauttmansdorff war empört. »Nachdem ich ihm das Unanständige dieses Antrages bemerkt hatte«, meldete er seinem Kaiser, »erwiderte er, . . . das Ganze käme von der Königin (von Neapel) her, welche die neue Kaiserin allein zu leiten und in Händen zu haben wünsche.«[32]

Trauttmansdorff tat vorerst das Klügste, was er tun konnte: er hielt die Hiobsbotschaft geheim und sprach weder mit der Gräfin noch mit der jungen Kaiserin davon, »um diese Frau nicht vor der Zeit unnütz zu beunruhigen und zu betrüben«. Auch Berthier, dem die unangenehme Aufgabe zufiel, die Kaiserin von der geänderten Sachlage zu unterrichten, zog es vor, den Auftrag hinauszuschieben, bis Marie Louise französischen Boden betreten hatte.

Am 16. März erreichte der Hochzeitszug bei Braunau am Inn ein seltsames, aus drei Räumlichkeiten bestehendes hölzernes Gebäude. Der östliche Flügel enthielt den österreichischen, der westliche den französischen Saal. In der Mitte des Pavillons war das neutrale Niemandsland. Hier, wo sich ein Thronsessel und ein Tisch zur Unterzeichnung der Urkunden befand, sollte die Übergabe der Braut stattfinden. Marie Louise würde, so wollte es das Zeremoniell, den österreichischen Flügel als Erzherzogin von Österreich betreten und den westlichen als Kaiserin der Franzosen verlassen. Das Ganze war wiederum peinlich genau nach der Übergabe Marie Antoinettes anno 1770 arrangiert.

Was sich an jenem 16. März 1810 um 14 Uhr mit ausgeklügelter Präzision abspielte, ähnelte jenen Rathausuhren, bei denen auf den Glockenschlag Figuren auftreten, sich mit abgezirkelten Bewegungen drehen und wenden und zum ganz bestimmten Zeitpunkt wieder verschwinden. Marie Louise hatte, von der österreichischen Seite eintretend, ihren Platz auf dem Thron einzunehmen, umgeben von ihren Damen und Kavalieren. Im Halbkreis dahinter postierten sich zwölf Mann von der österreichischen und ebenso viele von der ungarischen Nobelgarde. Fürst Trauttmansdorff und Hofrat Hudelist machten sich zur Amtshandlung bei dem Tisch bereit. Dann erst klopfte der österreichische Zeremonienmeister an die Tür des französischen Saales, worauf der Fürst von Neuchâtel und der als sein Sekretär fungierende Graf von Laborde mit dem übrigen französischen Hofstaat der neuen Kaiserin hereinschritten und sich dem österreichischen gegenüber aufstellten.

Was weiter geschah, hat Marie Louise selbst dem kaiserlichen Vater geschildert[33]: ». . . nachdem die Akten abgelesen wurden, küßten mir noch alle meine Leute die Hand; in diesem Augenblick wußte ich wirklich nicht, was ich machte, ein kalter Schauer überfiel mich, und ich kam so aus aller Faßung, daß der Fürst von Neufchatel zu weinen anfieng. Der Fürst Trautmansdorf übergab mich ihm und es wurde mir meine ganze Hofstat aufgeführt, o Gott, welcher Unterschied zwischen den französischen und den wienerischen Damen!«

Statt der vertrauten österreichischen Gesichter waren da plötzlich fremde, geschminkte, parfümierte Damen und gelackte Herren, und als sich die Braut hilfesuchend umwandte, war die österreichische Seite des Saales leer: wie auf den Turmuhren hatten die einen Figuren die Szene verlassen und die anderen waren aufgetreten.

Für Gefühle der Verlassenheit aber ist in höfischem Zeremoniell kein Platz. Napoleons Gemahlin hatte Napoleons Schwester zu begrüßen, die schon im französischen Teil des Pavillons wartete. Marie Louise an den kaiserlichen Vater: »Die Königin von Neapel kam mir in andern Zimmer entgegen, ich umarmte sie und zeigte mich erstaunlich freundlich gegen sie, doch traue ich ihr nicht ganz, ich glaube, daß nicht Diensteifer allein die Ursache ihrer Reise war. Sie fuhr mit mir nach Braunau, und hier mußte ich eine zwey Stunden lange Toilette halten, ich versichere Sie, daß ich schon ebenso parfumirt als wie alle andern Französinnen bin.«[34]

Der französische Hofstaat konnte Trauttmansdorff freilich keineswegs imponieren. Während Marie Louise österreichischerseits »fast hundert in größter Gala gekleidete Personen ihrer Suite« umgaben, so berichtete der Fürst seinem Kaiser, seien auf französischer Seite »nur sechsfache mittelmäßig gekleidete Damen und zehn Kavaliere« gestanden, und »jede unserer Damen hatte mehr Geschmuck auf sich als alle sechs französischen zusammen, und überhaupt konnte unsere Pracht mit der Gala des französischen Hofes nicht im mindesten verglichen werden«[35]. Selbstverständlich konnte in den Augen der Österreicher auch Marie Louise auf Napoleons Schwester nur den allergünstigsten Eindruck machen. »Ich hörte in Braunau, que la Reine de Naples est enchantée de la personne et la douceur de l'Impératrice« (daß die Königin von Neapel entzückt ist von der Persönlichkeit und Anmut der Kaiserin), schrieb ein zufriedener Hudelist an Metternich.[36]

In Braunau, wo genächtigt wurde, wohnte die junge Kaiserin mit der Königin von Neapel im Hause des Weinwirts Michael Fink, und beide speisten abends mit der Gräfin Lažansky allein auf ihrem Zimmer. Für die beiden Hofstaaten war eine große Tafel vorbereitet worden. Trauttmansdorff hatte die Herzogin von Montebello zur Tischdame. »Ich benützte diese Tafel«, schrieb er an Kaiser Franz, »um die Duchesse de Montebello etwas näher kennen zu lernen, da sie – als Dame d'honneur – die nächste Umgebung Ihrer Maj. der Kaiserin ist, und mit wahrem Vergnügen kann ich Eurer Majestät die in dieser Hinsicht tröstliche Versicherung geben, daß diese Dame, die sich sehr aufrichtig gegen mich herausließ, dem vortreflichen Rufe, welcher Sie schon hier auf das vortheilhafteste geschildert hatte, vollkommen entspreche.«[37] Trauttmansdorff hatte zu Recht erkannt, daß die Herzogin eine höchst bedeutsame Rolle im zukünftigen Leben Marie Louisens spielen würde.

Nach beendeter Tafel sprach Berthier Trauttmansdorff auf die Lažansky-Angelegenheit an. Trauttmansdorff unterstrich, daß das Angebot, daß »einer von uns« die Kaiserin begleiten solle, nicht von österreichischer, sondern von französischer Seite ausgegangen sei und diese »attention délicate« des Kaisers Napoleon für seine Gemahlin einen ganz ausgezeichneten Eindruck auf sie gemacht habe. Ob es dem Kaiser recht sein könne, diesen Eindruck zu zerstören? Der Fürst von Neuchâtel wand sich. Man solle die Entscheidung bis München aufschieben, meinte er. Vielleicht ließe sich doch noch etwas arrangieren. In diesem Sinne instruierte Trauttmansdorff auch die Gräfin.

Anderntags reiste Marie Louise um sieben Uhr früh ab. Sie teilte ihren viersitzigen Reisewagen mit der Königin von Neapel. Trauttmansdorff, der nach ihrer Abreise zu seinem kaiserlichen Herrn nach Linz fuhr, hatte ihr angeboten, einen Brief an ihn mitzunehmen. Marie Louise war dankbar darauf eingegangen. »Durch Fürst Trautmansdorf«, schrieb sie[38], »finde ich noch eine Gelegenheit, wo ich Ihnen noch einmal aufrichtig schreiben kann, und ich ergreife sie mit Freuden, um Ihnen zu versichern, daß ich beständig an Sie denke und immer denken werde. Gott hat mir die Kraft gegeben, auch den letzten, empfindlichen Stoß (die Trennung von allen meinen Angehörigen) glücklich auszuhalten, auf ihm allein habe ich mein ganzes Vertrauen, er wird mir helfen und Muth geben, und ich werde meine Beruhigung in den Trost finden, meine Pflicht gegen Sie, indem ich Ihnen dieses Opfer brachte, gethan zu haben . . . O Gott, wie bedaure ich, nicht noch die glücklichen Tage bey ihnen zubringen zu können, itzt lerne ich sie erst erkennen. Ich versichere Sie, bester Papa, daß ich recht traurig bin und mich noch nicht trösten kann . . .«[39]

Auf ihre Umgebung scheint sie einen gefaßteren Eindruck gemacht zu haben, oder die österreichischen Herren wollten ihr zuletzt noch recht viel Gutes nachsagen. »Ehevor ich diesen unterthänigsten Vortrag schließe«, formulierte Trauttmansdorff, »soll ich von der bescheidenen Standhaftigkeit Ihrer Majestät der Kaiserinn, von Ihrem Anstande bey allen Gelegenheiten, namentlich aber bey der Übergabsfeyerlichkeit, von der Freundlichkeit, mit welcher Sie jeden auf Ihrer Reise angetroffenen Franzosen angeredet, von der Güte, mit welcher Sie uns alle behandelte, zum wahren Trost Eurer Majestät sprechen, der Allerhöchst Sie hierin eine mehrere Überzeugung finden werden, daß eine derley Frau glücklich werden müsse, mithin auch gewiß glücklich werden wird.«[40]

Auch Hudelist hatte Metternich nur Günstiges über die junge Kaiserin zu vermelden: »Ihr schönstes Lob ist gewiß die allgemeine Rührung und die nassen Augen unseres Hofstaats beim Abschied. Die Kaiserin allein blieb gefaßt, und ich bin überzeugt, daß es nicht möglich ist, sich mit mehr Würde zu benehmen . . . Ich bin überzeugt, daß die Kaiserin allgemeinen Enthusiasmus in Frankreich erregen wird, denn sie besizt in ihrem ganzen Benehmen gerade das, was bei der Nation diesen bewirkt, nämlich Ernst mit Würde und Anmuth verbunden. Sie zeigte dieses im höchsten Grade in dem Augenblick, als der Prinz von Neufchatel vor ihr her in das französische Kabinet eintrat, und mit lauter Stimme rief: ›l'Impératrice‹, worauf ihr die Königin von Neapel entgegen eilte und gleichsam huldigte, von der Kaiserin aber auf eine Art aufgenommen wurde, wie man sie nur von einer Fürstin hätte erwarten können, die an dergleichen Dinge seit Jahren gewohnt ist. Es liegt viel, und gewiß sehr viel in der Kaiserin, was sich nun entwickeln wird, und

Gott wird sie segnen, weil sie ihrem Vater so unbeschreiblich anhängt . . .«[41]

Auch französischerseits war der Eindruck von der neuen Kaiserin ein ungemein günstiger. »Sie stand auf dem Throne«, so schildert ein unbekannter Augenzeuge die Szene, »ihre aufrechte Gestalt zeigte vollendetes Ebenmaß, ihr blondes Haar war wundervoll, ihre blauen Augen spiegelten die ganze Reinheit und Unschuld ihrer Seele, ihr Antlitz strahlte von Frische und Herzensgüte.«[42] Marie Louise, in einem Kleid von Goldbrokat, auf der Brust das brillantenumrahmte Bildnis Napoleons, durfte das gute Gefühl haben, ihrem Vater und der Monarchie Ehre gemacht zu haben.

Während die junge Kaiserin nun bei schlechtestem Wetter die Reise nach Paris fortsetzte, während sie ihr Weg durch Bayern und Württemberg führte, tauchte ein Problem auf, das sie eigentlich hätte belasten müssen. Sie fuhr durch deutsche Länder und speiste mit deutschen Fürsten, die ihren kaiserlichen Vater und das Reich verraten hatten.

Schon 1801 hatte der Reichstag zu Regensburg eine Reichsdeputation bestellt, deren Aufgabe es sein sollte, die deutschen Fürsten, die ihre linksrheinischen Gebiete an Frankreich verloren hatten, rechtsrheinisch zu entschädigen. In Wahrheit aber schickten die betroffenen Reichsfürsten ihre Diplomaten nach Paris und ließen sich von Bonaparte Gebietszuwachs zusichern, zu dem der Reichstag dann nur mehr ja und amen zu sagen hatte. Auch Rußland mischte recht eigenmächtig mit. Das Ergebnis war eine große »Flurbereinigung«: der »Reichsdeputationshauptschluß« vom 25. Februar 1803. Hinter diesem ominösen Wort verbarg sich eine durchgreifende Aufhebung nahezu aller geistlichen Fürstentümer, Propsteien und Abteien, eine Säkularisierung des Kirchenguts und eine Mediatisierung der Reichsstädte bis auf sechs. Den Nutzen hatten vorwiegend protestantische Dynastien, die schon seit Reformationszeiten dem Haus Habsburg abgeneigt waren. Kaum hatte sich dann der Erste Konsul Bonaparte zum Kaiser der Franzosen ausrufen lassen, verließen die Ratten vollends das sinkende Reichsschiff. Am 12. Juli 1806 schlossen sich auf Betreiben Napoleons zunächst sechzehn süd- und westdeutsche Fürsten zum sogenannten »Rheinbund« zusammen. Die Rheinbundfürsten erklärten sich für souverän und sagten sich am 1. August 1806 vom Reich los. Als Vasallenstaaten Napoleons mußten sie ihm starke Heereskontingente stellen. Millionen ihrer Landeskinder haben dann im Zuge der napoleonischen Kriege für französische Interessen ihr Leben geopfert. Nach der Niederlage Preußens traten noch Sachsen und weitere mittel- und norddeutsche Kleinstaaten dem Rheinbund bei, der 1808 immerhin 326 000 km² mit über 24,5 Millionen »Seelen« umfaßte. Als Gegenleistung Napoleons durften sich einige der Fürsten – der Bayer, der Württemberger und später auch der Sachse – Königskronen aufsetzen.

»Das liebe Heilge Röm'sche Reich, wie hält's nur noch zusammen?« Mit Goethe[43] mochte sich das auch der Kaiser Franz gefragt haben. Nach tausend Jahren war das Römische Reich Deutscher Nation am Ende. Napoleon gewann als Rheinbund-Protektor eine neue Würde dazu, Kaiser Franz verlor eine Krone. Am 6. August 1806 legte er auf Druck Napoleons die deutsche Kaiserwürde nieder. Aber er hatte vorgesorgt. Als sich Napoleon 1804 in Paris zum Kaiser krönte, legte sich Franz in Wien die erbliche Kaiserwürde zu. Aus dem Römischen Kaiser Franz II. wurde der österreichische Kaiser Franz I.

Er litt nicht sehr unter dem Verlust, der gute Kaiser Franz. Er hielt es da wieder mehr mit Goethe: »Dankt Gott mit jedem Morgen, daß ihr nicht braucht fürs Röm'sche Reich zu sorgen!«[44] Schon 1796 hatte der Kaiser seinen Bruder Carl dahingehend instruiert, daß ihn nur die Monarchie zu interessieren habe, »denn deine Pflichten gegen unser Haus und die Monarchie sind die einzigen, die du kennen mußt, diesen muß das Reich und jedermann weichen«![45] Mit der römischen Kaiserwürde gab Franz freilich auch die österreichische Vormachtstellung in Deutschland auf, und er tat auch später nichts, um sie zurückzugewinnen. Preußen brauchte in das entstandene Vakuum nur noch nachzurücken . . .

Marie Louise war ein unpolitischer Mensch. Derlei Gedanken mochten sie nicht beschweren. Vorläufig interessierte sie alles andere mehr: die Städte, die sie passierte, die Fürsten, die sie willkommen hießen, die Menschen, die ihr zujubelten. Über alle Eindrücke berichtete sie getreulich und ausführlich dem Papa nach Wien, häufig mit erfrischender Offenheit. Über den Kronprinzen von Bayern verbiß sie sich das Lachen: »Er ist voll Verstand, stottert aber schrecklich und ist so taub, daß er gar nicht verstand, was ich ihm sagte.«[46]

Das Lachen verging ihr freilich, als sie in München von der Gräfin Lažansky Abschied nehmen mußte. »Wie schwer fiel mir die

Trennung von ihr«, klagte Marie Louise ihrem Vater, »und ich konnte wirklich meinen Bräutigam kein größeres Opfer als dieses bringen, obwohl ich überzeugt bin, daß es nicht sein Gedanke war.«[47] Noch deutlicher wurde Maria Ludovica. »Die Reise ist wenig angenehm für sie«, schrieb sie ihrer Mutter[48], »denn sie ist immer unter vier Augen mit der Königin von Neapel, die sie gern beherrschen möchte. Sie hat eine große Enttäuschung gehabt. Louise war sehr betrübt und dies ist sicherlich kein glücklicher Anfang. Anscheinend ist es die Königin und nicht Napoleon, welche die Initiative dazu ergriffen hat.« In Wien machte die Rückkehr der Gräfin den denkbar schlechtesten Eindruck.

Gottergeben setzte Marie Louise am 19. März allein mit der Königin von Neapel die Reise fort. Es waren anstrengende Tage. Kaum saß man in Augsburg bei einem Mittagessen, mahnte Berthier schon wieder zum Aufbruch. Statt um fünf Uhr nachmittags kam man um elf Uhr nachts in Ulm an, und Marie Louise war so müde, daß sie ohne Abendessen gleich zu Bett ging, da man anderntags schon um fünf Uhr aufbrach. Wenigstens das Wetter hatte sich gebessert; endlich schien wieder die Sonne. »Wir hatten das schönste Wetter«, meldete die Tochter dem Vater, »und die prächtigsten Gegenden, um 10 Uhr langten wir in Günzburg an, wo wir vom Prinzen Paul und von dem schlechtesten Frühstück, was ich in meinem Leben genoßen hatte, empfangen wurden.«[49]

Nachmittags um fünf Uhr zog man feierlich in Stuttgart ein. »Die ganze Stadt ist nichts als eine lange breite Gaße mit prächtigen Häusern«, schrieb Marie Louise nach Wien, »der Pallast ist ungeheuer, und begreift die halbe Stadt, der König läßt ihm aber noch immer fortbauen; ich wurde in Stuttgardt eben so wie in München durch die königliche Familie empfangen, hatte auch Cercle, Diner und das Urtheil Salomons im Theater, wo eine solche Kälte war, daß sich die Königin von Neapel und ich seit dieser Zeit nicht mehr erhohlen können . . .«[50]

Über Karlsruhe, (»welches auch eine hübsche Stadt mit einer schönen Residenz ist«) und Rastatt (»wo mir der Erbprinz von Baaden ein Frühstück gab«) erreichte sie am 22. März unter dem Donner der Kanonen, unter dem Geläute aller Glocken und in Begleitung von 20 Generälen und mehreren Divisionen die geschmückte Rheinbrücke. »Hier hielt mir der Präfekt und bey den thoren von Straßburg der Maire eine Anrede. Ich durchzog langsam die Straßen und kam unter dem größten Jubel der Volksmenge in dem kaiserlichen Pallast an . . . Straßburg ist eine sehr schöne, regelmäßig gebaute und volkreiche Stadt. Heute sind eine Menge Feste, ich weiß aber noch nicht recht die Tagesordnung, denn der Prinz von Neufchatel kommt immer erst um 12 Uhr meine Befehle vernehmen; ich kann Ihnen nicht sagen, lieber Papa, wie komisch es mir ist, ich, die nie bis itzt meinen eigenen Willen hatte, jetzt Befehle ertheilen zu müßen . . .«[51]

Ihrem Versprechen gemäß schrieb sie auch ihrem siebenjährigen Bruder Franz Karl, erzählte ihm von der aufwendigen französischen Militärbegleitung des Brautzuges und, was den Kleinen besonders interessierte, vom Kanonensalut. »Damit Du siehst, lieber Franz, wie genau ich Deine Aufträge vollziehe, so werde ich Dir erzählen, daß ich zwar nicht jeden Kanonenschuß zählte, aber ich erkundigte mich deswegen bey meinem Gardekapitän, General Lauriston, welcher mir sagte, daß man schon über 1000 losgebrannt hatte . . .«[52]

In Straßburg wurden zwar zwei Rasttage eingeschaltet, aber Marie Louise hatte kaum Zeit, »einen schrecklichen Kathar, Schnupfen und Kopfweh, Halsschmerzen« zu pflegen, denn sie mußte den Festen, Redouten und Theatervorstellungen beiwohnen, die man ihr zu Ehren gab. In Straßburg traf sie auch Metternich wieder, der am 22. März dort Zwischenstation auf dem Weg nach Paris machte, wo er aus der »Hochzeit des Jahrhunderts« noch Kapital für Österreich herauszuschlagen suchte. Auf Straßburger Boden hatte Marie Louise dann noch eine Begegnung, deren Bedeutung sie nicht im entferntesten ahnen konnte. »Dem Feste, welches die Stadt Ihrer Majestät gab«, so schrieb die Straßburger Zeitung am 24. März[53], »wohnte auch der österreichische General Graf Neipperg, der in Geschäften seines Hofes sich hier aufhält, . . . bei.« Marie Louise fiel im Trubel des Festes der Mann sicherlich nicht auf, der ihr zweiter Gatte werden sollte.

Vorläufig aber war Napoleon noch ein aufmerksamer Bräutigam. Er schickte seiner Braut eine bequeme Reisekutsche entgegen, sandte Blumen und selbst erlegte Fasane und ließ ihr einen Pelzmantel überreichen, den ihm der Zar geschenkt hatte und den er seiner Kostbarkeit wegen kaum selbst getragen hatte. Nun sollte sich die Kaisertochter darin einhüllen. Vor allem aber schrieb er ihr zärtliche Briefe, die Marie Louise die Angst vor ihm nahmen. War er etwa doch kein Unhold? Sollte der Papa recht behalten mit seinem Trost, es werde schon alles nicht so schlimm werden? »Ich bin beruhigt über mein Schicksal«, schrieb sie dem Vater, »ich bin überzeugt, glücklich zu seyn, ich wünschte, daß Sie die Briefe lesen könnten, die mir Kaiser Napoleon schreibt, er hat unendlich viel Attentionen für mich.«[54] Schon gingen zärtliche Beteuerungen hin und her: Napoleon wünschte, der Page zu sein, der ihr seine Briefe überbrachte, sie wollte eine Lorbeerblüte in seinem Siegeskranz sein.[55] Und sie wünschte, die Reise bald hinter sich zu haben, um endlich bei ihm zu sein.

Die noch folgenden Reisestationen teilte Marie Louise ihrem Bruder Franz Karl wie folgt mit: »Den 24ten gehe ich auf Lunéville, den 25ten nach Nancy, wo große Feste sind, den 26ten auf Vitry, den 27ten auf Compiègne. In den Compienner Wald kömmt Kaiser Napoleon mir entgegen . . .«[56]

Der Kaiser Napoleon wartete inzwischen nervös und ungeduldig auf die Ankunft seiner neuen Gemahlin. Sie sollte sich nicht zu beklagen haben. Paris würde sie kaiserlich empfangen!

Hektische Vorbereitungen, um die sich Napoleon persönlich kümmerte, setzten ein. Glanzvolle Feste wurden vorbereitet, die Theater erhielten Befehl, von März bis Mai besondere Festvorstellungen zu veranstalten, Schriftsteller und Poeten wurden angewiesen, in vielerlei Sprachen Hymnen auf die »Hochzeit von Mars und Flora« zu verfassen. Kaiserliche Dekrete stellten Gnadenakte in Aussicht, die Armen von Paris durften sich auf unentgeltliches Essen und Trinken freuen, und sechstausend Hochzeitspaare sollten ausgestattet und am selben Tag wie das Kaiserpaar getraut werden. Schon wurden die Fenster der Pariser Straßenzüge, durch die der Einzug des Kaiserpaares stattfinden sollte, vermietet, schon trafen in der französischen Hauptstadt Gäste aus aller Welt ein. Der zu erwartende Hochzeitsrummel bereitete der Pariser Polizei einiges Kopfzerbrechen. Schließlich mußten nicht nur die Vivat-Schreier, die Kaisertreuen und Adabeis im Zaum gehalten werden, sondern auch die Oppositionellen, die Royalisten und Republikaner, denen die Hochzeit Bonapartes mit einer Erzherzogin ein Dorn im Auge war.

Die Empfangs- und Hochzeitsfeierlichkeiten in Paris waren für Napoleon kein sonderliches Problem, Paris verstand es, Feste zu feiern. Schon schwieriger würde es werden, der Braut eine einige, harmonische kaiserliche Familie zu präsentieren. Würde diese undisziplinierte Sippschaft sich standesgemäß betragen? Würden sich seine eitlen Schwestern mit der Nebenrolle bei dem Hochzeitsspektakel begnügen?

Und er selbst? Wie sollte er seiner hochfürstlichen Braut entgegentreten? In Hoftracht, einen prunkvollen, mit Bienen bestickten Mantel um die Schultern? Er war über vierzig Jahre alt und hatte sich nie viel um galante Künste gekümmert. Würde sie ihn liebenswürdig finden? Hatte sein bleiches, ernstes Gesicht Aussicht, ihr zu gefallen? Sie war so jung! Mußte er nicht wenigstens tanzen können? Seit der Militärschule hatte er kaum mehr getanzt. Damals war aus Damenmangel mit Sesseln geübt worden. Napoleon war hingefallen und hatte den Sessel zerbrochen. Jetzt wandte er sich an seine Stieftochter, die Königin Hortense von Holland. Sie möge ihm Walzertanzen beibringen! Sie lachte und versuchte es, aber er sah beim Tanzen aus wie ein gestiefelter Kater.[57] Schließlich gab er es auf. Er sei zu alt dazu.

Für eine Vaterschaft durfte er jedoch nicht zu alt sein! Die Ärzte beruhigten ihn. So schuf er, noch ehe er seine Braut gesehen, noch bevor er die Ehe vollzogen hatte, schon das Reich für den zukünftigen Sohn. Durch Senatsbeschluß vom 17. Februar 1810 wurde der Titel eines »Königs von Rom« geschaffen. Es sollte der Titel seines ersten Sohnes sein.[58]

Aber nun: Wo blieb sie denn, die Braut? Wann immer ein Adjutant, den er mit einem Brief oder einem Geschenk zu Marie Louise geschickt hatte, zurückkam, suchte er voll Ungeduld von ihm Näheres über seine Braut zu erfahren.

Wie sehe sie aus?

Jung, frisch und sympathisch!

Wie sei ihre Figur?

Etwa wie die der Königin von Holland.

Und ihr Haar?

Blond, etwa wie das der Königin von Holland.

Und ihr Teint?

Rosig und glatt wie bei der Königin von Holland.

Also sehe sie der Königin von Holland ähnlich?

Nein, eigentlich nicht . . .

Seufzend gab der Bräutigam auf.

»Vergessen Sie den ersten Eindruck, Majestät«, sagte ihm Laborde, »und Sie werden ein sehr zufriedener Ehemann sein!«[59]

Am 20. März verließ Napoleon Paris und fuhr nach Compiègne. In dem Wald zwischen Soissons und Compiègne hatte er drei Zelte bauen lassen, die in ähnlicher Weise wie die Baracke von Braunau fungieren sollten. In dem mittleren, prächtig geschmückten Raum sollte das Zusammentreffen von Braut und Bräutigam stattfinden. Marie Louise, so wollte es das Zeremoniell, hatte dem Kaiser entgegenzugehen, sich auf die Knie niederzulassen und ihm eine Rede aufzusagen, die sie während der Reise gelernt hatte. Napoleon würde ein Gewand tragen, das seine Schwester Pauline für ihn entworfen hatte: ein üppig verbrämtes Kostüm. Es würde eine hochoffizielle Szene werden. Napoleon selbst hatte das strenge Zeremoniell angeordnet, sein Zeremonienmeister jeden Schritt und jede Geste genau festgelegt. Die Stadt Soissons traf alle Vorbereitungen für einen glänzenden Empfang und eine erlesene Bewirtung der neuen Kaiserin. Nach und nach waren alle Mitglieder des kaiserlichen Hauses in Compiègne eingetroffen.

Und dann war es Napoleon selbst, der alles über den Haufen warf. Die Prinzen und Prinzessinnen seiner Familie waren verblüfft, der Zeremonienmeister einer Ohnmacht nahe, die Stadtväter von Soissons gekränkt: Napoleon entschloß sich plötzlich, seiner Braut entgegenzufahren.

Am 27. März rumpelte der Wagen mit Marie Louise und der Königin Caroline von Neapel gemächlich Soissons entgegen. Das Wetter war schlecht: es regnete. Marie Louise lehnte in der Wagenecke, memorierte ihre Rede und nickte bisweilen ein wenig ein. Sie war ermüdet von all den Festlichkeiten, Festtafeln und Festreden, die alle den ein wenig peinlichen Wunsch ausdrückten, sie möge dem Kaiser nur bald Söhne schenken. Auch Marie Louise war nervös. Anderntags würde der große Augenblick kommen, wo sie ihren Gatten zum erstenmal sehen sollte.

Gerade näherte man sich der kleinen Kirche von Courcelles, als der Wagen plötzlich anhielt.

War etwas passiert? War ein Rad gebrochen?

Napoleon selbst hat in St. Helena geschildert, was sich abspielte. »Als ich ihr entgegenfuhr, ließ ich den Wagen anhalten, denn ich wollte nicht, daß sie wüßte, wer ich bin. Aber die Königin von Neapel, die neben ihr saß, rief aus: ›Der Kaiser!‹ Ich warf mich in den Reisewagen und küßte Marie . . .[60]«

Es war der echte Napoleon, der in den Wagen stieg. Den theatralischen Firlefanz hatte er im Schrank hängen lassen. Er trug seinen einfachen grauen Mantel, den er in so vielen Schlachten getragen hatte.

VI

Napoleon, der Clan und die Clique

Würde man, wo immer in der zivilisierten Welt, eine Umfrage nach den zehn berühmtesten Persönlichkeiten der Geschichte veranstalten, würde mit an Sicherheit grenzender Wahrscheinlichkeit neben neun anderen auch Napoleon genannt. Er würde seinen Ruhm mit anderen Diktatoren und Heerführern, mit Kaisern und Königen, Religionsstiftern, Philosophen, Künstlern und Wissenschaftlern teilen, aber unweigerlich wäre er darunter.

Wer war Napoleon? Auf diese Frage ergibt sich mit zwingender Notwendigkeit die Gegenfrage: Welcher? Der Napoleon der Zeitgenossen oder der der Nachwelt? Der Napoleon des 19. oder der des 20. Jahrhunderts? Der der Historiker, der Memoirenliteratur oder der der Legende? Es gibt den durch tausend Zeugnisse belegten, beglaubigten Napoleon und den verzeichneten, verfälschten, verleumdeten, den der Selbstdarstellung auf St. Helena, den Napoleon vor und nach seinem Tod. Das macht ja den »Fall Napoleon« so schwierig, daß uns so viele Napoleons überliefert sind, die sogar räumlich differieren. Es gibt den französischen, den deutschen, den englischen, den russischen Napoleon und den von anderswo. 30 000 Napoleon-Briefe legen Zeugnis von ihm ab, über 200 000 Bücher und rund 600 Theaterstücke sind schätzungsweise über ihn geschrieben worden, jeder bedeutende Mann hat irgend einmal über Napoleon nachgedacht, und immer neue »Napoleons« kommen zutage.

Vielleicht sind alle diese Napoleons richtig, vielleicht gar keiner, und möglicherweise war alles nur ein Heldenlied. So wie Friedell in einer bestechenden Theorie die Pest des Mittelalters als bloße Erfindung, Entwicklungskrankheit und allgemeine Psychose dargestellt hat[1], war vielleicht auch Napoleon bloß Fiktion. Ein Mensch als Wille und Vorstellung, Wunschvorstellung für die einen, Schreckensbild für die anderen . . .[2]

Diese Janusköpfigkeit, Charakteristikum für jeden Machtmenschen, ist nirgends stärker ausgeprägt als bei dem Phänomen Napoleon. Derselbe Mann, der für die einen Elementarereignis und Universalgenie ist, ist für die anderen Diktator und Tyrann. Hegel nannte ihn »diese Weltseele«, Hebbel »das größte Tatgenie«, und Goethe »einen der produktivsten Menschen, die je gelebt haben«. Fichte dagegen warf ihm Mangel an Freiheitssinn und Menschenwürde vor, und Kleist nannte ihn »einen höllenentstiegenen Vatermördergeist, der Menschen opfert, Leben zerstört«. Und dazwischen Menschliches, Allzumenschliches. Nietzsche erzählte gern, daß er einen ebenso langsamen Pulsschlag wie Napoleon habe, nämlich sechzig, und der Komponist Louis Spohr nahm eigens Unterricht im Hornblasen, um den Giganten wenigstens vom Orchestergraben des Erfurter Theaters aus sehen zu können.

Wer war Napoleon? Auf jede noch so konkrete These folgt eine Antithese. Das strahlende Bild des Helden von Arcole, Austerlitz und Wagram wird verschattet von der peinlichen Vorstellung des Feiglings, der auf der Fahrt nach Elba aus Angst vor der Lynchjustiz des Volkes einen österreichischen Generalsrock anzog. Da war das Monster, das ungerührt Tausende verbluten, erfrieren, verhungern und ertrinken ließ, aber mit Tränen in den Augen von tödlich verwundeten Kampfgefährten Abschied nahm. Der Schöpfer des Code Napoléon vertrug sich durchaus mit dem Terroristen Napoleon, der wider alles Völkerrecht den Bourbonenherzog von Enghien aus Baden entführen und zu Abschreckungszwecken füsilieren ließ. Keiner war im einfachen grauen Mantel und mit zerdrücktem Hut so kaiserlich groß wie Napoleon und keiner so kleinbürgerlich eitel, niemand so stark einer ganzen Welt und so schwach der eigenen Familie gegenüber. Immer wieder sind Attentate auf den Verhaßten verübt worden, aber wenn die alten Graubärte, die mit ihm auf den Schlachtfeldern Europas und Ägyptens gekämpft hatten, später nur seinen Namen hörten, weinten sie . . .

Wie sah er aus, wie lebte, woran glaubte er? Marie Louise trug sein Bildnis um den Hals, aber war das nicht geschmeichelt? Der bald einundvierzigjährige Kaiser, dem sie anvermählt worden war, sah in nichts mehr dem mageren kleinen Korporal ähnlich, und auch der vielzitierte »marmorne Cäsarenkopf« des Ersten Konsuls war Vergangenheit. Schon begann seine Taille dick und sein Haupthaar dünn zu werden. Wer den berühmten Mann etwa um 1809 zum erstenmal zu Gesicht bekam, war von seiner Erscheinung eher enttäuscht, wie der russische General Löwenstern[3], der ihn während einer Parade in Schönbrunn beobachtete.

»Endlich bekam ich diesen außerordentlichen Mann zu sehen«, so Löwenstern. »Ich muß gestehen, daß er, als ich mich ihm näherte, auf mich keineswegs den Eindruck machte, wie ich es erwartet hatte. Sein Gesicht war mir durch sehr ähnliche Porträts bekannt. Ich fand ihn korpulenter, als er gewöhnlich abgebildet ist. Sein Gang war wenig graziös, seine Haltung ohne Würde. So wie ich ihn beobachtete, befand er sich fortgesetzt in Bewegung, nicht eine Minute auf dem gleichen Platz bleibend, schweigsam, häufig Tabak schnupfend, von einer auffallenden Ungeduld, die Hände bald hinter dem Rücken vereint oder die Arme auf der Brust gekreuzt. War dies, um den Großen Fritz nachzuahmen oder . . . die Folge seiner Nervosität? Ich sah ihn häufig Tabak aus seiner Tasche herausholen, ohne sich die Zeit zu nehmen, seine Tabatière zu benützen . . .«[4]

Auch Caroline Pichler, die Napoleon 1809 im Schönbrunner Schloßtheater sah (und sich über sein unpünktliches Erscheinen ärgerte), war von der Erscheinung des Korsen, den sie allerdings mit dem »Gefühl innerlichen Hasses« betrachtete, nicht angetan. »Im Ganzen war auch seine Erscheinung nicht ansprechend«, schreibt sie in ihren Memoiren.[5] »Zu klein und zu stämmig, um für gutgewachsen zu gelten, hatte seine Gestalt auch nichts Edles oder Imposantes. Seine Züge – das, was eigentlich die Physiognomie bildet, Augen, Stirn, Nase und Mund – waren regelmäßig, das Kinn besonders schön, ganz antik aufgebogen wie an einem Antonius-Kopfe. Aber diese edlen Lineamente verloren durch die breite Fleischmasse des allzuvollen Gesichts, die sie umgab und nicht einmal durch einen Backen- oder andern Bart begränzt wurde, den größten Theil ihres Adels und ihrer Bedeutung. So bekam das Ganze – Gesicht und Figur zusammen – nach meinem Gefühle etwas Gemeines, und ich bedauerte, daß ich die Idee der tiefen und düstern Züge auf dem Kupferstiche, wie er in der Schlacht von Arcole die Fahne ergreift, gegen dieses wohlgenährte Prälatenantlitz vertauschen mußte . . .«

Dieses wohlgenährte Prälatenantlitz täuschte Gesundheit vor, die Napoleon auch landläufig bescheinigt wird: der Mann mit der eisernen Gesundheit, der die größten Strapazen aushielt, mit drei Stunden Schlaf auskam und sofort wieder frisch war. Dagegen stehen die Zeugnisse von dem fortwährend kranken Napoleon, der

sich in Toulon die Krätze holte, Epileptiker war und am Magenkrebs zugrunde ging. Auch Lungentuberkulose, Sumpffieber und
eine venerische Krankheit wurden ihm zugeschrieben, und der
kranke Napoleon war es denn auch, der immer dann hervorgeholt
wurde, wenn etwas schief ging. Nicht wenige Historiker schreiben
auch seinen Sturz physischen Ursachen zu.

Einigkeit herrscht in allen Zeugnissen über die außergewöhnliche Intelligenz Napoleons. Er hatte die Gabe, sofort das Wesen eines Problems zu erkennen, und das Talent, sogleich die richtige Lösung zu wissen. Dazu kamen seine fabelhafte Konzentrationsfähig-
keit und sein erstaunliches Gedächtnis. Oft zitiert wird das Phänomen, daß der Korse mühelos drei Gesprächen auf einmal folgen
und auf jedes gesondert eingehen konnte, berühmt sind die von
Napoleon selbst erwähnten »Schubladen« seines Gedächtnisses, in
denen die verschiedenen Angelegenheiten fachweise geordnet waren. (»Wenn ich eine unterbrechen will, so schließe ich ihr Schub-
fach und öffne das einer andern. Sie geraten nie durcheinander, sie
verwirren mich nicht und ermüden mich nicht durch ihre Vielfäl-
tigkeit. Will ich schlafen, so schließe ich alle Schubfächer und bin
sofort eingeschlummert.«[6]) Er liebte Tabellen, konnte in seiner Jugend die Logarithmen von mehr als dreißig Zahlen auswendig und
hatte ganze Seiten des Römischen Rechts im Kopf. Jedoch ließ ihn
sein Gedächtnis im Stich, sobald es sich um Unwesentliches handelte. So konnte er sich beim Kartenspiel die abgeworfenen Karten
nicht merken und nahm Zuflucht zum Mogeln.

Nicht allzu weit her war es ferner mit seiner Menschenkenntnis.
Er hat dem Fuchs Talleyrand und dem Verräter Fouché jahrelang
die Stange gehalten, die Unzuverlässigkeit einiger Marschälle nicht
erkannt und in seinen Brüdern kleine Napoleons gesehen, während
sie doch nur unbedeutende Bonapartes waren.

Übereinstimmung herrscht in der Napoleonliteratur auch über
die unermeßliche Arbeitskraft dieses Mannes. Nach seinen eigenen
Worten arbeitete er unentwegt, Tag und Nacht, auch im Theater,
vielleicht sogar im Schlaf. »Überall steht er an der Spitze«, schreibt
ein Mitarbeiter des Ersten Konsuls Bonaparte, »er regiert, verwaltet, unterhandelt, mit seinem wohleingerichteten Kopfe leistet er
täglich achtzehn Stunden Arbeit. In drei Jahren hat er mehr regiert
als die Könige in hundert Jahren.«[7]

Zu dieser unermüdlichen Aktivität kam sein unerhörtes Arbeits-
tempo. »Activité! Vitesse!« hämmerte er seinen Marschällen ein.

Der Schnelligkeit, mit der er seine Truppen verschob, sind seine Siege mitzuverdanken. »Ich habe die Österreicher durch Märsche zerstört«, sagte er selbst einmal. Beim Einmarsch in Bayern im April 1809 etwa legte die österreichische Infanterie nur zwölf bis dreizehn Kilometer pro Tag zurück, während es die französische auf Tagesmärsche von sechzig Kilometern brachte.[8] Die Rastlosigkeit, mit der Napoleon als Staatsmann tätig war, schuf schließlich den Nimbus des Alleskönnenden, Alleswissenden, Allesvermögenden. Kein Wunder, daß ein gewaltiger Lobgesang einsetzte, in dem der Präfekt La Chaise stimmführend war. Für ihn war die Sache ganz einfach: »Um Glück und Ruhm Frankreichs zu sichern, schuf Gott Bonaparte und ruhte sich aus.«[9]

Der Gewaltige war natürlich auch ein Mensch. Als junger Leutnant lebte er, bedingt durch Veranlagung und Geldmangel, spartanisch. (»Ich habe keine Zuflucht als meine Arbeit. Ich ziehe mich nur alle acht Tage einmal um. Seit ich krank lag, schlafe ich nur wenig . . . Ich esse nur einmal täglich.«[10]) Später badete er gern stundenlang, wechselte zweimal täglich die Wäsche und entwickelte die Fähigkeit, von einem Moment zum andern abzuschalten und zu schlafen. Nach der Niederlage bei Aspern schlief er dreißig Stunden lang. Auch der Kaiser Napoleon aß nur zweimal am Tag, mit Vorliebe Rindfleisch oder Lamm mit Bohnen, Linsen oder Kartoffeln. Napoleon war ein rascher Esser und schlang sein Essen so schnell hinunter, daß es aussah, als kaute er gar nicht. Selten trank er mehr als eine Flasche Wein am Tag. In Ägypten hatte er sich das Kaffeetrinken angewöhnt. Immer nach den Mahlzeiten trank er eine Tasse Kaffee, die mit besonderer Sorgfalt bereitet werden mußte.[11] Im Feld und im besetzten Feindesland pflegte er mit Berthier zu speisen. Mit ihm machte er auch gern seinen Abendspaziergang – etwa in den Gärten von Schönbrunn –, und dann spielte er mit seiner Suite Whist oder Einundzwanzig. Dennoch war er stets aufbruchbereit. »Eine Abteilung von Gardejägern zu Pferd war stets bereit, auf das erste Signal aufzusitzen«, beobachtete Löwenstern anno 1809 in Schönbrunn. »Napoleon verständigte niemals seine Umgebung, wann er das Schloß verlassen wollte. ›Mein Pferd!‹ Dieses Wort war das Signal für den Aufbruch. Tatsächlich, zwei Minuten später eilte er davon, denn es war beständig ein gesatteltes Pferd für ihn bereit. Kaum war der Befehl ausgesprochen, schwang sich auch seine Suite eiligst in den Sattel; man stieß sich, stolperte einer über den anderen, vergaß jede Rücksicht, so daß man den Ausritt für einen Alarm hätte halten können. Kaum im Sattel sprengte Napoleon in scharfem Galopp davon, wobei er sich selten die Zeit nahm, die Zügel richtig anzufassen . . .«[12]

»Da er klein ist, steht ihm Reiten besser als Gehen«, so Madame de Staël (nicht gerade seine Freundin) über Napoleon. »In Gesellschaft gibt er sich linkisch, ohne schüchtern zu sein. Paßt er auf sich auf, so hat sein Wesen etwas Verachtendes, ist er natürlich, so wird er gewöhnlich; das Verachtende steht ihm besser . . . Er haßt nicht mehr als er liebt, für ihn existiert nur er selbst, alle andern sind Nummern. Ein großer Schachspieler, für den die Menschheit den Gegner darstellt, den er sich vornimmt, schachmatt zu setzen. Seine Erfolge dankt er den Eigenschaften, die ihm fehlen so sehr als denen, die er hat . . .«[13]

Eine Eigenschaft, die ihm gänzlich fehlte, war der Humor. Im engeren Verkehr konnte er sich zwanglos geben, sogar vertraulich sein und scherzen. Über sich selbst scherzte er nie. Es gibt keine humorvolle Anekdoten über Napoleon, nur sarkastische, sardonische, zynische Aussprüche. Er vertrug keine Kritik, haßte Presse und Journalisten und verabscheute Karikaturen. »Wenn ich die Presse am lockeren Zügel halte, werde ich keine drei Monate an der Macht bleiben«, sagte er.[14] Und er handelte danach. Mit dem Dekret vom 17. Januar 1800 ließ er von 73 politischen Pariser Blättern 60 einstellen und die Gründung neuer Zeitungen verbieten. Was dem Volk mitzuteilen war, stand ohnehin im offiziellen »Moniteur«, der Zeitung, mit deren Hilfe er die öffentliche Meinung »machte«. Er selbst hat schon als junger Mensch geschrieben: über Königsgewalt und die Ungleichheit der Menschen, über Korsika und anderes mehr. Auch einen Roman und Novellen, die unvollendet geblieben sind. Was er später bis zur Vollendung entwickelt hat, waren seine Tagesbefehle, Aufrufe und Proklamationen. In einer raffiniert einfachen, zündenden Sprache abgefaßt, rissen sie seine Soldaten zu übermenschlichen Leistungen hin. Er versprach ihnen dafür immer dasselbe: Ehre, Größe, Reichtum und »gloire«, den unsterblichen Ruhm.

Mit Blickrichtung auf den eigenen Ruhm wurden auch die »Wehrmachtsberichte« jener Zeit abgefaßt, die napoleonischen »Bulletins«. Nirgends tritt die Gleichgültigkeit des Korsen gegenüber der objektiven Wahrheit stärker zutage als in diesen zwielichtigen Dokumenten der Schlachtengeschichte. Die Diktatoren und Feldherren der Kriege des zwanzigsten Jahrhunderts haben viel von dem Meisterpropagandisten Napoleon gelernt, der Siege zu Triumphen hochstilisiert, Niederlagen verharmlost und in prekären Situationen Siegeszuversicht verbreitet hat. Jedes Bulletin war ein Erfolgsbericht, zugeschnitten auf den Helden Napoleon.

War Napoleon selbst ein Held? Löwenstern hatte Gelegenheit, den Kaiser im Feld zu beobachten und kam zu der Erkenntnis, »daß es Übelwollen ist, Napoleon vorzuwerfen, es fehle ihm vor dem Feind an Mut. Er benimmt sich auf dem Schlachtfeld, wie man es von einem Genie, von einem Oberbefehlshaber erwartet, der damit beschäftigt ist, alle Bewegungen des Feindes zu erkunden und seine Truppen zu lenken. Er stellt sich dorthin, von wo er die beste Aussicht hat. Auch hängt die Größe der Gefahr nur vom Terrain ab. Er würde die ganze Zeit auf einer weit entfernten Höhe bleiben, wenn er von ihr herab seine Dispositionen treffen könnte. Ebenso würde er sich mitten in die größte Gefahr stürzen, wie man es bei Aspern gesehen hat. Er mißachtet die Gefahr, setzt sich ihr ohne Widerwillen und Stolz aus. Mehrere Pferde wurden in seiner Nähe getötet, ohne daß er es beachtete, wobei niemand wagte, ihn auf die Gefahr aufmerksam zu machen, in welcher er schwebte«.[15] Der Kaiser mischte sich auch, selbst in Feindesland, ungescheut unter die Bevölkerung. »Scharenweise eilten stets die Wiener herbei, um Napoleon zu sehen«, notierte Löwenstern 1809. »Die an den zum Schloß (von Schönbrunn, Verf.) führenden Straßen aufgestellten Wachposten hatten den Befehl erhalten, alle ordentlich gekleideten Personen den Schloßhof betreten zu lassen. Während der Paraden konnte die Menge sogar ganz nahe an Napoleon herankommen, denn keine wie immer bemerkbare Maßregel für seine Sicherheit schien angeordnet zu sein.«[16]

Diese, freilich oft nur gespielte, Überzeugung, gegen ein widriges Schicksal gefeit zu sein, führte er, wie alle Diktatoren, auf eine über ihn wachende Vorsehung zurück. »Sollte es einen Mann geben, der so blind wäre, nicht einzusehen, daß das Schicksal meine Handlungen lenkt?« heißt es in seiner ägyptischen Proklamation. »Der Tag wird kommen, wo die ganze Welt einsehen wird, daß ich von höherer Hand geleitet bin und daß menschliche Bemühungen nichts gegen mich ausrichten können.« Und einmal verstieg er sich sogar zu der Behauptung: »Was habe ich zu befürchten? Ich kann gar nicht ermordet werden.«[17]

Diese Schicksalsgläubigkeit führt direkt zur Gretchenfrage: Wie hatte er's mit der Religion? Dieses Kapitel, das sich in die persönliche Gläubigkeit Napoleons und sein Verhältnis zur Kirche unterteilt, ist so besonders schwierig, weil Napoleons Äußerungen auf diesem Gebiet Extreme tiefer Gottgläubigkeit und völliger Areligiosität darstellen. Der Sohn der Aufklärung war, wiewohl zu Hause fromm erzogen, kein gläubiger Katholik. Eine Art von Deismus mit materialistischem Einschlag, gepaart mit Schicksalsgläubigkeit und Aberglauben mag ungefähr seine Glaubensvorstellung umreißen. Er sagte: »Alles kommt von Gott« und »Gott allein wird niemals vergehen«, aber er sagte auch: »Der Mensch ist nichts anderes als besser organisierte Materie.« Er war zutiefst von seiner Sendung überzeugt, aber wenn er Unheil kommen fühlte, schlug er das Kreuz, und drei brennende Kerzen machten ihn nervös. Als Staatsmann dachte er rationalistisch: »Die Idee von Gott ist natürlich. Sie hat zu allen Zeiten existiert, bei allen Völkern.«[18] Auch Napoleon wollte ein religiöses Volk, denn ein gläubiges Volk ist gehorsam und leicht lenkbar. Also wies er zum Nutzen Frankreichs der Kirche eine bedeutende Funktion zu. Am Ostersonntag des Jahres 1802 trat das Konkordat in Kraft, und anfänglich ging auch alles gut. Der Erzbischof von Paris nannte Napoleon »den Menschen zur Rechten Gottes«. Ein »Heiliger Napoleon« (vom Märtyrer Neopolus oder Neopolis) wurde mit Gedenktag am 15. August, dem Geburtstag des Korsen, institutionalisiert, Napoleon spielte den Kirchenprotektor, hatte eine offene Hand für die Kirche und wahrte die Form. Als dann die Eiszeit hereinbrach, als der Kaiser den Papst zum Ehescheidungsanwalt degradierte und sich auch politisch mit ihm überwarf, ging die Harmonie in Brüche. Die Kirche in Frankreich schien vernichtet, der Papst und viele Geistliche waren gefangen, verbannt, entmachtet. Sieger auf lange Sicht blieb freilich der Papst. 1814 war er wieder in Rom und Napoleon auf Elba.

Bleibt noch der Napoleon, wie er gesehen zu werden wünschte. Wenn es wahr ist, daß er bei dem berühmten Schauspieler Talma seine Auftritte und Gesten gelernt hat, dann war er ein sehr gelehriger Schüler. Aus dem schäbigen kleinen Leutnant wurde in Italien sehr schnell der Triumphator, der regelrecht Hof hielt. In Ägypten spielte er die Rolle des Harun al Raschid, trug Kaftan und Turban und zitierte den Koran. Als Kaiser gefiel er sich als antiker Imperator mit dem Lorbeerkranz. Sein bester Regieeinfall aber war die Schlichtheit, mit der er sich von seinen goldstrotzenden Marschällen abhob. Gekonnt auch die Auftritte des Kaisers Napoleon. Traf er mit den Kaisern, Königen und Fürsten Europas zusammen, ließ er sie zuerst den Saal betreten und Aufstellung nehmen. Und dann, nach einer Pause, mitten hinein in die erwartungsvolle Stille der Ruf: »L'Empereur!«

Der vorzügliche Schauspieler Napoleon liebte natürlich das Theater. Schon als junger Mensch konnte er gar nicht genug bekommen von den großen Tragödien. »Die Tragödie ist die Schule der großen Männer«, pflegte er zu sagen.[19] Corneille, so versicherte er, hätte er zum Fürsten gemacht, wäre er noch am Leben gewesen. Leider gab es während seiner Regierungszeit keinen Corneille, und hätte es ihn gegeben, hätte ihm Napoleon das Leben sauer gemacht. Denn die Kontrolle der Theater gehörte ebenso zum Inventar seiner Diktatur wie die Pressezensur. Vom Theater erwartete der Kaiser Propaganda für sein Regime und – wie alle Diktatoren – eine Apotheose der eigenen heroischen Sendung.

Natürlich las ein Napoleon auch. Vor allem der Leutnant Bonaparte las ganze Nächte durch: Plutarch und Macchiavelli, Rousseau und Voltaire, auch geographische, theologische und sentimentalische Literatur. Bis Waterloo schleppte er Ossian und Werther mit im Gepäck, und auf Sankt Helena ließ er sich vom Schicksal von »Paul und Virginie« und anderen sentimentalen Liebesromanen seiner Zeit rühren.

Keine Napoleon-Biographie kann auf das Kapitel »Die Frauen um Napoleon« verzichten. Eine Flut von Romanen, Theaterstücken und Filmen hat sich dieses reizvollen Themas bemächtigt: Napoleon der Frauenheld, dem keine widerstand, der große Liebhaber und Verführer. Um es vorwegzunehmen: Die Sache wird stark übertrieben. Das Register des französischen Don Juan umfaßt neben seinen beiden Gattinnen etwa zehn bis zwanzig Liebschaften. Sein sonst so untüchtiger Bruder Jérôme hat auf diesem Gebiet quantitativ wesentlich mehr geleistet. Von den Damen, die Napoleon manchmal Jahre, manchmal nur Stunden fesselten, sind auch nur wenige wirklich berühmt geworden, und mitunter interessiert und amüsiert uns heute weniger die amouröse Geschichte an sich als das pikante Drumherum. Etwa bei dem ägyptischen Abenteuer mit der Frau des Leutnants Fourès, den Napoleon aus dem Weg räumte, indem er ihn mit einer Mission nach Frankreich sandte. Prompt fiel der gehörnte Ehemann in die Hände der Engländer, die ihn aber nicht, wie Napoleon gehofft hatte, in die Gefangenschaft schickten, sondern – von der Liaison unterrichtet – zum Verdruß

Bonapartes in Ägypten wieder an Land setzten. Auch im Fall der polnischen Gräfin Walewska ging der Korse mit nicht ganz feinen Mitteln zu Werke. Er gewann die schöne Patriotin mit der kleinen Erpressung, sich ihres Vaterlandes anzunehmen, sofern sie gewillt sei, sich seiner anzunehmen. Die Lyoner Seidenhändlerstochter Desirée Clary scheint ihn weniger durch Schönheit als durch ihres Vaters Reichtum beeindruckt zu haben. Von den böswilligen Gerüchten, er habe intimen Umgang mit seiner Schwester Pauline gehabt, und ein Sohn seiner Adoptivtochter Hortense habe Napoleon zum Vater, wird noch die Rede sein.

Napoleon war kein Nachfahre der großen Renaissance-Liebhaber. »Sie machen aus mir einen Herkules«, sagte er auf Sankt Helena, als er das Buch »Die heimlichen Lieben Bonapartes« las.[20] Freilich war er auch nicht »keusch wie Eisen«, wie Heine uns weismachen will. Jedenfalls scheint den Hofdamen, Gräfinnen, Schauspielerinnen, Bürgerstöchtern und Ehefrauen weniger der verführerische Mann Napoleon als der berühmte Feldherr und später der Kaiser imponiert zu haben. Auch Joséphines lauwarme Zuneigung für den mageren, kurzbeinigen, schäbig gekleideten General Buonaparte steigerte sich mit seinem Aufstieg.

Und Napoleon? Welchen Frauentyp bevorzugte er? Als typischer Sohn des Mittelmeeres schätzte er den Weibchentyp, die anschmiegsame, sich unterordnende, sehr weibliche Frau. »Die mit den meisten Kindern«, sagte er auf die Frage, welche Frau ihm imponiere. Dagegen hegte er Mißtrauen, ja Abneigung gegen die intellektuelle, emanzipierte Frau. Madame de Staël, so ging die Rede, habe ihm mehr Verdruß bereitet als die Kontinentalsperre. Zahlreich sind seine sarkastischen Bemerkungen über die Frauen. »Auf eine Frau, die uns zu etwas Gutem inspiriert, kommen hundert, die uns zu Torheiten veranlassen«, sagte er schon als junger Mann.[21] Im Laufe seines Lebens wurde er dann zum Frauenverächter. Es machte ihm Vergnügen, Frauen in Verlegenheit zu bringen, sie durch taktlose Bemerkungen zu beleidigen oder durch Zweideutigkeiten erröten zu machen. Der lungenkranken Gräfin Metternich warf er ihre Magerkeit vor, Hofdamen machte er durch Hinweis auf die Häßlichkeit ihrer Kleider lächerlich. Vor der echten Hoheit einer Königin Luise von Preußen freilich kapitulierte er: Ihr trat er mit einer Mischung aus Scheu und Schüchternheit gegenüber.

Fraglos hat er eine Frau wirklich leidenschaftlich geliebt: die leichtlebige, verschwenderische, ungetreue, die unvergleichliche Joséphine. Ihre Zeit hat schönere, geistreichere, wertvollere Frauen hervorgebracht, aber keine mit ihrem Charme und ihrer anmutigen Leichtigkeit. Wie groß Joséphines Ausstrahlung gewesen sein muß, geht aus dem Kult hervor, den die Legende bis heute mit ihr treibt. Ihr wird jeder Seitensprung und die noch so wahnsinnigste Verschwendung verziehen, und fast mit Befriedigung der Sturz des Korsen mit der Verstoßung seiner »Dame des Victoires« in Zusammenhang gebracht. Es ist nicht zu leugnen: Während Joséphine in Legende und Historie zu gut erscheint, kommt Marie Louise zu schlecht weg.

Schlecht weg kommt in den meisten Napoleon-Biographien auch der Clan der Bonapartes, seine Brüder und Schwestern, Mutter und Onkel, die er patronisiert und favorisiert, mit Geld, Titeln und Pfründen überhäuft und mit Kronen und Thronen beschenkt hat. Sie dankten es ihm, indem sie kritisierten, opponierten und intrigierten.

Fünf Brüder und drei Schwestern, italienischer Herkunft und mit italienischen Namen: Guiseppe, Napoleone, Luciano, Maria-Anna, Luigi, Maria Paola, Maria Annunziata und Girolamo, besser bekannt als Joseph, Napoléon, Lucien, Elisa, Louis, Pauline, Caroline und Jérôme. Dazu noch die Mutter, Laetitia, geborene Ramolino, die spätere »Madame Mère«, und deren Halbbruder Joseph Fesch, der spätere Kardinal. Der Gatte und Vater, Carlo, ein obskurer Rechtsanwalt, war schon 1785 gestorben. Er hatte als Taugenichts und Weiberheld gegolten.

Viel Druckerschwärze ist verbraucht worden, um die Herkunft des Namens Buonaparte – Napoleon hat das u erst während seines italienischen Feldzuges weggelassen – herauszufinden. Eine der hübschesten Versionen greift auf einen Edelmann Kadolo zurück, dessen Name im letzten Viertel des achten Jahrhunderts, wenige Jahre ehe Karl der Große das Langobardenreich dem fränkischen Imperium unterwarf, in Oberitalien auftaucht. In nicht weniger als neunzig oberitalienischen Gemeinden begegnet man bereits im neunten Jahrhundert, also unter karolingischer Herrschaft, Gütern und Kastellen der Kadolinger, und in der Folge haben immer wieder Frankenkönige und Päpste sowie die Kaiser aus dem Hause der Ottonen und Hohenstaufen das langobardische Geschlecht der Kadolinger im Besitz seiner Ländereien, die sich schließlich auch auf die Toscana erstreckten, bestätigt. Auch später blieben sie treue Anhänger der Kaiser, und in den blutigen Kämpfen zwischen den Anhängern der Welfen und Hohenstaufen hielten sie zum Kaiser und hatten damit das gute Teil erwählt, wonach sie den Beinamen Bonaparte führten, im Gegensatz zu den Parteigängern der unterlegenen Welfen, die Malaparte genannt wurden. Der erste Kadolo, der der zweiunddreißigste Ahnherr Napoleon Bonapartes gewesen sein soll, führte im Wappenschild den Adler mit gespreizten Flügeln und Fängen. Lucien Bonaparte hat dieses Symbol später für seine Familie übernommen, während Napoleon den Adler mit der Krone und dem Blitzbündel ausgestattet hat, den Attributen der Kaiserwürde. Die goldenen Bienen entlehnte er von den Merowingern, den Trägern der ersten französischen Dynastie, die sie als Sinnbilder des Fleißes führten.[22]

Der Weg nach Korsika führte die Buonapartes von Florenz über Rom und Genua, und aus Genua sollen auch die Ramolinos stammen, deren Familie ebenso alten Ursprungs war wie die der Kadolinger. Korsika war erst 1768, ein Jahr vor Napoleons Geburt, an Frankreich gefallen, und auch dann noch gab es heftige Kämpfe der Franzosen mit der Streitmacht des korsischen Patrioten Paoli, der für die Unabhängigkeit der Insel eintrat und dessen Parteigänger der junge Napoleone anfangs war. Die Buonapartes waren Korsen mit allen Nationaleigenschaften: stolz, selbstbewußt, reizbar, rachsüchtig, theatralisch und, als echte Kinder des Mittelmeers, von großem Familiensinn. Von Beginn seiner Karriere an schleppte Napoleon seine Familie hinter sich her, mit unendlicher Geduld und Gutmütigkeit duldete er deren Quertreibereien und Aufsässigkeiten. »Es wäre viel günstiger für Napoleon gewesen, wenn er überhaupt keine Familie gehabt hätte«, meinte zurecht Stendhal. Zumindest aber hätte er eine bessere Familie verdient als diese nimmersatte, streitsüchtige, korrupte Sippschaft, diese Intriganten, Verschwender, Versager, Dirnen und Schwächlinge. Es hat lange gedauert, bis sich Napoleon seinen Irrtum eingestand. »Ich glaube nicht, daß irgend jemand auf der Welt mehr Unglück mit seiner Familie hat als ich«, sagte er 1810[23], und auf Sankt Helena: »Meine Brüder haben mir viel Übles angetan.«[24]

Um gerecht zu sein: Auch für seine Geschwister mochte es kein reines Vergnügen gewesen sein, immer nach der Pfeife des großen Bruders tanzen zu müssen. Mit dem Statut von 1806 hatte er sie an die Kandare genommen. Er besaß das Vormundschaftsrecht für alle Minderjährigen der Familie und die Verfügungsgewalt über die Erwachsenen. Er konnte ihnen befehlen, sie ein- und absetzen, bestrafen und sogar gefangennehmen. Reisen mußten ihm gemeldet, Eheschließungen von ihm genehmigt werden. Sogar seinen Namen zwang er ihnen auf: Sie hatten ihn dem eigenen hinzuzufügen. Louis hatte schließlich zwei Söhne mit den spiegelverkehrten Namen Napoleon-Louis und Louis-Napoleon (der spätere Napoleon III.) und es gab sogar eine Napoleone (eine Tochter Elisas). Aber selbst die Kronen, die er ihnen gab (und auch wieder nahm), verpflichteten sie ihm nicht. Das Königreich Neapel war der Schwester Caroline zu minder, Bruder Louis wurde aufsässig, weil er in Holland nicht schalten und walten durfte wie er wollte, und Spanien erschien Bruder Joseph überhaupt als ein Himmelfahrtskommando, und damit hatte er sogar recht.

Joseph (geboren 1768) hatte durch die Heirat mit der reichen Lyoner Seidenhändlerstochter Julie Clary den Aufstieg der Bonapartes finanziert und sich somit Verdienste um die Familie erworben. Außerdem war er der älteste der Geschwister. Oberhaupt des Clans aber war nicht er, sondern sein jüngerer Bruder Napoleon, was Joseph verbitterte.

Napoleon hatte dem älteren Bruder in jungen Jahren warme Gefühle der Zuneigung entgegengebracht. (»Wir haben so viele Jahre in engster Gemeinschaft miteinander gelebt, daß unsere Herzen eins geworden sind. Du weißt besser als irgend jemand, daß das meinige Dir ganz gehört.«[25]) Joseph, mäßig begabt und nicht sonderlich arbeitsam, hatte 1788 in Pisa zum Doktor beider Rechte promoviert, und vielleicht wäre der junge Mann, der sehr liebenswürdig sein konnte und im Gegensatz zu seinem Bruder besonderen Wert auf ein gepflegtes Äußeres legte, ein ganz guter Anwalt geworden, wäre er nicht der Bruder Napoleons gewesen. Während des Konsulats wurde Joseph »Hoher Kommissar« und durfte als solcher Verträge mit Österreich und dem Vatikan, England und den Vereinigten Staaten von Nordamerika unterzeichnen. Die dabei abfallenden Geldgeschenke reichten immerhin für den Erwerb der prächtigen Domäne Mortefontaine, einem zwanzig Meilen nördlich von Paris gelegenen Schloß mit Wäldern, Weiden, einem Fluß und zwei Seen. Joseph führte dort ein Leben à la Rousseau, spielte den Philosophen und Kunstfreund und empfing Prominenz vom Schlage der Mme. de Staël und Chateaubriands. 1806 wurde Joseph König von Neapel. »Ich gebe meinem Bruder eine schöne

Gelegenheit, sich auszuzeichnen«, sagte Napoleon.[26] Joseph aber zeichnete sich nicht aus, sondern machte Schwierigkeiten. Zur Freude seiner Untertanen und zum Ärger seines Bruders stellte sich König Joseph gegen die französischen Besatzungstruppen, verbot das Beutemachen und erschwerte die Truppenverpflegung. Es gab Krach mit dem allmächtigen Bruder, der von dem gänzlich unmilitärischen Joseph Kriegstaten erhoffte. Joseph sollte womöglich die Engländer aus dem Mittelmeer vertreiben, eine nicht sehr realistische Vorstellung. Als Paris auch noch die Kosten für das Regime Josephs tragen mußte, als der König von Neapel allzusehr zu Luxus und Wohlleben neigte, zog Napoleon ihn ab und setzte seinen Schwager Murat und seine Schwester Caroline auf den Königsthron von Neapel. Da ein Bonaparte aber kein Versager sein durfte, bot Napoleon Joseph 1808 die Krone Spaniens an, vielleicht, weil sich kein anderer für dieses schwierige, heikle Amt bereit fand. Auch Joseph zeigte wenig Lust, als allerkatholischster König auf dem Thron Karls V. Platz zu nehmen. Als er sich schließlich doch nach Spanien aufmachte, hatte er keine Ahnung von dem, was ihn erwartete. »Die Spanier sind genauso wie andere Völker«[27], glaubte Napoleon, als er 1808 Spanien und Portugal überfiel, um die Kontinentalsperre aufrecht zu erhalten. Aber die Spanier waren nicht genauso wie andere Völker. Wie sie wirklich waren und was aus diesem ersten großen Guerillakrieg der Geschichte wurde, hat der »Kriegsberichterstatter« Goya in seinen Graphiken »Desastres de la guerra« festgehalten: ein erbarmungsloses gegenseitiges Abschlachten voll Haß, Wut und Grausamkeit, ein Massaker von nie gekannter Brutalität auf beiden Seiten. Joseph war der letzte, der mit diesem fanatisierten Volk fertigwerden konnte. »Ich habe eine Nation von zwölf Millionen Einwohnern zum Gegner, und es sind tapfere, aufs äußerste erbitterte Leute«, schrieb er an Napoleon. »Die anständigen Spanier sind mir nicht freundlicher gesinnt als die Halunken. Nein, Sire, Sie sind im Irrtum: in Spanien wird Ihr Ruhm scheitern.«[28]

War Joseph in Napoleons Augen ein Versager, so war Lucien ein Frondeur. Dem dritten Sohn der Mme. Laetitia, der als einziger der Brüder Bonaparte keine Krone bekam, wird vielfach heute noch eine bewundernde Hochachtung entgegengebracht, weil er aus offensichtlich ehrenwerten Gründen dem großen Bruder zu trotzen wagte. Lucien (geboren 1775), der um sechs Jahre jünger war als Napoleon, gilt allenthalben als der intelligenteste und begabteste der Brüder, der berufen gewesen wäre, dem Gewaltigen Stütze und Mitarbeiter zu sein und den ein tragischer Konflikt aus der Bahn warf. In Wahrheit war Lucien weniger tragikumwittert als selbstherrlich und wetterwendisch, einmal Republikaner, einmal Monarchist, Parteigänger Robespierres und Steigbügelhalter Napoleons, je nachdem wie es für ihn vorteilhaft war. Einmal freilich wäre er fast unter die Räder, oder richtiger unter die Guillotine, geraten, als der Sturz Robespierres ihn mitriß, und er es nur der Fürsprache des Generals Bonaparte verdankte, daß er noch einmal davonkam.

Zweimal hat Lucien das Schicksal der Bonapartes richtungweisend beeinflußt. Einmal als unreifer Achtzehnjähriger, noch auf Korsika. Von Jugend an hatte er einen unwiderstehlichen Drang, sich als Schreiber und Redner hervorzutun. Fortwährend verfaßte er Pamphlete, Aufrufe und patriotische Manifeste. Als er jedoch den korsischen Nationalhelden Paoli angriff und diesen in einem Schreiben an den Pariser Konvent des Verrats und der Tyrannei beschuldigte, hätte Lucien fast das vorzeitige Ende der Bonapartes heraufbeschworen. Paoli, als echter Korse, schwur dem Vorlauten und seiner Familie blutige Rache, und diese Drohung war so ernst gemeint, daß Mme. Laetitia mit ihren Kindern eilends nach Frankreich flüchtete. Als sie bei Nacht und Nebel davonfuhren, leuchtete ihnen wie eine Fackel das brennende Vaterhaus nach, das Paolis Anhänger geplündert und in Brand gesteckt hatten.

Das zweite Mal setzte Lucien eine echte historische Tat, zugleich seine einzige, die Napoleon von Nutzen war. Die große Revolution hatte Lucien nach Paris geführt, wo er in den Rat der Fünfhundert gewählt wurde. Als am 18. Brumaire (dem 9. November 1799) der von Ägypten zurückgekehrte Napoleon vor den Rat zitiert wurde, um Rechenschaft abzulegen, hatte Lucien gerade den Vorsitz inne. Schreiend und tobend drangen die Abgeordneten auf den General Bonaparte ein, der im Verdacht stand, das Direktorium stürzen zu wollen. Stumm, hilflos der gegen ihn anbrandenden Wut preisgegeben, stand Napoleon mit einer an ihm ungewohnten Willenlosigkeit vor dem Tribunal. Ein paar zusammenhanglose Sätze seinerseits gingen unter. Da war es Lucien, der die Situation rettete. Mit der Glocke in der Hand suchte er sich Geltung zu verschaffen, und als das nichts nützte, drängte er den wie gelähmt dastehenden Bruder zur Tür hinaus und gewann durch eine theatralische Szene – er legte mit Emphase Toga und Amt nieder – gerade genügend

Zeit, daß Murat mit einem Zug Grenadiere in den Sitzungssaal ein-dringen und die Abgeordneten Mores lehren konnte. Hals über Kopf flüchteten sie durch Türen und Fenster ins Freie. Napoleon war mit Luciens Hilfe Erster Konsul und Herr Frankreichs gewor-den.

Die Belohnung für den guten Bruder blieb nicht aus: Lucien wurde Innenminister, freilich ein sehr unwürdiger. Er betrieb einen so schwunghaften Handel mit Monopolen und Lizenzen, daß schließlich die Armee Napoleon bat, einen Minister zu entlassen, der durch seine Machenschaften »den Namen Bonaparte ent-ehrt«[29]. Statt ihn zum Teufel zu jagen, machte ihn Napoleon zum Botschafter in Spanien. Das war nun genau der Posten, der Lucien gestattete, ein Leben zu führen wie die berühmte Made im Speck. Als er ein Jahr darauf eigenmächtig Madrid verließ, hatte er sich durch Schmiergelder und Bestechungssummen ein horrendes Vermögen errafft.

Lucien war nicht gerade ein Adonis. Er hatte zu kurze Beine, zu lange Arme und einen zu kleinen Kopf mit kurzsichtig blinzelnden Augen. An Mätressen mangelte es ihm dennoch nicht. 1794 ver-liebte er sich in die Schwester des Gastwirts Boyer, bei dem er mit seinen Jakobinerfreunden zu politisieren pflegte. Cathérine Boyer – oder Christine, wie Lucien sie nannte – war ein kreuzbraves Mäd-chen, das allerdings weder lesen noch schreiben konnte. Lucien störte das nicht, er brachte ihr die nötigen Grundbegriffe bei, und am 4. Mai 1794 heiratete er sie. Napoleon war über die Heirat mit dem einfachen Mädchen nicht gerade entzückt, doch enthob ihn das Schicksal jeglicher Stellungnahme, da Cathérine-Christine nach der Geburt von vier Kindern schon 1800 an der Schwindsucht starb.

Die nächste, die Luciens Herz gewann, war die Pariser Advoka-tentochter Alexandrine de Bleschamp. Als Lucien sie 1802 kennen-lernte und sich trotz ihres elenden Rufes in sie verliebte, war sie noch die Gattin des Börsenspekulanten Jouberthon, der, durch Fehlspekulationen in Schwierigkeiten geraten, sich auf Santo Do-mingo (Haiti) sanieren wollte. Da dort das Gelbfieber wütete, das unter dem französischen Expeditionskorps, das unter General Le-clerc zur Niederwerfung eines Negeraufstandes in Port-au-Prince lag, schon eine Menge Todesopfer gefordert hatte, war durchaus auch auf Monsieur Jouberthons Tod zu hoffen, und Lucien heira-tete die schöne Alexandrine, die bereits ein Kind von ihm hatte, erst einmal im geheimen kirchlich, und 1803, nach Eintreffen der Todesnachricht Jouberthons, zivil und öffentlich.

Napoleon wußte zwar von einer Liaison zwischen den beiden, hielt das ganze jedoch für eine vorübergehende Angelegenheit und begann einen vielversprechenden Plan auszuarbeiten. Er wollte Lucien mit der bourbonischen Königin von Etrurien – wie die Toscana in Erinnerung an die Etrusker nun hieß – verehelichen. Eine Heirat zwischen einem Bonaparte und einer spanischen Bourbonin erschien dem Ersten Konsul als eine durchaus gewinnbringende Mariage auf dem Weg zu einer Dynastie seines Hauses. Die Königin, ein unbedeutendes, häßliches Geschöpf, war auch einverstanden, aber Lucien lehnte dankend ab. Er sei gültig verheiratet und gewillt, seine Frau zu behalten. Napoleon lockte, bat, forderte und drohte. Umsonst. Der störrische Bruder lehnte eine Scheidung ab und zog die Frau der Krone vor. Als er sich durchaus nicht umstimmen ließ, bedeutete das den Bruch. Lucien ging nach Rom und konspirierte mit dem Papst, der den oppositionellen Bruder des Kirchenfeindes Napoleon mit offenen Armen aufnahm. Als alle Versöhnungsversuche scheiterten, stieß Napoleon Lucien aus der Familie aus, entzog ihm alle französischen Einkünfte und verbannte ihn aus Frankreich. 1810 wollte Lucien nach Amerika reisen, wurde jedoch unterwegs von den Engländern gefangengenommen und nach England gebracht, wo er ein angenehmes Leben führte und ein Epos über Karl den Großen schrieb. Erst nach Napoleons Rückkehr aus Elba sollten die Brüder einander wiedersehen.

War Lucien ein Frondeur, so war Louis (geboren 1778) ein Querkopf. Als Napoleon die leidige Nachfolgeangelegenheit 1804 durch Adoption von Louis' ältestem Sohn Napoleon Charles regeln wollte, wies Louis diese glänzenden Aussichten brüsk von sich. Er verzichte nicht auf die eigene Nachfolge, polterte er, und lasse sich seinen Sohn nicht entfremden.

Diese Übellaunigkeit mochte auf physische Ursachen zurückzuführen sein. Durch eine früh erworbene, nie ausgeheilte Syphilis litt Louis schon als junger Mensch an Lähmungserscheinungen. Er zog das linke Bein nach und hatte eine gelähmte rechte Hand. Er konnte den Hut nicht abnehmen, keinen Schlüssel umdrehen und nur mit einem starren Spezialhandschuh schreiben. Das körperliche Leiden machte ihn zum verdrossenen, mißtrauischen, unberechenbaren Neurastheniker. Napoleon freilich hielt viel von dem jüngeren Bruder, den er auf eigene Kosten hatte erziehen lassen. Unerklärlicherweise sah er in Louis ein militärisches Talent und sprach ihm Eigenschaften zu, die der jüngere Bruder durchaus nicht besaß. (»Er ist ein guter Soldat. Was mir besonders gefällt, ist, daß er alles vereint: Feuer, Geist, Gesundheit, Talent, Zuverlässigkeit, Herzensgüte . . . Er wird sicher der beste von uns . . .«[30]) Napoleon nahm den Bruder nach Italien mit – wo sich Louis das einzige Mal Verdienste um seinen Protektor erwarb, als er Napoleon bei Arcole vor dem Ertrinken rettete – und setzte ihn im Ägyptenfeldzug ein. Nirgendwo machte Louis durch besondere Fähigkeiten auf sich aufmerksam.

Ausgerechnet mit diesem, von chronischen Minderwertigkeitskomplexen geplagten halben Krüppel verheiratete Joséphine ihre achtzehnjährige Tochter Hortense. Das zierliche, lebenslustige Mädchen konnte Louis nicht ausstehen, und auch er zeigte wenig Begeisterung für den Heiratsplan, da er sich in Hortenses Cousine verliebt hatte. Die Hochzeit fand dennoch am 4. Januar 1802 statt. Schon als das erste Kind kam, war die Ehe zerrüttet. Louis bekam plötzlich eifersüchtige Anwandlungen und hatte Napoleon in Verdacht, der Vater des Kindes zu sein. In dieser Überzeugung wurde er durch seine Schwester Caroline bestärkt, die aus Haß gegen die Beauharnais für jede üble Nachrede zu haben war. Als Hortense ein zweites Kind erwartete, ließ Louis in seinem Pariser Haus alle Zugänge zu den Räumlichkeiten seiner Gemahlin bis auf einen einzigen zumauern und sein Bett in ihr Schlafgemach stellen, um sie besser überwachen zu können. Von seinen drei Kindern (Hortense hatte noch ein viertes, uneheliches) anerkannte er nur das zweite, Napoleon Louis, als sein eigenes.

Napoleon war langmütig genug, Louis nichts übelzunehmen. Kaiser geworden, überschüttete er ihn mit Titeln, Ehren und Geld, und am 3. Juni 1805 wurde der Halbgelähmte König von Holland. Napoleon erwartete von ihm, ein gefügiger französischer Satrap zu sein. Wider Erwarten aber fühlte sich Louis plötzlich als Holländer, lernte die Landessprache und wollte dem Land ein holländischer König werden. Die von Napoleon verhängte Kontinentalsperre ruinierte den holländischen Handel. Also duldete Louis, daß geschmuggelt wurde. Als der erzürnte Napoleon daraufhin die südlichen Provinzen Hollands Frankreich einverleibte, reagierte Louis feindselig. Vier Jahre nach der Thronbesteigung seines Bruders hatte Napoleon genug: Louis war sein Königreich wieder los und Napoleon besetzte ganz Holland.

Bevor König Louis sein Land verließ, ordnete er noch seine Angelegenheiten: Er verkaufte gewinnbringend seinen Grundbesitz, schaffte seine Wertgegenstände ins Ausland und entnahm der Staatsbank zehntausend Francs. Dann dankte er unter Protest zugunsten seines Sohnes Napoleon-Louis ab und nahm Asyl in Österreich, gab aber nie die fixe Idee auf, daß ihn die Holländer zurückhaben wollten.

Hatte Louis wenigstens versucht, sein Königreich zu regieren, so ließ der jüngste der Brüder, Jérôme (geboren 1784), das von vornherein bleiben. Er war das jüngste der dreizehn Kinder der Madame Laetitia (von denen allerdings nur acht lebensfähig waren) und wuchs vaterlos auf, da Carlo Buonaparte schon 1785 starb. An Charakter und Temperament war er dem Vater jedoch sehr ähnlich: leichtsinnig, verschwenderisch und undiszipliniert. Hätte er hundertfünfzig Jahre später gelebt, wäre er ein Playboy oder auch ein Gigolo geworden, hätte eine Dollarprinzessin geheiratet und nach der Scheidung sich durch eine Einheirat in Aristokratenkreise nobilitiert. Ähnliches tat er auch tatsächlich.

Napoleon hatte den jüngsten Bruder zum Seemann bestimmt und schickte schon den Sechzehnjährigen auf See. 1802 segelte Jérôme nach Westindien, hatte aber weniger Interesse an der Christlichen Seefahrt als am süßen Leben an Land. Um Napoleons Befehl, heimzukehren, kümmerte er sich nicht, sondern fuhr nach Amerika, wo er im selben Jahr 1802 Norfolk in Virginia erreichte und sich von dort nach Washington und Baltimore wandte. Dort lernte er einen der reichsten Männer jener Tage, den Geschäftsmann, Schiffsbauer und Großgrundbesitzer William Patterson kennen, in dessen hübsche Tochter Elizabeth (Betsy) er sich sterblich verliebte. Betsy war hübsch, intelligent, gebildet und sehr zielstrebig. Sie hätte, wie sie einmal sagte, auch den Teufel geheiratet, nur um aus Baltimore herauszukommen. Die Hochzeit fand am Weihnachtsabend des Jahres 1803 statt. Als Napoleon – pikanterweise aus der englischen Presse – Nachricht von dieser Mesalliance erhielt, geriet er außer sich vor Zorn. Da der noch minderjährige Jérôme jedoch verabsäumt hatte, die nach französischem Gesetz nötige Zustimmung seiner Mutter einzuholen, fiel es dem inzwischen zum Kaiser avancierten Napoleon nicht schwer, die Angelegenheit zu regeln. Im Februar 1805 wurde die Ehe für ungültig und etwaige Kinder für illegitim erklärt. Elizabeth Bonaparte-Patterson, die inzwischen mit Jérôme die Reise nach Lissabon angetreten hatte, wurde verboten, in Portugal, Spanien, Frankreich oder Holland an Land zu gehen. Ihr Ehemann hatte sich bei Strafe der Verhaftung im Verweigerungsfall beim Kaiser zu melden. Jérôme war nicht Lucien und gehorchte. Elizabeth wandte sich nach England, wo sie ihr trauriges Geschick weidlich herumerzählte und im Juli 1805 einem Sohn das Leben schenkte. Sie sollte den Bonapartes noch recht lästig fallen.

Für den fügsamen geschiedenen Jérôme blieb der Lohn nicht aus. Er wurde Konteradmiral und kaiserlicher Prinz mit einem Salaire von einer Million Francs jährlich und schließlich König von Westfalen, einem im Frieden von Tilsit geschaffenen künstlichen Staatsgebilde, zu dem alle Vertragspartner ihren Beitrag hatten leisten müssen. Aus den von Preußen abgetretenen Gebieten sowie aus den von den Franzosen besetzten Ländern Kurhessen, Braunschweig, Osnabrück, Hildesheim und zahlreichen kleineren Grafschaften war ein neuer Staat geschaffen worden, der sich etwa vom Rhein bis zum Thüringer Wald und Harz, und von der Weser bis zur Elbe erstreckte.

Als Königin nahm Jérôme in seine Hauptstadt Kassel eine standesgemäße Frau mit: die Prinzessin Katharina von Württemberg, Tochter eines Rheinbundfürsten. Katharina war vollschlank, aber nicht unattraktiv, sympathisch, gebildet und sehr verliebt in Jérôme. Das Opfer, das sie ihrem Vaterland durch diese Ehe bringen mußte, war für sie eigentlich gar keines. Auch auf ihren Vater, den König Friedrich von Württemberg, machte Jérôme einen durchaus günstigen Eindruck. »Seine Gestalt, seine Unterhaltung, seine Gewandtheit, der anständige Charakter, den er mir während einer dreistündigen Unterredung gezeigt hat, haben mich vollkommen befriedigt«, stellte der König fest. »Er ist ein liebenswürdiger, hübscher Mann. Jedermann sagt mir Gutes über seinen Charakter – wenn die menschliche Voraussetzung sich nicht täuscht, wird also mein teures Kind für das Opfer, das es seinem Vater und Vaterlande bringt, belohnt werden.«[31] Die Hochzeit fand 1807 nach ungefähr demselben Ritual statt wie später die der Erzherzogin Marie Louise in Wien, nur daß in Stuttgart Marschall Bessières den Brautwerber machte.

Jérôme begann in Kassel ein lustiges Leben. »König Lustig« nannten ihn seine Untertanen. Noch besser hätte »König Luftikus« zu ihm gepaßt. Er umgab sich in einem Land mit 2 Millionen Einwohnern mit einem unsinnig großen Hofstaat, führte eine Etikette ein, die eines Kaiserhofs würdig gewesen wäre und gab Unsummen aus für Juwelen, Kleider, Möbel, Pferde und Frauen. In sechs Jahren brachte er es zu einem Staatsdefizit von über 14 Millionen[32], woran nicht zum wenigsten seine Mätressen- und Günstlingswirtschaft schuld war. Allein das französische Theater, das den König überallhin begleitete, verschlang 400 000 Francs jährlich, die Jérôme natürlich dem Staatsbudget anlastete. Die Residenz Napoleonshöhe wurde aufs kostbarste ausgestattet, die dort gegebenen Feste kosteten Unsummen, und der König taumelte von einem galanten Abenteuer in das andere. Unverständlicherweise schwieg Napoleon zu alledem, ermahnte den lockeren Bruder zuweilen, ließ ihn aber gewähren.

Neben den fünf Brüdern drei Schwestern: Elisa, Pauline und Caroline. Von ihnen war Pauline die ausschweifendste, Elisa die unausstehlichste und Caroline die skrupelloseste. Alle drei forderten von Napoleon unentwegt mehr Titel, mehr Macht und mehr Geld, alle drei betrogen ihre Ehemänner, bekämpften einander gegenseitig und warfen das Geld zum Fenster hinaus. Alle drei kann man sich recht gut auch im zwanzigsten Jahrhundert vorstellen. Elisa wäre dann Feministin geworden, Pauline zum Film und Caroline in die Politik gegangen.

Elisa, die älteste, (geboren 1777) war ein reizloses, hageres Geschöpf. Nach Aussage der Madame Junot, Herzogin d'Abrantès, »hatte niemals eine Frau die Anmut ihres Geschlechts so verleugnet wie sie; man war versucht zu glauben, sie wäre nur als Frau verkleidet«[33]. Elisa hatte eine gute Erziehung genossen, war von der Gleichberechtigung der Frauen überzeugt und deshalb eisern entschlossen, sich von ihren Brüdern (und Schwestern) nicht an die Wand spielen zu lassen.

Da sie schon in jungen Jahren wie eine alte Jungfer aussah, fanden sich nicht viele Bewerber um ihre Hand. 1797 heiratete sie Felix (Felice) Bacciocchi, einen korsischen Landsmann ohne besondere Eigenschaften und Fähigkeiten, der sich ihr willig unterordnete. Als 1804 das Kaiserreich proklamiert wurde, bekamen die Gattinnen von Joseph und Louis den Prinzessinnenrang, nicht aber Elisa und Caroline. Beide unternahmen eine Demarche bei Napoleon und weinten und tobten solange, bis auch sie »Kaiserliche Hoheit« wurden. 1804 wurde Elisa Erbprinzessin von Piombino, einem winzigen italienischen Fürstentum mit nur 20 000 Einwohnern.

Das genügte ihr natürlich nicht und sie setzte durch, daß sie Lucca dazubekam. Hier zog sie zwar einen verschwenderischen Hofstaat auf, tat aber immerhin auch etliches für das Gemeinwohl, ließ Straßen bauen, Sümpfe trockenlegen, installierte eine Seidenraupenzucht und reformierte Justiz und Polizeiwesen. Auch für ihre eigene Tasche sorgte sie aufs beste, eröffnete einen Spielsalon, und bezog beträchtliche Gelder aus Hüttenwerken und Handelsgesellschaften. Ihre beste Idee war der »marmorne Napoleon«. Sie ließ in den Marmorbrüchen von Carrara Büsten des kaiserlichen Bruders herstellen und verkaufte sie gewinnbringend in ganz Europa. 1808 wurde sie Großherzogin von Toscana (mit Parma und Piacenza), bezog in Florenz den Palazzo Pitti und fühlte sich als Nachfahrin der Medici. Bei ihren Landeskindern war sie wegen ihres tyrannischen Wesens nicht beliebt, und es gab eine Reihe von Skandalen, da sie, obwohl reizlos und unliebenswürdig, keineswegs galanten Abenteuern abgeneigt war. Bacciocchi störte das nicht weiter, da er in einem eigenen Palazzo genug mit seinen Schlafzimmeraffären zu tun hatte.

Die weitaus schönste der Familie war Pauline (geboren 1780). Ihr ebenmäßiger Körper ist in der Venus von Canova verewigt. (Der klassizistische Kopf soll nicht der ihre sein.) Canova hatte sie zuerst als Diana abbilden wollen, stellte sie aber dann auf Paulines ausdrücklichen Wunsch als Venus dar und traf damit durchaus das Richtige.

Pauline war tatsächlich auffallend hübsch, verband jedoch mit ihrer reizvollen Erscheinung die Moral eines Straßenmädchens und den Charakter eines Kindes.[34] Ihre Hauptbeschäftigung waren ihre Liebschaften, die sie zumeist mit mehreren Männern gleichzeitig unterhielt. So gut Pauline körperlich entwickelt war, so schlecht stand es um ihre geistigen Fähigkeiten, was sie durch exzentrische Lebensführung zu überspielen suchte. Immerhin hatte sie ein gutes Herz. Als einzige der Geschwister besuchte Pauline Napoleon auf Elba und finanzierte mit ihrem Schmuck seine Rückkehr.

In jungen Jahren hatte Pauline den General Leclerc geheiratet, der wie der unglückliche Monsieur Jouberthon in Santo Domingo am Gelbfieber starb. Nicht lange nach seinem Tod ehelichte seine Witwe den römischen Fürsten Camillo Borghese und genoß so den Vorteil, die einzige »echte« Fürstin der Familie zu sein. Dennoch forderte auch sie ihren Anteil an dem napoleonischen Kuchen. 1806 erhielt sie das Fürstentum Guastalla, ein kleines Gebiet, das ihr so minderwertig erschien, daß sie es für 6 Millionen Francs an Frankreich verkaufte. Aber was war diese Lappalie für eine Pauline Borghese! Sie bekam einige nützliche Weinkrämpfe, worauf Napoleon tief in die Tasche griff. Ihre jährlichen Einkünfte betrugen schließlich 1,3 Millionen Francs. Der freigebige Bruder überschüttete sie mit Geschenken und zahlte immer wieder ihre Schulden. Ihr Haus war noch luxuriöser eingerichtet als die Tuilerien.

Was den »Fleck auf der Ehr'« betrifft, nämlich das Inzestgerücht, so war Joséphine die Urheberin. Sie, die Pauline tödlich haßte, brachte das Gerede von einem Verhältnis zwischen Bruder und Schwester in Umlauf. Pauline, besessen von dem pathologischen Hang, sich interessant zu machen, gab dem Gerücht neue Nahrung durch die dümmliche Bemerkung, es sei schade, daß man nicht mehr im alten Ägypten lebe, wo die Pharaonen ihre Schwestern zu heiraten pflegten. Viel Tinte ist verschrieben worden, um Napoleon von diesem »Makel« reinzuwaschen, der allerdings von seriösen Historikern niemals ernst genommen worden ist.

Caroline endlich, die dritte der Schwestern, war ebenfalls hübsch und ebenfalls triebhaft. In der langen Reihe ihrer Liebhaber scheint auch der Name Metternichs auf. Zum Unterschied von der eher naiven Pauline aber war Caroline bösartig. In ihrer Jugend hatte sie gemeinsam mit der begabteren und fleißigeren Hortense Beauharnais dasselbe Internat besucht. Als ihr diese Mitschülerin von Napoleon als Vorbild hingestellt wurde, entwickelte sie eine heftige Antipathie gegen die junge Beauharnais. Um Hortense zu schaden, hat Caroline ihrem Bruder Louis den giftigen Verdacht eingeträufelt, sein Erstgeborener sei in Wahrheit ein Sohn Napoleons. Was Caroline darüber hinaus so besonders unsympathisch macht, war ihr unstillbarer Ehrgeiz. Sie wäre über Leichen gegangen, um eine Krone zu erlangen, die ihr als einziger der Schwestern ja auch zuteil wurde. Dennoch war sie von schnöder Undankbarkeit Napoleon gegenüber und die einzige der Familie, die ihn schließlich verriet und zu seinen Feinden überging.

Im Jahr 1800 hatte Caroline den General Joachim Murat geheiratet. Der Sohn eines Gascogner Gastwirts war ein tüchtiger Reiterführer, aber so eitel, daß er nur in goldstrotzender Uniform einherging und sich auch in der heißesten Kavallerieattacke nicht von der weißen Straußenfeder trennte, die er auf dem Hut trug. Im Jahr nach seiner Heirat wurde Murat Oberbefehlshaber des Heeres in Italien, wo er durch seine Ausplünderungstaktik den Grundstock für ein Vermögen legte, das dem Ehepaar ein Leben in königlichem Luxus ermöglichte. Daß sich der General Murat auch an den Geldern vergriff, die für den Unterhalt der Truppe in Italien bestimmt waren, blieb unbestraft. Murat kletterte, von Caroline geschoben, immer weiter nach oben. 1806 wurde er Großherzog von Berg und Cleve mit Sitz in Düsseldorf. Das war natürlich nichts für Caroline; sie blieb in Paris, amüsierte sich, betrog ihren Mann und jammerte Napoleon so lange an, bis ihr 1808 doch noch ein Thron zuteil wurde, leider nicht der ersehnte von Spanien, sondern nur das Thrönchen von Neapel, und auch das nur unter dem wachsamen Auge Napoleons. Caroline war enttäuscht und sehr, sehr unzufrieden. 1810 kam dann das Trostpflaster: sie durfte Marie Louise abholen und nach Frankreich geleiten, eine herrliche Gelegenheit, sich in Szene zu setzen und Einfluß zu gewinnen auf die neue Kaiserin. Daß Marie Louise die Absicht merkte (». . . ich glaube, daß nicht Diensteifer allein die Ursache ihrer Reise war . . .«), spricht für ihr feines Gefühl und ihre gute Beobachtungsgabe.

Zuletzt noch die Senioren der Familie: Madame Mère und ihr Halbbruder, Joseph Fesch, die im Laufe ihres Lebens eine innige Interessengemeinschaft eingingen. Laetitia Bonapartes Bild schwankt in der Historie zwischen Extremen. Sie ist einerseits die Person, vor der sich selbst ein Napoleon fürchtete, andererseits die Schmerzensmutter, die schon immer alles vorausgesehen hat. In ihrer Jugend von strenger mediterraner Schönheit, wurden ihre Züge später scharf, und sie selbst hart und gefühlskalt. Sie sprach wenig, schon weil sie – wie auch Napoleon – ihren korsischen Akzent nie ganz los wurde. Laetitia Bonaparte war ihren acht Kindern zweifellos eine gute Mutter und jedenfalls die einzige Frau, die einen Kaiser, drei Könige und eine Königin gelegentlich übers Knie gelegt hat. In Marseille, als die Bonapartes in bitterer Armut lebten, war sie es, die die Familie durch Wäschewaschen bei fremden Leuten über Wasser und beisammen hielt, und irgendwie regierte sie bis an ihr Lebensende den Clan, wobei sie durchaus nicht immer nach der Pfeife ihres berühmten Sohnes tanzte. Obwohl auch sie es zu einem Millionenvermögen brachte, war sie sparsam bis zum Geiz, und als sie als Exilierte nach Napoleons Sturz in Rom den Palazzo Falconieri gemeinsam mit ihrem Halbbruder Fesch bewohnte, hielt sie streng auf geteilte Rechnung.

Joseph Fesch, aus der zweiten Ehe von Laetitias Mutter hervorgegangen, hatte mit den Bonapartes Korsika verlassen müssen und lebte wie sie eine Zeitlang in großer Armut. Als sein Neffe Napoleon dann Oberbefehlshaber in Norditalien wurde, besserten sich Feschs Finanzen sprunghaft. Als Abbé vergaß er vorübergehend sein Priesteramt, wurde Kriegskommissar und Heereslieferant, lieferte minderwertige Ware zu überhöhten Preisen und legte damit den Grundstock zu einem stolzen Vermögen. Da Napoleon einen Familiengeistlichen dringend brauchte, wurde Fesch Erzbischof von Lyon und im Alter von 39 Jahren Kardinal, ferner Gesandter beim Heiligen Stuhl, Primas von Gallien, Großalmosenier des Kaiserreiches und Ritter des Ordens vom Goldenen Vlies. Geschickt lavierte er zwischen seinen persönlichen Interessen als Onkel des Kaisers und seinen geistlichen Pflichten gegenüber Papst und Kirche. Schon als junger Mensch hatte der Onkel Fesch eine Schwäche für alte Gemälde und begann, eine Sammlung flämischer und italienischer Maler anzulegen, die schließlich die stolze Stückzahl von 30 000 erreichte. Im Alter wurde er zu einem Vorbild an Frömmigkeit, tat Bußübungen, an denen auch Madame Mère teilnahm, und predigte Liebe und Vergebung.

Wenn der Bonaparte-Clan überhaupt für Liebe und Vergebung zu haben war, dann gewiß nicht gegenüber der Clique der Beauharnais. Joséphine und ihren Kindern gegenüber waren Napoleons Brüder und Schwestern völlig einig in dem Bemühen, die gefährlichen Nebenbuhler in der Gunst Napoleons auszustechen. Einmal wäre ihnen das aufs Haar gelungen. Das war 1798, als Napoleon in Ägypten weilte und die Bonapartes es zuwege brachten, ihn von Joséphines Untreue zu unterrichten. Durch die englische Blockade hindurch informierten sie ihn, daß die verhaßte Schwägerin nach wie vor Beziehungen zu einem ehemaligen Liebhaber mit dem romantischen Namen Hippolyte Charles unterhielt.

Napoleon, zutiefst verletzt, schrieb an Joseph, er solle die Scheidung einreichen. Eine Entscheidung bahnte sich an. Am 10. Oktober 1799 hörte Joséphine bei einem Diner, daß Bonaparte Ägypten verlassen, die britische Blockade durchbrochen und in Fréjus gelandet war. Sofort war ihr Entschluß gefaßt: Sie mußte den Heimkehrenden sprechen, bevor ihn seine Brüder erreichten und sie vernichteten. In Begleitung ihrer Tochter Hortense reiste sie ihm über Burgund entgegen. Denselben Gedanken hatten freilich auch die Bonapartes. Mit einigen Stunden Vorsprung ritten Joseph, Lucien, Louis und Paulines Gatte Leclerc Napoleon entgegen.

Im Triumph fuhr Napoleon nach Norden, während Joséphine deprimiert nach Süden reiste. In Lyon erfuhr sie zu ihrem Entsetzen, daß er eine andere Route genommen und sie ihn verfehlt hatte. Auch seine Brüder hatten ihn nicht angetroffen und jagten hinter ihm her, den Weg zurück, und sie waren schneller. Als Joséphine in Paris eintraf, hatte der Clan, einschließlich Mutter Laetitia, bereits ganze Arbeit geleistet.

Joséphine hastete im Haus in der Rue de la Victoire, das sie gemietet hatte, die Treppe empor. Vergeblich klopfte sie an Napoleons Tür. Er hatte sich eingeschlossen. Sie rief, sie flehte, sie weinte: Er befahl ihr, wegzugehen. Sie holte ihre Kinder zur Verstärkung. Alle drei baten und schluchzten eine ganze, schreckliche Nacht lang. Sie kauerten auf der engen Treppe und hatten schon die Hoffnung aufgegeben, als er endlich die Tür öffnete, die verzweifelt weinende Joséphine aufhob und sich ihre Verteidigung anhörte. Andertags mußten die Bonapartes zur Kenntnis nehmen, daß Napoleon und Joséphine den Rest der Nacht gemeinsam verbracht hatten. Die Clique hatte einen glänzenden Sieg über den Clan errungen.

Die jungen Beauharnais waren natürlich auch keine Engel, aber, von einigen Ausnahmen abgesehen, hatten sie den besseren Charakter und die besseren Manieren, und sie machten Napoleon auch weniger Scherereien als die Bonapartes.

Vor allem Joséphines Sohn Eugène (geboren 1781) war Napoleon ganz und gar ergeben. Napoleon hatte ihn als Schuljungen kennengelernt. Das war 1795 gewesen, als der General Buonaparte eine allgemeine Entwaffnung aller Zivilisten angeordnet hatte und Joséphine sich entschloß, den Säbel ihres guillotinierten Gatten Alexandre Beauharnais abzugeben. Diese Absicht stieß auf den wütenden Widerstand Eugènes, der das als Beleidigung des Andenkens seines verstorbenen Vaters empfand. Mit jugendlichem Ungestüm drang er zum General Buonaparte vor und bat, den Säbel seines Vaters behalten zu dürfen. Napoleon, beeindruckt von der soldatischen Einstellung des Vierzehnjährigen, beließ ihm den Säbel, und der junge Beauharnais dankte ihm mit Tränen in den Augen.

Eugène wuchs zu einem hübschen, ein Meter achtzig großen jungen Mann heran. »Sein Gesicht war nicht schön, doch sehr einnehmend«, sagte sein Kammerdiener Constant von ihm. »Er war . . . von freundlichem Wesen, heiter, liebenswürdig, sehr geistreich und großzügig. Man kann mit Recht sagen, daß ihm sein Charakter im Gesicht geschrieben stand.«[35]

Dieser junge Mann war wie geschaffen für Napoleons Garderegiment, wo er es bald zum Kavallerieobersten brachte. Napoleon nahm den Achtzehnjährigen dann als seinen Adjutanten nach Ägypten mit, wo Eugène natürlich Zeuge der Liaison mit Madame Fourès wurde. Seinem Wohltäter treu ergeben, verschloß er jedoch die Augen und hielt seiner Mutter gegenüber brav den Mund. Schließlich zum Vizekönig in Italien ernannt, wurde Eugène vollends der getreue Paladin, auf den sich der Kaiser verlassen konnte. 1806 adoptierte ihn Napoleon, und der Kaiser war es auch, der dem »teuren Sohn« die passende, hochgeborene Braut aussuchte: die Prinzessin Augusta von Bayern, ein reizendes achtzehnjähriges Mädchen. Mit ihr ging Eugène eine der glücklichsten Ehen der Napoleoniden ein.

Das war bei seiner Schwester Hortense (geboren 1783) nun ganz und gar nicht der Fall. Hortense war ein hübsches Mädchen mit vielversprechenden Anlagen. Sie war eine Zeitlang die Beste ihrer Klasse im Internat, begabte Hobbymalerin und Amateurpianistin, hatte eine hübsche Singstimme und tanzte gut.[36] Sie war eigentlich wie geschaffen für die Ehe, nur nicht mit Louis Bonaparte.

Napoleon hatte seiner Stieftochter zur Vermählung ein nobles Geschenk gemacht: sie erhielt eine Viertelmillion Francs. Louis brachte sein Landgut Baillon in die Ehe ein, und Joséphine gab die Aussteuer: 100 000 Francs in bar sowie Aktien und das Erbteil nach Hortenses Vater Alexandre Beauharnais. In finanzieller Hinsicht war also alles in Ordnung; mit Louis zu leben aber erwies sich als nahezu unmöglich, zumal er die sonderbarsten Eigenheiten annahm. So versprach er sich eine Besserung seiner Leiden, indem er Hemd und Leintuch eines Mannes benützte, der an einer Hautkrankheit litt. Es war wirklich kein Wunder, daß Hortense anderen Männern ihre Gunst schenkte. Nummer eins war Napoleons Adjutant, Leutnant Charles Flahaut. Mit ihm, der ein unehelicher Sohn Talleyrands war, hatte Hortense einen Sohn, aber so ganz sicher war sie sich nie. »Wenn es um die Väter ihrer Kinder ging«, tadelte der Onkel Fesch, »dann geriet Hortense mit ihren Berechnungen ständig in Verwirrung.«[37]

Auch als Königin von Holland hatte Joséphines Tochter nicht den Himmel auf Erden. Louis demütigte sie, wo er konnte. Napoleon suchte eine Weile, die zerrüttete Ehe seines Bruders zu retten, aber ohne Erfolg. 1808 wurde das letzte Kind der beiden, Louis Napoleon, der künftige Napoleon III., geboren. 1809 verließ Hortense ihren Gatten für immer. Als Sechsundzwanzigjährige konnte sie endlich leben wie sie wollte.

Natürlich lebte sie nach Ansicht der Bonapartes ein liederliches, verschwenderisches Leben. Als Tochter einer Mutter mit 700 Kleidern, 520 Paar Schuhen und 995 Paar Handschuhen hätte sie auch schwerlich zur Sparsamkeit neigen können. Für ihre Kleider und Juwelen gab Hortense genau zehnmal soviel Geld aus wie für die Erziehung ihrer Söhne. Dennoch genießt sie in der Geschichtsschreibung dieselbe Gunst wie ihre Mutter. Mag sein, daß Joséphines bestrickende Anmut auf ihre charmante Tochter abgefärbt hat, vielleicht auch spielt eine Art von Mitgefühl für die Vielverleumdete eine Rolle. Napoleon III. hat dann seiner Mutter ein wahrhaft glänzendes Denkmal gesetzt und alle die kleineren und größeren Flecken, die Hortenses Bild verunglimpften, radikal abgewaschen. Zu ihren Lebzeiten freilich hat Hortense so wie Joséphine und Eugène viel Infamie, Gemeinheit und üble Nachrede einstecken müssen.

In diese Atmosphäre voll Neid, Habgier, Hochmut und Niedertracht geriet in jenem Frühling 1810 die Habsburgerin Marie Louise.

VII

»Ich finde, daß er sehr gewinnt, wenn man ihm näher kennt . . .«

Die Kutsche hatte sich wieder in Bewegung gesetzt. Da saß er nun neben ihr, der Herr Europas, dem sie in Wien anvermählt worden war. Sein Bildnis trug sie um den Hals. Marie Louise sah ihn an. Dann machte sie ihm ein reizendes Kompliment.

»Sire«, sagte sie, »Ihr Bildnis ist nicht geschmeichelt!«

Über Napoleons ersten Eindruck von seiner zweiten Gemahlin sind wir nicht unterrichtet. Nach allem, was man ihm gesagt hatte, mußte er eine häßliche Frau erwarten. Besonders abfällig über Marie Louises Reize hatte sich die Herzogin von Bassano – Gattin Hugo Marets, des späteren Außenministers – geäußert. Die Herzogin war der jungen Kaiserin als Palastdame zugeteilt und ihr bis Braunau entgegengefahren. In einem Brief, den sich Napoleon zeigen ließ, hatte sie ihrem Gatten mitgeteilt, die Häßlichkeit der Kaiserin »raube ihr den Schlaf«. Napoleon, der in Paris immer von schönen Frauen umgeben sei, werde sich nicht an ihr Gesicht gewöhnen können.[1] Der Kaiser hatte sich damit abgefunden, eine unschöne Frau zu bekommen. »Aber wenn sie nur gut ist und mir feste Jungen schenkt, werde ich sie lieben wie die Allerschönste«, tröstete er sich.[2] Die Allerschönste war Marie Louise nun freilich nicht, aber ihre gute Figur, ihre blonde Frische und ihre kleinen Hände und Füße – Schönheitsattribute, die der Kaiser an Frauen besonders schätzte – mochten ihn durchaus angenehm enttäuscht haben. Jedenfalls hatte er es sehr eilig, nach Compiègne zu kommen.

In rascher Fahrt wurde Soissons passiert, dessen enttäuschte Bürger auf das kaiserliche Spektakel verzichten mußten. Napoleon sandte einen Kurier nach Compiègne voraus, wo die Nachricht, daß das Kaiserpaar noch denselben Abend eintreffen werde, hektische Aktivität auslöste. In aller Eile wurden Vorkehrungen für eine Illuminierung in die Wege geleitet, Triumphpforten aufgebaut und

Blumen herbeigeschafft. Und waren die Geschütze schußbereit? Schließlich mußte das Kaiserpaar mit hundertundeinem Kanonenschuß willkommengeheißen werden! Und schon schwangen sich Marschall Bessières, alle Generäle und Flügeladjutanten Napoleons in den Sattel, um dem Kaiserpaar entgegenzureiten. Sie erwarteten Napoleon und Marie Louise auf der Straße nach Soissons an derselben Brücke, wo vor genau vierzig Jahren Ludwig XV. und der Dauphin – der spätere Ludwig XVI. – die Erzherzogin Marie Antoinette empfangen hatten.

Das Wetter war nicht besser geworden, es regnete noch immer. Um zehn Uhr nachts kam das Kaiserpaar vor dem Schloß von Compiègne an. An der Schloßstiege stand die kaiserliche Familie. Nur Pauline hatte wieder einmal eines ihrer nervösen Leiden und lag zu Bett. Napoleon stellte die Bonapartes und die Beauharnais seiner Gemahlin vor, nahm sie dann an der Hand und geleitete sie in ihre Gemächer. Marie Louise trat ein und stockte in sprachloser Freude. Da war ja ihr kleiner Hund, da waren ihre Vögel, und da lag sogar ihre angefangene Stickerei, die sie in Wien hatte zurücklassen müssen! Napoleon hatte alles heimlich nach Compiègne bringen lassen, und als freundliche Aufmerksamkeit auch für ein Fortepiano gesorgt.

In gelöster Stimmung schritt man zum Souper à trois, dem außer dem Kaiserpaar nur die Königin Caroline von Neapel beiwohnte. Dann wurde die erkrankte Pauline besucht, und schließlich führte Napoleon Marie Louise in ihre Gemächer zurück. Es war an der Zeit, schlafen zu gehen.

Napoleon, so wollte es das Zeremoniell, sollte die Nacht außerhalb des Schlosses, im Hôtel de la Chancellerie, verbringen, wo er sich auch etabliert hatte. Die Pariser Trauung stand ja noch aus! Aber im letzten Augenblick überlegte er sich die Sache. »Ich hatte Metternich und den Bischof von Nantes gefragt, ob ich die Nacht unter demselben Dach wie sie verbringen könnte«, erzählte er später auf Sankt Helena. »Beide behoben alle meine Besorgnisse mit der Versicherung, sie sei die Kaiserin und nicht eine Erzherzogin. Ich war von ihrem Zimmer nur durch die Bibliothek getrennt . . . Graf von Ségur (der Großzeremonienmeister, Verf.) hätte wegen des Zeremoniells gewollt, daß ich mich davon machte, aber ich war verheiratet, alles war in Ordnung, ich jagte ihn zum Teufel.«[3]

Über die Tatsache, daß die Ehe Napoleons mit Marie Louise bereits in der ersten Nacht und noch vor der Trauung in Paris vollzogen wurde, liegen drei Zeugnisse vor. Der Kammerherr und Palastpräfekt Bausset bezeugt, daß es angesichts der Ungeduld Napoleons »wahrscheinlich sei, daß er nicht im Hôtel de la Chancellerie geschlafen hatte«. Auch der Sekretär Napoleons, Baron de Méneval, vermerkt, daß der Kaiser »das Schloß gar nicht verlassen und freie Bahn für Mutmaßungen« gelassen habe, und der Generalleutnant und spätere Polizeiminister Savary gestattete sich den Scherz, daß er in jener Nacht, selbst wenn man ihm gesagt hätte, Paris brenne, den Kaiser nicht wecken gegangen wäre aus Angst, niemanden vorzufinden.[4]

Blieb freilich die Frage, wie die überstürzte Hochzeitsnacht auf den sittenstrengen Wiener Hof wirken würde. Hier half Napoleon der österreichische Botschafter, Fürst Schwarzenberg, aus der Patsche, der in seinen Berichten geltend machte, daß der Kaiser der Kaiserin die leidige Empfangszeremonie, bei der sie vor ihm hätte niederknien müssen, aus Zartgefühl erspart habe, indem er die Braut auf schnellstem Wege nach Compiègne geführt habe. Napoleon hatte seinen Schwiegervater auch selbst beruhigt. »Eure Majestät«, schrieb er am 17. März an Kaiser Franz, »sollen sich nicht zu beklagen haben, daß Sie mir Ihre geliebte Tochter anvertraut haben. Sie wird das Glück Frankreichs, sie wird das meine sein; wenn das ihre von der Lauterkeit meiner Absichten und Empfindungen abhängen soll, wird niemand glücklicher sein als Marie Louise.«[5]

Und die fromme, tugendhafte, unschuldige Braut? Wie machte ihr ein ungeduldiger Bräutigam seine Wünsche klar? Napoleon ging mit Zartgefühl vor. »Ich fragte sie, was man ihr gesagt habe, als sie Wien verließ«, diktierte er später auf Sankt Helena. »Sie antwortete mir voll Naivität, daß Kaiser Franz und Gräfin Lažansky ihr empfohlen hätten: ›Sobald Sie mit dem Kaiser allein sind, fügen Sie sich allem, was er Ihnen sagt. Sie werden ihm in allem gehorchen, was er von Ihnen verlangen wird.‹«[6]

Marie Louise tat als musterhaft erzogene Erzherzogin wie ihr geheißen. Anderntags um zwölf Uhr mittags frühstückte ein aufgeräumter Napoleon mit seiner jungen Frau im Bett des Schlafzimmers der Kaiserin. »Sie war ein reizendes Kind«, erinnerte er sich auf Sankt Helena.[7] Dem kaiserlichen Schwiegervater drückte er seine Zufriedenheit aus. »Sie erfüllt alle meine Hoffnungen, und wir hören nicht auf, uns gegenseitig Beweise der zärtlichen Gefühle zu geben, die uns verbinden. Wir passen sehr gut zueinander«, schrieb er am 29. März an Kaiser Franz. »Erlauben Sie mir, daß ich

Ihnen für das schöne Geschenk danke, das Sie mir gemacht haben; möge sich Ihr Vaterherz an den Versicherungen des Glückes eines geliebten Kindes erfreuen.«[8]

Auch Marie Louise schrieb nach Wien. Natürlich meldete sie nur Gutes, schon, um den lieben Papa zu beruhigen, und auch, weil sie mit der Postzensur rechnen mußte. Aber soviel zu beschönigen war da gar nicht! Der früher so Gehaßte und Gefürchtete erwies sich als durchaus liebenswert. Er war aufmerksam, rücksichtsvoll, zart-fühlend und sehr verliebt. Die leidenschaftliche Eroberung gleich in der ersten Nacht hatte ihr geschmeichelt. Wirklich, man konnte es mit ihm aushalten! In Wien sah man in ihrem Gatten immer noch den Feind. Sie mußte ihn verteidigen!

Marie Louise schrieb also am 29. März an den lieben Papa. Den stürmischen Vollzug der Ehe erklärte sie wie Schwarzenberg. Um ihr die Verlegenheit der offiziellen Zusammenkunft zu ersparen, erzählte sie, habe Napoleon sie sogleich nach Schloß Compiègne geführt. »Seit diesem Augenblick bin ich fast beständig mit ihm und er liebt mich inniglich, ich bin ihm auch sehr erkenntlich und erwiedere herzlich seine Liebe; ich finde, daß er sehr gewinnt, wenn man ihm näher kennt, er hat etwas einnehmendes und zuvorkommendes, dem man unmöglich widerstehen kann. Ich bin über-zeugt, daß ich recht zufrieden mit ihm leben werde.«[9]

»Recht zufrieden leben« klang nun freilich nicht nach dem ganz großen Glück. Um den lieben Papa zu beruhigen, legte sie noch ein Schäufelchen Begeisterung nach. »Ich kann Ihnen versichern, lieb-ster Papa«, schrieb sie fünf Tage später in holprigem Deutsch, »daß Ihre Prophezeyung eingetroffen ist, ich bin so glücklich als Sie mir es sagten, daß ich es seyn würde.«[10]

Auch über den kaiserlichen Clan berichtete Marie Louise dem Papa. Natürlich hatte man die Kaisertochter ehrerbietig, höflich und freundlich aufgenommen, aber die wahre Herzlichkeit scheint gefehlt zu haben. Marie Louise verwendete in ihren Briefen ledig-lich das Wort »freundschaftlich«. Offenbar hatte man ihr Abträgli-ches über die exzentrischen Bonapartes berichtet, denn sie fühlte sich veranlaßt, auch die Familie ihres Mannes zu verteidigen. Sie sei überzeugt, schrieb sie nach Wien, »daß vieles nicht wahr ist, was man ihr aufbürdet«. Recht vorsichtig drückte sie sich über ihre Schwiegermutter aus. Madame Mère, so schrieb sie, sei »eine recht liebenswürdige, ehrwürdige Prinzessin«, die sie »mit viel Güte« aufgenommen habe, und auch die anderen Verwandten seien

»recht gut und freundschaftlich«. Besonders liebenswert erschien ihr nun plötzlich Caroline von Neapel (»Man liest in ihrem Gesicht die Güte, welche sie beseelt, sie ist voller Verstand und sie ist mir die liebste . . .«). Elisa fand sie »sehr häßlich, aber voll Verstand«, Pauline sei »eine Schönheit«, der Onkel Fesch »ein Prälat voll der eifrigsten Religion und Andacht«. Recht kindlich und beiläufig beurteilte sie die übrige Verwandtschaft. Louis und Hortense fand sie »beide sehr gut, aber häßlich«, »der König von Westphalen hat sehr viel Vernunft«, »der Prinz Borghese und der König von Neapel . . . sind auch gut«, Eugène Beauharnais und Gemahlin »sind beyde liebenswürdig und gut«.[11]

Marie Louise lernte auch ihre Erste Hofdame, die Herzogin von Montebello kennen. Napoleon hatte für diesen Ehrenposten zunächst die Prinzessin von Beauvau in Betracht gezogen, ihr aber dann die Witwe seines Freundes, des bei Aspern gefallenen Marschalls Lannes, vorgezogen. Die Herzogin, eine elegante Frau von Welt und kaum zehn Jahre älter als Marie Louise, verstand es meisterlich, sich ins rechte Licht zu setzen. Napoleon sah zufrieden, daß sie sich sofort das Vertrauen und die Freundschaft Marie Louises eroberte. Er ahnte nicht, daß die ihrer Herrin an Intelligenz und Zielstrebigkeit überlegene Herzogin in wenigen Jahren übermächtigen Einfluß auf die junge Kaiserin gewinnen und seine erklärte Feindin werden würde.

Neben den fremden Gesichtern ein paar bekannte: der österreichische Botschafter, Fürst Schwarzenberg, dessen freundliche Rundlichkeit beruhigend auf Marie Louise wirkte, der österreichische Außenminister, Graf Metternich, den Marie Louise nicht mochte, und ihr Onkel Ferdinand, der frühere Großherzog von Toscana, der 1802 im Austausch für seine italienischen Besitzungen Großherzog von Würzburg geworden war. Marie Louise begrüßte diesen jüngeren Bruder ihres Vaters mit großer Freude.

Am 31. März verließ das Kaiserpaar Compiègne und fuhr nach Saint Cloud, wo man abends gegen sechs Uhr ankam. Marie Louise erhielt einen Vorgeschmack ihrer künftigen Stellung. Zur Begrüßung hatten sich die Marschälle von Frankreich und die Generäle, die Großwürdenträger des Reichs, die Senatoren und Staatsräte und die in Paris residierenden römischen Kardinäle – es waren ihrer neunundzwanzig – eingefunden. Es war ein Bild voll Glanz und Pracht.

Napoleon betrat mit Marie Louise an der Hand den Saal und war mit dem Empfang offensichtlich zufrieden. »Er zeigte während dieser Vorstellung eine außerordentlich liebenswürdige und höfliche Miene«, vermerkte der Kardinal-Staatssekretär Ercole Consalvi.[12] Napoleon war ganz bewußt besonders gnädig zu den Herren im Kardinalspurpur. Ihm war zu Ohren gekommen, daß die Kardinäle Schwierigkeiten zu machen gedächten. Die leidige Eheannullierungsangelegenheit mit Joséphine lebte wieder auf, und sie spaltete das Pariser Kardinalskollegium in zwei Parteien. Fünfzehn von ihnen, an ihrer Spitze der Onkel Fesch, hatten zu dem Scheidungsspruch des Pariser Offizialates ja und amen gesagt, vierzehn aber hielten fest an der Meinung, daß eine Ehescheidung von gekrönten Häuptern Sache des Heiligen Stuhles sei. Da Napoleons Eheangelegenheit nicht vom Papst geregelt worden war, sei es ihre Pflicht, sich gegen die Schließung eines neuen Ehebundes zu stellen, solange der alte nicht von der einzig berufenen Stelle aufgelöst worden war. Einer dieser vierzehn opponierenden Kardinäle lag schwerkrank darnieder und fiel daher aus, die übrigen dreizehn, an ihrer Spitze der Kardinal Consalvi, dagegen opponierten offen gegen Napoleon. Sie weigerten sich, der kirchlichen Trauung des Kaisers mit Marie Louise beizuwohnen und lehnten auch die Teilnahme an der Ziviltrauung ab, da sie die neue Gesetzgebung, die eine von der kirchlichen Feier getrennte Eheschließung vorsah, eo ipso nicht billigten.

Hektisch war hin- und herverhandelt worden. Kardinal Fesch und der Polizeiminister Fouché hatten versucht, die dreizehn Kirchenfürsten von ihrem Entschluß abzubringen. Diese wiederum hatten vorgeschlagen, einfach nicht alle Kardinäle zur Trauung einzuladen, sondern nur zehn bis zwölf. Dann werde der Kaiser nicht desavouiert. Napoleon aber hatte zornig abgelehnt. Nein, es würden *alle* Kardinäle eingeladen. Sie würden es nicht wagen, den Trauungsfeierlichkeiten fern zu bleiben. Tatsächlich waren die Kirchenfürsten zum Empfang – der ihnen harmlos erschien – vollzählig erschienen. Der Kaiser nahm es befriedigt zur Kenntnis. Mit gewinnender Freundlichkeit stellte er die Kardinäle einzeln seiner Gemahlin vor und fand besonders lobende Worte für Kardinal Consalvi, dem das Zustandekommen des Konkordats zu danken gewesen war.

Am 1. April fand um 2 Uhr nachmittags in der Galerie des Schlosses von Saint Cloud die Ziviltrauung statt. Von den Mitgliedern der kaiserlichen Familie umgeben, betrat das Kaiserpaar den Saal. Österreichischerseits waren Botschafter Fürst Schwarzenberg, Außenminister Graf Metternich und Gemahlin sowie die k. k. Kämmerer Graf Schönborn und Graf Karl von Clary und Aldringen anwesend. Clary, ein Enkel des Fürsten de Ligne, hatte die Glückwünsche seines Souveräns, des Kaisers Franz, überbracht. Der Graf war sehr beeindruckt. »Der Anblick der prächtigen Galerie war atemraubend«, schrieb er seiner Mutter.[13] »Der Kaiser sah in seinem feuerfarbenen Mantel königlich aus, die Kaiserin wunderbar in einem silbernen Gewand mit einem Kollier aus einzigartigen Smaragden. Ein goldener Reif, den sie tief in die Stirn gedrückt trug und der mit denselben kostbaren Steinen besetzt war, verlieh ihr das Aussehen einer byzantinischen Ikone.«

Die Zeremonie war kurz. Der Fürsterzkanzler Cambacérès fragte die Majestäten, ob sie gewillt seien, miteinander die Ehe einzugehen und ließ sie nach der Bejahung ihre Namen in das zivile Heiratsregister eintragen. Die Unterschriften der Mitglieder der kaiserlichen Familie besiegelten den Bund.

Von den Kardinälen waren von der Partei der Gefügigen zwölf erschienen, drei hatten sich krank gemeldet. Die dreizehn Opponenten fehlten. Ihr Ausbleiben hatte einen Zornanfall Napoleons zur Folge. Vor Ärger schoß ihm das Blut ins Gesicht. Etwas wie Donnergrollen lag in der Luft.

Sie hatten es also gewagt! Aber es war nur die Ziviltrauung gewesen, der sie ferngeblieben waren. Bei der religiösen Zeremonie würden sie anwesend sein! Sie würden es nicht zum Äußersten kommen lassen!

Tags darauf, am 2. April, brach der Hof zum feierlichen Einzug nach Paris und zu den kirchlichen Vermählungsfeierlichkeiten auf. Ganz Paris war auf den Beinen, um das Hochzeitsspektakel zu sehen. In Wien war das Interesse daran nicht minder groß und man konnte ausführlich in der »Wiener Zeitung« darüber lesen.

Artilleriesalven kündigten die Abfahrt der Majestäten an. Marie Louise, mit der »Krone der Salbung« geschmückt, im Glanz der kaiserlichen Diamanten und umhüllt von einem kostbaren Hofmantel, nahm im Wagen des Kaisers Platz. Ihre eigene Equipage fuhr leer im Zug der dreißig Galakutschen mit. Der Wagen des Kaiserpaares wurde von acht, alle übrigen nur von je sechs Pferden gezogen. Die Marschälle und die Generalobersten der Garde ritten zu beiden Seiten des kaiserlichen Wagens. Den Zug eröffnete und

Die Trauung Marie Louises mit Napoleon im Louvre (2. April 1810)
Ölgemälde von Georges Rouget

schloß die Garde zu Pferd, eine doppelte Reihe von Truppen stand vom Tor Maillot bis zu den Tuilerien Spalier.

Nach den Regentagen schien nun die Sonne. Dicht gedrängt stand die Menge, winkte und jubelte. Der Zug fuhr durch den Bois de Boulogne und passierte den »Arc de Triomphe«, der noch im Bau war. Nachdem der Gouverneur von Paris und die Vertreter der Stadtbehörden die Majestäten begrüßt hatten, fuhr das Kaiserpaar unter dem Donner der Kanonen und dem Geläute der Glocken über die Champs-Élysées und den Revolutionsplatz in die Tuilerien.

In der Diana-Galerie des Louvre ordnete sich der Zug. Marie Louise, nun im kaiserlichen Mantel mit langer Schleppe, die die weiblichen Mitglieder der kaiserlichen Familie zu tragen hatten, schritt an der Hand Napoleons in die Kapelle des Louvre, wo die feierliche Trauung stattfand.

»Nahe beym Altare stehen auf 2 Leuchtern die 2 Kerzen zum Opfer bestimmt«, schrieb die Wiener Zeitung.[14] »Jeder der beyden Leuchter ist mit 20 Goldstücken incrustirt. Unten an den Stuffen des Altars sind 2 Kissen für II. MM. (Ihre Majestäten, Verf.). Auf dem Altare steht ein Becken, worin 13 Goldstücke und der Trauring sind.«

Der Onkel Napoleons, Kardinal Fesch, nahm die Trauung vor. Zunächst segnete er die 13 Goldstücke und den für die Braut bestimmten Ring, dann traten die Majestäten vor den Altar und reichten einander die rechte Hand.

»Sire«, sprach sodann der Offiziant zum Kaiser, »Sire, Sie erklären anzuerkennen und geloben vor Gott und im Angesichte seiner heiligen Kirche, daß Sie von nun an I. kk. Hoheit, Frau Marie Louise, Erzherzogin von Österreich, hier gegenwärtig, zu Ihrer Gattin und rechtmäßigen Gemahlin annehmen?«

Der Kaiser antwortete: »Ja, Herr.«

»Sie versprechen und geloben, ihr in allen Dingen Treue zu bewahren, wie ein getreuer Gatte es seiner Gattin schuldig ist nach dem Gebote Gottes?«

Der Kaiser antwortete: »Ja, Herr.«[15]

Nachdem Marie Louise dieselben Fragen bejaht hatte, überreichte Napoleon der Kaiserin die Goldstücke und steckte ihr den Trauring an den Finger der linken Hand. Als Opfer dienten die Kerzen mit den 20 Goldstücken, die der Kaiser und die Kaiserin dem Kardinal überreichten. Dann nahm die Messe ihren Fortgang. Nach dem Tedeum – es war etwa vier Uhr nachmittag geworden – begab sich der Zug in die Tuilerien zurück und die Neuvermählten zeigten sich auf einem Balkon dem Publikum. »Der Enthusiasmus der Zuschauer stieg auf das Höchste«, vermerkte die Wiener Zeitung, und sie gab auch ein anschauliches Bild von der Feststimmung, in der sich die französische Hauptstadt befand.

»Die Stadt Paris«, so lasen die Wiener, »gab an diesem Tage ein Schauspiel, einzig in seiner Art, wovon sich die ausschweifendste Phantasie kein getreues Bild machen kann. Die bürgerlichen Häuser, die Hotels, Palais und Kirchen schienen sich an Glanz übertreffen zu wollen und brannten in Feuer von allen Farben. Nie wurde die Kunst im Illuminiren so hoch gebracht; nie sah man mehr Pracht in theatralischen Spielen, nie mehr Geschmack in Verzierungen. Die Kirchthürme hatten alle Feuertöpfe, Sterne und Cometen in der Höhe, welche bewundernswürdig in den Lüften zu schweben schienen . . . Überhaupt übertrafen die Beleuchtungen alles, was man je gesehen hat . . .«[16]

Der in Sonnenlicht getauchte Tag, das festliche Dekorum, der freudige Anlaß hätten einen strahlenden Bräutigam erwarten lassen. Ganz im Gegenteil aber schritt ein verärgerter Napoleon zum Altar. Gleich am Morgen hatte es ein Rencontre in der kaiserlichen Familie gegeben. Die Königinnen von Spanien und Westfalen, die Großherzogin von Toscana und die Fürstin Borghese weigerten sich, die Enden des Mantels ihrer neuen Gebieterin zu tragen. Graf Clary gab von diesem Affront gegenüber der neuen Kaiserin eine anschauliche Schilderung. »Es hatte noch am Morgen unglaubliche Szenen in der Familie gegeben«, hielt er fest. »Königinnen und Fürstinnen, so sagt man, haben Himmel und Hölle in Bewegung gesetzt, um den Mantel nicht tragen zu müssen; sie versuchten es vergeblich mit Tränen, Bitten, Ohnmachtsanfällen, kategorischer Weigerung. Der wütende Gebieter gab ihnen allerhand Namen; schließlich und endlich machte ein ›Ich will!‹ der Sache ein Ende.«

Aber die kaiserlichen Damen machten weiter Obstruktion. Graf Clary amüsierte sich über die Art, wie sie sich ihres »Frondienstes« entledigten: »Die eine schnitt ein Gesicht, die andere nahm ihr Riechfläschchen unter die Nase, drohte ohnmächtig zu werden; die dritte ließ den Mantel fallen, wodurch sie noch viel übler daran war, da sie ihn dann aufheben mußte.« Am störrischesten, so der Graf, sei die »westfälische Gans« gewesen, die von »unglaublichem Stolz« sei. »Die einzige, welche gute Miene zum bösen Spiel machte, war die Königin von Holland, da sie Geist und Takt besitzt.«[17]

Hatten diese lächerlichen Familienstreitigkeiten die Laune Napoleons bereits verdüstert, so brachte ihn das Verhalten der Kardinäle vollends in Wut. Als der Kaiser die Kapelle betrat, sah er es auf den ersten Blick: die dreizehn Opponenten waren geschlossen weggeblieben. Von den restlichen fünfzehn hatten sich auch noch vier entschuldigen lassen. Den Kardinal Fesch nicht mitgerechnet, waren lediglich zehn Purpurträger anwesend.

Das Auge des Kaisers sprühte Blitze. Mit Mühe gewann er seine Fassung soweit zurück, daß die Trauungszeremonie ordnungsgemäß ablaufen konnte.

Anderntags war im Thronsaal großer Empfang. Marie Louise empfand zum ersten Mal die Last der Krone. »Der Kaiser hat mir ein Diadem und eine brillantene Krone verfertigen lassen, die ein unermeßliches Gewicht haben, so daß ich sie kaum ertragen kann«, schrieb sie nach Wien. Über 1500 Personen wurden ihr vorgestellt.[18]

Diesmal, wo es sich wieder um ein bloß gesellschaftliches Ereignis handelte, waren alle nicht durch Krankheit verhinderten Kardinäle erschienen. Es war schon kein gutes Zeichen, daß sie antichambrieren und den Mitgliedern des Senats, des Staatsrates und der gesetzgebenden Körperschaft den Vortritt lassen mußten. Drei Stunden standen sie ratlos im Gedränge. Endlich sollten sie an die Reihe kommen. Aber da erschien ein Ordonnanzoffizier des Kaisers. Er bedaure, sagte er, aber die dreizehn Herren Kardinäle, die gestern der Trauung nicht beigewohnt hätten, seien zum Empfang nicht zugelassen. Vor den Augen der anderen Geladenen, die den Vorgang neugierig mit ansahen, mußten die dreizehn den Rückzug antreten. Aber die Kutscher hatten ihre Herren so bald nicht zurückerwartet. Kein Wagen stand bereit, keiner war in der Schnelligkeit aufzutreiben. Die dreizehn Kardinäle mußten notgedrungen zu Fuß nach Hause gehen. Da wieder der Regen eingesetzt hatte, war das im vollen Ornat kein reines Vergnügen.

Die Abrechnung des Kaisers ließ nicht lange auf sich warten, und daß sie schrecklich sein würde, war allen Kardinälen klar. Consalvi hat später sogar behauptet, Napoleon habe ihn und zwei seiner Kollegen zum Tode verurteilt. Daß er nicht erschossen worden sei, habe er nur der Fürsprache Fouchés zu verdanken gehabt.

Am 5. April brach dann über die widerspenstigen Purpurträger das Strafgericht herein. Der Kultusminister, Graf Bigot, rief in Anwesenheit des Polizeiministers Fouché die dreizehn Kardinäle zusammen und eröffnete ihnen die Maßnahmen des Kaisers. Sie hätten, so sagte der Graf, das Verbrechen der Majestätsbeleidigung begangen, sich einer Verschwörung gegen den Kaiser schuldig gemacht und sich gegen ihn aufgelehnt. Demzufolge verbiete ihnen der Kaiser, den Purpur zu tragen, sie hätten fortan im Schwarz der einfachen Priester zu erscheinen. Außerdem würden sie unter Polizeiaufsicht gestellt und ihre Güter konfisziert. Als Pension seien ihnen 250 Francs zugestanden worden.

Consalvi protestierte. Ihm und seinen Amtsbrüdern sei die Kardinalswürde vom Papst verliehen worden. Einzig durch ihn könne sie ihnen wieder aberkannt werden. Es nützte nichts. Die »schwarzen Kardinäle«, wie man sie wegen ihres schwarzen Habits nun allgemein nannte, zogen die Konsequenzen: Sie mieden die Öffentlichkeit, verkauften ihre Equipagen, entließen ihre Dienerschaft und mieteten billige Wohnungen. Vielleicht litten sie unter ihrer Strafe nicht einmal so sehr wie ihre begünstigten Amtsbrüder, die das Gewissen plagte. Schließlich verwendete sich Kardinal Fesch für die Kollegen bei seinem kaiserlichen Neffen, hatte damit aber nur einen negativen Erfolg, denn noch einmal schäumte der Zorn Napoleons auf. Nun traf die Unglücklichen auch noch die Verbannung. Zu zweien – und zwar wurden jeweils zwei zusammengetan, die miteinander nicht besonders harmonierten – wurden sie im Juni 1810 in öde Provinznester abgeschoben. Dort lebten sie zurückgezogen und einsam, wie in einem Gefängnis. Erst im Januar 1813 wurden sie daraus befreit.

Schwarzenberg hat die Opposition der Kardinäle in allen Einzelheiten nach Wien gemeldet. Kommentarlos. Marie Louise erwähnte die Vorkommnisse mit keinem Wort. Entgangen können sie ihr nicht sein.

VIII

Die schüchterne Kaiserin

Die Kaiserin Marie Louise saß vor ihrem Zeichenblock, neben ihr der Zeichenlehrer. Napoleon hatte Pierre-Paul Prud'hon dazu ausersehen. Der Maler, gerade zweiundfünfzig Jahre alt und erst spät zu Erfolg gekommen, hatte 1805 noch ein Bildnis der Kaiserin Joséphine geschaffen. Jetzt erteilte er ihrer Nachfolgerin Zeichenunterricht.

Marie Louise, mit ihrem hübschen Zeichentalent, gab sich alle Mühe, aber die Arbeit gedieh nur langsam, denn zwanzigmal am Tag schoß Napoleon zur Tür herein und unterbrach die Arbeit. Auch wenn der Komponist Ferdinand Paër, der als Direktor dem Théâtre Italien in Paris vorstand, zum Musikunterricht erschien, war häufig der Kaiser anwesend. »Der Kaiser läßt sie nicht zwei Stunden des Tages allein, er sorgt für alles und jedes«, meldete Metternich seinem Souverän. »Täglich bringt er ihr herrliche Geschenke und greift in alle Einzelheiten ihres Lebens ein. Sein Verhalten ist gleicherweise das eines besorgten Vaters wie das eines verliebten Gatten. Dies sind die Worte der Kaiserin.«[1]

Zum erstenmal vernachlässigte Napoleon seine Staatsgeschäfte. Gesandte, Minister, mochten warten, Unterschriften hatten Zeit. Er, der Rastlose, brachte plötzlich die Zeit auf, mit Marie Louise zu plaudern, Schach zu spielen und spazieren zu fahren. Als sie reiten lernte, ging er neben dem Pferd her, ließ sie ihn warten, was oft genug vorkam, verlor er nie die Geduld. »Ah, da bist du ja«, sagte er, wenn sie endlich erschien. »Du hast dich noch schöner gemacht.«[2]

Die österreichische Heirat war eine hochpolitische Angelegenheit gewesen. Verbindungen dieser Art waren in ungezählten Fällen glücklos verlaufen. Hier aber war etwas Unvorhergesehenes eingetreten: Napoleon hatte sich vom ersten Augenblick an in seine zweite Frau verliebt, und er zeigte es aller Welt. Metternich berichtete seinem Kaiser, »wie sehr die Zuneigung des Kaisers zu seiner

Gemahlin noch stets im Steigen ist«.[3] Tatsächlich war die hochgeborene Gattin für Napoleon eine neue, berauschende Erfahrung. Zu Metternich äußerte er, daß er »eigentlich nun erst zu leben beginne und diese für ihn neue Schöpfung allein den vortrefflichen Eigenschaften seiner Gemahlin anrechne«.[4] Unter den Eigenschaften, die er besonders hervorhob, waren vor allem ihre Sanftmut und das, was er »ihre Mesure« nannte, also Haltung und Anstand, ferner ihre Wahrheitsliebe. »Marie Louise log nie«, erinnerte er sich später.[5] Ferner war ihre Sparsamkeit nach Joséphines Verschwendungssucht eine neue, angenehme Erfahrung. »Wenn sie Geld wollte, bat sie mich darum und war außer sich vor Freude, wenn ich ihr 10 000 Francs gab.«[6] Auch die Verschwiegenheit der neuen Kaiserin entzückte den Kaiser: »Man hätte ihr alles anvertrauen können, sie war eine wahre Dose für Geheimnisse.«[7]

Marie Louise war ganz offensichtlich erleichtert, daß der »Krampus« ein recht umgänglicher Mensch war. »Sie habe allen Grund, mit den Aufmerksamkeiten und dem Benehmen des Kaisers zufrieden zu sein«, formulierte Metternich.[8] Sie merkte rasch, daß sie ihren Mann um den Finger wickeln konnte. Clary überliefert, daß sie den Kaiser Nana oder Popo genannt hat.[9] Sofern diese Mitteilung nicht nur eine Malice des scharfzüngigen Grafen ist, mochte es sich dabei um die kleine Rache einer Erzherzogin gehandelt haben, die sich wenige Jahre zuvor noch bekreuzigt hatte, wenn sie nur den Namen Napoleons hörte.

Der Tagesablauf der jungen Kaiserin unterschied sich von den Gewohnheiten der früheren Kaiserin Joséphine. Hatte diese am Vormittag Damencercle gehalten, so verbrachte Marie Louise diese Stunden in ihren Gemächern, Klavier spielend, stickend und zeichnend – später unter Anleitung des berühmten Isabey. Nachmittags, so Metternich, unternahm das Kaiserpaar Spaziergänge oder fuhr in die Umgebung von Compiègne. Manche Stunde ging mit Fischen dahin, bisweilen nahm man an Jagden teil, die Napoleon liebte, an denen Marie Louise jedoch wenig Vergnügen fand. Nach dem Diner wohnten die Majestäten Empfängen oder Konzerten bei oder sie fuhren ins Theater.

Diniert wurde um halb sieben Uhr, und Marie Louise lud dazu meist fünf bis sechs Personen ein. Die junge Kaiserin aß gern und viel. Die Mahlzeiten, die aus Suppe, dreierlei Hors d'œuvres, mehreren Fleischspeisen, zweierlei Desserts, Käse und Süßigkeiten bestanden, aß sie mit Genuß zu Ende und war ärgerlich, wenn sie einmal ihr Eis nicht fertiglöffeln konnte, weil der Kaiser vorzeitig abberufen wurde. Napoleon, der sich früher zum Essen oft nur fünf Minuten Zeit genommen hatte, mußte nun die Geduld aufbringen, mit Marie Louise ausgiebig zu Tisch zu sitzen. Er selbst ließ sich mitunter nur etwas Gemüse reichen und rührte sonst nichts an, vielleicht, weil ihm schon damals Magenbeschwerden zu schaffen machten.

Ganz allgemein nahm der Kaiser weit mehr Rücksicht auf Marie Louise als früher auf Joséphine. Als er seine Amtsgeschäfte wieder aufnahm und öfters unabkömmlich war, bemühte er sich, ihr Unterhaltung zu verschaffen. »Wenn du tanzen willst, laß Musiker kommen«, sagte er. »Sieh dir den Karnevalszug an oder besuche Fabriken und öffentliche Einrichtungen.«[10] Aber Marie Louise lehnte ab. Wenn er keine Zeit habe, mitzukommen, bleibe sie lieber zu Hause. Sie spielte mit Vorliebe Hausmütterchen. Clary überliefert, daß sie morgens immer selbst dem Kaiser den Frühstückskaffee bereitete. »Der Kaiser«, so der Graf, »ist darüber entzückt, findet, daß allein die Deutschen gute Hausfrauen sind und empfiehlt sie allen seinen Generälen als Gattinnen.«[11]

Die kaiserliche Idylle erschöpfte sich freilich in solchen Alltäglichkeiten, eine geistige Gemeinschaft bestand kaum. Es wiederholte sich, was schon vierzig Jahre zuvor stattgehabt hatte, als Marie Antoinette nach Frankreich kam. Ein halbes Kind war aus den Hinterzimmern der Wiener Hofburg auf den ersten Thron Europas gesetzt, eine Unschuld aus der Kinderstube ins Ehebett geholt worden. Ein nicht sonderlich starker Charakter, eine nicht besonders große Intelligenz, eine laue Seele, noch nicht ausgereift, noch nicht fertig, sollte einem Millionenvolk Kaiserin sein. Beide Österreicherinnen haben weder ihre Zeit verstanden, noch ihre historische Aufgabe begriffen, und keine von beiden hat Frankreich geistig erfaßt.

Aber nach solchen Kriterien hatte Napoleon sich die Braut auch nicht gewählt. Bewußt hielt er alle politischen Angelegenheiten von ihr fern, sie war nicht die Frau, mit der er Dinge erörterte, die ihn beschäftigten. Sie war des Nachwuchses wegen da. Die sexuelle Komponente war somit die Basis, auf der diese Ehe beruhte.

Marie Louise war in einem harmonischen Familienkreis aufgewachsen, aber mit Zärtlichkeiten nicht gerade verwöhnt worden. Ihrer Jugendgespielin Victoire, Tochter ihrer Erzieherin, der Gräfin Colloredo, hatte sie oft geklagt, daß sie so selten von ihrer

Mutter umarmt und geküßt wurde. Nun war es ausgerechnet der früher so verabscheute Bonaparte, der sie die Liebe lehrte.

Marie Louise war puritanisch erzogen worden. In ihrer Kindheit hatte man ihr nur weibliche Tiere zum Spielen gegeben, alle Stellen, die nur im entferntesten sexuelle Dinge berührten, wurden aus den Büchern herausgeschnitten, die man ihr zu lesen gab. Napoleon war ihr erster Mann und sie wahrscheinlich die erste Jungfrau in seinem Leben. Es ist keine Frage, daß der stürmisch Werbende erotische Spannungen in Marie Louise geweckt und befriedigt hat. Wie gut sie in sexueller Hinsicht harmonierten, beweist seinerseits der zufriedene Ausspruch nach der Brautnacht (»Heiratet eine Deutsche, sie sind sanft, gut, unverdorben und frisch wie Rosen«) und ihrerseits die Tatsache, daß sie sich bitter beklagte, als der Kaiser wenige Wochen nach der Hochzeit auf Reisen einmal »eine Viertelmeile von ihr entfernt« untergebracht war. Schon mochte sie nicht mehr ohne die Zärtlichkeiten ihres Mannes sein. Es war bald jedermann klar, daß Marie Louise, wie Fouché in seinen Memoiren festhielt, »das Herz Napoleons ungeteilt besaß«. Der alte Kardinal Maury jedenfalls war entzückt von der kaiserlichen Idylle. »Es ist Liebe«, schrieb er der Gattin des Marschalls Junot, der Herzogin d'Abrantès, »aber diesmal die wahre Liebe! Ich sage Ihnen, er ist verliebt, wie er es niemals in Joséphine war, weil er sie ja schließlich niemals jung gekannt hat.«[12]

Napoleon war ein Anhänger des gemeinsamen Schlafzimmers. »Man verliert sich in gewisser Hinsicht nicht aus den Augen, wenn man die Nacht zusammen zubringt«, sagte er.[13] Dennoch schlief das Kaiserpaar in getrennten Räumen, und daran war Marie Louise schuld, die unbedingt in einem ungeheizten Schlafzimmer schlafen wollte. Napoleon, der sich nur bei Schmelzofentemperaturen wohlfühlte, scheute sich oft, nachts zu ihr zu gehen. Außerdem störte es ihn, daß sie Kerzen brennen ließ, weil sie sich vor Gespenstern fürchtete.

Beide Ehegatten warteten mit Ungeduld auf erste Hinweise auf ein freudiges Ereignis. Die Ärzte freilich mußten Napoleon vorerst mit einiger Verlegenheit klarmachen, daß das häufige morgendliche Erbrechen der jungen Kaiserin kein Anzeichen von Schwangerschaft sei, sondern vom übermäßigen Genuß von Schlagobers und Süßigkeiten käme.

Der Hof verfolgte die kaiserliche Idylle mit Argusaugen und ließ es nicht an bissigen Kommentaren fehlen. Als während der ersten

Zeit der Flitterwochen in Compiègne ein Konzert in den kaiserlichen Privatgemächern stattfand und der Kaiser dabei einschlief, ging allsogleich ein Flüstern durch die Reihen des Auditoriums, der Kaiser sei übermüdet . . .

Napoleon hütete seine junge Kaiserin wie seinen Augapfel. Er führte eine geradezu spanische Etikette ein. Nie durfte sie ohne ihre Damen sein, niemals allein Herren empfangen. Ausnahmen – etwa Metternich – waren selten und vom Kaiser gezielt geplant, um für ihn günstige Nachrichten nach Wien gelangen zu lassen. Er verbot selbst Marie Louises Ehrenkavalier, ihr die Hand zu küssen, und der Hofschneider durfte seine Kreationen nur Hofdamen mit ähnlicher Figur wie die Kaiserin anprobieren. Kam der Musiklehrer, hatte eine Ehrendame zugegen zu sein. Als diese einmal zur Tür gerufen wurde und den Kopf hinausstreckte, um die Botschaft entgegenzunehmen, wurde sie vom Kaiser gerügt.

»Madame«, sagte er, »vergessen Sie nicht, daß Sie für den Ruf Ihrer Majestät verantwortlich sind und daß die Kaiserin nicht einmal für eine Sekunde alleingelassen werden darf!«[14] Es nützte nichts, daß die Gescholtene beteuerte, daß sich ja nur ihr Kopf entfernt habe, ihr Körper aber anwesend gewesen sei.

An solchen Paschaallüren war Eifersucht des Mannes, der nur um ein Jahr jünger war als der Vater der jungen Frau, nur halb beteiligt. Vielmehr ging es darum, nach Joséphines jedermann bekannten Eskapaden das Ansehen des Hofes wiederherzustellen. Die Lockerung der Sitten, die das Prestige des Kaiserreiches gefährdete, mußte aufhören. Marie Louise, Repräsentantin des sittenstrengen Wiener Hofes, war genau die richtige Galionsfigur des neuen Kurses. Auch daß sie fromme Katholikin war, war schätzenswert. Als Beichtvater wurde ihr der Bischof von Nantes, Msgr. des Voisins, zugeteilt, den Napoleon hochschätzte und der ganz in seinem Geiste agierte. »Er war ein ausgezeichneter Beichtvater für Marie Louise, er gab ihr gute Ratschläge und leitete sie vorzüglich«, erinnerte sich der Kaiser auf Sankt Helena.[15] Napoleon selbst freilich erschwerte seiner Gemahlin bisweilen die Ausübung ihrer religiösen Pflichten. Als er sie einmal von den österlichen Bußübungen abhielt, begehrte sie auf: Nur um dem Kaiser zu Gefallen zu sein, wolle sie nicht in die Hölle kommen!

So formell sich das höfische Leben abspielte, so ungezwungen war man im privaten Verkehr. Die Kaiserin duzte den Kaiser, worüber sich die Damen und Herren des Hofes nicht genug entsetzen konnten. Clary konnte ihnen nur schwer klarmachen, daß derlei Vertraulichkeiten in deutschsprachigen Ländern gang und gäbe seien. Im Familienkreis war Marie Louise auch zu munteren Scherzen aufgelegt. So stiftete sie einmal ihre Damen an, dem Fürsten Borghese zu seinem Namenstag Brennesselbuketts zu überreichen, und sie amüsierte sich köstlich, als der gefoppte Schwager ihr eine Morgenvisite mit jämmerlichem Gesicht machte, weil man ihm nachts eine Bürste unter das Leintuch gelegt hatte. Auch Napoleon legte bisweilen recht burschikose Eigenheiten an den Tag. »Er hat die ähnliche Gewohnheit als Sie, bester Papa«, meldete Marie Louise nach Wien, »zu fragen, ob man eine Sache begreift, und wenn man nein erwidert, jedermann bei der Nase zu ziehen, die meinige ist völlig verunstaltet.«[16]

Bei so zwanglosen Scherzen war es kein Wunder, daß Marie Louise sehr bald alle Angst vor dem einst so gefürchteten Bonaparte verlor, ja sie erlaubte sich Metternich gegenüber sogar die scherzhafte Bemerkung, daß es eher umgekehrt sei: daß *er* Angst vor *ihr* habe, was Metternich in absurder Weise hochstilisierte. »Wenn sie in dieser Weise fortfährt«, schrieb er an Kaiser Franz, »wird sie in kurzer Zeit in ungezählten Beziehungen den Kaiser leiten. Ihr Einfluß kann für das allgemeine Wohl nur ein glücklicher sein.«[17]

Das allgemeine Wohl lag Marie Louise freilich wenig am Herzen. Sie war viel zu sehr mit sich und ihrer neuen Stellung beschäftigt. Vor allem mußte sie jetzt repräsentieren, eine Aufgabe, die ihr um so schwerer fiel, als sie gegen den übermächtigen Schatten Joséphines anzukämpfen hatte.

Die frühere Kaiserin hatte ein Naturtalent besessen, sich beliebt zu machen. Wo immer sie erschien, hatte sie die Gabe, eine harmonische Atmosphäre zu erzeugen. Jedermann hatte das Gefühl, von ihr besonders ausgezeichnet zu werden. Sie lächelte, sie zeigte für alle Interesse und richtete an jeden das Wort. Ihre Anmut, ihr Charme, ihre melodische Stimme gewannen ihr alle Herzen. Man wußte um ihre Vergangenheit und ihre Liebschaften, kannte ihre Leichtfertigkeit und Verschwendungssucht und konnte ihr doch nicht widerstehen. Schon zu Lebzeiten war sie eine legendäre Gestalt.

Anders Marie Louise. »Sie hatte immer Angst, sich unter den Franzosen aufzuhalten, die ihre Tante (richtig: Großtante, Verf.) umgebracht hatten«, erinnerte sich Napoleon auf Sankt Helena.[18]

Sie war schüchtern, und diese Schüchternheit, die ihr den Mund verschloß, wirkte ungünstig auf ihre Umgebung. Madame Durand, Hofdame der Kaiserin, hielt fest, daß vor allem während der ersten Zeit ihre Schüchternheit auf viele Menschen wie Hochmut gewirkt habe. Auch Clary hatte den Eindruck, daß die Kaiserin »ihren Damen gegenüber von unerhörtem Stolz ist«. Tatsächlich war Marie Louise in der Öffentlichkeit gehemmt und steif, kein Lächeln erhellte ihr Gesicht, kein herzliches Wort kam über ihre Lippen. »Sie ging die Reihe der Gäste ab wie eine jener mechanischen Puppen, die sich bewegen, wenn man sie aufzieht«, überliefert die scharfsichtige Gräfin Potocka, die die Kaiserin oft auf Empfängen sah. »Der Kaiser ging an ihrer Seite und sagte ihr vor, was sie sagen sollte, speziell zu jenen Leuten, die er auszeichnen wollte.«[19]

Verwirrend für die junge Habsburgerin waren auch die ungezählten fremden Gesichter ihres Hofstaates. Es gab hundert Palastdamen, achtzehn Kammerfrauen, wegen ihrer weißen Kleider »dames blanches« genannt, und sechs rotgekleidete Anmeldedamen, die »dames rouges«. Erste Kammerfrau war die Gräfin Luçay, Hofkavalier Graf von Beauharnais, erster Stallmeister der Fürst Aldobrandini, Großalmosenier der Erzbischof Ferdinand von Rohan.

Den Dienst bei der Kaiserin hatte Napoleon persönlich geregelt. Vier Damen hatten täglich für die Kaiserin bereit zu sein. Sie betraten das Schlafzimmer der Kaiserin noch ehe diese aufgestanden war. Zog sich Marie Louise abends zurück, geleiteten sie die vier in das Schlafzimmer und verließen es erst, wenn die Kaiserin zu Bett lag. Eine von ihnen machte »Nachtdienst«. Sie schlief im angrenzenden Gemach. Wollte Napoleon zur Kaiserin, mußte er durch dieses Zimmer und an der Hofdame vorbeischleichen.

Der einzige Mensch ihrer Umgebung, dem die Kaiserin ihr Vertrauen und ihre Zuneigung schenkte, war die Herzogin von Montebello. »Ich bin viel zu scheu, um einen ganzen Tag in Gesellschaft zu sein«, gestand sich Marie Louise ein.[20] »Nur die Gesellschaft der Herzogin von Montebello ist mir angenehm; sie ist natürlich und gütig, während die andern Damen böse und voll Prätenzionen sind.« Diese Bevorzugung trug ihr wenig Sympathien ein. »Sie (Marie Louise) wurde von keiner von uns geliebt«, überliefert die Herzogin d'Abrantès.[21] »Stets zurückgezogen in den Kreis ihrer Vertrauten, hat sie fast niemand als die Montebello gesehen. Ihre Empfangsabende waren von einer Steifheit ohnegleichen.«

So trat ein, daß die »Erzherzogin«, wie man sie insgeheim zu nennen pflegte, langweilig wirkte, langweilig in einem Land, in dem Charme mehr zählt als Schönheit, und Geist mehr als Tugend.

Als Marie Louise nach Frankreich kam, hatte der alte Adel Frankreichs Morgenluft gewittert. Nach der Gründung des Kaiserreiches waren sie wieder aus ihren Schlupfwinkeln hervorgekommen, die Rohans und Polignacs, die Montmorencys und Mortemarts, und wie die großen Familien Frankreichs alle hießen, die die Revolution so grausam dezimiert hatte. Verächtlich sahen sie auf den von Napoleon geschaffenen »neuen« Adel herab, jene Gastwirts- und Obsthändlerssöhne, Juden und Unterleutnants (Murat, Augereau, Masséna, Soult), die Napoleon zu Marschällen von Frankreich gemacht und zu Herzögen erhoben hatte. Ihres alten royalistischen Namens wegen durften sie nun wohl eine bevorzugte Behandlung durch die österreichische Kaisertochter erwarten! Man hatte für die Treue, mit der man ihrer Großtante, der Königin Marie Antoinette, gedient hatte, schließlich mit Blut bezahlt! Wie groß war ihre Enttäuschung, als die neue Kaiserin keinerlei Anstalten machte, den alten Adel zu bevorzugen, eingedenk der ihr schon in Wien erteilten Instruktion, keinen Unterschied zu machen zwischen dem alten und dem neuen Adel Frankreichs.

Der neue, der »kaiserliche« Adel, war eigentlich in einem Lande, in dem die Gleichheit aller Menschen fundamentales Prinzip war, eine contradictio in se. Napoleon hatte es dennoch zuwege gebracht, diese Gleichheit zu relativieren. Ein neuer Adel sollte das noch nicht gefestigte napoleonische Regime zementieren helfen und ihm ein wenig vom Glanz des Ancien régime verleihen. Der erste, der einen solchen Höhenflug antreten durfte, war Lefebvre gewesen, der es zum Marschall gebracht hatte. Als dieser geistig eher mäßig bemittelte Mann aus dem Volk, der seine Wäscherin geheiratet hatte, im vierten Koalitionskrieg Danzig zur Übergabe gezwungen hatte, war er von Napoleon vor der Truppe umarmt und zum Herzog von Danzig erhoben worden. Damit war der Weg frei. Insgesamt »entstanden« 32 Herzöge, 452 Grafen, 1500 Barone und 1174 Ritter von Napoleons Gnaden. Mit den Adelsprädikaten einher gingen die Schenkungen des Kaisers. Selbst sparsam bis an die Grenzen des Geizes, war er für seine Helden und Zivildiener wahrhaftig ein Krösus. Am 30. Juni 1807 wurden durch den Erlaß von Tilsit an 27 namentlich genannte Marschälle und Generäle große Domänen in Polen geschenkt, die zwar unverkäuflich und unübertragbar waren – oder es doch zumindest sein sollten – aber einen ansehnlichen Wert darstellten. Metternich erwähnt, daß etwa Marschall Ney, Herzog von Elchingen, Fürst von der Moskwa, Besitzungen in Italien, Polen, Westfalen und Hannover hatte. Ferner pflegte Napoleon seinen Getreuen fürstliche Einkünfte zu garantieren. Allein die Zinsen Berthiers wurden auf 1 300 000 Francs geschätzt. Marschall Masséna, Herzog von Rivoli, Fürst von Essling, besaß vermutlich 40 Millionen Francs.[22]

Natürlich brauchte der neue Adel auch eine neue Etikette. Anfangs freilich mußte des öfteren Madame Campan, die in Paris ein höheres Töchterinstitut leitete und Caroline und Hortense erzogen hatte, in die Tuilerien gebeten werden, um den neuen Grafen und Herzögen Manieren beizubringen.

Napoleon hatte eine Schwäche für den Adel, und er wurde nie die Hochachtung für die »Legitimen« los. Als Marie Louise einmal einen Brief »An Seine Geheiligte Apostolische Majestät, Kaiser Franz« adressierte, war er tief beeindruckt von dieser Aureole des Gottesgnadentums. Schmerzhaft mochte ihm das Flittergold seines Hofes, das Künstliche seines Talmi-Adels und die Amoral seiner Brüder und Schwestern zu Bewußtsein gekommen sein.

Natürlich blieb Marie Louise der lockere Lebenswandel ihrer neuen Verwandtschaft nicht verborgen. Caroline, Pauline und Hortense hatten Liebhaber, ihre Schwager, vor allem Jérôme, waren galanten Abenteuern niemals abgeneigt. Was mußte eine junge Erzherzogin denken, die vom sittenstrengen Wiener Hof kam? Und nun war plötzlich ein Seitensprung kein Tabu, sondern amüsantes Gesprächsthema in den Pariser Salons! Marie Louise, der »unschuldsvolle Engel«[23], mochte gestaunt haben. Aber dann hat sie auch diese Lektion rasch gelernt und bis an ihr Lebensende behalten.

Die Flitterwochen des kaiserlichen Paares dauerten nur kurz. Dem Kaiser lagen schlechte Nachrichten vor. Die Kontinentalsperre, die er 1806 durch das Dekret von Berlin, das den Handel mit England und englischen Waren verbot, eingeleitet hatte, funktionierte nicht.

Die Idee war einleuchtend gewesen. Da anno 1805 bei Trafalgar die maritime Waffe Frankreichs von England zerschlagen worden war, mußte man den Feind hinter dem Kanal durch einen Wirtschaftskrieg niederringen. Wurde der englische Export nach dem Festland unterbunden, mußte England in die Knie. Aber die Mauer, die Napoleon um Europa zog, wies Löcher auf. Immer wieder fand der Schmuggel Mittel und Wege, um englische Waren nach Europa, nach Frankreich, ja bis an den kaiserlichen Hof zu Paris gelangen zu lassen. Holland war ein besonders geeigneter Einfallshafen. Es tat not, dort nach dem Rechten zu sehen. Unter dem Praetext, der jungen Kaiserin Nordfrankreich und den von Frankreich annektierten Teil der Niederlande zeigen zu wollen, wurde eine Inspektionsreise geplant. Die Fahrt sollte über Saint-Quentin nach Cambrai gehen, wo der im Bau befindliche Kanal besichtigt werden würde, weiter über Valenciennes nach Brüssel, dann auf dem Schiffahrtskanal nach Mecheln und von dort nach Antwerpen, von wo ein Abstecher nach Zeeland gemacht werden sollte.

Es war eine glanzvolle Reisegesellschaft, die sich am 27. April des Jahres 1810 von Compiègne aus auf den Weg machte. Außer dem Kaiserpaar reiste noch das Königspaar von Westfalen mit, ferner Eugène Beauharnais und die Königin Caroline von Neapel. Österreichischerseits waren der Onkel-Großherzog von Würzburg, Fürst Schwarzenberg und, eine Wegstrecke lang, Graf Metternich mit von der Partie.

Marie Louise war entzückt über diese »Hochzeitsreise«. Man würde hübsch durch die Lande reisen, komfortabel untergebracht sein, die neuen, vom Kaiser geschenkten Toiletten tragen und sich amüsieren.

Aber dann kam alles ganz anders. Es erwies sich, daß die »Hochzeitsreise« keineswegs eine Vergnügungsfahrt war. Statt auszuschlafen, gemütlich im Bett zu frühstücken und sich gemächlich anzukleiden, wurde man brutal im Morgengrauen geweckt, manchmal schon um vier Uhr früh, denn für fünf Uhr setzte der Kaiser bisweilen schon den Aufbruch fest. Kam man auf holprigen Straßen endlich am Zielort an, war das zumeist eine neuerliche Enttäuschung. Einmal war man »sehr schlecht und sehr unsauber« untergebracht, einmal war »Lärm im Hof«, einmal störten »entsetzliche Gerüche«. Und dann die Reisestrapazen! Auf dem Kanal von Cambrai, wo man sich in zwei Barken eingeschifft hatte, brannte die Sonne so stark, »daß wir mehr tot als lebendig am ersten Tunnel ankamen«. Als man den zweiten Tunnel passierte, wäre man beinahe gekentert, denn »der dicke Fürst Schwarzenberg beugte sich so sehr bald zur einen bald zur anderen Seite heraus, daß in unserer

Barke so viel Wasser war, daß wir die Beine bis an die Kniekehlen im Wasser hatten . . .«[24]

Statt sich nach einer so anstrengenden Tagesetappe endlich zurückziehen und ausruhen zu dürfen, ging die Strapaz' erst richtig los. Der Kaiser freilich schien bei den stundenlangen Empfängen keinerlei Müdigkeit zu kennen, Marie Louise aber fand,»man könnte sterben während dieser Audienzen, da man die ganze Zeit stehen muß«.[25] Saß man endlich beim Diner, mußte alles schnell schnell gehen, weil dann noch ein Ball folgte. Und zu alledem die Enttäuschung, daß sich noch kein Baby ankündigte.

»Von der Louise«, meldete Marie Ludovica dem Kaiser Franz,[26] »erhielt ich einen Brief aus Laeken; sie ist sehr betrübt, daß kein Zeichen von Schwangerschaft vorhanden ist, schreibt, sie sei immer in Thränen, dann tanzt sie und spricht von lauter Unterhaltungen, klagt über zwanzig verschiedene Zustände als ausgehögelter Fuß, schröckliche Kolik, heftige Fieber, Delirium, Oppression auf der Brust, Nervenzustände, dann schreibt sie acht Briefe, tanzt, geht überall mit, beschreibt alle möglichen Moden. Sie haßt die Engländer, nichts gleicht den Franzosen u. s. f. Ich sage darauf, so geht's mit 18 Jahren . . .«

Alle ihre meist eingebildeten Leiden, ihren Unmut und ihre Beschwerden schrieb Marie Louise in ein Reisetagebuch. Es ist das Diarium einer sehr jungen Frau, die nur mit sich selbst beschäftigt ist. Dagegen nahm die Kaiserin so gut wie nichts an Reiseeindrükken auf, sie interessierte sich kaum für Land und Leute und wurde wahrscheinlich nicht einmal gewahr, daß sie da Landstriche und Städte kennenlernte, die einmal österreichisch gewesen waren. So machte sie etwa in Antwerpen lediglich eine Stadtrundfahrt, besuchte keine einzige Kirche und kein Museum, nicht das Renaissance-Rathaus und nicht die schönen Zunfthäuser. Sie interessierte sich nicht für die flämische Malerei, und von der spätgotischen Kathedrale fiel ihr nur der Turm auf. (»Man sagt, der Blick sei dort herrlich. Ich hätte große Lust gehabt, hinaufzusteigen, aber wenn man mit dem Kaiser reist, ist es sehr schwierig, sich zu amüsieren oder zu bilden, man kann nie tun, was man will.«[27])

Das war nach den begeisterten Briefen, die sie nach Wien geschrieben hatte, nun ein ganz neuer Ton: Zum erstenmal kritisierte Marie Louise Napoleon, und sie fand recht heftige Worte. Napoleon, auf Reisen an männliche Begleitung gewöhnt, vergaß mitunter, daß er mit Damen reiste. Marie Louise vermerkte wütend, daß er sie »wie Grenadiere« behandle. Sie war oft recht verdrießlich. »Die Männer sind wirklich schrecklich«, empörte sie sich. »Entweder sie begreifen unsere Leiden nicht und zwingen uns, gegen sie anzukämpfen, oder sie ersticken uns mit ihrer Fürsorge.«[28]

Die Louise rächte sich, indem sie wieder einmal krank spielte. Im Schloß Laeken bei Brüssel, wo man am 29. Mai eintraf, bekam sie »gräßliche Magenschmerzen und Koliken«. Der besorgte Napoleon, der sogleich erste Anzeichen von Schwangerschaft vermutete, ließ seinen Arzt Jouan holen, der ebenfalls an eine Schwangerschaft glaubte und der Kaiserin riet, den Kaiser die Reise nach Zeeland allein fortsetzen zu lassen. Am nächsten Tag war alles vergessen. Napoleon ließ den Doktor Doktor sein, und Marie Louise fuhr mit nach Zeeland.

Von der ersehnten, aber noch nicht eingetretenen Schwangerschaft berichtete auch Metternich seinem Herrn.[29] »Die Kaiserin litt die letzteren Tage sehr an Übelkeiten«, formulierte er. »Der Kaiser, welcher nur von Succession träumt, schmeichelt sich, daß eine solche frohe Aussicht die Ursache dieses leichten Unbehagens sein dürfte. Man kann es jedoch sicher ebenso sehr der ganz veränderten Lebensart einer jungen Prinzessin zuschreiben . . .

Die »ganz veränderte Lebensart einer jungen Prinzessin« beschwor mitunter Szenen herauf, die einer Shakespeare-Komödie entnommen sein konnten. Auf der Fahrt nach Breda und Hertogenbosch kam man so langsam voran, daß es Nachmittag wurde, und noch immer hatte es nichts zu essen gegeben. Marie Louise wurde hungrig. »Die Zeit für das Mittagessen war längst vorbei«, hielt sie fest. »Es war nahe an zwei Uhr und der Kaiser wollte mir nicht erlauben, im Wagen zu essen. Um dies zu begründen, sagte er, eine Frau hätte es nie nötig, zu essen.« Wie Shakespeares Käthchen war Marie Louise wütend und beleidigt: »Ich war so schlechter Laune, daß der Kaiser böse wurde, aber das war mir ganz egal und ich ließ ihn schelten so viel er wollte, ohne ihm zu antworten. Es gibt nichts, was Männer so sehr beruhigt wie dieses Mittel, sie sind unerträgliche Wesen.« Und sie schwor sich: »Wenn ich in einer anderen Welt geboren werden sollte, werde ich bestimmt nie wieder heiraten.«[30]

Es ging auch weiter wie bei Shakespeare: »Der Weg war weiter ebenso monoton und das Wetter scheußlich. Der Wind blies fürchterlich, und der Regen war so stark, daß wir ganz durchnäßt wurden, denn der Kaiser fand ganz gegen seine Gewohnheit, es sei zum

Ersticken und machte alle Fenster auf, blos um mich zu ärgern.«[31]
Die gereizte Stimmung hielt an. In Bergen-op-Zoom bewohnte
das Kaiserpaar zwei Zimmer, die man über eine hölzerne Leiter erreichen konnte. Diesmal war es Napoleon-Petrucchio, der schlecht
aufgelegt war. »Wir setzten uns zu Tisch«, berichtet eine entrüstete
Marie Louise. »Der Kaiser war entsetzlicher Laune wegen seiner
Unterkunft, und da er keinen von uns dafür verantwortlich machen
konnte, mußte das Essen herhalten. Bei jedem Gang sagte er: ›Was
für ein miserables Ragout! Wenn es wenigstens eine Keule gäbe!‹
Man brachte ihm eine, darauf sagte er: ›Wenn es doch Salat gäbe!‹
Man brachte ihm das Verlangte; als er sah, daß es ihm bei allem
ebenso ging, legte er sich schlafen.«[32]
Die Reise hatte einen politischen Zweck verfolgt, den sie, will
man den französischen Zeitungen jener Tage glauben, voll und
ganz erreicht hat. Österreichischerseits verlautete jedoch, Napoleon sei mit dem Erfolg der Reise nicht zufrieden gewesen. Alleror-
ten habe er Klagen über die Kontinentalsperre und die damit ver-
bundene Behinderung des Handels vernehmen müssen, überall sei
ihm der Wunsch nach Frieden vorgetragen worden. Marie Louise
vermerkte in ihrem Tagebuch, daß Napoleon in der Stadt Middle-
burg Ratssitzung gehalten und dabei »entsetzlich geschrien« habe,
und Schwarzenberg schrieb am 12. Juni an Metternich, daß der
Enthusiasmus der Bevölkerung mehr der Kaiserin als dem Kaiser
gegolten habe. Der Empfang Napoleons sei, »wenn schon nicht
kalt, so doch wenig herzlich gewesen«.[33]
Das Kaiserpaar mochte schließlich recht froh gewesen sein, als
man über Brüssel, Ostende, Dünkirchen, Lille und Rouen am
1. Juni wieder in Saint-Cloud eintraf.
Paris feierte die heimgekehrten Majestäten. Gala folgte auf Gala.
Den Auftakt bildete am 8. Juni ein diplomatischer Empfang in den
Tuilerien, bei dem die Botschafter und Gesandten die Glückwün-
sche ihrer Souveräne überbrachten. Zwei Tage danach folgte das
Fest der Stadt Paris mit Feuerwerk und Ball. Sechshunderttausend
Menschen wohnten dem »Fest der Garde« bei, das mit Pferde- und
Wagenrennen und dem Start der Ballonfahrerin, Madame Blan-
chard, ein großartiges Spektakel war. Keine Kosten scheute auch
Pauline Borghese, die im Park ihres Schlosses von Neuilly als
Aufmerksamkeit für die österreichische Schwägerin »Klein-
Schönbrunn« und »Petit-Laxenburg« hatte aufführen lassen. Den
Abschluß der Festlichkeiten sollte ein Fest in der österreichischen

Botschaft bilden, der ranghöchsten von Paris, deren Chef als Kriegsheld und Diplomat allseits anerkannt war.

Fürst Schwarzenberg hatte sich etwas Besonderes einfallen lassen. Da die Räumlichkeiten der Botschaft zu klein waren, hatte er im Park einen großen Holzpavillon bauen lassen, der als Tanzsaal Verwendung finden sollte. Außen mit Wachsleinwand ausgeschlagen und innen mit Tapeten verkleidet, war der Saal mit duftigen Draperien dekoriert und mit Spiegeln und Blumen geschmückt. Tausende Wachskerzen brannten und tauchten die hübsche Dekoration in feenhaftes Licht.

Es war der 1. Juli 1810, ein Sonntag, und ein schöner Abend. Zwölfhundert Gäste waren erschienen. Die Hitze der letzten Tage hatte Bäumen und Sträuchern zugesetzt, den Rasen hatte man kräftig sprengen müssen. Das Fest begann im Garten. Tänzer und Tänzerinnen der Grande Opéra führten ein Ballett vor. Nach einem Feuerwerk begab sich die Gesellschaft in den Ballsaal, wo der Tanz mit einer Quadrille seinen Anfang nahm. Nach der Ecossaise erhob sich das Kaiserpaar und machte seine Runde. Napoleon war bester Laune. Leutselig plauderte und scherzte er mit den Festgästen und ging langsam rund um den Saal. Er befand sich gerade am anderen Ende, wo ihm die Schwägerin des Gastgebers, Fürstin Pauline Schwarzenberg, ihre Töchter vorstellte. Marie Louise hatte ihren Rundgang bereits beendet und wieder auf ihrem Thronsessel Platz genommen, als es geschah.

Durch einen Luftzug war eine wehende Dekoration einer Kerze zu nahe gekommen und hatte Feuer gefangen. Die Flammen züngelten an den hauchfeinen Geweben empor, und im Nu stand der Tanzsaal in Flammen.

Der Kaiser überlegte keinen Augenblick. Raschen Schrittes war er bei Marie Louise, zu deren Rettung auch Fürst Schwarzenberg herbeistürzte. Ohne eine Sekunde zu zögern, schob und zerrte er das Kaiserpaar durch das Gedränge zum rettenden Ausgang. Noch verhinderte die Anwesenheit des Kaiserpaares eine Panik. Marie Louise hatte die Fassung bewahrt. Napoleon schob sie in einen rasch herbeigerufenen Wagen und fuhr mit ihr zur Place de la Concorde, von wo die Kaiserin allein nach Saint-Cloud weiterfuhr. Der Kaiser stieg in einen anderen Wagen um und raste zurück zur österreichischen Botschaft, wo er sich bis vier Uhr früh an den Rettungsarbeiten beteiligte. Die Szenerie war durch ein heftiges Gewitter vollends zum Inferno geworden.

Im Pavillon war inzwischen die Hölle los. Der hölzerne Bau brannte wie Zunder. Schreiend drängten die Gäste zum Ausgang, Männer suchten ihre Frauen, Mütter riefen nach ihren Töchtern. Einige Personen stürzten, konnten sich nicht wieder erheben und wurden von den Nachdrängenden zu Tode getrampelt. Das Flammenmeer zu löschen war ein Ding der Unmöglichkeit. Mit Donnergepolter stürzte schließlich auch noch der riesige Kronleuchter zu Boden und begrub schreiende Ballgäste.

Fürst Schwarzenberg war, nachdem die Majestäten in Sicherheit waren, zum Pavillon zurückgeeilt. Erleichtert fand er seine zwar bewußtlose, aber gerettete Gemahlin. Sein Bruder Joseph dagegen, außer sich vor Angst, rief vergeblich nach seiner Gattin Pauline. Die Fürstin war von einer ihrer Töchter durch einen herabstürzenden Balken getrennt worden. Mit der anderen erreichte sie unversehrt das Freie. Als sie dort jedoch die Vermißte nicht sah, stürzte sie zurück in das Inferno, um die Tochter zu suchen, die, verwundet, bereits ins Freie getragen worden war. Für die unglückliche Mutter aber gab es keine Rettung mehr. Anderntags wurde ihre verkohlte Leiche gefunden. »Sie verläßt neun Kinder, wovon das älteste zwölf Jahre alt ist und sie war in der Hoffnung«, schrieb Marie Louise nach Wien. »Die Familie ist untröstlich, und ich bin ganz so erschüttert, daß ich mich nicht beruhigen kann.«[34]

Außer der Fürstin Pauline Schwarzenberg gab es noch an die zwanzig Tote und sechzig zum Teil Schwerverletzte, darunter die Tochter der toten Fürstin. Niemand habe das Verhängnis vorhersehen, keine menschliche Berechnung es abwenden können, schrieb der verzweifelte Gastgeber, Fürst Karl Schwarzenberg, nach Wien. Kaiser Franz ließ ihm ein tröstliches Handschreiben zukommen und dankte auch Napoleon für die Rettung seiner Tochter.

»Liebe Schwester«, schrieb der siebenjährige Erzherzog Franz Karl an Marie Louise. »Ich habe für Dich recht gezittert, als ich in Deinem lieben Briefe las, in welcher Gefahr Du während der Feuersbrunst beym Fürsten Schwarzenberg geschwebt hast. Noch oft will ich's dem lieben Gott auf den Knien danken, daß er Dich und den Kaiser so väterlich beschützte . . .«[35]

IX

Das Kind Frankreichs

Am 2. Juli 1810 teilte Marie Louise dem Papa die große Neuigkeit mit. ». . . ich bin doppelt glücklich itzt, da mich der Arzt versichert, daß ich seit vorigem Monat in der Hoffnung bin. Gott gebe, daß es wahr ist, denn der Kaiser hat eine unendliche Freude darüber. Sie können sich vorstellen, daß ich gleich das Reiten und Tanzen aufgegeben habe . . .«[1] Auch Schwarzenberg meldete nach Wien, daß sich der Kaiser »in einem schwer zu beschreibenden Jubel« befinde.[2]

Kaiser Franz freute sich, daß die »Louisl« ihre Aufgabe so brav erfüllte. »Die Freude«, schrieb er in sehr mäßigem Deutsch an seine Tochter, »die ich darüber empfinde, daß es das ansehen hat, daß du schwanger bist, kannst du dir einbilden wegen der wichtigkeit der Sache sowohl, den Trost deines Gemahls und meiner Liebe für dich. Darum recht gethan, nicht zu tanzen und nicht zu reiten, aber hüte dich vor allem erschröcken, denn meine verstorbene Frau ist darum ein paarmal wirklich um ihr Kind gekommen . . .«[3] Seine »verstorbene Frau« war Marie Louises Mutter gewesen.

Am 26. Juli schrieb auch Napoleon an »Papa François«, wie er seinen Schwiegervater nannte. »Ich weiß nicht, ob die Kaiserin Sie hat wissen lassen, daß die Hoffnungen, die wir in Bezug auf ihre Schwangerschaft hegten, täglich berechtigter sind, und daß wir alle Gewißheit haben, die man nach zweieinhalb Monaten hegen kann. Euer Majestät wird gewiß leicht ermessen, wie sehr dies angetan ist, die Gefühle zu vermehren, die ich für Ihre Tochter empfinde . . .«[4] Marie Louise setzte tags darauf hinzu, daß sie »über gar nichts erschrecke«, und stolz vermerkte sie, daß sie bereits anfange, »ein wenig ungestaltet zu werden«.[5]

Das Kaiserpaar verbrachte den Rest des Sommers außerhalb von Paris: in Rambouillet, in Saint-Cloud, in Grand-Trianon und in Fontainebleau. Hier war die Etikette weniger streng als in den Tuilerien, was Marie Louise als wohltuend empfand. Dagegen mochte die noch nicht Zwanzigjährige schmerzlich vermißt haben, daß ihr keine Mutter mit Rat und Fürsorge und traulichen Gesprächen über das herannahende freudige Ereignis zur Seite stand. Um so größer war die Sehnsucht nach dem vergötterten Vater. Als im Oktober in Fontainebleau aus Anlaß der eingetretenen Schwangerschaft der Kaiserin ein Fest vorbereitet wurde, gab sich Marie Louise der heftigen aber aussichtslosen Hoffnung hin, daß daran auch der Papa teilnehmen werde. »Man erzählt hier allgemein«, schrieb sie am 15. Oktober nach Wien, »daß Sie morgen oder übermorgen in Fontainebleau eintreffen werden. Ich wünschte, daß es möglich wäre, hoffe aber, daß es bald in Erfüllung gehen wird, damit Sie die Bekanntschaft eines kleinen Enkels machen möchten, der, obwohl ungebohren, Ihnen tausendmal die Hände küßt.«[6]

Der »kleine Enkel« konnte natürlich auch eine »kleine Enkelin« werden, aber daran wollte Marie Louise lieber nicht denken. »Wir sind sicher, daß es ein Knabe sein wird«, schrieb sie. »Sollte es ein Mädchen werden, so fürchte ich, daß es nicht gut empfangen werden wird.«[7] Insgeheim aber bombardierte sie Napoleons Leibarzt, Corvisart, mit Fragen nach dem Geschlecht des zu erwartenden Kindes. Napoleon, obwohl von dem glühenden Wunsch nach einem Sohn beseelt, war dennoch Realist genug, auch eine Tochter in Erwägung zu ziehen und dekretierte, daß ein Kind weiblichen Geschlechts den Titel einer »Fürstin von Venedig« führen sollte. »Sehen Sie nur, wie stark sie wird«, sagte er stolz zu Hortense. »Wenn es ein Mädchen ist, gibt sie eine Frau für Ihren Sohn Napoleon ab, denn sie darf weder aus der Familie noch aus dem Lande heiraten!«[8] Jedermann am Hofe aber wußte, daß alle seine Gedanken dem heißersehnten »König von Rom« galten.

Für den Großzeremonienmeister, Grafen Ségur, kamen nun schwere Tage. Nicht nur mußte er bis in jede Einzelheit das Zeremoniell studieren, das bei den Geburten des Ancien régime in Anwendung gekommen war, Napoleon bombardierte ihn auch mit Etikettefragen. Ob der König von Rom sechs- oder achtspännig fahren würde? Natürlich achtspännig! Ob er mit Sire und Majestät anzusprechen sein werde? Unbedingt! Ob die Gouvernante mit dem kaiserlichen Kind vor oder nach den Prinzen und Prinzessinnen zu gehen haben werde? Natürlich *vor* jedermann und direkt hinter dem Kaiser[9]!

Die Frage, wer das »Kind Frankreichs« zu hüten haben werde,

war eine Entscheidung von eminenter Bedeutung. Am 22. Oktober ernannte Napoleon die Gräfin von Montesquiou für dieses hochwichtige Amt. Die Gräfin, eben sechsundvierzig Jahre alt und Gattin des Großkämmerers und Präsidenten der Gesetzgebenden Körperschaft, Baron de Montesquiou, den Napoleon zum Grafen des Kaiserreiches ernannt hatte, war eine geborene Le Tellier de Louvois und verwandt mit den besten Familien des alten Adels. Natürlich fühlte sie sich hochgeehrt durch das kaiserliche Vertrauen, aber dennoch schrak sie zunächst vor dieser Aufgabe zurück. Nicht nur bedrückten sie die Verantwortung und die Schwierigkeiten ihres Amtes, ahnungsvoll sah sie auch voraus, daß sie in dieser Stellung dem Haß und Neid ihrer Umgebung ausgesetzt sein würde. Aber Napoleons Entschluß stand fest. »Madame, ich vertraue Ihnen das Schicksal Frankreichs an«, sagte er zu ihr. »Machen Sie aus meinem Sohn einen guten Franzosen . . .«[10]

So leistete Madame de Montesquiou den Eid, »mit Eifer und Hingabe und in allen Funktionen, die Seine Majestät mir übertragen hat, den Kindern zu dienen, die Seine Majestät mir anvertrauen wird.« Sie war sich bewußt, daß es ein schwerer Dienst werden würde. Niemals würde sie das kaiserliche Kind allein lassen, nie bei seinen Mahlzeiten fehlen, nie es nachts verlassen dürfen. Sie verpflichtete sich, »sparsam und im Interesse Seiner Majestät« mit den ihr anvertrauten Geldern umzugehen, durfte keinerlei Korrespondenz mit dem Ausland führen und von keinem ausländischen Potentaten Geschenke annehmen. Dafür erhielt sie 40 000 Francs Jahresgehalt und stand einem ganzen Regiment von Untergebenen vor. Sie kommandierte zwei Untergouvernanten, drei Erste Frauen, drei Wiegenfrauen, zwei Garderobefrauen und zwei Garderobemägde. Ferner würde es im Hofstaate des Königs von Rom einen Stallmeister, zwei Unterstallmeister, einen Geheimsekretär, einen Sekretär, zwei Türsteher, zwei Garderobiers, vier Kammerdiener, einen Haushofmeister und einen Truchseß geben.

Natürlich mußte das kaiserliche Kind auch ärztlich versorgt werden. Napoleon berief die Kinderärzte Bourdois de la Motte und Auvity, denen tägliche Visiten bei dem »Enfant de France« vorgeschrieben wurden, und er bestellte als Impfarzt Doktor Husson, der am größten Pariser Krankenhaus Spezialist für Kuhpockenimpfungen war.

Dann war da noch die Frage der Amme zu regeln. Der Kaiser entschied sich für eine vierundzwanzigjährige kerngesunde Weinhändlersgattin aus Chaillot, Marie-Victorine Auchard. Marie Louise hatte kurz erwogen, das Kind selbst zu stillen, gab diese Absicht jedoch auf, als die um Rat gefragte Kaiserin Maria Ludovica diese Absicht als »große Narretei« abtat.

Schließlich mußte das kaiserliche Kind auch kaiserlich gebettet werden. Madame de Montesquiou bestellte zwei Wiegen, eine für dreitausend, die andere für sechstausend Francs, beide reich geschmückt und kostbar ausgestattet. Die berühmteste, die dritte Wiege, schenkte die Stadt Paris dem Kaiser. Prud'hon hatte das Prunkstück entworfen, das alles aufwies, was Ruhm und Größe symbolisierte und mit dem kaiserlichen Frankreich zu tun hatte. Da gab es Bienen und Adler und Genien und Füllhörner und die Ruhmesgöttin, die dem kaiserlichen Kind den Lorbeerkranz reicht. Das Kunstwerk kostete 152 000 Francs und brachte Prud'hon ein Salaire von sechstausend Francs ein[11].

Nun fehlten noch Besteck, Geschirr, Servietten, Handtücher, Nachtgeschirre und Toiletteartikel. Ferner wurden 42 Dutzend Windeln, 12 Dutzend Häubchen, 20 Dutzend Jäckchen und unzählige weitere Babyaccessoires angeschafft, alles aus feinstem Material, reich mit Bienen bestickt und mit Spitzen geziert.

Das »Enfant de France« bekam ein eigenes Appartement in den Tuilerien mit Blick auf die Place du Carrousel. Die Wohnung bestand aus einem grüntapezierten Schlafzimmer, einem Wohnzimmer mit blaßblauen Damasttapeten, einem Speisezimmer, einem Arbeitskabinett und einer Garderobe, und sie war, dem Geschmack der Zeit entsprechend, recht ungemütlich und für ein Kind denkbar ungeeignet möbliert. Das Appartement war übrigens nur ein Provisorium. Napoleon plante, auf der Höhe von Chaillot, dem Marsfeld gegenüberliegend, einen Palast für seinen Sohn zu bauen, dessen Park den Bois de Boulogne einschließen und bis zum Arc de Triomphe reichen sollte.

Auch Marie Louise bereitete sich auf das freudige Ereignis vor. Neben einem eigenen Entbindungstrousseau wurde für sie ein Entbindungsbett geliefert, eine reich geschmückte Liegestatt, die 120 000 Francs kostete und sich dann als überflüssig erwies, da sich die Kaiserin entschloß, doch lieber in ihrem Ehebett zu entbinden. Zum Geburtshelfer wurde Doktor Antoine Dubois bestellt.

Die Gesundheit der angehenden Mutter war gut, die Schwangerschaftsbeschwerden nach anfänglichen Übelkeiten erträglich. »Gott sey dank, daß deine Gesundheit gut ist«, schrieb ihr Kaiser

Franz. »Ich hoffe auf eine glückliche Niederkunft, und was immer kommen mag, wird mir recht sein. Sorge nur für deine Gesundheit besonders im Kindbett und mache vor der Niederkunft während der Schwangerschaft fleißig aber nicht übertriebene Bewegung und nehme dich besonders vor fallen oder fahren auf sehr stoßenden wegen in acht . . .«[12]

Der Kaiser Franz hätte sich gewundert, wenn er die Vorbereitungen für das Pariser Geburtsspektakel zu Gesicht bekommen hätte. Im Kaiserhaus zu Wien war eine Geburt ein familiäres Ereignis, das nicht viel anders ablief als in bürgerlichen Kreisen auch. Der übermäßige Aufwand, der da anno 1810 in Paris getrieben wurde, wäre dem sparsamen Kaiser Franz schier sündhaft erschienen.

In jenem Jahr 1810 stand Napoleons Glücksstern im Zenit. Das Kaiserreich und seine Vasallenstaaten reichten von Hamburg bis Rom, vom Atlantik bis zur Adria, von Portugal bis Polen. Nie war das Erbe eines französischen Thronfolgers so groß gewesen.

Es sah in der Tat gut aus: Belgien und Holland französisch, das linksrheinische Deutschland, die Nord- und Ostseeküste mit den Hansestädten französisch, die Adria-Häfen, Mittelitalien mit dem Kirchenstaat französisch, die Illyrischen Provinzen (Görz, Krain, Kärnten, Triest, Friaul) französisch, der Rheinbund unter französischem Protektorat, die Schweiz ein Vasall, Spanien unter Joseph Bonaparte, Neapel unter Murat von Frankreich abhängig, das Großherzogtum Warschau als Vorposten gegen Rußland in die französische Machtsphäre eingebunden, der Papst entmachtet.

Der »Unbesiegbare« hatte auch die europäischen Großmächte ausgeschaltet. 1805 hatten Österreich und Rußland bei Austerlitz eine Lektion erhalten, als nächstes war Preußen dran gewesen.

14. Oktober 1806: Schlacht bei Jena und Auerstedt.

Elf Jahre lang hatte der wankelmütige Preußenkönig Friedrich Wilhelm III. gezögert, sich in einen Krieg gegen den Korsen hineinziehen zu lassen. Als er sich dann erdreistete, dem Kaiser der Franzosen ein Ultimatum zu stellen, das den Rückzug der französischen Truppen aus Süddeutschland forderte, bekam ihm das schlecht. Ein paar Wochen danach gab es keine preußische Armee mehr. Vierzehn Tage nach Jena war Napoleon in Berlin. Der »Fall Preußen« war erledigt.

Der »Fall Rußland« stand noch auf der Warteliste. Zwar war der Zar bei Preußisch-Eylau (8. Februar 1807) und Friedland (14. Juni

1807) schwer angeschlagen worden, aber das endgültige Aus war das nicht. Was nun folgte, war ein Friede der Erschöpfung. Am 25. Juni hatten die beiden Kaiser einander in Tilsit getroffen. Es war eine Unterredung unter vier Augen gewesen. »Meine Liebe, ich komme soeben vom Treffen mit Kaiser Alexander«, schrieb Napoleon an Joséphine. [13] »Ich bin sehr zufrieden mit ihm gewesen. Er ist ein starker, schöner Mann, ein guter und junger Kaiser; er hat mehr Geist als man gemeinhin denkt.« Der damals erst dreißigjährige Alexander I., der »romantische Jüngling auf dem russischen Thron«, wie man ihn nannte, hatte freilich auch mehr schauspielerisches Talent als Napoleon dachte, und einen Charakter voller Widersprüche. Seine Unzuverlässigkeit sollte der Korse bald zu spüren bekommen. Vorläufig aber schied man in Freundschaft und als Verbündete.

In Tilsit dabei gewesen war auch der König von Preußen, auch er ein Fürst von Gottes Gnaden. Von Napoleons Gnaden bekam er nichts zu spüren, und auch seine Gemahlin, die schöne Königin Luise, konnte mit ihren Tränen den Korsen nicht rühren. Dem preußischen Adler wurden die Flügel empfindlich gestutzt. Die zum Großherzogtum Warschau zusammengezogenen polnischen Gebiete Preußens kamen unter die Herrschaft des napoleonhörigen Königs von Sachsen, die Gebiete westlich der Elbe wurden mit einem Großteil von Hannover zum neuen Vasallenstaat Westfalen unter Jérôme Bonaparte. Übrig blieb ein völlig ausgeblutetes Rumpfpreußen.

Nicht besser war es Österreich ergangen, das sich im Jahr 1810 bereits achtzehn Jahre im Krieg gegen die Truppen Frankreichs – erst des revolutionären, dann des kaiserlichen – befand. Aspern (22. Mai 1809) war nur ein Silberstreif gewesen, dem keine zwei Monate später das Debakel von Wagram gefolgt war (6. Juli 1809). Vor der endgültigen Zertrümmerung seiner Monarchie hatte den Kaiser Franz dann nur die Verheiratung seiner Tochter mit dem Erzfeind gerettet. Napoleon hatte auch die aufständischen Tiroler zur Räson gebracht, und wenn der Brüder Herz auch blutete: Am 20. Februar 1810 war ihr Anführer, der Sandwirt Andreas Hofer, zu Mantua erschossen worden. Somit schien auch der »Fall Österreich« erledigt. Die zum Binnenstaat verstümmelte, ausgeplünderte, verarmte Monarchie würde so schnell nicht wieder aufmucken.

Es war nicht zu leugnen: die »Sonne von Austerlitz« schien über Europa in jenem Jahr 1810. Durfte sich der Herr dieses Universalreiches nicht zurecht als Nachfahre Karls des Großen fühlen? War sein Konzept – ein Hauptreich mit einem Kranz von Vasallenstaaten – nicht ganz nach karolingischem Muster zugeschnitten? Der napoleonische Traum war ein geeintes, ein vereinigtes Europa. Er übersah, daß das Europa des 19. Jahrhunderts kein überregionales Gebilde sein wollte, sondern Nationalstaaten anstrebte. Er mißachtete ferner, daß sich Europa nicht durch die gegen England gerichtete Kontinentalsperre ruinieren lassen wollte.

England war Napoleons Hauptproblem. Mit England lief es auf einen Kampf um die Weltherrschaft hinaus. Zunächst hatte man sich gütlich geeinigt. Am 27. März 1802 war der französisch-englische Friede von Amiens geschlossen worden. Auf die erste große Begeisterung auf beiden Seiten aber war bald die große Ernüchterung gefolgt, zumal sowohl England als auch Frankreich unter »Frieden« die alleinige eigene Handelsfreiheit auf Kosten des anderen verstanden. Also doch Krieg! 1805 träumte Napoleon von einer Invasion. 150 000 Mann, 10 000 Pferde und 400 Kanonen sollten von Boulogne aus nach Britannien übersetzen. Es kam nicht dazu. Konnte man England nicht zu Land schlagen, gelang es vielleicht zur See. Aber auch das mißlang. Am 21. Oktober 1805 signalisierte der englische Admiral Horatio Nelson von seinem Admiralsschiff aus den Signalspruch: »England erwartet, daß jedermann seine Pflicht tut.« Die Mannschaft der britischen Flotte, die da zwischen Cadiz und Gibraltar den Kampf gegen die französisch-spanischen Schiffe aufnahm, hielt sich daran. Sie vernichtete die maritime Waffe, mit der Napoleon England zur See hatte schachmatt setzen wollen.

Ging es nicht militärisch, mußte es durch einen Wirtschaftskrieg gehen. Anno 1806 – von Berlin aus – dekretierte Napoleon die Kontinentalsperre. Das bedeutete: keine englischen Waren mehr für den Kontinent, kein Verkehr, keine Korrespondenz mit dem Inselreich, jeder Engländer kriegsgefangen, jedes englische Schiff gute Prise. In französischen Häusern setzte ein Kreuzzug von Hausdurchsuchungen nach englischen Waren ein, auf französischen Marktplätzen wurden englische Wollstoffe verbrannt.[14] Die britische Wirtschaft sollte ruiniert werden. Tatsächlich sank der britische Außenhandel auf nahezu die Hälfte, das englische Pfund war nur mehr 17 Francs wert, britische Banken gingen bankrott, die englischen Lebenshaltungskosten stiegen auf das Doppelte.[15]

Letzten Endes aber erwies sich die Kontinentalsperre als Bumerang, denn auch der französische – und mit ihm der gesamte festländische – Handel erlitt einen Rückschlag, von dem er sich jahrelang nicht erholte. Diese Kalamität griff auch auf die Industrie über. Die französische Industrieproduktion sank von 1789 bis 1810 auf weniger als ein Viertel, in Lyon verminderte sich von Oktober bis Dezember 1810 die Anzahl der Betriebe um die Hälfte. Konkurse und Bankrotte waren die Folge. In Paris und in anderen Städten des Kaiserreichs herrschte Arbeitslosigkeit und Nahrungsmittelmangel. Das große Geschäft machten die Schmuggler und der Schleichhandel. Schließlich belegte Napoleon alle Kolonialwaren mit fünfzig Prozent Zoll, den er selber einsteckte.

Natürlich wehrte sich England. Diverse Waren durften nicht mehr nach Frankreich verschifft werden. Daraufhin erreichten die Preise für Eisenwaren, Farbstoffe, für Baumwolle, Reis und Gewürze in Frankreich Rekordhöhen.[16] Ein Pfund Zucker stieg im Jahr 1810 um vierhundert Prozent.

Auch die Neutralen wurden mit hineingezogen. Sie mußten sich englische Lizenzen beschaffen, wenn sie englische Häfen anlaufen wollten. Das mußten sie auch in Frankreich. Ein Krieg der Lizenzen brach aus, ein Handelschaos war die Folge.

War die Kontinentalsperre der eine große Minusposten in einer französischen Bestandsaufnahme dieser Jahre, so hieß der zweite Spanien. Diese Misere hatte man sich 1808 auf den Hals geladen, und sie hing eng mit der Kontinentalsperre zusammen. Englands Einfallstor in Portugal und Spanien mußte geschlossen werden. Aber das gelang nicht, auch nicht, als Napoleon im Oktober 1808 auf der Pyrenäenhalbinsel selbst nach dem Rechten sah. Die Moral der Truppe sank, immer größer wurde die Kriegsmüdigkeit. Wo blieb der Friede?

Auf Frieden hofften die Mütter Europas seit Jahren. Litten die bekriegten, besetzten, besiegten Länder durch die französischen Truppen, die da wie die Heuschrecken einfielen und alles, was nicht niet- und nagelfest war, wegschleppten, auffraßen und versoffen, so waren ebendiese Truppen kaum besser dran. Ungenügend ausgerüstet, mit dünnen Mänteln und schlechtem Schuhwerk, meist ohne Verpflegung und somit auf Plünderung angewiesen, Hitze, Nässe und Kälte schutzlos ausgesetzt, waren diese Truppen jahrelang in Eilmärschen durch ganz Europa gejagt worden. Nicht nur die Schlachten, auch Fieber, Kälte, Dysenterie, Erschöpfung und Selbstmorde dezimierten die französische Armee. »Noch niemals war die französische Armee so elend dran«, schrieb der kaiserliche

Chirurg Percy im Winter 1806/07 in sein Tagebuch. »Der Soldat, immerzu auf dem Marsch, jede Nacht im Biwak, den Tag im Schlamm bis an die Knöchel verbringend, hat keine Unze Brot, keinen Tropfen Branntwein, hat nicht einmal Zeit, seine Kleider zu trocknen und sinkt vor Ermüdung und Erschöpfung zu Boden.«[17] Marschall Soult, der am 25. Januar 1807 mit 25 000 Mann in Richtung Preußisch-Eylau vorrückte, hatte zwei Wochen später noch genau die Hälfte seiner Leute und das *vor* der Schlacht.

Noch ärger war die Lage der Verwundeten. Der Sanitätsdienst war nicht organisiert, es fehlte an Ambulanzen, aufs Geratewohl wurde amputiert, und oft fehlte sogar das Stroh, auf das die Blessierten gebettet wurden. Bei Austerlitz brach unter den Verwundeten Typhus aus[18], der mehr Opfer forderte als die ganze Schlacht. In den Lazaretten von Friedberg starben von 1900 Verwundeten 1300[19], nach der Schlacht bei Wagram lagen die Verwundeten noch vier Tage nach der Bataille unversorgt auf dem Boden. Bei den Ambulanzen häuften sich Berge von amputierten Gliedmaßen, deren Gestank die Luft verpestete.

In jenem Jahr 1810 schien das ganze Elend endlich der Vergangenheit anzugehören. Mit dem Friedensschluß von Schönbrunn im Jahr zuvor schien der Friede erreicht. Zwar: Der Krieg mit England ging weiter, und der spanische Guerillakrieg fand kein Ende, aber der Sturm über Europa hatte sich gelegt, es herrschte Windstille. Und es waren gar nicht wenige Franzosen, denen dieser Friede als das kostbarste Geschenk erschien, das Napoleon dem »Kinde Frankreichs« in die Wiege legen konnte.

Der Friede war auch in Paris eingezogen. Im Winter 1810/11 feierte der Hof Fest auf Fest. Auch für den Abend des 19. März 1811 war eine Unterhaltung angesetzt. Zu Ehren des Großherzogs Ferdinand von Würzburg sollte eine Theatervorstellung stattfinden. Der Onkel der Kaiserin war kürzlich in Paris eingetroffen, um der bevorstehenden Geburt des »Enfant de France« beizuwohnen.

Marie Louise war an jenem Abend eben dabei, sich anzukleiden. Madame de Luçay und Madame Durand waren der schon recht Schwerfälligen behilflich, als die Kaiserin mit einem Schmerzenslaut auf einen Sessel sank. Es war soweit.

In fliegender Hast eilte Madame de Luçay zur Herzogin von Montebello, die der Etikette zufolge den Kaiser von der bevorstehenden Entbindung zu benachrichtigen hatte.

Madame de Montebello hatte sich bereits zurückgezogen und

war schon im Déshabillé, als Madame de Luçay hereinstürzte. »Madame«, sagte sie atemlos, aber mit Würde. »Der König von Rom schickt sich an, zur Welt zu kommen!«

Madame de Montebello griff nach ihren Kleidern, kam in der Eile nicht zurecht und lief im Unterrock, einen Schal über den Schultern, durch die Salons zum Kaiser. Ihre Majestät die Kaiserin, meldete sie aufgeregt, werde heute der Theatervorstellung nicht beiwohnen können . . .

Das große Ereignis stand also für diesen Abend bevor. Statt der Theatervorstellung würde ein anderes Spektakel stattfinden. Sobald die Wehen der Kaiserin einsetzten, so wollte es das Zeremoniell, hatten sich die kaiserliche Familie, die Großwürdenträger des Reiches, die Minister, die hohen Beamten und die Geistlichkeit in den Vorräumen des Appartements der Kaiserin zu versammeln. Es war eine elegante Gesellschaft, die sich nun in den Salons zusammenfand: die Damen in grande Toilette, die Herren in Uniform oder im Galafrack. Sie alle richteten sich so gut es ging, auf Stühlen und Fauteuils ein.

Napoleon war zum Zimmer Marie Louises geeilt. Auf seinen Arm gestützt, ging die Kaiserin langsam auf und ab. Als die Schmerzen stärker wurden, legte sie sich nieder. Um sie waren ihre Damen, ihre Kammerfrauen, der Geburtshelfer Dubois und der Chirurg Auvity. Napoleon hielt Marie Louises Hand und sprach ihr Mut zu. Madame de Montebello versicherte ihr, daß alles ganz normal ablaufe.

Aber es lief nicht normal ab. Marie Louise hatte große Schmerzen. Ihre Schreie drangen bis in die Salons hinaus. Um zehn Uhr erschien der Leibarzt Corvisart, besah die Sachlage und verschwand wieder. Es würde noch lange dauern.

In den Salons hatte man inzwischen Wein und Schokolade servieren lassen. Die Herren schlossen Wetten ab, daß es ein Junge würde, die Damen führten Entbindungsgespräche. Manchmal kam Napoleon. Er war blaß und aufgeregt.

Im Geburtszimmer war es stickig. Die Fenster waren geschlossen und von schweren Brokatvorhängen verdeckt. Madame Mère kam und mit ihr Madame de Montesquiou, die das Neugeborene vom ersten Moment an in ihre Obhut zu nehmen hatte. Aber es ging nicht voran. Bis zwei Uhr früh hatte Marie Louise schneidende Schmerzen, die die Ärzte für Nierenschmerzen hielten. Um fünf Uhr früh sank die Kaiserin in Schlaf.

Seit Mitternacht läutete die große Glocke von Notre-Dame, in allen Kirchen wurde für die Kaiserin gebetet. In den Salons waren die Damen und Herren allmählich eingeschlummert. Da es nicht genügend Stühle gab, hatten es sich einige so gut es ging auf dem Boden bequem gemacht. Im Morgengrauen schickte man sie heim. Aufseufzend machten sie sich davon.

Der 20. März war ein strahlender Tag. Um sechs Uhr morgens gab Corvisart ein Bulletin heraus, daß das Befinden Ihrer Majestät ausgezeichnet sei. Napoleon hatte sich gegen acht Uhr zurückgezogen, um ein heißes Bad zu nehmen.

Plötzlich stand Dubois vor ihm Er war grau im Gesicht. Die Wasser seien gebrochen, sagte er, und das Kind habe eine ungewöhnliche Lage. Man werde die Eisen anwenden müssen.

Der Kaiser erschrak. Ob das gefährlich sei?

Dubois wand sich. Ja, es bestehe Gefahr für Mutter und Kind! Möglicherweise könne man nicht beide retten.

Eine schwere Entscheidung für Napoleon. Das Kaiserreich brauchte einen Erben. Sein Lebenswerk, ohnehin noch nicht gefestigt, würde ohne diesen Nachfolger nicht überdauern. Mußte er sich nicht für den Erben entscheiden? War das Kind zu retten oder die Mutter?

Da sagte der Kaiser: »Verhalten Sie sich so, als ob Sie eine Bürgersfrau entbinden würden. Retten Sie die Mutter, wenn Sie nicht beide retten können!«[20]

Mit Dubois eilte er zu Marie Louise. Als man ihr schonend mitteilte, daß ein operativer Eingriff vorgenommen werden müsse, als die Instrumente gebracht wurden, geriet sie in Panik. Weil sie die Kaiserin sei, wolle man sie opfern, damit das Kind lebe. Vergeblich versicherte ihr Madame de Montesquiou, daß sie selbst schon zweimal mit den Eisen entbunden worden sei, ohne Schaden zu nehmen.

Dubois zögerte noch. Ohne Corvisart, sagte er, wolle er den Eingriff nicht wagen. Napoleon wurde heftig. Er befehle, die Kaiserin endlich zu entbinden. Er selbst stehe als Zeuge zur Verfügung. Zum Glück – es war nach neun Uhr – erschien gerade Corvisart. Mit einem Kollegen hielt er die Kaiserin fest, während Dubois die Zangengeburt vornahm. Napoleon, einer Übelkeit nahe, hatte sich ins Vorzimmer geflüchtet.

Es dauerte noch sechsundzwanzig Minuten, dann kam – um 9.20 Uhr – das Kind mit den Füßen voran zur Welt. Aber es lebte nicht. Enttäuscht hatte man es beiseite gelegt. Der kleine Körper lag achtlos auf dem Teppich. Es war ein Knabe.

Napoleon stürzte ins Zimmer und ans Bett seiner Frau, schloß sie in die Arme und küßte sie. Dem Kind schenkte er keinen Blick. Schließlich hob Madame de Montesquiou das leblose Geschöpf auf, Corvisart reinigte es in warmem Wasser, flößte ihm einige Tropfen Branntwein ein, wickelte es in warme Tücher und klopfte ihm sanft auf den Rücken. Sieben Minuten lang geschah nichts. Dann stieß das Neugeborene einen dünnen Schrei aus.

Napoleon wandte sich um. Das Kind! Es lebte! Überglücklich nahm er seinen Erben in die Arme und brachte ihn der Mutter.

»Mein Sohn!« stammelte er. »Mein Sohn!«

Der Erzkanzler Cambacérès hatte den Raum betreten. Ihm mußte das Kind gezeigt werden. Im Salon der Kaiserin ließ er die Geburtsurkunde aufsetzen. Das Kind sollte Napoleon, François, Joseph und Charles heißen. Nach seinem Vater, dem Großvater mütterlicherseits, dem Bruder Napoleons und dem Großvater väterlicherseits.

Inzwischen hatte sich die Kunde von der Geburt des Kindes mit Windeseile verbreitet, und der Hof war zurückgekehrt. Weit wurden die Flügeltüren geöffnet. Dann erschien Madame de Montesquiou mit dem Säugling auf dem Arm.

Und feierlich rief der Türsteher: »Seine Majestät, der König von Rom!« Strahlend hob der Kaiser das Kind auf und zeigte es den Anwesenden.

In der Stadt Paris fingen die Kanonen zu donnern an. Mehr und mehr Leute strömten aus den Häusern. Erregt zählte man die Detonationen. Einundzwanzig waren für eine Tochter, hundertundeiner für einen Sohn bestimmt. Als der einundzwanzigste Schuß vorüber war, hielten die Menschen den Atem an.

Da . . . der zweiundzwanzigste . . .

Der Jubelschrei der Menge war so übermächtig, daß die weiteren Kanonenschüsse nicht mehr zu hören waren. Vergessen waren die Kriege, die Toten, die Leiden: Der Kaiser hatte einen Sohn! Soldaten weinten vor Freude, Wildfremde umarmten einander, aus den Brunnen von Paris floß roter Wein, die Armen bekamen Würste und Schweinebraten, Geld wurde verteilt. Man tanzte in den Straßen und sang immer von neuem »Et bon, bon, bon – C'est un garçon – Vive Napoléon!«[21]

Der Lärm und die Vivatrufe brandeten bis in die Salons der Tuilerien. Von den Vorhängen verdeckt, stand Napoleon am Fenster und sah hinunter auf die jubelnden Pariser. Vor Glück soll er geweint haben . . .

»Vive le Roi de Rome!«

Nie hatte eine Geburt in Frankreich, ja in ganz Europa, einen solchen Jubel ausgelöst, nie war man so überzeugt gewesen, daß nun der Friede gesichert sei. »Man dachte allen Ernstes an allgemeinen, tiefen Frieden«, versichert der Polizeiminister Savary, Herzog von Rovigo, in seinen Memoiren.[22] Derselben Meinung war auch Goethe, der den König von Rom in Versen als Friedensengel begrüßte.[23]

Die große Neuigkeit verbreitete sich mit Windeseile. In Paris brachten die kaiserlichen Pagen die Nachricht zu den Ämtern und Behörden, der Oberzeremonienmeister, Graf Ségur, verständigte die auswärtigen Botschaften. Kuriere schwangen sich in den Sattel und ritten in alle Windrichtungen davon, und das modernste Nachrichtenmittel der Zeit, der 1792 von Claude Chappe erfundene Optische- oder Flügeltelegraph, trat in Aktion. Durch seine an einem Mast angebrachten beweglichen Flügel wurde die Nachricht von Anhöhe zu Anhöhe, von Punkt zu Punkt, weitergegeben. Das ging immerhin so schnell, daß die Nachricht von der glücklichen Geburt eines napoleonischen Erben noch am selben Tag um 13 Uhr in Turin, um 14 Uhr in Brest, Boulogne und Mailand und um 15 Uhr in Venedig eintraf. Die berühmte Luftschifferin, Madame Blanchard, stieg mit ihrem Ballon auf, um Geburtsanzeigen des Königs von Rom vom Himmel niederregnen zu lassen.

In allen hundertzweiunddreißig Departements Frankreichs läuteten die Glocken, wehten die Fahnen, jubelten die Menschen. Die Städte wetteiferten miteinander, wo das schönste Feuerwerk, die feenhafteste Illumination, das fröhlichste Volksfest stattfand. In der Schweiz wurde der Geburtstag des Königs von Rom zum »Nationalfeiertag« erklärt und mit Kanonenschüssen gefeiert, in Rom läuteten alle Glocken, in jeder Kirche fand ein Tedeum statt, und Engelsburg und Peterskirche waren festlich beleuchtet. In Florenz leisteten sechs von der allgemeinen Rührung angesteckte Prälaten den bisher verweigerten Treueid auf Napoleon, in Parma stellte man Wachslichter in die Fenster, ließ die Arbeit ruhen und verteilte Brot und Wein an das Volk. Und in allen Sprachen Europas erschienen Oden und Festgedichte auf das Kind Frankreichs.

In Paris setzte sich der Großherzog von Würzburg hin und schrieb einen Brief an seinen Bruder, den Kaiser. Er war aufgeregt und verwirrt, was sich in seinem Brief niederschlug. »Lieber Bruder«, schrieb er[24], »in aller Eile nur dir zu sagen, daß deine Tochter heute frühe glücklich mit einem Sohn niedergekommen ist. Mutter und Tochter (sic) befinden sich Gottlob so gut wie es die Umstände erlauben. Sie hat viel ausgestanden, aber alles ist glücklich vor sich gegangen, da sie in besten Händen waren. Denken läßt es sich, aber schreiben nicht, was jedermann bey dieser Gelegenheit empfunden hat. Ich nehme von gantzen Herzen allen Antheil von allem jenen, was du dabey empfinden wirst. Ich hoffe, wenn es anders möglich ist, sich heuer noch persönlich umarmen zu können. Lebewohl, erhalte mir immer deine Freundschaft und Liebe und glaube, daß dieser Augenblick mir der glücklichste meines Lebens ist – Ferdinand.«

Die gute Nachricht erreichte Wien durch ein aufsehenerregendes Husarenstück. Der Kurier des österreichischen Botschafters, Graf Tettenborn, bewältigte die Strecke Paris – Wien, zu der man normalerweise neun bis zehn Tage brauchte, in hundertundsechs Stunden.

Umgehend gratulierte der erfreute Großvater, der nur um ein Jahr älter war als der Kindesvater, seiner Tochter. »Durch den heutigen Kurier schreibe ich dir diese Zeilen, um dir von Herzen zu deiner glücklichen Entbindung glük zu wünschen«, schrieb der österreichische Kaiser. »Jedes Kind hätte mir Freude gemacht, allein die Geburt eines Sohnes macht sie noch größer wegen deinem Glük und Zufriedenheit und jener deines Gemahls. Meine Wünsche hierinn sind erfüllt, nun erwarte ich mit Ungeduld deine und deines Kindes fernere Nachrichten und empfehle dir Schonung, vorzüglich die ersten zehn tage, in allem aber durch 6 Wochen . . .«[25] Er hatte schließlich viel Erfahrung in dieser Beziehung, der Kaiser Franz.

Marie Louise verließ am 6. April zum erstenmal das Bett, wagte tags darauf einen kleinen Spaziergang und unternahm am 18. April ihre erste Ausfahrt in den Bois de Boulogne. Spaziergänger, die sie erkannten, akklamierten sie lebhaft. Am 21. April übersiedelte sie zur endgültigen Wiederherstellung nach Saint-Cloud, von wo sie dem Papa einen glücklichen Brief schrieb. Daß Napoleon ihr einen so beruhigenden Beweis seiner Liebe gegeben und ihr Leben über das seines Kindes gestellt hatte, machte sie froh und stolz.

»Sie können sich mein ganzes Glück vorstellen«, schrieb sie.[26] »Ich hätte mir nie vorgestellt, daß ich eine so große Freude fühlen werde können; wenn es aber möglich ist, so ist seit dem Augenblicke der Geburt meines Sohnes meine zärtliche Liebe gegen meinem Gemahl noch vergrößert worden; auch werden mir unvergeßlich seyn die Beweise von Anhänglichkeit, welche er mir diese ganze Zeit hindurch gab und welche mich noch itzt bis zum Thränen rühren, wenn ich daran denke; diese Beweise würden mich, wenn seine guten Eigenschaften es nicht schon vorher bewirkt hätten, auf ewig an ihm fesseln.«

Ganz stolze Mutter schickte sie dem lieben Papa das Porträt ihres Sohnes, der, wie sie fand, »dem Kaiser recht viel ähnlich sieht«.[27] Das Baby war gesund und stark. Bei der Geburt hatte es 9 Pfund gewogen und 20 Zoll gemessen, und täglich nahm es zu. »Er ist unendlich stark für fünf Wochen«, meldete Marie Louise, »und trägt schon den Kopf ohne Polster.«[28] Noch stolzer war freilich der Kindesvater. Was er mit dem so heiß ersehnten Söhnchen trieb, schien Marie Louise übertrieben. »Der Kaiser gibt sich erstaunlich mit ihm ab, er trägt ihm auf den Arm und ist wirklich kindisch mit ihm, er will ihm auch schon zu eßen geben, welches ihm aber übel anschlägt.«[29]

Nicht nur der Kaiser, ganz Paris war wie von einem Fieber erfaßt. Die Unteroffiziere der Garde schnitten sich ihre Schnurrbärte ab, um daraus dem König von Rom ein Kopfkissen zu stopfen, man trug Anzüge von der Farbe »caca de Roi de Rome«, und würdige Senatoren zogen zur Wiege des Kaisersohnes und verbeugten sich tief vor dem schlafenden Säugling. Ein großes Ereignis war die Impfung des Neugeborenen. Da im Mai einige Pockenfälle in Paris aufgetreten waren, wurde einem erst kürzlich immunisierten, zehn Monate alten Kind Kuhpockenlymphe entnommen. Mit dem davon gewonnenen Vakzin impfte Doktor Husson den kleinen König, der sich musterhaft verhielt.

Noch am Abend des 20. März hatte der Sohn Napoleons die übliche Nottaufe erhalten. Getragen von Madame de Montesquiou, umgeben von großem Gefolge, war der Täufling einen Schritt vor seinem Vater in die Kapelle der Tuilerien eingezogen. Der Kaiser selbst hatte sein Kind über das Taufbecken gehalten.

Die feierliche offizielle Taufe fand am 9. Juni in Notre-Dame statt. Als Taufpaten waren der Kaiser von Österreich, vertreten durch seinen Bruder, den Großherzog von Würzburg, und Napoleons Bruder Joseph vorgesehen. Taufpatinnen sollten Madame Mère und Napoleons Schwester Caroline, Königin von Neapel, sein. Aber wie schon anläßlich der Hochzeit mit Marie Louise stellten sich kleinliche Eifersüchteleien diesem Plan in den Weg. Caroline blieb in Neapel der Taufe fern, und Joseph nahm an ihr zwar teil, aber nicht als Taufpate. So blieb die Stelle des zweiten Paten unbesetzt; für Caroline sprang die gutmütige Hortense ein.

Am 9. Juni um fünf Uhr nachmittags setzte sich der feierliche Zug in Bewegung. Zwischen einem Doppelspalier von Truppen fuhren vierundzwanzig sechsspännige Karossen von der Place de la Concorde zur Kathedrale von Notre-Dame, begleitet von einer Gardeeskadron und holländischen und polnischen Regimentern. Der Held des Tages lag auf den Knien von Madame de Montesquiou und fuhr achtspännig in seiner von weiß-goldenen kaiserlichen Pagen umgebenen Kutsche.

Um sieben Uhr abends erreichte die Spitze des Zuges die Kirche, wo der Senat, die hohen Staatsfunktionäre, die Erzbischöfe und Diplomaten warteten. In der Kirche waren über siebentausend Gäste Zeugen des großen Ereignisses. Die Taufe nahm der Großalmosenier, Kardinal Fesch, vor, der das Kind an Brust und Schultern mit Tauföl salbte. Nach dem Glaubensbekenntnis wurde die Taufkerze entzündet. Dann nahm Napoleon seinen Sohn in die Arme, küßte ihn dreimal und hob ihn in freudigem Stolz hoch über seinen Kopf. Brausend riefen siebentausend Menschen: »Vive le Roi de Rome!«

In all dem Trubel hatte Napoleon die Exkaiserin Joséphine nicht vergessen. Nach der Geburt hatte er ihr Botschaft geschickt. »Mein Sohn ist kräftig und gesund«, schrieb er ihr. »Ich hoffe, er wird sich gut entwickeln. Er hat meine Brust, meinen Mund und meine Augen. Ich hoffe, daß er sein Schicksal erfüllen wird.«[30]

Immer zum Frühstück brachte Madame de Montesquiou den kleinen König von Rom zum Kaiser. Die Stunde mit seinem Sohn war Napoleons liebste Entspannung. Er hob den Kleinen auf sein Knie, tauchte den Finger in die Schokolade und ließ das Kind daran saugen. Zum Entsetzen der Gouvernante setzte er ihm auch sein Weinglas an die Lippen und lachte über die heftige Abwehr des Kindes.

Mit seinem Sohn wurde er selbst wieder jung. Das Kind war gesund und kräftig und entwickelte sich rasch. Als es ins Kriechalter

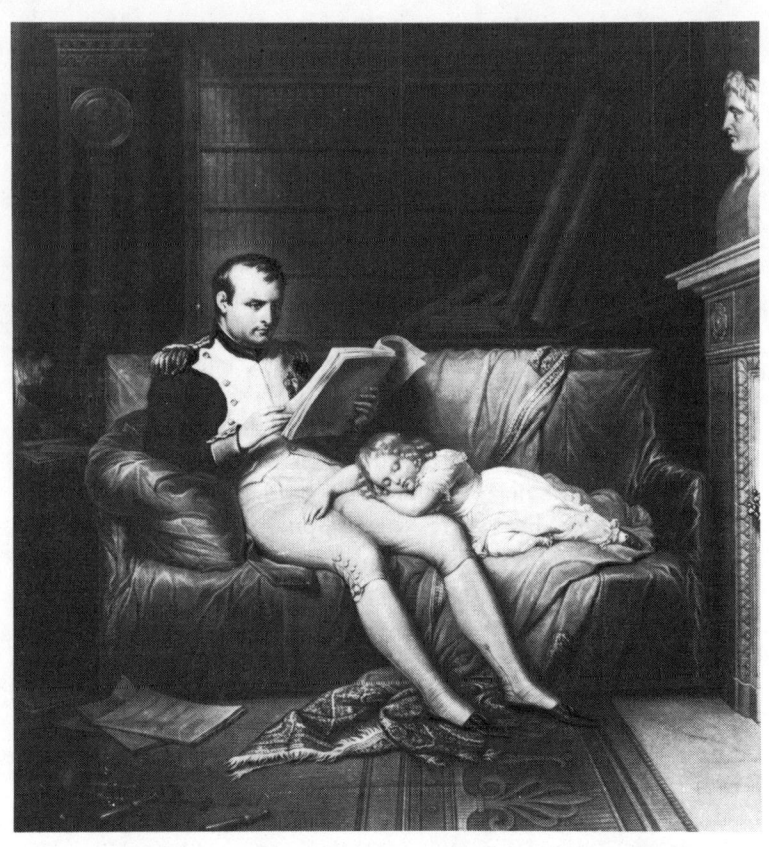

Napoleon lesend, auf seinem Schoß der schlafende König von Rom
Lithographie nach einem Gemälde von Karl von Steuben

kam, setzte sich der Kaiser zu ihm auf den Boden, spielte mit ihm, schnallte ihm seinen Säbel um und setzte ihm seinen Hut auf. Er trug das Kind zu einem Spiegel, vor dem er dem erstaunten kleinen König komische Grimassen schnitt. Er ging mit ihm zum Fenster und zeigte ihm die Passanten auf der Straße. Er neckte den Kleinen, indem er ihm Süßigkeiten vor die Nase hielt und sie wegzog, wenn das Kind danach griff. Trieb er den Spaß zu weit und fing das Kind zu weinen an, sagte er mit mildem Tadel: »Sie weinen, Sire? Pfui über einen König, der weint!«

Der Kult, den der Kaiser mit seinem kleinen Sohn trieb, sprach sich rasch herum. Findige Bittsteller hatten bald heraus, daß sie des kaiserlichen Wohlwollens sicher sein konnten, wenn sie diese Schwäche ausnützten. Petitionen »à Sa Majesté le Roi de Rome« wurden vom Kaiser so gut wie immer positiv entschieden.

Marie Louise war, wie damals bei hochgeborenen Damen üblich, nur stundenweise Mutter. Meist zwischen der Zeichen- und der Musikstunde besuchte sie den Knaben, und wenn man der Herzogin von Abrantès glauben will, wußte sie nicht allzuviel mit dem Kleinkind anzufangen. Die Herzogin, die Marie Louise freilich nicht wohlwollte, überliefert, daß die Kaiserin zum kleinen König stets mit einer Stickerei kam, an der sie arbeitete, während er zu ihren Füßen spielte. »Manchmal«, so die Abrantès, »sah sie nach ihm hin, sagte ›Bonjour, bonjour!‹, nahm ihn manchmal auch auf . . . und liebkoste ihn, gab ihn aber dann gleich wieder der Amme zurück . . . Und was tat sie dann? Sie vertiefte sich in die Zeitungen!«[31]

Marie Louise war in einer kinderreichen Familie aufgewachsen, in der man mit kleinen Kindern keineswegs so viel Aufhebens machte wie mit dem kleinen König von Rom. Daß Napoleon dieses heißersehnte Kind nun als seinen kostbarsten Besitz betrachtete, verwirrte die noch nicht Zwanzigjährige und war vermutlich die Ursache für die Ängstlichkeit, die sie dem Kind gegenüber an den Tag legte. Napoleons Sekretär Méneval erzählt, daß Marie Louise den kleinen König, den die Amme hinter ihr hertrug, häufig selbst zu dessen vielbeschäftigtem Vater brachte. »Sobald die Kaiserin gemeldet wurde«, so Méneval, »erhob sich Napoleon zu ihrer Begrüßung. Da der Eintritt in sein Arbeitszimmer jedermann untersagt war, ließ er die Amme niemals eintreten, sondern bat Marie Louise, ihm seinen Sohn selbst zu bringen. Doch die Kaiserin war derart ängstlich, daß, wenn sie das Kind aus den Armen der Amme nehmen mußte, Napoleon an der Schwelle seines Zimmers wartend, ihr entgegenging, das Kind in seine Arme nahm und, es auf das zärtlichste küssend, davontrug.«[32] So war es kein Wunder, daß das erste Wort des kleinen Königs nicht »Mama«, sondern »Papa« war.[33]

Am meisten hing der kleine König freilich an Madame de Montesquiou, seiner Gouvernante. Sie war die erste, die sich morgens über seine Wiege beugte, sie saß dabei, wenn er gefüttert wurde, sie spielte und lachte mit ihm, tröstete und pflegte ihn und brachte ihn abends zu Bett.

Aber noch eine Frau fühlte sich von dem kleinen König fast magnetisch angezogen und setzte alles daran, ihn wenigstens einmal sehen zu dürfen: die Exkaiserin Joséphine. Napoleon hatte die Verbindung zu seiner ersten Gemahlin noch immer nicht gelöst. Eine Zeitlang hatte sie Paris meiden müssen und in der Normandie in einem Haus bei Evreux gelebt, das einst der Königin von Navarra gehört hatte. Zögernd hatte ihr Napoleon dann gestattet, nach Malmaison heimzukehren, und am 13. Juni 1810 hatte er sie dort sogar besucht. Er tat es mit aller Vorsicht und ganz im geheimen, aber Marie Louise erfuhr doch davon, und der Kaiser fand sie tränenüberströmt. Sie hätte nicht zu weinen brauchen, denn Napoleon hatte Joséphine klargemacht, daß ihre Anwesenheit in Malmaison verfrüht und also unerwünscht sei. Wenige Tage danach war die Exkaiserin dann nach Aix-les-Bains abgereist.

Aber Malmaison mit seinen herrlichen Rosen wollte der Kaiser Marie Louise doch zeigen. Auch da gab es Tränen. »Kürzlich wollte ich mit meiner Frau eine Ausfahrt nach Malmaison machen«, erzählte Napoleon seiner Stieftochter Hortense. »Ich weiß nicht, ob sie annahm, Ihre Mutter sei dort, doch fing sie an zu weinen und ich mußte umkehren und anderswohin fahren.« Der Kaiser wußte um die Beweggründe für Marie Louises Tränen. »Sie hat Angst vor dem Charme Ihrer Mutter und fürchtet die Macht, die diese, wie man sagt, über mich hat«, bekannte er Hortense.[34] Dies bedenkend hatte er auch eine von Joséphine angestrebte Begegnung der beiden Kaiserinnen verweigert.

Nach der Geburt des Königs von Rom hatte der glückliche Vater dann Joséphine die Freude gemacht, ihr die Rückkehr nach Malmaison zu gestatten. Am 24. April 1811 kehrte sie heim. Eine Begegnung der beiden Kaiserinnen fand auch jetzt nicht statt. Sie bekamen einander nie im Leben zu sehen. Aber den König von Rom? Würde Joséphine ihn sehen, ihn ein einziges Mal in die Arme schließen dürfen?

Napoleon erzählte Madame de Montesquiou von diesem Wunsch der Exkaiserin. Da es Marie Louise aufregen würde, könne er sich nicht dazu entschließen, meinte er. Madame de Montesquiou nahm mit Napoleons Genehmigung die Sache in die Hand. »Tags darauf«, erzählt sie, »sandte ich nach Malmaison und ließ Kaiserin Joséphine sagen, daß mir ihr Wunsch, den König von Rom zu sehen, bekannt sei, und daß wir am nächsten Sonntag um halb drei nach Bagatelle spazierenfahren würden. Sie ließ mir ant-

worten, sie sei entzückt und werde vor mir beim Rendezvous sein.«
Pünktlich kam man nach La Bagatelle, dem früheren Haus des
Duc d'Artois im Bois de Boulogne. Joséphine war schon da. »Sie
war in dem kleinen Hinterzimmer«, so Madame de Montesquiou,
»ließ uns unverzüglich eintreten, kniete vor dem Kind nieder,
brach in Tränen aus, küßte ihm die Hand und sagte: ›Mein lieber
Kleiner, Sie werden eines Tages von der Größe des Opfers erfahren, das Ihnen von mir gebracht worden ist.‹«[35]
Joséphine verbrachte eine Stunde mit dem Kind und seiner Gouvernante. Madame de Montesquiou: »Sie war liebenswürdig, wie
sie es immer war . . .«
Marie Louise erfuhr nichts von diesem Rendezvous der Exkaiserin mit dem kleinen König.

X

Der Anfang vom Ende

Der Winter 1811/1812 war in Frankreich ungewöhnlich mild. Es fror fast gar nicht, sondern regnete wochenlang. Die Landwirtschaft litt unter der Nässe. »Wenn diese Witterung fortdaurend«, schrieb Marie Louise am 14. Januar nach Wien, »so werden wir heuer wieder ein Mißjahr haben.«[1] Sie ahnte nicht, wie recht sie haben sollte.

1812 sah es wieder nach Krieg aus: Krieg gegen Rußland. Zwar hatte Napoleon noch im Februar 1811 dem Flügeladjutanten des Zaren, Fürsten Tschernitscheff, versichert: »Ich will keinen Krieg, ich werde Rußland nicht angreifen«[2], aber das galt nur, solange sich der Zar als Freund und Verbündeter am Endkampf gegen England beteiligte.

Der Händedruck von Tilsit, die stundenlangen Gespräche Napoleons mit Alexander, ihre Spaziergänge, ihre Ritte, ihre Umarmungen lagen bereits fünf Jahre zurück. Um das Bündnis von Tilsit zu erneuern, hatte man einander 1808 noch einmal in Erfurt getroffen. Es war eine großartige Vorstellung gewesen: die beiden kaiserlichen Protagonisten vor der Statisterie der deutschen Fürsten. Napoleon hatte die dienstbeflissen herbeigeeilten deutschen Landesväter höchst ungnädig behandelt. »Silence les Rois!«, hatte er sie angebellt, wenn sie sich erdreisteten, das Wort zu ergreifen. Es war der Tiefpunkt der deutschen Erniedrigung gewesen, aber in dem Bestreben, ihre Kronen zu erhalten, hatten es die deutschen Herren noch großartig gefunden, hatten gedient und Loyalitätsbezeigungen abgegeben. Goethes Herzog Karl August nannte sich Napoleons »eifrigster, dankbarster und treuester Bundesgenosse«.[3]

Erfurt war als eines der gelungensten Arrangements des Regisseurs Napoleon in Szene gegangen, und Alexander hatte seine Rolle perfekt mitgespielt. Mit offensichtlicher Bewegung hatte er sich erneut als Freund und Bewunderer Napoleons deklariert, aber insgeheim nach Hause geschrieben: »Bonaparte hält mich für einen Idioten, aber wer zuletzt lacht, lacht am besten!«[4]

Wieder war es die leidige Kontinentalsperre, die die französisch-russischen Beziehungen belastete. Wollte sich der Zar nicht den eigenen Handel ruinieren lassen, konnte er sich auf einen Wirtschaftskrieg gegen England nicht einlassen. Man half sich russischerseits durch allerlei Tricks. Englische Schiffe fuhren als »Neutrale« getarnt, in die russischen Häfen ein und löschten dort ungehindert ihre Ladungen; ganze Karawanen mit »neutralen« Waren zogen durch Rußland nach Deutschland. Als ein erzürnter Napoleon daraufhin vom Zaren verlangte, mit diesem Unfug aufzuhören und die Sperre auch gegenüber den »Neutralen« lückenlos durchzuführen, zeigte ihm der Zar die kalte Schulter.

Darüber ging die Tilsiter Freundschaft in die Brüche. Die Exfreunde begannen einander zu ärgern. Als Napoleon im Zuge der Einverleibung der Hansestädte das dem Zaren nah verwandte Oldenburg gleich miteinsteckte, sprach der erbitterte Zar von einem Bruch des Tilsiter Vertrages und reagierte mit einer scharfen Gegenmaßnahme: ausdrücklich gestattete er die Einfuhr von englischen Kolonialwaren und belegte französische Weine und französische Seiden mit hohen Zöllen.

Das war schon fast ein Kriegsgrund. Die Gangart wurde schärfer. Auf beiden Seiten setzte lebhafte diplomatische Tätigkeit ein. Der Zar verhandelte mit den Türken, Napoleon versuchte, sich Österreichs zu versichern. Würde es Krieg geben? Schließlich berief Napoleon seinen Botschafter aus Sankt Petersburg zurück. Der kluge, friedliebende Caulaincourt, den sein Herr zum Herzog von Vicenza erhoben hatte, warnte vor einem Krieg mit des Zaren eigenen Worten: »Wir werden es unserem Klima überlassen, Krieg zu führen, die Franzosen sind weniger abgehärtet, und Wunder geschehen nur da, wo der Kaiser selbst ist, aber er kann nicht überall sein . . .«[5] Napoleon blieb halsstarrig. Eine »gute Schlacht« werde Alexander eines Besseren belehren. Caulaincourt wurde seines Postens enthoben und Jacques Alexandre Lauriston als neuer Botschafter nach Sankt Petersburg in Marsch gesetzt. Ein General!

»Caulaincourt besitzt nicht genug Festigkeit der Sprache dem Kaiser Alexander gegenüber«, begründete Napoleon Schwarzenberg gegenüber dieses Revirement. Der österreichische Botschafter war am 5. April 1811 bei Napoleon erschienen, um das Glückwunschschreiben des österreichischen Kaiserpaares zur Geburt des

Königs von Rom zu überreichen. Er fand den Vater gewordenen Napoleon in liebenswürdigster Laune vor. Sogleich kam der Kaiser auf Rußland zu sprechen und zählte Schwarzenberg auf, was er alles für Rußland getan habe. Er habe es 1807 in Tilsit geschont, habe es Finnland erwerben lassen, habe ihm die Moldau, die Walachei und Bessarabien preisgegeben und fast ein Drittel der europäischen Türkei.[6] Und womit lohne ihm Alexander das? Indem er die Kontinentalsperre torpediere. »Ich wünsche keinen Krieg mit Rußland«, versicherte er auch dem Botschafter Österreichs. Es sei einzig England, auf das er es abgesehen habe. Aber werde er einem Zusammenstoß mit Rußland ausweichen können?

Schwarzenberg hörte aufmerksam zu und hörte alle Argumente, die in abgewandelter Form jeder Diktator vor Beginn eines Angriffskrieges vorzubringen pflegt. »Rußland trifft Anstalten, als ob der Kampf jeden Augenblick ausbrechen solle«, sagte Napoleon. »Neun Divisionen wurden zusammengezogen, um das Herzogtum Warschau zu bedrohen. Sie werden mir zugeben, daß dies Anstalten von zu ernster Natur sind, um mich nicht zu zwingen, Vorkehrungen zu treffen. Und da will Rußland die Rolle des Bedrohten spielen? Will mir vorwerfen, daß ich rüste?«[7]

Den österreichischen Botschafter interessierte naturgemäß besonders die Rolle, die Österreich bei einer russisch-französischen Auseinandersetzung spielen sollte. Napoleon ließ ihn darüber nicht im Zweifel. Was Österreich betreffe, sagte er, so könne es sich nur mit Frankreich alliieren, er verspreche sich von einem österreichischen Armeekorps an der Seite Frankreichs eine Auswirkung, »die für Österreich nur günstig sein könne«. Und überhaupt: »Wir sind nun eine Familie, Kaiser Franz wird dereinst Beschützer meiner Kinder sein, und meine Kinder werden die seinigen beschützen!«

Schwarzenberg erstattete über die Unterredung eingehend Bericht nach Wien. Er hätte gewünscht, schrieb er, »in einem Winkel des Zimmers einen Stenographen placieren zu können, der dieses interessante Gespräch Wort für Wort festgehalten hätte«.[8]

Wenn Kaiser Franz gehofft hatte, doch noch neutral bleiben zu können, irrte er. Durch Vertrag vom 14. März 1812 mußte Österreich im Kriegsfall 30 000 Mann stellen, die als selbständiges Armeekorps unter einem österreichischen, unmittelbar Napoleon unterstellten Oberbefehlshaber agieren sollten. Der alte Feind Österreich würde also mit Frankreich nach Rußland ziehen.

Noch wollte Napoleon keinen Krieg, aber er bereitete ihn vor.

Von August 1811 an verging kein Tag ohne Befehle für den Feldzug, kein Tag ohne Maßnahmen für Verpflegung, Vorratsbeschaffung und Ausrüstung der Armee. Und alles geheim und lautlos, um den Exfreund von Tilsit nicht zu früh aufzustören. Im Februar 1812 begann dann der große Aufmarsch. In neun Kolonnen marschierte das italienische Kontingent über die Alpen, in Deutschland setzten sich die Regimenter in Bewegung und rückten nach Osten vor. Zwanzig Nationen traten zum Kampf an, weit über 500 000 Mann, unter denen die Franzosen die Minderheit bildeten; die Masse war ein Sammelsurium, mit den Deutschen als Hauptkontingent. Jedes französische Korps stellte ein Völkermosaik dar. So hatte das des Marschalls Oudinot Franzosen, Wallonen, Portugiesen, Holländer, Kroaten und Schweizer unter den Fahnen.[9] Napoleons Schicksalsstunde war da.

»Seit meiner Heirat glaubt man, der Löwe schlafe«, sagte Napoleon. »Man wird ja sehen, ob er schläft.« Er sagte das zu Fouché, dem Herzog von Otranto, den er 1810 als Polizeiminister abgesetzt hatte, weil er sich allzu offensichtlich mit England eingelassen hatte. Dennoch hatte er ihn ebensowenig kaltgestellt wie den verräterischen Talleyrand, der insgeheim mit Rußland konspirierte. Weil Feinde weniger gefährlich waren, wenn man sie im Auge behielt.

Der ehemalige jakobinische Priester Fouché hörte sich interessiert an, was ihm sein Herr ein letztesmal von seiner Europa-Vision mitteilte. »Ich brauche 800 000 Mann und habe sie«, sagte Napoleon. »Ganz Europa werde ich hinter mir herschleifen. Europa ist nichts als ein altes Weib, mit dem ich mit meinen 800 000 Mann machen kann, was ich will . . . Haben Sie mir nicht selber gesagt, Sie lassen das Genie gelten, weil es keine Unmöglichkeiten kennt? Was kann ich dafür, wenn eine zu große Macht mich zur Diktatur der Welt treibt? . . . Ich habe meine Bestimmung noch nicht erfüllt, ich will beenden, was erst begonnen ist. Wir brauchen ein europäisches Gesetz, einen europäischen Kassationshof, eine einheitliche Münze, die gleichen Gewichte und Maße; wir brauchen dieselben Gesetze für ganz Europa. Aus allen Völkern will ich Ein Volk machen . . . Dies, Herr Herzog, ist die einzige Lösung, die mir gefällt . . .«[10]

Seine Gemahlin weihte Napoleon nicht in seine politischen Pläne ein, aber sie merkte doch, was um sie vorging. In Schloß Meudon etwa, wohin man mit dem kleinen König am 9. April 1812 über-

siedelte, waren zur Bewachung lediglich zwanzig Infanteristen ab-
gestellt. Mehr waren nicht verfügbar gewesen, denn die Pariser
Garnison war nur noch schütter besetzt: Alle Soldaten – darunter
halbe Kinder –, die ein Gewehr tragen konnten, waren bereits unterwegs zur russischen Grenze.

Marie Louise hatte sich seit der Geburt ihres Sohnes zu ihrem
Vorteil verändert. Sie war schlanker geworden, ihr Gesicht hatte die
kindlichen Rundungen verloren. Langsam begann sie sich an ihre
Rolle als Kaiserin der Franzosen zu gewöhnen. Hatte sie während der
ersten Zeit ihrer Ehe in einer ausgesuchten Gesellschaft viel deutsch
gesprochen, so zog sie jetzt das Französische vor und lebte sich mehr
und mehr auch in die französische Lebensart ein.

Das Zusammenleben des kaiserlichen Paares war nach der Geburt des Sohnes noch enger geworden. Als Napoleon im September 1811 zur zweiten Hollandreise allein vorausreiste und sich Marie Louise zum erstenmal nach achtzehn Monaten von ihrem Gatten
trennen mußte, war sie sehr niedergeschlagen. »Mein Gemahl reiset heute nachts ab, um in die Insel Walcheren zu gehen«, schrieb sie
am 19. September 1811 ihrem Vater[11], »und da es die erste Reise
ist, die er machen wird, wo ich ihm nicht begleiten kann, so macht
es mir recht viel Kummer.« Ihrem Gatten versicherte sie, daß sein
erster Brief »ein Glückstag« für sie sein werde. Wenn er nicht zur
angegebenen Zeit zurückkomme, werde sie ihn »als Page verkleidet im Lager aufsuchen«[12]. Am 30. September, nach einer Trennung von elf Tagen, hatte sie ihn in Antwerpen dann wieder
umarmen können.

Angst erfüllte sie, als 1812 Kriegsgerüchte zu ihr drangen. Nicht
weil sie eine Niederlage Frankreichs gefürchtet hätte – noch war der
Nimbus Napoleons ungeschmälert –, sondern weil ein Krieg un-
ausweichlich eine noch längere Trennung bedeuten konnte. Der
Gedanke machte sie ganz krank. »Wie wollen Sie aber, lieber
Papa«, klagte sie, »daß der Körper sich gut befindet, wenn die Seele
krank ist, und daß kann nicht anders seyn bey allen denen Gerichten
(sic), welche seit zwey Monathen herumlaufen . . .«[13]

Aber noch war ihr eine Galgenfrist gegönnt. Um seiner Frau eine
Freude zu machen, vor allem aber, um seine Abreise zum Kriegs-
schauplatz zu tarnen, schlug Napoleon eine Entrevue mit Papa
François in Dresden vor, zu der ihn die Kaiserin begleiten sollte.
Marie Louise war begeistert. Sofort setzte sie sich hin und teilte am
15. März dem lieben Papa die große Neuigkeit mit. »Der Kaiser

trägt mir auf, Ihnen viel schönes zu sagen, und Sie zu versichern, daß, wenn je einmal wir Krieg haben sollten, er mich mit sich nach Dresden nehmen wird, wo ich ein oder zwey Monathe bleiben werde, und wo er hofft, Ihnen auch zu sehen. Sie können sich, liebster Papa, die Freude nicht vorstellen, welche mir diese Hoffnung macht, ich bin überzeugt, daß Sie meine Bitte nicht abschlagen werden, und mir auch das Vergnügen verschaffen werden, die liebe Mama und meine Brüder und Schwestern mit Ihnen zu führen, um das ich den Trost habe, sie auch wiederzusehen . . .«[14]

Kaiser Franz war im Prinzip einverstanden. »Der Kaiser, dem ich bitte, viel schönes zu sagen«, antwortete er am 27. März 1812[15], »hat mir auch den Wunsch eröffnet, daß ich nach Dresden komme, um euch zu sehen. Wenn ein ausbrechender Krieg die Ursache davon seyn sollte, ist dieselbe gewiß sehr traurig, indessen wird immer mein Vergnügen sehr groß seyn (Dich zu sehen, Verf.).« Mit der ganzen Kinderschar anzureisen, könne man freilich dem sächsischen Gastgeber nicht zumuten, aber er habe einen anderen Vorschlag. »Was deine Geschwister anbelangt«, formulierte der Kaiser, »so kann ich sie nicht nach Dresden bringen, denn wir werden schon genug dem König (von Sachsen, Verf.) zu thun geben, sollte aber dein Gemahl auf deiner Rückreise nach Haus dir vielleicht gestatten, über Prag zu gehen, was kein großer Umweg ist, so werde ich sehen, was ich in dieser Rücksicht thun kann, indessen davon wollen wir selbst miteinander sprechen . . .«

Am 3. Mai konnte Marie Louise dem Papa mitteilen, ihr Gemahl habe ihr erlaubt, »einige Zeit in Prag zuzubringen«, sofern sie »Ende Juli wieder in Paris eintreffe«[16]. Und abermals bat sie, doch alle ihre Geschwister nach Prag kommen zu lassen.

»Ich schreibe dir heute mit vielem Vergnügen, um dich zu benachrichtigen, daß ich mich übermorgen auf den Weg nach Dresden setze, wo ich den 5ten Tag seyn kann, wenn dein Gemahl bis dahin daselbst einlanget«, antwortete der kaiserliche Vater am 10. Mai.[17] »Danke ihm recht sehr für das Vergnügen, welches er mir verschafft, dich zu sehen und auch in Prag bey mir zu haben und versichere ihm, daß ich dich länger gewiß nicht aufhalten werde, als es sein Wille ist, da du deinen Sohn und dem Lande, wo du etabliret bist, gehörst, wenn du nicht bey deinem Gemahl seinem Willen zufolge seyn kannst. Meine Frau kommt auch, befindet sich aber gar nicht gut . . .«

Die Entrevue in Dresden war also beschlossene Sache. Marie

Louise ließ packen. Sie war von Napoleon angewiesen worden, ihre kostbarsten Toiletten und ihren schönsten Schmuck mitzunehmen. Sie sollte sich, so wollte es ihr Gemahl, in Dresden in wahrhaft kaiserlichem Glanz präsentieren. Die Reise sah überhaupt mehr nach Vergnügungsreise denn als Abgang ins Feld aus.

Um dieselbe Zeit packte auch Schwarzenberg seine Sachen und nahm Abschied von Paris und von seinem Botschafterposten. Kaiser Franz hatte ihn, den er in Würdigung seiner militärischen Verdienste 1809 zum General der Kavallerie ernannt hatte, zum Oberbefehlshaber des österreichischen Auxiliarkorps bestimmt.

Am 9. Mai 1812 um halb zehn Uhr verließen Napoleon und Marie Louise Saint-Cloud. Noch einmal reiste das französische Kaiserpaar unter dem Jubel der Bevölkerung, noch einmal eilten die deutschen Fürsten herbei, um dem Herrn Europas ihre Reverenz zu erweisen.

Marie Louise schwamm in Seligkeit. Diesmal war für jede Bequemlichkeit gesorgt, immer war ein erstklassiges Nachtquartier bereit, immer standen gutgefederte Kutschen parat. Nachts brannten Feuer am Wegesrand, um die Fahrtroute zu beleuchten. Am 16. Mai traf man in Freiberg in Sachsen ein. Dort wartete schon die sächsische Königsfamilie, um das Kaiserpaar nach Dresden zu geleiten, wo man um zehn Uhr abends glücklich eintraf.

Einen Tag nach dem französischen traf das österreichische Kaiserpaar ein. »Über und über mit Staub bedeckt, hielten wir unseren Einzug, von der Menge durch die Straßen begleitet«, schrieb die Kaiserin Maria Ludovica in italienischer Sprache an ihre Mutter, die Erzherzogin Maria Beatrix. »Als wir unserm Wagen entstiegen, empfingen uns der König und die Königin von Sachsen in so herzlicher Weise, daß ich mich gleich ganz wohl fühlte. Sie begleiteten uns in unsere Gemächer, wo bald darauf ein Kammerherr des Kaisers von Frankreich erschien, um meinen Gatten und mich zu fragen, wann sein Gebieter erscheinen könne. Unsere Antwort war: le plutôt sera le plus agréez« (Je eher, desto besser, Verf.).[18]

»Ich kann den morgigen Tag kaum erwarten«, hatte Marie Louise dem Papa entgegengeschrieben, »und werde in einer ewigen Unruhe bis auf den Augenblick seyn, wo ich Ihnen die Versicherung meiner ganzen kindlichen Liebe werde erneuern können.«[19]

Nun war es also soweit. Zunächst kam Napoleon. Zum zweiten- und letztenmal traf er mit seinem Schwiegervater zusammen.

»Er erschien mit seinem ganzen Hofstaat«, berichtete die Kaiserin Maria Ludovica. »Wir waren allein und gingen ihm bis ins zweite Gemach entgegen; er umarmte den Kaiser, machte ebenso dergleichen mit mir und küßte mir die Hand. Dann traten wir zusammen in mein Schlafzimmer ein; nachdem die Türen geschlossen worden waren, führten wir stehend ein nichtssagendes Gespräch, das eine Viertelstunde dauerte. Sie können sich denken, liebe Mama, was ich in diesem Augenblick empfand. Hierauf erschien in großer Gala und mit Edelsteinen bedeckt, die Kaiserin mit ihrem ganzen Hofstaat.«[20]

Marie Louise mochte das Herz geklopft haben, und ganz gewiß empfand sie eine unaussprechliche Freude, den Vater endlich wiederzusehen und die liebe Mama zu umarmen. Gewiß hatte sie sich hundertmal ausgemalt, wie sie strahlend auf den Papa zueilen und ihn küssen, wie sie die Mama begrüßen würde. Und nun war der ersehnte Augenblick da, und es war alles gar nicht so herzlich, wie sie sich das gewiß vorgenommen hatte. »Ich ging ihr entgegen«, hielt Maria Ludovica fest. »Obgleich sehr glücklich, ihren Vater wiederzusehen, war sie durch die Anwesenheit so vieler Zuschauer verlegen gemacht, durch ihre Toilette behindert und zeigte jene Schüchternheit und Kälte, die sie alle (die Kinder ihres Gatten, Verf.) haben, und die mich zur Verzweiflung bringen . . .«[21]

Maria Ludovica rettete die Situation. »Ich umarmte sie, da ich wahrlich ergriffen war, und geleitete sie in mein Zimmer. Ich schloß die Tür, und wir plauderten vergnügt auf dem Kanapé. Sie ist genau so wie sie zu Hause war, nur ein bißchen gesprächiger en lieux communs (Gemeinplätzen, Verf.); dieselben Manieren, die Schüchternheit und Kälte, die Du an ihr kennst und die unsere Leute glauben läßt, daß sie hochmütig ist, was nicht zutrifft. Und vielleicht noch ein bißchen kindlicher als sie es vor ihrer Verheiratung war.«

Auch Napoleon wurde von Maria Ludovica unter die Lupe genommen, und obwohl er sich alle Mühe gab, seine hübsche junge Schwiegermutter für sich einzunehmen, ihr jede Artigkeit erwies und von bestrickender Liebenswürdigkeit war, fiel ihr Urteil hart und kalt aus. »Er schwätzt viel«, war ihr Eindruck, »und hat die Gewohnheit, Fragen zu stellen. Fragen kann man vermeiden, aber nicht die Antworten. Ich bemerkte, daß er es eben deshalb tut und brach das Gespräch ab, das sich dann nicht wieder anknüpfen ließ. Solche Gespräche waren mehr als unangenehm . . .«

Unangenehm waren der kränkelnden Kaiserin, die zu allem Übel an einer zunehmenden Schwerhörigkeit litt, auch die gesellschaftlichen Verpflichtungen, wie das große Bankett am Ankunftstag. »Ich saß an jenem Tage wie immer neben Napoleon«, schrieb sie ihrer Mutter, »und da ich taub bin (und in welchem Maße!), können Sie sich vorstellen, welche Pein für mich dieses Gespräch vor den Augen aller war.« Die österreichische Kaiserin hatte wahrhaftig viel zu ertragen. »Wir verbrachten alle Tage mit Empfängen und Besuchen, und meine Gesundheit litt so sehr darunter, daß ich öfters nicht wußte, wie ich mich weiterschleppen könnte«, schrieb sie nach Hause.

Schließlich erschien – am 26. Mai – auch noch der König von Preußen. Kürzlich Witwer geworden, sah Friedrich Wilhelm III. sorgenvoll in die Zukunft. »Er ist durch den Tod seiner Gattin sehr betrübt«, so Maria Ludovica, »und zeigte viel Freude, unseren Kaiser (Franz I. von Österreich, Verf.) zu sehen. Auch ist er in einer sehr drückenden Lage, da es der französischen Armee, speziell der Kavallerie, gänzlich an Lebensmitteln fehlt.«

Zu Beginn des Jahres 1812 hatte sich Preußen vertraglich zu umfangreichen Lieferungen von Lebensmitteln und anderen Gütern an Frankreich verpflichten müssen. Die Drangsalierungen hatten im Lande unter der Oberfläche des Gehorsams eine starke antifranzösische Stimmung entstehen lassen. Umgekehrt hatte Napoleon wiederholt Schwarzenberg gegenüber sein Mißtrauen gegen die »Jakobiner des Nordens« – wie er die Preußen nannte – geäußert. Tatsächlich begannen Patrioten wie Kleist und Fouqué und Gentz und Adam Müller heimlich von einem Befreiungskampf zu träumen. In Berlin, zur Zeit der französischen Besetzung, hatte Fichte seine »Reden an die deutsche Nation« gehalten, und der Reichsfreiherr vom Stein, ein Wahlpreuße, der als Minister während eines einzigen kurzen Jahres (1807/08) Preußen grundlegend reformiert hatte, galt als eifrigster Vertreter der Idee von der deutschen Einheit.

Napoleon hatte sie gewähren lassen, »die Kante und deutschen Schwärmer«. Solange sie nicht offen rebellierten, mochten sie Reden halten, sich mit ihrem Turnvater Jahn körperlich ertüchtigen und mit Arnim und Brentano in der deutschen Vergangenheit stöbern. Als freilich der Freiherr vom Stein allzu unvorsichtig von der Befreiung Deutschlands von der französischen Herrschaft sprach, hatte er über Befehl Napoleons sein Amt niederlegen und außer Landes gehen müssen. Fast zwangsläufig hatte ihn im Jahr 1812 der

Zar als Berater nach Rußland kommen lassen, und als Steins Privatsekretär war Ernst Moritz Arndt mit nach Petersburg gereist, wo er zunächst einmal seinen »Katechismus für teutsche Soldaten« schrieb. Sehr bald würde er seinen Landsleuten und seinem König einhämmern, daß der Rhein »Teutschlands Strom, nicht Teutschlands Grenze« sei.[22]

Dem Preußenkönig Friedrich Wilhelm III. begegnete Napoleon mit tiefverwurzelter Abneigung, und er hatte sogar erwogen, Preußen mit Rußland zugleich den Krieg zu erklären. Dann entschied er sich, doch lieber vorerst preußische Dienste in Anspruch zu nehmen. Ausradieren konnte man Preußen immer noch, sobald Rußland erledigt war. Ein preußisches Hilfskorps unter Yorck bekam seinen Einsatzbefehl. Die Österreicher sollten am äußersten rechten, die Preußen am äußersten linken Flügel der Armee fechten. Wie sich zeigen sollte, war es ein grundlegender Fehler, gerade die Hilfstruppen, die nur mit halbem Herzen (wie die Österreicher) oder mit tiefem Groll (wie die Preußen) kämpfen würden, in Schlüsselpositionen einzusetzen.

Vorläufig aber gab sich der König von Preußen noch als loyaler Bundesgenosse, und Papa François ließ sich sogar von Napoleon imponieren. Es sei das ja doch »ein ganzer Kerl«, vertraute er später seinem Bruder Johann an, und er habe auch »ein gutes Herz«[23]. Die Kaiserin Maria Ludovica sah das mit Unwillen. »Leider ist es ihm (Napoleon, Verf.) gelungen, den Meinen für sich einzunehmen«, schrieb sie ihrer Mutter. »Er weiß wohl, wie er die Menschen zu behandeln hat.«

Sie selbst war und blieb reserviert. »Ich bemühte mich, meine Würde als Frau zu wahren, aber nur ich«, kritisierte sie, »da die Königin (von Sachsen, Verf.) und alle Prinzessinnen dem Kaiser (Napoleon, Verf.) den Hof machen mußten, als ob sie Männer wären; überhaupt hat man keine Ahnung von der servilen Furcht, die man ihm gegenüber am sächsischen Hof zeigt; und von dem Haß des Volkes, was einen sonderbaren Kontrast bietet.«

Dennoch: In Dresden war noch einmal Napoleon der Fixstern, um den sich alles drehte. Kurz vor seiner Abreise bekamen ihn auch die sächsischen Landeskinder zu sehen. In einem schlichten Jagdanzug, umgeben von den herausgeputzten deutschen Fürstlichkeiten, war er kaiserlicher denn je. Napoleons Sekretär Bourrienne versichert, die Dresdener Tage seien zwar nicht Napoleons ruhmreichste, gewiß aber seine machtvollste Zeit gewesen. Metternich sah das anders. »Napoleon stand damals auf der Höhe seines Glückes«, urteilte er später. »Aber ich glaubte nicht mehr daran. Er war nicht mehr derselbe wie früher. Er besaß eine Heftigkeit, die aus der Selbstunsicherheit entspringt, eine Unstetheit der Gedanken, die sich auch im Blick offenbarte, und die gewöhnlich bei einem Genie die Furcht vor dem eigenen Untergang bedeutet . . .«[24] Und die Kaiserin Maria Ludovica schrieb ahnungsvoll ihrer Mutter: »Alles berechtigt zu der Vermutung, daß der Krieg bald beginnen wird, und ich bin vielleicht die einzige, die im Grunde ihres Herzens glaubt, daß er für Napoleon nicht glücklich sein wird.«[25]

Am 29. Mai verließ Napoleon Dresden und begab sich zur Armee. Im Morgengrauen wartete sein Kammerdiener Constant mit dem berühmten grauen Mantel auf seinen Herrn. Alles war zur Abreise bereit.

Der Kaiser nahm Abschied von Marie Louise. Tränenüberströmt schloß sie ihn in die Arme. Er tröstete sie und sprach ihr Mut zu. Der Feldzug würde nicht lange dauern! Um vier Uhr früh brach er auf. Um sechs Uhr schrieb Marie Louise ein Billett an ihre Hofdame, Madame de Luçay. »Sie kennen mich genug, um zu wissen, wie elend und verlassen ich ohne ihn bin . . .«[26]

Am 29. Mai verließ auch das österreichische Kaiserpaar die sächsische Hauptstadt und reiste nach Prag, um die Vorbereitungen zum Empfang Marie Louises zu treffen. Man würde die Kaiserin der Franzosen mit allen Ehren in Böhmen willkommen heißen. Marie Louise folgte am 4. Juni in Begleitung der Herzoginnen von Montebello und Bassano, des Palastpräfekten Bausset und des Oberstkämmerers Grafen Montesquiou, nach.

Bis zum Weißen Berg fuhr das Kaiserpaar der Gemahlin Napoleons entgegen, um sie inmitten eines glänzenden Hofstaates festlich zu empfangen. Gemeinsam bestieg man dann eine Kutsche und fuhr unter dem Jubel der Prager Bevölkerung in Böhmens Hauptstadt ein. Bis zum Hradschin standen die winkenden, Blumen streuenden Schulkinder am Straßenrand, Vertreter der Zünfte und Innungen, der Bürgerkorps und der Prager Juden machten ihre Aufwartung, Garnisonssoldaten bildeten Spalier. Alle Glocken Prags läuteten, alle Geschütze donnerten Salut, als Marie Louise zum ersten- und auch gleich zum letztenmal als Kaiserin der Franzosen in ein österreichisches Erbland einzog.

Kaiser Franz ließ es nicht an Glanz und Würde fehlen. Ein eigener Hofstaat mit dem Fürsten Clary an der Spitze, zwölf Kammerherren und acht Edelknaben wurden für die kaiserliche Tochter aufgeboten. Auch ein reichhaltiges Vergnügungsprogramm war vorbereitet. Man besuchte die Sehenswürdigkeiten Prags, unternahm Spazierfahrten in die Umgebung, wohnte einem Scheibenschießen bei, und die inzwischen zur guten Reiterin gewordene Marie Louise begleitete den Papa auf seinen Spazierritten.

Es war ein richtiges Familienfest, das da in Prag in Szene ging. Sämtliche Brüder des Kaisers Franz waren nach Prag gekommen, um ihre Nichte zu begrüßen, und als Ehrengast traf auch noch der berühmteste Causeur der Zeit, der geistreiche Prince de Ligne, in Prag ein, dessen Vorliebe für die rosarote Farbe ihm den Beinamen »der rosarote Prinz« eingetragen hatte. Durch eine rosarote Brille scheint er auch Marie Louise in Augenschein genommen zu haben, nannte sie »gutherzig, empfindsam, freigebig«, fand sie gut gewachsen und von großer Frische. »Sie hat einen so reizenden Fuß, ein so schönes Décolleté, daß sie, da noch etwas Hoheitsvolles dazukommt, fast hübsch erscheint«, resümierte er. »Sie hat eine so gute Aussprache . . . und sie ist so rührend zu ihren Schwestern und zu ihrem Vater, der es ihr auch erwidert, daß sie allgemein Gefallen erweckt . . .«[27]

Von Marie Louises zahlreichen Geschwistern waren nicht alle nach Prag mitgenommen worden. Die kleineren, die kränklichen und die behinderten waren daheimgelassen worden. Marie Louises drei Geschwister, die später die größte Berühmtheit erlangen sollten, waren der Kronprinz Ferdinand, der 1835 seinem Vater Franz als Kaiser von Österreich auf den Thron folgen sollte, Erzherzog Franz Karl, der spätere Vater des Kaisers Franz Joseph I., und die Schwester Leopoldine, die 1822 Kaiserin von Brasilien wurde.

Den Ferdinand hatte man nicht nach Prag reisen lassen. 1793 geboren, war er mit einem schwächlichen Körper und einem viel zu großen Kopf zur Welt gekommen, und es schien, als würde das dünne Lebenslicht des kleinen Erzherzogs nur kurz flackern. Durch aufopfernde Pflege war der Bub zwar gerettet worden, blieb aber geschädigt. Auffallend spät fing er an zu gehen, noch später zu sprechen. Der Kaiser Franz liebte den armen »Nandl«, gab sich viel mit ihm ab und kümmerte sich persönlich um seine Erziehung. Auch seine Stiefmutter Maria Ludovica tat alles, um ihn vorwärts zu bringen. Viel nützte es nicht. »Von großen Fortschritten kann ich leider bey ihm nicht Zeugniß geben«, gestand sie 1809 dem Kaiser, »doch überlasse mir ihm noch drey Jahre . . ., nichts ist unmöglich, wenn man nur ernstlich will, und der Schmerz, ein untauglichen Sohn zu haben, soll dich nicht treffen.«[28] Aber in den großen Kopf des Kronprinzen wollte einfach nichts hinein.

Weit aufgeweckter war da schon der 1802 geborene Bruder Franz Karl. Mit ihm unterhielt Marie Louise während ihrer Pariser Zeit eine rege Korrespondenz. »Liebe Louise«, schrieb er ihr am 31. März 1810[29], »die Franzosen sind doch brave Leute, daß sie Dich so lieb haben; ich bin ihnen dafür auch so herzlich gut wie unsern Wienern, die Dich nicht vergessen können.«

Marie Louise wußte, womit sie sein Bubenherz erfreuen konnte und sandte ihm künstliche Mäuse, ein Perspektiv, allerlei Kriegsspielzeug und Bücher. Der Achtjährige dankte ihr mit einer Liebeserklärung. »Du bist noch immer die gute, die liebreiche Schwester, wie keine auf der Welt ist.«[30] Um seine brüderliche Verbundenheit mit der großen Schwester zu dokumentieren, pflanzte der kleine Erzherzog an seinem zehnten Geburtstag »zwey schöne junge Birnbäume«, davon einen von der Sorte der »Guten Louise« und konnte im Jahr darauf erfreut nach Paris melden, daß die Bäumchen gut fort kämen. »Die Louise bonne ins besondere sieht gesund und überaus schön aus. So oft ich diesen lieben Baum ansehe, empfinde ich eine Freude . . .«[31]

Nach Dresden durfte der Zehnjährige nicht mit. »Ich höre so eben, daß der liebe Papa und die gute Mama zu Dir reisen«, schrieb er seiner Schwester. »Wenn ich nur auch schon groß wäre, um zu Dir reisen zu können.«[32]

Zu ihrer großen Freude erwachsen genug, um nach Prag mitfahren zu dürfen, war die fünfzehnjährige Leopoldine. Sie war die Lieblingsschwester Marie Louises und hing ihrerseits mit rührender Liebe an der Älteren. Die Schwestern standen in regem Briefverkehr; allein während Marie Louises Pariser Zeit schrieb Leopoldine ihrer Schwester 65 Briefe, die in ihrer ungezwungenen Art außerordentlich amüsant sind.

Leopoldine war eine echte Habsburgerin: blond, blauäugig und mit aufgeworfenen Lippen, die ihr viel Kummer machten. Als ihr Marie Louise aus Paris einen Vergrößerungsspiegel schickte, meinte sie, »es ist gar kein Wunder, wenn ich hineinsehe, daß meine Lippen besonders groß mir vorkommen, da er 3 mahl vergrößt«.[33]

Die »Poldl«, wie die Wiener die anmutige junge Erzherzogin nannten, war vielseitig interessiert. Sie besaß Kenntnisse in der Botanik, Schmetterlingskunde und Mineralogie und sie war musikalisch. Allzu musikverständig scheint sie freilich nicht gewesen zu sein, da sie der Schwester einmal gestand, bei einem Klavierkonzert von »Bethhoven« vor Langeweile eingeschlafen zu sein. Mit großer Anteilnahme verfolgte sie die Entwicklung des kleinen Königs von Rom. »Das Portrait Deines Sohnes habe ich leider noch nicht gesehen«, schrieb sie am 6. Juni 1811 nach Paris, »aber nach den Münzen zu schließen, wovon Marie mir eine gab, ist er recht hübsch, gesund und fett.«[34]

Als die kleine Erzherzogin die große Schwester in Prag wieder umarmen konnte, war das eine unvergeßliche Freude. »Ich träume fast alle Tage von dir und von den glücklichen Tagen, die wir in Prag vereinigt genoßen«, schrieb die Heimgekehrte an Marie Louise. »Möge doch der Himmel geben, daß sie sich recht oft wiederholen[35].«

Noch einer freute sich, Marie Louise in Prag wiederzusehen: der jüngere Bruder des Kaisers Franz, Erzherzog Johann. Er war kein Militär, der Erzherzog. Am 3. Dezember 1800 war er von der französischen Rheinarmee bei Hohenlinden in Bayern katastrophal geschlagen worden, und 1809 gab man ihm die Schuld an der Niederlage der Österreicher bei Wagram, weil er seinem Bruder Carl zu spät zu Hilfe geeilt war. Aber er war ein Patriot, der Erzherzog Johann, und bewies das in Tirol, wo er zum Kreis um Andreas Hofer enge Beziehungen unterhielt. Sein Lebenswerk widmete er dann der Steiermark, wo der fortschrittlich denkende Habsburger Aufbauarbeit leistete: in der Landwirtschaft, im Bergbau, für die Wohlfahrtspflege und für die Bildung.

Erzherzog Johann war dreißig Jahre alt, als er seine kaiserliche Nichte in Prag wiedersah. »Sie ist die alte«, schrieb er in sein Tagebuch, »nur etwas stillere, hohlere Stimme; sie wird nicht alt; ich blickte tief in ihre Seele! Gram ist in ihrem Herzen, sie liebt Napoleon, beängstigt sich wegen der Zukunft . . .«[36]

Er sah Marie Louise öfters. »Nachmittags zu meiner Nièce; hatte ich eine frohe Unterredung, so war es wohl dieses Mal. Ich fand die alte, gute, so wie sie war, nur stiller; da ist Kopf und Herz am rechten Fleck.« (Randbemerkung aus späterer Zeit: »Aber bedurfte einer Leitung.«)

Das Verhältnis Onkel – Nichte wurde immer besser. »Ich speiste beim Kaiser, war dann bei meiner Nièce über 1 Stunde und sprach herzlich aufrichtig, rieth und bat manches, was herzlich gut für sie gemeint war und merkte, sie fühle es und danke mir dafür. Wir verhandelten über unsere Lebensweise. Sie versprach, mir Bücher zu senden, ich gleichfalls, und so schieden wir voneinander; ich versprach, zu schreiben. – Die macht Österreich Ehre, sie ist, so wie wir, und glücklich, das freut mich. Gott erhalte sie lange und froh!«[37]

Der Erzherzog, bescheiden und sparsam wie sein kaiserlicher Bruder, konnte sich nicht genug wundern über den Aufwand, der französischerseits in Prag getrieben wurde. »Ich speiste dort«, hielt er fest. »Das ist eine Pracht, ein Aufwand, eine Etiquette . . . Die vielen Leute, das steife Wesen, beständig repräsentieren mag wohl Staub sein für französische Augen, doch wir Deutschen mögen es nicht.«

Dem Rußland-Krieg sah Johann mit Besorgnis entgegen. »Wenn nur Österreich und der Menschheit was Gutes daraus erwächst. Allein Napoleon rollt wie ein Rad und zermalmt mehr als er bauet, ich werde und kann ihn nie lieben, mich wird er nicht blenden. – Meine Nièce glücklich, aber in beständiger Agitation über ihr Schicksal, weil Napoleon stets unternimmt und wagt . . .«

Noch einer Persönlichkeit begegnete Marie Louise in Prag wieder: dem Grafen Adam Adalbert Neipperg. Der Graf, der 1810 zum Generalmajor befördert worden und 1811/1812 Militärdiplomat in Stockholm gewesen war, machte als Kammerherr Dienst bei der Kaiserin der Franzosen. Marie Louise scheint ihn nicht beachtet zu haben, der Erzherzog Johann aber zog den temperamentvollen Napoleonhasser ins Gespräch und war in der Verachtung der kriecherischen deutschen Fürsten mit ihm einer Meinung. »Er hat Recht«, trug der Erzherzog in sein Tagebuch ein, »wer sich selbst herabwürdigt, verdient es nicht besser. Neuberg denkt so wie ich, allein ein wenig zu überspannt; Wasser ins Feuer ist bei ihm nothwendig . . .«[38]

Am 1. Juli verließ Marie Louise Prag, weilte in Begleitung ihres Vaters vom 2. bis 5. noch in Karlsbad und nahm am 6. Juli am »Kaiser-Franzens-Brunnen« bei Eger tränenreichen Abschied von ihm. Sie dankte herzlich »für alle die Gnaden, welche Sie, lieber Papa, in meinem Aufenthalte in Prag für mich gehabt haben . . .«[39]

Am 18. Juli traf sie wieder in Saint-Cloud ein, bereit, ihr gewohntes Leben wieder aufzunehmen. Aber jetzt, wo der Kaiser auf unabsehbare Zeit fern von Paris weilte, war es nicht mehr das frühere Leben und würde es auch nie mehr werden.

XI

»Meine Sache steht gut . . .«

Zunächst war vom Krieg in Rußland nichts zu merken. Die Wiener Verwandten erwähnten ihn so gut wie gar nicht. Aber Marie Louise war niedergeschlagen. Die Abwesenheit ihres Mannes lastete schwer auf ihrer Seele. »Gott gebe«, schrieb sie dem Papa, »daß ich ihm bald wieder sehen kann, denn die Trennung fällt mir gar zu beschwerlich, und ich habe nicht genug Muth, um mich nicht zu (be)kümmern.«[1]

Sieben Stunden nachdem er Marie Louise in Dresden verlassen hatte, schrieb Napoleon seiner Frau den ersten Brief. Er trug das Datum des 29. Mai und wurde in »Reichenbach, 11 Uhr vormittags« zu Papier gebracht. »Meine gute Louise«, so der Wortlaut, »Ich halte einen Augenblick Rast, um zu frühstücken; ich benütze diese Gelegenheit, Dir zu schreiben und Dir zu empfehlen, heiter zu sein und Dich nicht zu kränken. Alle Versprechungen, die ich Dir gegeben, werden gehalten werden; so wird unsere Trennung nur von kurzer Dauer sein. Du weißt, wie sehr ich Dich liebe, ich muß wissen, daß Du wohlauf und ruhig bist. Adieu, süße Freundin, tausend Küsse. Nap.«[2]

Es war der Schimmelbrief, der in Abwandlungen immer wiederkehrte und immer dieselben Passagen enthielt: Ermutigung (»Trachte, zufrieden und vergnügt zu sein, das ist das rechte Mittel, mir Freude zu machen«[3]), Versicherung, bald heimzukehren (»Sei froh, wir werden uns zu jener Zeit wiedersehen, für die ich es Dir versprochen habe«) und Beteuerung seiner Liebe (»Zweifle nie an allem, was ich empfinde für il mio dolce amor«).

Solange Napoleon Marie Louise noch in Prag wußte, trug er ihr Grüße an die Eltern auf (»Sprich mit dem Kaiser von all den Gefühlen, die er mir eingeflößt hat und lege mich der Kaiserin zu Füßen«), und er gedachte auch der Geschwister seiner Frau (»Ich hätte Leopoldine und alle Deine Brüder und Schwestern zu sehen gewünscht, die ich um Deinetwillen liebe«[4]). Marie Louise erhielt sogar Verhaltensmaßregeln in Hinsicht auf die Geschenke, die sie in Prag verteilen sollte. (»Du darfst keine goldenen Tabatières schenken, das ist unpassend; man muß Ringe mit Deinen Initialen dazu verwenden . . . Gib allen, die Dir ehemals gedient haben, viel Geld, auch Deinen früheren Lehrern.«)

Als die Kaiserin nach Saint-Cloud zurückgekehrt war, bat sie der Kaiser, Kontakt mit dem Papst aufzunehmen: »Du kannst ihm einen kleinen Brief schreiben, ohne jedoch der Sache zuviel Nachdruck zu verleihen.« Mit der Abschrift ihres diesbezüglichen Briefes war er nur halb zufrieden: »Dein Brief an den Papst ist gut so, aber Du hättest mit der Wendung ›Votre très chère fille‹ schließen müssen.«[5]

Die Briefe an seine Gemahlin pflegte der Kaiser nicht wie seine anderen Schriftstücke seinem Sekretär zu diktieren, sondern mit der Hand zu schreiben, was ihm, da er sich um eine halbwegs leserliche Handschrift bemühen mußte, recht sauer wurde. Der Brief wurde dann in ein Kuvert gesteckt, das die Aufschrift »Brief des Kaisers an die Kaiserin« trug. Napoleon sorgte dafür, daß jede Stafette Briefe besorgte. Dennoch funktionierte der Kurierdienst mangelhaft, und die Ehegatten blieben bisweilen viele Tage ohne Post. Als sich Marie Louise über die vermeintliche Schreibfaulheit des Kaisers beklagte, verteidigte er sich: »Du wirfst mir mit Unrecht Trägheit vor; mich dünkt, daß ich Dir mitunter zweimal geschrieben habe.«[6] Tatsächlich hat der französische Napoleonforscher Louis Madelin zweiundzwanzig Billetts veröffentlicht, die Napoleon allein zwischen dem 29. Mai und dem 30. Juni 1812 an seine Frau geschrieben hat, und da mit Sicherheit Briefe verloren gingen oder nicht erhalten sind, waren es vermutlich noch mehr.

Hatte der Kaiser Zeit für ein längeres Schreiben, erkundigte er sich liebevoll nach seinem Sohn: »Ich beneide Dich um das Glück, welches Du haben wirst, den kleinen König umarmen zu können«, schrieb er der heimreisenden Kaiserin. »Küsse ihn für mich. Er wird schon gewachsen sein, sage mir, ob er zu sprechen anfängt.« Die mangelnde Sprachfähigkeit seines Sohnes bereitete ihm Sorgen. »Sage mir, ob er Dir großen Eindruck gemacht hat, ob er zu sprechen anfängt, ob er läuft, kurzum, ob Du mit seinen Fortschritten zufrieden bist.«[7]

Die Stummheit des kleinen Königs ängstigte auch Marie Louise. »Mein Sohn ist auch recht wohl und wird täglich schöner und stärker, er läuft ganz allein herum, hat schon fünfzehn Zähne, er redet aber noch nicht«, schrieb sie ihrem Vater. Der tröstete sie: »Daß er noch nichts redet, hat nichts zu bedeuten, es wird schon kommen; wenn er nur übrigens gesund ist . . .«[8]

Marie Louise hatte ihr gewohntes Leben wieder aufgenommen und hielt sich bei dessen Ablauf streng an die Weisungen ihres Gemahls, der sich um alles und jedes kümmerte. So ließ er am 8. Juli 1812 durch General Duroc, Herzog von Friaul, der Herzogin von Montebello seine Wünsche bezüglich der Sonntagsprogramme der Kaiserin mitteilen. »An Sonntagen ist wie gewöhnlich Messe in der Kapelle«, schrieb der General. »Die obersten Hofämter, Damen und Herren, sind dabei anwesend und nehmen gemäß der vorgeschriebenen Etikette in den Galerien Aufstellung. Die Kaiserin verläßt ihre Appartements und begibt sich mit ihrem Hof durch die Empfangssalons in die Kapelle. Nach dem Ende der Messe defiliert Ihre Majestät an den Damen und Herren vorbei, spricht sie jedoch nicht an, sondern verbeugt sich nur. Sie betritt sodann den Thronsaal und nimmt dort die Huldigungen der Minister, Großwürdenträger und anderen Persönlichkeiten entgegen, die zugelassen sind. Im Anschluß daran begibt sich Ihre Majestät in Begleitung ihres Hofes zurück in ihre Privatgemächer . . .«[9]

Marie Louise war wegen dieser Vorschriften, die sie wie ein Schulmädchen hinstellten, durchaus nicht beleidigt. Hielt sie sich daran, konnte sie nichts falsch machen. Sie schrieb ihrem Gatten zärtliche Briefe ins Feld, die ihn merklich erfreuten. Als er von Übelkeiten hörte, an denen Marie Louise nach ihrer Trennung von Napoleon litt, war er sofort elektrisiert und dann sehr enttäuscht, als keine Bestätigung seiner Hoffnungen eintraf. (»Ich sehe zu meinem Kummer, daß das, was ich hoffte, nicht der Fall ist. Nun muß man es auf den Herbst verschieben.«[10]) Er bat um Schonung von Marie Louises Gesundheit und gab beruhigende Nachrichten von der eigenen. (»Meine Gesundheit ist ausgezeichnet, . . . ich bin wohler als in Paris.«[11])

Beschwichtigend waren auch die Nachrichten Napoleons über den Feldzug. Militärische Operationen wurden in seinen Briefen nicht erwähnt. Marie Louise erhielt nur allgemein gehaltene, günstig klingende Floskeln: »Meine Sache steht gut«, »Meine Sache geht gut vorwärts.« Keine Silbe von der Fata Morgana, der er nachstürmte, immer nur: »Meine Sache steht gut . . .« »Meine Sache geht gut vorwärts.«

Auch der Kaiser Franz suchte seine Tochter über den russischen Feldzug zu beruhigen. Noch im September glaubte er an rasche Friedensunterhandlungen von seiten der Russen. »Indessen bis jetzt gehen alle Unternehmungen des Kaysers mit seinem gewohnten Glücke«, schrieb er an Marie Louise, »so daß, wenn die Russen nun einmal rechtbehalten wollten, sie ein baldiges Ende zur Folge haben sollten.«[12] Anfang November allerdings sah er schon klarer. »Vom Kayser höre ich schon eine Weile nichts«, formulierte er vorsichtig. »Und die Sache dauert länger, als ich es mir erwartete . . .«[13]

Hundertmal ist der Zug nach Rußland geschildert worden, und es mag durchaus zutreffen, daß für die Lektüre aller Schriften, die sich auf das Jahr 1812 beziehen, ein Menschenleben nicht ausreichen würde.[14] Allein die 15 000 Dokumente, die das russische Staatsarchiv in seinem Katalog von 1912 anführt, bilden eine gewaltige Grundlage, und dazu kommen andere Archive in Frankreich, Österreich, Preußen, Schweden und wo immer sonst. Unzählige Publikationen haben sich mit diesem unerschöpflichen Thema befaßt: Memoiren, Geschichtswerke, Romane. Unter den belletristischen Werken sei eines herausgegriffen, das das historische Geschehen zur dichterischen Wirklichkeit sublimiert hat: Tolstois »Krieg und Frieden«. Alle diese Werke schildern das Epos vom Titan, der ein letztes, ein allerletztes Mal Krieg führen und danach Frieden halten wollte, der ein Millionenheer mobilisierte, ohne zu dessen Bewegung Mittel zu besitzen, die nicht schon die Römer besessen hatten, und der unterging, gescheitert an der Geographie und dem Klima Rußlands und an dem Übermaß eines Traumes, der nicht zu verwirklichen war.[15]

»Gegen Ende des Jahres 1811«, so beginnt Tolstoi das Dritte Buch von »Krieg und Frieden«, »setzte in Westeuropa eine verstärkte Rüstung und Kräftekonzentrierung ein, und im Jahre 1812 bewegten sich alle diese Kräfte – es waren Millionen Menschen (die eingerechnet, denen die Weiterbewegung und Verpflegung der Truppenmassen oblag) – von Westen nach Osten, auf die Grenzen Rußlands zu. Am 24. Juni überschritten die Truppen Westeuropas die russischen Grenzen. Der Krieg begann . . .«[16]

Die Grande Armée marschierte in raschem Tempo durch Ostpreußen bis zu dem Fluß, den die Deutschen Memel und die Russen Njemen nennen. Dahinter lag das Reich Alexanders, das Land der endlosen Dimensionen und der trostlosen Einsamkeit. Das war nicht das fruchtbare Oberitalien, das vertraute Deutschland, das gesegnete Österreich, wo man so oft gekämpft und gesiegt hatte. Hier wartete eine unbekannte, bedrohliche Welt.

Bei Tolstoi verbringt der Zar den Abend, an dem die Franzosen die russische Grenze überschreiten, auf einem Ball in der litauischen Stadt Wilna. Als ihm sein Generaladjutant Balaschow die Nachricht von der Invasion überbringt, empört sich Alexander über den Überfall ohne Kriegserklärung, und ehe er die Stadt verläßt, tut er den stolzen Ausspruch: »Ich werde erst dann Frieden schließen, wenn kein einziger bewaffneter Feind mehr in meinem Lande steht.«[17]

Man weiß, wie es weiterging: das Millionenheer, bestrebt, so bald wie möglich wieder nach Hause zu kommen, suchte die »gute Schlacht«, die diese »Jagdpartie« beendete. Aber da war kein Gegner, der sich auf ein neues Austerlitz einlassen wollte. Keine Spur vom Feind, kein Kanonendonner, kein Gefecht. Nur totenstille Einsamkeit.

Noch ehe der erste Gewehrschuß fiel, trat ein, was für die Moral einer Truppe tödlich ist: Die Versorgung funktionierte nicht richtig, und sie wurde immer schlechter. Dazu allenthalben verseuchtes Trinkwasser. Staubbedeckt, durstgeplagt, zog das Heer vorwärts, von Insektenschwärmen umschwirrt, von Ungeziefer gepeinigt. Streit brach aus unter den diversen Völkerschaften, Plünderungen waren an der Tagesordnung, Fahnenflucht grassierte, und grausam wütete die Ruhr. Innerhalb von vierzehn Tagen nach dem Übergang über die Memel hatte Napoleon bereits 135 000 Mann durch Krankheit und Desertion verloren.[18] Die übermäßige Anstrengung und das elende Futter brachten auch die Pferde um. Zu Hunderten verendeten sie am Straßenrand.

Und dann die furchtbare Enttäuschung, als Wilna erreicht war und sich dort die erhofften Lebensmitteldepots, von den Russen in Brand gesteckt, in Rauch auflösten. In Wilna trifft bei Tolstoi auch der Generaladjutant Alexanders, General Balaschow ein. Er überbringt von Väterchen Zar an Napoleon einen Brief, in dem der Rückzug der französischen Truppen von russischem Gebiet gefordert wird. Diese Mission ergibt eine prächtige Szene. Balaschow lernt zunächst die Paladine Napoleons kennen: Davoust, Duroc, Bessières, Berthier und Caulaincourt, und den wunderlichsten von allen, Murat, »le roi de Naples«, eine theatralische Erscheinung im roten Mantel, mit Federhut, auf schwarzem Pferd. »Die wehenden Federn, die Edelsteine und goldenen Schnüre leuchteten in der hellen Junisonne.«[19]

Und dann Napoleon selbst. Er empfängt Balaschow in demselben Haus und in demselben Zimmer, das vor ihm der Zar bewohnt hat. »Er hatte Reitstiefel an und trug einen blauen Waffenrock, der über der weißen Weste offen stand, die sich bis über den runden Leib hinab erstreckte. Die kurzen Beine steckten in weißen Lederhosen, die sich eng um die dicken Schenkel spannten, und in Stulpenstiefeln. Seine kurz geschnittenen Haare waren offenbar eben erst frisiert worden, doch fiel eine Strähne mitten über die breite Stirn. Der weiße, volle Hals hob sich scharf von dem schwarzen Uniformkragen ab. Ein Duft von Kölnischem Wasser umgab den Kaiser. Auf seinem jugendlichen, wohlgenährten Gesicht mit dem hervortretenden Kinn lag der Ausdruck einer huldvoll majestätischen kaiserlichen Leutseligkeit.«[20]

Sofort ging Napoleon in medias res. »›Ich wünsche den Frieden nicht minder als Kaiser Alexander‹, begann er, ›Tue ich nicht seit achtzehn Monaten alles, um ihn herbeizuführen? Seit achtzehn Monaten warte ich auf Erklärungen. Aber was fordert man von mir, um zu Unterhandlungen zu kommen?‹ sagte er mit finsterer Miene und machte eine energisch fragende Gebärde mit seiner kleinen, weißen und runden Hand.

›Zurücknahme der Truppen hinter den Njemen, Majestät‹, antwortete Balaschow . . .« Soweit Tolstoi.

Bei den Verhandlungen kam natürlich nichts heraus. Der Krieg ging also weiter. Aber konnte Napoleon noch lange hinter diesem Gegner herstürmen? Wie sollte er einen Sieg erringen über ein Heer, das sich keiner Schlacht stellte? Und weshalb wich der Russe so beharrlich einer Entscheidung aus? Die Antwort ist einfach. Infolge der enormen Ausmaße der Grande Armée blieb den Russen gar nichts anderes übrig. Schon Wellington hatte 1811 in Portugal gegen Masséna die Ausweichtaktik erfolgreich angewandt: In den Weiten der russischen Steppen bot sie sich abermals an. Diese Krebstaktik aber war die einzige, mit der Napoleon nicht gerechnet hatte und die seine Truppen aufrieb. Der geisterhafte Feind, nie greifbar und doch immer irgendwo, war ungewohnt und zerrte an den Nerven.

Sollte man umkehren? Und in Paris ohne Fahnen, ohne Beute, ohne Kriegsgefangene ankommen? Es blieb gar nichts anderes übrig, als weiterzumachen. Und schließlich war ja Sommer und der

Winter weit! Napoleon beschloß, nach Witebsk vorzurücken. Am 27. Juli wurde dort auch endlich gekämpft, aber eine Entscheidung fiel nicht.

Am 13. August brach man nach Smolensk auf. Berthier und Duroc warnten: Ein Drittel des Heeres sei bereits weggeschmolzen. Napoleon reagierte heftig. Hatten sie etwa Angst? Es wurde ein mörderischer Kampf um die Stadt, denn hier waren sie endlich, die Russen. Den ganzen Tag über währte die Schlacht. Am Abend brannte die Stadt, und am folgenden Tag waren die Russen verschwunden. In den Resten der Stadt, so Stendhal, »ein Ozean der Barbarei«. Auf den Straßen Berge von Leichen, die Brunnen durch Gefallene vergiftet. Mehr als einen Monat später waren die Toten noch immer nicht alle unter der Erde.

Aber nun ist Moskau nicht mehr weit! Auf dem Weg dahin stellt sich der russische Oberbefehlshaber, Kutusow, der großen Schlacht. Es ist der Ort Borodino. Aber bevor dort die mörderische Schlacht beginnt, geht eine sentimentale Idylle in Szene.

Es war der 6. September, als um 9 Uhr morgens der Reisewagen des kaiserlichen Palastpräfekten Bausset im Hauptquartier Napoleons eintraf. Auf dem Dach der Kutsche führte Bausset ein Geschenk der Kaiserin Marie Louise an den Kaiser mit sich. Die Kiste wurde sogleich in den Vorraum des kaiserlichen Zeltes gebracht.

Auch diese Szene läßt Tolstoi sich nicht entgehen. Napoleon betritt »in blauer Gardeuniform mit festen, schnellen Schritten den Empfangsraum«, wo Bausset einen Gegenstand auf die Stühle gestellt und mit einer Decke verhüllt hat. Nachdem Seine Majestät Bausset gutgelaunt begrüßt und ihm in Aussicht gestellt hat, in drei Tagen Moskau kennenzulernen, wendet er sich dem Gegenstand zu, von dem Bausset die Hülle abzieht.

Es ist ein in leuchtenden Farben von François Gérard gemaltes Bild des Königs von Rom, der, mit Zepter und Reichsapfel spielend, in der Wiege liegt.

»Roi de Rome«, sagt Napoleon und, indem er mit der Hand auf das Bild deutet: »Admirable.« Mit »umflorten« Augen tritt der Kaiser an das Bild heran, läßt sich davor nieder und sieht es an, während alle Anwesenden diskret den Raum verlassen.

Und dann die große, bühnenreife Szene: Der gerührte Vater stellt das Bild seines Sohnes vor sein Zelt, »um die alte Garde . . . nicht des Glückes zu berauben, auch den König von Rom, den Sohn und Nachfolger ihres vergötterten Kaisers zu sehen«.

Und was der Kaiser erwartet, geschieht. »Vive l'Empereur! Vive le roi de Rome!« hört man begeisterte Stimmen rufen.

Den Kaiser scheint das zu inspirieren. Nach dem Frühstück diktiert er einen Armeebefehl. »Soldaten! Die Schlacht ist da, die ihr so sehnlich herbeigewünscht habt.« Und er stellt den Grenadieren Ruhm und, was ihnen sicherlich lieber war, gute Quartiere und baldige Rückkehr in die Heimat, in Aussicht.

Dann fordert Napoleon Bausset, (»der viel lieber geschlafen und zudem Angst vor dem Reiten hatte«,) zu einem Spazierritt auf und tritt aus dem Zelt. Noch lauter jubeln die alten Graubärte, die um das Bild versammelt sind.

»Nehmt es weg«, sagt Napoleon. »Es ist noch zu früh für ihn, ein Schlachtfeld zu sehen.« Und Bausset schließt die Augen und senkt den Kopf mit einem tiefen Seufzer . . .«[21]

Bei Tolstoi fällt hier der Vorhang.

Tags darauf die Schlacht bei Borodino. Es waren mörderische Stunden, und das Schicksal des Kaiserreiches stand auf dem Spiel. Aber der Kaiser war von einer seltsamen Teilnahmslosigkeit. Verloren starrte er auf das Bild seines Sohnes. »Einige Historiker«, so Tolstoi, »meinen, daß Napoleon nur seine intakte Garde hätte einzusetzen brauchen, und die Schlacht wäre gewonnen gewesen. Napoleon gab jedoch seine Garde nicht preis . . ., weil der gesunkene Geist der Truppen es nicht mehr zuließ.«[22]

Schließlich gerade noch ein französischer Sieg, aber unter enormen Verlusten. Nach der Schlacht eine Hölle. Auf dem Schlachtfeld operierten französische Ärzte bei Fackelschein. Der Chefarzt allein erledigte rund 200 Amputationen. 25 000 Verwundete schrien vergebens nach Ärzten und Sanitätern. Ambulanzen, Medikamente, Verbandzeug waren unterwegs liegengeblieben. In den wenigen, in den umliegenden Klöstern eingerichteten Lazaretten war die Lage kaum besser.[23]

Endlich, am 14. September, war Moskau erreicht. In der Herbstsonne lag es vor dem Eroberer. Auf seinem Schimmel sitzend, sah er die goldenen Kuppeln der Stadt leuchten.

»Einmal im Vorwärtsstürmen begriffen«, resümiert Tolstoi, »konnte die französische Armee wohl noch bis Moskau vordringen, dort aber mußte sie, ohne besondere neue Anstrengungen von seiten der Russen, ihren Untergang finden, weil der Blutverlust nach der tödlichen Wunde, die sie bei Borodino empfangen hatte, zu groß war.«[24]

In der Nacht vom 13. zum 14. September hatte Kutusow den Befehl zum Rückmarsch gegeben, und die russischen Truppenverbände zogen sich ohne Hast ostwärts zurück. In eine Stadt, in der nur mehr der fünfzigste Teil der Einwohner hauste, hielten die Eroberer dann ihren Einzug. Es herrschte ungewöhnlich prachtvolles Herbstwetter, aber die Atmosphäre in den leeren Straßen war frostig. Ein vages Vorgefühl kommenden Unheils lag in der Luft. Und dann kam der große Brand, der die großteils aus Holz gebaute alte Stadt verwüstete, es kamen die üblen Ausschreitungen einer Soldateska, die in den leeren Häusern nach Beute suchte und sich in dem Chaos austobte.

Hat sich Napoleon von der Untergangsstimmung anstecken lassen? Stundenlang lag er tatenlos auf dem Diwan, in Romane vertieft, während nachts zwei Kerzen im Fenster den Soldaten den Eindruck vermittelten, der Feldherr arbeite Tag und Nacht. Hoffte er auf ein Wunder? War er krank?

Nichts davon erfuhr Marie Louise. Am 14. Oktober, fünf Tage vor dem Abmarsch, schrieb er ihr einen nichtssagenden Brief. »Meine gute Louise, meine größte Freude ist es, Deine Briefe zu lesen, es ist das erste, was ich tue, wenn die Stafette anlangt. Sie sind so reizend wie Du selbst . . .« Nichts von seinen Schwierigkeiten, nur: »Meine Gesundheit ist ausgezeichnet. Wir haben den ersten Schnee, aber es ist trotzdem nicht kalt . . .«[25]

War von Papa François Hilfe zu erwarten? Am 6. Oktober bat Napoleon seine Gemahlin eindringlich, ihrem Vater häufig zu schreiben. »Schicke ihm Sonderkuriere«, beschwor er sie, »lege ihm nahe, das Korps Schwarzenberg zu verstärken, damit es sich mit Ruhm bedecken kann.«[26] Marie Louise tat, wie ihr geheißen. »Man sagt«, schrieb sie unbeholfen dem Papa, »daß das Korps des Fürst Schwarzenberg sich recht auszeichnet, ich bin überzeugt, daß der Kaiser mit ihm recht zufrieden seyn wird, ich glaube, daß Sie ihm ein großen Gefallen machen würden, wenn Sie es verstärken wollten, damit es sich eine rechte Ehre einlegen möchte.«[27]

Der Kaiser Franz fand, daß er mehr als genug für seinen Schwiegersohn tue. »Danke ihm für seine Erinnerung für mich und sage ihm viel schönes von mir«, schrieb er seiner Tochter. »Übrigens hege ich mit vielem Vergnügen die Überzeugung, daß alles jenes, was ich unaufgefordert bereits für das Auxiliarkorps des Fürsten Schwarzenberg gethan habe, die vollste Kompletirung, die ich ihm überschickt habe, dem Kayser bewiesen haben müssen, wie streng ich meine Verträge erfülle und dies selbst in Augenblicken, in welchen meine Monarchie sich in so bedrängten Umständen befindet.«[28]

Das war nicht ganz die Antwort, die Marie Louise erhofft haben mochte. Ernstliche Sorgen dürfte sie sich dennoch keine gemacht haben. Wie dringend ihr Gemahl frische Truppen benötigte, wie bedenklich es um die Grande Armée bereits stand, davon hatte sie genausowenig Ahnung wie Schwarzenberg, der seit dem Einmarsch in Moskau gleichfalls nur günstige Meldungen erhalten hatte.[29]

Fünf Wochen nach dem Einzug in Moskau, fünf Wochen zu spät, faßte Napoleon den bitteren Entschluß: Zurück. In einem Brief an Marie Louise nahm sich diese Entscheidung harmlos und wohlüberlegt aus. »Da Moskau abgebrannt ist und keine militärische Basis für meine ferneren Pläne darstellt, werde ich es räumen lassen und die Garnison, die ich dort gelassen habe, zurückziehen . . . Meine Sache steht gut.«[30]

Auf dem gleichen Weg, den es gekommen, zog nun das Heer zurück, ein bunter Zug, eine enorme Karawane, denn jeder schleppte mit, was er in Moskau hatte erraffen können: Silber und Hausrat, Teppiche und Kleidungsstücke. Und natürlich Lebensmittel, die zum Unterschied von Wilna und Smolensk in den Moskauer Depots reichlich vorhanden waren. Zunächst war auch die Stimmung zuversichtlich. Der Kaiser würde es schon machen.

Bis dann die Vorräte aufgezehrt waren, bis die Kosaken die Verfolgung aufnahmen, und bis die Kälte kam.

Hunderte Bilder zeigen, hunderte Bücher schildern das Elend dieser Verdammten, die sich im Schneesturm mühsam dahinschleppten, erfroren, verhungerten, ertranken, wahnsinnig wurden und Selbstmord begingen. Legte sich einer zum Sterben nieder, warteten zehn auf seinen Mantel und seine Schuhe, wenn er noch welche hatte. Barbarische Szenen, wenn die Kosaken auf ihren flinken Pferdchen einfielen, unmenschliche Grausamkeiten an den Verwundeten. Das ganze ein Inferno an Desorganisation, Chaos und Verzweiflung. Die Verluste waren verheerend. Die Division Durutte, die bald den bitteren Spitznamen »Déroute« erhielt, zählte Anfang November 12 000 Mann. Zwanzig Tage danach war sie auf ein Drittel zusammengeschrumpft. Die neun österreichischen Reiterregimenter Schwarzenbergs, die am 2. November noch 6200 Pferde stark waren, zählten am 20. November kaum noch 4000.[31]

Und dann kam die Schlacht an der Beresina (27./28. November) und der Übergang über den Eisschollen führenden Fluß. Es waren die Schweizer, die Befehl erhalten hatten, die Angriffe der Russen abzuwehren, während die Armee den Fluß überschritt. Achtmal griffen die Russen an, achtmal wurden sie zurückgeschlagen. Nach dem letzten Ansturm lebten von den 12 000 Schweizern, die nach Rußland gezogen waren, noch dreihundert.[32]

Aber noch immer war es nicht genug. Im Dezember wurde es noch kälter. Am 8. Dezember zeigte das Thermometer minus 35 Grad Celsius. Ganze Truppenteile erfroren in einer Nacht. Und in dieser Eiswüste wie wärmende Strahlen eine heldenmütige Kameradschaft: Soldaten, die Verwundete mitschleppten, Sanitäter, die ihren letzten Bissen einem Kranken zusteckten, Ärzte, die Übermenschliches leisteten. Wie weit war es noch bis in die Heimat? Wie viele von ihnen würden Paris wiedersehen?

In Paris ging das Leben seinen gewohnten Gang, aber die Stimmung wurde zunehmend trüber. Wo blieben die Siegesmeldungen, die erbeuteten Fahnen, die Kriegsgefangenen? Wieso dauerte der Feldzug so lange? Der Brand von Moskau rief vollends einen lähmenden Eindruck hervor. Mitte Oktober gingen Gerüchte von einer baldigen Rückkehr des Kaisers um. Gab er das Spiel verloren? War er überhaupt noch am Leben?

Fast zwangsläufig mußte sich einer finden, der nun versuchen würde, das kaiserliche System zu stürzen. Es war auf dem Rückzug, bei Smolensk, als Napoleon die Depeschen erhielt, die ihn über die Ereignisse in Paris informierten und ihm klarmachten, daß er in der Hauptstadt dringend nach dem Rechten sehen mußte. Der Oberbefehl über das geschlagene Heer wurde Murat übertragen. Am 5. Dezember setzte sich Napoleon in den historisch gewordenen Schlitten und fuhr an der Seite des treuen Caulaincourt davon. Nach Paris.

Die Geschichte hatte sich am 22. Oktober abgespielt, und wenn sie nicht tödliche Konsequenzen gehabt hätte, wäre sie mit dem hundert Jahre später kreierten Ausdruck »Köpenickiade« zu bezeichnen gewesen. Der »Held« war ein General namens Malet, ein eingefleischter Republikaner, der schon einmal in eine Verschwörung verwickelt gewesen und eingesperrt worden war und schließlich als »Geisteskranker« in einer Pariser Anstalt gelandet war. Zur selben Zeit saßen im Gefängnis de la Force zwei weitere Militärs ein, die Generale Lahorie und Guidal, beide ebenso antiimperialistisch eingestellt wie Malet und der Konspiration mit England verdächtig. Mit von der Partie waren noch ein paar überspannte junge Leute, mit deren Hilfe sich Malet seine ehemalige Generaluniform verschaffte. Was er sonst noch brauchte, stellte er sich selbst aus, nämlich ein gefälschtes Dekret des Pariser Senates. Es besagte, daß der Kaiser Napoleon vor Moskau am 7. Oktober den Tod gefunden habe und daß die Grande Armée vernichtet sei, daß weiters die Republik wiederhergestellt und er, Malet, zum Militärgouverneur von Paris ernannt sei. Und weil eine Revolution schwer ohne Geld auskommen kann, setzte sich der General auch gleich einen ansehnlichen Kredit aus dem Staatsschatz aus.

Somit konnte die Sache steigen. Am 22. Oktober gelang es Malet, durch ein Fenster der Anstalt zu entweichen, in die Wohnung seiner Helfershelfer zu gelangen und die Uniform anzuziehen. Sodann marschierte der General in die nahegelegene Kaserne, wo die 10. Kohorte der Nationalgarde stationiert war, die ein gewisser Oberst Soulier befehligte. Der Oberst war nicht wenig erstaunt, als er mitten in der Nacht den Besuch eines Generals erhielt, der sich ihm mit dem Auftrag vorstellte, seine – des Obersten – Truppe unter den Befehl des Generals zu stellen. Der Oberst war kein Geisteslicht, aber er hielt viel vom militärischen Gehorsam und hatte nichts dagegen einzuwenden, daß Malet die Kohorte antreten ließ, sich an deren Spitze setzte und mit ihr vor das Gefängnis zog, wo er Lahorie und Guidal enthaften ließ. In Malets Auftrag begaben sich die Befreiten sodann mit einem Teil der 10. Kohorte zum Polizeiminister Savary, Herzog von Rovigo, den sie mitten in der Nacht aus dem Bett holten.

Es war eine groteske Szene: Der überraschte Savary stand im Nachthemd einer bewaffneten Schar gegenüber und erfuhr von Lahorie, daß Napoleon vor Moskau gefallen sei. Auf seine verwirrte Entgegnung, er habe doch erst heute Depeschen vom Kaiser erhalten, erwiderte Lahorie barsch, das könne nicht sein, ließ ihn sich ankleiden und führte ihn in eben das Gefängnis ab, das er selbst vor kurzem verlassen hatte. Dem Polizeiminister, der die Welt nicht mehr verstand, leisteten bald auch der Polizeipräfekt Pasquier und der Divisionschef im Polizeiministerium, Desmarets, Gesellschaft.

Inzwischen hatte Malet die beiden Pariser Garderegimenter angewiesen, Banken und Geldinstitute zu besetzen und die Stadtausgänge zu bewachen. Niemand durfte hinaus. Und schließlich fand sich noch der Oberst Soulier im Rathaus ein und sorgte für den erforderlichen Tagungssaal der neuen provisorischen Regierung. Was nun kam, war nicht mehr so heiter. Als Malet den Militärgouverneur von Paris, General Hulin, auf der Place Vendôme von der Ausrufung der Republik in Kenntnis setzte und dieser sich weigerte, seinen Worten Glauben zu schenken, zog Malet seine Pistole und zerschmetterte Hulin die Kinnlade. Ein weiteres Attentat auf General Doucet, der, durch die Detonation alarmiert, herbeieilte, mißlang. Malet wurde überwältigt und abgeführt. Der ganze Putsch hatte nur fünf Stunden gedauert.

Marie Louise befand sich in Saint-Cloud, als am 23. Oktober eine Gardeabteilung im Schloßhof einritt. Da gleich darauf aus Paris die Nachricht eintraf, daß bereits alle Gefahr vorüber sei, kam sie gar nicht dazu, sich zu ängstigen. Kaiser Franz allerdings schickte eilends am 3. November einen Kurier zu seiner Tochter, »um Nachricht von Dir zu erhalten und zu erfahren, ob diejenigen Anordnungen in Paris, von welchen die französischen Blätter sprechen, der Art war, um dich zu erschröcken und zu beunruhigen. Gott sey Dank sind sie nach gedachten Blättern von keinen Folgen gewesen«.[33] »Liebster Papa«, antwortete Marie Louise naiv, »ich bin gar nicht erschrocken über die Unruhe, welche einige thörichte Köpfe gemacht haben, denn ich kenne zu sehr den guten Karakter des Volkes und seine Anhänglichkeit an den Kaiser, um darüber mich einen Augenblick geängstigt zu haben.«[34] Dem Erzkanzler Cambacérès gegenüber gab sie sich so sorglos (»Was hätten sie mir schon anhaben können?«), daß der alte Herr ärgerlich wurde und ihr vor Augen führte, daß Malet immerhin den König von Rom in ein Findelhaus habe stecken wollen und sich Beschlüsse über ihr eigenes Schicksal vorbehalten habe.

Napoleon reagierte auf den Umsturzversuch mit einem Wutanfall. Hatte denn niemand daran gedacht, daß im Falle seines Todes die Truppen auf den König von Rom zu vereidigen waren? Hatte man vergessen, daß es eine Kaiserin gab? Was war das für eine Verwaltung, die sich durch den Coup eines Verrückten hinters Licht führen und gefangensetzen ließ?

Ganz so verrückt scheint das Unternehmen nun freilich auch wieder nicht gewesen zu sein. Fouché etwa betont in seinen Memoiren[35], daß Malet kein Narr, sondern verwegen (audacieux) gewesen sei. Es habe sich gar nicht um den Handstreich eines einzelnen, sondern um eine Vereinigung aller antibonapartistischen Kräfte – Republikaner und Royalisten – gehandelt, und es sei eine provisorische Regierung vorgesehen gewesen, der u. a. auch Talleyrand und – in stellvertretender Funktion – auch er, Fouché, angehört hätten. Auch sechzig der hundertdreißig Senatoren würden zu dem neuen Regime übergegangen sein.

Malet wurde vor Gericht gestellt und eingehend verhört. Als Angeklagter machte er keine üble Figur. Auf die Frage des Vorsitzenden, wer seine Mitverschworenen seien, sagte er kaltblütig: »Ganz Frankreich, Sie inbegriffen, wenn ich Erfolg gehabt hätte.« Der Prozeß dauerte nur wenige Tage. Am 28. Oktober wurden General Malet und dreizehn Mitschuldige zum Tode verurteilt und tags darauf hingerichtet.[36]

Der Schlitten Napoleons und Caulaincourts fuhr in raschen Etappen Frankreich zu. Der Kaiser sprach zu seinem Getreuen über sein Leben, seine Pläne, seine Zukunft und über seine Familie. Er konnte nicht genug von der Freude sprechen, die Seinen wiederzusehen. Caulaincourt: »Er wurde nicht müde, sich voll des Lobes über die Kaiserin auszusprechen . . .«[37]

Am 18. Dezember um 11 Uhr abends fuhr eine Kalesche vor den Tuilerien vor. Niemand im Palast hatte eine Ahnung von der Heimkehr des Kaisers. Marie Louise war schon zu Bett gegangen. Auch die Kammerfrau war im anstoßenden Zimmer dabei, sich zur Ruhe zu begeben, als die Tür aufgerissen wurde und zwei Männer in Pelzmänteln hereintraten. Einer von ihnen schritt geradewegs auf das Gemach der Kaiserin zu. Schon wollte sich die Kammerfrau ihm in den Weg werfen, als sie den Kaiser erkannte und überrascht aufschrie. Marie Louise, aufgeschreckt, sprang aus dem Bett und stand ihrem Gatten gegenüber, der sie stürmisch in die Arme schloß.[38]

Und Marie Louise? »Ihr Herz blieb stumm unter der Hand, die sie darauf preßte«, kommentierte die mißgünstige Madame Junot, Herzogin von Abrantès, die natürlich nicht dabei war.[39] Ihr ist schwer zu glauben.

»Anderntags«, so der österreichische Botschaftsbericht vom 19. Dezember, »zeigte sich der Kaiser mehrmals hinter den Fenstern des Tuilerienpalastes dem Volk, das sich im Garten angesammelt hatte. Da nicht die mindeste Akklamation zu hören war, öffnete Seine Majestät schließlich das Fenster und grüßte, und nun hörte man die Menge ›Vive Napoléon‹ rufen.«[40]

XII

»Sire, Sie sind verloren!«

»Was für Veränderungen seit meinem letzten Brief an Dich«, schrieb Kaiser Franz zur Jahreswende 1812/13 an seine Tochter[1]. Der Kaiser meinte das im Hinblick auf die Rückkehr Napoleons zu Frau und Sohn nach Paris. Es traf aber auch in anderer Beziehung zu. Der verlorene Rußlandfeldzug begann sich auszuwirken. Die finanzielle Lage Frankreichs war prekär, die Staatspapiere fielen, durch die Vernichtung der Absatzwege nach dem Osten fallierte der Handel, die Industrie stagnierte. Noch schlimmer waren die Menschenverluste, die der Feldzug gekostet hatte. Als die Grande Armée wieder den Njemen überschritten hatte, ließ sie etwa 340 000 Mann hinter sich zurück. Nur 60 000 kehrten heim.[2] Eine lähmende Kriegsmüdigkeit machte sich breit. Auch die Marschälle und Generale hatten genug vom Krieg, und Madame de Montesquiou sprach dem kleinen König von Rom allabendlich die Worte vor, Gott möge seinen Papa geneigt machen zum Frieden, »zum Wohle Frankreichs und von uns allen«[3].

Der Kaiser in Wien war auch für den Frieden. »Das Wiedersehen deines Gemahls wird dir große Freude verursacht haben«, schrieb er seiner Tochter[4], »ich nehme hievon gewiß einen wahren Antheil. Kann dir aber nicht verheelen, daß mein einziger Wunsch ist, daß der für meine Völker und für ganz Europa so nachtheilige Krieg bald ein Ende erreiche.«

Marie Louise war ganz seiner Meinung. »Gott gebe, daß Ihre Wünsche erhört werden und daß Gott uns bald einen Frieden geben möchte«, schrieb sie am 1. Januar 1813 nach Wien. Sie unterstrich, wie glücklich sie war, wieder mit Napoleon vereint zu sein und hob seine gute körperliche Verfassung hervor: »Er befindet sich wohl und ist gar nicht müde . . .«[5]

Napoleon konnte sich allerdings keine Müdigkeit leisten, denn die militärische Lage entwickelte sich besorgniserregend. Unaufhaltsam rückten die Russen gegen die Elbe vor. Am 13. Februar 1813 schlossen Zar Alexander und König Friedrich Wilhelm III. von Preußen einen Geheimvertrag: sobald die Russen in Berlin wären, wollte Preußen sich ihnen anschließen. England war der dritte Bundesgenosse, und der vierte war ein ehemaliger französischer General: Jean Baptiste Bernadotte, Gatte der verlassenen Jugendliebe Napoleons, Désirée, und als Schwager Josephs zur Familie Bonaparte gehörig. 1810 war er mit Hilfe Fouchés Kronprinz von Schweden geworden, und Napoleon hatte ihn allzu leichten Herzens ziehen lassen. (»Ein guter Soldat, doch ohne Talent, zu regieren . . . Ich bin froh, ihn los zu sein.«[6]) Um den einstigen Waffengefährten nun wieder an sich zu binden, bot ihm der Kaiser an, das den Schweden abgenommene Pommern wieder zurückzugeben. Aber Bernadotte versprach sich mehr und Besseres von den Alliierten und schloß sich lieber der Koalition an. Auch Murat war nicht mehr zuverlässig. Von seiner Frau Caroline verleitet, konspirierte der König von Neapel eifrig mit Österreich und England, ließ sich aber doch herbei, seinem kaiserlichen Schwager Truppen zu versprechen. Man konnte schließlich nicht wissen, wie der bevorstehende Feldzug ausgehen würde . . .

Napoleon arbeitete Tag und Nacht. In wenigen Wochen stellte er eine neue Armee auf. Er berief Truppen aus Spanien ab und zog bereits die Jahrgänge ein, die erst im folgenden Jahr stellungspflichtig waren. Auch die Propagandatrommel rührte er nach Kräften. »Alles ist in Frankreich unter Waffen«, schrieb er am 25. Januar an Kaiser Franz[7], »und Eure Majestät können überzeugt sein, daß ich mit der Hilfe Gottes, sobald nur die günstige Jahreszeit eingetreten ist, die Russen schneller zurücktreiben werde als sie gekommen sind.« Die erste Truppeninspektion freilich gab wenig Anlaß zu solchem Optimismus. Die Kavallerie war zu gering und die Ausrüstung mangelhaft; die besten Geschütze waren in Rußland verloren gegangen, die Generalität war dezimiert. Aber war er selbst nicht noch immer der alte? Er würde, so sagte er, diesen Krieg als »General Bonaparte« führen.

Nach diesem Feldzug aber sollte Friede sein, ein Friede ohne Ehrverlust und ohne Gebietsabtretungen. »Vor allem gibt es einen Punkt, von dem sich Frankreich niemals abbringen läßt«, schrieb er am 7. Januar seinem Schwiegervater nach Wien: »Kein einziges Gebiet, das durch Senatsbeschluß dem Kaiserreich angegliedert worden ist, kann von ihm getrennt werden. Eine solche Trennung würde als Auflösung des Empires selbst angesehen werden, und um sie zu erreichen, müßten schon 50 000 Mann die Hauptstadt umzingeln und auf den Höhen des Montmartre lagern . . .«[8]

Die Frage war nur, wie Österreich sich verhalten würde. Würde Papa François zu den Feinden Frankreichs übergehen? In Paris wußte man sehr wohl, daß man in Wien ein allgewaltiges Rußland fast ebenso fürchtete wie ein allzumächtiges Frankreich. Auch beteuerte Kaiser Franz bei jeder Gelegenheit seine Bündnistreue. Durchdrungen vom Familiensinn der Korsen konnte sich Napoleon schwer vorstellen, daß ein Vater seine Tochter vom Thron stürzen und das Erbe seines Enkels gefährden würde.

Als Kaiser Franz Ende 1812 den Feldmarschalleutnant Bubna – Napoleon von den Verhandlungen nach Wagram wohlbekannt – in besonderem Auftrag nach Paris sandte, hatte ihn Napoleon sofort mit Fragen überfallen.

Ob er meine, daß Metternich bei der Stange bleiben werde?

Er, Bubna, zweifle nicht daran.

Aber die Weiber? Die Schreier? Die Kaiserin?

Bubna entrüstet: Niemals könnten Frauen auf die Entschlüsse seines Herrn und Kaisers Einfluß ausüben!

Und die Männer? Die Liechtenstein und Trauttmansdorff und Bellegarde?

»Sire«, sagte Bubna gelassen, »wir sind zuvörderst alle Österreicher. Und danach ist dann jeder, was er will!«[9]

Das war eine klassisch-österreichische Antwort, aber nicht unbedingt beruhigend. Das Mißtrauen blieb, das gleiche Mißtrauen, das Napoleon in Hinsicht auf die innenpolitische Lage hegte. Ein für allemal mußte verhindert werden, daß sich ein Putsch wie der des Narren Malet wiederholte. Nur seine engsten Vertrauten wußten, wie sehr Napoleon dieser Zwischenfall deprimiert hatte. Es war also vergeblich gewesen, eine Erzherzogin zu heiraten und seinem Sohn erlauchte Ahnen zu geben! Die Revolution von 1789 hatte mit dem Königtum auch das Prinzip der erblichen Monarchien umgebracht. »Ach, der König von Rom«, hatte nach der Verschwörung Malets der Präfekt Frochot gesagt. »An den denkt man nie!«[10] Man mußte zu einem spektakulären Mittel greifen, um den Franzosen vor Augen zu führen, daß es eine neue Dynastie gab. Auf die Minister war kein Verlaß. Als Napoleon nach seiner Rückkehr nach Paris die Herren hatte antreten lassen, geriet er erneut in Zorn. »Ihre Eide, Ihre Grundsätze, Ihre Doktrinen!« fuhr er sie an,

»sie lassen mich das Schlimmste für die Zukunft fürchten!«[11] Das
Kaiserhaus mußte präsent sein, auch wenn er, Napoleon, abwesend
war. Marie Louise mußte Regentin werden, und sie und der König
von Rom mußten gekrönt werden und zwar in Notre-Dame und
von niemand geringerem als dem Papst. Das würde auch in Wien
Eindruck machen!
Pius VII. saß anno 1813 nicht mehr als Gefangener in Savona.
Um den Papst einem eventuellen Zugriff der Engländer, deren
Schiffe vor Genua kreuzten, zu entziehen, hatte Napoleon den Heiligen Vater im Juni 1812 nach Frankreich bringen lassen, wo
Pius VII. in Schloß Fontainebleau in scheinbarer Freiheit komfortabel untergebracht war.[12] Den Papst nun einfach nach Paris zu be-
ordern, ging freilich nicht an. Diese Zeiten waren vorüber. Man
mußte schon einen kleinen Canossagang antreten, und mit leeren
Händen konnte man auch nicht gut ankommen. Napoleons Angebot eines neuerlichen Konkordats, die Erlaubnis für die »Schwarzen Kardinäle«, aus der Verbannung zurückzukehren und einige
weitere kirchenpolitische Zugeständnisse würden den Heiligen Vater versöhnen. Krönte er Marie Louise, anerkannte er damit automatisch auch die Gültigkeit der zweiten Ehe des Kaisers.
Unangesagt begab sich das Kaiserpaar nach Fontainebleau. »Wir
sind seit sechs Tagen in Fontainebleau, wo der Kaiser heute mit
dem Pabste die Sachen und Geschäfte der Kristenheit auf das beste
ausgemacht hat«, schrieb Marie Louise dem Vater. »Der Pabst
scheint sehr zufrieden zu seyn, er ist seit heute früh sehr munter und
lustig und hat vor einer Viertelstunde den Traktat unterzeichnet.
Ich komme eben von ihm und habe ihm recht gesund gefunden; er
hat ein sehr schönes, interessantes Gesicht. Ich bin überzeugt, daß
Sie die Nachricht dieser Versöhnung mit eben so vieler Freude als
ich hören werden.«[13]
Marie Louise irrte. Der Papst war durchaus nicht heiter. Nach
der Abreise des Kaiserpaares plagten ihn schwere Gewissensbisse,
zum Schaden der Kirche gehandelt zu haben, eine Überlegung, in
der ihn die aus der Verbannung heimkehrenden Kardinäle kräftig
bestärkten.
Napoleon plagten keine Gewissensbisse. Am 7. Februar wurde
in Paris offiziell bekanntgegeben, daß Ihre Majestät, die Kaiserin
Marie Louise, und Seine Majestät, der König von Rom, in Notre-
Dame von Seiner Heiligkeit, Papst Pius VII., gekrönt werden
würden.

Kaiser Franz reagierte auf die Mitteilung von Krönung und Regentschaft seiner Tochter mit guten Ratschlägen. »Ich habe die Mittheilung erhalten, daß du gekrönt werden und zur Regentin erklärt werden sollst«, schrieb er am 24. Januar 1813 an Marie Louise. »In dieser Verfügung deines Gemahls mußt du den größten und schmeichelhaftesten Beweis seines Vertrauens erkennen. Gott gebe, daß du nicht in den Fall kommst, von diesem Vertrauen Gebrauch machen zu müssen. Sollte es jedoch in den Rathschlüssen der Vorsehung liegen, so folge dem Beyspiel deiner Voreltern, folge dem Rath deines bald alten und in der Regierung erfahrenen Vaters: suche vor allem dein Glück in der Liebe des dir anvertrauten Volkes und diese Liebe in der Erhaltung der inneren und äußeren Ruhe. Durch sie wirst du die Rechte deines Sohnes schützen und ihm den Erbtheil schützen, welchen sein Vater ihm geschaffen hat und ihm überläßt.«[14]

Papa François bedauerte, nicht zur Krönung nach Paris kommen zu können. Er könne sich, schrieb er, »nur in einem vollkommenen Frieden« aus seinen Landen entfernen, werde aber die Fürsten Esterhazy und Schwarzenberg abkommandieren.

Die beiden Herren brauchten sich nicht zu beeilen. »Bis itzt ist noch keine Zeit für meine Krönung bestimmt«, mußte Marie Louise am 7. März dem Papa mitteilen. Sie fühle sich ja durch die Übertragung der Regentschaft sehr geschmeichelt, könne aber nur beten, daß es nicht dazu komme. »Gott gebe, daß der Kaiser nicht mehr diesen Sommer sich von uns trennen möchte. Dieser Gedanke ist für mich fürchterlich nach allen denen Ängsten, die wir voriges Jahr ausgestanden haben . . .«[15]

Der Bedauernswerten sollten freilich weder Ängste noch Enttäuschungen erspart bleiben. Am 24. März widerrief der Papst in einem Schreiben an Napoleon alle seine Zusagen und weigerte sich, die Krönung vorzunehmen.

»Sie wißen vermuthlich schon, liebster Papa, daß meine Krönung aufgeschoben ist, doch wird sie in dem Lauf des Jahres vollzogen werden«, schrieb Marie Louise nach Wien.[16] Als Begründung führte sie an, daß viele Persönlichkeiten wegen der Truppenaushebungen zu beschäftigt seien, um an der Krönung teilzunehmen, eine Ausrede, die der recht gut informierte Kaiser Franz bestimmt nicht glaubte.

Da es mit einer feierlichen Krönung nun nichts wurde, mußte man sich mit einer simplen Vereidigung der Kaiserin als Regentin begnügen. Die Zeremonie fand am 30. März im Thronsaal des Ely-sée-Palastes statt und war natürlich mit einer Krönung nicht zu vergleichen. Marie Louise schritt in Begleitung der Königinnen von Holland, Spanien und Westfalen hinter dem Kaiser und hielt sich gut. »Gestern um fünf Uhr Nachmittag habe ich in Anwe-senheit aller Minister den Eid abgelegt und nachdem den Conseil de Cabinet beygewohnt, den(n) der Kaiser hat mir den Zutritt bey den Conferenzen gegeben«, meldete die Kaiserin-Regentin am 31. März nach Wien.[17]

Natürlich glaubte Napoleon selbst keine Sekunde daran, daß die passive junge Frau imstande sein würde, während seiner Abwesen-heit das Staatsschiff selbständig zu lenken. Sie war lediglich als Ga-lionsfigur gedacht. Die Regierungsgeschäfte würden der erfahrene Erzkanzler Cambacérès, der verläßliche Regentschaftssekretär Champagny, Herzog von Cadore, und des Kaisers getreuer Sekre-tär, Baron de Méneval, führen.

Marie Louise aber übernahm eine andere Aufgabe, die nur sie al-lein erledigen konnte: Sie mußte auf Geheiß ihres Gemahls versu-chen, den Papa auf jede mögliche Art zu bewegen, an der Seite Frankreichs zu bleiben. Das geschah, indem sie den österreichi-schen Kaiser immer wieder der Zuneigung und Freundschaft Napoleons versicherte. »Der Kaiser zeigt sich sehr gut für Sie«, schrieb sie am 18. März. »Es vergeht kein Tag, wo er mir nicht sagt, wie sehr er Sie liebt, besonders, seit er Sie in Dresden ge-sehen hat.«[18]

Um diese »Liebe« zu dokumentieren, erhielt der Papa kostbare Geschenke, darunter ein wertvolles Sèvres-Porzellan, das Napoleon selbst ausgesucht hatte. Selbstverständlich mußte in Wien der Ein-druck erweckt werden, daß man in Paris sorglos in die Zukunft blickte. Marie Louise berichtete ausführlich von Bällen und »Par-forzjagden«, an denen ein »sehr munterer« Napoleon teilnahm. Am wichtigsten aber war es, dem Kaiser von Österreich die Soli-darität der Franzosen und die Schlagkraft der neuen Armee vor Au-gen zu führen. In dem Brief vom 18. März schrieb sie auch: »Man sagt, daß auf den Mayn eine ungeheure Menge Truppen sind, es gehen hier alle Tage noch welche ab.« Und am 13. April, zwei Tage vor Napoleons Abgang zur Armee, kam sie abermals auf die große Truppenstärke zurück. »Der Kaiser . . . wird bald von hier (Saint-Cloud) abreisen; wie sehr mich daß (be)kümmern mag, können Sie sich leicht vorstellen, doch was mich tröstet,

ren, bei der man einen Senatsbeschluß über die Aushebung von Ersatzmannschaften durchbringen wollte, begab sich die Kaiserin am 7. Oktober von den Tuilerien zum Palais Luxembourg, wo sie eine vom Erzkanzler aufgesetzte Rede verlas. In einem weißen, silberdurchwirkten Kleid, ein Diadem im Haar, machte sie immerhin auf Talleyrand einen günstigen Eindruck. »Sie war weder kühn noch schüchtern«, hielt er fest, »Sie zeigte Würde, verbunden mit viel Takt und Anstand.«[25] Die Ersatzmannschaften, um die es ging, stellten übrigens ein recht trübes Kapitel französischer Kriegsgeschichte dar. Es waren halbe Kinder, Schulbuben noch, die man ins Feld schickte. Da sie unter der Regentschaft der Kaiserin ausgehoben wurden, erhielten sie den Spitznamen »Marie Louisen«.

Über die politische Lage informierte Napoleon seine Gattin kaum, aber militärische Erfolge sollte sie durchaus an ihren Vater weitergeben. »Schreibe Papa François alle acht Tage«, wies er sie an, »gib ihm militärische Details und sprich ihm von meiner Anhänglichkeit an ihn.«[26]

Diese Details waren vorerst durchaus erfreulich. Napoleon schlug am 2. Mai bei Lützen die vereinigten Preußen und Russen. Marie Louise jubelte. »Wir sind alle hier recht glücklich durch den großen und vollkommenen Sieg, welchen er über die Rußen und Preußen erfochten hat«, schrieb sie am 10. Mai an den Papa. »Er ist so glänzend und entscheidend, daß ich hoffe, daß nichts mehr seine Vortschritte aufhalten wird und daß er bald siegreich mit einen dauerhaften Frieden zurückkommen wird. Daß wird einer der glücklichsten Täge meines Lebens seyn.«[27] In Notre-Dame wohnte sie einem Tedeum bei. »Ich bin ganz voll Rührung nach Hause gekommen«, teilte sie dem Vater am 23. Mai mit, »weil ich gesehen habe, wie sehr das Volk den Kaiser liebt. Nie haben ihm die Franzosen mehr angebethet als itzt.«[28] Der österreichische Botschaftsrat Floret bestätigte die allgemeine Euphorie. »Kein Sieg ist noch so gefeiert worden wie der bei Lützen«, meldete er nach Wien.[29]

»Ich verfolge den Feind weiter, der überall eilends flieht«, schrieb Napoleon triumphierend seiner Frau.[30] Noch im Mai schlug er die Preußen bei Wurschen und Bautzen, warf sie nach Schlesien zurück und hätte den Feldzug vielleicht doch noch erfolgreich beendet, hätte er die Kavallerie besessen, die nötig gewesen wäre, um den geschlagenen Feind vollends zu vernichten. Am 8. Mai zog er siegreich in Dresden ein und setzte den vor den Feinden nach Prag geflüchteten König von Sachsen wieder ein.

Lützen und Bautzen aber kosteten den Kaiser nicht nur Tausende Soldaten, sondern auch zwei Marschälle: Bessières und Duroc. Daß Bessières in unmittelbarer Nähe Napoleons von der tödlichen Kugel getroffen worden war, wagte der Kaiser Marie Louise gar nicht mitzuteilen. »Geben Sie der Kaiserin zu verstehen, daß der Herzog von Istrien, als er getötet wurde, sehr weit von mir entfernt war«, bat er Cambacérès.[31] Bessières erlitt einen Kopfschuß und war sofort tot, Duroc dagegen hatte nach einem Bauchschuß noch zwölf Stunden zu leiden. Als Napoleon den furchtbar zugerichteten langjährigen Kampfgefährten sah, brach er in Tränen aus.

»Sie werden vermuthlich schon die Nachricht von dem großen Sieg haben, welchen der Kaiser den 20ten und 21ten erfochten hat«, meldete eine hochgestimmte Marie Louise dem Papa. »Er ist noch glänzender als der bei Lützen . . . Ich kann Ihnen nicht genug sagen, wie mich alle diese Nachrichten glücklich machen und wie sie auf meine Gesundheit wirken, ich habe mich nie besser befunden . . .«[32]

Es mußte die Zweiundzwanzigjährige wie ein Schlag treffen, als der Krieg plötzlich eine für sie erschreckende Wendung zu nehmen begann. Der Brief Napoleons, mit dem das alles über sie hereinbrach, war datiert mit 5. Mai. Als sie ihn las, mochte sie zum erstenmal etwas von einer kommenden Katastrophe geahnt haben.

»Papa François«, schrieb Napoleon, und aus jedem Wort sprach die drängende Besorgnis über die Lage der Dinge, »benimmt sich nicht allzu gut und hat mir sein Kontingent weggenommen. Man will ihn gegen mich mitreißen. Laß Herrn Floret kommen und sage ihm: ›Man will meinen Vater gegen mich mitreißen. Ich habe Sie holen lassen, um Sie zu bitten, ihm zu schreiben, daß der Kaiser die nötigen Machtmittel besitzt. Er hat eine Million Mann unter den Waffen, und ich sehe voraus, daß mein Vater, wenn er auf das Geschwätz der Kaiserin hört, sich großen Mißhelligkeiten aussetzt. Er kennt dies Volk nicht, nicht seine Liebe zum Kaiser noch seine Energie. Sagen Sie meinem Vater von mir, als von seiner vielgeliebten Tochter kommend, die so großen Anteil an ihm und an ihrem Heimatland nimmt, daß, wenn mein Vater sich mitreißen läßt, die Franzosen vor September in Wien sein werden und er die Freundschaft eines Mannes verloren haben wird, der ihm sehr zugetan ist.‹ Schreibe ihm im selben Sinne, mehr in seinem eigenen Interesse als in meinem, denn ich sehe das seit langem kommen und bin vorbereitet.«[33]

Marie Louise empfing den österreichischen Geschäftsträger, Botschaftsrat von Floret, am 10. Mai und sagte ihm alles, was Napoleon verlangt hatte. Aus Florets Bericht nach Wien geht hervor, daß die Unterredung von seiten der Kaiserin gut und geschickt geführt wurde. Marie Louise ging sofort in medias res und unterstrich ihre Besorgnis, Österreich werde sich gegen Napoleon wenden. Floret beschwichtigte sie: Das seien nur Gerüchte. Aber Marie Louise ließ sich nicht beruhigen. Ein Krieg zwischen Vater und Ehemann erschien ihr wie ein Alptraum. »Bedenken Sie, wie unglücklich mich das machen und wie entsetzlich meine Stellung hier werden würde«, sagte sie.[34]

Floret beschwichtigte sie mit genau denselben vagen Formulierungen, die Metternich so gern anwendete. Er betonte die Bündnistreue von Kaiser Franz und wies die Möglichkeit eines für Napoleon kompromittierenden Friedens weit von sich. Es klang alles ganz gut, aber Marie Louise glaubte ihm nicht. Sie wandte sich an den Papa persönlich. »Man verbreitet hier allgemein ein Gerücht, welches ich hoffe, daß ohne Folgen und nicht wahr seyn wird«, schrieb sie am 10. Mai nach Wien. »Man sagt nehmlich, liebster Papa, daß Sie dem Kaiser Ihr Truppenkorps weggenommen haben und daß Sie auch uns den Krieg machen wollen. Sie können sich nicht vorstellen, wie mich dieser letzte Gedanke (be)kümmert, es wäre erschrecklich für mich, und seyn Sie versichert, liebster Papa, daß nach allen, was ich hier sehe, Sie nie einen Nutzen davon haben werden. Der Kaiser . . . hat eine Million Soldaten unter den Waffen und, wie ich diese Nation kenne und seine Liebe für den Kaiser, so werden sie noch zweymal so viel machen, wenn ers wünschtet . . . Sie können sich nicht vorstellen, wie dieses Gerücht sich hier verbreitet. Ich sehe das durch die Rapport, die ich itzt lesen muß und habe mich nicht enthalten können, es Ihnen zu schreiben, ich habe es auch Herrn von Floret gesagt, denn das wäre eine erschreckliche Lage für mich . . .«[35]

Kaiser Franz antwortete ebenso beschwichtigend wie Herr von Floret. »Was den wichtigsten Theil deines Briefes anbelangt«, schrieb er am 21. Mai 1813 an seine Tochter[36], »so bitte ich dich, über die ausgesprengten Gerüchte ganz ruhig zu seyn; meine Absicht ist keineswegs auf Krieg, sondern auf die Herstellung eines baldigen Friedens gerichtet. Ich nähre die Hoffnung, daß dein Gemahl eben dieselbe Absicht habe, ich bin daher statt Krieg zu führen, bereit, ihm sogar zur Herstellung eines Friedens zu helfen . . .«

Für Marie Louise war das ein Silberstreif. Am 15. Juni dankte sie dem Papa für seinen gnädigen Brief vom 21. Mai. »Ich kann mit Recht sagen, daß mich nie einer mehr gefreuet hat als dieser, weil er alle meine Aengsten und Sorgen geendigt hat. Ich erkenne darinn Ihre Güte und bin darüber äußerst gerührt und kann Ihnen nicht genug meine Erkenntlichkeit bezeugen. Ich bin überzeugt, daß der Kaiser auch mit vieler Freude hören wird, daß Sie stets die nehmliche Freundschaft für ihn haben.«[37]

Metternich beeilte sich, sie in dieser Hoffnung zu bestärken. Floret erhielt schöngefärbte Depeschen und Dokumente, die er der Kaiserin mit der Versicherung der Loyalität Österreichs vorlegte. Es war ein Täuschungsmanöver, auf das die uninformierte Marie Louise nur allzu leicht hereinfiel. »Ich habe volles Vertrauen in die Klugheit, die Talente und die Mäßigung des Grafen Metternich«, sagte sie in rührender Naivität.[38] Ihre Tante, die Kronprinzessin Marie Therese von Sachsen – eine Schwester von Kaiser Franz –, sah da schon klarer. »Ich hasse die zwielichtigen Charaktere«, schrieb sie ihrer Nichte.[39] »Monsieur de Metternich hat mir noch von 25. bis 29. Juni die schönsten Hoffnungen auf den Frieden gemacht, obwohl das Gegenteil bereits arrangiert und beschlossen war.«

Der einzige, der vielleicht wirklich noch auf ein Zustandekommen des Friedens hoffte, war der Kaiser Franz. Metternich gelang es erst nach vieler Mühe, seinen Herrn für seine Pläne zu gewinnen. »Es ist schwer, sich dem Krieg mehr zu widersetzen als es unser Erhabener Herr täglich thut«, schrieb er am 24. Mai an den Grafen Stadion, den er ins russische Hauptquartier geschickt hatte. »Und nur sein gesunder Menschenverstand trägt den Sieg über seine Gefühle davon . . .«[40]

So nahm das Schicksal seinen Lauf. Am 17. Juni schloß Österreich zu Reichenbach in Preußisch-Schlesien einen Geheimvertrag, der die Monarchie verpflichtete, sich dem Bündnis zwischen Rußland und Preußen anzuschließen, sofern Napoleon die ihm von Österreich gestellten Bedingungen nicht bis zum 20. Juli annahm. Die Sache spitzte sich zu. Die einzige Chance, den Frieden doch noch zu retten, bestand in einem Gespräch der beiden Hauptbeteiligten: eine Unterredung zwischen Napoleon und Metternich.

Napoleon residierte damals in Dresden im Palais Marcolini. Von dort schickte er eine Einladung an Metternich, sich zu einem Gespräch in Dresden einzufinden. Metternich hat diese Unterredung festgehalten und in seinen nachgelassenen Papieren mit dem

23. Juni datiert.[41] Nach den meisten Metternich- und Napoleon-biographien fand sie dagegen am 26. Juni statt. Wie lange sie dauerte, ist gleichfalls umstritten. Metternich selbst schwankt zwischen einer »sechsstündigen Schlacht«[42] und »einem Gespräch von über neuneinhalb Stunden«[43]. Auch ihrem Inhalt nach ist die berühmte Darstellung, die Metternich von dieser Unterredung gegeben hat, mit Vorsicht aufzunehmen, da sie lange nach Napoleons Sturz abgefaßt und für die Nachwelt geschrieben wurde.

Die Unterredung im Palais Marcolini – es war die letzte Begegnung Napoleons und Metternichs – ist oft als die folgenschwerste Unterredung des Jahres 1813 geschildert und als welthistorischer Augenblick gewertet worden, obwohl sie nach Metternichs Darstellung erstaunlicherweise keine konkreten politischen oder militärischen Forderungen enthielt. Nun wußte Napoleon ja bereits, welche Friedensbedingungen ihm Metternich anbot. Frankreich hätte immerhin seinen Gebietszuwachs in Italien, Holland und Westfalen behalten dürfen. Dagegen sollten Preußen wiederhergestellt, Spanien befreit und die Hansestädte herausgegeben werden. Der Rheinbund sollte aufgelöst werden. Für sich selbst verlangte Österreich die Rückgabe der Illyrischen Provinzen, also Westkärnten, Krain, Görz, Triest, Istrien, Fiume, Dalmatien und einen Teil Kroatiens sowie seines Anteils am Herzogtum Warschau.

Napoleon hatte abgelehnt. Ein Friede auf dieser Basis hätte für einen Diktator, dessen Diktatur auf seinen Erfolgen beruhte, eine Niederlage bedeutet. Noch einmal bot ihm in Dresden das Schicksal die Chance, nachzugeben. Es kam zu einem Kräftemessen zweier Persönlichkeiten, die wie keine sonst ihre Zeit beeinflußt und über Krieg und Frieden entschieden haben.

Als Metternich den Vorsaal des Palais Marcolini betrat, fand er dort zahlreiche Generale, Marschälle und Beamte vor, die den Österreicher mit erwartungsvoller Besorgnis ansahen. Zur Begrüßung trat Berthier auf ihn zu, und während er den österreichischen Gast durch die Salons zum Arbeitskabinett des Kaisers führte, raunte er ihm zu: »Vergessen Sie nicht, daß Europa den Frieden braucht und daß Frankreich nichts als Frieden will!« Metternich antwortete nicht und trat ein.

Napoleon – so hat es Metternich festgehalten[44] – stand in der Mitte des Zimmers, den Degen an der Seite, den Hut unter dem Arm. Flüchtig erkundigte er sich nach der Gesundheit seines

Schwiegervaters, trat dann mit düsterer Miene vor Metternich hin und ging sogleich zum Angriff über.

»Sie wollen also den Krieg?« sagte er. »Gut, Sie sollen ihn haben! Ich habe bei Lützen die preußische Armee vernichtet, ich habe die Russen bei Bautzen geschlagen. Jetzt wollen Sie an die Reihe kommen. In Wien sehen wir uns wieder. Die Menschen sind unverbesserlich; Erfahrungen bedeuten ihnen nichts. Ich habe Kaiser Franz dreimal wieder auf seinen Thron gesetzt, habe ihm versprochen, mein ganzes Leben Frieden mit ihm zu halten; ich habe seine Tochter geheiratet. Ich habe mir damals gesagt, daß ich eine Dummheit begehe, aber ich habe sie dennoch begangen und bereue sie heute.«

Diese taktlose Einleitung gab Metternich ein Gefühl der Überlegenheit. Napoleon schien ihm klein. Er kam auf den Frieden zu sprechen, der nur nach Rückkehr des Kaisers in gewisse Machtgrenzen möglich sei.

Napoleon fuhr auf. »Was will man denn von mir? Daß ich meine Ehre verliere? Niemals! Lieber sterbe ich, als daß ich eine Handbreit Boden abtrete. Eure auf dem Thron geborenen Herrscher können sich zwanzigmal schlagen lassen und doch immer wieder in ihre Hauptstädte zurückkehren. Ich bin nur der Sohn des Glücks, meine Macht überdauert den Tag nicht, an dem ich nicht mehr stark und damit nicht mehr gefürchtet bin.« Er habe einen kapitalen Fehler gemacht und die schönste aller Armeen verloren. »Ich kann gegen Menschen, aber nicht gegen Elemente kämpfen. Die Kälte hat mich umgebracht . . ., ich habe alles verloren, nur nicht die Ehre und das Wissen um das, was ich der tapferen Nation schuldig bin, die mir nach solchen Katastrophen neue Beweise von ihrer Überzeugung gegeben hat, daß ich allein sie führen kann. Ich habe die Verluste des vergangenen Jahres aufgeholt. Sehen Sie sich meine Armee nach den jüngsten Siegen an!«

»Und gerade die Armee ist es«, sagte Metternich lakonisch, »die den Frieden will.«

»Nicht die Armee«, entgegnete Napoleon lebhaft, »sondern die Generale. Die Kälte von Moskau hat sie demoralisiert. Ich habe die Tapfersten wie Kinder weinen sehen . . . Vor vierzehn Tagen hätte ich noch Frieden schließen können, jetzt, nach zwei gewonnenen Schlachten, kann ich es nicht mehr.«

Was Napoleon ihm da sage, erwiderte Metternich, bestärke die These, daß es zwischen Napoleon und Europa keine Verständigung gebe. Seine Friedensschlüsse seien immer nur Waffenstillstände gewesen; Mißerfolge wie Erfolge trieben ihn immer nur zum Krieg. Jetzt hätten sich der Kaiser und Europa gegenseitig den Handschuh hingeworfen, und es werde nicht Europa sein, das unterliege.

Der Kaiser geriet in Zorn. »Wollen Sie mich durch eine Koalition zugrunde richten? Wieviele Alliierte seid Ihr denn? Vier, fünf, sechs, zwanzig? Je mehr, desto besser! Ich nehme die Herausforderung an und ich wiederhole Ihnen, daß wir uns im Oktober in Wien wiedersehen! Dann wird man ja sehen, wo Ihre Freunde, die Russen und die Preußen, sind. Oder rechnen Sie mit Deutschland? Schauen Sie doch, was es 1809 getan hat! . . . Erklären Sie Ihre Neutralität und halten Sie sie, dann gehe ich auf Verhandlungen in Prag ein. Wollen Sie bewaffnete Neutralität? Gut! Verlegen Sie 300 000 Mann nach Böhmen: Das Wort des Kaisers, daß er mir vor dem Ende der Verhandlungen nicht den Krieg macht, genügt mir.«

Metternich blieb abweisend. Österreich habe seine Vermittlung, nicht seine Neutralität angeboten, und Rußland und Preußen seien darauf eingegangen. Jetzt sei es an Napoleon, sich zu entscheiden. Nehme er an, werde man einen Zeitraum für die Dauer der Unterhandlungen festsetzen, akzeptiere er nicht, nehme Kaiser Franz für sich das Recht auf selbständige Entscheidung in Anspruch. Die Lage dränge.

Napoleon wich aus. Eine Stunde lang stritt man über die Stärke der beiderseitigen Armeen, wobei sowohl Metternich wie Napoleon erklärten, sie wüßten genau Bescheid, wieviel der andere habe. Dann erging sich Napoleon in ausführlicher Darstellung des russischen Krieges, bis ihn Metternich unterbrach. Er möge solchen Wechselfällen des Glücks ein Ende machen. Das Glück könne ihn, wie schon 1812, ein zweites Mal verlassen. Er, Metternich, habe Napoleons Armee gesehen: Es seien Kinder. Was werde er tun, wenn auch diese Kinder verbraucht seien?

Napoleon wurde blaß. Dann übermannte ihn der Zorn.

»Sie sind nicht Soldat«, schrie er den Österreicher an. »Und Sie wissen nicht, was in der Seele eines Soldaten vorgeht. Ich bin im Feld aufgewachsen und ein Mann wie ich schert sich einen Dreck um das Leben einer Million Menschen.« Und in auswegloser Wut schleuderte er seinen Hut in eine Ecke.

Metternich ließ ihn liegen. Die Zeiten, da man vor dem Gewaltigen gekatzbuckelt hatte, waren vorbei. Lässig stützte er sich auf eine Konsole.

»Warum sagen Sie mir das in diesen vier Wänden?« fragte er ei-
sig. »Öffnen wir doch die Türen, damit ganz Europa es hört! Nicht
die Sache, die ich vertrete, wird dabei verlieren!«

Napoleon faßte sich. »Die Franzosen haben keinen Grund, sich
über mich zu beklagen«, sagte er. Und unverblümt: »Um sie zu
schonen habe ich Deutsche und Polen geopfert. Im russischen Feldzug habe ich 300 000 Mann verloren, aber nur 30 000 waren Franzosen!«

Metternich wurde noch abweisender. »Sie vergessen, Sire«,
sagte er, »daß Sie mit einem Deutschen sprechen!«

Napoleon begann, mit Metternich auf und ab zu gehen, und als
sie den Hut passierten, hob er ihn auf. Noch einmal kam er auf seine
Heirat zu sprechen. »Da habe ich also eine große Dummheit begangen, eine österreichische Erzherzogin zu heiraten«, sagte er.

»Da Majestät meine Meinung wissen wollen«, parierte Metternich, »so sage ich frei heraus, daß Napoleon, der Eroberer, eine
gemacht hat!«

»Der Kaiser Franz will also seine Tochter vom Thron stoßen!«

»Der Kaiser«, so Metternich, »kennt nur seine Pflichten und
wird sie erfüllen. Was immer das Schicksal seiner Tochter sein
wird: Der Kaiser ist in erster Linie Monarch, und das Interesse seiner Völker wird bei seinen Entschlüssen immer an erster Stelle stehen.«

»Da sagen Sie mir nichts Neues«, unterbrach ihn Napoleon. »Sie
bestätigen mir nur, daß ich mich verrechnet, daß ich einen irrepara-
blen Fehler gemacht habe. Indem ich eine Erzherzogin heiratete,
wollte ich das Neue mit dem Alten verschmelzen, die mittelalterli-
chen Vorurteile mit den Errungenschaften meines Jahrhunderts
verquicken. Ich habe mich getäuscht und weiß heute, wie groß
mein Irrtum war. Er kann mich meinen Thron kosten, aber ich
werde die Welt unter seinen Trümmern begraben!«

Es war halb neun Uhr geworden, die Nacht brach herein. Nie-
mand hatte den Raum betreten. Napoleon war wieder ruhig, als er
Metternich verabschiedete. Der Österreicher konnte nur noch die
Umrisse von Napoleons Gesicht erkennen. Der Kaiser begleitete
Metternich zur Tür.

»Wir sehen uns doch wieder?« sagte er und legte die Hand auf die
Klinke.

»Zu Ihren Diensten, Sire«, sagte Metternich, »aber ohne Hoffnung, meine Mission zu erfüllen.«

Napoleon klopfte ihm auf die Schulter. »Wollen Sie wissen, was sein wird? Sie werden mir nicht den Krieg machen!«

Zum ersten Mal legte Metternich seine Reserviertheit ab.

»Sire«, sagte er mit großer Eindringlichkeit. »Sire, Sie sind verloren! Ich habe es geahnt, als ich kam, ich bin davon überzeugt, da ich gehe!«

Im Vorsaal standen noch immer die Generale, und jeder suchte im Gesicht Metternichs zu lesen, was sich in den vielen Stunden abgespielt hatte. Metternich trug eine steinerne Miene zur Schau. Berthier begleitete ihn zum Wagen. Als sie außer Hörweite waren, fragte der Franzose, ob Metternich mit dem Kaiser zufrieden gewesen sei.

»Ja«, antwortete der Österreicher, »denn er hat mir die Gewißheit gegeben, daß er verloren ist.«

»Ich habe sehr lange mit Metternich gesprochen, das hat mich sehr ermüdet«, schrieb Napoleon an Marie Louise.[45] »Metternich . . . scheint mir ein großer Intrigant zu sein und Papa François recht schlecht zu leiten. Der Mann hat nicht genug Verstand für seine Stellung.« Er sollte bald Gelegenheit haben, dieses Urteil zu revidieren. »Es gäbe Frieden, wenn Österreich nicht im Trüben fischen wollte«, ärgerte er sich. »Wenn sie mir schmachvolle Bedingungen vorschreiben wollen, werde ich Krieg gegen sie führen. Österreich wird alles bezahlen. Es täte mir leid wegen des Kummers, den es Dir machen würde . . .«

Metternich war weit besserer Stimmung. »Wir werden in Kürze Frieden schließen oder wir werden noch einen höllischen Krieg haben«, schrieb er am 2. Juli an seine Tochter Marie[46], »und dann werde ich das Vergnügen genießen, den Feldzug zu unternehmen. Ich schmeichle mir indessen, daß wir Frieden haben werden, besonders mit Rücksicht auf die moralischen Siege, die ich über den Kaiser davongetragen habe.«

Zufrieden ging er nach Prag, wo sich die Bevollmächtigten Frankreichs, Rußlands, Preußens und Österreichs einfanden, um über Krieg oder Frieden zu entscheiden. Die Verhandlungen begannen am 28. Juli, als letzter Tag war der 10. August vorgesehen. »Wir warten immer der Dinge, die da kommen sollen«, schrieb Metternich an Marie[47], ». . . doch glaube ich nicht, daß irgend jemand auf der Welt, ausgenommen der liebe Gott, der uns nicht in sein Geheimnis einweiht, weiß, wie das ausgehen wird . . . Die

Zeit aber, die wir gewonnen haben, versetzt uns in eine sehr gute Lage.«

Österreich wurde immer mehr zum Zünglein an der Waage, und allmählich neigte sich die Schale auf die Seite des Krieges. Metternich redete seinem kaiserlichen Herrn dringend zu, seine »Rettung im engsten Anschließen an die Alliierten« zu suchen[48], und für die Kaiserin Maria Ludovica gab es ohnehin keine Alternative als Krieg. »Nur nicht mehr nachgeben, siegen oder sterben«, schrieb sie an ihren Gemahl.[49] »Geht die eine Hälfte der Monarchie verloren, muß die andere ausharren, bis der Feind unterliegt. Mit Mut und Festigkeit erringen wir den Sieg . . .« Es war das die vorherrschende Meinung in Österreich. »Deus vult, Deus vult!« (Gott will es, Verf.) schrieb Friedrich Gentz an den Grafen Bombelles.[50] Es war Zeit, aufzustehen gegen den Erzfeind.

Napoleon versuchte, die Prager Verhandlungen hinauszuzögern und dadurch den Waffenstillstand zu verlängern. Unter allerlei Vorwänden hielt er seine Bevollmächtigten in Dresden zurück und erteilte ihnen den Geheimbefehl, den Gang der Verhandlungen hinzuziehen. Er selbst boykottierte die Friedensgespräche, indem er Dresden verließ, eine Besichtigungsreise nach Mainz vorschützte und Marie Louise dorthin kommen ließ.

Die von Angst und Sorge geplagte Kaiserin war erleichtert, mit Napoleon zusammenzutreffen. »Letzteren in drey oder vier Tägen wiederzusehen, ist sehr beruhigend für mich und macht, daß ich alle Ängsten und Sorgen vergessen habe«, schrieb sie ihrem Vater.[51] Noch hatte sie nicht alle Hoffnung aufgegeben.

Am 23. Juli brach sie von Saint-Cloud auf und erreichte nach einer anstrengenden Fahrt bei schlechtestem Wetter am 26. Juli Mainz. »Ich werde nicht versuchen, die Freude zu schildern, die ich empfand, ihn wiederzusehen«, trug sie in ihr Tagebuch ein. »So etwas läßt sich nicht beschreiben, man kann es nur empfinden.«[52] Es waren die letzten Tage in kaiserlichem Glanz. Die Herrlichkeit dauerte nur bis 1. August, dann traf Napoleon Anstalten, nach Dresden zurückzureisen. Marie Louise schluckte die Tränen hinunter. »Ich sah mich gezwungen, an seinem Diner teilzunehmen, zu dem er seine ganze Suite eingeladen hatte, aber ich habe gelernt, mich zu beherrschen und ich hielt mich gut . . . Ich versuchte, ruhig zu sein, bis zu dem Augenblick, wo der Kaiser in den Wagen stieg . . .«[53] Anderntags reiste auch sie ab und fuhr über Köln und Reims nach Compiègne, von wo sie derselben Route folgte wie im Jahr 1810, als sie nach Frankreich gekommen war. Am 9. August traf sie wohlbehalten wieder in Saint-Cloud ein.

Zum Willkomm fand sie einen Brief ihres Vaters vor, der alles andere als beruhigend war. Er war von Metternich konzipiert worden und trug das Datum des 28. Juli. »Du weißt, daß nun unsere Negoziateur in Prag versammelt sind; den deines Gemahls erwarten wir stündlich«, schrieb Kaiser Franz. »Gott gebe seinen Segen zu diesem heilsamen Unternehmen. Meine Pflichten sind so ausgedehnet, die Rücksichten, welche ich nicht allein für mich, sondern für das allgemeine (Wohl) als Monarch tragen muß, sind der Art, daß, wenn der Frieden nicht in wenigen Tagen zustande kömt, ich, so ungern ich es auch sehe, in einen Krieg verwickelt werde, dessen Ende freylich für keine Parthey zu berechnen ist. Indessen mir kömt kein Vorwurf zur Last, wenn nicht Friede wird. Alle meine Absichten sind gemäßigt, alle gerecht; ich habe keine Idee, welche auf irgend eine weise dem Interesse einer anderen Macht zu nahe tritt . . .«[54]

Marie Louise antwortete am 12. August und aus ihrem Brief sprach große Angst. »Ich bin itzt in einer erschrecklichen Ungewißheit über den Ausgang der Negotiationen«, schrieb sie. »Gott gebe, daß kein Krieg werde. Dieser Gedanke ist fürchterlich für mich . . .«[55]

Die Negotiationen scheiterten. Der Friede kam nicht zustande. Am 10. August unterzeichnete Metternich den Beitritt Österreichs zur russisch-preußischen Koalition, am 11. August erklärte Österreich Frankreich den Krieg.

»Das Schicksal, welches die Welt regiert, hat alle meine Bemühungen für den Frieden vereitelt«, schrieb Kaiser Franz am 11. August an seine Tochter. »Ich habe gethan, was ich konnte, um das Geschäft zu einem heilsamen Ende zu bringen, aber vergeblich waren alle meine Versuche . . . Übrigens sey ruhig; der Krieg, den wir führen, ist ganz anderer Art als die früheren; er ist rein politisch; ich bin und werde nie der Feind deines Mannes seyn, ich rechne darauf, er nie der meinige.«[56] Marie Louise mochte sich zurecht fragen, wie man »rein politisch« Schlachten schlagen konnte und wie zwei Souveräne, die gegeneinander ins Feld zogen, Freunde sein sollten.

»Der Krieg ist erklärt«, schrieb Napoleon seiner Frau. »Von Metternich betrogen, hat sich Dein Vater zu meinen Feinden geschlagen . . . Mein Wunsch ist, daß Du mutig und wohlauf bist.«[57]

XIII

Les Adieux

Die Geschichte, so argumentiert Stefan Zweig, bedarf, um ein Drama zu konzipieren, nicht unbedingt eines heroischen Charakters als Hauptperson. »Tragische Spannung«, so der Altmeister der historischen Seelenanalyse, »sie ergibt sich nicht nur aus dem Übermaß einer Gestalt, sondern jederzeit aus dem Mißverhältnis eines Menschen zu seinem Schicksal«. Diese tragische Spannung könne in Erscheinung treten, wenn ein Held, ein Genius, ein Napoleon, in Widerstreit gerate zur Umwelt, die sich als zu eng, als zu feindselig erweise für seine Aufgabe. Tragische Spannung könne sich aber ebenso ergeben, »wenn eine mittlere oder gar schwächliche Natur in ein ungeheures Schicksal gerät, in persönliche Verantwortungen, die sie erdrücken und zermalmen, und diese Form des Tragischen will mir sogar als die menschlich ergreifendere erscheinen«.[1]

Zweigs Analyse des Tragischen in der Historie, die sich auf den Modellfall Marie Antoinette bezieht, trifft in abgewandelter, abgeschwächter Form auch auf Marie Louise zu. Das Schicksal hat ihr Leben nicht wie das ihrer Großtante zu einer blutigen Tragödie hinaufstilisiert, aber es stieß sie in Spannungen und Erschütterungen, die selbst einem starken Charakter alles an seelischer Kraft abgefordert hätten. Marie Louise aber war »eine mittlere oder gar schwächliche Natur«, ein friedlicher, passiver Mensch, der gerne im Windschatten gelebt hätte und nun in Sturm geraten war.

Die Situation war im Sommer 1813 tatsächlich ohne Beispiel. Österreichs Truppen, die noch vor wenigen Monaten für Napoleon und gegen den Zaren ins Feld gezogen waren, kämpften nun gegen Napoleon und mit dem Zaren, und das beide Male unter demselben Oberbefehlshaber. Aus dieser verworrenen militärisch-politischen Konstellation ergab sich für Marie Louise ein auswegloses persönliches Dilemma. Ihr Vater, den sie von kleinauf über alles liebte, und ihr Ehemann, den sie lieben gelernt hatte, würden gegeneinander Krieg führen. Die beiden Menschen, die ihr am meisten auf der Welt bedeuteten, würden versuchen, einander zu vernichten. Siegte Napoleon, würde das den Papa den Thron kosten, siegte Kaiser Franz, war es das Ende der Dynastie Bonaparte. Was sollte dann aus ihr und ihrem Sohn werden? Zweimal hatte sie in ihrer Jugend vor den Franzosen flüchten müssen. Konnte es

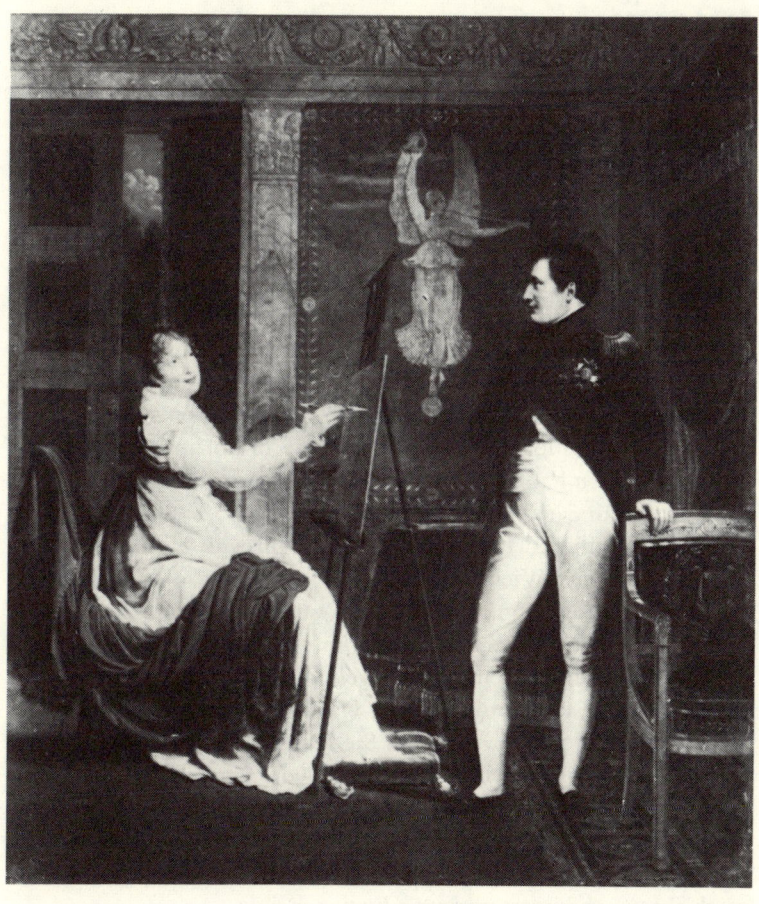

Marie Louise malt Napoleon
Gemälde von Alexandre Menjaud

199

das Schicksal wollen, daß sie nun vor den Österreichern und ihren Verbündeten floh? Würden die Franzosen zum drittenmal Wien besetzen? War es vorstellbar, daß die Alliierten in Paris einzogen? Für wessen Sieg sollte sie nun beten, wem die Niederlage wünschen? Für wen mußte sie fürchten?

Wenigstens darüber schien vorerst kein Zweifel zu bestehen. Von Napoleon bestärkt, war Marie Louise davon überzeugt, daß Österreich unterliegen würde. Es war ja immer so gewesen! »Die Idee eines Krieges wäre so schrecklich für mich wegen allen denen üblen Folgen, welches es für Sie haben würde«, schrieb sie am 22. Juli 1813 an den Papa.[2] Am 12. August gab sie immer noch der Hoffnung Ausdruck, daß kein Krieg werde, »und wenn je einer ist, so hoffe ich, daß Sie nicht darein verwickelt werden, denn ich kann nicht an die Folgen denken, die es für Sie haben wird«.[3]

Mit diesem Vertrauen in Napoleons Stärke stand Marie Louise durchaus nicht allein da. »Je ne doute pas que l'Empereur sera victorieux« (Ich zweifle nicht, daß der Kaiser siegreich sein wird), schrieb die Kronprinzessin von Sachsen am 22. August an ihre Nichte.[4] Selbst das österreichische Kaiserpaar scheint eine abermalige Besetzung Wiens für möglich gehalten zu haben. »Du hast mir geäußert, den Befehl gegeben zu haben, daß man in der Burg und in den anderen Gebäuden den Feind im Invasionsfall nicht bewirthen sollte«, schrieb die Kaiserin Maria Ludovica ihrem Gatten. »Solltest Du auch die Landschlösser, als Laxenburg, Schönbrunn, Hetzendorf, damit begriffen haben, so mache ich Dich aufmerksam, daß selbe alsdann geplündert oder angezündet werden . . .« Und in Erinnerung an die trüben Erfahrungen früherer Jahre: »Es könnte doch geschehen, daß ich Wien verlassen müßte; doch werde ich nur im Nothfall abreisen, um keinen Alarm zu verursachen.«[5]

Marie Louise, die Kaiserin der Franzosen, die aus Österreich kam, faßte einen Entschluß. Der geliebte Papa würde zwar unterliegen, aber sie wollte für ihn tun, was sie konnte. Der Papa durfte sich auf seine Tochter verlassen. Sie würde sich schützend vor ihn stellen und zwischen ihm und Napoleon vermitteln. Der Papa mußte aber auch wissen, auf welcher Seite sie mit ihren Wünschen und Gebeten stand. Am 22. August 1813 setzte sich die noch nicht Zweiundzwanzigjährige hin und schrieb an den Kaiser von Österreich ihren schönsten und würdigsten Brief.

»Liebster Papa«, schrieb sie. »Ich habe vor drey Tägen Ihren letzten Brief bekommen, welcher mich sehr geschmerzt hat, weil ich sehe, daß die letzte Hoffnung auf Frieden verlohren ist; dieser Gedanke muß Ihnen eben so schrecklich als mir seyn, ich bedaure Sie inniglich, liebster Papa, ich bin überzeugt, Ihr Herz leidet viel . . ., seyn Sie aber versichert, daß Ihre Sie zärtlich liebende Tochter sich nie ändern wird und daß ich Ihnen trotz allen Ereignißen immer die nehmliche kindliche Liebe widmen werde. Ich bin überzeugt, daß dieser Krieg viel Unglück mit sich bringen wird, rechnen Sie aber auf mich, liebster Papa. Wenn ich Ihnen je einen Dienst erweisen kann nach den Ausgang der Ereignißen, so werde ich es gewiß thun. Den Kaiser (Napoleon, Verf.) würde ich nicht schätzen, wenn er nicht versichert wäre von den Gesinnungen, welche ich für Sie habe. Sie würden mich aber nicht schätzen, wenn meine meisten Wünsche nicht für das Glück des Kaisers und meines Sohnes wären. Ich bitte Sie, liebster Papa, mir fleißig zu schreiben, dieß wird mein einziger Trost in diesen traurigen Umständen seyn . . . Ich bin zu traurig, um Ihnen einen längeren Brief zu schreiben . . .«[6]

Der Kaiser Franz verstand und billigte den Entschluß seiner Marie Louise. »Die Gesinnungen und Gefühle, die du mir in deinem Brief äußerst, machen, daß ich dich noch mehr lieben würde, wenn ich es anders könnte«, antwortete er am 5. September.[7] »Sie sind ganz den Lehren und der Denkungsart gemäß, die ich von der zartesten Jugend dir einzuprägen getrachtet habe. Hiernach ist es recht, daß deine ersten Wünsche für das Glück des Kaysers und deines Sohnes sind.«

Marie Louise war glücklich über die verständnisvolle Haltung ihres Vaters. »Ich bete täglich zu Gott, damit er bald diesen Krieg ein Ende machen möge«, erwiderte sie. »Dann werde ich ruhiger seyn und werde nicht meine Gefühle so theilen müßen.«[8]

»Morgen fangen die Hostilitäten an«, schrieb Metternich am 16. August von Prag aus nach Wien.[9] »Soeben ist der letzte Versuch gescheitert, und Caulaincourt verläßt uns heute nacht. Er ist über den Gang der Dinge untröstlich und hat sich vom Anfang bis zum Ende der Negoziationen als wahrer Biedermann betragen.«

Die Situation, wie sie sich nun Napoleon darbot, war nicht eben rosig. Er sah sich drei Armeen gegenüber, deren Oberbefehl dem Fürsten Schwarzenberg übertragen wurde. Generalstabschef des Generalissimus war der Reitergeneral Johann Josef Wenzel Graf Radetzky von Radetz. In der obersten Führung ein gewichtiges Wort redeten noch zwei abtrünnige französische Generale mit, die

die Kriegstaktik des Korsen am besten kannten: Bernadotte, der frischgebackene »Schwede«, und Jean Victor Moreau, der am 3. Dezember 1800 den glänzenden Sieg bei Hohenlinden über die Österreicher errungen hatte. Nachdem er sich einer Verschwörung gegen Napoleon angeschlossen hatte, vor Gericht gestellt, verurteilt und vom Kaiser begnadigt worden war, hatte er sich nach Amerika abgesetzt.[10] Nun war er wieder da und reihte sich in das Lager der Verbündeten ein. Moreau und Bernadotte rieten ihren neuen Freunden, Napoleon möglichst auszuweichen und sich auf seine Marschälle zu werfen, ein Rat, der sich als richtig erwies. Die Niederlagen der Marschälle Oudinot bei Großbeeren, Macdonald an der Katzbach und Ney bei Dennewitz entwerteten den eindrucksvollen Sieg, den Napoleon selbst am 27. August über die Österreicher und Russen bei Dresden erfocht. Marie Louise erfuhr von dem Sieg bei Dresden während einer Reise nach Cherbourg , wo sie auf Napoleons Geheiß der Eröffnung des neuen Hafens beigewohnt hatte. Froh wurde sie des Sieges jedoch nicht. »Wir haben eine Schlacht gewonnen, aber das bringt mir den Kaiser nicht zurück«, trug sie in ihr Tagebuch ein.[11] Es war nicht der Jubel, den Napoleon gewünscht hätte, aber wie hätte sie auch über eine Niederlage der Österreicher froh sein können. »Seit dem vergangenen Jahr kann ich nicht mehr lachen«, notierte sie bekümmert.

Es gab auch nichts zu lachen. Der Zustand von Napoleons Armee hatte sich wieder sehr verschlechtert. Die nach tagelangen Märschen übermüdeten Soldaten mußten von einem halben Pfund Brot pro Mann leben. Fleisch gab es überhaupt nicht mehr. Am Tag von Macdonalds Niederlage an der Katzbach verlegten sich dreiviertel seines Heeres auf das Betteln in den Häusern, und weder Drohungen noch Schläge konnten daran etwas ändern. Immer mehr Soldaten stahlen sich davon, blieben einfach zurück. Selbst in der Garde erreichten die Desertionen ein Ausmaß, daß Napoleon befahl, jeden zehnten Mann zu füsilieren. Bei Blücher war es freilich nicht anders. Von seiner schlesischen Landwehr verdrückte sich die Hälfte, und Blücher gab Befehl, »die Ermüdeten mit dreißig Stockschlägen zu erfrischen«.[12]

Dennoch begann sich die Übermacht der Verbündeten auszuwirken, und nun war es Metternich, der gute Nachrichten vom Kriegsschauplatz nach Hause meldete. »Unsere Angelegenheiten gehen gut«, schrieb er seinem Vater.[13] »Napoleon hat keine Reserven mehr, und wir haben deren mehr als 200 000 Mann . . . Ganz

Preußen ist unter Waffen, und bald wird es ganz Deutschland sein.« Die französische Armee sei gänzlich demoralisiert, vertraute er seiner Tochter an[14], und Napoleon verliere selbst bei dieser sein Ansehen. »Ich habe ihm in Dresden alles gesagt und prophezeit, er hat nichts glauben wollen, und das lateinische Sprichwort: Quem Deus vult perdere, dementat (Wen Gott verderben will, dem nimmt er den Verstand, Verf.) bewahrheitet sich.«

Die Situation, wie sie sich nun darbot, war die folgende: Napoleon hatte insgesamt 450 000 Mann aufgeboten, wobei die von ihm selbst geführte und auf Sachsen gestützte Hauptarmee 190 000 Mann zählte. Dem hatten die Verbündeten nur 405 000 Mann entgegenzusetzen, jedoch hatten sie den längeren Atem. Preußen brachte sein Heer auf 270 000 Mann und Österreich, das, wie Preußen, die Landwehr aufbot, sogar bis Jahresende auf 550 000 Mann. »Die nächsten acht Tage werden die größten der neueren Geschichte«, prophezeite Metternich Anfang Oktober.[15]

Schon im Juli hatte Radetzky den »Entwurf eines allgemeinen Operationsplanes für die alliierte Armee« vorgelegt, der besagte, daß sich keine Armeeinheit einzeln gegen eine ihr überlegene Macht einzulassen habe, »um den Hauptzweck in den gemeinschaftlichen Operationen nicht zu verfehlen, nämlich: den Hauptschlag mit Sicherheit zu führen, . . . den Kaiser Napoleon von seinen Stützpunkten an der Elbe abzudrängen, sodann möglichst nahe zu umstellen . . . und am Ende in einer Entscheidungsschlacht vollends zu vernichten«.[16]

Radetzky hat bezeugt, daß an diesem Plan jedermann Kritik geübt, aber keiner einen besseren vorgeschlagen habe. Daß auf alliierter Seite jeder dreinzureden versuchte, beklagte auch Schwarzenberg. »Wir sind aus allen Nationen zusammengesetzt, leiden an dem traurigsten Übel, drei Souverains auf den Schultern tragen zu müssen«, seufzte der Generalissimus, und Radetzky meinte sarkastisch, nur die Furcht vor Napoleon habe sie alle zusammengehalten.

Aber zuletzt hielten sie eben doch alle zusammen. Bernadotte zog von Norden heran, Blücher kam von Nordwesten und Schwarzenberg von Süden. Eine Einkreisung des Löwen bereitete sich vor. Und schon begannen auch die Ratten das sinkende Schiff zu verlassen. Am 8. Oktober trat Bayern aus dem Rheinbund ins Lager der Feinde Napoleons über, Württemberg schloß sich an, und mitten im Gefecht liefen auch noch die Sachsen über.[17]

In der Ebene von Leipzig wurde die Schlacht geschlagen, die von 16. bis 19. Oktober 1813 dauerte und der die Geschichte den Namen »Völkerschlacht« gegeben hat. Die Alliierten erfochten einen vollen, einen für Napoleon katastrophalen Sieg. Während noch die Nachhut geopfert wurde, zog sich Napoleon mit den Resten seiner Armeekorps aus dem Kampf zurück. »Ich werde in wenigen Tagen in Mainz sein«, schrieb er am 25. Oktober seiner Frau. »Meine Armee muß reorganisiert werden und braucht gute Winterquartiere.« Der Feldzug von 1813 war zu Ende. Daran änderten auch kleinere siegreiche Gefechte nichts. »Ich habe die Bayern und Österreicher gestern, den 30., in Hanau gut verhauen«, schrieb der Kaiser burschikos an Marie Louise. »Diese Narren wollten mir den Weg abschneiden!«[18]

»Diese Narren« feierten inzwischen den Sieg von Leipzig. Metternich, der schon vergessen hatte, wie lange er sich den Schritt an die Seite der Verbündeten überlegt hatte, nahm nun das Verdienst für den Erfolg für sich in Anspruch und wurde kaiserlich dafür belohnt. Über Vorschlag Schwarzenbergs erhob Kaiser Franz ihn und seine Nachkommenschaft in den Fürstenstand. Den Wienern wurde der Sieg von Leipzig durch einen Sonderkurier mitgeteilt. Es war der Feldmarschalleutnant Graf Neipperg, der am 24. Oktober unter unbeschreiblichem Jubel mit der Siegesbotschaft durch das Kärntnertor in die Haupt- und Residenzstadt Wien einritt.[19]

Auch Napoleon versuchte, so etwas wie Siegesstimmung zu erzeugen. Er ließ Marie Louise zwanzig Fahnen überreichen, die er bei Leipzig und Hanau erbeutet hatte. Es war das eine Huldigung für die Kaiserin-Regentin und sollte zugleich eine Beruhigung für die Öffentlichkeit sein.

Ohne Aufenthalt eilte er dann zurück nach Saint-Cloud. Am 9. November hielt der Reisewagen des Kaisers vor dem Schloß. Vor Erleichterung, Glück und Sorge war Marie Louise in Tränen aufgelöst, als er sie umarmte.

Das Wiedersehen mit Frau und Kind war die große Freude, die Napoleon in Paris zuteil wurde. Vor allem der Sohn entzückte den Kaiser. Er hatte ein stummes Kleinkind verlassen und fand nun einen blondlockigen hübschen kleinen Jungen vor, der nicht aufhören konnte, mit dem vergötterten Papa zu schwatzen. Der Kaiser war der verliebteste Vater der Welt, spielte, auf dem Teppich liegend, mit dem kleinen König und stellte hundertmal die Regimenter von Zinnsoldaten wieder auf, die der Bub sorglos durcheinanderbrachte. Der kleine König durfte auch zu des Kaisers Füßen spielen, wenn Napoleon mit seinen Würdenträgern und Marschällen über die Nachrichten konferierte, die aus Frankfurt am Main, dem neuen Hauptquartier der Alliierten, eintrafen.

Man war dort seiner Sache schon recht sicher. Da bereits abzusehen war, daß sich der Feldzug des Jahres 1814 auf dem Boden Frankreichs abspielen würde, hatte Metternich neue Friedensbedingungen ausgearbeitet. Diese »Frankfurter Propositionen« waren zwar nicht mehr die von Prag, aber immer noch annehmbar für Napoleon, und er hätte gut daran getan, sie zu akzeptieren. Metternich verlangte, daß Napoleon auf seine Eroberungen Verzicht leiste und Frankreich auf seine natürlichen Grenzen – Rhein, Alpen, Pyrenäen – beschränkt bleibe. Ergänzend beeilte sich Kaiser Franz, seinen guten Willen und seine Friedensbereitschaft zu betonen. »Daß ich die Uiberzeugung habe, daß dein Mann und ich im Frieden miteinander zu leben geeignet sind, habe ich dadurch bewiesen, daß ich dich ihm zur Frau gegeben habe«, schrieb er aus Frankfurt am 26. November an Marie Louise, »und beweise es täglich durch den Ausspruch des Wunsches, daß Friede werde. Er hängt aber nicht von mir ab – geschehe nun, was immer wolle, so vergesse ich dennoch nie, daß dein Mann dich zum Weibe hat, und daß dein Sohn der meinige auch ist.«[20]

Napoleon wies das Friedensangebot in unbegreiflicher Verkennung der militärischen Lage zurück, obwohl die Dinge denkbar schlecht standen. Das Korps, das er in Dresden zurückgelassen hatte, war zur Kapitulation gezwungen worden, in Deutschland fiel eine französische Garnison nach der anderen in die Hände der Verbündeten. Was dadurch an Soldaten verloren ging, hätte ausgereicht, eine neue französische Armee zu bilden. Die Nachrichten aus Spanien waren um nichts besser. Mit großem Erfolg unterstützte England die spanischen Guerillakämpfer. Lord Wellington, ein sachlich-kühler Taktiker, der die englisch-spanischen Truppen befehligte und am 21. Juni 1813 bei Vittoria einen spektakulären Sieg über König Joseph erfochten hatte, stand schließlich in Südfrankreich. Das spanische Abenteuer war zur schweren Niederlage für Napoleon geworden.

Auch die politische Lage war verheerend. Am 31. Oktober hatte sich der Rheinbund aufgelöst. Seine Mitglieder schlossen sich alle den Alliierten an. Vielleicht noch schmerzlicher mochte den Kaiser der Verrat der eigenen Schwester, der Königin Caroline von Neapel, und seines alten Kampfgefährten Murat berühren. General Graf Neipperg reiste als österreichischer Sondergesandter nach Neapel, um einen Vertrag zwischen Österreich und Neapel zustande zu bringen. Die Murats hielten Napoleon schon für verloren.

Und schließlich kapitulierte der Kaiser auch vor dem Papst. Monsieur de Beaumont, den der Kaiser nach Fontainebleau sandte, kündigte dem Heiligen Vater die Rückgabe des Kirchenstaates an. Als Gegenleistung hoffte Napoleon insgeheim, daß Pius VII. das seinerzeit widerrufene Konkordat doch noch anerkennen werde. Aber der Papst weigerte sich. Kein zweites Mal werde er sich täuschen lassen. Sein einziger Wunsch sei, nach Italien zurückzukehren. 1814 war er wieder in Rom, und der kleine König von Rom hatte fortan nur noch einen Titel, aber kein Königreich mehr.

Den Frieden brachte auch das nicht. In bewährter Weise schob Napoleon die Schuld daran dem Gegner zu, und von ihrem Mann präpariert, blies Marie Louise in dasselbe Horn. »Gott gebe, daß wir bald Friede bekommen«, schrieb sie am 12. Dezember an Kaiser Franz. »Der Kaiser wünscht ihm und alle Leute wünschen ihm hier, man kann aber nicht Frieden machen ohne vorher zu negozieren, und bis itzt scheint es, daß man viele Umstände von Ihrer Seite macht . . .« Und als wollte sie den Papa nicht ganz vergrämen, setzte sie hinzu: »Ich bin versichert, daß die Engländer daran Schuld sind.«[21]

Kaiser Franz konterte mit Gegenvorwürfen. »Was den Frieden anbelanget«, schrieb er am 20. Dezember, »so sey überzeugt, daß ich ihn nicht weniger wünsche als ganz Frankreich und, wie ich hoffe, auch Dein Mann. In dem Frieden allein liegt Glück und Heil; meine Begriffe sind mäßig, ich wünsche das, was zur Dauer des Friedens gehört, in dieser Welt ist aber bloßes Wollen nicht genug. Ich habe große Pflichten gegen meine Alliirten, und leider sind die Fragen des künftigen, hoffentlichen sehr baldigen Friedens sehr verwickelt. Dein Land hat alle Begriffe über den Haufen gestoßen; wo man die Frage angreift, sind gerechte Klagen oder Vorurtheile zu bekämpfen – ich lasse mir die Sache als den heißesten Wunsch meines Herzens darum nicht weniger angelegen sein und ich hoffe, daß wir nächstens unsere Leute werden zusammenstellen können. In England herrscht kein übler Wille . . .«[22]

Inzwischen war Napoleon wieder an die Arbeit gegangen. Die

»Marie Louisen« waren verbraucht, eine neue Aushebung von 300 000 Mann tat not. Wieder wurde ein Heer aus dem Boden gestampft, mußte ein Jahrgang zu früh einrücken, wurden Freiwilligenregimenter gebildet und die Veteranen einberufen. Für die Ausrüstung dieses improvisierten Heeres war natürlich Geld nötig. Da nicht mehr die braven Deutschen, Italiener, Spanier zur Kasse gebeten werden konnten, mußte Frankreich finanzielle Opfer bringen. Napoleon entschloß sich, selbst die Session der gesetzgebenden Körperschaft, des »Corps Législatif«, zu eröffnen, dort eine Rede zu halten und an die Opferwilligkeit der Nation zu appellieren. Die Abgeordneten waren ja immer gefügig gewesen, sie würden es wieder sein.

Als der Kaiser am 19. Dezember 1813 von den Tuilerien aufbrach, stand eine schweigende Menge am Straßenrand. So oft hatte man den Gewaltigen als Sieger vorüberfahren sehen, wie sah er nun als Besiegter aus? Protestdemonstrationen gegen einen neuerlichen Krieg lagen in der Luft. Aber als der Kaiser dann vorüberfuhr, wirkte noch einmal der alte Zauber, und die Menge grüßte ihn mit dem Ruf, den er so oft gehört hatte.

»Vive l'Empereur! Vive Napoléon!«

Dann stand er vor der Kammer, vor der er jahrelang Sieg um Sieg verkündet hatte. Nun verlangte er Zugeständnisse zur Rettung des Vaterlandes. Seine Worte, so hielt es der treue Sekretär Méneval fest, waren »würdig und berührend«[23]. Aber die Abgeordneten, die jahrelang vor Napoleon gezittert hatten, ließen ihn nun im Stich. Sie machten ihre Bereitschaft zu neuen Zugeständnissen abhängig von dem Ausmaß an Freiheitsrechten, die Napoleon der Nation zu gewähren willens war. Mit 229 gegen 31 Stimmen nahm die Versammlung einen in diese Richtung zielenden Antrag an. Aber noch unterschätzten sie Napoleon. Zwei Tage später war das »Corps Législatif« aufgelöst.

Die oppositionelle Stimmung im Volk ließ sich freilich weder abschaffen noch auflösen. Wohin man sah, war Unwillen, Sabotage, Widerstand. Vor allem die Jugend lehnte es ab, sich abermals in einem napoleonischen Krieg verheizen zu lassen. Eine lähmende Passivität machte sich breit. Vergebens versuchte Napoleon der Öffentlichkeit zu suggerieren, Frankreich sei nur erschöpft, weil es sich für erschöpft halte. Die kaiserliche Verwaltung ließ jede Initiative vermissen. Viele der oberen Zehntausend überlegten bereits, wie sie es sich mit den Machthabern von morgen richten könnten.

Diese defaitistische Stimmung gab den Alliierten Anlaß für ein Manifest, das die geschickte Formulierung enthielt: »Krieg gegen Napoleon. Nicht gegen Frankreich.«

Der Kaiser gab sich nach außen gelassen, zeigte sich mit Marie Louise in der Comédie Française, nahm an Jagden teil, besichtigte die neuen Bauten des Louvre, des Palais de Luxembourg und der Pariser Markthallen. Einmal nahm er eine Parade von 18 000 Mann ab. Die Pariser sollten sehen, daß Frankreichs militärische Stärke ungebrochen war. Der getreue Ménevel aber, vor dem Napoleon die Maske fallen ließ, wußte, wie es um den Kaiser wirklich stand. »Ich sah ihn von Sorgen niedergedrückt, obwohl er sein Bestes tat, seine Sorgen zu verbergen. In der Öffentlichkeit war sein Gesicht ruhig und beherrscht.«[24] Méneval hielt auch fest, daß die Gesundheit des Kaisers zu wünschen übrig ließ. Nach dem Sieg bei Dresden war Napoleon von einer so heftigen Indisposition befallen worden, daß sein häufiges Erbrechen ein Gerücht in Umlauf brachte, er sei vergiftet worden.[25]

Das Ende des Jahres 1813 verbrachte das Kaiserpaar in Paris, wo sich mit Ausnahme Luciens, der erst 1815 wieder auftauchte, auch die Brüder des Kaisers einfanden. Joseph hatte in Spanien das Feld und den Thron geräumt. Zurück blieben 473 000 Franzosen[26], die in Spanien gefallen, ermordet oder zu Tode gefoltert worden waren. Wieder in sein Reich zurück kehrte der spanische Kronprinz Ferdinand, den Napoleon 1808 zusammen mit der ganzen königlichen Familie nach Frankreich gelockt und dort gefangen gehalten hatte. Jetzt mußte er ihn als König von Spanien und beider Indien anerkennen. Auch wieder in Paris war König Jérôme von Westfalen, der vor den näherrückenden Verbündeten Reißaus genommen und mit der württembergischen Katharina Zuflucht in seinem Vaterland gesucht hatte. Ebenfalls durch die Alliierten war König Louis von Holland in seinem Schweizer Exil aufgestöbert und zur Abreise genötigt worden. Er traf am 1. Januar 1814 in Paris ein, wo ihn Napoleon recht kühl empfing.

In diesem Winter 1813/1814 war Marie Louise ebenso wie die übrigen Damen des Hofes eifrig mit Charpie-Zupfen beschäftigt. Immer noch war die Herzogin von Montebello die vertrauteste Freundin der Kaiserin. Obwohl die beiden viele Stunden des Tages zusammen waren, schrieb Marie Louise »ihrer lieben Herzogin« bis zu drei Briefchen am Tag, schickte ihr Geschenke, Blumen und Spielsachen für ihre Kinder. In diesen »petits billets« kokettierte die

Kaiserin mit ihren echten und eingebildeten Krankheiten, mokierte sich über die Behandlungsmethoden von Dr. Corvisart und schmollte, wenn sie sich von der Montebello vernachlässigt glaubte. Gegen Ende des Jahres 1813 verdüsterte sich der Ton dieser Tändelbriefchen. »Ich bin so traurig, so verdrossen«, schrieb sie der Herzogin am 29. Dezember 1813, »daß ich heute abend keinen ordentlichen Satz schreiben kann. Der Mut beginnt mich ganz zu verlassen.«[27]

Sie hatte allen Grund zur Traurigkeit. Als das Kaiserpaar am Neujahrstag 1814 gemeinsam mit Hortense nach der Messe die Kapelle verließ, trat die Herzogin von Montebello leichenblaß auf Hortense zu und flüsterte ihr eine Unglücksnachricht ins Ohr. In der Neujahrsnacht hatte Blücher bei Kaub den Rhein überschritten. Am 21. Dezember war Schwarzenberg von der Schweiz her in Frankreich eingedrungen, und von Süden her rückte Wellington mit dem englisch-spanisch-portugiesischen Heer vor.

Die Invasion Frankreichs war in vollem Gange.

Als Hortense an demselben Abend in die Tuilerien kam, fand sie im Salon das Kaiserpaar allein vor. Napoleon hielt die verzweifelte Marie Louise in den Armen und tröstete sie.

»Hortense«, sagte er und wandte sich achselzuckend nach der Königin um. »Paris ist also entsetzt. Man glaubt, daß schon die Kosaken da sind. Sie sind aber noch nicht da und wir haben unser Handwerk noch nicht verlernt. Sei unbesorgt«, wandte er sich dann zu seiner Frau, »wir gehen wieder nach Wien. Papa François verhauen.«

Als nach dem Diner der kleine König gebracht wurde, wiederholte der Kaiser: »Wir gehen nach Wien, Papa François verhauen.« Und als es der kleine König wieder und wieder nachplapperte, lachte der Kaiser aus vollem Hals.

Als er dann mit Berthier seine Pläne besprach, so überlieferte Hortense, bat Marie Louise die Königin, sich zu ihr zu setzen. Die Augen der Kaiserin waren rotgeweint. Niedergeschlagen erinnerte sie sich, wie sie als Kind hatte von daheim fliehen müssen. »Ich habe Angst vor der Zukunft«, sagte sie hilflos.[28]

»Seitdem Ihre Truppen in Frankreich eingefallen sind«, schrieb Marie Louise in angstvoller Verzweiflung am 2. Januar 1814 an den Papa, »bewaffnet sich das ganze Volk und ich fürchte sehr, daß der Kaiser bald zur Armee abreisen mögte, und mich hier in der Mitte dieser Stadt zurücklaßen mögte, und diese Stadt greift ganz zu den

Waffen . . . Gott gebe, daß alles dieses gut endigen mögte . . .«[29]
Wirklich schickte sich Napoleon an, wieder ins Feld zu ziehen. Zuvor ordnete er seine Angelegenheiten. Nie vorher hatte er mit solchem Ernst Vorsorge für seine Abwesenheit getroffen. Zum zweitenmal übertrug er Marie Louise die Regentschaft, wieder sollte ihr der Erzkanzler Cambacérès zur Seite stehen. Als zweiten Paladin bestimmte er seinen Bruder Joseph, der den Titel »Lieutenant-Géneral« und den Oberbefehl über die Nationalgarde erhielt. Er sollte em Kaiser täglich Bericht erstatten. Auch der Palastgouverneur, General Caffarelli, sowie der Polizeiminister Savary hatten täglich Rapport zu erstatten.

Dann begann das Abschiednehmen. Am 23. Januar befahl Napoleon die Offiziere der Pariser Nationalgarde in den Marschallsaal der Tuilerien. Und dann die große Szene: Kaiser und Kaiserin traten ein, und durch die gegenüberliegende Tür kam der kleine König. Napoleon und Marie Louise nahmen ihn zwischen sich und traten vor die Offiziere, die in mehreren Reihen angetreten waren. Als das »Vive l'Empereur!« erscholl, legte der kleine König salutierend die Hand an die Mütze.

Napoleon erklärte, daß ein Teil des französischen Territoriums vom Feind besetzt sei. Er selbst stelle sich an die Spitze der Armee. »Sollte sich der Feind jedoch der Hauptstadt nähern«, sagte er, »vertraue ich die Kaiserin und den König von Rom, meine Frau und meinen Sohn, der Tapferkeit der Nationalgarde an. Ich werde beruhigt und ohne jede Angst abreisen, weiß ich sie doch in Eurer Hut. Euren Händen vertraue ich an, was nach Frankreich mir das Kostbarste ist. Ihr werdet es verteidigen.«

Die Begeisterung kannte keine Grenzen. Die Offiziere stürzten auf den Kaiser zu und küßten ihm mit Tränen in den Augen die Hände. Alle schwuren Treue bis in den Tod. Marie Louise war vor Bewegung einer Ohnmacht nahe.

»Das kleine Drama wurde gut gespielt«, hielt der Royalist Lehodey de Saultchevreuil ironisch fest.[30] »Der Hauptdarsteller war pathetisch. Er hatte seine Lektion bei Talma* gut gelernt . . .«

Das Abschiednehmen ging weiter. Am 24. Januar empfing der Kaiser einige Personen seines Vertrauens. Er war ernst und weich gestimmt. »Leben Sie wohl, meine Herren«, sagte er, »Hoffentlich

---

* Talma: berühmter Schauspieler der Napoleonzeit.

sehen wir uns wieder!«[31] Der Polizeiminister Savary notierte: »Ich hatte die Ehre, an diesem Abend bei ihm zu sein; er erfüllte mich mit großer Traurigkeit, denn er machte mir den Eindruck von jemandem, der ein letztes Lebewohl sagt.«[32]

Dann sah der Kaiser in Gegenwart Marie Louises und Hortenses seine Papiere durch und warf Briefe, Dokumente und Notizen in das Feuer, das im Kamin brannte. Fröstelnd drängten sich die Damen zu den Flammen. Marie Louise weinte unaufhörlich. Vergeblich bemühte sich Napoleon, sie zu trösten. »Jedesmal, wenn er sich dem Kamin näherte«, so Hortense, »küßte er seine Frau«. Er bat sie, Vertrauen zu ihm zu haben. »Weine nicht«, sagte er zur Kaiserin. »Ich kehre bald zurück.«[33]

Am 25. Januar 1814 stand im Morgengrauen der Wagen zur Abfahrt bereit. Wieder wartete der Kammerdiener Constant auf seinen Herrn. Napoleon schlich auf Zehenspitzen zum Bett seines Sohnes und küßte das schlafende Kind. Dann umarmte er Marie Louise. Schluchzend fragte sie, wann er wiederkehren werde. Er zuckte die Achseln. »Das, meine Freundin, ist ein Geheimnis Gottes!«[34] Eine letzte Umarmung, und er sprang in den Wagen und fuhr davon.

Er sollte Frau und Kind niemals wiedersehen.

Noch am selben Tag schrieb Marie Louise ihrem Ehemann den ersten Brief.[35]

»(Paris), am 25. Januar 1813
(recte 1814).

Mein lieber Freund! Ich weiß nicht, was ich Dir heute sagen soll, ich fühle, daß ich immer wieder auf den gleichen Gegenstand zurückkommen werde, ich bin seit Deiner Abreise so traurig, daß ich an nichts anderes denken kann. Ich sage mir vergebens, daß Du mir befohlen hast, mich zu trösten, ich glaube, das ist unmöglich, diese Trennung hat mich noch mehr betrübt als die früheren, ich sehe seit langer Zeit alles so schwarz, daß ich Deiner Verzeihung bedarf. Übrigens werde ich mich an solche Trennungen, obwohl sie oft vorkommen, niemals gewöhnen, ich liebe Dich zu sehr, als daß ich imstande wäre, mich heiter und wohl zu fühlen, ehe Du zurückgekehrt bist oder ich wenigstens Nachrichten von Dir habe. Schreibe mir recht pünktlich, ich bitte dich, und begib Dich nicht, wie bisher, in Gefahr; bedenke, daß mein Glück, das Glück deines Sohnes und vieler anderer Personen, die mich lieben, einzig davon abhängt, daß Du uns erhalten bleibst, denn Du kannst sicher sein, daß ich vor Kummer sterben würde, wenn Dir etwas zustieße . . .

Ich habe Madame (Napoleons Mutter, Verf.) besucht, die sehr leidend ist, sie hat mit mir geweint. Der König von Spanien und der Erzkanzler haben mich besucht, ersterer wünscht, daß ich morgen die Abordnung der Nationalgarde empfange . . . Ich bin nur in Verlegenheit wegen der Antwort, die ich ihnen geben muß; wenn ich dummes Zeug rede, bitte ich Dich, Dir das selbst zuzuschreiben, da Du mir heute die Antwort nicht angeben wolltest.

Dein Sohn umarmt Dich und hat mir aufgetragen, Dir zu sagen, daß er Dich von ganzem Herzen liebt; er befindet sich vortrefflich und ist sehr munter, er spricht sogar wenig von Dir – ach, dieses glückliche Alter, auch ich möchte im Augenblick so wenig Interesse an Dir nehmen, denn in der Tat: man ist sehr glücklich, wenn man nichts empfindet.

Ich bitte Dich, mir zu sagen, ob ich jetzt in meiner neuen Eigenschaft als Regentin vier Dames de Service haben muß anstatt zwei wie bisher . . .

Ich werde versuchen, weniger traurig zu sein, das wird Mühe kosten, denn sooft ich an Dich denke, muß ich weinen.

Adieu, mein lieber Freund, ich umarme Dich und liebe Dich von ganzem Herzen.

Louise.«

Napoleon schrieb seiner Frau am Tag nach seinem Aufbruch. Es war nur ein kurzes Billett.[36]

> »Châlons, den 26. (Januar 1814)
> 9 Uhr morgens.

Meine Freundin! Ich bin in Châlons angekommen. Es ist kalt. Ich bin 18 Stunden unterwegs gewesen anstatt 12 Stunden. Ich befinde mich sehr wohl. Jetzt gehe ich nach Vitri, 5 Meilen von hier aus.

Adieu, meine Freundin. Ganz der Deine

Nap«

Am 27. Januar traf Napoleons Billett ein. Erleichtert und glücklich nahm Marie Louise wieder die Feder zur Hand[37]:

> »(Paris) am 27. Januar 1813
> (recte 1814) abends

Mein lieber Freund! Ich habe heute morgen endlich Deinen liebenswürdigen Brief vom 26. Januar erhalten; ich bin sehr froh, zu wissen, daß Du glücklich in Châlons angelangt bist. Dein Brief hat mir ein wenig Mut gegeben, ich versichere Dich, daß mir der Mut sonst ganz und gar fehlt, alle Welt findet, daß ich sehr schwermütigen Sinnes bin und man kann daran nichts Abwegiges finden, denn wir sind seit drei Jahren wirklich sehr übel daran. Es ist mir sehr leid, daß Du von Châlons schon wieder weggehst, dadurch wird in unserer Korrespondenz eine Lücke entstehen. Wenn Du die gräßliche Laune und die Betrübnis sähest, die mich befällt, sobald ich einen Tag ohne Nachrichten von Dir bin, so hättest Du Mitleid mit mir. Ich fürchte sehr, daß dieser garstige Frost Dir eine Erkältung bringt, er ist hier sehr heftig und dauert beständig fort, ich hoffe, daß Du Dich recht warm hältst und Dich nicht der Nässe aussetzt . . .«

Es war so lächerlich wie rührend: während ein Imperium zerbrach, während sich Napoleons Sturz unaufhaltsam ankündigte, hatte die Kaiserin der Franzosen Angst, daß er sich einen Schnupfen holen könnte.

Wenige Tage später griff Napoleon Blücher an, um ihn an der Vereinigung mit der Armee Schwarzenbergs zu hindern. Ein ermutigender Brief an Marie Louise vom Abend des 27. Januar 1814, auf den die Kaiserin Bezug nahm, ist nicht vorhanden. Auf Grund der Versicherungen des Kaisers aber scheint Marie Louise wieder Hoffnung geschöpft zu haben[38]:

»(Paris) am 29. Januar 1813
(recte 1814)

Mein lieber Freund! Ich danke Dir recht sehr für die Neuigkeiten, die Du in Deinem Brief vom Abend des 27. berichtest, es ist sehr liebenswürdig von Dir, daß Du mir so pünktlich schreibst, ich versichere Dich, daß Du mir damit eine sehr große Freude machst; um ruhig zu sein, muß ich wissen, wie es Dir geht. Ich habe seit einigen Tagen etwas mehr Mut; seitdem Du abgereist bist, fürchte ich nicht mehr, daß ›jene Herren‹ einen Besuch in Paris machen könnten, ich bin überzeugt, daß sie so viel Angst haben, daß sie nicht die geringste Lust verspüren, weiter vorzugehen, und wenn Du bald zurückkehrtest und uns den Frieden wiederbrächtest, würde ich nichts mehr zu wünschen brauchen, da Du dann immer bei mir bleiben wirst . . .«

Sechseinhalb Jahre später würde dieselbe Marie Louise bei Überbringung der Nachricht von Napoleons Tod sagen: »Ich habe nie ein tiefes Gefühl für ihn gehabt . . .«

XIV

Zwischen Furcht und Zuversicht

Im Frühjahr 1814 war Frankreich in militärischer Hinsicht wieder auf dem Stand von 1792. Wieder drang der Feind von allen Seiten über die Grenzen, marschierten die Heere einer Koalition über den Boden Frankreichs. Aber die Rollen waren nun vertauscht. Hatte damals das revolutionäre Frankreich durch eine neue Strategie seiner neuen Massenheere die schwerfällig nach veralteten taktischen Methoden operierenden Koalitionstruppen mit fabelhaftem Elan vor sich hergetrieben, so rückte nun eine halbe Million Soldaten, die von Napoleon viel gelernt hatten, gegen eine Nation vor, die nicht mehr die Kraft und auch nicht mehr den Schwung hatte für eine Wiederholung der großartigen revolutionären Manifestation.

Napoleon leistete Übermenschliches, lebte als Soldat unter Soldaten und schonte weder Gesundheit noch Leben. Es war wieder der General Bonaparte, der in sechs Tagen neun Gefechte schlug, mit eigener Hand (bei Montereau) die Geschütze richtete und nach Jahren wieder (bei Arcis-sur-Aube) eine Reiterattacke führte. Aber das »Wunder von 1814« stellte sich nicht ein. Dreimal in der Übermacht waren die Armeen, denen er sich entgegenwarf. Als er Anfang Februar bei La Rothière von Blücher geschlagen wurde und in eine äußerst kritische Lage geriet, gab er schon alles verloren. Aber dann geschah etwas Unerwartetes. Blücher trennte sich aus eigener Machtvollkommenheit von Schwarzenberg. Napoleon, elektrisiert, witterte eine neue Chance. Tatsächlich schien sie sich bei Champaubert zu bieten. »Meine gute Louise, Viktoria!« jubelte der Kaiser am 10. Februar. »Ich habe 12 russische Regimenter vernichtet, 6000 Gefangene gemacht, 40 Geschütze und 200 Proviantwagen erbeutet, den oberstkommandierenden General, alle anderen Generale und mehrere Obristen gefangen genommen, ich selbst habe keine 200 Mann verloren. Laß mit der Kanone bei den Invaliden Salut schießen und diese Nachricht in allen Theatern verkünden . . .«[1]

Durch rasches Manövrieren und indem er sich bald auf die eine, bald auf die andere der feindlichen Armeen warf, errang er noch weitere beachtliche Siege, aber das waren keine Tausendgulden-schlachten mehr wie Austerlitz, Jena oder Wagram, sondern Gefechte, die zwar den Verbündeten schwer zusetzten, aber Frankreich nicht retteten. Und daß die Namen der Schlachten nun französisch waren und nicht mehr italienisch oder deutsch oder russisch, bewies den Ernst der Lage. Die napoleonischen Siege bei Brienne, Champaubert, Montmirail, Vauchamps, Montereau und wie sie alle hießen, stehen nicht mehr fettgedruckt in den französischen Lesebüchern. Auch die Marschälle lieferten keine Ruhmes-blätter mehr. Augereau, der mit der Lyoner Armee Schwarzenberg in den Rücken fallen sollte, setzte sich nur höchst zögernd in Bewegung, Oudinot und Macdonald standen bei Bar-sur-Aube auf verlorenem Posten, Marmont kämpfte bei Lâon nur noch zum Schein. Die Zivilbevölkerung litt. Jahrelang hatten die französischen Heere im Ausland requiriert, gestohlen und gebrandschatzt. Jetzt waren die anderen daran. Die Pariser Blätter brachten spaltenlange Berichte über die Schikanen und Grausamkeiten der Besatzer. Aus der Champagne und aus Burgund trafen Deputierte in der Hauptstadt ein und führten Klage wegen der Leiden ihrer Departements. Ein ganz neuer Schreckensruf tauchte auf und pflanzte sich mit Windeseile fort: »Die Kosaken kommen!« Allein auf das Gerücht vom Heranrücken der Kosaken gaben Reims, Langres und Lyon auf.[2] Und schließlich ließen den Kaiser auch die Soldaten im Stich. Zwischen Troyes und Nogent, einem Marsch von zwei Tagen, verschwanden sechstausend Rekruten. Überall auf den Straßen lagen weggeworfene Gewehre, Tschakos und Tornister.

Zweimal hielt das Schicksal Napoleon die rettende Hand hin. Anfang Februar traten die Diplomaten auf den Plan. Am 5. Februar setzten sich in Châtillon-sur-Seine die Bevollmächtigten Österreichs, Rußlands, Preußens und Englands mit dem Abgesandten Napoleons an den Verhandlungstisch. Der Kaiser hatte seinen Bevollmächtigten, den getreuen Caulaincourt, Herzog von Vicenza, mit unbeschränkter Vollmacht ausgestattet[3], und Marie Louise führte ihn mit einem Empfehlungsschreiben bei ihrem Vater ein. (»Ich bitte Sie, Ihm zu sehen und Vertrauen in seine Reden zu haben.«[4])

Caulaincourt bemühte sich auch nach Kräften, zeigte Verhandlungsbereitschaft und beschwor seinen Herrn, auf die Bedingungen der Alliierten einzugehen. Gefordert wurde die Wiederherstellung der Grenzen Frankreichs von 1792. Das bedeutete die Aufgabe aller Souveränitätsrechte und Protektorate in Italien, Spanien, Deutschland und der Schweiz. Napoleon lehnte ab. Er hoffte immer noch auf eine Wendung der Dinge.

Die schien einzutreten, als Schwarzenberg am 18. Februar den Krieg beenden wollte. Napoleon aber war von seinen Siegen wie berauscht. »Meine gute Freundin«, schrieb er aus Nangis am 18. Februar an Marie Louise.[5] »Alles geht für mich so gut, daß Schwarzenberg mich diese Nacht um einen Waffenstillstand gebeten hat. Ich habe ihm nicht geantwortet. Ich hoffe, wir werden in wenigen Tagen Frieden haben, aber einen dauerhaften Frieden, der meiner und Frankreichs würdig ist.«

In tragischer Überschätzung seiner Lage entzog Napoleon dem unglücklichen Caulaincourt seine Vollmachten. Seinem Bruder Joseph schrieb er: »Ich werde keinem Waffenstillstand zustimmen, ehe sie nicht unser Territorium verlassen haben.«[6] Auf die Weigerung Napoleons, den angebotenen Waffenstillstand anzunehmen, vereinigten Schwarzenberg und Blücher wieder ihre Truppen und der Krieg begann aufs neue.

Die Alliierten schlossen sich nun noch enger zusammen. Der Vertrag von Chaumont verpflichtete England, Rußland, Österreich und Preußen, in enger Zusammenarbeit das Kriegsziel zu erreichen, nämlich »Europas Ruhe durch Wiederherstellung eines gerechten Gleichgewichts zu sichern.« Voraussetzungen waren ein konföderiertes, von souveränen Fürsten beherrschtes Deutschland, eine freie Schweiz und ein in selbständige Staaten aufgeteiltes Italien. Spanien sollte den Bourbonen, Holland den Oraniern zurückgegeben werden. Keiner der Verbündeten sollte einen Separatfrieden schließen. Für Frankreich war kein Umsturz vorgesehen. »Der Vertrag von Chaumont vom 1. März 1814«, schrieb Talleyrand in seinen Memoiren, »beweist, daß die Alliierten damals für Frankreich keinen anderen Souverän als Napoleon ins Auge faßten.«[7]

Es war ein folgenschwerer Fehler Napoleons, sich, wie Metternich es ausdrückte, »nicht retten zu lassen«. Metternich, Schwarzenberg, der Kaiser Franz und auch der englische Außenminister, Viscount Castlereagh, der Anfang des Jahres 1814 aufs Festland herübergekommen war, traten damals zu noch durchaus akzeptablen Bedingungen für einen sofortigen Friedensschluß ein. »Es ist Zeit zu enden«, schrieb Metternich am 16. Februar an seinen Adlatus, den Staatsrat Hudelist, nach Wien.[8] Der österreichische Minister befand sich politisch in einer Zwickmühle, weil er den Preußen nicht die Hegemonie in Deutschland gönnte und den Russen nicht den Anschluß Polens und nicht den Einfluß auf dem Balkan. Das Gegengewicht »Napoleon« schien immer noch akzeptabel, und wenn schon nicht der Kaiser selbst, dann die Kaiserin-Regentin mit ihrem Sohn. »Napoleon ist pfutsch, darüber ist gar kein Zweifel«, schrieb die Fürstin Eleonore Metternich an ihren Gatten.[9] ». . . Wenn sie nur nicht die Bourbonen auf den Thron setzen; aber man muß hoffen, daß wir und die anderen Mächte da auch unser kleines Wort mitzureden haben. Ich, als Macht, wünschte Marie Louise als Regentin mit dem kleinen König von Rom, dann könnten alle Parteien zufrieden sein.«

Ähnlicher Meinung war auch die Kaiserin Maria Ludovica. »Ich gestehe, daß ich innigst wünsche, daß sie (Marie Louise, Verf.) in Paris verbleibt, und ich möchte, daß man den Prätext nehme, die Kaiserin zu respektieren . . .«, schrieb sie an Kaiser Franz.[10] Und an anderer Stelle: »Viel Blut wird noch vergossen werden, ehe Napoleon das eigene vergießt, welches doch in diesem Jahr geschieht, wenn er nicht so gescheit ist, sich nach America mit der Joséphine einzuschiffen; und dann wäre für den Augenblick Ruh und unsere beste Louise von ihm befreit.«[11]

Vom Tod Napoleons war auch die Fürstin Metternich überzeugt. »Er kann und darf nur mehr sterben«, meinte sie. »Ich sehe keinen anderen Ausweg mehr und hoffe für ihn, daß es auf ehrenhafte Weise geschieht. Was wird aus seiner Familie werden?«[12]

Auch Napoleon selbst dachte an seinen Tod und an das Schicksal, das dann Frau und Kind bevorstehen mochte. Am 8. Februar schrieb er seinem Bruder Joseph einen Brief, in dem er ihm – streng vertraulich – Verhaltensmaßregeln gab, falls es zum äußersten, nämlich zu seinem Tod in der Schlacht, käme. In diesem Fall, so beschwor er seinen Bruder, sollte Joseph die Kaiserin und den König von Rom nach Rambouillet schicken und den Senat, den Staatsrat und alle verfügbaren Truppen dazu. »Lassen Sie niemals die Kaiserin und den König von Rom in die Hände des Feindes fallen«, befahl er. »Seien Sie überzeugt, daß Österreich in diesem Augenblick . . . beide nach Wien führen würde.«[13] Und er wiederholte, was ihm das wichtigste auf der Welt war: »Wenn ich sterbe, dürfen sich mein regierender Sohn und die Kaiserin-Regentin nicht fangen lassen, sondern müssen sich mit ihren letzten Soldaten in das letzte Dorf zurückziehen . . Was mich betrifft, ich wollte lieber, daß man meinen Sohn erwürgte, als ihn jemals in Wien als österreichischen Prinzen erzogen zu sehen, und ich kenne die Kaiserin gut genug, um überzeugt zu sein, daß sie gleichen Sinnes ist . . . Ich konnte niemals von Andromache hören, ohne das Schicksal des den Fall seines Hauses überlebenden Astyanax* zu beklagen und ohne es als ein Glück für ihn zu betrachten, seinen Vater nicht zu überleben.«

Von diesem Vermächtnis ihres Mannes erfuhr Marie Louise nichts.

In Paris war man seit der Abreise des Kaisers in nervöser Unruhe. Fieberhaft wurde die Stadt befestigt. Marie Louise berichtete dem Kaiser schon wenige Tage nach seinem Abschied von der bestürzenden Entwicklung. ». . . einstweilen herrscht in Paris große Besorgnis, seitdem die Tore in Verteidigungszustand gesetzt werden«, schrieb sie Napoleon am 30. Januar 1814.[14] ». . . alle Welt sieht schon die Kosaken anrücken, und viele Frauen und Kinder verlassen die Stadt; welch lächerliche Furcht, ich werde so mutig, daß ich selbst darüber erstaune . . .«

Noch hatte sie die feste Absicht, auszuharren, Mut zu zeigen und ein gutes Beispiel zu geben. Noch war sie auch empört über Verräter wie Murat. Nie würde sie selbst Napoleon verlassen und verraten! War es zu fassen, daß der König von Neapel zu den Österreichern übergegangen war? »Wie bekümmert mußt Du darüber sein, Du, der ein so edles Herz hat und ihm und so vielen anderen so viel Gutes erwiesen hat«, klagte sie[15], »Du gerätst nur an Undankbare, wahrlich, Deine Wohltaten werden Dir sehr schlecht gelohnt und ich versichere Dich nachdrücklich, daß ich darüber sehr aufgebracht bin, freilich hoffe ich, ein Herz zu besitzen, das nicht so beschaffen ist, wie die Herzen vieler anderer – ein Herz, das den Menschen, an die ich mich anschließe, dankbar und ergeben ist.«

Die Nachricht vom Kongreß in Châtillon-sur-Seine nahm sie mit bangen Gefühlen auf. »Ich erwarte mit großer Ungeduld Nachrichten vom Kongreß, ich möchte gern schon zwei Monate älter sein, dann wäre wenigstens unsere Ungewißheit vorüber, es gibt nichts Schlimmeres als den Zustand von Unruhe, in dem wir uns jetzt befinden. Der König (Joseph, Verf.), und der Erzkanzler werden Dir geschrieben haben, welche Angst und Aufregung be-

---

* Astyanax, Sohn Hektors und der Andromache. Nach Trojas Fall wurde er von den Mauern der Stadt hinuntergestürzt.

ständig in Paris herrschen, man wünscht so sehr den Frieden herbei, und ich wünsche ihn im stillen ebensosehr, ich sage es nur nicht laut, weil ich nicht weiß, ob Dir das recht wäre. Man fürchtet auch sehr, daß ich abreisen könnte und ich weiß nicht, wer das Gerücht von meiner Abreise gestern verbreitet hat.«[16]

»Meine Freundin!« antwortete Napoleon am 7. Februar aus Nogent-sur-Seine.[17] »Ich erhalte soeben die Stafette vom 6. Dein Brief bereitet mir viel Kummer, ich ersehe daraus, daß Du keinen Mut mehr hast; diejenigen, die bei Dir sind, haben den Kopf verloren. Ich bin wohlauf und ich hoffe, daß meine Sache sich zum Guten wenden wird, aber ich bitte Dich, guten Muts zu sein und Dich zu pflegen. Sollte ich erfahren, daß Du Dich nicht bei guter Gesundheit erhalten kannst, würde mich das aufs tiefste betrüben und mir sehr weh tun. Du weißt, wie sehr ich Dich liebe. Adieu, meine gute Louise, habe Mut für alle in Deiner Umgebung.« Und tags darauf allzu optimistisch: »Ich will nur Dir allein sagen, daß wahrscheinlich noch vor Ablauf von vier Tagen der Friede unterzeichnet sein wird; im übrigen ist der Feind nach allen Richtungen von Paris weggerückt. Man hat in Paris zuviel Angst.«[18]

Am gleichen Tag gab er seinem Bruder Joseph die Direktiven für den Fall seines Todes . . .

Marie Louise versuchte, tapfer zu sein. »Ja, mein lieber Freund, ich werde versuchen, mir nicht zu sehr das Herz zu beschweren, sondern heiterer zu sein, ich werde daran denken, daß Du das wünschst und ich bin sicher, daß meine Bemühungen Erfolg haben werden, denn Mut habe ich immer gehabt, und wenn er mich im Augenblick ein wenig im Stich gelassen hat, so versichere ich Dich, daß dies nicht meine Schuld ist, sondern die der Herren, mit denen ich es zu tun habe . . . Ich finde im allgemeinen, daß wir Frauen hier in Paris jetzt mehr Mut als die Herren haben.«[19]

Sehr weit her war es mit dem Mut der Pariserinnen allerdings auch nicht. Man lebte in quälender Ungewißheit. Stand der Feind schon vor den Toren? War die Kaiserin, war der kleine König von Rom noch da? »Seit einigen Tagen sammelt sich vor seinen Fenstern eine große Volksmenge«, berichtete Marie Louise dem Kaiser am 9. Februar[20], »man versucht, zu beobachten, ob er abgereist ist oder nicht«. Und am 10. Februar: »Madame hat große Angst, sie hat mich gebeten, sie benachrichten zu lassen, wenn ich abreisen würde, weil sie dann auch abreisen will; ich hoffe, daß dieser Fall nicht eintritt, das würde in Paris viel Unruhe verbreiten.«[21]

Aber dann traf die Siegesnachricht von Champaubert ein, und Marie Louise war mit einem Schlag wieder zuversichtlich. »Mein lieber Freund«, schrieb sie am 11. Februar[22], »Ich habe heute morgen im Bois de Boulogne Deinen schönen Brief vom Abend des 10. erhalten, in dem Du mir mitteilst, daß Du den Feind völlig geschlagen hast und ein herrliches Treffen geliefert hast . . .« Schlagartig besserte sich auch ihre Gesundheit: »Mein Befinden ist ausgezeichnet, alle meine Leiden sind bei der guten Nachricht verschwunden.« Im Überschwang der Freude wünschte sie nur noch einen letzten großen Erfolg: »den über den Fürsten Schwarzenberg«.[23]

Getreulich führte sie Napoleons Weisungen aus: »Man hat mit der Kanone am Invalidendom Salut geschossen und König Joseph hat einen Bericht verfaßt, der in den Theatern vorgelesen wird, und da Du ihn ersucht hast, diese Neuigkeit zu veröffentlichen, wird sie auch im ›Moniteur‹ gedruckt. »Man ist hier sehr erfreut«, vermerkte Marie Louise am 12. Februar[24], »alle Ängste sind nahezu vorüber, seit zwei Tagen herrscht große Begeisterung und es heißt, daß viele Leute, die an Abreise dachten, jetzt hierbleiben.«

Eine Zeitlang hatte Marie Louise nun Gelegenheit, Napoleon zu seinen Siegen zu gratulieren, eroberte Fahnen des Feindes in Empfang zu nehmen und sich bei Paraden der Garde zujubeln zu lassen. Der Kaiser, oft den ganzen Tag im Sattel und völlig überanstrengt, war zufrieden, die Kaiserin-Regentin »wieder zuversichtlich und glücklicher zu wissen«.[25] Er nahm sich Zeit, auf ihre diversen Fragen zu antworten und erteilte ihr auch gelegentlich Aufträge. So sollte sie einer Reihe von getreuen Städten wie Orléans, Valenciennes, Cambrai und Lille sowie an die Bürgermeister von Brüssel, Gent, Brügge, Mons etc. Briefe schreiben, ihnen die »vom Kaiser erzielten günstigen Erfolge« mitteilen und ihnen die Augen »über die Absichten Englands« öffnen.[26] »Du gibst mir nun also eine große Arbeit auf, indem Du mir alle diese Briefe zu schreiben gibst«, antwortete die nicht sehr arbeitswütige Kaiserin, »aber wenn es um Deine Interessen geht, scheue ich keine Mühe, und wenn ich auch die Nächte dabei zubringen müßte, täte ich es doch gern.«[27] Noch weniger angenehm war ihr der seltsame Auftrag, die Herzogin von Castiglione, Gattin des Marschalls Augereau, kommen zu lassen. »Sag ihr, sie soll ihrem Manne schreiben, daß er schläft, daß er sonst schon (die Departements) Montblanc und Ain befreit und den Feind überrannt haben müßte. Sie soll ihm in diesem Sinne schreiben und ihn auffordern, sich ernstlich zu schla-

gen . . .«[28] Marie Louise war auch dazu bereit. »Ich werde Deinen
Auftrag wegen der Herzogin von Castiglione ausführen, ich weiß
noch nicht, welche von uns beiden dabei in die größere Verlegenheit geraten wird, denn Du weißt, daß ich von Natur äußerst
schüchtern bin, aber wenn es sich darum handelt, Dir zu nützen,
wird mein Mut stärker.«[29]

Abermals hielt Napoleon seine Frau zur Korrespondenz mit ihrem Vater an: »Du tätest gut, ihm zu schreiben und Dich bei ihm zu
beklagen, daß er Dir keine Nachrichten gibt, daß er Dich vergessen
hat, daß er auf das Interesse seiner Monarchie bedacht sein und uns
dabei doch helfen könnte; daß er vernünftig sein und eigenen Willen zeigen und nicht das Werkzeug Englands und Rußlands sein
sollte. Kurz, schreibe ihm mit allem Nachdruck und lege ihm
Deine und Deines Sohnes Interessen ans Herz. Sage ihm zugleich,
daß man (hier) entschlossen ist, lieber zu sterben, als einen schmählichen und entehrenden Frieden zu schließen, was übrigens auch
keine gute Politik ist, weil dieser Friede nicht von Dauer
wäre . . .«[30]

Wie sklavisch genau sich Marie Louise an die Anweisungen ihres
Mannes hielt, wie ganz und gar sie sein Sprachrohr war, beweist
der Brief, der an den kaiserlichen Vater abging. Es war fast wörtlich
das in holpriges Deutsch übersetzte Diktat Napoleons: ». . . ich
fürchte, liebster Papa, daß Sie mich gänzlich vergeßen haben. Dieser Gedanke schmerzt mich und ist vielleicht der einzige, welcher
mir noch mehr Kummer in diesem Augenblick verschaffen kann.
Ein anderer, welcher mich auch sehr schmerzet ist der, daß Sie gegen uns kämpfen, indeß Sie, ohne Ihrer Monarchie zu schaden,
vielmehr zu Ihrem Besten, uns helfen könnten. Ich bin überzeugt,
daß Sie es gethan hätten, wenn Sie nicht den Gedanken Rußlands
und Englands Gehör geben thäten. Es ist daher auch in keiner guten
Politik, uns zu einen schändlichen und entheerenden (sic) Frieden
zu zwingen, welcher nicht dauern könnte. Man ist hier bereitet,
eher zu sterben als solche Conditionen anzunehmen. Stellen Sie sich
vor, liebster Papa, wie dann meine Lage seyn wäre, dieß wäre ein so
schrecklicher Schlag, daß ich ihm sicher nicht überleben werde. Ich
bitte Sie also, liebster Papa, Sie mich und meines Sohnes zu erinnern. Sie wissen, wie sehr ich mich geschmeichelt habe, auch Ihre
väterliche Liebe zu besitzen; ich hoffe also, daß Sie es in diesem Fall
beweisen werden, der ganz mit dem Interesse Ihrer Monarchie
übereinstimmt.«[31]

Eine Briefstelle floß ihr nur schwer aus der Feder. »Du hast in Deinem Brief ein ganz schreckliches Wort geschrieben«, hielt sie Napoleon vor, »nämlich daß man entschlossen sei, lieber zu sterben als einen schmählichen Frieden zu schließen. Ich hoffe, diese Drohung wird ihre Wirkung tun, aber ich bitte Dich um Gottes willen, diesem Gedanken keine Nahrung zu gönnen, er ist zu fürchterlich, Du weißt ja, daß ich, wenn Dir das geringste zustieße, sterben würde, und daß ich keinen ruhigen Augenblick mehr hätte, wenn ich diesen Gedanken ernstlich in Betracht ziehen müßte; so bitte ich Dich flehentlich, mein lieber Freund, daran nicht zu denken. Ich bin sehr böse auf meinen Vater, daß er sich mit Dir nicht verständigen will, er würde daran doch in seinem eigenen Interesse sehr gut tun, ich bin sicher, daß seine Sache übel ausgeht, aber Metternich beherrscht und verblendet ihn.«[32]

Daß Metternich seinen kaiserlichen Herrn beeinflußte, stimmte. Er war es auch, der dem Kaiser Franz die Briefe konzipierte, so daß die Korrespondenz zwischen Marie Louise und ihrem Vater letzten Endes zum Briefwechsel zwischen Napoleon und Metternich wurde. Kaiser Franz antwortete am 6. März: »Wenn ich Dir seit langer Zeit nicht geschrieben habe, so ist dieses, wie ich es neulich Deinem Mann geschrieben habe, aus wirklicher Rücksicht geschehen. Niemand begreift besser Deine Lage und Niemand nimmt sicher einen lebhafteren Antheil an Allem, was Dich und die Deinigen betrifft, als ich. Je natürlicher diese Sache ist, je mehr muß ich wünschen, daß Dein Mann dem Kriege bald ein Ende mache. Jeder Friede, welcher unter Rückführung der Macht Frankreichs in Gränzen, welche im Verhältniß mit der Stärke der übrigen großen Mächte stehen, ... ist ehrenvoll, nützlich und daher annehmbar ... Du bist mehr als Niemand dabei interessiert, daß endlich einmal Ruhe werde. Mit der Wiedereröffnung des Handels, mit einem auf Frieden gebauten Regierungs-System wird Dein Mann die Segnungen des schönsten Staates in Europa einärndten, sein Andenken von seinen Unterthanen segnen machen und seine Dynastie auf einen festern Fuß gründen. Alle Menschen, die ihm anderst rathen, wollen sein bestes nicht; niemand wünscht es aufrichtiger als ich und ich gebe ihm täglich Beweise meiner Gesinnungen in dieser Hinsicht. Stünde ich allein gegen ihn zu Felde, ich würde weit leichter mit ihm ins Reine kommen, aber ein Friede nur mit Österreich würde statt ihm zu nützen, ihn nur in neues Verderben stürzen; ich werde mich von der Allianz, welche wahrlich nur auf das allge-

meine Beste bezielt, nie trennen, der Kayser muß also, um Frieden
zu erhalten, das thun, was dazu gehört, diesen herbeyzufüh-
ren . . .[33]«

Der Meinung, daß Napoleon nun endlich – so oder so – Frieden
schließen müsse, war man auch in Paris. »Mein lieber Freund!«
schrieb Marie Louise am 4. März[34] an ihren Gemahl, »Ich komme
in diesem Augenblick aus dem Conseil, den Du mich halten ließest,
um den Herren die Schriftstücke vorzulegen, die sich auf die Unterhandlungen (von Châtillon, Verf.) beziehen. Die Sitzung hat
sehr lange gedauert, mehr als zwei Stunden, das Ergebnis ist, daß
die meisten Herren der Meinung sind, wir brauchten Frieden um
jeden Preis . . .«

Joseph erläuterte seinem kaiserlichen Bruder die Meinung des
Regentschaftsrates im einzelnen. »Sire!« schrieb er am 4. März,
»Die Kaiserin hielt heute den außerordentlichen Regentschaftsrat
ab, den Eure Majestät befohlen haben. Ich ließ die mir zugeschick-
ten Papiere verlesen. Alle Mitglieder des Rates scheinen dieselbe
Meinung zu teilen. Sie fanden die feindlichen Vorschläge sehr un-
gerecht . . . Aber völlig einmütig sind wir der Meinung, daß die
Notwendigkeit, Frankreich auf das Territorium von 1792 zu redu-
zieren, immer noch annehmbarer ist als die Bedrohung der Hauptstadt zuzulassen. Die Besetzung der Hauptstadt wäre das Ende der
gegenwärtigen Ordnung und der Anfang großen Unglücks. Das
vereinigte Europa wünscht, Frankreich auf den Umfang von 1792
zu beschneiden. Stimmen Sie dieser Basis eines Vertrages zu, der
uns durch die Umstände aufgezwungen wird! . . . Bei der gegenwärtigen Lage der Dinge wird er auf jeden Fall von Vorteil sein, da
sich der Kaiser dann ausschließlich der Innenpolitik zuwenden und
durch eine gute Politik imstande sein wird, sich das zurückzuholen,
was ihm ungerechtfertigterweise abverlangt wurde . . . Der Brief
des Kaisers von Österreich ist voll Würde und gutem Willen. Sie
werden für Frankreich und Frankreich wird für Sie bleiben, was es
in den Tagen war, als es Europa mit Bewunderung erfüllte und Sie,
der Sie es einst gerettet haben, werden es ein zweites Mal tun, indem Sie heute den Frieden unterzeichnen und dadurch sich selbst
und Frankreich retten . . .«[35]

Dem Brief des Exkönigs war eine gewisse vernünftige Realistik
nicht abzusprechen. Napoleon aber witterte Verrat. Steckte da
nicht Talleyrand dahinter? Schon am 8. Februar hatte er seinem
Bruder eine geheime Warnung vor dem zwielichtigen Fürsten von

Benevent zukommen lassen: »Mißtrauen Sie diesem Manne. Ich habe seit sechzehn Jahren mit ihm zu tun, ich hatte eine Neigung für ihn, aber er ist gewiß der größte Feind unseres Hauses, jetzt, wo es das Glück seit einiger Zeit verläßt.«[36] Tatsächlich stand der ehemalige Abbé mit den einflußreichsten Persönlichkeiten aller europäischen Kabinette in geheimer Verbindung und korrespondierte eifrig mit den ausländischen Verhandlungspartnern auf dem Kongreß von Châtillon, eisern entschlossen, vom Ergebnis zu profitieren, wie immer es ausfallen mochte.

Der Verdacht Napoleons scheint nicht unbegründet gewesen zu sein. Es schien da einen geheimen Plan gegeben zu haben, Napoleon zur Abdankung zu zwingen und eine Regentschaft mit Joseph an der Spitze einzusetzen. Davon berichtete der Exkönig von Spanien seinem Bruder natürlich nichts, jedoch ventilierte er einen Plan, den Kaiser durch eine von ihm und allen Ministern unterzeichnete Friedensadresse zum Frieden zu zwingen, und die naive Marie Louise setzte absichtlich oder zufällig ihren Gemahl davon in Kenntnis. Der seelisch ohnehin schwer mitgenommene Kaiser sah schwarzen Verrat. »Sowie mir eine Adresse mit der Bitte um Frieden vorgelegt wird, werde ich das als einen Akt der Rebellion betrachten«, wütete er in einem Brief an den Sekretär Méneval[37], der ihm ebenfalls von dieser Absicht Mitteilung gemacht hatte. Wäre Napoleon in der geplanten Art tatsächlich ein solches Dokument vorgelegt worden, hätte er, seinen eigenen Aussagen nach, alle Unterzeichneten verhaften lassen.

Sein Zorn entlud sich nicht nur auf Joseph, sondern auch auf die zu Tode erschrockene Marie Louise. »Ich bin ärgerlich, daß Du den Brief Deines Vaters und Deinen Antwortbrief dem König gezeigt hast. Du schenkst diesem Fürsten zu viel Vertrauen. Solche Dinge dürfen nur mir mitgeteilt werden. Alle Welt hat mich verraten. Sollte es mir bestimmt sein, auch vom König verraten zu werden? Das würde mich nicht wundern und meine Standhaftigkeit nicht erschüttern. Das einzige, was sie erschüttern könnte, wäre, daß Du mit dem König Beziehungen unterhalten hättest, von denen ich nichts wußte, und daß Du für mich nicht mehr das wärest, was Du gewesen bist.«[38]

Marie Louise mochte die Hand gezittert haben, als sie dieses Schreiben Napoleons in Händen hielt. So sehr hatte ihn Joseph verletzt, daß er ihn sogar moralisch anschwärzte. »Hüte Dich vor dem König«, las die junge Kaiserin, »er hat, was die Frauen betrifft, einen schlechten Ruf und einen Ehrgeiz, den er sich in Spanien angewöhnt hat. Wenn Du mir etwas zu Gefallen tun und mich nicht unglücklich machen willst, zeige dem König keinen einzigen Brief, weder von mir noch von Deinem Vater, noch von Dir und halte ihn Dir fern. Man hat mir mitgeteilt, daß der König den unsinnigen und verbrecherischen Plan habe, Adressen zur Erlangung des Friedens an mich richten zu lassen. Wäre das wahr, so würde man mich aufs äußerste erzürnen, gar nichts erreichen und Frankreichs Sache völlig verderben. Warum schreibst Du mir davon nichts?«[39]

Marie Louise versuchte, die Vorwürfe ihres Gatten zu entkräften.[40] »Ich . . . beeile . . . mich, Dir zu schreiben, um Dir zu sagen, daß es mir sehr schmerzlich war, zu denken, Du könntest glauben, mein Vertrauen zum König sei größer als das zu Dir und ich spräche mit ihm über Dinge, die ich Dich nicht wissen ließe. Ich hoffe, Du glaubst das nicht, denn es würde mich allzu unglücklich machen . . . Ich ärgere mich sehr, daß ich mit dem König über den Brief meines Vaters gesprochen habe, ich übersetzte ihm etwas daraus, um ihm wieder Mut zu machen, weil er an jenem Tage gänzlich den Kopf verloren hatte, aber ich versichere Dich, ich habe ihm meine Antwort nicht gezeigt, auch die Briefe von Dir nicht, wenn er das gesagt hat, wollte er nur prahlen und hat gelogen . . . Ich versichere Dich, daß ich gern Mittel und Wege fände, um ihn nicht mehr zu sehen und überhaupt mich in einem Winkel der Erde abzuschließen, wo ich ungekannt leben könnte bis zu dem Augenblick Deiner Rückkehr oder bis zu dem Augenblick, wo ich Dir hilfreich sein und Dir meine ganze Liebe beweisen könnte. Ich bin ganz untröstlich, wenn ich denke, daß Du böse auf mich sein könntest . . . ich könnte erst wieder ruhig sein, wenn ich von dieser schrecklichen Besorgnis befreit bin.«

Noch einmal und ausführlicher kam sie am selben Tag auf den Vorfall zu sprechen und versicherte Napoleon: »Ich hatte Dir nichts von der Adresse geschrieben, weil ich glaubte, der Plan sei aufgegeben, und weil ich genötigt bin, mit einer Delikatesse, die Du doch besser verstehen mußt als jeder andere, zu verfahren, um Dich mit Deiner Familie nicht zu entzweien . . .«[41]

Der Kaiser ließ sich versöhnen, grollte aber immer noch seinem Bruder: »Der König intrigiert. Er wird dabei der Betrogene sein, er ist ein Zwerg, der sich größer machen will. Es gibt keinen Weg außer dem der Ehre und der Pflicht. Ich habe in Deinem Brief Deine schöne Seele und Deine Liebe zu mir erkannt. Ich begreife nicht, wie ich Dir Kummer bereiten konnte, das tut mir sehr leid; aber ich habe Dir ganz freimütig schreiben wollen, um jede Unzuträglichkeit zu vermeiden. Adieu, meine gute Louise. Du weißt, wie sehr ich Dein Urteil und Deinen Charakter schätze, und vor allem wie sehr ich Dich liebe. Ganz der Deine. Dein treuer Gatte – Nap.«[42]

Der einzige, der sich von der allgemeinen Unruhe am Pariser Hof nicht anstecken ließ und nicht zwischen Furcht und Zuversicht hin- und hergerissen wurde, war der kleine König von Rom. Der Sohn Napoleons amüsierte sich vorzüglich mit Kriegsspielen, ritt, wie Marie Louise schrieb, »prächtige Kavallerieangriffe mit seinem Pferd aus Pappe«, nahm »viele Kosaken und Baschkiren gefangen« und fühlte sich mit einem um den Kopf gebundenen Tuch als »Ulanenoberst, der in der letzten Schlacht einen Kopfschuß erhalten hat«. Der kleine König setzte die Vorgänge, von denen die Erwachsenen sprachen, mühelos in köstliches Spiel um: »Er erobert immerfort Fahnen von den Russen und macht Gefangene, und besonders dem General Blücher will er zu Leibe rücken, er liebt ihn durchaus nicht, denn jeden Tag sagt er, daß er ihn totschießen will«, meldete Marie Louise am 15. März dem Kaiser.[43] »Ich habe noch nie ein Kind gesehen, das so früh wie er diese militärischen Neigungen zeigt. Er ähnelt Dir wahrlich sehr, aber ich glaube, er wird nie so vollkommen sein wie Du.«[44]

Der Kleine war wie sein Vater Stimmungen unterworfen und neigte zu Zornausbrüchen, verstand aber andererseits, »so schön zu schmeicheln«, daß er Marie Louise um den Finger wickeln konnte. Die beiden hatten zueinander gefunden, und er liebte seine Mutter nun sehr. »Ich stehe heute bei ihm in höchster Gunst«, berichtete die Kaiserin dem Kaiser[45], »er wollte nicht einmal, daß jemand anders ihm sein Schuhband zuknüpfte, und er hat mich immerfort geherzt und geküßt, er ist wirklich ein allerliebstes Kind, ich wollte, der Friede wäre geschlossen, damit Du Dich nach Herzenslust an ihm erfreuen könntest, in der ganzen Zeit seit seiner Geburt hast Du ihn so wenig gesehen!« An seinem Vater hing der noch nicht Dreijährige mit abgöttischer Liebe. »Er denkt unaufhörlich an Dich, er ist allerliebst, ich gab ihm einen Degen, wie ihn die Nationalgarde hat, da sagte er zu mir, er wollte damit Papa gegen die Angriffe der Feinde verteidigen.«[46]

Das Kind war außergewöhnlich intelligent. Es beschäftigte sich bereits mit den Fabeln Lafontaines. »Er hat für sein Alter wirklich ein erstaunliches Gedächtnis«, stellte die stolze Mutter fest, »er kann schon ›Die Grille und die Ameise‹ auswendig und die Hälfte der Fabel vom ›Fuchs und Raben‹; es ist wirklich drollig, wenn er die Verse deklamiert, er spricht alles so aus, daß man es kaum versteht.«[47] Der Sohn Napoleons fing auch schon früh an, Gefallen am weiblichen Geschlecht zu finden. »Dein Sohn«, meldete Marie Louise am 11. März[48], ». . . ist heute voller Freude, weil er mit der kleinen Tochter von Mme. de Montesquiou spielen darf, das ist eine große Belohnung für ihn, er ist wirklich drollig, wenn er zu der Kleinen sagt: ›Meine liebe Aline, ich bete Sie an‹, und dann führt er sie in alle Ecken, um sie zu küssen . . .«

Das hübsche Kind, das alle Herzen im Sturm gewann, brachte Napoleon auf einen propagandistischen Einfall. Marie Louise hatte dem Kaiser auf einer Dose ein von Isabey gemaltes Bild des kleinen Königs geschickt. Es gefiel dem Kaiser so gut, daß er es stechen und mit der Unterschrift versehen ließ: »Ich bete zu Gott, daß er meinen Vater und Frankreich retten möge.« Da das Wort »retten« einen fatalen Beigeschmack hatte, wurde der Text geändert in »Gott möge über meinen Vater und Frankreich wachen«. Das Bild, das »alle Welt erfreuen und vaterländische Gefühle hervorrufen« sollte, wurde verteilt und Napoleon sandte es per Kurier sogar ins Hauptquartier der Alliierten nach Troyes. Hoffte er, seinen Schwiegervater durch den Anblick seines Enkels zu Zugeständnissen zu bewegen? Es war ein verzweifeltes Mittel, das nichts rettete. War Frankreich überhaupt noch zu retten?

Selbst die naive Marie Louise, der man die militärische Lage immer noch als hoffnungsvoll hinstellte, merkte, daß die Stimmung in Paris auf den Nullpunkt sank. Wenn nun Züge von Gefangenen eintrafen und durch die Straßen der Hauptstadt geführt wurden, so wurden sie nicht mehr geschmäht und beschimpft, sondern fast freundschaftlich begrüßt. Gerüchte von schweren Niederlagen des Kaisers machten die Runde. Der alte Cambacérès versuchte es mit dem vierzigstündigen Gebet, aber das brachte den Kaiser nur in Harnisch. »Macht doch ein Ende mit diesen vierzigstündigen Gebeten und diesem Miserere«, wetterte Napoleon in einem Brief an Joseph. »Käme man uns mit solchen heuchlerischen Possen, so hätten wir sämtlich Angst vor dem Tode . . .«[49]

Am 19. März wurden die sich hinschleppenden Verhandlungen von Châtillon-sur-Seine ergebnislos abgebrochen. Am 20. begann der Archivar des kaiserlichen Kabinetts, alle auf die Familie Bonaparte bezüglichen Dokumente zu verbrennen, um sie nicht in die Hände der Feinde fallen zu lassen, und der Direktor des Louvre ersuchte um Genehmigung, die Bestände der Museen zu verlagern. Am 20. März unternahm Napoleon noch einen Versuch, sich seinen Schwiegervater geneigt zu machen. »Schreibe Deinem Vater, daß der Gedanke, uns einen entehrenden Frieden abzuzwingen und uns Antwerpen zu nehmen, undurchführbar ist, daß die Nation Willenskraft besitzt, besonders die Bauern; daß sie (die Alliierten, Verf.) endlich doch besiegt werden und das Kaiserreich mächtiger dasteht als je . . . Er soll Frieden schließen auf der Grundlage der Frankfurter Bedingungen . . .«[50]

Marie Louise tat wieder, wie ihr geheißen und warf sich für »Antwerben« in die Bresche, wenn auch zweifelnd: »Mein Vater hört kaum auf mich, wenn es sich um politische Geschäfte handelt . . .«[51]

Der 20. März war der Geburtstag des kleinen Königs. Wehmütig dachte Marie Louise zurück an jenen Tag vor drei Jahren, als der Kaiser bereit gewesen war, um ihretwillen den Sohn zu opfern. »Ich habe heute viel an Dich gedacht«, schrieb sie ihm.[52] »Vor drei Jahren gabst Du mir so ergreifende Beweise Deiner Liebe, daß ich niemals daran zurückdenken kann, ohne zu Tränen gerührt zu sein; so ist dies auch für mich ein sehr schöner Tag.«

Der kleine König spielte an seinem Geburtstag mit den kleinen Söhnen von Hortense, und »sie lachten und rannten wie närrisch umher. Er ist in einem sehr glücklichen Alter, nichts ergreift sein Herz und erschüttert sein Gemüt . . .[53]« Marie Louise irrte. Selbst der kleine König wurde von dem allgemeinen Unbehagen angesteckt. »Er hat diese Nacht sehr schlecht geschlafen, sein Schlaf war außerordentlich unruhig und er hat im Schlaf viel geweint«, schrieb Marie Louise am 21. März an den Kaiser. »Wir fragten ihn, was er gehabt hätte. Er sagte, er hätte von seinem lieben Papa geträumt, aber er würde nicht sagen, was, und wir konnten durchaus nichts weiter aus ihm herausbringen.«[54]

Und dann passierte noch die fatale Sache mit Napoleons Brief, der sein Schicksal maßgeblich beeinflußte. Der Kaiser schrieb am 23. März der Kaiserin von Saint-Dizier aus einen Brief[55], in dem er ihr seine weiteren militärischen Pläne mitteilte: »Ich habe den Entschluß gefaßt, auf die Marne und die Verbindungswege des Feindes vorzugehen, um ihn weiter von Paris abzudrängen und meinen befestigten Plätzen näherzukommen.« Die Stafette, die den Brief nach Paris zur Kaiserin bringen sollte, wurde von den Soldaten Blüchers abgefangen, der den Brief sofort in Abschrift an Schwarzenberg schickte. Ihm Rahmen eines Kriegsrates faßte man den Entschluß, sich bei Châlons zu vereinigen und dann nach Saint-Dizier gegen Napoleon zu marschieren. Da aber wurde ein zweiter Brief aufgefangen, den der Polizeiminister Savary an Napoleon geschrieben hatte und in dem er den Kaiser beschwor, wegen der royalistischen Umtriebe unverzüglich nach Paris zurückzukehren. Daraufhin beschlossen die Alliierten, sich gegen Paris zu wenden, das nur noch von den schwachen Korps der Marschälle Marmont und Mortiers verteidigt wurde. Blücher aber konnte sich nicht enthalten, Napoleons Brief mit seinen besten Empfehlungen an die Kaiserin weiterzubefördern, eine maliziöse Galanterie, die die arglose Marie Louise auch noch »liebenswürdig« fand.

Am 27. März aber war selbst sie schon vom Fall von Paris überzeugt. »Es scheint«, schrieb sie an Méneval »daß unsere Angelegenheiten auf seiten des Herzogs von Ragusa (Marschall Marmont, Verf.) so schlecht stehen, daß wir sehr leicht in Kürze Besucher hier haben können. Welch schreckliche Aussichten!«[56]

In Massen verließen nun die wohlhabenden Pariser die Hauptstadt in Richtung Loire. Marie Louise selbst riet am 27. März der Herzogin von Montebello, ihre Kinder fortzuschicken. Umgekehrt suchte die Landbevölkerung vor den anrückenden Feinden Schutz in der Hauptstadt. Wagen und Karren, hochbepackt mit Habseligkeiten, rollten durch die Tore von Paris, auf den Boulevards kampierten Flüchtlinge und auf den Straßen brüllte das Vieh, das die verschreckten Bauern vor sich hergetrieben hatten. Am 27. inspizierte König Joseph die Nationalgarde und das schwache Korps der Pariser Garnison. Méneval berichtet[57], daß es so sehr an Waffen mangelte, daß an einige Gardisten nur noch Lanzen ausgegeben werden konnten, die die Leute mit Murren entgegennahmen. Eine dumpfe Hoffnungslosigkeit lag über der Stadt. War Paris schon verloren? Wo blieb der Kaiser?

In den Tuilerien versuchte man, Haltung zu bewahren. Am Abend des 27. März begab sich Talleyrand zur gewohnten Whistpartie mit der Kaiserin, der Königin Hortense und dem Justizminister Molé in die Tuilerien. Marie Louise gab sich alle Mühe, ruhig und gefaßt zu erscheinen und versuchte, mit den anderen über die absurde Möglichkeit, daß die Kosaken Paris besetzen könnten, zu scherzen.

Am 28. März wurde die Königin Hortense zu früher Stunde unsanft geweckt. Ihre Kammerfrau stürzte bleich und in großer Aufregung in ihr Schlafzimmer und sagte mit bebender Stimme, daß der Feind sich Paris nähere. »Ich konnte es nicht glauben«, hielt Hortense in ihren Memoiren fest[58], »denn ich hatte ja den Abend mit der Kaiserin verbracht, die ganz ruhig schien.«

Am Nachmittag fuhr sie in die Tuilerien. »Als ich ankam, war die Kaiserin eben dabei, zum Regentschaftsrat zu gehen. Dort solle über ihre Abreise aus der Hauptstadt beraten werden, sagte sie leise. Ich bat sie, auf keinen Fall Paris zu verlassen. Ich flehte sie an. Ihre Anwesenheit würde die Bevölkerung ermutigen, ihre Abreise Verzweiflung hervorrufen. Ich sagte ihr, daß jede Stadt, in die sie flüchten würde, zur Zielscheibe der Feinde würde . . . Man müsse die Position, in die man von Gott gestellt worden sei, halten, fuhr ich fort. Sie habe Pflichten zu erfüllen. Kein Leid würde ihr oder ihrem Sohn geschehen.«

Hortense sprach noch auf Marie Louise ein, als König Joseph erschien und die Kaiserin aufforderte, unverzüglich zum Regentschaftsrat zu kommen. Hortense blieb zurück, um auf die Entscheidung zu warten. Madame de Montebello betrat den Saal. Da Hortense ihren großen Einfluß auf die Kaiserin kannte, versuchte sie, auch die Herzogin von der Wichtigkeit zu überzeugen, daß Ihre Majestät in Paris blieb: »Wir müssen Paris verteidigen und nicht verlassen!«[59]

Es war eine reine Männerversammlung, die sich um die den Vorsitz führende junge Kaiserin zur Beratung niederließ: König Joseph, der Erzkanzler Cambacérès, der Senatspräsident Lacépède, Talleyrand, Champagny, der Kriegs- und der Polizeiminister.

Der Kriegsminister Clarke nahm zuerst das Wort. Er beschrieb die unhaltbare Situation der praktisch unbefestigten Hauptstadt, unterstrich, daß der Kaiser von den verbündeten Heeren von Paris abgeschnitten sei und forderte die unverzügliche Abreise der Kaiserin und ihres Sohnes. Der Polizeiminister Savary und der frühere Außenminister Champagny protestierten: Gerade jetzt müsse die Kaiserin in Paris bleiben und die Bevölkerung ermutigen. Das würde auch den Respekt der Invasoren hervorrufen. Es tauchte sogar der Plan auf, die Kaiserin solle sich ins Rathaus begeben und – eine zweite Maria Theresia, das Kind auf dem Arm – die Bevölkerung zum Widerstand aufrufen. Schließlich ergriff auch Talleyrand das Wort. Und zum allgemeinen Erstaunen sprach er sich dafür aus, daß die Kaiserin in Paris blieb. Als der alte Intrigant später gefragt wurde, weshalb er gegen seine wahren Ansichten zum Verbleib der Kaiserin geraten habe, soll er maliziös geantwortet haben, daß er der Kaiserin in einem Maße suspekt gewesen sei, daß er nur zu etwas zu raten brauchte, um das genaue Gegenteil zu erreichen. Schließlich stimmte man ab. Die Mehrzahl der Anwesenden war der Ansicht, daß die Kaiserin und der König von Rom in Paris verbleiben sollten.

Da erhob sich Joseph. Er habe, sagte er, Instruktionen vom Kaiser. Es waren die Schreiben Napoleons vom 8. Februar und vom 16. März. Das letztere las Joseph vor. »Mein Bruder, nach den Ihnen von mir erteilten mündlichen Instruktionen . . . dürfen Sie nicht zulassen, daß, unter welchen Umständen auch immer, die Kaiserin und der König von Rom in die Hände des Feindes fallen. Bei der Art, wie ich operieren werde, ist es möglich, daß Sie mehrere Tage ohne Nachricht von mir bleiben. Wenn der Feind mit so bedeutenden Kräften auf Paris marschieren sollte, daß jeder Widerstand unmöglich würde, lassen Sie die Regentin, meinen Sohn, die Großwürdenträger, die Minister, die Senatsbeamten, den Präsidenten des Staatsrates, die obersten Beamten der Krone . . . und den Staatsschatz in der Richtung zur Loire aufbrechen. Verlassen Sie meinen Sohn nicht und vergessen Sie nicht, daß ich ihn lieber in der Seine als in den Händen der Feinde Frankreichs wissen würde. Das Los des Astyanax als Gefangener der Griechen ist mir immer als das traurigste der Weltgeschichte erschienen. Napoleon.«[60]

Joseph hatte geendet. Eine Weile sprach niemand. Dann wurde noch einmal abgestimmt. Und obwohl der Brief zwölf Tage alt war und keine neuen Befehle Napoleons vorlagen, stimmte nun die Mehrzahl der Anwesenden für die Abreise der Kaiserin und ihres Sohnes. Es war nach halb ein Uhr nachts, als der Erzkanzler verkündete, gemäß den Instruktionen des Kaisers würden Ihre Majestät und der König von Rom in wenigen Stunden Paris verlassen und sich nach Rambouillet begeben.

Als sich die Türen des Beratungssaales öffneten, war Hortense noch immer da. »Meine Schwester«, sagte sie, als sie den Abreisebeschluß vernahm, »Sie wissen, daß Sie, wenn Sie Paris verlassen die Verteidigung der Hauptstadt lähmen und dadurch Ihre Krone preisgeben!«

»Sie haben recht«, antwortete Marie Louise, »aber der Fehler liegt nicht an mir.«[61]

XV

Die Flucht

Die historische Szene der Marie Louise, Kaiserin der Franzosen, fand also nicht statt, jene große Szene, die so gut vorstellbar gewesen wäre und die unbedingt hätte stattfinden müssen.

In den Tuilerien oder im Elysee-Palast etwa hätte sie vor sich gehen können, sobald die Alliierten in Paris eingezogen waren. Vollzählig hätte der Regentschaftsrat Aufstellung genommen: der bekümmerte alte Erzkanzler Cambacérès, der um Haltung bemühte Exkönig Joseph, der undurchsichtig lächelnde Talleyrand und die übrigen. Und vor einem Thronsessel stehend: die Kaiserin-Regentin, das Kind an der Hand, sehr jung, sehr schutzbedürftig, um Fassung ringend.

Ihr gegenüber die Sieger: Offiziere, Uniformen, Epauletten, blitzende Säbel. Der alte, grimmig blickende Blücher, der wohlbeleibte Schwarzenberg, die russischen Generäle. Und davor die beiden Souveräne: der Zar und der König von Preußen. Denn der Kaiser von Österreich hatte der Louise wegen seine Ankunft in Paris hinausgeschoben.

Dann hätte die Kaiserin der Franzosen das Wort an die beiden Monarchen gerichtet. Und wenn schon der zurückhaltende König Friedrich Wilhelm III. von Preußen nur korrekt die Hacken zusammengeschlagen und sich verbeugt hätte: Zar Alexander I. – ohnehin ein romantischer Schwärmer – hätte sich ohne Zweifel tief über die Hand der Kaiserin-Regentin gebeugt. Was wäre ihm, der Tochter seines wichtigsten Verbündeten gegenüber, auch anderes übrig geblieben? Und hätte Schwarzenberg nicht mit aller gebotenen Ehrerbietung die Tochter seines Herrn und Kaisers begrüßt? Wäre es nicht durchaus denkbar gewesen, daß die Kaiserin der Franzosen gerade durch ihre schmerzlich-rührende Erscheinung auch einen politischen Erfolg errungen hätte? War Metternich nicht ohnehin für eine Schonung des Hauses Bonaparte? Vielleicht wäre die Krone wenigstens für den Sohn Napoleons zu retten gewesen, vielleicht hätte es keine Rückkehr der Bourbonen, keine »Hundert Tage« Napoleons, kein St. Helena gegeben.

Napoleon, so überliefert Méneval[1], hat später beklagt, daß sein Befehl allzu buchstabengetreu ausgelegt worden sei, daß sich die Umstände seit dem Tag, an dem er die Order, Paris zu verlassen erteilt hatte, geändert hätten. »Es kann kein Zweifel sein«, so Méneval, »daß die Anwesenheit der Kaiserin unwürdige Machenschaften hätte in Schach halten und Napoleon die Chance hätte geben können, dem Feind zuvorzukommen und die Stadt zu retten. Der Regentschaftsrat hatte das empfunden, die Kaiserin hatte es so verstanden, aber wer hätte gewagt, den formellen Instruktionen, die uns zuteil geworden waren, zuwider zu handeln? Außerdem hatten die darauffolgenden Briefe des Kaisers während der vierzehn Tage, die zwischen Ausgabe und Ausführung der Order verstrichen waren, diese weder aufgehoben noch geändert.«

Man hat Marie Louise vor allem französischerseits den Vorwurf gemacht, aus politischer Instinktlosigkeit das Feld geräumt und den Thron für den Sohn verspielt zu haben. Aber wie hätte diese schwache junge Frau es wagen können, sich über den Willen des Kaisers hinwegzusetzen! So klar geäußerte Anordnungen Napoleons besaßen für sie – so Méneval – absoluten Befehlscharakter. Sie selbst war ja durchaus gewillt, die Stellung zu halten.

»Die Sitzung war erst soeben zu Ende, es ist nach halb ein Uhr nachts«, schrieb sie am 29. März um 1 Uhr früh an ihren Gemahl.[2] »Nach langen Debatten hat man endlich beschlossen, daß ich abreisen müßte, und zwar spätestens morgen früh . . . Ich gestehe Dir, daß ich ganz und gar gegen diesen Plan bin, ich bin sicher, daß dies auf die Pariser eine schreckliche Wirkung tun wird, es muß ihnen allen Mut rauben, den sie sonst gehabt hätten, um sich zu verteidigen. Die Nationalgarde wird nicht mehr kämpfen, und wenn Du dann kommst, um uns zu befreien, wirst Du die Hauptstadt in der Gewalt des Feindes finden. Aber Du hast mir gesagt, daß der Rat des Erzkanzlers befolgt werden müßte, und ich werde es unter diesen Umständen tun, weil ich meinen Sohn keiner Gefahr aussetzen möchte . . .«

Und am selben 29. März in einem zweiten Brief: »Mein lieber Freund. Ich schreibe Dir noch ein Wort, ehe ich abreise. Man verlangt das mit Entschiedenheit, . . . also geschehe Gottes Wille, aber ich bin sicher, daß Du nicht einverstanden bist . . . alle außer mir haben den Kopf verloren und ich hoffe, Du wirst mir in wenigen Tagen bestätigen, daß ich recht hatte, wenn ich die Hauptstadt nicht räumen wollte wegen 15 000 Mann Kavallerie, die nie bis in die Straßen vorgedrungen wären. Ich bin sehr bekümmert, daß ich abreisen muß, das wird schreckliche Ungelegenheiten für Dich zur Folge haben, aber man hat mir auseinandergesetzt, daß mein Sohn in Gefahr wäre und deswegen habe ich nicht gewagt, zu widersprechen, seitdem ich Deinen Brief an den König (Joseph, Verf.) gelesen habe. So stelle ich mich unter den Schutz der Vorsehung, bin aber ganz sicher, daß das übel ausgehen wird . . .«[3]

Es ist erstaunlich, wie richtig die naive Marie Louise die Lage beurteilte. Militärhistoriker haben ihr sogar recht gegeben, daß die feindliche Kavallerie in den engen Pariser Straßen nicht viel hätte ausrichten können, sofern die Stadt bis zum Eintreffen Napoleons verteidigt worden wäre. Marie Louise aber lebte in einer Männerwelt, gegen die sie sich nicht aufzulehnen wagte. Ihre ewige Angst, einen Fehler zu machen und gescholten zu werden und die Sorge, das Kind einer Gefahr auszusetzen, taten ein übriges.

Bleibt noch die Frage, weshalb Napoleon die verhängnisvolle Order, Paris zu räumen, überhaupt erließ, wo er doch wissen mußte, daß der Tochter und dem Enkel des Kaisers von Österreich keinerlei Gefahren für Leib und Leben gedroht hätten und daß die »Tochter der Cäsaren«, wie Marie Louise genannt wurde, im Gegenteil viel hätte retten können. Vielleicht ist der Schlüssel für sein Verhalten ein Schreiben, das Napoleon an seinen Bruder Joseph gerichtet hat. »Ich mag mich nicht unter den Schutz meiner Frau stellen«, hieß es da, und weiter: »Vermeiden Sie Gespräche, die sie denken lassen könnten, als ob ich einwilligte, von ihr und ihrem Vater beschützt zu werden.«[4]

Die Würfel waren also gefallen: Zum drittenmal begab sich die geborene Erzherzogin von Österreich auf die Flucht, diesmal vor Truppen, zu denen auch österreichische gehörten.

In den Tuilerien setzte am Morgen des 29. März eine hektische Geschäftigkeit ein. In fliegender Hast wurde alles Wertvolle eingepackt: der Kronschatz und die Kronjuwelen, persönliches Eigentum der Kaiserin und des kleinen Königs, Silber, Pelze, Schmuck. Nur eines vergaß man in der Eile: ein paar Spielsachen für den kleinen Napoleon. Méneval verbrannte weitere Papiere und verpackte Dokumente und Briefe, die zu retten waren. Er selbst hielt sich für die Abfahrt mit der Kaiserin bereit, während König Joseph sich zu den Vorposten der Stadt begab, um die Lage der die Stadt Paris verteidigenden Marschälle Marmont und Mortier zu erkunden. Die Kaiserin sollte seine Botschaft abwarten.

Die Abreise war für acht Uhr früh angesetzt worden. Abfahrtsbereit standen die Kutschen und Packwagen im Hof der Tuilerien. Die Kaiserin, reisefertig angekleidet, hielt sich noch in ihren Gemächern auf, von ihren Damen und dem kleinen König umgeben, der in kindlicher Sorglosigkeit Fragen stellte, denen Marie Louise auswich. Nach dem geschäftigen Treiben herrschte nun angstvolle Stille.

Ein plötzlicher Lärm in den Vorräumen ließ alle zusammenfahren. Es waren die Offiziere der Garde, die ungestüm Einlaß begehrten und, als sie der Kaiserin ansichtig wurden, in leidenschaftlicher Erregung auf sie zustürzten.

Sie möge um Gottes willen nicht die Stadt verlassen, flehten sie. Die Garde würde sie und das Kind bis zum letzten Blutstropfen verteidigen!

Marie Louise brach in Tränen aus. Stammelnd erklärte sie den Befehl des Kaisers. Dagegen gäbe es keinen Widerspruch.

Méneval aber bemerkte, daß sie die Abreise hinauszögerte, als hoffe sie auf ein Wunder, das sie hindern würde, Paris zu verlassen. Schließlich erschien jedoch der Kriegsminister Clarke und mahnte zu unverzüglichem Aufbruch. Ihm widersprachen andere Würdenträger. Man solle noch König Josephs Botschaft abwarten.

»Marie Louise«, hielt Méneval fest, »befand sich im Zustand höchster Erregung. Noch einmal kehrte sie in ihr Schlafgemach zurück, warf in großer Bewegung ihren Hut auf das Bett, sank in einen Lehnstuhl, barg das Gesicht in den Händen und weinte. Von Schluchzen geschüttelt, sagte sie immer wieder: ›Mein Gott, laß sie einen Entschluß fassen! Laß diese Qual ein Ende haben!‹ Schließlich ließ um zehn Uhr der Kriegsminister sagen, daß keine Minute mehr zu verlieren sei und sie sich, wenn sie länger zögerte, der Gefahr aussetze, in die Hände der Kosaken zu fallen.«[5]

Obwohl noch immer keine Nachricht von König Joseph eingelangt war, entschloß sich die Kaiserin zur Abreise. Aber da ergab sich eine weitere Schwierigkeit. Als man die Kutschen besteigen wollte, weigerte sich der kleine König von Rom, seine Zimmer zu verlassen. »Nicht nach Rambouillet!« schrie er. »Das ist ein garstiger Ort! Bleiben wir hier!« Als man ihn wegtragen wollte, wehrte er sich mit allen seinen Kräften. »Ich will mein Haus nicht verlassen!« weinte er, »ich will nicht weg! Wenn Papa nicht da ist, bin ich der Herr!« Mit aller Kraft klammerte er sich an Türen und die Balustrade des Stiegenhauses. Nur mit Gewalt konnte man ihn forttragen und zum Wagen bringen.

»Das arme Kind schien zu ahnen, was ihm die Zukunft bringen sollte«, hielt Baron de Méneval fest.[6]

Seinen Vater und sein Königreich hatte der Sohn Napoleons bereits verloren. Er würde auch noch sein kaiserliches Erbe, sein Vaterland, die Sprache seiner Kindheit, seinen Namen und seine Identität verlieren . . .

Endlich war es soweit. Langsam und schwerfällig setzten sich die Wagen in Bewegung: zehn schwere Berlinen mit dem kaiserlichen Wappen, die Galakarosse und unzählige Kutschen und Gepäckwagen. Als Eskorte begleiteten 1200 Gardisten den Wagenzug, der den Pont Royal passierte und über die Kais zur Place de la Concorde fuhr. Ein paar Passanten schauten in düsterem Schweigen der traurigen Prozession nach, als wäre es ein Leichenzug. Méneval, der mit seiner Kaiserin Paris verließ, hatte das schmerzliche Gefühl, daß es das Kaiserreich war, welches da zu Grabe getragen wurde. Keiner der Pariser winkte, keine Stimme erhob sich zu einem Abschiedsgruß. Mit Tränen in den Augen saß Marie Louise in ihrem Wagen, der langsam über die Champs-Élysées rumpelte. Wie sie da aus Paris hinausfuhr, verließ sie auch die Weltgeschichte, in deren Licht sie an der Seite Napoleons seit jener Trauung per procurationem in Wien gestanden hatte. Es waren genau vier Jahre und neunzehn Tage gewesen . . .

Inzwischen hatte sich Joseph überzeugt, daß Widerstand sinnlos war. Die Marschälle Mortier und Marmont erklärten, sich mit ihren schwachen Kräften nicht länger halten zu können. Weigerte sich Paris zu kapitulieren, so argumentierten sie, würde es im Sturm genommen werden. Joseph stattete Marschall Marmont mit Verhandlungsvollmachten aus, wandte sich zurück nach Paris und fuhr der Regentin nach.

Napoleon hatte Troyes am 30. März verlassen. In Sens nahm er eine Kalesche und jagte nach Fontainebleau, wo er spätabends ankam. Sofort brach er wieder auf nach Paris. In La Cour de France hatte er Pferdewechsel und erfuhr, daß er zu spät gekommen war. Am 31. März um 3 Uhr früh schrieb er an Marie Louise: »Meine Freundin. Ich habe mich hierher begeben, um Paris zu verteidigen, aber es war keine Zeit mehr. Die Stadt war gestern abend überge-

ben worden. Ich ziehe meine Armee bei Fontainebleau zusammen. Ich bin wohlauf. Ich leide, weil Du leiden mußt . . .«[7]
Um sechs Uhr morgens war er zurück in Fontainebleau.

Am Abend des 29. März erreichte der Wagenzug der Kaiserin Rambouillet. Um zehn Uhr abends setzte sich Marie Louise hin und schrieb an Napoleon. »Ich bin sehr traurig, mein lieber Freund, und ich sehe sehr schwarz; Gott weiß, wie das enden wird, ich zittere um Dich und um alle Folgen, die die Preisgabe der Hauptstadt haben wird, das wird sehr traurig enden . . . ich habe noch nie so sehr wie jetzt bedauert, eine Frau zu sein, weil ich Dir nichts nützen kann.«[8]
Hatte sie gehofft, in Rambouillet bleiben und sich ausruhen zu können, irrte sie. »Ich erhalte in diesem Augenblick einen Brief von König Joseph, der mir rät, weiterzureisen, da ihm Streifkorps der (feindlichen, Verf.) Kavallerie Besorgnis machen; er schreibt mir, daß nahezu 60 000 Mann um Paris stehen; ich werde also morgen in Chartres übernachten.«[9]
Unterwegs nach Chartres machten Marodeure die Gegend unsicher, so daß die verängstigte Kaiserin den kleinen König zu sich in den Wagen nahm. Erschöpft und bekümmert kam man in Chartres an. Der einzige, der das Abenteuer dieser Flucht einigermaßen zu genießen schien, war der kleine Napoleon. »Dein Sohn hat die Reise vortrefflich überstanden, er umarmt Dich und befindet sich wohl«, meldete Marie Louise dem Kaiser.[10] »Beim Aufbruch von Rambouillet hat er ebensolchen Lärm geschlagen wie beim Aufbruch von Paris, heute abend ist er fröhlich und spielt so gut er kann, denn Spielsachen hat er nicht.«
Von den Brüdern des Kaisers traf Louis mit der Kaiserin auf dem Weg nach Chartres zusammen, war ihr jedoch nur eine Last.[11] Seine Gattin Hortense war nach Navarra zu ihrer Mutter gefahren. Von den Damen der Familie waren Madame Mère und die Königin Katharina von Westfalen mit Marie Louise von Paris abgereist, und auch der Fürst-Erzkanzler, eine Reihe weiterer Minister, Offiziere und Großwürdenträger des Reichs hatten sich der Regentin angeschlossen. In Chartres holten die Exkönige Joseph und Jérôme Marie Louise ein. Nur einer war, entgegen dem Befehl Napoleons, nicht mit von der Partie: Charles Maurice de Talleyrand-Périgord. Der Fürst von Benevent war unter einem fadenscheinigen Vorwand in Paris geblieben, saß seelenruhig in seinem Palais in der Rue

Saint-Florentin und harrte der Dinge, die da unvermeidlich kommen mußten.

Marie Louise kam nicht zur Ruhe. »Ich warte hier auf Nachrichten«, schrieb sie ihrem Gatten.[12] »Wenn sie gut sind, bleibe ich in Chartres, sonst soll ich morgen nach Châteaudun gehen . . . Ich empfange in diesem Augenblick die Nachricht, daß Paris sich noch hält, ich wünschte sehr, das könnte so bleiben, bis Du dort eintriffst; einstweilen breche ich morgen um neun in jedem Fall nach Châteaudun auf. Ich gehe jetzt schlafen, ich bin todmüde.«

In Châteaudun traf man am 31. März abends ein. Es dunkelte bereits und das Gasthaus »Zur Post« hatte schon gesperrt. Erst auf energisches Klopfen erschien ein unwilliger Wirt und ließ die Reisenden ein, aber nur der kleine König konnte halbwegs untergebracht werden, Marie Louise saß in der schmutzigen Küche und wartete auf den grauenden Morgen. »Wir haben diese Nacht an einem sehr garstigen Ort verbracht, in einer sehr schlechten Herberge«, schrieb sie an Napoleon.[13] »Glücklicherweise hatte Dein Sohn ein gutes Zimmer und das war alles, was ich begehrte. Er . . . weint in diesem Augenblick, weil er Spielsachen haben will. Gott weiß, wann ich ihm welche werde geben können.«

Inzwischen hatte die Kaiserin die Unglücksnachricht vom Fall von Paris erhalten. Der Einzug der Verbündeten war in Ruhe und Ordnung vor sich gegangen. In den eleganten Wohnvierteln stießen die Alliierten allenthalben auf die weiße Kokarde der Bourbonen, in den Arbeitervierteln schlug ihnen dumpfes, feindseliges Schweigen entgegen.[14] Über Paris lastete angstvolle Ungewißheit: Würde der Kaiser wiederkehren? Würden die Bourbonen kommen? Napoleon versuchte, die von Angst und Sorge gequälte Marie Louise zu beruhigen. »Ich fürchte, daß Du Dir den Verlust von Paris zu sehr zu Herzen nimmst«, stand in dem Brief, der Marie Louise in ihrer elenden Herberge um 3 Uhr morgens überreicht wurde. »Ich bitte Dich, Mut zu haben!«[15]

Marie Louise hatte neue Direktiven erhalten. »Der König (Joseph, Verf.) schrieb mir, Du hättest ihm empfohlen, daß ich mich nach Orléans oder Blois begeben sollte. Ich werde also nach Blois gehen, ich glaube, daß man dort sicherer ist . . . Ich werde heute in Vendôme übernachten und morgen in Blois, es sind nur 16 Meilen Fahrt, aber ich reise mit Deinen Pferden und man kann nicht mehr als 10 Meilen täglich zurücklegen.«[16]

Die Straße von Vendôme nach Blois war damals gerade im Bau

und durch vorangegangene Regenfälle an manchen Stellen fast unpassierbar. Die Mehrzahl der Gepäckwagen blieb im Morast stecken und mußte mit den Pferden der anderen Wagen mühsam wieder flott gemacht werden. Am ärgsten traf es die mitgeführten schweren Krönungswagen. Am 2. April kam die Reisegesellschaft in Blois an, und der Stadt fiel die Ehre aufs Haupt, die anspruchsvollen fürstlichen Besucher zu beherbergen. Da die Kaiserin mit Hof- und Palastdamen, Hofmarschall, zwei Palastpräfekten, Ehrenkavalieren, Sekretär und vier Ärzten reiste, wozu noch die Suiten des kleinen Königs und der verwandten Fürstlichkeiten sowie 1200 Mann Eskorte kamen, war die Unterbringung kein geringes Problem. In aller Eile wurde in der Präfektur Quartier für Marie Louise und den König von Rom geschaffen, für die übrigen Damen und Herren mußten die vermögenderen Einwohner Zimmer bereitstellen. Der Hof behalf sich so gut es ging und brachte sogar so etwas wie einen höfischen Alltag zustande. Marie Louise hielt Ministerrat, empfing die Behörden, erließ Proklamationen und gab Familiendiners. Sie wünschte sehnlichst, nicht mehr weiterfliehen zu müssen. »Unterdessen wäre es mir viel lieber, daß wir hierbleiben könnten«, gestand sie ihrem Gemahl.[17] »Wir sind hier sehr viel besser installiert als das in Orléans oder Tours der Fall wäre, es herrscht keine Krankheit, die Wohnungen sind geräumig und die Luft ist für Deinen Sohn vorzüglich gut. In jedem Fall werden wir morgen den ganzen Tag hierbleiben müssen, wir haben gräßliche Wege gehabt . . .«

Vom 2. bis 8. April war ihr eine Ruhepause in Blois vergönnt. Ihre Angst vor der Zukunft aber war groß, und als ihr Napoleon von Fontainebleau aus am 2. April[18] versicherte, er werde »so bald wie möglich trachten, daß wir wieder zusammenkommen«, griff sie nach dieser nebulosen Hoffnung wie nach einem Strohhalm. »Was Du mir über die Möglichkeit unserer baldigen Wiedervereinigung sagst, hat mich sehr beglückt, es ist das einzige, was mir in diesem Augenblick als Trost dienen kann . . .«[19]

Die Wiedervereinigung des kaiserlichen Paares war vorläufig freilich bloß Chimäre, denn unwiderruflich vollzog sich nun der Sturz Napoleons. Nach dem Einzug der Alliierten in Paris (31. März) hatte Talleyrand, dessen große Stunde nun gekommen war, den Senat zusammengerufen. Am 2. April erklärten 64 Anwesende von insgesamt 140 Mitgliedern Napoleon für ab- und die

Bourbonen für wiedereingesetzt. Sie ernannten eine provisorische Regierung, der Talleyrand präsidierte und Fouché angehörte.

Die Lage für Napoleon war verzweifelt. Nur Caulaincourt, Herzog von Vicenza, kämpfte noch für den Kaiser. Von Napoleon nach Paris gesandt, suchte er den Zaren günstig zu stimmen. Er traf Alexander in der Rue Saint-Florentin, wo der Zar sich bei Talleyrand einlogiert hatte, da er im Elysée-Palast Bomben fürchtete. Mit allen Mitteln der Überredungskunst suchte Napoleons Emissär das Haus Bonaparte zu retten. Bleich und niedergeschlagen kehrte er schließlich zu seinem Herrn zurück. »Bringen Sie zuerst die Abdankung des Vaters, dann können wir vielleicht über den Sohn reden«, war die Antwort Alexanders gewesen.

Aber noch schien nicht alles verloren, noch waren der Mut und die Loyalität der Garde ungebrochen, noch stand Marschall Marmont mit 12 000 Mann an der Seine, Marmont, Napoleons ältester Waffenbruder, sein Freund! Aber der Marschall war müde. Seit Spanien war sein Glaube an Napoleon gebrochen. Als Talleyrand ihm vor Augen stellte, daß durch das Senatsdekret Armee und Volk von ihrem Treueeid gegen Napoleon entbunden seien, daß ein Bürgerkrieg vermieden werden müsse, ging der Marschall zu den Alliierten über.

Napoleon weigerte sich, daran zu glauben.

»Nein«, sagte er. »Nicht Marmont!« Der Schlag traf ihn vernichtend.

Am 4. April ließ er seine Marschälle rufen, führte sie vor die Landkarte, erörterte seinen Plan, an die Loire zu gehen und dort den Kampf wieder aufzunehmen, unterstrich, daß er immer noch 50 000 Mann habe, daß die Stellungen des Gegners schlecht seien. Eisiges Schweigen antwortete ihm. Und dann stellten ihm Ney, Macdonald, Oudinot und Lefebvre gehorsamst die Vorteile einer Abdankung zugunsten seines Sohnes vor Augen. Schweigend entließ er sie.

Ein paar Stunden danach ließ er Caulaincourt holen und übergab ihm die Abdankung zugunsten seines Sohnes unter der Regentschaft der Kaiserin. Drei Stunden später standen Caulaincourt und die Marschälle Ney und Macdonald vor Alexander und überbrachten das Dokument. Der große, elegante Russe bildete schon rein physisch einen eklatanten Gegensatz zu dem kleinen, untersetzten Korsen. Zugleich Phantast und Realist, Altruist und Egoist[20], war er einer dieser »legitimen« Monarchen, die der »Selfmade-Kaiser«

Napoleon immer beargwöhnt, bewundert und beneidet hatte. Man verhandelte über die Nachfolge Napoleons II. und der Zar war von erlesener Höflichkeit. Mit kaum merkbarer Herablassung bot er den Delegierten Napoleons die eigene Schnupftabaksdose an.

Am 6. April aber wurde dem Zaren eine Depesche überreicht, und schlagartig wurde er um Grade kälter. Es war der Übergang Marmonts zu den Alliierten, der ihm gemeldet wurde, jener Abfall, der Napoleon der letzten Möglichkeit beraubte, weiteren Widerstand zu leisten. Von Talleyrand bestärkt, forderte Alexander nunmehr die bedingungslose Abdankung des Kaisers. Tags zuvor hatten die Alliierten das weitere Schicksal des Gestürzten bestimmt: Verbannung auf die Insel Elba, 2 Millionen Rente, Beibehaltung des Kaisertitels und 400 Mann Garde. Dem Kaiser Franz war der Exilort nicht recht: »Napoleon bleibt zu nahe an Frankreich und Europa«, warnte er.[21] Talleyrand schlug Korfu oder St. Helena vor, aber es blieb bei Elba.

Noch einmal standen die Marschälle vor ihrem Kaiser. Noch einmal fragte er sie, ob sie bereit seien, mit ihm nach der Loire zu marschieren, sich in Italien mit Eugène Beauharnais zu vereinigen. Sie rührten sich nicht. Selbst Berthier mahnte jetzt, ein Ende zu machen. Die Sonne von Austerlitz, an der sie alle sich gewärmt hatten, war untergegangen.

Am 7. April sandte Napoleon die Urkunde, in der er »für sich und seine Nachkommen auf die Throne Frankreichs und Italiens« verzichtete, nach Paris. Es war der Gründonnerstag des Jahres 1814. »Napoleon II.« war ganze zwei Tage Kaiser gewesen.

Inzwischen saß eine verzweifelte Marie Louise in Blois. Schon am 3. April hatte ihr der offenbar selbst ratlose Napoleon aus Fontainebleau geschrieben: »Du kannst . . . einen eindringlichen Brief an Deinen Vater schreiben, um ihm Dich und Deinen Sohn zu empfehlen. Schicke den Herzog von Cadore* zu ihm. Mache Deinem Vater begreiflich, daß für ihn der Augenblick gekommen ist, uns zu helfen.«[22]

Diesem Rat folgte sie am 4. April. Es war ein einziger Hilfeschrei. »Ich schicke Ihnen den Herzog von Cadore, um Ihnen unsere traurige Lage zu schildern . . . Die Lage der Dinge ist so traurig und so schrecklich für uns, daß ich mit meinem Sohn meine Zu-

---

* Champagny Herzog von Cadore, Intendant der Krone, Regentschaftssekretär.

flucht zu Ihnen nehme, ich bin überzeugt, daß Sie allein in diesem Augenblicke uns helfen können. Ich bin überzeugt, daß Sie meine Bitten gnädig anhören werden und daß Sie nicht die Ruhe und das Intereße Ihres Enkels und Ihrer Tochter der Habsucht Englands und Rußlands aufopfern werden . . . Es ist also in Ihre Hände, liebster Papa, daß ich mein Heil lege, ich bin versichert, daß Sie uns aus diesem schrecklichen Augenblick, welcher mir so viele Sorgen verschafft, helfen werden . . . Noch einmal, liebster Papa, ich bitte Sie, haben Sie mit mir Erbarmen. Ihnen vertraue ich das Heil von jenem, welches mir am theuersten in dieser Welt ist, eines Sohnes, welcher noch zu jung ist, um allen unsere Kummer und Sorgen zu kennen . . .«[23]

Da sie in ihrer nervösen Angst fürchtete, der Herzog von Cadore könnte nicht durch die russischen Linien gelangt sein, schickte sie ihm noch einen zweiten Boten nach mit einem noch dringenderen Brief, in dem sie auch nicht mit Vorwürfen sparte: »Der Kaiser war bereit, alle Opfer dem Glück und der Ruhe Frankreichs zu bringen. Er hat dem Throne entsagen wollen unter der Bedingung, daß man seinen Sohn krönen möchte unter meiner Regentschaft; man hat es ihm abgeschlagen. Man hätte beßer Paris vertheidigen können, wenn man nicht auf Ihr dazwischenkommen gerechnet hätte. Wir waren überzeugt, daß Sie nicht Ihre Tochter und Ihren Enkel verlaßen würden. Ich vertraue Ihnen also, liebster Papa, unser Schicksal . . . Meine Gesundheit leidet von allen diesen heftigen Erschütterungen, sie wird täglich schlechter und ich bin überzeugt, daß Sie mich nicht in den traurigen Fall setzen möchten, zu wünschen, nicht so lange gelebt zu haben . . .«[24]

Kaiser Franz, der sich in Dijon befand, antwortete am 7. April: »Der Herzog von Kadore (sic) ist bei mir gewesen und hat seine Aufträge richtig ausgerichtet . . . Leider kann ich nicht Trost geben wie ich wünschte, an mir lag es nicht, daß es so weit gekommen ist, denn ich hatte es öfter vorgestellt. Und nun ist, glaube ich, zwischen deinem Mann und denen aliierten alles abgethan. Ich kann also nur dir betheuern, daß ich, geschehe was es wolle, immer dein zärtlicher Vater, jener deines Kindes und folglich auch deines Mannes seyn werde, weil er dich als Gattin glücklich gemacht. Brauchst du eine Zuflucht, so nimm sie mit den deinen bey mir, mehr kann ich nicht sagen, denn den anderen Wunsch für deinen Sohn, den die Mutterpflichten gebiethen, erreichen zu helfen – da ich zweifle, daß er zu erlangen ist – kann ich dir nicht hoffen lassen. Die Umstände scheinen mir derart, daß ich nicht glaube, es seye möglich für mich, ihn zu erlangen, denn ich habe Pflichten gegen meine alliierten, wie ich all dieses dem Herzog von Kadore erklärt habe. Mir ist sehr leid, daß deine Gesundheit darunter leidet, was ich natürlich finde, erhalte dich aber für deinen Mann, dein Kind und für deinen Vater, zeige dich als meine liebste Tochter, als aus meinem Blut, auch in deinem Unglück groß . . .«[25]

Marie Louise versuchte es nach Kräften, aber von ihrem oft zitierten Mut war nicht mehr viel übrig. Immerhin wollte sie tun, was ihr Liebe, Pflicht und Würde geboten: Sie wollte zu ihrem Mann. »Alles, was ich in dieser Lage wünschte, wäre meine Vereinigung mit Dir«, schrieb sie ihm am 7. April[26]; »ich wäre mutiger, gelassener, wenn ich denken dürfte, daß ich Dein Los teile, ich würde Dich nach besten Kräften über alle Schicksalsschläge trösten, die Du erleidest, und ich würde versuchen, Dir von irgendwelchem Nutzen zu sein. Du kennst mich zur Genüge, mein Freund, und ich verspreche Dir, daß meine Anwesenheit Dir keinen Kummer machen wird, daher bitte ich Dich flehentlich, laß mich zu Dir kommen.«

Die passive Marie Louise geriet in einen beklagenswerten Zustand: Sie wußte nicht mehr, was sie tun sollte. Die Fluchtmöglichkeiten wurden auch immer geringer. »Chartres ist besetzt, die Engländer haben sich schon in Saintes blicken lassen, so daß Tours nicht mehr gänzlich sicher ist«, schrieb sie verzweifelt an Napoleon.[27] »Dies hat uns auch bestimmt, in Blois zu bleiben – wohin sollten wir gehen? Unsere Lage ist schrecklich, aber die Deinige noch mehr, sie zerreißt mir das Herz. Du müßtest mir wahrlich jemanden schicken, um mir sagen zu lassen, was ich tun soll . . .«

An eben diesem 7. April sandte ihr Napoleon einen ergebenen Offizier, Oberst von Galbois, der der Kaiserin die Nachricht von seiner, Napoleons, bedingungslosen Abdankung überbrachte. Der Schlag traf sie ins Mark. Stundenlang weinte sie verzweifelt. »Mein Vater«, sagte sie, ». . . hat mir, als er mich auf den Thron Frankreichs setzte, zwanzigmal versichert, er würde sich für mein Verbleiben einsetzen . . .«[28] Dann war ihr Entschluß gefaßt: sie wollte mit Oberst Galbois zu Napoleon nach Fontainebleau. Auch ihren Vater informierte sie: »Ich gehe morgen früh nach Fontainebleau«, schrieb sie ihm mit ungewohnter Bestimmtheit am 8. April.[29] Vergebens stellte ihr der Oberst vor Augen, daß sich 3000 Kosaken in der Gegend herumtrieben. Marie Louise war zur Reise entschlossen. Heimlich bestellte sie einen Wagen. Noch einmal schien das Schicksal das kaiserliche Paar vereinigen zu wollen.

Die Kutsche stand bereit. Aber als Marie Louise in den Wagen steigen wollte, trat ihr die Herzogin von Montebello in den Weg. Ein paar Fragen, und sie wußte, was die Kaiserin vorhatte. Das mußte verhindert werden. Die Herzogin, die, wie der Polizeiminister Savary überliefert, »in keiner Weise geneigt (war), sich lebendig auf der Insel Elba begraben zu lassen«[30], führte so viele Gegenargumente an, spielte so geschickt den kleinen Napoleon und seine Sicherheit aus, daß Marie Louise wieder ausstieg.

Gegen eine Reise Marie Louises zu Napoleon sprachen sich nun auch die Brüder des Kaisers, Joseph und Jérôme, aus. Sie sahen ihr eigenes Heil nur darin, im Schutze Marie Louises zu den Österreichern überzulaufen. »Der König« (Joseph, Verf.) kam heute morgen und wollte mich überreden, daß ich mich dem ersten österreichischen Korps, das sich einfände, in die Arme werfen sollte«, schrieb Marie Louise am 8. April – es war der Karfreitag – an den Kaiser.[31] »Er sagte, daß sie (er und seine Brüder, Verf.) mich begleiten würden, daß sie nirgends Sicherheit hätten als dort, daß der österreichische Kaiser ihnen ein Auskommen sichere, und daß man Dich in einem Augenblick, wo keine Zeit zu verlieren sei und Du diesen Schritt vielleicht mißbilligen würdest, nicht um Deine Meinung zu fragen brauche.« Noch einmal raffte sich die Kaiserin zu einer würdigen Haltung auf. »Ich habe ihnen geantwortet, daß ich dies für einen Verrat meinerseits hielte, daß ich Dir verbunden bleiben würde, solange noch ein Lebenshauch in mir sei . . . Er sagte, das wären schlechte Einwände, und der König von Westfalen antwortete, sie könnten mich sehr wohl mit Gewalt zur Abreise nötigen. So habe ich eingewilligt, nach Ram(bouillet) zu gehen, doch war ich fest entschlossen, nicht weiter zu gehen. Aber in dem Augenblick, wo er (Joseph, Verf.) die Befehle zum Aufbruch erteilen wollte, kamen die Offiziere der Garde in den Hof und erklärten, sie würden es nicht dulden, daß man mich zur Abreise veranlaßte, sie seien entschlossen, sich für Dich, Deinen Sohn und mich in Stücke hauen zu lassen, – sie wüßten, daß man mich zu den Österreichern reisen lassen wollte und sie würden das nicht geschehen lassen, außer, wenn ich oder Du selbst ihnen den Befehl gäben, und wenn Deine Brüder Angst hätten, brauchten sie nur wegzugehen . . . Ich habe darauf dem König erklärt, daß ich nicht abreisen würde . . . und daß ich Deine Anordnungen abwarten wollte; das hat sie (die

Könige, Verf.) in großen Zorn versetzt, aber es tut nichts, ich setze mich darüber hinweg. Ich erwarte also Deine Anordnungen und ich bitte Dich, mich zu Dir kommen zu lassen . . .«

Napoleons Anordnungen aber kamen nicht. War es die eigene Hoffnungslosigkeit, waren es die Einflüsterungen der Herzogin von Montebello – vorerst nur mit kleinen Schritten begann Marie Louise sich von Napoleon zu entfernen. Am 8. April schrieb sie zwei Briefe an ihren Vater. Zum ersten Mal bat sie ausdrücklich um Asyl, zum ersten Mal schlichen sich Passagen ein, die eine Kritik an ihrem Gatten beinhalten, dessen Ehrgeiz sie alle ins Verderben gerissen hatte. »Meine Laage ist schrecklich«, schrieb sie dem Papa.[32] »Ich bin voll Unruhe über die Sicherheit meines Sohnes und die meinige. Czerniecef ist mit 3000 Kosaken hier in der umliegenden Gegend und hat eine Mission, die er sehr heimlich hält, ich bin überzeugt, daß es ist, um uns gefangen zu nehmen. Ich bitte Sie also, liebster Papa, wenn ein Unglück uns geschehe, uns eine Zuflucht in Ihren Statten (sic) zu geben . . . Alles, was ich wünsche, ist, irgendwo ruhig leben zu können in Ihren Statten und meinen Sohn erziehen zu können. Gott weiß, daß ich ihm sagen werde, nie Ehrgeiz zu haben.«

Nun bat sie auch nicht mehr für Napoleon. »Es ist nicht für ihm, daß ich Ihre Fürsprache verlange, es ist für mich und für meinen Sohn, besonders diesen letzteren. Ich bin überzeugt, daß Sie ihm nicht die Insel Elba als seine einzige Erbschaft geben wollen. Ich bin überzeugt, daß Sie seine Rechte vertheidigen werden und daß Sie für ihm ein beßeres Schicksal anweisen werden. Alles, was ich wünsche ist, daß Sie ihm sehen könnten; dieses unglückliche Kind, welches unschuldig von allen Fehlern seines Vaters ist, verdient nicht, eine so traurige Lage mit ihm zu theilen . . . Ich empfehle Ihnen noch einmal meinen unglücklichen Sohn; ich weiß, daß er nicht mehr auf Frankreich rechnen kann. Ich bitte also, wenn es möglich ist, ihm einige andere Besitzungen zu verschaffen.«[33]

Aber dann trat etwas ein, was sie beruhigte und hoffen ließ, doch noch zu ihrem Gatten reisen zu können. Am 8. April trafen in Blois der Adjutant des Zaren, Graf Paul Schuwaloff, und der Vertreter der provisorischen französischen Regierung, Baron de Saint-Aignan, ein. Sie erschienen bei Marie Louise, trugen ihr den Wunsch der alliierten Monarchen vor, daß sie die Regentschaft niederlege und erklärten ihr, Auftrag zu haben, sie nach Orléans zu geleiten. Marie Louise war sofort einverstanden: Orléans lag auf halbem

Weg nach Fontainebleau. Sie ahnte nicht, daß die Emissäre Order von der französischen provisorischen Regierung hatten, eine Vereinigung des kaiserlichen Paares unter allen Umständen zu verhindern. Der gestürzte Napoleon sollte sich nicht unter den Schutz seiner Gemahlin stellen können.

Daß selbst Schwarzenberg zu diesem Zeitpunkt noch von der Wiedervereinigung des Kaiserpaares überzeugt war, beweist ein Brief, den er am 8. April an Kaiser Franz schrieb. »Der General Schuwaloff«, so heißt es da, »ist gestern früh nach Blois gesandt worden, um Kaiserin Marie Louise nach Fontainebleau zu ihrem Mann zu bringen.«[34] Marie Louise glaubte das auch. »Mein lieber Freund«, schrieb sie Napoleon[35], »Ich schreibe Dir ein kurzes Wort, um Dir zu sagen, daß ich morgen früh nach Orléans abreise und daß ich übermorgen in Fontainebleau sein werde . . .«

Ohne Bedauern legte sie die Regentschaft nieder und bereitete ihre Abreise vor. Ihr Aufbruch hatte eine fast völlige Auflösung ihres Hofstaates zur Folge. Die meisten Hofleute kehrten nach Paris zurück. Madame Mère reiste wenig später mit Kardinal Fesch und Exkönig Louis nach Rom, Joseph flüchtete in die Schweiz. Sie alle suchten zuvor noch ihre Beutel zu füllen. Die Brüder des Kaisers, desgleichen seine Mutter und seine Schwestern Pauline und Elisa bekamen von dem immer noch generösen Kaiser je eine Million Francs zugesprochen. Die Hofleute, Staatsräte und Minister erhielten noble Gratifikationen, dann fuhren sie eilig davon, um sich der neuen Regierung zur Verfügung zu stellen.

Am 9. April verließ die Exkaiserin Blois. Sie reiste unter dem Schutz Schuwaloffs und einer Gardeabteilung. Dennoch wurden die letzten Wagen des Reisezuges von Kosaken überfallen und geplündert. Den ersten blieb durch das Einschreiten Schuwaloffs dieses Schicksal erspart.

In beklagenswertem Zustand, fiebernd und von Bluthusten gequält, traf Marie Louise in Orléans ein und nahm in der bischöflichen Residenz Quartier. Dort tauchte ein gewisser Dudon auf, den Talleyrand geschickt hatte. Er beschlagnahmte im Namen Frankreichs Privateigentum Napoleons sowie Silber, Tafelgeschirr und Schmuck der Kaiserin. Selbst die Perlenkette, die ihr Napoleon zur Geburt ihres Sohnes geschenkt hatte, mußte sie vom Hals nehmen. Graf Schuwaloff griff nicht ein.

In Orléans erhielt die entthronte Kaiserin Briefe von Napoleon, aber sie waren lau und halbherzig. »Du wirst also heute morgen in

Orléans angekommen sein«, schrieb der gestürzte Kaiser am
9. April.[36] »Du kannst dort bleiben, wenn Du mit Deinen eigenen
Pferden reist. Wenn Du Postpferde hättest und hierherkommen
willst, kannst Du das tun . . .«

Marie Louise wußte nicht mehr aus noch ein. »Wohin soll ich gehen?« klagte sie unter Tränen dem Polizeiminister Savary, Herzog
von Rovigo. »Zum Kaiser? Wird man mich mit meinem Sohn zu
ihm lassen? Und will er es denn? Ich schreibe ihm und er antwortet
mir nicht auf meine Fragen.«[37]

Schließlich faßte sie einen für Napoleon verhängnisvollen Entschluß: sie wollte mit dem Papa persönlich sprechen. »Der Kaiser
reiset ab in die Insel Elba«, schrieb sie ihrem Vater am 10. April.[38]
»Ich habe ihm erklärt, daß mich nichts dazu bringen wird, von hier
weg zu gehen, bevor ich Sie gesehen habe und von Ihnen gehört
werde haben, was Sie mir rathen . . .« Und noch trauriger am selben Tag: »Ich habe Ihnen heute zweimal geschrieben, um Ihnen zu
bitten, mir zu erlauben, Sie zu sehen. Gott weiß, wohin ich noch
gehen werde, es wäre mir ein Trost, Ihnen noch einmal vorher zu
sehen und Ihnen zu versichern, daß ich Sie bitte, nicht meinen Sohn
so zu vergeßen. Ich hoffe für mich kein Glück mehr auf dieser Erde,
alles was ich wünsche, ist, ruhig zu leben.«[39]

Napoleon teilte sie ihre Absicht unter demselben Datum
(10. April) mit.[40] »Ich bin überzeugt, daß ich über meinen Vater
viel vermöchte, ich habe ihm soeben geschrieben und ihn gebeten,
mir zu erlauben, daß ich ihn besuche, ich bin entschlossen, vorher
nicht abzureisen. Ich bin überzeugt, . . . daß ich dann im Interesse
Deines Sohnes auf ihn einwirken könnte. Wenn es einige Tage dauert, bis ich ihn sehen kann, komme ich danach zu Dir und – davon
bin ich überzeugt – mit besseren Nachrichten . . . Wenn Du einwil-
ligst, daß ich meinen Vater aufsuche, bin ich sicher, nahezu sicher,
daß ich Toskana erhalten werde.« Sie hoffte, daß Napoleon dann
nicht nur über Elba, sondern auch über die ihr und ihrem Sohn zu-
gesprochene Toskana regieren würde.

Marie Louise irrte. Im Vertrag von Fontainebleau, der am
11. April abgeschlossen wurde, sicherten die Alliierten ihr und ihrem Sohn nur die Herzogtümer Parma, Piacenza und Guastalla zu.
Sie selbst würde den Kaisertitel behalten dürfen, ihr Sohn »Seine
Kaiserliche Hoheit, der Prinz von Parma« werden. Die Toscana –
davon ging der Kaiser Franz nicht ab – sollte wieder an seinen Bruder Ferdinand, den Napoleon zum Großherzog von Würzburg ge-

macht hatte, zurückfallen. Der Kaiser befand sich noch in Troyes, hatte aber Metternich nach Paris vorausgeschickt. Metternich traf am 11. April dort ein und fand Marie Louises Briefe an ihren Vater vom 8. April vor. Der Zustimmung seines Kaisers sicher, öffnete und beantwortete er sie. Er schrieb ihr beruhigend und forderte sie auf, nach Rambouillet zu gehen und dort ihren Vater zu erwarten. Fürs erste erscheine es am günstigsten für sie, sich mit ihrem Sohn nach Österreich zu begeben, von wo es ihr dann freistehen werde, entweder zu ihrem kaiserlichen Gemahl oder in ihre Herzogtümer zu reisen.[41] Kaiser Franz war ganz mit ihm einig. »Metternich hat mir deine beyden Briefe vom 8ten überschickt«, schrieb er seiner Tochter.[42] »Was er dir am 11ten geschrieben, geht ganz aus meinem Herzen und ist meine Gesinnung. Ich gehe heute von Troyes ab auf Paris . . . brauchst du etwas, so lasse mir es auf diesem Weg zu wissen machen, sowie wann du die Reise nach meinen Staaten anzutretten gedenkest, damit ich für die erforderliche Begleitung durch meine Truppen sorge . . .« Zum ersten Mal war da klar und deutlich ausgesprochen, daß Marie Louise wieder nach Österreich sollte.

Die Kaiserin, schon gänzlich zermürbt, war mit allem einverstanden. »Seyn Sie versichert, liebster Papa«, antwortete sie wenig später[43], »daß ich mich ganz auf Sie verlasse und alle Räthe des Grafen Metternich folgen werde.«

Metternich handelte nun schnell und umsichtig. Er sandte die Fürsten Paul Esterházy und Wenzel Liechtenstein nach Orléans. Die beiden, die am 12. April dort eintrafen, sollten sich der Kaiserin zur Verfügung stellen und sie nach Rambouillet geleiten. Damit wurden die Pläne Napoleons durchkreuzt, der Marie Louise vorgeschlagen hatte, mit ihm gemeinsam nach Parma zu reisen und sich danach mit ihm nach Elba einzuschiffen.

»Laß mich wissen, ob der Plan, daß wir zusammen nach Parma reisen, Dir recht ist«, schrieb er ihr am 11. April.[44] »Du könntest von dort die Bäder von Lucca oder Pisa besuchen. Frage Corvisart, welche dieser Bäder am günstigsten für Dich sind . . .«

Corvisart, »diese Kanaille von Corvisart«, wie der Kaiser später das Hausfaktotum der Familie nannte[45], untersuchte die Kaiserin und riet aufs bestimmteste von einer Reise nach Elba ab. Nur eine Badekur in Aix in Savoyen könne ihre Gesundheit wiederherstellen, das Klima von Elba dagegen sei für sie im äußersten Maße unzuträglich. Marie Louise – ohnehin schon schwankend – fügte sich.

»M. de Sainte-Aulaire hat mir soeben einen Brief Herrn von Metternichs gebracht«, schrieb sie am 12. April morgens an Napoleon[46], »der mir schreibt, daß man mir eine unabhängige Existenz zusichert, desgleichen meinem Sohn und daß ich, bis das geregelt ist, in jedem Fall gut daran tun würde, nach Österreich zu gehen, um dort alles abzuwarten; er hat gleichzeitig zu M. de Sainte-Aulaire gesagt, auch wenn ich das nicht täte (wie Du gewiß vermutest), würde mein Vater aufs dringendste wünschen, mich zu sehen; glaubst Du nicht, daß es richtig wäre, wenn ich hier solange warte, bis er (Kaiser Franz, Verf.) mir die Erlaubnis gibt, ihn zu besuchen und daß ich sogleich danach zu Dir kommen würde? . . . Corvisart sagt, daß die Bäder von Pisa und Lucca für mich gleichermaßen ungünstig seien . . .«

Napoleon hatte keine Chance mehr. »Mein lieber Freund«, schrieb ihm Marie Louise am 12. April nachmittags[47], ». . . ich schreibe Dir noch ein Wort, ehe ich in den Wagen steige, um nach Rambouillet zu fahren. Die Fürsten Esterhazy und Liechtenstein sind soeben angekommen, um mich im Auftrag meines Vaters zum sofortigen Aufbruch nach Rambouillet zu veranlassen, weil es sich um Deine Interessen, die Interessen Deines Sohnes handele . . . ich habe ihnen geantwortet, daß ich nicht abreisen könnte, ohne Deine Zustimmung zu haben, sie sagten aber, daß man darauf nicht warten könnte und daß sie, selbst wenn ich mit Dir reisen wollte, ohne meinen Vater gesehen zu haben, das mit allen erdenklichen Mitteln verhindern würden. So glaubte ich, mit guter Miene einwilligen zu müssen, doch mein Gemüt ist tief bekümmert, weil ich gezwungen werde, so abzureisen, ohne Dich gesehen zu haben; dieser Gedanke bringt mich in solche Verzweiflung, daß ich nicht weiß, was aus mir werden soll, aber sei nicht böse auf mich, mein lieber Freund, ich kann es nicht verhindern, ich liebe Dich so sehr, daß mir dies alles das Herz zerreißt; ich fürchte, daß Du denkst, ich sei mit meinem Vater gegen Dich im Komplott. Aber wenn ich ihn gesehen habe, werde ich zu Dir kommen, man müßte sehr barbarisch sein, um mich daran zu hindern, und wenn man es wollte, so könnte man es doch nicht, das versichere ich Dir . . .«

Am 12. April reiste Marie Louise von Orléans ab. Der Wagenzug, mit dem sie vor vierzehn Tagen Paris verlassen hatte, bestand nun nur mehr aus sechs Kutschen. Eine russische Eskorte begleitete die Kaiserin.

Am 13. April traf in Orléans eine Abteilung der französischen

Garde ein, die Napoleon geschickt hatte, um die Kaiserin – endlich – abzuholen. An diesem Tag aber war Marie Louise bereits in Rambouillet. Es war für alles endgültig zu spät.

Napoleon gab auf. Er erteilte seine Einwilligung zu allem, was Marie Louise betraf und schrieb ihr einen Abschiedsbrief. »Fontainebleau, den 13. (April 1814), 3 Uhr morgens. Meine gute Louise. Ich habe Deinen Brief erhalten. Ich billige es, daß Du nach Rambouillet gehst, wo Dein Vater Dich aufsuchen wird. Das ist der einzige Trost, den Du in unserer unglücklichen Lage finden kannst. Seit acht Tagen warte ich ungeduldig auf diesen Augenblick. Dein Vater ist irregeleitet worden und schlecht gegen uns gewesen, aber er wird Dir und Deinem Sohn ein guter Vater sein. Caulaincourt ist angekommen. Ich habe Dir gestern eine Kopie der Vereinbarungen geschickt, die er unterschrieben hat und die Deinem Sohn eine Existenz sichern. Adieu, meine süße Louise, Du bist mir das Liebste auf der Welt. Mein Unglück berührt mich nur, weil es Dir Kummer bereitet. Dein Leben lang wirst Du den zärtlichsten aller Gatten lieben. Gib Deinem Sohn einen Kuß. Adieu, meine Louise. Ganz der Deine – Napoleon.«[48]

Danach übergab er Caulaincourt eine Mappe mit den Briefen der Kaiserin. Er sollte sie seinem Sohn geben, sobald dieser erwachsen war. In der Nacht vom 12. auf den 13. April – so berichten ihm Nahestehende – nahm Napoleon das Gift, das er seit dem Rußland-Feldzug bei sich trug. Die Wirkung war erbarmungswürdig. Der Kaiser litt stundenlang an Krämpfen und Erbrechen, aber am Vormittag erholte er sich wieder. Das überalterte Gift tat seine Wirkung nicht. Er überlebte.

Der Abschiedsbrief kam nie in Marie Louises Hände, und vermutlich erfuhr sie auch nie von dem Selbstmordversuch.

XVI

Heimkehr

Nachdem sie die ganze Nacht gereist war, traf Marie Louise am
13. April mittags in Rambouillet ein. Das Schloß, das sie erst vor
vierzehn Tagen verlassen hatte, wurde nun von russischen Posten
bewacht. Todmüde fuhr die Exkaiserin durch den Park zum
Schloß.

Selbst der naiven, gutgläubigen Marie Louise war inzwischen
klargeworden, daß sie eine Gefangene war. Noch während der
Reise hatte sie – hastig mit Bleistift hingekritzelt – einem zuverläs-
sigen polnischen Offizier ein Billett für Napoleon zugesteckt. »Du
wirst bereits wissen, daß man mich veranlaßte, von Orléans wegzugehen und daß Befehle gegeben waren, um mich an der Vereinigung mit Dir zu hindern, ja sogar zur Gewalt zu greifen«, schrieb
sie. »Sei auf der Hut, mein lieber Freund, man hintergeht uns, ich
bin in Todesängsten um Deinetwillen, aber wenn ich mit meinem
Vater spreche, werde ich Festigkeit zeigen, ich werde ihm sagen,
daß ich durchaus wieder bei Dir sein will und daß ich nicht verstehe, wie man deswegen Gewalt gegen mich anwenden kann . . .«[1]
Und gleich nach ihrer Ankunft meldete sie: »Mein Vater ist noch
nicht eingetroffen. Es heißt, daß er morgen kommen wird. Ich erwarte diesen Augenblick mit großer Ungeduld, um mich danach
sogleich zu Dir begeben zu können, wo immer Du sein magst.«[2]

Napoleons Verzweiflung war einer stillen Resignation gewi-
chen. Enttäuscht von der Treulosigkeit seiner Umgebung
wünschte er nur noch ein ruhiges Leben auf seiner Insel. »Es heißt,
daß die Insel Elba ein sehr schönes Klima habe«, schrieb er an seine
Frau.[3] »Die Menschen sind mir so widerwärtig, daß ich mein
Glück nicht mehr von ihnen abhängig machen will. Nur Du allein
kannst noch etwas dazu beitragen.« Marie Louise war ganz seiner
Ansicht. Am 14. April[4] versicherte sie ihm, »daß diese Krise mir die
Welt und die Menschen im gleichen Maße verleidet hat, in dem mir

seit einiger Zeit Undankbarkeit und Falschheit begegnet sind. Ich glaube, daß die Insel Elba der einzige Ort ist, der uns zusagen könnte, dort würde ich in Deiner Gesellschaft glücklich leben können«. Durch »nichts in der Welt« werde man sie dazu bringen, »nach Österreich zu gehen, denn mein Platz ist an Deiner Seite . . .« Als ihr Metternich vorschlug, ihrem Vater entgegenzufahren und sich nach Schloß Trianon zu begeben, schlug sie das unter dem Vorwand, Halsschmerzen zu haben, rundweg ab. »Ich bin sicher, daß sie das alles anzetteln, um mich nach Österreich zu schleppen«, schrieb sie am 15. April nach Fontainebleau[5], »aber ich bin auf jeden Fall entschlossen, in diese Bedingung nicht einzuwilligen, ich werde mit Nachdruck darauf bestehen, daß ich zu Dir will . . .«

Das alles klang durchaus aufrichtig. Es schien, daß die junge Kaiserin keinen anderen Wunsch hatte, als mit Napoleon »in jenes Land der Zuflucht und der Ruhe«[6] zu reisen und dort glücklich zu leben. Wie aber war dann die folgende Äußerung gemeint, die eine ganz andere Einstellung zu beleuchten scheint?

Am 15. April rollte ein Wagen in den Schloßhof von Rambouillet und verursachte einige Aufregung. Es war aber nicht der Kaiser von Österreich angekommen, sondern Hortense. Die Exkönigin von Holland war gekommen, um der Kaiserin beizustehen. Aber Marie Louise empfing sie kühl. Sie fühle sich nicht wohl und werde sie später empfangen, ließ sie der Schwägerin sagen, die darüber überrascht und verletzt war.

Nachdem Hortense den kleinen Napoleon besucht hatte, wurde sie zur Kaiserin gerufen, die im Bett lag und bedrückt und krank aussah. »Sie berichtete mir die Neuigkeiten vom Kaiser«, so Hortense[7], »beklagte sich bitter über ihre Schwäger und fragte mich, was ich wolle. Ich antwortete, daß ich gekommen sei, um sie zu trösten. Sie schien verlegen und sagte: ›Ich erwarte morgen meinen Vater und würde ihn gern allein sprechen. Da er nicht das Vergnügen hat, Sie zu kennen, könnte er vor Ihnen befangen sein.‹«

Hortense, ein wenig beleidigt, beeilte sich, zu versichern, daß sie, da unerwünscht, anderntags wieder abreisen werde. Ihr schien, daß Marie Louise Angst hatte, mit ihrem Vater zusammenzutreffen. »Ich verstand den Grund einer solch großen Aufregung nicht«, so Hortense, »und versuchte sie zu beruhigen, als sie plötzlich zu mir sagte: ›Liebe Schwester, glauben Sie, daß mein Vater mich zwingen wird, nach der Insel Elba zu gehen?‹«

Hortense war vor Verblüffung sprachlos. War das die Frau, die den Kaiser keinen einzigen Tag allein lassen wollte, die Napoleon anscheinend so leidenschaftlich liebte? »Ich hatte«, so Hortense, »schließlich geglaubt, daß ihr zur Schau getragenes Gefühl wirklich ohne Hintergedanken war. Unter welchen Umständen wurde ich nun eines Besseren belehrt! Die Krone war es also, um die sie trauerte!«

Hortense irrte. Die Krone war es kaum, der die aller Repräsentation abholde Marie Louise nachtrauerte. Es scheint vielmehr, daß sie zwar aus Liebe und Schutzbedürftigkeit ehrlich zu Napoleon strebte, im Zuge der Ereignisse aber zunehmend Angst vor diesem neuen Leben auf einer unbekannten Insel mit einem durch die Umstände veränderten Gatten bekam. Die feste Absicht, sein Schicksal zu teilen, äußerte sie zwar immer wieder in ihren Briefen, aber während des Schreibens scheint sie sich selbst in eine heroische Opferbereitschaft hineingesteigert zu haben. Zu Gehorsam und Pflichterfüllung erzogen, glaubte sie, Napoleon das Ausharren an seiner Seite schuldig zu sein. Als ihr in Blois der vom Kaiser gesandte Anatole de Montesquiou, ein Sohn der Erzieherin des kleinen Königs von Rom, beziehungsvoll sagte, nun sei die Zeit für die wahren Freunde des Kaisers gekommen, antwortete sie: »Auch ich werde ihn in Elba aufsuchen. Ich will es, ich soll es. Ich fühle, daß ich nicht glücklich sein werde; aber das fällt nicht ins Gewicht; ich werde eine Pflicht erfüllen.«[8]

Die Aussicht, nach der »gottverlassenen Insel« reisen zu sollen, scheint sie zunehmend deprimiert zu haben. »Gott weiß, wohin ich noch gehen werde«, schrieb sie gottergeben ihrem Vater.[9] Bei der Gräfin Brignole, die einige Zeit auf Elba gelebt hatte, erkundigte sie sich eingehend über Klima, Bewohner und Hilfsquellen der Insel. Schließlich legte sie sich eine besonders plausible Ausrede für ihr Zögern zurecht. »Wenn der Kaiser fürchtet, man sehe es auf sein Leben ab, . . . und er fliehen muß, so könnte meine Gegenwart, die seiner Bewegungsfreiheit nur hinderlich sein kann, ihn seinen Feinden in die Hände spielen, welche zweifellos seinen Untergang wollen«, sagte sie zum Polizeiminister Savary.[10] Ihre angegriffene Gesundheit und Corvisarts Mahnung, nicht nach Elba zu gehen, machte sie erst recht unsicher.

Napoleon, der Marie Louises Unentschlossenheit kannte, bat Méneval, zu ergründen, ob die Kaiserin sein Los teilen, ob sie sich in ihre Herzogtümer begeben oder nach Österreich zurückkehren wolle.[11] Caulaincourt gegenüber äußerte sich der Kaiser recht hoffnungslos: »Die Kaiserin scheint nicht mehr nach der Insel Elba als festem Wohnsitz gehen zu wollen. Sie hat mich von Orléans aus wissen lassen, daß sie im Begriffe ist, sich zu ihrem Vater zu begeben, um von ihm Toscana zu erbitten . . . . Nach Elba will niemand gehen außer mir . . . «[12]

Den Alliierten und der provisorischen französischen Regierung, die Marie Louises Vereinigung mit Napoleon zu verhindern trachteten, arbeitete neben Corvisart auch Madame de Montebello in die Hände. »Die Herzogin«, so überliefert Savary, Herzog von Rovigo, ». . . kannte die Kaiserin genügend, um überzeugt zu sein, daß, wenn sie den Kaiser (Napoleon) nur ein einzigesmal wiedersehen sollte, keine Macht der Welt sie mehr hindern werde, ihr Los mit dem seinen zu verbinden und daß sie (die Herzogin) dann gezwungen wäre, die Kaiserin nach Elba zu begleiten. Sie drang (daher) in ihre Gebieterin, den von Napoleon selbst empfohlenen Weg zu beschreiten, nämlich sich an den Kaiser von Österreich zu wenden, denn sobald die Kaiserin sich wieder im Schoß ihrer Familie befände, wäre die Herzogin aller Pflichten enthoben.«[13] Savary spricht ferner von »perfiden Einflüsterungen«, die sich auf den Palastpräfekten Bausset bezogen. Bausset, dessen Darstellung von Marie Louises Haltung in seinen Memoiren stark von seinen unmittelbar während der Ereignisse geschriebenen Briefen abweicht, machte der seelisch ohnehin schwer mitgenommenen Kaiserin weis, Napoleon habe sie nie geliebt und berichtete ihr von den »zehn Mätressen«, die er seit seiner zweiten Heirat gehabt habe.[14]

Schließlich traf die hin- und hergerissene Marie Louise die Entscheidung, die ihrer Natur gemäß war. Sie schob die Wiedervereinigung mit ihrem Mann auf die lange Bank. Erst wollte sie den Papa sprechen, danach würde sie zu Napoleon kommen. Offenbar scheint sie gefürchtet zu haben, von ihrem Gatten vorzeitig abgeholt zu werden, denn von Orléans aus schrieb sie ihrem Vater: »Meine Lage wird täglich kritischer und dringender; man will mich von hier wider meinen Willen fortführen, ohne Ihnen zu sehen . . .«[15] In gleichem Sinne schrieb auch Metternich seinem Kaiser: »I. M. die Kaiserin, welche noch stets in der Angst schwebte, daß Napoleon sie in Orléans abholen würde, hat sich drei Stunden nach der Ankunft meiner Herren (der Fürsten Esterházy und Liechtenstein, Verf.) auf den Weg nach Rambouillet begeben . . .«[16]

Schließlich waren die Würfel gefallen. »Wir erwarten hier den Kaiser von Österreich . . .«, schrieb Bausset an Mounier, einen ehemaligen Sekretär Napoleons.[17] »Diese Entrevue wird, hoffe ich, Kaiserin Marie Louise für immer in den Schoß ihrer Familie zurückführen und wird eine dauernde Scheidewand zwischen der Insel Elba und den Fürstentümern Parma und Piacenza aufrichten . . .«

Als die Exkönigin Hortense am 16. April von Rambouillet abfuhr, traf sie unterwegs eine offene Kalesche, in der Kaiser Franz und Metternich saßen, die den Weg zum Schloß nahmen.

Der kleine Napoleon war durchaus nicht neugierig, seinen Großvater kennenzulernen. »Er ist Papas Feind, ich will ihn nicht sehen«, sagte er störrisch. Nur mit Mühe gelang es »Mama Quiou«, ihn zur Räson zu bringen. Als der Wagen des Kaisers vorfuhr, stand der Sohn Napoleons aber doch artig neben seiner Mutter auf der Freitreppe des Schlosses Rambouillet.

Marie Louise nahm ihr Kind auf den Arm, eilte die Stufen hinunter und drückte den Kleinen unter Tränen ihrem Vater in die Arme. Dabei sagte sie, so Méneval, »in schmerzlichem Ton ein paar Worte auf Deutsch«.[18]

Zum ersten Mal bekamen Großvater und Enkel einander zu Gesicht. Der Kaiser umarmte den Kleinen. Dabei mochte ihm in den Sinn gekommen sein, wie wenig der blondgelockte, blauäugige Knabe seinem Vater ähnelte und wie gut er einen österreichischen Erzherzog abgeben würde. Der Kleine betrachtete das ernste, griesgrämige Gesicht des Kaisers. »Ich habe den Kaiser von Österreich gesehen«, sagte er später zu seiner Erzieherin. »Er ist nicht schön!«[19]

»Mein lieber Freund«, schrieb Marie Louise am 16. April an Napoleon.[20] »Mein Vater ist vor zwei Stunden eingetroffen, ich habe ihn sogleich gesprochen, er war sehr zärtlich und gut zu mir, aber das wurde zunichte gemacht durch den gräßlichsten Schlag, den er mir überhaupt versetzen konnte: Er hindert mich, zu Dir zu kommen, Dich zu sehen, er will mir nicht erlauben, die Reise mit Dir zu machen. Ich habe ihm vergeblich vorgestellt, daß es meine Pflicht wäre, Dich zu begleiten, er sagte, er wolle es nicht, sondern wünsche, daß ich zwei Monate in Österreich zubrächte und danach nach Parma ginge, von wo ich Dich besuchen könnte. Dieser letzte Schlag wird mich töten; alles, was ich noch wünsche, ist, daß Du ohne mich glücklich sein kannst, denn für mich ist es unmöglich, ohne Dich glücklich zu sein.

M. de Flahault (General, Adjutant Napoleons, Verf.) soll Dir diesen Brief überbringen, ich bitte Dich, gib mir Nachricht von Dir, so oft das möglich ist, ich werde Dir täglich schreiben und ich werde beständig an Dich denken. Sei guten Mutes, im Juli hoffe ich, Dich besuchen zu können, ich habe das den Herren nicht gesagt, aber ich halte daran inständig fest.

Mit meiner Gesundheit geht es immer schlechter. Ich bin so traurig, daß ich nicht weiß, was ich Dir sagen soll, ich bitte Dich noch einmal, mich nicht zu vergessen und zu glauben, daß ich Dich immer lieben werde und daß ich sehr unglücklich bin. Ich küsse Dich und liebe Dich von ganzem Herzen – Deine treue Freundin Louise.«

Manche Historiker sind der Meinung, daß der »Verrat« Marie Louises an Napoleon an diesem 16. April begonnen hat, manche weisen dies unter Hinweis auf den obigen Brief von sich. Er widerlege diese These. Wer in Kenntnis der weiblichen Psyche jedoch diesen Brief aufmerksam liest, wird nicht umhin können, einiges merkwürdig zu finden. Die Kaiserin betonte zwar mit etwas übertriebenem Pathos, wie sehr das Verbot, sofort zu Napoleon zu reisen, sie getroffen habe, scheint sich jedoch ziemlich kampflos darein ergeben zu haben. Die Versicherung, sie »hoffe«, Napoleon im Juli besuchen zu können, klingt jedenfalls nicht nach eisernem Entschluß. Das Argument, es sei »ihre Pflicht«, den Kaiser zu begleiten, mag ihrem Ehemann einigermaßen lahm erschienen sein, und die Bitte, sie nicht zu vergessen, hatte schon etwas von einem Lebewohl an sich.

»Was geschah während dieser Unterredung?« fragte sich Méneval in seinen Memoiren.[21] »Mit welchem Ziel begleitete Metternich seinen Souverän? Welche geheimen Gründe wurden ihr genannt, die sie bewogen, nach Wien zu gehen und dort bis zu ihrer Abreise nach Italien zu bleiben, statt diesen Augenblick auf der Insel Elba abzuwarten?«

Méneval, der Marie Louise gut kannte, führte ihre Fügsamkeit vorwiegend auf den wieder akut gewordenen Vaterkomplex zurück. »Die Verehrung der Kaiserin für ihren Vater«, hielt er fest, »der den dringenden Wunsch aussprach, sie einige Zeit bei sich in Wien zu haben, hat diese Fürstin naturgemäß beeinflußt . . .« Dazu kam – so Méneval – die vermeintliche Aussicht, bald danach die ihr versprochenen Staaten in Besitz nehmen und dann in völliger Freiheit ihre Zeit zwischen der Insel Elba und ihrer neuen Residenz zu teilen. Schließlich muß man der »Zerrissenen« zugute halten, daß sie ein Ende des qualvollen Hin und Her zwischen Ehemann und Vater mit Erleichterung aufnahm. Als die übermächtige Gestalt des Vaters wieder in ihr Leben trat, als sein Wille sie endlich eigener Entschlüsse enthob, sagte sie aufseufzend zu allem ja und amen. Aus Napoleons »treuer Freundin Louise« war wieder ganz und gar des Kaisers Franz »gehorsame Tochter« geworden.

Den Plan einer späteren Wiedervereinigung mit Napoleon aber hatte sie keineswegs aufgegeben. Jedenfalls versicherte sie dem Kaiser in ihren folgenden Briefen, niemals in eine endgültige Trennung einwilligen zu wollen und unterstrich ihre Absicht, mit ihm in wenigen Monaten auf Elba zusammenzutreffen. Am 20. April teilte sie ihm sogar ihren »Feldzugsplan« mit: »Ich gehe jetzt nach Österreich, weil mein Vater das nachdrücklich wünscht und weil ich weiß, daß er, wenn ich nicht ginge, mich mit Gewalt hinführen würde. Ich habe ihm erklärt, daß ich mich dann sogleich aufs Land zurückziehen und dort nur meine Familie, sonst keinen, sehen will; mein Vater sagte, daß im Juni alle deutschen Fürsten, der Kaiser Alexander und der König von Preußen in Wien sein würden, ich antwortete, daß ich dann sogleich ins Bad reisen würde . . . und daß ich von dort nach Parma und auf die Insel Elba zu gehen gedächte.«[22]

Kaiser Franz lehnte diesen Plan allerdings rundweg ab. »Mein Vater sagte, daß er glaube, ich könne nicht vor dem Anfang des Winters nach Italien gehen, daß nichts geregelt sei, und daß ich aus dem Bad wieder nach Wien zurückkehren müßte, er bestand darauf mit großem Nachdruck und ich habe nicht auf meiner Meinung beharrt, weil ich es für nutzlos halte, in diesem Augenblick einem Plan zu widerstreben, den ich ihn trotzdem niemals ausführen lassen würde, aber ich will mir gegenwärtig keine Hartnäckigkeit in dieser Sache merken lassen, daher bitte ich Dich auch, nichts darüber zu schreiben, weil dadurch alles verdorben würde . . .«[23]

Unmittelbar nach der Besprechung mit seiner Tochter ging ein Schreiben von Kaiser Franz an Napoleon ab. »Mein Herr Bruder und teurer Schwiegersohn!« begann der von Metternich konzipierte und von seinem Herrn nur unterfertigte Brief. »Die zärtliche Fürsorge, die Ich Meiner Tochter entgegenbringe, hat Mich bewogen, mit ihr hier zusammenzutreffen. Ich bin hier vor wenigen Stunden angekommen und habe mich nur allzu sehr davon überzeugt, daß ihre Gesundheit, seitdem ich sie gesehen, ungeheuer gelitten hat. Ich habe Mich daher entschlossen, ihr vorzuschlagen, sich für einige Monate in den Schoß ihrer Familie zu begeben, und E. M. haben ihr zu viele Beweise Ihrer wahren Anhänglichkeit gegeben, daß ich nicht überzeugt sein könnte, Sie würden meine diesbezüglichen Wünsche teilen und meinen Entschluß billigen. Meine Tochter wird nach ihrer Wiederherstellung ihr Land in Besitz nehmen, was sie naturgemäß dem Aufenthaltsort E. M. näher bringt. Es ist ohne Zweifel überflüssig, E. M. zu versichern, daß Ihr Sohn als Meiner Familie angehörend betrachtet wird und Ich Mich während des Aufenthalts in Meinen Staaten in der Fürsorge teilen werde, die seine Mutter ihm entgegenbringt.«[24]

Das klang gütig und beruhigend, war aber genau die Konstellation, die Napoleon um keinen Preis gewünscht hatte. Der gestürzte Kaiser aber hatte keinerlei Möglichkeit mehr, die Reise seiner Frau nach Wien zu verhindern. Ohnmächtig mußte er auch die Nachricht vom Besuch seines grimmigsten Feindes bei Marie Louise hinnehmen. Der Zar, der sich mit den Bourbonen überworfen hatte, legte plötzlich Wert darauf, sich gegenüber der Familie Bonaparte als großmütiger Sieger aufzuspielen. Nach einem Besuch in Malmaison bei Joséphine und Hortense verlangte er, auch Marie Louise seine Aufwartung machen zu dürfen, und Kaiser Franz glaubte, seinem Verbündeten diese Bitte nicht abschlagen zu dürfen.

»Ich habe morgen noch einen harten Schlag zu ertragen«, klagte Marie Louise am 18. April ihrem Gatten.[25] »Mein Vater schickt den Kaiser Alexander zu mir; hätte man je geglaubt, daß es mir bestimmt wäre, den Mann noch einmal zu sehen, von dem das ganze Unglück herrührt, das uns widerfahren ist?« Napoleon beruhigte sie: »Ich beklage Dich, daß Du gezwungen bist, solche Besuche zu empfangen, doch da der Kaiser Takt und Geist besitzt, hoffe ich, daß er Dir nichts sagen wird, was Dir unangenehm ist.«[26]

In abgewandelter Form fand nun also in Rambouillet doch noch die Szene statt, die sich besser in Paris abgespielt hätte. Der Zar, ganz charmanter Kavalier, erschien vor Marie Louise.

»Ich habe den Besuch des Kaisers Alexander entgegengenommen«, berichtete Marie Louise ihrem Gemahl am 20. April.[27] »Er hat viel von den vergangenen Ereignissen gesprochen, um mir zu beweisen, es sei nicht seine Schuld, daß wir in den Zustand geraten sind, in dem wir uns befinden. Er hat mir schöne Freundschaftsbeteuerungen gemacht und mich gefragt, ob man mich gegen meinen

Willen nach Wien brächte und daß er, wenn dies der Fall sei, es verhindern würde; ich antwortete ihm, daß ich damit zufrieden sei, mich in dieser Sache den Wünschen meines Vaters zu fügen, daß ich entschlossen sei, nicht hier zu bleiben, sondern eine Unabhängigkeit zu bewahren, an der ich unbedingt festhielte und daß ich im übrigen Dich besuchen wollte. Dieses letztere hat ihm nicht behagt, denn er antwortete mir in sehr scharfem Ton: ›Aber Madame, man wird Sie ja nicht daran hindern, obwohl Sie vielleicht unrecht daran tun, nach Elba zu reisen.‹ Ich erwiderte, daß meine Pflicht und meine Neigung mich zu diesem Schritt veranlassen würden und daß ich sicher wäre, ihn niemals zu bereuen. Er ließ recht angelegentlich erkennen, daß er mir nicht von Dir sprechen wollte, im übrigen hat er viel gesprochen, besonders während des Diners und nachdem er bei Deinem Sohn gewesen war, den er superb fand; er ist um vier Uhr wieder abgefahren. Ich habe versucht, mich vor ihm sehr mutig zu zeigen, aber mein Herz war dabei zu Tode betrübt.«

Drei Tage danach kam auch der König von Preußen. Marie Louise hatte den Vater angefleht, ihn nicht empfangen zu müssen, aber Kaiser Franz meinte, man könne den König nicht so vor den Kopf stoßen. »Ich habe heute morgen den Besuch des Königs von Preußen gehabt, obwohl ich alle erforderlichen Schritte getan hatte, um das zu vermeiden«, schrieb die Kaiserin an Napoleon.[28] »Er ist nur eine halbe Stunde geblieben und hat sich ganz gut betragen, ich war zufrieden mit der Art, in der er vermied, mir von allen Dingen zu sprechen, die mir hätten unangenehm sein können.« Am allerzufriedensten über die Besuche der beiden Monarchen war freilich Metternich. Auf diese Weise entstand in der Öffentlichkeit der Eindruck, daß Marie Louise wieder ganz zur Habsburgerin geworden war und sich von Napoleon distanziert hatte.

Am 19. April schrieb Napoleon drei Briefe an Marie Louise. Er teilte ihr mit, daß er anderntags nach der »Insel der Ruhe« abreisen werde. Isabey hatte ihm ein Porträt der Kaiserin und ihres Sohnes gebracht, das dem Kaiser eine wehmütige Freude bereitete. Wenigstens bildlich würden sie ihn begleiten! »Ich breche morgen früh um 9 Uhr auf«, schrieb er um 11 Uhr abends, »und werde in Briard übernachten, wo ich abends Nachricht von Dir zu erhalten hoffe. Ich werde über Nevers, Moulins, Lyon, Avignon gehen . . . Ich hoffe, daß Du Dich wohlbefindest, daß Du Mut hast und die Ehre

Deines Ranges und meines Schicksals wahrst, ohne der Härten des Verhängnisses in dieser letzten Zeit zu achten. Gib meinem Sohn einen Kuß. Hüte ihn sorgsam. Adieu, meine süße Freundin. Für immer ganz der Deine . . .«[29]

Anderntags standen um acht Uhr früh mehrere Kutschen im Schloßhof von Fontainebleau. Vier Kommissare sollten den Kaiser nach Elba begleiten: der vom Dienst bei Marie Louise abgezogene russische General Schuwaloff, der österreichische General Freiherr von Koller, der englische Oberst Campbell und der Preuße Graf Waldburg-Truchseß. Man wartete, aber erst um die Mittagsstunde erschien der Kaiser. Mit seinem berühmt schnellen Schritt eilte er die große Stiege hinab. Unten wartete die Garde.

Noch einmal richtete der Kaiser das Wort an seine Treuesten, erinnerte an die zwanzig gemeinsamen Jahre auf dem Weg zum Ruhm, sprach davon, daß die alliierten Mächte ganz Europa gegen ihn mobilisiert hatten und erwähnte, daß er zur Vermeidung eines Bürgerkrieges seine persönlichen Interessen dem Wohle Frankreichs opfere. Dann umarmte er den General der Garde, küßte die Fahne und stieg in die Kutsche. Er hatte Tränen in den Augen und auch alle Umstehenden weinten. Selbst den Kosaken, die im Schloßhof Wache schoben und kein Wort von der Ansprache verstanden hatten, liefen die Tränen in die Bärte.

Das folgende ist bekannt. Bis Lyon ging alles gut. »Ich bin sehr erfreut über den Geist der Bevölkerung, die mir viel Anhänglichkeit . . . und Liebe erzeigt«, schrieb der Kaiser an Marie Louise.[30] Aber dann schlug die Stimmung um. In Avignon traf ein Steinhagel Napoleons Kutsche, in Orgon hängte man eine blutverschmierte Napoleon-Puppe an einen Galgen. »Tod dem Tyrannen!« brüllte die Menge.

Um nicht gelyncht zu werden, zog der Kaiser die Livree eines der Postillone an, steckte eine weiße Kokarde an den Hut und galoppierte selbst an der Spitze des Zuges. Am Abend in der Herberge wurde er brutal mit der Volksmeinung konfrontiert, als sich die Wirtin mit dem vermeintlichen Postillon unterhielt.[31]

»Sind Sie Bonaparte begegnet?«

»Nein.«

»Ich bin neugierig, ob er heil davonkommt! Aber wenn das Volk ihn umbringt, hat er das reichlich verdient, der Schuft! Man wird ihn also nach seiner Insel einschiffen?«

»Ja natürlich.«

»Aber, nicht wahr, man wird ihn doch ersäufen!?«

»Ich hoffe sehr!«

Es war wie am 18. Brumaire 1799: Die Wut des Pöbels trieb Napoleon in eine Angstpsychose. Anderntags zog er Kollers hechtgrauen österreichischen Generalsrock an, Graf Waldburg-Truchseß lieh ihm seine preußische Mütze und Graf Schuwaloff seinen russischen Mantel. In diesem Narrenkostüm verkroch sich der einstige Kaiser der Franzosen in der österreichischen Kutsche. Der Tiefpunkt seines Lebens war erreicht.

Am 27. April traf er in Fréjus ein. »Meine gute Louise«, schrieb er an die Kaiserin. »Ich bin vor zwei Stunden in Fréjus angekommen. Ich war bis Avignon über den Geist, der in Frankreich herrscht, sehr erfreut, aber von Avignon ab habe ich sie sehr aufgebracht gegen mich gefunden. Ich war sehr zufrieden mit den Kommissaren, besonders mit dem österreichischen und dem russischen General; laß das Deinen Vater wissen. Ich fahre in zwei Stunden nach der Insel Elba ab, von wo ich Dir nach meiner Ankunft schreiben werde. Meine Gesundheit ist gut, mein Mut über alles erhaben . . .«[32]

Ein versöhnendes Erlebnis hatte er noch: das Wiedersehen mit seiner Lieblingsschwester Pauline Borghese, die ihrer schwachen Gesundheit wegen den Winter in Nizza zugebracht hatte und sich nun im Schloß von Bouilledon bei Le Luc aufhielt. Weinend küßte sie ihrem Bruder die Hand und gab ihm ein Versprechen, das die ferne Marie Louise mit Beschämung erfüllt haben mochte. »Fürstin Pauline«, schrieb Napoleon an seine Gemahlin[33], »die sich 2 Meilen von hier in einem Schloß aufhält, will durchaus nach der Insel Elba kommen, um mir Gesellschaft zu leisten, aber sie ist so krank, daß ich nicht weiß, wann sie die Überfahrt wird machen können . . .«

Am 29. April schiffte er sich ein. Es war dieselbe Stelle, wo er fünfzehn Jahre zuvor, aus Ägypten kommend, gelandet war. In französischer Uniform ging er an Bord der englischen Fregatte »Undaunted« (Unverzagt).

Am 24. April verließ Marie Louise Rambouillet, das letzte Schloß, in dem sie gemeinsam mit Napoleon gewohnt hatte. Mit ihr reiste ab, was von ihrem Hofstaat noch übrig war und ihr – wenigstens eine Zeitlang noch – das Geleit geben wollte, darunter die beiden Personen, die ihr Schicksal so maßgeblich beeinflußt hatten: Madame de Montebello und Doktor Corvisart. Mit von der Partie waren die Gräfin Brignole, zwei Vorleserinnen, die Generäle Caffarelli und Fouler, Saint-Aignant, Bausset und natürlich Méneval. Zur Suite des Prinzen von Parma gehörten seine Gouvernante Gräfin von Montesquiou, die Untergouvernante Mme. Soufflot und ihre fünfzehnjährige Tochter Fanny, zwei Kammerfrauen und der Kammerdiener Gobereau, der seinen kleinen Sohn Émile mitnahm. Ein österreichischer Ehrendienst hatte zwei Tage vor der Abreise seinen Dienst angetreten. Er bestand aus dem General Grafen Carl Kinsky, seinem Adjutanten, zwei Kämmerern und zwei Hauptleuten.

Der kleine Prinz war entzückt von der Aussicht, eine große Reise zu machen. Daß er nicht mehr König von Rom war, hatte man ihm gesagt. »Ich merke es ohnehin«, sagte er, »denn ich habe keine Pagen mehr.« Marie Louise lag weniger die Wien-Fahrt als die Badereise nach Aix im Sinn, die geradezu zu einer idée fixe geworden war. Am 20. April bat sie ihren Vater, »sich in Paris ein wenig darum anzunehmen, damit mir die neue Regierung es erlauben möchte . . . und da ich Ihnen indeß meinen Sohn zurücklaßen werde, wird es, hoffe ich, leicht zu erhalten seyn«.[34] Schon in Rambouillet war sie also damit einverstanden, den Dreijährigen als Geisel in Wien zu lassen, um nach Aix reisen zu können.

Zunächst aber fuhr man noch gemeinsam über Versailles nach Grosbois, wo Marie Louise von ihrem Vater erwartet wurde. Schloß Grosbois gehörte Marschall Berthier, Fürst von Neuchâtel, der vier Jahre zuvor in Wien für Napoleon den Brautwerber gespielt hatte. Als sie den Fürsten wiedersah, sprach die Exkaiserin liebenswürdig die Hoffnung aus, den Tag in seiner Gesellschaft verbringen zu können. Berthier aber bedauerte. Er sei untröstlich, aber er müsse nach Paris zum Empfang von »Monsieur« fahren. »Monsieur« war der Graf d'Artois, der Bruder Ludwigs XVIII. und spätere Karl X. Es war das nicht der einzige Affront. Als die Gräfin Noailles, eine Nichte Talleyrands, Marie Louise ihre Aufwartung machte, trug sie einen Hut, der mit der Blume der Bourbonen, der Lilie, geschmückt war. Den kleinen Prinzen kümmerte das nicht. »Er hat sich in Grosbois sehr mit meinem Vater unterhalten, der ganz vernarrt in ihn zu sein scheint. Ich bin darüber erfreut«, meldete Marie Louise ihrem Gemahl.[35]

Am 25. April nahmen Vater und Tochter voneinander Abschied und Marie Louise setzte ihre Reise fort. Das Land trug noch die Spuren der letzten Kriegshandlungen. Man passierte verbrannte

Dörfer und zusammengeschossene Städte, und zwischen Provins und Troyes lag von den noch nicht beerdigten Gefallenen ein übler Leichengeruch in der Luft. Auf den Feldern beobachtete Méneval Scharen herrenloser Pferde, die den Truppen entlaufen waren und nun die Ernte fraßen.

Über Troyes und Châtillon-sur-Seine, dem Ort, wo der erfolglose Kongreß getagt hatte, erreichte man am 28. April Dijon. Durch ein Spalier österreichischen Militärs, vorbei an einer neugierigen Menge hielt Marie Louise ihren Einzug in die Stadt. Von Dijon schrieb sie ihrem Vater und schloß einen Brief an ihren Gatten bei. »Mein lieber Freund«, schrieb sie an Napoleon[36], »ich versuche durch alle möglichen Gelegenheiten, Dir einige Zeilen zukommen zu lassen; den heutigen Brief schicke ich an meinen Vater, damit er ihn weitergehen läßt. Es ist mir äußerst schmerzlich, nicht öfter Nachrichten von Dir zu erhalten, jetzt sind es 8 Tage, daß ich keine habe, ich habe diese Zeit sehr traurig verbracht, meine Gesundheit leidet durch den Kummer, den ich empfinde, ich bin so mager geworden, daß Du mich nicht mehr erkennen würdest, aber beunruhige Dich deswegen nicht. Corvisart sagt, daß die Bäder von Aix mich gänzlich wiederherstellen werden, daß aber, wenn ich sie nicht gebrauche, meine Lunge ernstlich erkranken könnte, daher bin ich auch entschlossen, Anfang Juli dorthin zu gehen . . .«

Unter anderen Umständen wäre es eine besonders schöne Reise gewesen. »Ich habe von weitem den Montblanc gesehen, über den Dein Sohn sehr gestaunt hat«, berichtete die Heimkehrerin. »Das Wetter ist schön, die Gegend ist prächtig, aber nichts bereitet mir Genuß, ich wäre erst dann zufrieden, wenn ich wüßte, daß Du glücklich angekommen bist und Ruhe gefunden hast . . .«[37]

Am 2. Mai überquerte der Reisezug der Kaiserin bei Hüningen den Rhein. »Bei einem Dorf, zwei Meilen von Trois-Maisons, ist die Grenze Frankreichs«, schrieb Marie Louise in ihr Reisetagebuch. »Mein Herz schnürte sich zusammen, als ich sie überschritt. Ich wünschte dem armen Frankreich alles Gute. Möge es die Ruhe genießen, deren es seit so langer Zeit bedarf und möge es manchmal Bedauern über eine Person hervorrufen, die an ihm hängt, die sein Schicksal und die Freunde beweint, welche sie dort zu lassen gezwungen ist . . .«[38]

Auf dem Weg nach Basel jubelte ihr die Bevölkerung zu. »Unsere Fahrt glich mehr einem Triumphzug als einer Flucht«, notierte Bausset.[39] Marie Louise legte im Hause eines Senators einen Rasttag ein, schrieb am 3. Mai dem Papa und klagte, keine Nachricht von Napoleon zu haben. »Ich bitte Sie, liebster Papa, mir zu sagen, durch welche Gelegenheit ich ihm schreiben kann, es sind schon seit 4 Tagen, daß ich ihm keine Nachricht von seinem Sohn habe geben können.«[40]

Vor ihrer Abreise erhielt sie dann doch den Brief Napoleons vom 27. April aus Fréjus, in dem er, um sie zu schonen, die schreckliche Reise durch die Provence nur angedeutet hatte. Sie erfuhr die ganze Wahrheit jedoch durch den Kurier, der den Brief überbrachte. Von Selbstvorwürfen gequält, schrieb sie in ihr Tagebuch: »Wie schrecklich muß seine Seele gelitten haben. Ich werfe mir vor, ihm nicht gefolgt zu sein. Also auch ich verlasse ihn. Oh mein Gott! Wie wird er von mir denken? Aber ich werde ihn aufsuchen, sollte ich dann auch ewig unglücklich sein.«[41] Méneval bestätigt die depressiven Gefühle seiner Herrin. Ihre Melancholie, so hielt er fest, habe sich im Zuge der Reise noch vertieft. »Ihre Nächte waren gestört durch qualvolle Anfälle von Schlaflosigkeit und ihr Gesicht war oft in Tränen gebadet.«[42]

Dennoch lenkte die Reise die Kaiserin von den trüben Gedanken ab. In Schaffhausen wurde der Rheinfall besichtigt, von Zürich aus der See befahren. Aber die Sorgen blieben. In Zürich schrieb sie ihrem Vater einen Brief, der ihr besonders schwergefallen sein mochte.[43] Es war eine demütigende Bitte um finanzielle Hilfe für Napoleon: »Mir ist es sehr unangenehm, von Geldsachen Ihnen reden zu müßen. Sie wißen, liebster Papa, daß ich nicht gerne daran denke, ich glaube aber, daß es meine Pflicht als Gattin und Mutter ist, Ihnen die Lage zu schildern, in welcher der Kaiser sich darüber befindet und für ihm Ihre väterliche und mächtige Verwendung anzuflehen . . . Der Kaiser hat wenig Geld mit sich, zehn oder zwölf Millionen, die Früchte seiner Sparsamkeit von der liste civile seit 12 Jahren. Eine große Menge silberne Tafelgeschirre, viele Tabatieren mit Brillanten verziert und andere dergleichen Geschenke sind in Orléans wieder alle Rechte der Billigkeit durch einen Komißaire der provisorischen Regierung genommen worden; alle diese Sachen sind das Eigenthum des Kaisers und meines Sohnes. Man hat selbst dem Kaiser seine Bibliothek und alles, was zu seinem täglichen Gebrauche war, weggenommen. Ich bin durch alle Gefühle dazu gebracht, Sie zu bitten, Ihre Vermittlung dazu zu gebrauchen, damit alles, was des Kaisers Eigenthum ist und ihm durch den Tractat versichert ist, im zurückgestellt möchte werden. Alle Sachen, welche der Krone gehörten, . . . sind treu zurückgegeben worden . . . Zwey Millionen Einkünfte . . . hat man dem Kaiser gegeben. Aber die Art, wie die Regierung anfangt, sich gegen ihm zu betragen, erlaubt ihm nicht, sich zu schmeicheln, daß sie ihm genau bezahlt werden, wenn Sie, liebster Papa, ihm nicht beschützen und vertheidi(gen) und wenn Ihr großmüthiger Karakter Sie nicht bestimmte, das Recht eines Mannes zu vertheidigen, der Ihr Schwiegersohn ist und der nicht mehr Ihr Feind ist, seitdem er unglücklich und verlaßen ist. Mein ganzes Vertrauen in Ihre Gnade und Güte und Ihre Redlichkeit bringt mich zu dieser Bitte, ich bin überzeugt, daß mein Vertrauen nicht betrogen seyn wird.«

Napoleon teilte sie ihre Demarche beim kaiserlichen Vater mit. »Ich habe ihm unlängst wegen der Geldangelegenheiten geschrieben. Sei versichert, mein lieber Freund, daß Du allezeit in meinen Gedanken gegenwärtig bist, daß ich wünsche, Deine Interessen auf das beste wahrzunehmen und Dir meine ganze Zärtlichkeit beweisen zu können . . . Mein Befinden ist leidlich. Die Reise ermüdet mich auch sehr . . .«[44]

Am 7. Mai kam man in Konstanz an, befuhr den Bodensee und besuchte die Insel Mainau. In Konstanz wurde auch die weitere Reiseroute beschlossen. Marie Louise wollte unbedingt durch »das Tyrol« fahren. Tirol war 1805 gegen seinen Willen an Bayern gefallen. Die Bayern, noch mehr aber die Franzosen, waren daher für jeden echten Tiroler höllische Erzfeinde. Graf Kinsky riet somit der Gemahlin Napoleons von einer Reise durch Tirol ab. Er fürchtete, daß man den französischen Begleitern der Exkaiserin »Impertinenzen« antun könnte. Auch Kaiser Franz mahnte zur Vorsicht. Aber Marie Louise, bisweilen zu eigenartigen Mutproben neigend, hatte keine Angst. »Ich habe Graf Kinsky erklärt, daß ich durchaus dieses Land sehen will«, schrieb sie dem Papa. »Denn die Tyroler werden weder mich noch meine Leute essen, ich bin überzeugt hingegen, daß sie uns gut empfangen werden und werden uns frohe Gesichter zeigen.«[45]

Sie behielt recht. Über Kempten und Füssen gelangte man nach Tirol, und da zeigte es sich, daß die Tiroler in Marie Louise nicht die Kaiserin der Franzosen, sondern die Erzherzogin von Österreich sahen. Mit Triumphbogen, Böllerschüssen, Huldigungsgedichten und großem Jubel wurde die Heimkehrerin empfangen. In Reutte spannten ihr die Leute die Pferde aus und zogen den Wagen zu ihrem Quartier, und während sie zu Tisch ging, brachte ihr ein Chor ein Ständchen.

Anderntags fiel Schnee, aber das störte die Tiroler Patrioten nicht. Durch das ganze Oberinntal begrüßte Glockengeläut die Tochter des guten Kaisers Franz, die Schuljugend überreichte ihr Blumen, die Schützen zogen auf. Innsbruck war auf das festlichste geschmückt und beleuchtet. Vorbei an Transparenten, die »die beste Kaisertochter« grüßten, fuhr Marie Louise zur kaiserlichen Burg. Wieder wurden ihr trotz ihres Sträubens die Pferde ausgespannt, und da jeder stämmige Innsbrucker die Kutsche ein Stück mitziehen wollte, gab es ein beängstigendes Gedränge, in dem, wie Méneval – hoffentlich fälschlich – berichtet, zwei Männer und ein Kind erdrückt wurden. In der Burg warteten die ob des Österreich-Fiebers etwas nervösen bayerischen Würdenträger und die Spitzen der Tiroler Behörden und machten Marie Louise und ihrem Sohn ihre Aufwartung.

Nach zweitägigem Aufenthalt wurde am 15. Mai Innsbruck verlassen und die Reise nach Salzburg fortgesetzt. »Ich kehre zu Dir zurück, mein teures Vaterland«, schrieb Marie Louise in ihr Tagebuch. »Warum hat man mich vom richtigen Wege abgelenkt, mir diese Reise aufgezwungen? . . . Warum hat das Volk von Paris nicht wie die treuen Tiroler die Stränge meines Wagens zerschnitten? Welch herzzerreißendes Verhängnis ist nicht mein Schicksal . . . Ach! Meine ohnmächtige Schwäche in diesem Wirbel von Intrigen und Verrätereien!«[46]

Die Kaiserin Maria Ludovica hatte ihr tröstende Briefe zukommen lassen. »Sie werden sich hier inmitten von Leuten befinden, die Sie vergöttern und alles tun werden, um Ihre Leiden zu mildern«, schrieb sie ihrer Stieftochter.[47] In der Abtei von Melk, wo Marie Louise am 20. Mai eintraf, wartete bereits Fürst Trauttmansdorff, der von der österreichischen Kaiserin zum Empfang der Stieftochter vorausgeschickt worden war. Zwischen Sankt Pölten und Sieghartskirchen, wenige Meilen vor Wien, stand dann anderntags Maria Ludovica selbst, bleich, zart und krank, aber anmutig und liebenswürdig, und umarmte gerührt die Heimgekehrte. Die beiden Kaiserinnen setzten gemeinsam in einer Kutsche die Reise fort.

Schon seit dem Nachmittag warteten vor Schönbrunn zahlreiche Wagen, deren Insassen die Exkaiserin, vor allem aber den Sohn Napoleons, sehen wollten. Am 21. Mai um 18 Uhr 20 stieg Marie

Louise im Schloßhof aus dem Wagen, lauthals begrüßt von den Wienern. Als der kleine Prinz von Parma erschien, herrschte, wie in einem Polizeibericht nachzulesen ist, »unbeschreiblicher Enthusiasmus über die Schönheit und Liebenswürdigkeit des Prinzen«.[48]

An der Schloßstiege stand die ganze kaiserliche Familie, und unter lautem Jubel liefen die Schwestern Marie Louises auf die lang Entbehrte zu. »Die jungen Erzherzoginnen«, hielt Méneval nicht ohne Bitterkeit fest, »warfen sich ihr an den Hals und beglückwünschten sie zu ihrer Heimkehr, als wäre sie einer Gefahr entronnen und jedermann entzückt, sie heil und gesund zu sehen.«

Dann bot Erzherzog Carl, der Marie Louise vor vier Jahren zum Altar geführt hatte, seiner Nichte den Arm und führte sie ins Schloß.

Der Kreis hatte sich geschlossen.

Kaiserin Maria Ludovica. Stiefmutter Marie Louises.
Gemälde von Johann Nep. Ender

XVII

Neipperg

Im Mai des Jahres 1814 hatten die Wiener – heilfroh, daß die napoleonischen Kriege vorbei waren – endlich wieder Zeit und Muße, den Frühling zu genießen. Man saß in den Heurigenschenken der Vorstädte, fuhr mit dem »Stellwagen« aufs Land und ging wieder ins Theater. Zu sehen waren neben Unterhaltungsstücken immerhin Schillers »Räuber« und Körners »Zriny«, und »Montags den 23. May« wurde im k. k. Kärntnerthor-Theater »die große, nach dem Französischen ganz neu bearbeitete und von Hrn. L. van Beethoven in Musik gesetzte Oper Fidelio gegeben«. Das war ein neuerlicher Versuch, durch Umarbeitung und Umbenennung der Oper die Publikumsgunst zu gewinnen. Die Uraufführung des Werks, das damals noch »Leonore« hieß, hatte am 20. November 1805 im Theater an der Wien stattgefunden und war ein glatter Durchfall gewesen. Das Theater war halb leer geblieben, denn die wohlhabenden Bürger, die sonst ins Theater gingen, waren vor den Franzosen aus der Stadt geflüchtet. Im Zuschauerraum saßen vorwiegend französische Offiziere, denen Beethovens Musik fremd blieb und die sich langweilten, weil sie den Text dieser deutschen »Gefängnisoper« nicht verstanden[1]. In jenem Frühjahr 1814 wurde vom Buchhändler Gerold auf dem Dominikanerplatz auch hochaktueller Lesestoff angeboten. Schon um 20 Kreuzer konnte man Informationen über »Die Insel Elba« erhalten, um 40 Kreuzer ein Büchel »So sprach Napoleon vor 2, vor 8 und vor 14 Jahren« erwerben oder gar die eingehende Studie »Napoleon Buonaparte, was er war und was er ist« kaufen. Die kostete freilich 1 Gulden und 8 Kreuzer, und wer konnte sich das schon leisten![2]

Erst drei Jahre zurück lag der Staatsbankrott, der so viele Menschen ins Unglück gestürzt hatte. Das damals ausgegebene Papiergeld, »Bancozettel« genannt, hatte Tag für Tag an Wert verloren, der Banknotenumlauf aber war von Tag zu Tag gestiegen. 1811 erreichte er die Milliardengrenze und betrug fast das Zehnfache seit der Jahrhundertwende. Auf das Zehnfache waren auch die Lebensmittelpreise gestiegen. Ein Kilogramm Rindfleisch, das anno 1801 noch 65 Kreuzer gekostet hatte, war zehn Jahre später nur mehr um sechs Gulden zu haben. Am 20. Februar 1811 hatte dann der Finanzminister Joseph Graf Wallis der Inflation gewaltsam ein Ende gemacht. Die Bancozettel wurden mit nur 20 Prozent ihres Nennwerts gegen neues Papiergeld – die »Wiener Währung« – eingetauscht. Nur das Hartgeld – die sogenannte »Conventionsmünze« – behielt seinen Wert. Die Steuern aber blieben gleich hoch und die Löhne und Gehälter gleich niedrig.[3] Die Folgen waren schrecklich gewesen: Geschäftsleute und kleine Gewerbetreibende gingen zugrunde, die Beamtenschaft hungerte, die Landbevölkerung verarmte. Bilder, die die Maler Waldmüller, Fendi oder Alois Schön malten und die Titel wie »Die Pfändung« oder »Delogierung« trugen, waren soziale Anklagen gegen eine Biedermeierzeit, die durchaus nicht für alle Untertanen des Kaisers Franz eine goldene Backhendlzeit gewesen ist. Der überwiegende Teil der Bevölkerung Wiens lebte kärglich und starb früh, vorwiegend an der Schwindsucht, aber auch an seltsam klingenden Krankheiten wie »am Dampf«, »am hitzigen Wasserkopf«, an der »Darmgicht« oder an der »Häutigen Bräune«[4]. An Altersschwäche starben die wenigsten. Lehnten sich Literaten und Publizisten gegen die althergebrachte und angeblich gottgewollte Ordnung auf, machte ihnen die Zensur das Leben sauer, jene Zensur, die man immer mit dem Namen Metternichs verbindet, die es aber schon weit früher, nämlich seit dem Kaiser Joseph II., gegeben hatte. Anno 1801 hatte der junge Kaiser Franz dann der von ihm ins Leben gerufenen »Polizeihofstelle« die Zensur übertragen[5], die er aber zeitlebens persönlich überwachte.

In dieses Wien war Marie Louise zurückgekehrt, hatte im Westflügel des Schlosses Schönbrunn Wohnung genommen und war sofort zum Tagesgespräch geworden, seit die Ankunft der »erlauchten Kaiserfrau« in der »Wiener Zeitung« zu lesen gewesen war[6]. Da der Park von Schönbrunn an Sonntagen allgemein zugänglich war, benützten die Spaziergänger die Gelegenheit, sich die Exkaiserin und ihren Sohn anzusehen. Der kleine Napoleon gewann sofort alle Sympathien, Marie Louise aber wurde kritisiert. »Allgemein bemerkt man, daß sie sich so benimmt und spricht, als ob Kaiser Napoleon noch in Frankreich regierte«, schrieb Hofrat

Hudelist an Metternich.[7] »Sie soll eine entschiedene Vorliebe für alles zeigen, was französisch ist.« Maria Ludovica fand ihre Stieftochter magerer, jedoch wohler aussehend als in Prag, aber »erschröcklich kindisch wie ein Mädchen von 12 Jahren«. Der Prinz von Parma gefiel ihr zwar, erinnerte sie aber allzusehr an seinen Vater. »Der Louise ihr Sohn ist ein auffallend schönes Kind«, schrieb sie an ihren Gemahl[8], »sein Anblick machte mir (aber) einen peinlichen Eindruck, da er das Gepräge seines Vaters in sich trägt; ich wollte, es wäre ein Mädchen.« Marie Louise war trüber Stimmung. »Ich war sehr gerührt über das Wohlwollen, mit dem meine Stiefmutter und meine ganze Familie mich aufnahmen«, meldete sie Napoleon, »aber ich war unzufrieden mit mir selbst, ich empfand kein Vergnügen, sie wiederzusehen, ich werde gleichgültig gegen alles . . .[9]«

Schon am Tag nach ihrer Ankunft, so berichtet Méneval, regelte sie ihren Haushalt. Getrennt von ihrer österreichischen Familie führte sie in Schönbrunn ihre eigene Ménage und behielt auch ihre Gewohnheiten bei: um elf Uhr Mittagessen, um sieben Uhr abends Diner, dem nur ihre französischen Damen und Herren zugezogen wurden. Einladungen von Familienmitgliedern, österreichischen Ministern und Würdenträgern waren selten. Mißbilligend vermerkte der Wiener Hof, daß sie ihren französischen Koch behielt (»und eine deutsche Suppe nicht mehr hinunterbringen kann«[10]), daß sie französische Schneiderinnen beschäftigte und sich weiter aus Paris beliefern ließ.

Um sich abzulenken, nahm sie ihre Zeichen- und Malstunden wieder auf, musizierte und begann, italienisch zu lernen. Ein Abbate Landi gab ihr darin Unterricht. Wiederholt fuhr sie in die Stadt und besichtigte Sehenswürdigkeiten, sie nahm ihre Reiterei wieder auf und ging im Park von Schönbrunn spazieren.

Der prächtige Park war das Entzücken des kleinen Napoleon, der im Tiroler Garten spielte, die Gewächshäuser besuchte und sich den Tierpark ansah. Besonderes Vergnügen bereitete es ihm, wenn ihn seine Mutter zu Ausflügen nach Laxenburg, Baden oder auf den Kahlenberg mitnahm. Täglich nach dem Déjeuner brachte »Mama Quiou« ihren Schützling zu seiner Mutter, wo er, wie Méneval vermerkte, »eine der hunderterlei Kuchen bekam, die auf jedem Tisch in Österreich zu finden sind«. Um ihm einen Spielkameraden zu geben, schickte ihm Maria Ludovica Franz Karl, den zwölfjährigen Bruder Marie Louises, aber das war kein Erfolg. »Ich spiele nicht mit einem Franzosen«, erklärte der Erzherzog abweisend.

Der kleine Napoleon wiederum wollte nichts von einem Buben wissen, der nicht einmal anständig Französisch sprach.[11]

Mitunter durfte er mit seiner Mutter in das nahegelegene Schloß Hetzendorf fahren. Dort hatte seine Urgroßmutter, die Königin Marie Karoline von Neapel und beider Sizilien, Wohnung genommen. Der Sturz Napoleons hatte der Tochter Maria Theresias den Thron nicht wiedergegeben. Murat behielt das Königreich Neapel zum Lohn für seinen Übergang zu den Alliierten. Daraufhin hatte sich die Zweiundsechzigjährige nach Wien begeben, um ihren Schwiegersohn, den Kaiser Franz, um Hilfe für die Restitution ihres Königreiches zu bitten. Sie brachte den Wiener Hof dadurch in ziemliche Verlegenheit.

Marie Louise besuchte die resolute Großmutter oft und hatte sie gern, obwohl die Königin mit ihrer Enkelin recht streng ins Gericht ging. Sie sei dagegen gewesen, daß die Louise Napoleon geheiratet habe, meinte sie. Da die Enkelin aber nun einmal seine Frau sei, gehöre sie zu ihrem Mann. Es genüge nicht, Napoleons Bild um den Hals zu tragen, kritisierte sie. Zu Méneval sagte sie, daß Marie Louise einfach ihre Bettücher aneinanderknüpfen und sich daran aus dem Fenster hinablassen und fliehen solle. Sie jedenfalls würde das tun, »denn wenn eine Frau heiratet, ist es auf Lebenszeit . . .«[12]

Napoleon hatte Marie Louise bereits Nachricht aus Elba zukommen lassen. »Ich bin hier vor 5 Tagen angekommen«, schrieb er ihr am 9. Mai aus Portoferraio.[13] »Ich lasse eine recht hübsche Wohnung mit einem Garten in sehr schöner Lage in Ordnung bringen, in 3 Tagen werde ich dort wohnen. Meine Gesundheit ist vorzüglich, die Insel ist gesund, die Bewohner scheinen gutmütig, und die Gegend ist recht angenehm.«

»Ich habe mit Freude vernommen, daß Du glücklich angekommen bist«, antwortete ihm Marie Louise am 24. Mai von Schönbrunn[14]. ». . . Ich bin auch sehr erfreut, daß Du die Insel hübsch findest, ich hoffe, daß ihr Klima gesund ist und daß Deine Gesundheit dort nicht leiden wird.« Und am 5. Juni voll Resignation: »Ich tröste mich mit der Einbildung, daß Du manchmal an mich denkst, aber sollte ich nicht wünschen, Du könntest mich vergessen? Du lebtest dann ohne Unruhe, während ich, von Ängsten gepeinigt und Dich zärtlicher liebend als je, ganze Tage in Verzweiflung zubringe.«[15]

Die trübe Stimmung resultierte von einem neuerlichen Abschied her. Am 2. Juni waren die Herzogin von Montebello und Doktor

Corvisart nach Paris abgereist. Einzig die Aussicht, sie in Aix wiederzusehen, tröstete Marie Louise über den Verlust ihrer Intima hinweg, mit der sie vier Jahre lang Tag für Tag beisammengewesen war. Sehnsüchtig wünschte sie die Rückkehr des Kaisers Franz herbei, um endlich abreisen zu können. »Ich erwarte mit großer Ungeduld die Ankunft meines Vaters, die einzig und allein meine Unruhe stillen kann, da nur durch sie mir einige Gewißheit über meine Zukunft und mein Los zuteil werden kann«, schrieb die Kaiserin an Napoleon. »Es geht das Gerücht, daß . . . eine Intrige ersonnen wird, um meine Badereise zu verhindern und daß man sogar versucht, mir das Herzogtum Parma zu entreißen.«[16]

Napoleon allerdings war auch gegen die Badereise nach Aix. »Ich denke, daß Du so bald wie möglich nach Toskana kommen mußt, wo es ebenso gute Bäder von ebensolcher Beschaffenheit gibt wie die in Aix in Savoyen«, schrieb er seiner Frau ziemlich schroff am 3. Juni aus Portoferraio.[17] »Das wird alle erdenkliche Vorteile bieten. Ich werde häufiger von Dir Nachricht erhalten, Du wirst näher bei Parma sein, Du kannst Deinen Sohn bei Dir haben und Du wirst niemandem Anlaß zu Beunruhigung geben. Deine Reise bringt nur Nachteile mit sich.«

Marie Louise wollte das nicht hören. Ihr Entschluß war unwiderruflich: erst die sechswöchige Kur in Aix, dann nach Parma.

Kaiser Franz kehrte am 15. Juni 1814, zwei Wochen nach dem (ersten) Friedensschluß von Paris, in seine Monarchie zurück. Es war ein seltsamer Friedensschluß gewesen. Jetzt, da der Friedensstörer Napoleon beseitigt war, hatte sich Europa mit dem wieder bourbonisch gewordenen Frankreich arrangiert. Frankreich wurde in diesem Frieden zwar auf die Grenzen vom 1. Januar 1792 zurückgedrängt, erhielt aber eine beträchtliche Abrundung seines Gebiets, mußte nicht einmal Kriegsentschädigung zahlen und die geraubten Kunstschätze nur zum Teil zurückgeben.[18] Diese Großmut hatte den realpolitischen Sinn, Frankreich als fünfte Großmacht zu erhalten und von Revanchegelüsten abzubringen. Das Friedenswerk war übrigens noch Stückwerk. Neben der Abgrenzung Frankreichs war in Paris vorerst nur eine neue Gebietsordnung Oberitaliens (die Österreich die italienische Vorherrschaft wiedergab) und die Vergrößerung Hollands durch Belgien – ein Interesse Englands – festgelegt worden. Über alle anderen von Frankreich abgetretenen Gebiete und über ein neues politisches Gleichgewichtssystem in Europa sollte auf einem Kongreß verhandelt werden. »Man spricht von Unterhandlungen, welche bald nach dem Friedensschlusse mit Frankreich in Wien eröffnet werden dürften und welche die förmliche Accession aller interessierten Mächte und Fürsten und die Ausgleichungen in Folge der bestehenden Tractate zwischen den einzelnen Theilen zum Gegenstande haben sollen«, schrieb die Wiener Zeitung am 21. Mai. »Auf diese Weise eröffnet sich für Europa die Aussicht eines langen, auf die Bürgschaft des politischen Gleichgewichts der Europäischen Staaten gegründeten Friedens.«

Marie Louise fuhr ihrem Vater zwei Poststationen bis Sieghartskirchen entgegen, wo sich auch die Kaiserin Maria Ludovica und die kaiserlichen Kinder einfanden. Im selben Gebäude, wo 1805 Napoleon die Deputation empfangen hatte, die ihm die Schlüssel von Wien überreichte, erwartete nun die Frau des Besiegten ihren siegreichen Vater. Gemeinsam fuhren beide nach Schönbrunn.

Anderntags hielt Franz I. von Österreich seinen Einzug in seine Haupt- und Residenzstadt Wien. In der Feldmarschalls-Campagne-Uniform ritt der Kaiser im Triumphzug vom Theresianum nach St. Stephan, wo ein Tedeum gesungen wurde. Man hatte Bäume gepflanzt und Blumen gestreut, der Bürgermeister begrüßte seinen Monarchen, und fünfhundert Buben und weiß gekleidete Mädchen mit roten Schärpen winkten mit Palmzweigen und Lorbeerkränzen. Abends war die Stadt illuminiert und im Theater in der Leopoldstadt spielte man ein neues Stück mit dem beziehungsvollen Titel »Der Vater ist wieder da«.

Ein gütiger Vater scheint der gute Kaiser Franz auch seiner Tochter gegenüber gewesen zu sein. »Ich war sehr ergriffen von der Art, wie mein Vater mich empfing«, schrieb Marie Louise nach Elba[19], »er ist allen meinen Wünschen entgegengekommen.« Zwar hatte der liebe Papa noch einmal versucht, sie von der Badereise nach Savoyen abzubringen, aber als sie darauf beharrte, stand er zu seinem gegebenen Wort: Mochte sie halt in Gottesnamen fahren, die Louise. Aber der Bub, der blieb da. »Er riet mir, meinen Sohn solange hier zu lassen«, schrieb Marie Louise an Napoleon.[20] »Er sagte, da ich an die französische Grenze ginge, könnte man sonst glauben, daß ich die Ruhe stören wollte, das könnte mir Anstände verursachen, desgleichen meinem Sohn . . .« Und der Montebello schrieb sie: »Ich lasse meinen Sohn hier; mein Vater hat so gute Gründe dafür geltend gemacht, daß ich nicht umhin kann, ihnen zuzustimmen.«[21] Sie hoffte immer noch, ihren Sohn nachkommen lassen zu können.

Übernahm der Kaiser über den kleinen Napoleon selbst die Aufsicht, so sollte über dessen Mutter eine vertrauenswürdige Person wachen, sie beraten und beschützen und regelmäßig nach Wien Bericht erstatten.

An diesem Wendepunkt stellen zahlreiche Historiker eine Behauptung auf, die immer wieder nachgebetet wird: daß es Metternich gewesen sei, der mit ganz bestimmten Absichten den Mann für diese heikle Mission auswählte, daß der alte Fuchs die Weichen gestellt habe, die Marie Louises Leben in eine andere Richtung führten. Metternich aber hatte mit dieser Sache nichts zu tun. Er hatte Paris Ende Mai verlassen, weilte in London und kehrte nach Wien erst am 18. Juli – also drei Wochen nach der Abreise Marie Louises – zurück. Die Initiative ging in diesem Fall ausschließlich von Kaiser Franz aus, der den Fürsten Schwarzenberg bat, ihm eine geeignete Persönlichkeit als Begleitung Marie Louises namhaft zu machen. Schwarzenberg schlug den Reitergeneral Adam Adalbert Graf Neipperg vor, der damals eine Division in Pavia befehligte und schon in Prag Marie Louises Ehrenkavalier gewesen war. Metternich wurde von der vollzogenen Tatsache erst durch seinen Adlatus, Hofrat Hudelist, informiert. »S. M., der Kaiser«, berichtete Hudelist am 27. Juni seinem Chef, »haben den Herrn General Grafen Neipperg bestimmt, um während des Aufenthaltes der Kaiserin in Aix ebenfalls die dortigen Bäder zu gebrauchen und das, was vorgeht, ohne Aufsehen hierher einzuberichten, wozu alle nöthigen Einleitungen getroffen werden. Er soll der Kaiserin mit Rath und That an die Hand gehen, und wenn er eine Reise nach Elba auf keine Weise verhindern könne, wenigstens mit hingehen. Unser Monarch scheint indessen an die Möglichkeit einer solchen Reise noch nicht zu glauben und eifert sich, vor seiner Frau Tochter Alles sehr lebhaft vorzustellen, was sie davon abhalten kann und muß. Der Prinz von Parma bleibt in Schönbrunn. Ich hätte sehr gewunschen, die Reise nach Aix bis zu Eurer Durchlaucht Ankunft in Wien verschieben zu können, allein die Bitten der Tochter und ihr Gesundheitszustand nebst der Überzeugung, nur in Aix genesen zu können, waren stärker als alle Vorstellungen.«[22]

Neipperg hat in der Napoleonliteratur einen schweren Stand. Vor allem die französischen Historiker sehen in ihm einen Spitzeldienst leistenden unbedeutenden Subalternen. Der Napoleon-Biograph Emil Ludwig spricht von »irgendeinem Neippberg (sic), einem österreichischen Offizier, den niemand kannte«[23]. Der Napoleon aus ganzem Herzen ergebene Méneval stellt Neipperg als bramarbasierenden Angeber hin. Der Baron überliefert, Neipperg habe nach Erhalt seines Auftrags eine Mailänder Geliebte mit den Worten verabschiedet, ehe sechs Monate um seien, hoffe er, mit Marie Louise in intimen Beziehungen zu stehen und bald ihr Gatte zu sein.[24] Méneval spricht Neipperg sogar seine eheliche Geburt ab und behauptet, daß dieser der illegitime Sohn eines französischen Grafen gewesen sei, den die Gräfin Neipperg während einer diplomatischen Mission ihres Gatten in Paris kennen- und liebengelernt habe[25]. Vor allem aber haftet dem General das Odium an, ein rechter Schürzenjäger gewesen zu sein. »Zu Mantua«, so Friedrich Sieburg[26], »hatte er einst die Frau eines Freundes, des Advokaten Raimondini, entführt, die ihm, als er sie 1813 heiratete, bereits drei Kinder geboren hatte.« Wer also war Neipperg?[27]

Adam Adalbert (auch Albert) Graf Neipperg entstammte einem bereits im 12. Jahrhundert erwähnten fränkischen Geschlecht und wurde am 8. April 1775 als Sohn des kaiserlichen Gesandten an verschiedenen deutschen Höfen und am Reichstag zu Regensburg, Leopold Josef Graf Neipperg, und dessen Gattin Ludovica, geborene Gräfin Hatzfeld-Wildenburg, in Wien geboren. Die Neippergs zählten zum schwäbischen Rittertum, und so wurde der junge Adam an der Hohen Karlsschule zu Stuttgart, die auch Schiller besuchte, von 1789 an auf eine Militärlaufbahn vorbereitet. Bereits als Fünfzehnjähriger trat er in ein k. k. Husarenregiment ein, mit dem er in den Niederlanden, und 1792 bis 1794 in Frankreich kämpfte. Rasch zum Oberleutnant avanciert, fand er als Adjutant und Generalstabsoffizier Verwendung, und schon in den niedrigeren Chargen wurde ihm »reges Handeln, gute Auffassung, Brauchbarkeit, persönliche Tapferkeit und unerschütterliche Ausdauer« bescheinigt.

Daß Neipperg sich nicht schonte, bewiesen seine zahlreichen Blessuren: ein Stich in den rechten Arm, ein Schuß in den Fuß, neun weitere Verwundungen und der Verlust des rechten Auges, das er 1794 durch einen Säbelhieb bei Doelen in Holland einbüßte. 1796 zum Hauptmann im Generalstab ernannt, wurde er der Italienarmee zugeteilt, wo er bei den kärntnerischen Pässen, bei Caldiero, Arcole und Mantua so Hervorragendes leistete, daß er dem berühmten General Laudon auffiel, der ihm »wesentliche Dienste«

bescheinigte. Bei der Verteidigung Tirols drückte ihm Kaiser Franz seine »ganz besondere Zufriedenheit« aus und verlieh ihm das Ritterkreuz des Militär-Maria-Theresien-Ordens. Inzwischen Oberst geworden, wurde Neipperg nach einer Verwendung in Polen im Jahr 1810 mit einer unter den damaligen Verkehrsverhältnissen schwierigen Aufgabe – der Rückführung der verwundeten und gefangenen Österreicher von Frankreich nach Österreich – betraut.

Neipperg aber brachte es nicht nur zu militärischen Ehren, er wurde auch mit diplomatischen Missionen betraut. Nach der Schlacht bei Marengo (14. Juni 1800) ins französische Hauptquartier gesandt, um dort die ratifizierten Waffenstillstandsurkunden in Empfang zu nehmen, begegnete er zum ersten Mal Bonaparte, der sich von seiner liebenswürdigsten Seite zeigte. »Er sagte mir (Neipperg) die schmeichelhaftesten Worte über die brillante Art, in der wir uns am 14. geschlagen hatten.«[28] Als sich Neipperg allerdings in Überschätzung seiner Vollmachten im Juli mit dem österreichischen General St.-Julien vorschnell von Talleyrand zur Unterzeichnung der Friedenspräliminarien in Paris überreden ließ, wanderte St.-Julien für zwei Jahre in die Festung Karlsburg in Siebenbürgen und Neipperg, als der weniger Schuldige, erhielt drei Monate Haft in Mantua. Auf die Karriere der beiden hatte die Verurteilung jedoch keine Auswirkung. Neipperg stand 1805 und 1809 wieder ehrenvoll im Feld und wurde 1811 als k. k. außerordentlicher Gesandter nach Stockholm entsandt, wo er, während Österreich noch dem Korsen widerwillig Gefolgschaft leistete, sozusagen hinter Napoleons Rücken, Schweden zum Beitritt zu den Alliierten überredete. Während der Befreiungskriege zeichnete er sich abermals durch Tapferkeit und taktisches Geschick aus, so daß ihm Schwarzenberg am 23. August 1813 seine »vollkommene Zufriedenheit« ausdrückte. Als Neipperg bei Leipzig wesentlich zum günstigen Ausgang der Völkerschlacht beitrug, wurde er am 20. Oktober 1813 zum Feldmarschalleutnant ernannt, am gleichen Tag mit der Überbringung der Siegesnachricht nach Wien ausgezeichnet und mit dem Commandeurskreuz des Militär-Maria-Theresien-Ordens dekoriert. Noch zwei heikle diplomatische Missionen wurden ihm anvertraut: 1814 sollte er Murat und Eugène Beauharnais zum Übertritt auf die Seite der Alliierten bewegen, eine Aufgabe, die er nur zur Hälfte bewältigte. Während Murat am 14. Januar den Frieden mit Napoleons Feinden unterzeichnete, hielt der ehemalige Vizekönig von Italien seinem Stiefvater die

Treue. Am 31. Mai 1814 wurde Neipperg in Würdigung seiner Verdienste zum Inhaber des Husarenregiments Erzherzog Ferdinand Nr. 3 ernannt.

Graf Neipperg war also ein Soldat nach bester österreichischer Tradition. Später sollte er viel Geschick für Politik und Verwaltung an den Tag legen. Er war gebildet und musikalisch, sprach mehrere Sprachen und führte eine gute Feder. Seine Aufzeichnungen zur Geschichte des Jahres 1800, die er in bestem Französisch abfaßte, nannte er bescheiden »Materiaux, mal rédigés, mais véridiques pour servir à l'histoire du temps« (Schlecht redigiertes, jedoch wahrheitsgetreues Material für die Geschichte der Zeit). Als er in Marie Louises Leben trat, war er verheiratet mit der Gräfin Therese Pola, geschiedenen Gräfin Raimondini, mit der er vier Kinder hatte: die Söhne Alfred, Gustav, Ferdinand und Erwin.

Über Erscheinung und Charakter Neippergs hat Méneval berichtet, der, obgleich nicht gerade des Generals Freund, ihn doch mit bemerkenswerter Objektivität geschildert hat. »Der General«, so Méneval[29], »war nicht eigentlich ein schöner Mann. Eine schwarze Binde bedeckte die tiefe Narbe einer Verwundung, die ihn ein Auge gekostet hatte, aber diese Entstellung vergaß man, wenn man ihn genau ansah, denn diese Verwundung paßte eigentlich durchaus zu seinem Gesicht und gab ihm etwas Martialisches. Sein schon gelichtetes blondes Haar war gelockt, sein Blick klar und scharf. Seine Züge . . . verrieten einen klugen, feinsinnigen Mann . . . Er war mittelgroß und gut gebaut und die Eleganz seiner Erscheinung wurde durch die ungarische Uniform noch unterstrichen. General Neipperg war um diese Zeit etwa 42 Jahre alt (in Wahrheit erst 39, Verf.) . . . Sein angenehmes Wesen war eine Mischung aus Lebhaftigkeit und Ernst, seine Manieren waren höflich und zuvorkommend. Er war talentiert und ein guter Musiker. Energisch, klug und wenig von Skrupeln geplagt, wußte er seine Schläue unter äußerlicher Schlichtheit zu verbergen. Er drückte sich gewandt aus und schrieb einen guten Stil, hatte Takt, Beobachtungsgabe und konnte aufmerksam zuhören. Bisweilen nahm sein Gesicht einen weichen Ausdruck an, dann wieder suchte sein Blick die Gedanken des anderen zu ergründen, ohne die eigenen zu verraten. Unter äußerlicher Bescheidenheit verbarg er Eitelkeit und Ehrgeiz. Von sich selbst sprach er nie. Er war ein tapferer Soldat, und seine zahlreichen Verwundungen zeigten, daß er sich nicht geschont hatte.«

Dieser General und Diplomat, der ebenso gut reiten wie Klavierspielen und konversieren konnte, sollte also Marie Louise, die unter dem Namen einer »Herzogin von Colorno« (nach einem Sommerschloß bei Parma) reisen würde, in Aix treffen und dort beaufsichtigen. Er erhielt von Kaiser Franz für diese Mission genaue »Punktationen«. »Seine erste Pflicht«, so hieß es da, »ist die stille, vollkommen unaufsichtige Beobachtung des Benehmens der Frau Herzogin von Colorno, um S. M. dem Kaiser hierüber so schnell als möglich umständliche und vollkommen verläßliche Berichte zu erstatten.«[30] Die wichtigste Bestimmung bezog sich natürlich auf die leidige Elba-Angelegenheit. »Graf Neipperg wird sorgfältig jeden Gedanken einer Reise nach Elba, welcher das für das Wohl einer geliebten Tochter zärtlich besorgte Vaterherz S. M. des Kaisers mit der größten Besorgnis erfüllen würde, von der Frau Herzogin von Colorno zu entfernen suchen, kein Mittel unversucht lassen, um sie davon abzubringen, immer wenigstens so viel Zeit zu gewinnen suchen, damit eine bestimmte Weisung S. M. eintreffen kann, im schlimmsten Fall aber, und wenn alle Gegenvorstellungen vergeblich sein sollten, der Frau Herzogin von Colorno nach Elba folgen.«

Es war dieser Absatz, und im besonderen der Passus, der Graf solle »kein Mittel unversucht lassen«, um Marie Louise von einer Reise nach Elba abzubringen, der die berühmte »Verführungstheorie« auslöste. »Kein Mittel unversucht lassen« – das, so glauben viele Historiker und Erzähler bis heute, hieß doch wohl, daß der zum Aufpasser bestellte General den geheimen Auftrag erhalten hatte, wenn nötig, die willensschwache Exkaiserin zum Ehebruch zu verleiten, um ihr eine Wiedervereinigung mit Napoleon zu verleiden[31]. Metternich, so liest man immer wieder, mit den Künsten der Diplomatie ebenso vertraut wie mit denen der Liebe, habe das »übermäßige erotische Temperament« der Kaisertochter erkannt und ihr eine Falle gestellt, in die sie prompt hineingegangen sei.

Ganz abgesehen davon, daß sich Verführungen nur schwer »vorprogrammieren« lassen, konnte Marie Louises sexuelles Verhalten damals einzig Napoleon bekannt sein. Die Tugend der Kaiserin war während der Ehe mit ihm immer über jeden Zweifel erhaben gewesen, und Marie Louise wäre, sofern die Ehe angedauert hätte, mit Sicherheit weiter eine treue Ehefrau geblieben. Woher also hätte Metternich von ihrer erotischen Veranlagung Kenntnis haben sollen?

Aber Metternich war ja – wie sich beweisen ließ – an der Bestellung Neippergs unbeteiligt. Daß Kaiser Franz selbst diesen unmoralischen Auftrag – wenn auch nur andeutungsweise – erteilt haben könnte, aber ist erst recht auszuschließen. Nie hätte er so unwürdigen Machenschaften wie einem Verführungsauftrag zugestimmt oder ihn gar erteilt. Schließlich mußte man ja auch mit Folgen eines Verhältnisses rechnen. Welch unausdenkbare Peinlichkeit, wenn sich eine schwangere Marie Louise während des zu erwartenden Wiener Kongresses »ganz Europa« präsentiert hätte, wo doch alle Welt wußte, daß sie von Napoleon seit Beginn des Jahres getrennt gewesen war. Der heikle Passus konnte selbstredend nur bedeuten, daß Neipperg mit allen Mitteln der Diplomatie und der Überredung eine Reise Marie Louises zu Napoleon verhindern oder wenigstens bis zu neuen Weisungen hinauszögern sollte. Mißlang ihm dies, sollte er die Louise halt in Gottes Namen nach Elba begleiten. Kaiser Franz hätte offenbar selbst dann nicht zur gewaltsamen Verhinderung der Reise gegriffen. Ein geheimes »Verführungskommando« war somit gänzlich unnötig.

Die »Punktationen« sind in fast militärisch-forschem Ton abgefaßt. Ein im Feld bewährter General, Regimentsinhaber und Träger höchster Tapferkeitsauszeichnungen wurde von heute auf morgen zum »Weiberdienst« abkommandiert. Ob er darüber glücklich war, danach hat keiner gefragt.

Die Abreise Marie Louises fand nach etlichen Verschiebungen am 29. Juni statt. Ihren Gatten hatte sie am 22. Juni gebeten, ihr in seinem Landhaus »eine kleine Wohnung zu reservieren, denn Du weißt, daß ich immer fest darauf zähle, Dich zu besuchen, sobald ich irgend kann und ich wünsche sehnlichst, daß dies in nächster Zeit wäre«[32]. Ob dies noch aufrichtig gemeint war, steht dahin, denn die Rückkehr war mit dem Vater besprochen. Selbst die erstaunlich gut unterrichtete »Wiener Zeitung« meldete am »Donnerstag den 30. Junius« eindeutig: »Ihre Maj. machen diese Reise incognito und gedenken nach der Badekur hierher zurückzukommen.«

Die »Frau Herzogin von Colorno« reiste in großer Begleitung: mit der Gräfin Brignole, Bausset und Méneval, drei Ärzten, zwei Vorleserinnen, mit Quartiermeister, Kammerfrau, Wäscherin, Wagenschmied, drei Kurieren und siebzehn Bedienten, insgesamt dreiunddreißig Personen. Den kleinen Napoleon hatte sie dem Papa ans Herz gelegt. »Ich bitte Sie, liebster Papa, noch einmal, in meiner Abwesenheit für meinen Sohn Sorgen zu nehmen, denn sonsten, wenn ich nicht wüßte, daß er in so guten Händen wäre, so würde ich mich entsetzlich ängstigen«, schrieb sie von »Mörseburg« an Kaiser Franz.[33]

Am 17. Juli traf sie in Aix ein. Graf Neipperg war zwei Tage zuvor angekommen und eilte ihr entgegen. Wenn man Méneval glauben darf, war es keine Sympathie auf den ersten Blick. »Die Kaiserin«, berichtet er, »wurde in Carrouge von General Neipperg empfangen, der ihr entgegengeritten war, sie am Wagenschlag begrüßte und nach Aix geleitete. Sie sah ihn zum zweiten Mal und sein Anblick machte ihr einen unangenehmen Eindruck, den sie nicht verbarg.«[34]

Dieser erste Eindruck scheint sich freilich bald gewandelt zu haben. »Mein Vater hat mir den General Neuperg geschickt, er ist angenehm, er spricht gut von Dir«, teilte sie Napoleon am 21. Juli aus Aix mit.[35] Anderntags schrieb sie dem Papa: »Graf Neuperg ist voller Attentionen für mich und seine Art gefällt mir recht gut«[36], was Kaiser Franz zufrieden zur Kenntnis nahm. Neipperg seinerseits meldete in einem direkt an seinen Monarchen gerichteten Bericht: »Die Kaiserin hat mich außerordentlich liebenswürdig empfangen und ich habe bisher aus Ihren Worten und aus denen Ihres Hofstaates nicht das leiseste Verlangen, nach Elba zu reisen, herauslesen können.«[37]

Marie Louise bewohnte in Aix ein Haus außerhalb der Stadt, das auch die Königin Hortense einmal gemietet hatte. »Ich bin hier klein aber gut bewohnt«, berichtete die Tochter dem Vater.[38] »Die Gegend ist ziemlich schön, ich habe den See von Bourget vor meinen Fenstern und hinter ihm hohe Gebirge.« Neipperg scheint seine Überwachungspflichten anfangs etwas übertrieben zu haben. Jedenfalls bemerkte die Kaiserin zu der am 6. August eingetroffenen Herzogin von Montebello scherzhaft: »Er marschiert immer wie ein Soldat hinter mir her und hat große Angst, mich aus dem Auge zu verlieren.«[39]

Der einäugige Graf scheint sich bei Marie Louise aber bald unentbehrlich gemacht zu haben, er begleitete sie zu Pferd und auf Spaziergängen und Bergtouren und musizierte abends mit ihr. Der eifersüchtigen Montebello begann diese Vertrauensstellung schon bald zu mißfallen. In Liebesdingen erfahren, erkannte sie, daß ihre Herrin ihrem Bewacher schon mehr als Sympathie entgegenbrachte.

In Aix eingetroffen waren auch Isabey, der Marie Louises Zeichnen nach der Natur leitete, und Corvisart, der ihre Kur überwachte. Dagegen beurlaubte sich Méneval nach Paris, wo seine Frau Mutterfreuden entgegensah, und Bausset wurde von Marie Louise nach Parma geschickt, um die dortigen Wohnmöglichkeiten zu inspizieren. Nur Neipperg blieb und war immer zur Hand. Er hatte auch stets ein offenes Ohr, wenn sie sich mit ihm über ihre Zukunft beriet und über ihre Herzogtümer sprach.

Marie Louise war am 6. Juni durch den in Parma stationierten k. k. Generalmajor Graf Nugent als Souveränin und Herzogin »feyerlich proklamiret worden«. Die Verfügungsgewalt über die Herzogtümer behielt sich Kaiser Franz vorläufig noch selbst vor. Am 27. Juni sandte er als kaiserlichen Kommissar Graf Ferdinand Marescalchi, ehemals Minister der auswärtigen Angelegenheiten für das Königreich Italien, nach Parma, ließ ihn aber schon am 5. August durch den Grafen Magawly-Cerati, einen gebürtigen Iren, ablösen, den der Kaiser »im Nahmen der Kaiserinn Marie Louise« zum Minister der Herzogtümer ernannte. Magawly gab unverzüglich die künftige Administration bekannt, die die »Wiener Zeitung« veröffentlichte.[40] »Das Land wird in zwey Gouvernements, deren Hauptorte Parma und Piacenza sind, eingetheilt (Guastalla gehört zum Gouvernement Parma). Die Regierung wird durch einen Minister, zwey Gouverneurs und so viele Podesta's (Bürgermeister, Verf.) als Gemeinden in den drey Herzogthümern sind, geführt. Daneben besteht ein Staatsrath, so viele Gemeinderäthe als Gemeinden sind, ein General-Conseil und zwey Partikular-Conseils für die direkten Abgaben, eine Generals-Intendanz für die indirekten Abgaben, eine Intendanz für die Domainen und den Hofstaat usw. Die Justiz wird verwaltet durch so viele Friedensrichter als Kantone sind; durch zwey Zivil- und Kriminal-Gerichtshöfe, eins in jedem Gouvernement; durch zwey Handelsgerichte und einen Apellations-Gerichtshof, der zugleich Kassations-Tribunal ist. Der Minister steht an der Spitze der ganzen Verwaltung; er allein hat das Recht, Auszahlungen aus dem Staatsschatze zu verfügen. Kein Fremder kann in den Herzogthümern angestellt werden. Die Kokarde ist weiß und roth.«

Marie Louise war über die Maßnahmen, die ihr Vater über ihren Kopf hinweg traf, nicht erbaut und gab ihrem Unmut in einem Brief Ausdruck. »Ich bin überzeugt, daß Sie keine beßere Wahl treffen konnten und freue mich darüber«, schrieb sie dem Papa[41], »nur unterstehe ich mich, Ihnen zu erinnern, daß Sie mir versprochen haben, für die anderen Personen des Hauswesens und des Service d'honneur mir die Wahl zu überlaßen.«

Es war hoch an der Zeit, daß sie selbst in Parma nach dem Rechten sah. Nach Beendigung ihrer Kur wollte sie gleich dahin abreisen. Napoleon gegenüber führte sie dafür finanzielle Erwägungen an. »Ich halte es für unumgänglich nötig, daß ich so rasch wie möglich dorthin reise«, schrieb sie ihm am 21. Juli[42]. »In vier Monaten hat mir die provisorische Regierung mehr als 15 Millionen Schulden gemacht, und wenn das so fortgeht, werden immer neue Schulden hinzukommen. Darüber bin ich ebenso außer mir wie über viele Handlungen, die man dort vorgenommen hat.« Nach Wien wollte sie wegen des auf den Herbst verschobenen Kongresses ganz und gar nicht zurück. »Ich habe mit vielen Schmerz vernommen, daß die vereinigten Mächte erst im Ende September nach Wien kommen werden«, schrieb sie an Kaiser Franz.[43] »Da ich dezenterweise in diesem Augenblick nicht in Wien seyn kann, so werde ich, wenn Sie nichts dawider haben, am Anfang September nach Parma gehen . . . Wenn Sie erlauben, so werde ich meinen Sohn in Schönbrunn laßen, bis alles eingerichtet ist, welches nicht lange dauern wird.«

Ihre immer noch ungeklärte Zukunft machte sie depressiv. »Ich bin immer noch in der schmerzlichsten Ungewißheit über mein zukünftiges Schicksal«, klagte sie Méneval.[44] »Ich habe meinem Vater einen Brief geschickt mit der Bitte, mir zu erlauben, spätestens am 10. September nach Parma zu gehen. Wird es mir erlaubt werden? Ich fürchte nein . . . Es gibt Augenblicke, wo mein Kopf so schwer ist, daß ich glaube, das beste wäre, zu sterben.« Wenn der Papa schon nicht gestattete, daß sie nach Parma ging, vielleicht war es möglich, den leidigen Kongreß woanders abzuwarten? In Genf oder Florenz? Mit großer Ungeduld wartete sie auf Antwort aus Wien.

Und Napoleon? Wieder geriet sie in das alte Dilemma. Napoleons Briefe forderten sie auf, endlich zu ihm zu kommen. »Sie wissen, wie sehr ich wünsche, den Willen des Kaisers zu erfüllen«, schrieb sie an Méneval. »Aber soll ich es in diesem Falle tun, wo es nicht mit den Absichten meines Vaters im Einklang steht?«[45] Zum Geburtstag Napoleons, am 15. August, schickte sie ihm lediglich eine Locke ihres Haares und teilte ihm mit, daß sie mit dem »General Neuperg« häufig von ihm rede, ». . . denn ich habe das Bedürfnis, von Dir zu plaudern während dieser grausamen Trennung«[46].

Sie werde um den 15. September in Parma sein, sofern kein Hindernis eintrete.

Das Hindernis trat in Form eines Briefes von Kaiser Franz ein, den dieser am 7. August zu Papier brachte.[47] »Was deine Person anbelangt, so kann ich nur von dir verlangen, daß es bey unserer Abrede bleibt, nämlich daß du zurück kömst und vor geendetem Kongreß nicht nach Parma oder in die dortigen Staaten gehst, da das dahin gehen vor dieser Zeit nur dir und deinem Sohn schaden kann, ohne einen realen nutzen zu bringen«, schrieb der Papa. »Du weißt, daß ich es dir gut meine, kannst also darauf rechnen, daß ich dir dieses nicht umsonst schreibe. Deine Gegenwarth in unserer Nähe während des Kongresses kann für dich nothwendiger werden als du es glaubst. Vertraue auf deinen Vater in dieser Sache so wie in deinem ganzen Leben solange mich Gott erhalten will.«

Ein Brief Metternichs erklärte den Willen seines Monarchen. Es erscheine unklug, schrieb der Minister, den Kongreß durch eine vorzeitige Besitzergreifung der Herzogtümer vor eine vollendete Tatsache zu stellen. Wenn sie wünsche, daß ihr und ihrem Sohn die Herzogtümer zugesprochen würden, dürfe Marie Louise Frankreich gegenüber nicht vorschnell handeln. Ende November werde sie dann in ihre Staaten abreisen können.

Eine Rückkehr nach Wien war also unvermeidlich. »Ich bin überzeugt, daß niemand beßer es mit mir meinen kann als Sie und daß Sie stets das Intereße meines Sohnes und das meinige vertheidigen werden«, schrieb Marie Louise am 19. August an den Papa.[48] »Ich werde Ihren Rath befolgen und Anfangs Oktober nach Wien wieder zurückkehren . . .« An Méneval schrieb sie[49]: »Ich bin furchtbar unglücklich bei dem Gedanken, nach Wien zurückkehren zu müssen.«

Auf einigen Wünschen aber beharrte sie. »Ich bitte Sie, liebster Papa, mir zu erlauben, wenn ich nach Wien wieder zurückkommen werde, mich nach Schönbrunn wieder zu logieren. Ich gedenke gegen den 8 oder 10ten Oktober zurückzukommen, ich will erst nach der Abreise der hohen Potentaten eintreffen, es wäre meinem Herzen unmöglich, mit diesen Fürsten in Wien zu seyn.« Sie hatte es nicht eilig, nach Wien heimzukommen und überlegte sich eine Möglichkeit, die Ankunft hinauszuzögern. »Ich werde das Monath September benutzen, um eine Reise durch die Schweiz zu machen«, teilte sie dem Papa mit. Natürlich mußte der General mit von der Partie sein. »Ich habe den General Neuperg gebethen, die Reise der

Schweiz mit mir zu machen, ich habe gedacht, Sie werden nichts dawider haben und es kann mir äußerst nützlich in verschiedenen Umständen seyn; ich bin immer recht zufrieden mit ihm, wir reden recht oft von Ihnen liebster Papa . . .« Schließlich bat sie den Vater noch, »ob ich Ihnen Briefe für den Kayser (Napoleon) kann schikken, denn er hat gar keine Nachrichten von mir«.

Napoleon hatte seit einem Brief, den Marie Louise einige Tage nach ihrer Abreise nach Wien geschrieben hatte, tatsächlich keine Post mehr von seiner Frau erhalten und wußte auch nichts von seinem Sohn. Er fand dieses Verhalten des Wiener Hofes »unverständlich und grausam«. Inzwischen hatte er liebevoll alles für Marie Louises Empfang vorbereitet. »Deine Wohnung ist bereit«, schrieb er ihr am 18. August[50], »und ich erwarte Dich im September zur Weinlese. Niemand hat das Recht, sich Deiner Reise zu widersetzen . . . Komm also! Ich erwarte Dich mit Ungeduld.« An die Decke des Wohnzimmers hatte er eine Apotheose auf die Ehe malen lassen: zwei Tauben in grauen Wolken, die ein blaues Band vereinte. Wo blieb sie, die Täuberin?

Marie Louise hatte nur Ausflüchte parat. »Wie sehr würde es mich freuen, wenn ich unverzüglich zu Dir kommen könnte, sobald mein Sohn bei mir wäre«, schrieb sie Napoleon zum soundsovielten Male.[51] »Ich hatte Ordre gegeben, ihn hierherkommen zu lassen, da erhielt ich einen Brief meines Vaters, der mich ersucht, nach Wien zurückzukehren, des Kongresses wegen, bei dem man über die Interessen meines Sohnes verhandeln muß. Es scheint, daß die Bourbonen sich sehr bemühen, mir Parma wegzunehmen.« Sie sei von österreichischer, russischer und französischer »Polizei und Gegenpolizei« umgeben, und es bestünde Befehl, sie anzuhalten, wenn sie nach der Insel Elba reisen wolle. »Du kannst Dir kein Bild davon machen, wie streng die Befehle (sind); selbst die Österreicher nehmen daran Anstoß, der General Neuperg hat mir gesagt, daß er den Befehl in der Tasche hat, alle Briefe, die ich Dir etwa schreibe aufzufangen . . .«

Es ist nicht leicht verständlich, daß Neipperg, der vor Marie Louise offenbar kein Hehl daraus machte, zum Aufpasser bestellt worden zu sein, dennoch ihr Vertrauen errang. Aber Neipperg meisterte seine Mission geschickt. Zwar erstattete er seinem Herrn und Kaiser pflichtgemäß Bericht über dessen Tochter, überwachte ihren Briefwechsel mit Elba und gab Ratschläge nach Wien, wie er zu unterbinden sei, aber er hielt seine Nachforschungen in Grenzen und wählte seine Worte sehr vorsichtig. Wiederholt setzte er sich für seine Schutzbefohlene ein, bat, sie mit größtmöglicher Schonung zu behandeln und empfahl dem Kaiser Franz sogar, sie nach Parma reisen zu lassen. Solange die Herzogtümer von österreichischen Truppen besetzt seien, meinte er, sei es dort eher noch leichter, »mit Vorsicht und Bescheidenheit, ohne in die Souveränitäts-Rechte der Frau Erzherzogin (sic) einzugreifen, im Geheimen ihr Benehmen und Ihre Verhältnisse mit der Insel Elba als von hier aus zu beobachten«[52].

Wie sehr ihm selbst die Aufpasserdienste zuwider waren, geht daraus hervor, daß er mehrmals den Kaiser bat, seiner Mission enthoben zu werden und zu seiner Division zurückkehren zu dürfen. Um seine Dienste als abgeschlossen erscheinen zu lassen, wies er immer wieder auf Marie Louises Wohlverhalten hin. »Sie erwähnt in ihren Gesprächen des Kaisers Napoleon immer mit Theilnahme und Achtung«, schrieb er nach Wien[53], »doch scheint ihre Hauptzuneigung ganz auf ihren Prinzen gerichtet zu sein und ihr fester Entschluß dahin zu zielen, als zärtliche Mutter sich ganz der Erziehung und Bestimmung seines zukünftigen Schicksals zu widmen und diesen Rücksichten alle anderen aufopfern zu wollen.« Metternich versicherte er, es sei ihm gelungen, Marie Louise zur Rückkehr nach Schönbrunn zu bewegen und bat, ihr keine Schwierigkeiten wegen ihrer Schweizer Reise in den Weg zu legen. Im übrigen bitte er um Direktiven, ob er ihren »hierüber geäußerten schmeichelhaften Wunsch«, sie durch die Schweiz zu begleiten, erfüllen solle.

Inzwischen trieben die Ereignisse der endgültigen Entscheidung zu. Napoleon sandte seiner Frau einen Briefboten, einen polnischen, unter falschem Namen reisenden Offizier. »I. M., die Kaiserin Marie Louise, welche mich jetzt viel mehr wie im Anfang Ihres gnädigen Vertrauens würdigt«, meldete Neipperg unverzüglich nach Wien[54], »theilte mir unaufgefordert den Gegenstand der Sendung oberwähnten polnischen Offiziers mit. Kaiser Napoleon befragte Sie in seinem Brief mit größter Theilnahme um Ihre gegenwärtige Lage und Gesundheitsumstände und lud Sie dringendst ein, sich zu ihm nach der Insel Elba zu verfügen. I. M. versicherte mich (durch) Ihr Wort, daß Sie durch den nähmlichen polnischen Offizier dem Kaiser Napoleon versichert habe, dass Sie sich in jedem anderen Zeitpunkt freuen würde, ihn wieder zu sehen, allein dermahlen Ihre Pflicht als Mutter erfordere, daß Sie sich mit aller Hingebung gänzlich dem Schicksal und der Erziehung Ihres Sohnes widme, und der weisen Leitung Ihres durchlauchtigsten Vaters folge, in dessen Hände Ihr und Ihres Sohnes Existenz ständen.«

Am 18. August schiffte sich ein weiterer Bote von Portoferraio ein, der Marie Louise ankündigen sollte, daß eine Brigg sie in Genua erwarte, um sie nach Elba zu bringen. Der Bote war Hauptmann Hurault von Sorbee, der Gatte einer Vorleserin von Marie Louise. Er brachte den bereits erwähnten Brief vom 18. August, in dem Napoleon in ungewohnt energischem Ton seine Frau aufforderte, endlich zu ihm zu kommen. Marie Louise, davon betroffen, übergab Neipperg den Brief zur Weiterbeförderung nach Wien. »Kapitän Hurault, Gemahl der Lectrice dieses Namens«, schrieb der General seinem Kaiser[55], ». . . kam hierher zu seiner Gemahlin und war ebenfalls Überbringer eines Briefes des Kaisers. Ich habe Ursache zu vermuthen, daß derselbe in ziemlich unsanften Ausdrücken abgefasst war und bittere Vorwürfe enthielt, daß die Kaiserin den Kaiser in seinem Unglück verließe und daß sie sich von ihrem Prinzen getrennt habe. Dieses Schreiben machte auf die Kaiserin den tiefsten Eindruck und erschütterte augenblicklich Ihre Gesundheit. Allein dieser neue Beweis eines so wenig schonenden Benehmens bestärkte noch in dem Gemüth der durchlauchtigsten Prinzessin Ihre Abneigung, sich zu Ihrem Gemahl zu verfügen, und diese Vereinigung wird gewiß nie mehr ohne E. M. gnädigster Einwilligung vor sich gehen, denn sie scheint mehr Furcht als Sehnsucht einzuflößen.«

Sei es, daß Marie Louise nun tatsächlich gegenüber Napoleon »mehr Furcht als Sehnsucht« empfand, sei es, daß Neippergs Einfluß bereits übermächtig war: Am 30. August des Jahres 1814 schrieb sie den Brief an ihren Vater, in dem sie Napoleon verriet.[56]

»Ich habe vor drey Tagen einen Offizier vom Kayser bekommen«, so der Wortlaut, »in welchem er mir sagt, sogleich ganz allein in die Insel Elba abzureisen, wo er mich mit vieler Sehnsucht erwartet. Seit acht Tagen ist daß der zweyte Offizier, welchen ich bekomme. Durch ersteren habe ich geantwortet, daß ich gleich in wenig Tagen nach Wien abreisen werde und daß es mir unmöglich wäre, ohne Ihre Erlaubniß nach der Insel abzureisen; auf den zweyten habe ich noch nicht geantwortet. Ich erzähle Ihnen alles dieses, liebster Papa, weil ich mein ganzes Vertrauen in Sie habe und weil ich wünsche, daß alle diese Geschichten Ihnen keinen Argwohn gegen meine Handlungen geben möchten. Seyn Sie versichert, daß ich jetzt weniger als jemals Lust habe, diese Reise zu unternehmen und ich gebe Ihnen mein Ehrenwort, sie nie zu unternehmen, ohne Ihnen eher um Erlaubniß darum zu bitten. Ich bitte Sie, mir auch zu sagen, was Sie wollen, daß ich den Kayser über diesen Punkt schreiben soll.«

Und in einem Postscriptum stand der vermutlich wahre Grund, warum sie absolut nicht mehr nach Elba wollte. »Ich weiß nicht, ob ich Ihnen schon gesagt habe, daß ich den General Neuperg gebethen habe, die Reise der Schweiz mit mir zu machen, ich hätte gerne gewünscht, daß er mich bis Wien hätte begleiten mögen, weil meine Reise durch Deutschland besser und schneller vor sich gegangen wäre, er getraut sich aber nicht, es zu thun, ohne von Ihnen einen Befehl zu erhalten.«

Kaiser Franz, froh über die Willfährigkeit seiner Tochter, hatte die Gnade, seine Erlaubnis zu erteilen, ahnungslos, welche Schwierigkeiten er dadurch heraufbeschwor.

Am 5. September reiste das Paar von Aix ab. Mit auf die Reise gingen nur noch wenige Franzosen, darunter die Gräfin Brignole und Méneval, der, von Paris zurückgekehrt, Marie Louise bei Genf traf und von ihr mit großer Herzlichkeit aufgenommen wurde. Die Herzogin von Montebello und Doktor Corvisart reisten nach Paris, und Isabey wandte sich nach Wien, wo er die am Kongreß teilnehmenden Monarchen malen sollte.

Die Reise ging über Genf nach Bern, von wo aus die Kaiserin das Berner Oberland besuchen wollte. Eine Reise nach Elba wies sie nun schon weit von sich. »Stellen Sie sich vor«, schrieb sie an die Montebello[57], »daß in den letzten Tagen meines Aufenthalts in Aix der Kaiser mir Botschaft über Botschaft gesandt hat mit der Aufforderung zu ihm zu kommen, ganz allein, nur mit Herrn Hurault eine kleine Lustreise zu machen und daß er mir hat sagen lassen, ich sollte meinen Sohn in Wien lassen, er sei dort gut aufgehoben und er brauche ihn nicht; das habe ich ein starkes Stück gefunden und habe geantwortet, daß ich im Augenblick nicht kommen könne.«

Es bestand für ihre Umgebung kein Zweifel mehr: Sie hatte sich in Neipperg verliebt. Méneval merkte sofort, daß sich die Dinge geändert hatten und kein Weg mehr nach Elba führte. Marie Louise, schrieb er seiner Frau, scheine ihm »sehr zufrieden und glücklich«. Hurault habe »jemanden vorgefunden, der sehr wenig geneigt war, ihm zu folgen«[58]. Auch die Herzogin von Montebello merkte, was vorging. Eifersüchtig auf die Favoritenstellung des

Generals übertrug sie den Haß, den sie für Napoleon gefühlt hatte, nun auf ihn und warnte ihre Gebieterin vor unkontrollierten Gefühlen. Marie Louise beschwichtigte sie. »Fürchten Sie nichts wegen der Abendspaziergänge. Sie wissen ja, daß ich das Bißchen . . ., das Sie mir vorwerfen, abgeschworen habe, und mein Herz, das jenem Gefühl gegenüber, das ich noch nicht kennengelernt habe, aus Stein ist, wird immer ruhig bleiben; nein, es ist nur für die Freundschaft geschaffen und die Ihrige nimmt es ganz ein; was übrig bleibt, gehört meinem Sohn.«[59] Diesen Versicherungen nicht trauend, scheint die Herzogin Neipperg als karrieresüchtigen, nur dem Kaiser ergebenen Spitzel und Aufpasser hingestellt zu haben, denn Marie Louise beeilte sich, ihren Ehrenkavalier zu verteidigen: »Ich glaube, daß diese Persönlichkeit seinem Souverän ganz ergeben ist und daß sie, indem sie ihm dient, ganz und gar auch ihre eigenen Interessen wahrt; aber gleichzeitig ist es ein so ehrlicher Mensch; selbst wenn ich etwas sagte, was mir schaden könnte, würde er es nicht weitergeben, sondern Möglichkeiten suchen, mir von Nutzen zu sein.«[60]

Nachdem sie sich nun ganz dem Willen ihres Vaters unterworfen und ihr Schicksal in seine Hände gelegt hatte, scheint Marie Louise wie erlöst gewesen zu sein. In der Gesellschaft des schon heimlich Geliebten genoß sie die Fahrt ins Berner Oberland. »Ich habe diese Tage eine prächtige Reise gemacht«, teilte sie dem Vater am 16. September mit[61], und es klang unbeschwert und vergnügt, wenn sie anführte, daß sie in Lauterbrunnen übernachtet, Grindelwald besucht und über das Scheidegg gegangen, auf die Grimsel gestiegen und im Hospiz geschlafen habe. »Wir haben die ganze Reise recht glücklich und ohne Gefahr abgelegt, nur haben wir eine entsetzliche Kälte und vier Fuß hohen Schnee angetroffen.«

Mit Eiseskälte nahm sie nun auch die Botschaften Napoleons auf. »Ich habe . . . einen Brief vom Kaiser bekommen, welcher äußerst unbedeutend ist«, meldete sie am 22. September dem Papa. »Er spricht mir nur von seiner Gesundheit und sagt mir gar nichts von seinem Wunsch, mich nach der Insel Elba kommen zu laßen; ich habe doch nicht wollen ermangeln, Ihnen die Ankunft dieses Briefes anzukündigen als ein Beweis, daß ich nichts geheimes für Sie habe. Wenn Sie erlauben, so werde ich Ihnen meine Antwort unter einen fliegenden Petschaft zuschicken, damit Sie sie eher lesen und ihm nachdem zuschicken möchten.«[62] Napoleon war abgeschrieben, wichtig war nur noch Neipperg. »Ich kann Ihnen nicht sagen, wie ich mit seinen Betragen sowohl in Aix als auf der Reise zufrieden war . . .«

Noch hatte sie den Schritt vom Wege nicht getan. »Was mich auch innerlich beruhigt, ist mein Gewissen, ist der Gedanke, daß ich bisher noch nichts getan habe, worüber ich erröten müßte«, schrieb sie ihrer Intima. Der getreue Méneval allerdings sah das Unabwendbare voraus. »Ich kann mir nicht länger verheimlichen«, schrieb er bekümmert seiner Frau[63], »daß sie nicht mehr der reine und unschuldsvolle Engel ist, den ich verlassen habe . . . Du kennst meine zärtliche Anhänglichkeit, die ich für sie empfinde, sie hat sich nur verdoppelt, seitdem ich sie auf einem Wege sehe, der ins Verderben führt . . .«

Ohne daß die Beteiligten es selbst wußten, war eine Dreieckssituation entstanden. Auf der einen Seite Napoleon: schon zu Lebzeiten eine Legende, ein Genie, aber vom Glück verlassen und ein Gefangener, schon etwas ältlich, schon etwas dicklich, sehr weit fort und praktisch unerreichbar. Auf der anderen Seite Neipperg: menschlich und geistig von Normalformat, jünger als Napoleon und immer gegenwärtig, ein Mannskerl, der den Frauen gefiel und der selbst kein Heiliger war. Und dazwischen Marie Louise. Monatelang hatte sie durch Napoleon nur Kummer und Sorge erfahren. Eine Wiedervereinigung mit dem Maßlosen, Unberechenbaren barg nur neue Aufregungen in sich. Sie war in einer Extremsituation, die sie fast automatisch Neipperg zuführte. Aus ihrem Schutzbedürfnis und ihrer angeborenen Hilflosigkeit heraus entwickelte sich eine Sympathie, die zu Zuneigung und schließlich zu Leidenschaft wurde.

Neipperg scheint in dieser Affäre zunächst eher eine passive Rolle gespielt zu haben. Es war Marie Louise, die – was ihrer Umgebung aufgefallen war – dem General Avancen machte und eine Liebe nährte, gegen die sie sich nicht wehren konnte und wohl auch nicht wollte. Immer wieder warnte die Herzogin von Montebello. »Ich habe nicht aufgehört zu reden und Eurer Majestät in den Ohren zu liegen, um Sie vor der Gefahr zu warnen, der ich Sie ausgesetzt sah«, sagte sie später vorwurfsvoll.[64] Aber Marie Louise hörte nicht. Monatelang hatte die noch nicht Dreiundzwanzigjährige die Zärtlichkeiten ihres Mannes entbehren müssen. Jetzt war da einer, der ihr gefiel und den sie merken ließ, daß sie ihn wollte. Hätte er sich eines so schmeichelhaften »Angebots« widersetzen sollen? Es bedurfte nur noch des auslösenden Moments, der passenden Situation, um diese Verliebtheit zur Leidenschaft werden zu lassen. Am Abend des 24. September traf Marie Louise in Neippergs Begleitung in Luzern ein. Tags darauf unternahm sie einen Schiffs- ausflug auf dem Vierwaldstättersee. Nachdem sie in Küßnacht das Schiff verlassen hatte, begab sie sich zur Tellskapelle, von wo sie mit Neipperg das erste Plateau des Rigi bestieg. Ein heftiges Un- wetter zwang die beiden und ihre kleine Begleitung, die Nacht im Gasthof »Zur Goldenen Sonne« zu verbringen. In dieser Nacht, so erzählte später der Enkel Ménevals auf Grund der Aufzeichnungen seines Großvaters[65], schlief der Bedienstete, zu dessen Pflichten es gehörte, sein Nachtlager vor der Tür der Kaiserin aufzuschlagen, anderswo. Die Zimmer des Gasthofes gingen alle auf einen ge- meinsamen Gang hinaus. In dieser Nacht ist Marie Louise die Ge- liebte Neippergs geworden.

»Ehe ich diesen Bericht fortsetze«, so Méneval später in seinen Memoiren[66], »möchte ich bei dem ersten Abschnitt des (wie ich meinte, noch unschuldigen) Lebens einer Prinzessin innehalten, die mit Eigenschaften auf die Welt kam, die ihr den Respekt der Fran- zosen eingetragen hätten, wenn ihr die Natur zu diesen Qualitäten auch eine größere Charakterstärke verliehen hätte. Außerordentli- che Umstände hatten ihr Schicksal mit einem großen Mann ver- bunden. Diese Bande waren von einer eigennützigen, kalten Poli- tik, die sie einst geknüpft hatte, in dem Augenblick wieder zerrissen worden, als Napoleon nicht mehr länger gefährlich war. Die Schuld, die Marie Louise auf sich lud, muß daher vor allem jenen aufgeladen werden, in deren Händen sie das Instrument von Haß und Rache war. Meine französischen Landsleute haben unter dem Eindruck späterer Ereignisse beziehungsweise durch Erinnerun- gen, deren Bitterkeit durch keine erklärende Darstellung gemildert wurde, Marie Louise fast einhellig schuldig gesprochen. Diese Verurteilung hätte den Kaiser Napoleon . . . meiner Überzeugung nach geschmerzt. Die Frau, die er durch eine Verbindung mit ihm geadelt, der er einige glückliche Zeiten verdankte, die Mutter seines geliebten Sohnes, die Frau, von der er immer mit großer Zunei- gung sprach, die ihm gegenüber passiv, aber nicht bösartig war, deren schwierige Lage er anerkannte und deren lange Kämpfe er einsah, hat auch ein Recht auf *unsere* Nachsicht. Unsere Verurtei- lung gebührt jenen, die ihren Fall verursacht und beschleunigt ha- ben.«

XVIII

Der Kongreß tanzt

Der kleine Napoleon – jetzt immer »Franz« gerufen, ein Name, den er »gewöhnlich und häßlich« fand[1] – stand in seinem Appartement zum Willkomm bereit, als seine Mutter am 10. Oktober 1814 in Schönbrunn eintraf. Er war schwarz gekleidet, da seine Urgroßmutter, die Königin Marie Karoline von Neapel, am 8. September im 62. Lebensjahr gestorben war.

»Ich habe meinen Sohn außerordentlich gewachsen und schöner angetroffen«, schrieb Marie Louise der Herzogin von Montebello.[2] »Die Haare fallen ihm jetzt in Locken auf die Schultern, und Sie wissen, welch hübsche Farbe sie haben; zudem stehen ihm die Trauerkleider wunderbar . . .«

Marie Louise, die in Begleitung Neippergs eintraf, hatte ein beklommenes Gefühl ihrem Sohn gegenüber. Sie war so lange von ihm fort gewesen und kehrte als eine andere zurück.

»Ich hatte viel darüber nachgedacht, wie er mich begrüßen würde«, schrieb sie am 13. Oktober ihrer Intima.[3] »Ich trete ein, und er läßt sich küssen. Der General Neipperg tritt ein, und da sticht seine prächtige Husarenuniform meinem Sohn in die Augen, der zu ihm läuft, und es war nicht mehr möglich, ihn auf andere Gedanken zu bringen; ich gestehe, daß ich darüber viel Verdruß und Kummer empfunden habe. Ich habe es ihm aber nicht nachgetragen, denn er ist seitdem zu mir sehr lieb gewesen.«

Die Eifersucht, die sie dem General gegenüber empfand, hielt an, denn ihr Geliebter und ihr Sohn verstanden einander auch weiterhin prächtig. »Die beiden sind die besten Freunde und es vergeht kein Tag, an dem sie vor dem Abendessen nicht eine oder anderthalb Stunden miteinander spielen«, teilte sie der Herzogin mit.[4] »Ich habe immer Angst, wenn der letztere (Neipperg) mit ihm spielt; sie treiben solche Dinge miteinander, daß ich überzeugt bin, er wird ihn mir eines Tages zerbrechen . . .«

Die unverhoffte Harmonie zwischen Neipperg und dem kleinen Napoleon wäre eigentlich dazu angetan gewesen, Marie Louises schweres Herz zu erleichtern, aber dem war nicht so. Ihre ungewisse Zukunft, das Schuldgefühl gegenüber Napoleon und ihre verbotene Liebe zu Neipperg bedrückten sie. »Die Herren behaupten, ich hätte seit drei Monaten nicht ein einzigesmal gelächelt«, vertraute sie der Herzogin an[5], »jedermann fällt auf, wie verändert ich bin. Was wollen Sie, ich fühle, daß meine Heiterkeit nie wiederkommen wird. Die Melancholie ergreift allzusehr Besitz von mir; ich fühle mich nur wohl, wenn ich weine.« Auch äußerlich hatte die schwere Zeit, die hinter ihr lag, ihre Spuren hinterlassen. Sie war blaß und hatte oft rotgeränderte Augen.

Als Marie Louise nach Wien kam, waren bereits die Teilnehmer am Wiener Kongreß eingetroffen. Um ihnen möglichst wenig zu begegnen, führte die junge Kaiserin in Schönbrunn ein gänzlich zurückgezogenes Leben. Es gab nur wenig Zerstreuungen: Spaziergänge, Ausritte, Billard und Musik. Sie lernte nun auch Gitarrespielen und begleitete sich bald recht gut. Auch ihre Zeichenstunden nahm sie bei Isabey wieder auf. Fast täglich besuchte sie ihren Vater in der Stadt, seltener ihre Stiefmutter, deren Animosität gegenüber dem kleinen Napoleon ihr nicht verborgen blieb. Dienstags und Samstags empfing sie einige wenige Leute, darunter oft Napoleons Stiefsohn, Eugène Beauharnais, jetzt Herzog von Leuchtenberg, der »immer derselbe, gleich gut und gleich heiter« war.[6] Als Schwiegersohn des Königs von Bayern war er der einzige Napoleonide, der in Wien persona grata war.

Neipperg kam zumeist erst gegen Abend aus der Stadt nach Schönbrunn, und um sieben Uhr wurde diniert. Der Abend verlief ziemlich einförmig. Man spielte eine Partie Piquet, und Marie Louise musizierte mit dem General, der anschließend wieder nach Wien zurückkehrte.[7] Der General setzte sich nun mit Nachdruck für die politischen Interessen Marie Louises ein. Um ihr endlich den Besitz Parmas zu sichern, verhandelte er mit Metternich, schrieb Memoranden, diktierte Briefe und gab der Exkaiserin gute Ratschläge. Als er ihr vorschlug, an den Zaren und den König von Preußen zu schreiben, tat sie das sofort. Der Zar gab freundliche Versprechungen ab, der König von Preußen antwortete mit vagen Unverbindlichkeiten. Entschieden wurde nichts. »Jeden Tag gab es etwas Neues«, so Méneval[8]. »Heute wurde ihr Parma zugesichert, anderntags bekam es jemand anderer. Durch dieses Hin und Her zwischen Furcht und Hoffnung kam sie aus der Angst nicht heraus . . .«

Marie Louises erklärte Gegnerin in der Parma-Angelegenheit war eine spanische Bourbonin, die »Königin von Etrurien«. Hinter diesem Namen, der auf das Volk der Etrusker zurückging, verbarg sich die mittelitalienische Landschaft der Toscana. Das »Königreich Etrurien« war eine Schöpfung Napoleons, der das Gebiet 1801 dem Erbprinzen Ludwig von Bourbon-Parma überlassen hatte. Nach dessen 1803 erfolgtem Tod übernahm seine Witwe die Regierung. Da sie sich durch ihr Eintreten für die Kirche und ihr Interesse für englische Waren den Zorn Napoleons zugezogen hatte, teilte er ihr 1807 mit, daß er sie nach Portugal »versetzen« würde. Etrurien wurde wieder zur »Toscana« und gemeinsam mit Parma und Piacenza Napoleons Schwester, Elisa Bacciocchi, zugeteilt. Nach Napoleons Verbannung wollte die herumgeschobene Bourbonin die Toscana zurückhaben. Da dort jedoch wieder die Habsburger einzogen, griff sie auf Parma zurück, das sie für ihren Sohn beanspruchte. Vehement wurde sie von den Bevollmächtigten Spaniens und Frankreichs unterstützt, während Österreich zwar an der Kandidatur Marie Louises interessiert, aber zu wenig initiativ war. Kaiser Franz zeigte sich sogar eine Zeitlang geneigt, einen französischen Vorschlag anzunehmen und seine Tochter mit jenen böhmischen Lehen abzuspeisen, die später für den Herzog von Reichstadt bedeutungsvoll werden sollten. Talleyrand schlug vor, die Exkaiserin durch eine Geldsumme zu entschädigen, ein Ansinnen, das Marie Louise entschieden zurückwies.

»Wenn ich meinen Sohn nicht hätte«, schrieb sie am 20. November an die Herzogin von Montebello[9], »wäre ich mit jeder Stellung zufrieden, die mir eine wenn schon nicht glückliche, so doch ruhige Zukunft sichert. Seinetwegen aber will ich einen Staat. Ich will nicht, daß er mir einmal vorwerfen könnte, mich nicht um seine Interessen gekümmert zu haben. Ich schulde es ihm als Mutter, und ich werde mir keine Ruhe gönnen, bevor er nicht Parma hat oder wenigstens eine gleichwertige Entschädigung an Territorium, Bevölkerung und Einkünften.« Die Kaiserin Maria Ludovica war da anderer Meinung. Allen Ernstes schlug sie vor, aus dem kleinen Napoleon einen Geistlichen zu machen. Dann wäre man aller Schwierigkeiten ledig, und der verhaßte Name Bonaparte schiene auf der Liste der Souveräne nicht mehr auf. So lange sprach sie von diesem Plan, bis ihr Kaiser Franz dieses Gerede verwies.

Die feindlichen Gefühle gegen alles, was napoleonisch war, übertrugen sich schließlich auch auf die Wiener. Da die Exkaiserin der Franzosen an ihren Kutschen immer noch das kaiserlich-französische Wappen führte und es auch auf den Livreen ihrer Dienerschaft beibehalten hatte, kam es zu Mißfallenskundgebungen der Bevölkerung. Das Emblem mußte geändert werden und wies nun die Initialen »M.L.« auf.

Noch mehr als diese Feindseligkeit bedrückte die junge Kaiserin, daß schon bald über sie und Neipperg geflüstert und besonders von französischer Seite gegen ihn Sturm gelaufen wurde. Die auf den General eifersüchtige und um ihren Einfluß bei Marie Louise besorgte Herzogin von Montebello machte ihrer Herrin brieflich scharfe Vorhaltungen, und der getreue Méneval war mit seiner bekümmerten Miene ohnehin ein lebender Vorwurf. Es war typisch für Marie Louise, daß sie sich wiederum zu keiner klaren Haltung durchringen konnte. Selbst unglücklich ob ihrer Schwäche, nahm sie Zuflucht zu Lügen. Es sei alles nur Tratsch und Geschwätz, versicherte sie ihrer Freundin, »aber obgleich ich vor Gott ein reines Gewissen habe und nichts getan habe, was mich erröten ließe, so ist das doch immer sehr hart«[10].

Die Montebello glaubte ihr so wenig wie Méneval. »Diese unglückselige Neigung zur Verstellung und Lüge hat sich bei der Kaiserin bis zum äußersten Maß entwickelt«, schrieb der Sekretär seiner Frau nach Paris.[11] »Ich kann es Dir nicht ausdrücken, was es mich kostet, Dir ein Wesen, das uns allen ein Engel zu sein schien, in einem so ungünstigen Licht zu zeigen.«

Als alles Leugnen nichts nützte, gestand Marie Louise der Herzogin zwar ihre Liebe ein, hoffte aber, sie überwinden zu können: »Mit der Zeit und mit Entschlossenheit und Gesundheit hoffe ich, ein Gefühl zu besiegen, das ich mir selbst nicht eingestehen will, und das sich in eine gute Freundschaft verwandeln wird.«[12]

Neipperg scheint unter dem ausweglos scheinenden Verhältnis mit der Ehefrau eines Kaisers ebenfalls schwer gelitten zu haben. Als er nach einer Erkrankung wieder bei Marie Louise erschien, fand sie ihn »recht düster und traurig, recht leidend«.

Nach schmerzlichen Auseinandersetzungen faßte Marie Louise schließlich den schweren Entschluß, mit dem Geliebten zu brechen. Als der General zum österreichischen Gesandten in Turin ernannt werden sollte, schien die Gelegenheit zur Trennung da zu sein.

»Ich glaube, er wird abreisen«, schrieb die Kaiserin ihrer Freundin nach Paris. »Er hat mir gesagt: ›Ich wünsche, daß Sie glücklich sind; was mich betrifft, ich werde es nie wieder sein‹, und das in einem Ton, der mir so weh getan hat. Wäre er nicht fortgegangen, ich glaube, ich wäre ohnmächtig geworden. Aber ich wiederhole Ihnen nochmals, Sie dürfen zufrieden sein; ich habe mein Gefühl bezwungen, aber ich bin recht unglücklich und es gibt Augenblikke, wo es mir das Leben sehr schwer macht . . .«[13]

Sie schien wirklich zur Trennung entschlossen zu sein. »Die Abwesenheit wird alles in Ordnung bringen«, hoffte sie.[14] »Ich dränge ihn sogar zum Aufbruch, da er seit vierzehn Tagen den Befehl dazu in der Tasche hat, und er handelt wie ein Ehrenmann, da er mir nicht mehr von einem Gefühl spricht, das ich, wie ich ihm bewiesen habe, nicht beachten kann.«

Aber dann scheint etwas passiert zu sein, das alles änderte. Eine Reihe von Marie-Louise-Biographen[15] vermuten zu diesem Zeitpunkt einen Selbstmordversuch Neippergs und stützen sich auf ein Schreiben Marie Louises an die Herzogin, das darauf hinzudeuten scheint.[16]

Die Kaiserin, immer in Angst vor der Perlustrierung ihrer Briefe, schrieb ihrer Freundin am 20. Dezember in verklausulierter Form wie folgt: »Ich bin abermals vom Tod eines alten Bekannten betroffen worden, von dem des Baron Scholl, der sich im Alter von 60 Jahren erschossen hat. Ein anderer unserer Bekannten hat sich vor zwei Tagen beinahe eine Kugel in den Kopf gejagt; glücklicherweise ist ein Freund gerade noch zur rechten Zeit gekommen, um ihn daran zu hindern; es hat mir sehr zu denken gegeben und hat mich gequält. Den Grund können Sie erraten, schreiben kann man ihn nicht.«

Dieser Passus mag tatsächlich auf einen Selbstmordversuch Neippergs hindeuten, sofern »ein anderer unserer Bekannten« tatsächlich der General war. Oder war es jemand anderer, dessen Kurzschlußhandlung Marie Louise »zu denken gab« und sie mit der Angst quälte, der General könnte diesem Beispiel folgen? Méneval erwähnt nichts davon in seinen Memoiren, und es ist auch in keiner anderen Quelle von einem versuchten Selbstmord Neippergs die Rede. Wir wissen auch nicht, was den General zu einem so schwerwiegenden Schritt bewogen haben könnte. Waren es die privaten Schwierigkeiten des verheirateten Familienvaters oder seine radikal veränderten Lebensumstände? Machte ihm der Bruch in seiner Karriere so sehr zu schaffen oder waren es die Depressionen, die Marie Louise erwähnte? Vielleicht alles miteinander und die Angst vor unabsehbaren Komplikationen?

Jedenfalls vergaß Marie Louise plötzlich alle Vorsätze. Von Trennung war nicht mehr die Rede, im Gegenteil: Die hilflose junge Frau konnte, je länger sie auf ihre Etablierung in Parma warten mußte, um so weniger den Ritter missen, der ihre Ansprüche so entschieden vertrat. »Er ist es, der mir den Nacken gesteift, der mir meine Pflichten vor Augen gehalten, der durch seine Unterredungen mit Fürst Metternich, durch Denkschriften meiner Sache sozusagen zum Sieg verholfen hat«, schrieb sie der Herzogin.[17] »Das Herzogtum Parma ist noch nie sicherer mein Besitz gewesen als jetzt, und ich bin entschlossen, es nie wieder aufzugeben. Parma oder nichts ist meine Devise . . . Und diesen Freund und Berater hat man mir nehmen wollen vor wenigen Tagen, in einem Augenblick, wo ich allein sein werde und jeden Augenblick Angst habe, den einzigen Freund zu verlieren, den ich hier habe . . .« Und sie versicherte, daß ihre Freundschaft und Dankbarkeit gegenüber dem General nur mit ihrem Tod enden werde.

Der unglückliche Méneval mußte sich mit der Sachlage abfinden. »Ich werde niemals ohne Schmerz an ihre so erhabene und so außergewöhnliche Stellung zurückdenken können, welche sie durch die Schwäche ihres Herzens verloren hat«, schrieb er bekümmert an die Herzogin von Montebello.[18]

Vierzehn Tage vor der Rückkehr Marie Louises nach Schönbrunn hatte der Wiener Kongreß seinen Anfang genommen. Die bedeutendsten Teilnehmer – den Zaren und den König von Preußen – hatte der Kaiser Franz persönlich am 25. September an der Taborbrücke willkommen geheißen, und der Zar hatte den österreichischen Kollegen umarmt. Hoch zu Roß waren die drei Monarchen, inmitten eines glänzenden Gefolges unter dem Jubel der Bevölkerung durch die Jägerzeile (heute Praterstraße), damals die breiteste und eleganteste Straße Wiens, durch das Rotenturmtor zur Hofburg gezogen.

Nie zuvor hatte es etwas gegeben wie den Wiener Kongreß. Zwei Kaiser, vier Könige, Großherzoge, Herzoge, Fürsten, Minister, Diplomaten und Militärs trafen in Wien zu einer Generalversammlung zusammen, die Europa neu ordnen und ihm einen dauerhaften Frieden geben sollte. Durch ein »System des Gleichgewichts, der Unabhängigkeit und der Sicherheit«, so schwebte es Metternich vor.

Nie zuvor hatten die Wiener eine solche »Personality Show« erlebt wie in jenem Herbst 1814. Star war der Zar, eben 35 Jahre alt, ein schöner Mann, dessen Liebschaften mit eleganten Aristokratinnen und süßen Wiener Mädeln das Tagesgespräch von Wien bildeten. Dann der introvertierte Preußenkönig, der immer seinen Gedanken nachzuhängen schien, der dicke König von Württemberg, für dessen gewaltige Leibesfülle man die Tafel ausschneiden mußte, der trinkfreudige König von Bayern, der schwatzhafte König von Dänemark und der ernste, schmächtige Kaiser von Österreich. Die Wiener hatten bald ein Bonmot parat. Der Zar, sagten sie, liebe für alle, der König von Preußen denke für alle, der König vom Württemberg esse für alle, der König von Bayern trinke für alle und der Kaiser von Österreich – zahle für alle.[19]

Tatsächlich hatte der Kaiser Franz, der sonst jeden Gulden dreimal umdrehte, diesmal die »Spendierhosen« an, wie die Wiener sagten. Immerhin kostete jeder Tag des Kongresses 100 000 Gulden, und in summa soll der gute Kaiser Franz die enorme Summe von 30 Millionen Gulden ausgegeben haben. Seinen Standesgenossen erwies er eine wahrhaft fürstliche Gastfreundschaft. Sie logierten in der Hofburg, unterhielten auf Kosten ihres Gastgebers Privattafeln und hatten ständig Wagen und Pferde zur Verfügung. Neben den hohen Herrschaften waren noch fünfzehnhundert Bediente und zwölfhundert Pferde zu versorgen. Schließlich ging dem Kaiser freilich ein wenig die Luft aus und er mußte seine Untertanen zur Kasse bitten: den Wienern wurde per 1. Januar 1815 die Erwerbssteuer empfindlich hinaufgesetzt.

Über den rauschenden Festen des Wiener Kongresses – allein Metternich gab gezählte neunzehn Bälle – ist fast vergessen worden, daß auf dem Kongreß auch gearbeitet wurde, daß die Staatsmänner einander erbitterte Kämpfe lieferten, daß intrigiert, gefeilscht und gedroht wurde. Zar Alexander und Metternich waren einander eine Zeitlang so spinnefeind, daß sie wochenlang jeden privaten Kontakt vermieden, und als Metternich den Zaren unter vier Augen einen Lügner hieß, mußte Kaiser Franz persönlich einschreiten, um ein Duell der beiden zu verhindern.

»Der Kongreß tanzt, aber er geht nicht vorwärts«, formulierte der geistreiche Fürst de Ligne. Es bestand sogar die Gefahr, daß die in Wien versammelten Nationen wieder auseinandergingen ohne et-

Die Teilnehmer am Wiener Kongreß (1814/15).
Stich von Jean Godefroy nach einem Gemälde von Jean-Baptiste Isabey

Linker Bildrand, stehend: Wellington; sechster von links,
stehend: Metternich; zweiter von rechts, sitzend: Talleyrand.

was erreicht zu haben. Schon im Oktober meinte Talleyrand, das Diner gehe zu Ende, er fürchte nur, es werde zum Dessert Kanonenkugeln geben.[20]

Tatsächlich standen eine ganze Reihe schwieriger Probleme an. Der Zar wollte ganz Polen, Preußen wollte ganz Sachsen. Beiden Absichten trat Metternich – von Kaiser Franz mit dem Präsidentenamt des Kongresses betraut – entschieden entgegen und traf sich in dieser Hinsicht mit den Wünschen Frankreichs.

Es gehört zu den Merkwürdigkeiten des Wiener Kongresses, daß der totale Verlierer Frankreich dort bald das große Wort führte. Talleyrand, nun Außenminister Ludwigs XVIII., profitierte geschickt von den Gegensätzlichkeiten, in die sich die Mächte hineinmanövrierten. Es wurden Zugeständnisse gemacht und widerrufen, geheime Allianzen geschlossen und die Fronten gewechselt. Nebensächlichkeiten wie die Etablierung der Exkaiserin der Franzosen in Parma wurden immer wieder auf die lange Bank geschoben.

Vielleicht waren die Unterhaltungen, die Kaiser Franz seinen Gästen bot, tatsächlich das beste Mittel, um die Spannungen unter den Kongreßteilnehmern zu mildern. Bälle, Redouten, Maskenfeste, Galaempfänge, Soireen, Praterfeste und Paraden wechselten einander ab.[21] Nie mehr wurden später bloße Lustbarkeiten mit soviel Ernsthaftigkeit ersonnen. Da gab es eine mittelalterliche Falkenjagd, ein Ritterturnier mit Rosseballett, der Hochadel stellte »Lebende Bilder«, bei denen Metternich Regie führte, man nahm an einer Weinlese in Ungarn teil und genoß eine Schlittenfahrt nach Schönbrunn, an der dreißig vergoldete Schlitten teilnahmen.

Selbst das Makabre hatte etwas Spektakuläres. Für eine »schöne Leich'«, wie sie die Wiener liebten, sorgte der Fürst de Ligne, der – er starb am 13. Dezember 1814 – nach seinen eigenen Worten »dem Kongreß ein besonderes Schauspiel, nämlich das Begräbnis eines österreichischen Feldmarschalls« bot. Nach einem rauschenden Fest, das der russische Botschafter Fürst Rasumowsky gab, brannte in der Nacht vom 30. auf den 31. Dezember dessen luxuriöses Palais nieder, wobei unersetzliche Kunstwerke zugrunde gingen. Und schließlich sorgte noch Talleyrand für ein »scheinheiliges Theater«, als er am 21. Januar 1815 eine Gedenkmesse für den geköpften Ludwig XVI. lesen ließ. Sie fand im Stephansdom statt und kostete – infolge einer riesigen Trauerdekoration – 100 000 Gulden, die der Kaiser Franz bezahlte.

Auch die Kunst kam in Superlativen zu ihrem Recht. Nach einem Konzert auf zwanzig Klavieren, die alle vierhändig bespielt wurden, dirigierte Beethoven am 29. November 1814 seine neue Siebente Symphonie und das Zugstück »Wellingtons Sieg oder Die Schlacht bei Vittoria«, wobei Antonio Salieri die Kanonade übernahm, Johann Nepomuk Hummel das Schlagwerk bediente und Giacomo Meyerbeer an der Donnermaschine saß. Beethoven soll bei diesem Konzert 6000 Gulden Wiener Währung eingenommen haben . . .

Natürlich kamen auch die Tafelfreuden nicht zu kurz. Am ausgefallensten speiste man beim – letzten – Fest des Fürsten Rasumowsky, der Fische aus der Wolga, Austern aus Ostende, Trüffeln von Périgord, Orangen aus Sizilien und Kirschen aus den kaiserlichen Treibhäusern von St. Petersburg hatte herbeischaffen lassen.

Auch die Wiener Bevölkerung kam auf ihre Rechnung. Um einen Gulden Eintritt konnte man bei den Praterfesten Kaiser und Könige ganz aus der Nähe sehen, die sich zwanglos und ohne Schutz bewegten. Zum Jahrestag der Völkerschlacht bei Leipzig – am 18. Oktober – wurden 20 000 Veteranen eingeladen und verköstigt. Das Menü, das Kaiser Franz persönlich festgelegt hatte, bestand aus Knödelsuppe, Rindfleisch, Braten, 3 Krapfen, 3 Semmeln und einem halben Liter Wein pro Person.

Die Wiener feierten nicht bloß, auf dem Weg über die Umwegrentabilität verdienten sie auch nicht schlecht. Die Wiener Geschmacksindustrie etwa legte damals den Grundstein für ihre Weltgeltung. Goldene Zeiten hatten auch die Musiker, die jeden Abend in einem anderen Palais aufzuspielen hatten. Furore machte damals ein neuer Tanz, der bald um die Welt gehen sollte: der Wiener Walzer.

Die einzige, die an den Festlichkeiten nicht teilnahm, ja sie geradezu floh, war eine dreiundzwanzigjährige junge Frau, Gattin jenes Mannes, dessen Besiegung und Verbannung man in Wien mit soviel Aufwand feierte. Nur einmal, als in der Großen Galerie in Schönbrunn ein Ball stattfand, sah sie insgeheim durch ein verborgenes Fenster eine Weile zu. Vier Jahre zuvor war sie anläßlich ihrer Hochzeit mit Napoleon bei einem Empfang in eben diesem Saal der Mittelpunkt des Festes gewesen . . .

Der Wiener Polizeipräsident, Baron Hager, wußte nicht mehr, wo ihm der Kopf stand. Nicht, daß ihn der Ordnungs- und Sicherheitsdienst, der in seine Kompetenz fiel, so in Anspruch genommen hätte. Aber der Baron war auch noch für ein Heer von Geheimagenten zuständig, die über alles und jedes Bericht zu erstatten hatten. Auch die Tochter des Kaisers Franz, die Exkaiserin der Franzosen, entging dieser Überwachung nicht. Die schon gar nicht.

Im allgemeinen waren die Nachrichten, die dem Baron von ihr gemeldet wurden, recht zufriedenstellend. »Die Kaiserin Marie Louise ist gegenwärtig weit vernünftiger als vor der Reise nach Aix«, wurde dem Polizeipräsidenten hinterbracht.[22] »Es ist sehr lange, daß sie von Napoleon keine Briefe hat; sie macht sich nichts daraus, sie spricht nicht von Napoleon, sie resigniert sich in ihr Schicksal. Ihr Herz geht gänzlich zurück an ihren Herrn Vater und ihre Geschwister.«

Aber dann fing die Polizei ein in italienischer Sprache abgefaßtes Memorandum ab, das der Baron unverzüglich dem Fürsten Metternich übergab, der es seinerseits seinem kaiserlichen Herrn unterbreitete. Es war eine fatale Sache. Die 1810 vorgenommene Eheschließung der Erzherzogin Marie Louise mit dem damals noch verheirateten Napoleon, so stand da schwarz auf weiß zu lesen und wurde von der Nuntiatur in Wien eifrig verbreitet, sei ungültig. Einzig der Papst hätte das Recht gehabt, Ehen gekrönter Häupter zu annullieren und das sei damals nicht geschehen. Da Napoleon seit dem am 29. Mai 1814 erfolgten Tod der Kaiserin Joséphine aber nun Witwer geworden war, schlug der Heilige Stuhl in ironisch-naiver Weise vor, die Ehe mit Marie Louise noch einmal einsegnen zu lassen, ein Angebot, das für den Wiener Hof aus begreiflichen Gründen völlig unannehmbar war.

Marie Louise erfuhr mit Entsetzen von dem Memorandum. Nach der Auffassung Roms war sie also vier Jahre lang nur die Konkubine Napoleons gewesen und ihr Kind illegitim! Mehrmals sprach der in Wien weilende Kardinal Consalvi bei ihr vor, und dem Polizeipräsidenten wurde gemeldet, daß sie Schriften aus der Stadt erhielt, »bei deren Durchlesung Höchstdieselbe sehr niedergeschlagen wurden«[23]. »Diese Annullierungs-Erklärung des Vatikans und das unglückliche Los der erlauchten Kaisertochter bilden das Gespräch des Publikums«, so hieß es weiter.

Die Öffentlichkeit erhielt bald darauf Gelegenheit, noch über ein weiteres Gerücht zu reden. Im Zuge der Höflichkeitsbesuche bei der Tochter ihres Gastgebers hatten die Souveräne Marie Louise Besuche abgestattet. Auch der König von Preußen kam, und da er seine Visiten wiederholte, wurde schon bald darauf kolportiert, Friedrich Wilhelm III. habe der Exkaiserin einen Heiratsantrag gemacht. An das Heiratsgerücht schlossen sich bald wilde Kombinationen. Deutschland, so hieß es, solle zwischen den Häusern Habsburg und Hohenzollern aufgeteilt werden.

Daß der evangelische Preußenkönig ernstlich erwogen hätte, die katholische Frau seines überwundenen Erzfeindes zu heiraten, erscheint schon wegen der fast unlösbaren Religionsfrage unwahrscheinlich. Der Nuntius, Erzbischof Severoli, freilich meinte maliziös, Marie Louise sei schon einmal der Staatsräson geopfert worden. Sie auf den preußischen Thron steigen zu sehen, würde für das Haus Österreich einen nicht zu unterschätzenden Machtzuwachs bedeuten.

Ob die mit Herz und Sinnen an Neipperg gebundene Kaisertochter sich hätte zum zweitenmal verschachern lassen, ist ebenfalls zu bezweifeln. Das Heiratsgerücht aber wirft ein bezeichnendes Licht auf die Tatsache, daß die Öffentlichkeit Marie Louise schon gar nicht mehr als Gattin des »Ungeheuers« empfand.

Wie übel »dieser Unhold« auch ihr selbst mitgespielt hatte, wurde Marie Louise nun in allen Varianten hinterbracht. Mitten im Salon und in Gegenwart der Kaiserin sagte ihr eigener Palastpräfekt, Baron de Bausset, mit lässiger Unverschämtheit, der Kaiser Napoleon habe jede Dame aus ihrem Hofstaat für ein Halstuch haben können, nur für die Herzogin von Montebello seien deren drei notwendig gewesen.

»Vergessen Sie eigentlich, vor wem Sie sprechen?« wies ihn die Kaiserin zornbebend zurecht. Der eigenen Taktlosigkeit nicht gewahr werdend, berichtete sie den Vorfall empört der Herzogin (die es gelassen aufnahm), und vergaß nicht, hinzuzufügen, daß es der General Neipperg gewesen sei, der sich zum Ritter der Freundin aufgeworfen habe. »Er war so außer sich darüber und hat so deutliche Sachen zu Baron von Bausset gesagt, daß, wenn dieser nicht ein wenig feige gewesen wäre, die Sache nicht friedlich ausgegangen wäre.«[24]

Damit nicht genug, wurde Marie Louise hinterbracht, daß die Gräfin Walewska nach Elba gekommen war und dem Kaiser den gemeinsamen Sohn präsentiert hatte. Man verschonte sie auch nicht mit dem europaweit ausgestreuten Gerücht, die gleichfalls nach Elba gereiste Pauline Borghese habe ihren Bruder mehr als nur schwesterlich getröstet, und vermutlich ist der Bedauernswerten

auch das Geraune über die diskrete Krankheit Napoleons zu Ohren
gekommen, die der preußische Kommissar Graf Waldburg-Truchseß während der Fahrt nach Elba wahrgenommen und nicht geheimgehalten hatte. »Alle erdenklichen Mittel«, klagte Méneval,
»sind seit acht Monaten – soll ich sagen, seit drei Jahren – angewen-
det worden, um sie dem Kaiser zu entfremden!«[25]

Über Marie Louises Onkel, den ehemaligen Großherzog von
Würzburg, der nun wieder in der Toskana saß, versuchte Napoleon, seiner Frau noch hin und wieder Briefe zukommen zu lassen.
Sie erhielt sie entweder gar nicht oder Metternich ließ ihr – verspä-
tet – den Inhalt mündlich mitteilen. Die Klagen des Verbannten
über ihr langes Stillschweigen und seine Vorwürfe über ihr Ausbleiben, berührten Marie Louise nicht mehr. »Ich scheine an einem
Punkt angelangt zu sein, wo mir das Vergangene nur wie ein
schmerzlicher Traum erscheint und ich alles von der Zukunft er-
hoffe«, gestand sie der Herzogin[26], »und wo ich hoffen kann, im
Jahr 1815 endlich an den Ort zu gelangen, an dem ich mein Leben
zubringen werde.«

Am 3. Januar 1815 schrieb sie Napoleon ihren letzten Brief.[27] Er
war unaufrichtig und nichtssagend. »Mein lieber Freund«, schrieb
sie, »seit hundert Jahren habe ich Dir nicht schreiben können und
keine Briefe von Dir erhalten; nun hat mein Vater mir Dein lie-
benswürdiges Billet vom 20. November übergeben. Mir ist eine
schwere Last vom Herzen gefallen, als ich erfuhr, daß Du Dich
wohlbefindest und daß Du an meinen Gefühlen nicht zweifelst. Ich
kann mir denken, wie bekümmert Du sein mußt, so lange keine
Nachrichten von meinem Sohn und mir zu haben; ich schließe das
aus der Unruhe, die mein eigenes Herz empfindet, wenn ich so
ganze Monate lang ohne die geringste Nachricht von Dir bin und
nicht weiß, ob Du Dich wohlbefindest. Ich hoffe, daß dieses Jahr
glücklicher für Dich sein möge. Du wirst wenigstens ruhig auf
Deiner Insel sein und dort glücklich noch lange Jahre für das Glück
aller jener leben, die Dich lieben und Dir verbunden sind wie
ich . . .«

Der Kaiser hatte nun fast alle Hoffnung aufgegeben, Frau und
Kind jemals wiederzusehen. Die Gerüchte von der päpstlichen An-
nullierung seiner Ehe drangen bis zu ihm und schmerzten ihn. Seine
Bewacher beobachteten, daß der Kaiser, der sonst emsig damit
beschäftigt war, sein »Gemüsebeet von Insel«[28] zu befestigen, zu
kultivieren und zu modernisieren, plötzlich wie gelähmt war. Daß

er mit Tränen in den Augen das Bild seines Sohnes betrachtete. Aber er hörte auch vom Wiener Kongreß und seiner Spaltung. Drei Monate nach Kongreßbeginn betrogen einander die Mächte bereits. Österreich war nun heimlich mit England und Frankreich verbündet und stand gegen dasselbe Rußland und Preußen, mit denen es eben noch Schulter an Schulter gegen Napoleon gekämpft hatte.

Dem Kaiser blieb auch nicht verborgen, was in Frankreich vor sich ging. Der Bourbone, dick, träge, »ce gros Monsieur«, wie seine eigenen Anhänger ihn nannten, der sich vor Fettleibigkeit und Gicht kaum rühren konnte, hatte auf dem Thron Napoleons Platz genommen und ließ mit väterlichem Gehabe alles drunter und drüber gehen. Wie prekär die Lage dieses alten Herrn mit der gepuderten Perücke und den geschwollenen Beinen bald wurde, geht aus einem Brief hervor, den Fouché, Napoleons zu den Bourbonen übergegangener einstiger Polizeiminister, an Metternich schrieb. Wenn der Sohn Napoleons, auf einem Esel reitend und von einem Bauern geführt, in Straßburg einritte, so hieß es da, würde ihn das erste Regiment, dem er begegnete, ohne Widerstand nach Paris bringen.[29]

Napoleon hörte von der Unzufriedenheit der Franzosen, von der Unruhe, die im Lande gärte, von der schlechten Wirtschaftslage und der Arbeitslosigkeit. War Frankreich dazu verdammt, ruhmlos unterzugehen? Gab es noch einen Ausweg?

»Ich bin die Ursache von Frankreichs Unglück«, sagte der Mann auf Elba. »Ich muß es heilen . . .«[30]

XIX

Die Hundert Tage

Am Morgen des 7. März 1815 lag Metternich noch zu Bett, als ihm ein Diener eine Depesche brachte. Der Fürst war am Abend zuvor spät ins Bett gekommen. Unwillig über die frühe Störung legte er die Nachricht, die vom k.k. Generalkonsul in Genua stammte, beiseite und drehte sich noch einmal auf die andere Seite. Aber es wurde nichts mehr mit dem Einschlafen. Um halb acht öffnete er die Depesche und erstarrte. Napoleon war am 26. Februar aus Elba entwichen.

Hastig kleidete sich der Fürst an und eilte zu seinem Herrn. Der Kaiser Franz saß an jenem Morgen schon zwei Stunden am Schreibtisch, als der von nervöser Hektik getriebene Minister bei ihm eintrat und ihm von der Sensation Mitteilung machte.

Wo er denn hin sei? fragte der Kaiser.

Das stehe nicht da, und wieso dieser englische Oberst Campbell seine Überwachungspflichten so gröblich vernachlässigt hatte, daß die Flucht gelingen konnte, auch nicht.

Der Kaiser blieb gelassen. Also müsse man halt die Souveräne informieren, meinte er, vorweg den Zaren und den König von Preußen. Talleyrand, der das Gras wachsen höre, würde es sowieso schon wissen, und Schwarzenberg solle die Militärs versammeln und die Situation beraten. Dazu müsse man freilich erst wissen, wohin sich der Herr Schwiegersohn begeben habe. Als die Nachricht eintraf, Napoleon sei in Frankreich – bei Cannes – an Land gegangen, war er fast ein wenig erleichtert, der Kaiser Franz. Immer noch besser als in Italien, wo Österreich als Ordnungsmacht ein Wiederaufleben des französischen Imperialismus' noch viel weniger dulden konnte.

Abrupt hörte der Kongreß zu tanzen auf, und die Mächte formierten sich wieder zur Kampfgemeinschaft. Es galt, die alliierten Armeen gegen den Ausbrecher in Marsch zu setzen und den »Frie-

densstörer«, das »Untier«, den »Unhold«, ein für allemal unschäd-
lich zu machen. Man würde ihn fangen und entweder gleich aufhängen oder an einen Ort bringen, von wo es kein Entweichen
mehr gab. Bausset erinnerte sich »der orakelhaften Andeutungen,
die seit Ende September 1814 den Felsen von St. Helena als das Gefängnis für den Helden bezeichnet hatten«.[1]

Statt der Turniere, Praterfeste und Schlittenfahrten bekamen die
Wiener nun marschierende Soldaten zu sehen. Täglich erschien der
Zar – in österreichischer Uniform – im Burghof und inspizierte die
Regimenter, die in den Krieg zogen. Er schwor einen heiligen Eid
auf die Bibel, die Waffen nicht niederzulegen, solange Napoleon
Herr über Frankreich war.[2]

Am 13. März wurde der Ausbrecher, der offiziell nur noch »Bonaparte« oder – um zu demonstrieren, daß er nicht einmal Franzose
sei – »Buonaparte« genannt wurde, außerhalb jedes Gesetzes gestellt und in Acht und Bann getan. Damit war er wie die Gesetzes-
brecher im Mittelalter vogelfrei, und hätte ihn einer umgebracht,
wäre er dafür noch belobigt worden. Einzig der Kaiser Franz
wandte sich gegen »solche Brutalitäten«[3]. Schließlich war der
Mann immer noch sein Schwiegersohn, wenn er auch leider solche
Scherereien machte . . .

Marie Louise erfuhr die Fluchtnachricht erst zwei Tage nach ihrem Eintreffen in Wien. Wie dem Polizeipräsidenten gemeldet
wurde, überbrachte ihr die Gräfin von Montesquiou die Nachricht,
die sie von ihrem Sohn erfahren hatte. Die Kaiserin hörte die Gräfin
wortlos an, ging dann in ihr Schlafzimmer und brach in Tränen aus.
Würde sie denn nie zur Ruhe kommen? War Parma nun, da Napoleon den Vertrag von Fontainebleau, der ihm Elba und ihr Parma
sicherte, gebrochen hatte, für immer verloren? Würde er sie zwingen, zu ihm zurückzukehren? Und Neipperg? Bis in die Antecam-
mera hörte man sie schluchzen.

Dieser Version[4] von Marie Louises Aufnahme der Fluchtnachricht stellt Méneval eine andere gegenüber. Seinen Memoiren zufolge[5] war Marie Louise gar nicht in Schönbrunn, als die Nachricht
eintraf, sondern mit Neipperg ausgeritten. »Die Kaiserin«, so Méneval, »hörte zweifellos die Nachricht nach ihrer Rückkehr, . . .
schien sie aber zu ignorieren. Wie üblich wurde gespeist, Billard gespielt und Musik gemacht. Am anderen Morgen verbreitete sich
die Nachricht mit Windeseile in der kleinen französischen Kolonie
von Schönbrunn und wurde so lebhaft erörtert, daß ein übereifriger

Hofbeamter meinte, Befehl geben zu müssen, daß über die Angelegenheit nicht gesprochen werden dürfe. Die Kaiserin suchte ihre Bewegung über diesen ›Handstreich‹ nicht mehr länger zu verbergen. Sie sprach anderntags lange darüber und war in Angst wegen der Gefahren, denen sich der Kaiser bei diesem Unternehmen aussetzte, das ihrer Meinung nach zum Scheitern verurteilt war. Sie äußerte auch ihre Besorgnis, daß die Auswirkungen eines solchen Abenteuers sie Parmas berauben und die Zukunft ihres Sohnes gefährden würden.«

Zu Mittag fuhr sie in die Stadt, um sich mit ihrem Vater zu beraten. Der sonst so gleichmütige Kaiser tadelte seinen Schwiegersohn heftig und unterstrich seine Absicht, 180 000 Mann gegen ihn in Marsch zu setzen. Unter diesem Eindruck und geängstigt durch die gegen ihren Gatten allenthalben geäußerten Drohungen, schrieb Marie Louise auf Neippergs Rat einen Brief an den Kaiser von Österreich. Er war in französischer Sprache abgefaßt, damit er den Alliierten vorgelegt werden konnte.

»Im Augenblick, wo eine neuerliche Krise die Ruhe Europas erschüttert«, hieß es da, »und sich erneut dunkle Wolken über meinem Haupt zusammenballen, kann ich kein sichereres Asyl, keinen besseren Schutz erhoffen als den, welchen ich von Ihrer väterlichen Zärtlichkeit für mich und meinen Sohn erflehe. In Ihre Arme, mein teuerster Vater, flüchte ich mich und das Wesen, das mir das teuerste auf der Welt ist. Ich lege unser Schicksal in Ihre Hände und vertraue auf Ihren väterlichen Schutz . . . Wir werden keinen anderen Willen kennen als den Ihren . . .«[6]

Damit hatte sie den dünnen Faden, der sie noch mit Napoleon verband, endgültig zerrissen. Um die Unterwerfung der Kaiserin vollständig zu machen, verlangte Metternich von ihr das Versprechen, fortan jeden Brief ihres Gatten ungelesen sofort dem Vater zu übergeben. Sie akzeptierte auch das in der richtigen Erkenntnis, daß sie nur noch eine Gefangene war.

Seit dem 16. März waren die Schildwachen in Schönbrunn verstärkt worden, und Hagers Spitzel verdoppelten ihre Aufmerksamkeit. Der Baron hatte schlaflose Nächte. Ihn plagte die fixe Idee, daß Napoleon versuchen würde, Weib und Kind entführen zu lassen. Vor allem in den französischen Damen und Herren der Exkaiserin sah der Polizeipräsident potentielle Entführer und Spione. Schließlich konnte er seinen kaiserlichen Herrn zu schwerwiegenden Maßnahmen bewegen. Am 18. März teilte Kaiser Franz seiner

Tochter mit, daß der Sohn Napoleons von Schönbrunn in die Wiener Hofburg gebracht werde, wo er leichter zu überwachen sei. Am darauffolgenden 20. März war der vierte Geburtstag des Kleinen. An diesem Tag meldete sich Graf Wrbna, Oberstkämmerer des Kaisers Franz, bei Madame de Montesquiou. In der Annahme, er käme als Gratulant, empfing sie ihn freudig. Aber der Graf wünschte sie unter vier Augen zu sprechen. Betreten teilte er ihr mit, daß sich sein kaiserlicher Herr infolge der politischen Umstände gezwungen sehe, die Erziehung seines Enkels nunmehr in Männerhände zu legen. Er danke für ihre aufopfernden Dienste und bitte sie, unverzüglich nach Paris abzureisen.

Die unglückliche Gräfin war einer Ohnmacht nahe. Sich mühsam fassend, wies sie darauf hin, daß das Kind noch so klein sei und weibliche Pflege brauche. Daß es keinen Vater habe. Sie bat, sie flehte, vergebens. Ein huldvolles Handschreiben des österreichischen Kaisers und ein wertvoller Saphirschmuck konnte sie nicht darüber hinwegtrösten, daß sie den Inhalt ihres Lebens verloren hatte.

Am Abend brachte sie den kleinen Prinzen zum letzten Mal zu Bett. Er ahnte nichts, und sie hielt tapfer ihre Tränen zurück. Als er eingeschlafen war, kniete sie nieder. »Ich empfahl ihn dem Himmel. Ich erflehte vor allem, daß niemand je seinen Namen mißbrauche, um Unruhe zu stiften. Ich küßte ihn mehrere Male und riß mich von ihm los, nachdem ich an seinem Bettvorhang ein kleines Kreuz befestigt hatte, um das er mich oft gebeten hatte.«[7]

Ihr Verschwinden war für den Kleinen eine Tragödie. Wieder und wieder rief er nach seiner »Mama Quiou«. Marie Louise kam, aber auch sie konnte seine Tränen nicht stillen. Drei Tage weinte er, konnte nichts essen und nicht einschlafen. Plötzlich aber beruhigte er sich. Er hatte begriffen, daß alle Tränen der Welt ihm die Frau nicht zurückgeben würden, die seit dem ersten Tag seines Lebens um ihn gewesen war.

Inzwischen hatte Napoleon den Marsch nach Paris angetreten. Bei Grenoble trat das erste königliche Bataillon gegen den Heimgekehrten und seine kleine Truppe an. Die Soldaten trugen die weiße Kokarde des Königs und hatten Befehl, den Usurpator zu vernichten. Stumm und bedrohlich rückten sie vor. Würden Franzosen auf Franzosen schießen?

Aber da stieg ER vom Pferd, trat auf zehn Schritte vor die Soldaten des Königs und sprach zu ihnen.

Ob einer unter ihnen sei, der seinen Kaiser töten wolle? fragte er. Er möge es tun. Und er öffnete seinen grauen Mantel.

Ein schrecklicher Augenblick der Unentschlossenheit . . .

Aber dann schoß keiner, sondern einer rief das unvergessene »Vive l'Empereur!«, und alle stimmten ein, erst zögernd, dann lauter, schließlich begeistert.

»Es lebe der Kaiser!«

Von da an war es ein einziger Triumphzug gewesen. Alle Regimenter, die der König ausgeschickt hatte, gingen zum Kaiser über. Auch die Marschälle waren wieder da: Masséna, Soult und Rapp und Oudinot und sogar Ney, der Marschall Michel Ney, der Ludwig XVIII. versprochen hatte, er würde Napoleon in einem eisernen Käfig vor seinen Thron bringen. Der Kaiser wischte es vom Tisch und verzieh ihm. Nur den Verrätern Marmont und Augereau verzieh er nicht. Einer, der Napoleon früher der Nächste gewesen war, kam nicht: der Marschall Berthier, Fürst von Neufchâtel, Herzog von Wagram, derselbe Berthier, der für seinen Herrn um Marie Louise geworben hatte. Nach der Abdankung des Kaisers von seinem Eid entbunden, hatte er sich dem König verschrieben. Jetzt, da Napoleon zurückgekehrt war, ertrug er den Gewissenskonflikt nicht. Ruhelos irrte er in seinem Schloß bei Bamberg umher. Am 1. Juni 1815 stürzte er sich vom Balkon und zerschmetterte auf dem Pflaster.

Die anderen aber – Maret, Davoust, Caulaincourt – rückten wieder in ihre alten Posten ein. Auch Fouché, der alte Fuchs, war wieder da und wurde wieder Polizeiminister. Hinter dem Rücken seines Kaisers freilich arbeitete er seinem Dioskur Talleyrand, der von Wien aus am Sturz des Kaisers wirkte, eifrig in die Hände.

Am 20. März, dem Geburtstag seines Sohnes, erreichte Napoleon Paris. Hortense, Exkönigin von Holland, jetzt Herzogin von Saint Leu, war dabei, als er wieder in die Tuilerien einzog. »Ich erhielt eine Botschaft der einstigen Minister Napoleons, daß der Kaiser am Abend erwartet würde und daß ich ihn in den Tuilerien empfangen sollte«, hielt sie in ihren Memoiren fest. »Ludwig XVIII. war am Morgen abgereist. Viele seiner Sachen lagen unordentlich herum und verrieten den hastigen Aufbruch. Um neun Uhr fuhr der Wagen von Kaiser Napoleon durch die Tore der Tuilerien, genau zwanzig Tage nach seiner Landung im Golf Juan, ohne daß er auf irgendeinen Widerstand gestoßen war. Das Tempo seines Vormarsches war nur durch die Begeisterung der Bevölkerung und die Eingliederung der Regimenter verzögert worden, die mit ihren Waffen seinem Ruhm dienen wollten. Seine Equipage fuhr beim Pavillon de Flore vor. Königin Julie von Spanien und ich, gefolgt von verschiedenen Hofdamen, traten vor, um Seine Majestät zu begrüßen. Aber in diesem Augenblick drängte sich das Volk in einer unbeschreiblichen Begeisterung, die an Ekstase grenzte, um ihn und jubelte ihm zu.«[8]

Die euphorische Stimmung der Pariser Bevölkerung schlug sich in einem Brief Napoleons vom 28. März an Marie Louise nieder: »Meine gute Louise, ich bin Herr von ganz Frankreich. Das ganze Volk und die ganze Armee sind in der höchsten Begeisterung. Der sogenannte König ist nach England und vielleicht noch weiter. Die Kommandanten aller Festungen, auf denen meine Fahne weht, und meine ganze Alte Garde sind bei mir. Ich nehme den ganzen Tag Paraden über 25 000 Mann ab. Frankreich fürchtet niemanden. Ich erwarte Dich im Monat April. Sei am 15. oder 20. April mit meinem Sohn in Straßburg. Adieu, meine Freundin.«[9]

Auch an seinen Schwiegervater sandte er einen Brief. »Er war sehr listig geschrieben«, teilte Wilhelm von Humboldt am 6. Mai seiner Frau mit[10], »denn er roulierte darauf, daß der Kaiser Franz die Marie Louise als Frau nicht ihrem Mann und den Kleinen nicht dem Vater vorenthalten werde.«

Kaiser Franz schloß anfänglich eine Rückkehr seiner Tochter zu ihrem Mann tatsächlich nicht ganz aus. Freilich würde er sie erst dann ziehen lassen, erklärte er der entsetzt lauschenden Marie Louise, wenn es sich erwiesen hätte, daß man den aus Paris herübertönenden Friedensschalmeien wirklich trauen dürfe. »Wenn die Franzosen den Napoleon unbedingt wollen«, meinte er mit der ihm eigenen stoischen Ruhe zu einem Preußenprinzen, »so muß man ihn ihnen halt lassen.«[11]

Aber dann hatte er es sich doch wieder überlegt. »Kein Friede mit Bonaparte«, lautete die Devise der Alliierten. Weder mit Napoleon noch mit seiner Sippe werde verhandelt werden.

Verhandelt wurde aber doch und zwar über nicht weniger als eine Regentschaft Marie Louises. Falls sie davon Kenntnis hatte, mochte Marie Louise nicht schlecht erschrocken sein über die Absicht der Alliierten, nach der endgültigen Ausschaltung Napoleons eine Regentschaft der Exkaiserin für ihren Sohn in Erwägung zu ziehen. In Basel ließ Metternich mit Fouché hinter dem Rücken Napoleons darüber verhandeln. Fouché hielt die Tage des zurückgekehrten Kaisers für gezählt. »Dieser Mann«, so der alte Intrigant, »ist in keiner Beziehung eines Besseren belehrt worden und kehrt ebenso despotisch, eroberungssüchtig, ebenso verrückt wie immer zurück.«[12]

Als Napoleon von den Basler Verhandlungen erfuhr, ließ er seinen Polizeiminister antreten.[13]

»Sie sind ein Verräter, Fouché, ich sollte Sie aufhängen lassen!«

»Sire, ich bin nicht Ihrer Ansicht«, antwortete der Minister kühl, und er redete sich so geschickt heraus, daß ihn Napoleon auf seinem Posten beließ. Er konnte sich einen so gefährlichen Mann im Untergrund nicht leisten.

Die Basler Verhandlungen endeten ergebnislos, aber das Regentschaftsprojekt geisterte noch eine Weile in den Kabinetten herum. Marie Louise war fest entschlossen, abzulehnen. »Wollte man mir zureden, mich zu entwürdigen, indem ich in dieses häßliche Land Frankreich unter was immer für Bedingungen zurückkehre«, äußerte sie dezidiert, »so werde ich zeigen, daß ich standhaft zu sein vermag, und eine Frau, wenn es notwendig ist, allen Kabinetten und ganz Europa widerstehen können wird.«[14]

Metternich ließ schließlich Napoleon wissen, daß Kaiser Franz seine Tochter zwar einmal dazu gebracht habe, sich dem Wohl ihres Vaterlands und Europas zu opfern, »doch nichts wird ihn dazu bringen, sie nach Frankreich zurückkehren zu lassen, das er, solange Bonaparte an der Spitze der Regierung steht, stets als einen revolutionären Vulkan betrachten wird. Es verhält sich gleichermaßen so mit dem Sohn der Kaiserin, der eine zu wertvolle Geisel in den Händen des Kaisers ist, als daß er daran denken könnte, sich seiner zu begeben.«[15]

Für Napoleon war diese Absage ein schwerer Schlag. In ganz Frankreich wartete man auf die Rückkehr der Kaiserin. Kam sie nicht, bedeutete das den Krieg. »Das Volk«, schrieb ein Korrespondent Wellingtons, »mißt der Rückkehr Marie Louisens so große Bedeutung bei, daß die Leute sich in allen Ortschaften, durch welche ich gekommen bin, von Paris bis Valenciennes, in Scharen an meinen Wagen herangedrängt haben, nur um zu erfahren, ob SIE schon eingetroffen sei. Als ich erklärte, sie befände sich noch in Wien, las ich die Bestürzung auf den Gesichtern der Fragenden und diese riefen: ›Wenn Sie nicht kommt, sind wir verloren!‹«[16]

Die Gattin Ménevals schrieb nach Wien: »Der Kaiser war gestern sehr guter Laune . . . alles geht gut, aber was man mit ängstlicher Sorge erwartet, sind die Nachrichten aus Wien. Ach, liebe Kaiserin, kommen Sie zurück, und wir werden alle glücklich sein!«[17] Auch Ménevals Tage in Wien waren nun gezählt. Am 6. Mai verabschiedete er sich schweren Herzens von der Kaiserin. Marie Louise war bewegt. Sie bat den Sekretär, Napoleon zu versichern, daß sie ihm alles Gute wünsche. Er möge ihre schwierige Lage verstehen. Sie werde in keine Scheidung willigen, hoffe jedoch, der Kaiser werde einer gütlichen Trennung zustimmen, die unvermeidlich geworden sei. Die Gefühle von Achtung und Dankbarkeit, die sie ihm bewahre, würden sich nicht ändern. Dann drückte sie Méneval eine diamantenbesetzte Tabatière in die Hand und floh aus dem Zimmer, um die Tränen, die sie nicht mehr zurückhalten konnte, zu verbergen.[18]

Auch von dem kleinen Prinzen verabschiedete sich der Baron. Der Junge hatte seinen heiteren Charme verloren. »Es schnitt mir ins Herz«, so Méneval[19], »ihn so ernst und traurig zu sehen.« Rings um ihn waren lauter fremde – österreichische – Gesichter, an die er sich offensichtlich noch nicht gewöhnt hatte. Méneval nahm ihn an der Hand, führte ihn in eine Fensternische und fragte ihn, ob er seinem Papa etwas ausrichten solle.

»Als ich mich tiefbewegt zu ihm niederbeugte, um ihm Lebewohl zu sagen«, so der Baron, »sah er mich mit einem rührenden Ausdruck an und flüsterte: ›Monsieur Méva, sagen Sie ihm, daß ich ihn noch immer sehr lieb habe . . .‹«[20]

Gegen Mitte Mai traf Méneval im Elysée-Palast, wo sich Napoleon etabliert hatte, ein und wurde sofort vorgelassen.

Napoleon saß auf einem Sofa, hatte den Kopf in die Hand gestützt und war tief in Gedanken versunken. Als der Sekretär eintrat, erhob er sich, nahm seine Hand und drückte sie herzlich. »Dann öffnete er eine Glastür und ging mir in den Garten voraus, wo er mich bis sechs Uhr bei sich behielt und mich mit Fragen aller Art überhäufte.«[21] Anderntags mußte Méneval wiederkommen. Der Kaiser wollte jede Einzelheit über Frau und Kind wissen, mehrere Tage lang. »Napoleon«, so Méneval, »sprach mit großer Zärtlichkeit von seinem Sohn und hörte mit sichtlicher Bewegung auch die unbedeutendsten Einzelheiten über dieses geliebte Kind.« Mit keinem Wort tadelte er Marie Louise. »Sprach er von ihr«, so Méneval, »so stets mit Respekt und Rücksichtnahme. Er bedauerte die Prüfungen, denen sie ausgesetzt gewesen war, nahm alles, was ich zu ihrer Verteidigung sagen wollte, vorweg und zweifelte nicht daran, daß ihr ihre Gefühle für Frankreich und ihn selbst aufgezwungen worden waren.«[22] Von Neipperg und der Rolle, die er nun in Marie Louises Leben spielte, fiel kein Wort. Es mochte Stolz sein oder die Angst, Gewißheit über ein Thema zu erlangen, von dem der Kaiser mehr wußte, als er sich den Anschein gab. Nur einmal, als er sich Einzelheiten aus dem Alltag der Kaiserin erzählen ließ, fragte er »in scherzhaftem Ton«, ob ihr nicht einer ihrer Onkel den Hof gemacht habe.

Napoleon meinte damit Marie Louises Lieblingsonkel, Erzherzog Ludwig (geb. 1784), einen der jüngeren Brüder von Kaiser Franz. Den Erzherzog, der nur um sieben Jahre älter war als seine Nichte, verband von Jugend an eine zarte Neigung mit Marie Louise. Ludwig aber befand sich gerade auf dem Marsch nach Cannstatt, wo er das Kommando über eine Division übernahm, die gegen Napoleon ins Feld zog. Er konnte somit seine unglückliche Nichte nur brieflich trösten, wußte aber einen Ersatz. »Ich habe aus Ihrem Briefe gesehen, daß Sie die traurigen Gedanken, die wirklich Ihrer Gesundheit schaden könnten, noch nicht aufgegeben haben«, schrieb er ihr am 15. Mai 1815.[23] »Wie sehr wünschte ich nicht, dazu beytragen zu können, sie Ihnen aus dem Kopfe zu bringen. Ich hoffe aber, daß, wenn mein Bruder Rainer in Schönbrunn wohnen wird, er öfters mit Ihnen spazieren gehen wird und, so ernsthaft er sonst zu seyn scheint, doch dazu beytragen wird, Sie aufzuheitern.«

Erzherzog Rainer, ein Jahr älter als sein Bruder und auch erst zweiunddreißig, tat wie ihm geheißen, und es begann eine Freundschaft, die in einem – abgewiesenen – Heiratsantrag gipfelte. Man ging miteinander spazieren, besuchte gemeinsam Theater und Konzerte und wechselte fast täglich Briefe und Billette. Allein in den Jahren 1815 und 1816 sind von Erzherzog Rainer achtzig Briefe an Marie Louise erhalten. Der spätere Vizekönig des lombardo-venezianischen Königreichs suchte Marie Louise nicht nur aufzuheitern, er beriet sie auch in Hinsicht auf die Administration in Parma. Man kam sich nahe, schwelgte in romantischen Träumereien und tauschte Bildnisse aus. Der Erzherzog verliebte sich in seine interessante Nichte und scheint sich ein gemeinsames Leben recht reizvoll vorgestellt zu haben. »Auch ich träumte von schönen, herrlichen Gegenden, die ich in Ihrer Gesellschaft durchwanderte, und dann dauerte derselbe auch noch wachend fort, von einem glücklichen Leben und von Glück an Ihrer Seite, das höchste Glück, was ich je erreichen könnte! Und was mich unnennbar seelig machen würde.

Ohngeachtet Ihr Bild ewig tief in meinem Herzen eingegraben sein wird, so freue ich mich innig auf dessen Nachahmung, welches mein größter Schatz seyn wird. Ich muß enden, sonst kommen wieder allerley Gefühle zum Vorschein, welche mich übermannen und um die Fassung bringen würden.«[24]

Und wenig später schwärmte er von einem »Luftschloß, an welches ich täglich oft denke, in dem ich kein größeres, kein herrlicheres Glück auf dieser Erde kennte, als mit Ihnen und für Sie leben und sterben zu können.«[25]

Er tat dann freilich beides nicht und heiratete nur fünf Jahre später Maria Elisabeth Prinzessin von Savoyen-Carignan, mit der er acht Kinder hatte. Mit Marie Louise, von deren Bindung an Neipperg er unterrichtet war, verband ihn jedoch eine lebenslange herzliche Freundschaft.

Der General hatte am 1. April Wien verlassen und marschierte an der Spitze einer Division gegen Murat, der sich wieder Napoleon zugewandt und Österreich den Krieg erklärt hatte. Somit zog nun nicht nur Marie Louises Vater, sondern auch ihr Geliebter gegen ihren Ehemann in den Krieg.

Den Briefwechsel Marie Louise – Neipperg, der der Wiener Staatskanzlei natürlich verborgen bleiben sollte, vermittelte Neippergs Adjutant und Freund, Oberstleutnant Hrabowsky, der ebenfalls am Feldzug gegen Murat teilnahm. Über die Beziehungen des Paares voll und ganz unterrichtet, gab auch er heimlich Marie Louise treuherzige Berichte über Tätigkeit und Befinden des Generals. Am 14. April meldete er, daß sich die Neapolitaner zwar »in der vollkommensten Flucht« befänden, Neipperg jedoch trüber Stimmung sei. »So muß ich Ew. Majestät offen gestehen, daß sich Neipperg sehr abhärmt; seine Gemüthstimmung ist von der Art, daß ich um ihn sehr besorgt sein würde, wenn ich nicht wüßte, daß ihn Allerhöchstdieselbe mit der angeborenen Erhabenheit gewiß trösten werde . . . Indem ich Ew. Majestät mit dieser Düsterheit des edlen Mannes bekannt zu machen mich verpflichte, wage ich, Ew. Majestät alleruntertänigst zu bitten, ihm nicht zu sagen, daß ich es Ew. Majestät geschrieben hätte, denn dies würde die Sache noch schlimmer machen . . . Vorgestern erhielt ich zwei Briefe, die ich ihm gleich zuschickte, er schien darauf sehr beruhigt zu sein . . .«[26]

Von Marie Louises Korrespondenz mit Neipperg sind nur fünf Schreiben des Generals und ein einziges von Marie Louise bekannt.

Daß nicht mehr erhalten sind, hat kaum den Grund, daß nicht mehr geschrieben wurden, sondern eher den, daß sie nicht in die Hände Metternichs gerieten, wofür der treue Hrabowsky sorgte. »Übrigens wage ich Ew. Majestät fußfälligst zu bitten, über die Art der Expedierung der Briefe ruhig seyn zu wollen«, suchte er die Exkaiserin am 2. Juni 1815 unbeholfen zu beruhigen.[27] »Ich habe die sichersten Einleitungen getroffen, womit gar keine Briefe je in die Hände der Staatskanzley kommen werden . . .«

Die Briefe Neippergs waren aus Sorge vor Beschlagnahme stets so abgefaßt, daß sie keinerlei Verdacht erregen konnten. Er gab Marie Louise Nachrichten vom Kriegsschauplatz, erkundigte sich nach ihrem Befinden und gab ihr Ratschläge, etwa: »Eure Majestät möge sehr darauf drängen, daß alles, was während des Kongresses wegen der Herzogtümer und der Lehen in Böhmen beschlossen wird, Ihr in einer Urkunde von den Mächten, die den Vertrag vom 11. April unterzeichneten, garantiert wird. In Geschäften muß man sicher gehen. Die besten Versprechungen sind in guter und geziemender Form unterzeichnete Verträge.«[28]

Marie Louise war ihm dankbar. »Fahren Sie fort, mir Ratschläge zu geben; ich bin sicher, daß niemand mir bessere und aufrichtigere geben wird. Ich verlasse mich auf Sie in allen noch so schwierigen Fragen, weil ich sicher bin, daß Sie mir die Wahrheit sagen.«[29] Im gleichen Brief (vom 26. April) meldete sie: »Ich höre nichts von meinen Angelegenheiten sprechen, aber ich glaube und hoffe, daß sie vor der Abreise der Souveräne geordnet sein werden.«

Neipperg erkundigte sich nach Marie Louises Tagesablauf und wollte »auch die kleinste Einzelheit« wissen. Nur indirekt wagte er, seine Sehnsucht zu Papier zu bringen. »Es kommt mir vor, als sei schon ein Jahrhundert vergangen, seit ich aus Wien fort bin, heute ist es gerade einen Monat her . . .«[30] Nur die Geliebte konnte Anspielungen verstehen, die sich auf die erste Zeit ihrer Liebe bezogen. »Wir werden ganz in der Nähe der Sibilla, des höchsten Bergs der Apeninen vorbeikommen«, schrieb der General. »Sie ist mit Schnee bedeckt und ähnelt dem Jungfrauhorn, wenn E.M. sich noch daran erinnert . . .«[31]

Die trübe Stimmung, von der Hrabowsky Mitteilung machte, resultierte jedoch nicht nur aus den schwierigen privaten Verhältnissen, sie hatte auch realere Ursachen. Murat war zwar bei Tolentino geschlagen worden, Neipperg wurde jedoch vorgeworfen, zu spät in die Schlacht eingegriffen zu haben und dem besiegten Murat zu milde Bedingungen auferlegt zu haben, was ihm den Unwillen seines kaiserlichen Herrn zuzog. Da sehe man wieder, meinte der Kaiser ärgerlich zu Metternich, wie wenig Militärs »zum negotieren« geeignet seien. Der gekränkte Neipperg äußerte daraufhin die Absicht, aus österreichischen Diensten auszuscheiden und englische zu nehmen. Erschreckt schaltete sich Marie Louise ein und intervenierte bei ihrem Vater für »die Ehre dieses braven Mannes, welchen ich wegen meiner Geschäfte viel Dank schuldig bin«.[32] Und umgehend sandte sie dem Papa die Rechtfertigung Neippergs durch dessen Oberkommandierenden.

Kaiser Franz hatte sich schon wieder beruhigt. »Du weißt, daß ich ihn ungehörter nicht verurtheilt habe, ihm also nichts geschehen ist«, schrieb er seiner Tochter. Und der brave Hrabowsky beruhigte die aufgestörte Marie Louise vollends, als er am 18. September meldete: »Da ich weiß, wie sehr Ew. Majestät das Wohl des edelsten Mannes, Grafen Neipperg, interessiert, so kann ich zu Allerhöchst dero Beruhigung versichern, daß die cannibalische Geschichte, mit der man diesen edlen Generalen stürzen wollte, beygelegt ist . . . Um nicht weitere Feindseligkeiten zu erregen, wird zwar General Neipperg von mir nie erfahren, wer der eigentliche Teufel − unter dem Deckmantel inniger Freundschaft − war, aber warnen will ich ihn für die Zukunft.«[33] Der »eigentliche Teufel« war − Metternich.

Da der ob der Rüge seines obersten Kriegsherrn immer noch verletzte Neipperg erklärte, keine diplomatischen Missionen mehr annehmen zu wollen, faßte sich Marie Louise noch einmal ein Herz und bat ihren Vater, dem General »zu erlauben und zu befehlen«, zu ihr nach Wien zurückzukehren. »Er wäre mir äußerst nützlich wegen meines Hauswesens und auch, weil ich Vertrauen in ihn habe und es mir lieb wäre, (in Parma) einen Hiesigen bei mir zu haben und ich keine neuen Bekanntschaften machen will! Ich habe es ihm geschrieben und er ist bereit dazu, wenn Sie es ihm befehlen werden, besonders da er ganz auf den Dienst in der Diplomatie renonciert hat.«[34] Aber erst am 12. Dezember 1815 kehrte Neipperg aus dem italienischen Feldzug in Marie Louises Arme zurück. Er kam als Witwer. Seine Frau war am 23. April gestorben. »Die Art, wie Marie Louise diesen Todesfall bei Tisch verkündete«, hielt Méneval fest[35], »zeigte, daß sie ihn nicht sehr bedauerte . . .«

Im April hatten in Wien und in ganz Österreich Betprozessionen für den Sieg der alliierten Armeen gegen Napoleon begonnen. Auch der Hof nahm daran teil, und an der Spitze ging die Kaiserin Maria Ludovica. Mehr denn je von Haß gegen Napoleon erfüllt, suchte sie auch ihre Stieftochter Marie Louise zu bewegen, sich zu beteiligen, ein unwürdiges Ansinnen, das der Kaiser Franz mißbilligte. Marie Louise lehnte ab, wünschte aber selbst den Sieg über ihren Gatten herbei. Es sollte endlich Ruhe sein. Ihrem ins Feld abgegangenen Vater schrieb sie: »Ich bete fleißig zu Gott, daß er Ihnen bald möge zurückkommen machen und Ihre Waffen segnen möchte.«[36] Genau so hatte sie als junges Mädchen geschrieben, als der Papa gegen den Erzfeind Napoleon ins Feld gezogen war. Sie hatte vergessen, daß Sie inzwischen die Krone Frankreichs getragen hatte. Jetzt wollte sie nur noch in Ruhe in Parma leben und die Herzogtümer für ihren Sohn gesichert wissen.

Zunächst sah es damit nicht zum besten aus. Der Artikel 99 der Wiener Kongreßakte sicherte Marie Louise zwar den lebenslänglichen Besitz Parmas zu, überging jedoch ihren Sohn. Marie Louise mußte zur Kenntnis nehmen, daß der Sohn der Königin von Etrurien ihr Erbe sein und ihr eigener Sohn mit in Böhmen liegenden Domänen entschädigt werden sollte. Zu schwach, um sich dagegen zu wehren, fand sie sich ebenso damit ab wie mit der Forderung Metternichs, nie mehr zu Napoleon zurückzukehren.

Da warf sich plötzlich der Zar abermals zum Beschützer der Exkaiserin auf. Auf sein Betreiben schlossen Österreich, Rußland und Preußen am 31. Mai 1815 einen Geheimvertrag, der Marie Louise und ihrem Sohn den Besitz der parmesanischen Herzogtümer garantierte. Marie Louise war überglücklich. Sie ahnte nicht, daß der Zar schon bald von seiner Zusage abrücken, sich als Opfer der Intrigen des Wiener Hofes hinstellen und die Behauptung aufstellen würde, er habe beim Zustandekommen des Vertrages gar nicht mitgewirkt. Vorläufig aber schien alles geregelt. »Meine Geschäfte sind endlich zu Gunsten meines Sohnes und der meinigen beendigt«, schrieb Marie Louise am 3. Juni an den Vater[37], »(und) da ich nie mehr nach Frankreich zurückkehren will, so sind mit dieser Versorgung alle Ängsten gehoben, und das habe ich auch Ihnen, liebster Papa, zu verdanken.« Nach Parma abreisen konnte sie freilich noch nicht, denn die Mächte bestimmten, daß sie von den Herzogtümern erst Besitz ergreifen durfte, wenn Napoleons Schicksal entschieden war.

Noch einmal, am 4. April, ließ der Kaiser seiner Frau einen Brief zukommen, in dem er sie anflehte, zu ihm zu kommen. »Ich bin hier angebetet und Herr über alles«, schrieb er ihr.[38] »Nur Du fehlst mir, meine gute Louise, und mein Sohn. Komm doch gleich über Straßburg zu mir . . .«

Selbst wenn Marie Louise noch gewollt hätte, war sie durch ihr Metternich gegebenes Versprechen nun gebunden. »Die Trennung ohne Hoffnung auf eine Wiederkehr«, resümierte Méneval, »lügnerische Einflüsterungen und drohender Widerstand, trafen bei ihr auf eine unglückliche Veranlagung, sich unvorhergesehenen Ereignissen anzupassen und sie als unabänderlich hinzunehmen.«[39]

Napoleon war nun fünfundvierzig Jahre alt. Auch er hatte sich verändert, war oft müde und deprimiert, zweifelte und zauderte. »Alles, was er sagte«, hielt Méneval fest, »war getragen von einer stillen Traurigkeit und Resignation, die mich tief ergriff. Nichts mehr von jener Siegessicherheit, die ihn früher so zuversichtlich und unüberwindlich gemacht hatte. Es schien mir, als ob sein Glaube an seinen Stern, der ihn bewogen hatte, das kühne Abenteuer seiner Rückkehr von der Insel Elba zu wagen und der ihn während seines sagenhaften Marsches durch Frankreich beflügelt hatte, ihn bei seinem Einzug in Paris verlassen hatte . . .«

Auch das Frankreich, in das Napoleon zurückgekehrt war, war ein anderes geworden, eines, das nur noch Ruhe und Frieden wollte, dem jede Angriffslust vergangen war und das keine neuerliche autoritäre Herrschaft vertrug. Der Bourbone hatte dem Land eine – wenn auch unbefriedigende – Verfassung gegeben. Napoleon konnte sie nicht rückgängig machen. Auf einem »Maifeld«*, das auf dem Gelände zwischen der Kriegsschule und der Seine stattfand und die letzte Demonstration kaiserlichen Glanzes war, ließ er die »Zusatzakte zu den Verfassungen des Kaiserreiches« proklamieren. Diese neue, nach ihrem Schöpfer Benjamin Constant »Benjamine« genannte Verfassung sah verantwortliche Minister, unabsetzbare Richter, zwei Kammern, Religions- und Pressefreiheit vor. Diese Garantie für die persönliche Freiheit – Zuckerbrot für das Volk – schmeckte dem Kaiser bitter. Sie zwang ihm die Rolle auf, die ihm am wenigsten lag: die eines konstitutionellen Kaisers.

»Ich will den Frieden, ich kann ihn nur durch Sieg erlangen«,

---

*) »Maifeld«, lat. campus majos: ursprünglich während der Merowingerzeit die jährliche Versammlung der Großen des Fränkischen Reiches, auf der Heerschau gehalten und über Krieg und Frieden und Gesetze beraten wurde.

sagte er.[40] Davoust hatte das Kunststück fertiggebracht, in ein paar Wochen eine Viertelmillion Soldaten auf die Beine zu bringen. In Belgien aber standen ebenso viele Engländer, Preußen und Niederländer, und mehr als eine halbe Million Österreicher und Russen zogen zum Rhein und zu den Alpen.

Es war der Juni 1815. Der letzte Feldzug begann.

Am 26. Juni erreichte Wien eine Nachricht, die die Kaiserin Maria Ludovica in Verzückung versetzte. »Ich war toll vor Freude«, schrieb sie ihrem kaiserlichen Gemahl.[41]

Napoleon war am 18. Juni 1815 in der belgischen Provinz Brabant, rund 15 Kilometer südlich von Brüssel, von den Alliierten vernichtend geschlagen worden. Die Schlacht erhielt zwei Namen: Der Engländer Wellington benannte sie nach dem Dorf Waterloo, wo er sein Hauptquartier aufgeschlagen hatte, der Preuße Blücher nach dem Gehöft La Belle Alliance, wo die beiden Heerführer nach dem Sieg zusammentrafen.

»Ich erfuhr die Nachricht, als ich in der Stadt war«, schrieb Maria Ludovica freudetrunken an Kaiser Franz, »und schrieb sie unserer besten Louise, die außer sich vor Freuden ist.«[42] Marie Louise befand sich gerade zu einem Sommeraufenthalt in Baden bei Wien, als ihr die Kaiserin von Österreich die große Neuigkeit mitteilte. »Als ich Deinen Brief erhielt«, schrieb Maria Ludovica an Kaiser Franz, »fuhr ich nach Baden zu unserer besten Louise, die Gott dankt, daß er in Verhaft ist, wegen der allgemeinen Ruhe und insbesondere, weil sie nun hofft, ruhig und bald nach Parma ziehen zu dürfen, ohne Sorgen für die Zukunft.«[43]

Selbst wenn man in Rechnung stellt, daß Maria Ludovica der Stieftochter ihre eigenen Haß- und Rachegefühle aufoktroyiert hat und daß Marie Louise – wie immer von kläglicher Schwäche – nicht wagte, »die liebe Mama« in ihre Schranken zu weisen, ist nicht zu leugnen, daß sie dem Wiener Hof den unwürdigen Anblick einer Kaiserin bot, die glücklich zu sein schien über das Unglück ihres Gemahls und den Sturz seiner Dynastie.

»Lieber Papa«, schrieb sie dem Kaiser Franz am 7. Juli von Baden aus.[44] »Ich habe mit unendlicher Freude die neuen guten Nachrichten von Ihrem weiteren Feldzug bekommen. Seyn Sie versichert, liebster Papa, daß niemand mehr Wünsche für Ihr Glück und Wohlseyn macht als wie ich. Wir werden vermuthlich bald Nachrichten von Ihren Einzug in Paris bekommen. Ich bitte Sie, sich, liebster

Papa, bey dieser Gelegenheit von dem zu erinnern, was ich Ihnen den Tag vor Ihrer Abreise gesagt habe, daß ist, das es mir nie mehr, auf keinen Fall, möglich wäre, nach Frankreich zurückzukehren. Indeßen höre ich von der lieben Mama, daß der König eine sehr große Parthey hat und daß freuet mich unendlich.«

Tatsächlich kamen die Alliierten zum zweitenmal nach Paris, kehrte Ludwig XVIII., der über Lille nach Gent geflüchtet war, nach Frankreich zurück und zog, geleitet von den wieder vereinten Dioskuren Fouché und Talleyrand, zum zweitenmal in Paris ein. Marie Louise begrüßte auch das. »Auch habe ich mit vieler Freude erfahren, daß der König wieder in die Hauptstadt zurückgekehrt ist«, schrieb sie am 20. Juli an den Papa.[45] »Dieß hat mich auch über eine Menge dummer Gerüchte beruhigt, welche herumgingen.«

Sie meinte die Regentschaftsgerüchte, die sie so sehr beunruhigten. Aber davon mochte der Kaiser Franz ohnehin nichts hören. »Hievon soll mich Gott bewahren«, beruhigte er seine Tochter[46], »den unter diesem Deckmantel würden andere regieren wollen, was wir nicht zulassen könnten und du samt dein Sohn könntest das schrecklichste Opfer seyn. Ich schäze mich glücklich, dich bey mir und dann in Parma zu wissen.«

Sie sollte nur nach Parma gehen, die Louise, und der General mit ihr. Der Kaiser konnte Neipperg zwar nicht besonders leiden, aber da man nicht wissen konnte, welch noch törichtere Wahl die Louise sonst treffen würde, war der Kaiser mit der Begleitung Neippergs einverstanden. Mit der Begleitung des kleinen Napoleon war er es nicht. »Übrigens glaube ich, wenn Du nach Italien kömmst«, setzte er seinem Schreiben hinzu, »sollst Du Deinen Sohn in Wienn lassen und nach Parma weder Franzosen mitnehmen noch anstellen, denn sonst könntest du alle Liebe des Landes verlieren, und Deines Sohnes Anwesenheit in Italien bis sich alles gesetzet hat, könnte in diesen Ländern für ihn gefährlich seyn.« Die Tragödie des kleinen Napoleon bahnte sich an.

Die des großen setzte sich fort. Der König von Preußen und, von plötzlichen Haßgefühlen bewogen, auch der Zar, hatten die Todesstrafe für Napoleon gefordert. Über Antrag des Kaisers von Österreich einigten sich die Mächte auf lebenslängliche Verbannung. Metternich teilte Marie Louise mit, Napoleon werde als Gefangener auf eine Festung in Schottland gebracht und unter Aufsicht der vier Mächte Österreich, Rußland, Frankreich und Preußen gestellt. Aus der schottischen Festung wurde dann der Felsen von St. Helena, einer Insel unter englischer Oberhoheit im südlichen Atlantik. Der besiegte Kaiser hatte am 22. Juni abgedankt. Wiederum zugunsten seines Sohnes, den er als »Napoleon II.« zum Kaiser der Franzosen proklamierte. Aber er glaubte selbst nicht mehr daran. Zum zweitenmal war der Traum ausgeträumt. Die Hundert Tage seiner Herrschaft waren zu Ende.

Marie Louise erfuhr von der Verbannung ihres Mannes, und wie ein Blitz das dunkle Gewölk zerreißt, machte ihre Gleichgültigkeit nun endlich einer warmen Anteilnahme Platz. »Ich war zutiefst betrübt über das, was Sie mir über die Art, wie man Napoleon behandelt, geschrieben haben«, klagte sie dem Freiherrn von Wessenberg, der ihr während Neippergs Abwesenheit in der Parma-Frage zur Seite gestanden war. »Das Unglück Napoleons rührt und kränkt mich. Ich finde sein Los hart . . .«[47]

Dem Vater gegenüber wagte sie nicht, diesen von Herzen kommenden Ton anzuschlagen. Am 15. August, dem Geburtstag Napoleons, kam Marie Louise für lange Zeit zum letztenmal auf ihren Gatten zu sprechen, und zwar als Fürbitterin. Es war keine flehentliche, keine leidenschaftliche Bitte einer Frau für ihren geliebten Mann, eher ein Gnadengesuch für einen durch eigene Schuld ins Unglück Geratenen, in Worte gefaßt, wie sie der Papa zu hören wünschte. Und es war eine Bilanz ihrer Ehe.

»Liebster Papa«, schrieb sie.[48] »Ich hoffe, daß wir itzt einen dauerhaften Frieden haben werden, da Kaiser Napoleon ihn nie mehr stören wird. Ich hoffe, man wird ihm mit Güte und Milde behandeln und ich bitte Sie, liebster Papa, dazu beyzutragen: dies ist die einzige Bitte, die ich für ihn wagen darf und das letztemal, daß ich mich um sein Schicksal annehmen werde, denn ich bin ihm Erkenntlichkeit schuldig für die ruhige Indifferenz, in welcher er mich hat leben lassen, anstatt mich unglücklich zu machen.«

Ruhige Indifferenz . . .

Zwei Worte für eine Ehe mit dem Mann, der nach seinem stolzen Wort »die Welt auf seinen Schultern getragen« hatte.[49] Ruhige Indifferenz für eine der dramatischsten Perioden der Weltgeschichte. Das von ihr ersehnte Lebensklima aber hätte sie gar nicht treffender formulieren können. Mit »ruhiger Indifferenz« würde sie fortan in Parma leben, lieben und regieren. Sie würde Napoleon aus ihren Gedanken verdrängen, ab und zu seinen Sohn in Wien besuchen und schließlich den Tod des Gefangenen von St. Helena betrauern. Alles mit ruhiger Indifferenz . . .

XX

Parma

Der einstige Palastpräfekt Napoleons, Baron Bausset, muß äußerst
schlechter Laune gewesen sein, als er sich am 12. August 1814 in
Parma hinsetzte und die Feder in die Tinte tauchte. Ihre Majestät,
die Exkaiserin Marie Louise, hatte ihn in ihre künftige Hauptstadt
geschickt, auf daß er sich dort umsehe und das Quartier vorbereite.
Nun erstattete er hochdero Sekretär Bericht, und viel Gutes hatte er
nicht zu vermelden.

»Mein lieber Méneval«, schrieb er, »ich bin seit einigen Tagen in
Parma; man begegnet hier den Franzosen außerordentlich feindselig . . . Dieses Land ist trist, die Frauen weit entfernt, hübsch zu
sein, die Temperatur tropisch, die Oper mittelmäßig und der Palast
sehr alt und vernachlässigt. Aber mit Hilfe von einigen tausend
Francs bin ich dabei, die Appartements Ihrer Majestät in dem recht
hübschen Gartenpalais in Ordnung zu bringen. Ich vergaß Ihnen
mitzuteilen, daß der Palast von Colorno sehr schön, und, verglichen mit den meisten anderen . . . Domänen, von denen kaum
noch die Mauern stehen, gut erhalten und anständig möbliert
ist . . .«[1]

Der Baron Bausset muß damals nicht nur mißmutig, sondern
auch blind gewesen sein, denn er merkte nicht, daß er eine Stadt betreten hatte, die reich war an Kultur und Tradition. Ihn scheint weder der romanische Dom mit dem hohen, das Stadtbild beherr-
schenden Glockenturm beeindruckt zu haben, noch das berühmte
Baptisterium des Benedetto Antelami, und er hatte keinen Blick für die
sinnlich-beschwingten Fresken, mit denen Correggio und Parmi-
gianino die sakralen Bauten geschmückt haben. Der von Bausset
erwähnte »sehr alte Palast« war der Palazzo Ducale oder auch der
nach einem spanischen Ballspiel benannte Palazzo della Pilotta, der
ebenso von der Dynastie der Farnese erbaut worden war wie der
Palast von Colorno, das »Versailles« der Herzöge von Parma.

Waren schon Stadt (und Land) keineswegs trist, und die Parmesanerinnen aller Wahrscheinlichkeit schon damals so attraktiv wie heute, so ist schon gar nicht verständlich, daß den Baron auch das Teatro Farnese kalt ließ, jenes 1618 erbaute Theater im reinsten Renaissancestil, das über eine so vollkommene Bühnenmaschinerie verfügte, daß im wasserüberfluteten Parkett richtiggehende Seeschlachten aufgeführt werden konnten.

Die Vergangenheit interessierte den Baron offenbar nicht. Mit Sicherheit wußte er nicht, daß hier, am Kreuzungspunkt wichtiger Verkehrswege, im Jahr 183 v. Chr. bereits eine römische Siedlung bestand, daß es Theoderich war, der die erste der sieben Brücken der Stadt schlagen ließ, und daß das alte Parma von Byzantinern, Langobarden und Franken erobert wurde.

Nach den Wechselfällen des Mittelalters, als Parma im 11. Jahrhundert Sitz des Gegenpapstes Cadalus war, sich 1167 dem Lombardischen Städtebund gegen Friedrich Barbarossa anschloß und 1248 in einer denkwürdigen Schlacht Friedrich II. besiegte, probierte die Stadt sozusagen diverse Administrationen aus. Parma war etwa hundert Jahre lang Freistadt, gehörte zum Kirchenstaat, war Sitz der Este und Visconti, Freie Republik und Eigentum der Sforza sowie Ludwigs XII. von Frankreich. Als Papst Paul III. Parma 1545 zur Hauptstadt eines selbständigen Herzogtums erhob und es seinem natürlichen Sohn, Pier Luigi Farnese, überließ, kam die erste der beiden Dynastien ans Ruder, die das Gesicht Parmas prägten. Die nahezu zwei Jahrhunderte während Herrschaft der Farnese hinterließ unvergängliche Zeugnisse verschwenderischer Prachtliebe.

Als das Geschlecht der Farnese erlosch, kamen 1748 die Bourbonen, die Parma französisierten und zu einer der berühmtesten italienischen Kunst- und Kulturstätten machten. Die Bourbon-Parma waren selbst von den Habsburgern umworbene große Herren. Joseph II. holte sich seine erste Gemahlin – Isabella – ebenso aus Parma wie später Kaiser Karl I. seine Gattin Zita, eine Tochter des letzten, 1859 vertriebenen, Herzogs von Parma.

Nach der napoleonischen Herrschaft wurde nicht nur Parma, sondern ganz Italien durch den Wiener Kongreß neu geordnet. Durch die Kongreßakte von 1815 erhielt Österreich die Poebene, Venedig und Mailand, also das Gebiet, das man als Lombardo-Venetien bezeichnet. England bekam die Souveränität über Malta, das vom Königreich Neapel abgetrennt wurde. Der Kirchenstaat nahm wieder sein ehemaliges Territorium an sich, das Königreich Sardinien wurde um Genua vergrößert. Modena und die Toscana bekamen österreichische Erzherzöge, Neapel wurde den Bourbonen zurückgegeben, und die Exkaiserin der Franzosen, Marie Louise, geborene Erzherzogin von Österreich, erhielt die Herzogtümer Parma, Piacenza und Guastalla.[2]

Die Parmesaner hätten es schlechter treffen können. Es wurde eine milde, gütige Herrschaft, eine Zeit der Bautätigkeit, der Förderung von Kunst und Wissenschaft und der Gründung gemeinnütziger Einrichtungen. Parma würde eine Theater- und Musikstadt werden und den Beinamen »Italienisches Athen« erhalten. Durch einunddreißig Jahre sollte »Maria Luigia« die Geschicke dieser Region lenken und eine ganze Periode prägen. Nur 1831, im Zuge der italienischen Einigungsbestrebungen, würden sich revolutionäre Elemente gegen ihre Herzogin erheben, und ein einzigesmal in ihrem Leben würde sich Marie Louise dabei mutig und entschlossen zeigen.

Aber das lag anno 1816 noch in weiter Ferne . . .

Am 15. Februar 1816 gab der Kaiser Franz endlich freie Bahn. »Da ich den Zeitpunkt nun vorhanden zu seyn glaube, daß du dich in deine Staaten verfügen kannst, so schreibe ich dir heute, sowohl um dich davon zu benachrichtigen als auch um dich wissen zu machen, mittelst des beyliegenden Reiseplans, wo du mich treffen kannst«, schrieb Kaiser Franz an seine Tochter.[3] Von Paris kommend, befand sich der Monarch damals gerade in Mailand.

So lange hatte Marie Louise diesen Augenblick herbeigesehnt. Jetzt, wo er da war, war er ein Schock. Der eigenen Freiheit mußte sie den Sohn opfern. »Erst nach einigen Augenblicken fühlte ich den schmerzhaften Gedanken von der Trennung von meinem Sohn«, antwortete sie dem Vater am 24. Februar.[4] »Kein größeres Opfer konnte ich weder seinem Wohl noch Ihren Wünschen bringen, und ich weiß nicht, wie ich die Kraft haben werde, es zu ertragen.«

Der Kaiser Franz war kein Unmensch. Er hatte für seine – von Metternich inspirierte – Entscheidung, den Sohn Napoleons in Wien zu behalten, schon seine guten Gründe. Bei der unsicheren politischen Lage in Europa war der Enkel in Wien am besten aufgehoben. Die Franzosenfeindlichkeit in Parma, die auch Bausset wahrgenommen hatte, mochte zu Unruhen führen, sobald dort der

Sohn Napoleons auftauchte. Und wenn gar die Bonapartisten »Napoleon II.« entführten, würden die Großmächte Österreich dafür verantwortlich machen! Derartigen Unwägbarkeiten ging man besser aus dem Wege. Aber er wollte an dem Enkel Vaterstelle vertreten. Der Kleine würde mit aller Sorgfalt erzogen werden, freilich im österreichischen Sinn. Der Kaiser hatte schon einschlägige Ordres an seine Tochter gegeben. »Eine Sache bitte ich dich noch, wenn er zu die Männer kommt, beobachten zu lassen, das ist, daß du seinen Leuten aufbiethest (gebietest, Verf.), von seiner vorigen Laage mit ihm nichts zu reden.«[5]

Der Kleine war am 30. Juni 1815 »zu die Männer« gekommen. Als Erzieher war vom Kaiser der stellv. Oberthofmeister, Graf Moritz Dietrichstein-Proskau, ausersehen worden. Der Graf, ein enger Freund Neippergs, war ein Mann von großer Reputation, hochgebildet und ein großer Musikfreund. Er war ein Gönner Beethovens, und Schubert hat ihm seinen »Erlkönig« gewidmet. Charakterlich war Dietrichstein ernst und pflichtbewußt, aber pedantisch und humorlos. Sein Äußeres war einnehmend. Er trug eine modische, gelockte Frisur und Bartkoteletten und sah aus klugen Augen in die Welt. »Gestern habe ich meinen Sohn besucht, welcher Ihnen die Hände küßt, sich recht gut befindet und schon Bekanntschaft mit Graf Mauritz Dietrichstein gemacht hat«, schrieb Marie Louise am 7. Juli an den Vater.[6] »Mir gefällt er recht gut.«

Der Graf ging ganz im Sinne seines kaiserlichen Herrn an seine Aufgabe heran. »Es ist notwendig, alles auszuschalten, was ihn an das Dasein erinnern kann, das er bis jetzt geführt hat«, nahm er sich vor. »Es scheint mir, daß der Prinz, dessen Erziehung mir anzuvertrauen man mich beehrt, als Österreicher der Abstammung nach betrachtet und auf deutsche Art erzogen werden muß.«[7] Marie Louise war voll und ganz damit einverstanden. »Ich will ihn nach den Grundsätzen meines Vaterlandes erziehen lassen«, schrieb sie an die Herzogin von Montebello. »Ich will aus ihm ganz und gar einen ebenso loyalen wie redlichen deutschen Prinzen machen; ich will, daß er seinem neuen Vaterland dient, sobald er erwachsen ist . . . Seine Talente, sein Geist und seine Ritterlichkeit werden ihm einen Namen machen müssen, denn der, den er von Geburt aus trägt, ist leider nicht schön . . . .«[8]

Sie meinte wahrhaftig den Namen Bonaparte, den Victor Hugo »den größten Namen der Geschichte« genannt hat.

Der Abreisetag Marie Louises war auf den 7. März festgesetzt worden. »Ich begebe mich übermorgen auf den Weg nach Parma«, teilte die nunmehrige Herzogin von Parma der Herzogin von Montebello mit.[9] »Ich bin krank und habe Fieber, aber es ist ebensosehr in meinem Herzen wie in meinem Körper. Gott weiß, wie ich die Kraft haben werde, die lange Reise in dieser harten Jahreszeit auszuhalten, aber der Allmächtige wird mir helfen . . . In meinem Schmerz hat er mir einen großen Trost gegeben: daß ich meinen Sohn in guten Händen zurücklasse und daß ich einen vertrauenswürdigen, wahren Freund an meiner Seite habe.«

An der Seite dieses Freundes bestieg Marie Louise die Reisekutsche. In Tränen aufgelöst, versprach sie ihrem Sohn, in wenigen Monaten wiederzukommen. Wieder mußte der Kleine Abschied nehmen von seiner Mutter. Laut Dietrichstein tat er es tränenlos. Hatte er aus Erfahrung gelernt, daß Tränen nichts ausrichteten? Glaubte er an eine kurze Trennung oder wollte er dem Erzieher keinen Blick in seine Seele gewähren? »Es ist offensichtlich«, mißverstand ihn der Graf, »daß man in ihm keine Spur von Kindesliebe und Zärtlichkeit findet.«[10] Marie Louise selbst widerlegt diesen Eindruck. »Ich habe grausame Augenblicke durchgemacht, als ich mich von den Meinigen und besonders von meinem armen Sohn trennen mußte, der mich durch seinen Schmerz sehr bekümmert hat«, teilte sie ihrer Freundin mit.[11]

Der Kleine blieb allein zurück. Ein vergessenes Band seiner Mutter nahm er allabendlich mit sich ins Bett. Bald nach ihrer Abreise sandte er seiner Mama seinen ersten Brief. Da der Fünfjährige noch nicht schreiben konnte, ließ er sich die Hand führen. »Glauben Sie mir liebe Mama«, schrieb er, »daß Ihre Abreise mir viel Kummer verursacht und daß ich Sie ewig lieben und verehren werde. Ich werde nicht nachlassen, zum lieben Gott für Sie zu beten und um Ihre baldigste Rückkehr in die Arme Ihres zärtlichen Sohnes.«[12]

Er konnte nicht wissen, daß es zwei Jahre dauern würde, bis er seine Mutter wiedersah.

Bis Graz wurde Marie Louise von Erzherzog Rainer begleitet, der dadurch die Trennung hinauszögern wollte. Dennoch war er für ihre Inthronisation, »damit Sie von Parma ordentlich Besitz nehmen können, und damit doch noch Hoffnung ist, es für Ihren Sohn zu erhalten«.[13]

Marie Louise reiste mit einem rein österreichischen Hofstaat.

Neipperg würde in Parma die Regierungsgeschäfte führen und – im Sinne Österreichs – die Außenpolitik leiten. Ersatz für die Herzogin von Montebello war eine Generalswitwe namens Elise de Mitrowsky. »Sie war nicht hübsch, aber von angenehmer Erscheinung«, fand Méneval[14], »liebenswürdig und bemüht, sich angenehm zu machen.« Als Madame de Mitrowsky sich mit einem Grafen Scarampi wiederverheiratete, nahm Marie Louise beide Scarampis in ihren Dienst, ernannte den Grafen zum Kammerherrn und seine Frau zur Hofdame. Den Baron Bausset behielt sie vorerst (»weil niemand ein Haus so gut einrichten kann wie er«), entließ ihn aber später, zwar in allen Ehren, aber froh, den Mann los zu sein, dessen unverschämte Reden sie nicht vergessen hatte.

Ein Problem bildete das Personal. »Daß du keine italiänischen Köche und Haushofmeister haben willst, kann ich nicht misbilligen«, hatte Kaiser Franz gemeint[15], »um so mehr, als erstere meist schlecht sind, ebensowenig rathe ich Ärzte und Apotheker, und daher nimmst du hiesige verläßliche Leute mit. Für Stalleute könnte ich keine bessern als deutsche oder böhmen empfehlen, bis du Italiäner finden wirst, die hierzu taugen, denn in Toskana haben wir auch gute Italiäner gehabt.« Immer wieder mahnte der Kaiser, kein französisches Personal, außer weiblichen Dienstboten nach Parma mitzunehmen, ». . . sonst bist du in der Opinion deiner Unterthanen verloren, die sie fürchten und verabscheuen . . .«[16]

Der Kaiser hatte seiner Tochter durch seinen Regierungsbeauftragten in Parma, den Grafen Magawly, Geld anweisen lassen, und also konnte für Marie Louise der neue Lebensabschnitt beginnen, in einem Land, »wo mich wenig rosafarbene Täge, aber viel Unannehmlichkeiten erwarten«, wie sie ihrem Vater am 24. Februar 1816 schrieb.[17]

Die »Unannehmlichkeiten« betrafen die desolaten finanziellen Zustände, in denen sich die Herzogtümer befanden. Das Land hatte unter den Requirierungen der durchmarschierenden Truppen schwer gelitten und sollte überdies eine Kriegssteuer in Höhe von 3 Millionen Francs aufbringen. Marie Louise, schon ganz fürsorgliche Landesherrin, nahm mehrmals in ihren Briefen die Gelegenheit wahr, dem Vater »das arme Land« ans Herz zu legen. Vor allem erbat sie eine Stundung der Kriegssteuer. »Man sagt, daß das arme Land durch die Durchmärsche und die jetzigen Umstände so ruinirt ist, daß es nicht sie wird aufbringen können. Das Volk soll darüber sehr mißmuthig und aufgebracht seyn und alle Leute in Aengsten seyn. Ich wage mich, Ihnen, liebster Papa, von allen diesen Dingen zu reden, weil ich überzeugt bin, daß Sie mit Ihrer väterlichen Güte Anstalten treffen werden, um diese Steuer weniger drückend zu machen.«[18]

Auch für die Rückgabe der aus Parmas Galerien nach Frankreich verschleppten Kunstwerke, »darunter Bilder von Correggio«, setzte sie sich ein.

Kaiser Franz schickte einen Bevollmächtigten nach Parma und ließ sich Bericht erstatten. Er empfahl seiner Tochter den Ankauf eines Getreidevorrats, um der dringendsten Not des Landes abzuhelfen, gewährte Zollfreiheit für alle Produkte, welche die Parmesaner aus ihren der Lombardei abgetretenen Distrikten bezogen und milderte die Steuerlast. Auch gute Ratschläge und Informationen lieferte er der frischgebackenen Herzogin. »Ich schicke dir heute eine Menge Schriften, Parma betreffend«, schrieb er ihr[19], »woraus du den ganzen finanziellen Zustand dieses Landes ersehen wirst und die Anträge, um die Schulden desselben zu tilgen.«

Die Reise nach Parma war freilich nicht die richtige Zeit, finanzielle Probleme zu erörtern. In Venedig legte man ein paar Tage Rast ein, Madame Scarampi hielt sich diskret abseits, und Marie Louise verlebte mit dem General so etwas wie kurze Flitterwochen. Hatte man ihr nicht lang und breit klargemacht, daß ihre Ehe mit Napoleon nie gültig gewesen war? Durfte sie sich nicht frei fühlen?

Über Padua und Vicenza erreichte man Verona, wo sich Kaiser Franz und seine Gemahlin aufhielten. »Ich war verliebt in Venedig«, schrieb Marie Louise vieldeutig am 6. April an die Herzogin von Montebello, »bin aber leider seit dem 20. letzten Monats in Verona . . . Die Verzögerung in dieser Stadt erfolgte wegen der Krankheit meiner Stiefmutter Maria Ludovica. Sie stirbt an der Schwindsucht, es bricht einem das Herz . . . Wir beten, daß Gott sie retten möge, aber es besteht wenig Hoffnung.«[20]

Tags darauf, am 7. April 1816, hatte die Kaiserin Maria Ludovica, noch nicht 29 Jahre alt, ausgelitten. Die schöne junge Frau, Schwarm Goethes und Zierde des Wiener Kongresses, hatte einen scharfen Verstand, einen eisernen Willen und ein heißes Herz gehabt. Von zwei Gefühlen war sie beherrscht gewesen: von der Liebe zu ihrem Gatten und dem Haß gegen Napoleon, und vielleicht hatte das Schicksal sie nur gerade lange genug leben lassen, daß sie den endgültigen Sturz ihres Erzfeindes noch erleben konnte.

Kaiser Franz trauerte zwar um sie, wie es sich gehörte, aber eigentlich war sie ihm zu intellektuell, zu initiativ und zu impulsiv gewesen. »Schade um die Frau«, hatte der Erzherzog Johann schon 1811 in sein Tagebuch geschrieben, »aber für meinen Herrn taugt sie nicht, ganz entgegengesetzte Charaktere!«[21] Wer den Kaiser Franz kannte, konnte daher nicht erstaunt sein, daß er, kaum daß seine dritte Gemahlin im Sarg lag, schon nach einer neuen, vierten, Ausschau halten ließ.

So schön und liebenswürdig sie gewesen war, populär war sie nicht geworden, die tote Kaiserin. »Gar niemand bedauerte sie«, schrieb Erzherzog Rainer am 28. April an Marie Louise, »und niemand hat noch die allgemeine Stimme in jenem Augenblick, wo doch sonst Alles sich versöhnt so gegen sich gehabt als sie, und dieses bey allen Leuten, ohne Ausnahme . . .«[22]

Am 20. April 1816, nachmittags um 15 Uhr, zog die neue Herzogin von Parma in ihre Hauptstadt ein. »Heute betrittst du deine Staaten«, schrieb ihr der kaiserliche Vater am 16. April aus Treviso[23], »sey du samt selben glücklich, mache so viel es an dir ist, deine neuen Unterthanen glücklich, trachte mit allen Kräften dazu, überzeuge sie davon und Gott wird dir beystehen . . .«

Die Parmesaner, die die Straßen säumten, neugierig, wen ihnen die Großmächte nun wieder vor die Nase gesetzt hatten, sahen eine junge Frau, die kostbar gekleidet war und reichen Schmuck trug, in ihre Stadt einziehen. In der Kutsche neben der Herzogin saß ihr Ehrenkavalier, das eine Auge von einer schwarzen Binde bedeckt, in prächtiger Generaluniform mit Orden. In weiteren Wagen folgte der Hofstaat.

Der Zug fuhr direkt zum Dom, wo der Klerus die neue Herrscherin begrüßte und ins Kircheninnere geleitete. Unter der Kuppel mit den Correggio-Fresken kniete Marie Louise nieder zum feierlichen Tedeum. Dann fuhr sie unter dem Geläute der Glocken aller Kirchen durch die Stadt zum Palazzo Ducale.

Weit lieber als der Stadtpalast aber mag ihr der Palazzo del Parco Ducale gewesen sein, jenes »Gartenpalais«, von dem Bausset berichtet hatte. Sie muß sich in dem kaisergelben Schloß voll Charme und Schönheit von Anfang an wohl gefühlt haben. Das 1564 im Auftrag der Farnese von Giovanni Boscoli errichtete Palais, das in der zweiten Hälfte des 18. Jahrhunderts erweitert worden war, bot genau die richtige Mischung von Würde und Behaglichkeit. Zahlreiche Fresken und Gemälde schmückten die schön möblierten

Der Palazzo Ducale zu Parma, Residenz der Herzogin Maria Luigia
Lithographie von Laurent Deroy nach einem Entwurf von Pietro Mazza

Säle, in die auch die nach Frankreich entführten Bilder zurückgekehrt waren. Vor allem aber entzückte die Gartenliebhaberin Marie Louise der »Parco Ducale«, eine Gartenanlage, die mit einem großen Fischteich einen wahrhaft fürstlichen Park bildet, mit Statuen und Vasen und der Ruine eines arkadischen Tempels auf einem künstlich aufgeschütteten Hügel.

Zwischen Palazzo Ducale und Gartenpalais spielte sich das offizielle Leben der Herzogin ab. Wollte sie ganz ohne Zeremoniell leben, bevorzugte sie zwei Villen, die sie sehr liebte, die Villa Ferlaro und die Villa Sala. Kam hoher Besuch, wie Erzherzog Rainer (1816/17) oder das Kaiserpaar (1825), wurde der an der Straße nach Brescia 12 Kilometer von Parma entfernt liegende Herzogspalast von Colorno benützt. Der ebenfalls von den Farnese im 17. und 18. Jahrhundert errichtete Palast mit seinen vier dominierenden Ecktürmen und den ebenerdigen Laubengängen besaß einen Thronsaal und schön ausgestattete, für die Repräsentation geeignete Räumlichkeiten, die sich wie eine Perlenschnur die Gartenfront entlang zogen.

»Es freute mich innig, zu hören, daß Sie es besser fanden, als Sie es sich vorgestellt haben und daß das Volk Sie gut empfing«, schrieb Erzherzog Rainer seiner Nichte.[24] »Ich hatte es mir erwartet und bin überzeugt, daß Ihnen das ganze Land in kurzem sehr zugethan seyn wird.« Zunächst gab es freilich eine ganze Reihe von Problemen. Ein spürbares Mißtrauen gegen die Habsburgerin, die den italienischen Einigungsbestrebungen im Wege stand, mußte erst überwunden werden. Mißernten der letzten Jahre, unzulängliche Verwaltung und Korruption hatten die Staatskasse leer und die Bevölkerung arm gemacht. Marie Louise waren schon bei ihrem Einzug viele abgehärmte, schlecht gekleidete Menschen aufgefallen. Auch in Piacenza, das sie bald besuchte, fand sie »viel Elend und Noth, dabey auch viel Faulheit«. Erzherzog Rainer, mit dem sie darüber korrespondierte, riet zur Beseitigung der »Grundursachen« durch Beschäftigungspolitik. Vor allem aber müßten die Finanzen in Ordnung gebracht werden. Seine Ratschläge für ein geordnetes Budget gehören noch heute jedem Finanzminister ins Stammbuch geschrieben. »Es muß genau bestimmt werden«, so der Erzherzog[25], »was alle Jahre gewiß eingehet und nach diesen muß dann erst sowohl die Ausgabe des Staats und des Hausstands eingerichtet werden; wird aber beydes zuerst festgesetzt, ohne daß es auf Gewißheit, sondern auf unbestimmte Budgets gegründet ist, so langt dann das Einkommen nicht und man muß zu außerordentlichen Mitteln schreiten, welche den Staat zu Grunde richten und die Unordnung in den Finanzen nur vermehren.« Da Sparsamkeit nottat, wurde die Verwaltung rationalisiert und der Hofstaat der Herzogin eingeschränkt.

Die neue Souveränin, unerfahren in Regierungsgeschäften, seufzte oft wegen ihrer vielen Pflichten. »Ich glaube gerne, daß es viel zu arbeiten giebt«, tröstete der liebenswürdige Onkel[26], »aber wie ich sehe, so geben Sie sich nun ganz mit den Geschäften ab und halten selbst 4 Stunden lange Staatsräthe; bey den letzteren bewundere ich Ihre Geduld . . . Ich bin überzeugt, daß Sie sich auch an die Arbeit bald gewöhnen werden und daß Sie, wenn Sie sehen werden, daß es vorwärts geht, daß die Ordnung immer eintritt und daß Sie im Stande sind, Ihrem Staat manche Wohlthaten zu erweisen, . . . an der Administration eine Freude finden werden.«

Im November 1816 traf der sehnsüchtig erwartete Erzherzog Rainer selbst in Parma ein und führte mit Marie Louise und Neipperg »Arbeitsgespräche«. Seinem kaiserlichen Bruder meldete er, daß die Zustände in Parma zwar nicht die brillantesten seien, daß

Marie Louise sich jedoch bereits die Anerkennung ihrer Untertanen erworben habe. »Während in allen umliegenden kleinen Staaten Italiens die Regenten gehaßt werden«, schrieb er, »hat sie es dahin gebracht, daß sie allgemein beliebt ist.«[27] Als der Erzherzog dann 1817 vom Kaiser zum Vizekönig von Italien ernannt wurde und selbst mit administrativen Pflichten überhäuft war, hatte er das gute Gefühl, daß Marie Louise bereits einigermaßen fest im Sattel saß, und in Neipperg, den er hochschätzte, einen geschickten, ergebenen Palatin zur Seite hatte.

General Graf Adam Adalbert Neipperg, zweiter Gatte Marie Louises
Zeichnung von Giovanni B. Callegari, Repr. Stich von Paolo Toschi

Der General war im Oktober 1816 nach Wien beordert worden. Marie Louise ahnte sofort Böses. »Es scheint, dass neue Fragen wegen meinen Staaten und meinem ruhigen Besitz entstehen«, schrieb sie am 17. Oktober an ihren Vater.[28] »Wie ist es möglich, dass man mit vielen Opfern, die ich bringen mußte und für das allgemeine Wohl gebracht habe, noch nicht zufrieden ist?« Aber der Papa würde ihr doch zur Seite stehen! »Ein Trost ist mir«, beruhigte sie sich selbst, »dass wenn auch andere Mächte wieder was gegen meine Ruhe vorhaben wollten, Sie mir immer durch Ihr Interesse helfen würden; an mir liegt gar nichts, aber an der Zukunft meines Sohnes.«[29]

Als Neipperg nach Parma zurückkehrte, brachte er niederschmetternde Nachrichten. Metternich ließ Marie Louise mitteilen, daß die Großmächte unter keinen Umständen einer Nachfolge ihres Sohnes in Parma oder auf einem anderen Thron zustimmen würden. Parma werde nach Marie Louises Tod an das Haus Bourbon zurückfallen. Ihren Sohn werde man österreichischerseits entschädigen und seine materielle Zukunft sichern.

In einem unter Neippergs Anleitung in französischer Sprache abgefaßten Brief gab Marie Louise ihrer tiefen Enttäuschung über diese neuerliche, und nun endgültige, Zurücksetzung ihres Sohnes Ausdruck. »Ich verheimliche Ihnen keineswegs, cher Père«, schrieb sie am 24. November an den Vater[30], »daß es mich ins Herz trifft, Änderungen zustimmen zu müssen, die die Zukunft meines Sohnes betreffen und auf die ich nach den ungeheuren Opfern, die ich der Ruhe Europas bereits gebracht habe, nicht mehr gefaßt sein zu müssen glaubte. Um Ihnen jedoch eine neuerliche Bezeugung meiner töchterlichen Liebe zu geben und zum Beweis, wie sehr ich eine allgemeine Entspannung meinem eigenen Wohl vorziehe, stimme ich – unter bestimmten Bedingungen – den mir gemachten Vorschlägen zu, meinen der Erbfolge in Parma beraubten Sohn die passendste und vorteilhafteste Etablierung unter österreichischer Oberhoheit zu verschaffen.«

Kaiser Franz gab am 4. Dezember bekannt, wie er seinen Enkel zu entschädigen gedachte. Er übertrug dem Sohn Napoleons die sogenannten »pfalz-bayrischen Güter« in Böhmen, gestand dem Prinzen den Titel »Durchlaucht« zu (den Marie Louise viel zu niedrig fand) und gab ihm den Rang unmittelbar nach den Erzherzögen. Nach dem Erlöschen seiner männlichen Nachkommenschaft sollten die Besitzungen an das Haus Habsburg-Lothringen zurückfallen. Da sich das bourbonische Frankreich über die Schaffung eines »napoleonischen Herzogtums« beunruhigt zeigte, wurde in der definitiven Schenkungsurkunde vom 22. Juli 1818[31] diese Verfügung dahingehend eingeschränkt, daß die böhmischen Güter nur dem Sohn Napoleons und nicht auch dessen Nachkommen zugesprochen wurden.

Da der »Prinz von Parma« somit abermals seinen Namen verloren hatte, bat Marie Louise den Vater um Verleihung eines neuen. Die Wahl dieses Namens bildete monatelang einen Streitfall. In Aussicht genommen wurden Herzog von Troppau und Ratibor, Herzog von Podiebrad, Herzog von Meran, von Gradisca, zu Schaumburg, von Pütten, zu Eppan und von Cilly.[32] Kaiser Franz schlug den eines Herzogs von Mödling vor, wogegen Marie Louise Einspruch erhob, da Mödling Eigentum der Fürsten von Liechtenstein war. Vollends verärgert war sie, als Metternich den Titel eines »Herzogs von Buschtiehrad« empfahl. »Ich gestehe Ihnen«, schrieb sie erbost an Dietrichstein[33], »ich würde vorziehen, meinen Sohn lebenslänglich Prinz Franz Carl nennen zu hören, als in ihm einen unausgebackenen Herzog zu haben, dessen Name Buschtiehrad mich wegen seiner Lächerlichkeit beim Öffnen des Hofkalenders erröten machen würde.«

Wieder war es Erzherzog Rainer, der Rat wußte. »Jenen von der größten (Herrschaft), welche deutsch ist und wo eine Stadt ist, schiene mir der passendste, nämlich jener des Herzogs von Reichstadt«, schrieb er am 25. Februar 1817[34] an Marie Louise. Kaiser Franz erhob die Domäne Reichstadt am 18. März 1818 zum Herzogtum, und aus dem »König von Rom«, späteren »Napoleon II.«, späteren »Prinzen von Parma« wurde der »Herzog von Reichstadt« . . .

Die verletzte, gedemütigte Marie Louise grollte ihrem Vater und Metternich, und wäre nicht ihr Sohn gewesen, hätte sie keinen Grund gehabt, wieder nach Wien zu kommen. Ihre Reise schob sie aus einem noch triftigeren Grund jedoch immer wieder auf.

Schon im Herbst des Jahres 1816 begann sie sich nicht wohl zu fühlen, wirkte müde und erschöpft. Neipperg schlug einen Aufenthalt in Livorno vor. Als dort der französische Geschäftsträger, Monsieur de Fontannay, die Herzogin von Parma traf, war er von deren Blässe betroffen. »Ich fand sie schrecklich verändert«, schrieb er nach Paris. »Aber was immer ihre Krankheit sein mag, hindert sie nicht, sich fast täglich mit ihrem Ehrenkavalier im Theater zu zeigen.«[35]

Bald wurde offenbar, welcher Art die »Krankheit« war. Marie Louise erwartete von Neipperg ein Kind. Am 1. Mai 1817 schenkte die Herzogin einem Mädchen das Leben, das den Namen Albertine erhielt. War die Geburt des Königs von Rom ein Spektakel gewesen, an dem ganz Europa Anteil nahm, so ging nun alles in größter Heimlichkeit vor sich und das Kind wurde gleich nach der Geburt einem verläßlichen alten Arzt namens Dr. Rossi in Pflege gegeben.

Der Kindersegen des heimlichen Paares hielt in offenbar reichem Maße an. Alfred Neipperg, ein Sohn des Generals aus erster Ehe, der mehrmals in Parma zu Gast war und bei Marie Louise sehr in Gunst stand, hielt jedenfalls fest[36]: »Ich glaube, daß in den zunächst darauf folgenden 2 Jahren ein anderes Mädchen, Mathilde, wenn ich nicht irre, genannt, zur Welt kam, aber bald darauf starb. Doch weiß ich die Epoche der Geburt dieses Kindes sowie die einer oder zweier später folgenden fausses couches (Fehlgeburten) nicht genau zu bestimmen.«

Am 8. August 1819 kam ein Knabe zur Welt, der den Namen Wilhelm Albrecht erhielt und ebenfalls dem Dottore Rossi anvertraut wurde. »In seinem dritten Jahre«, so Alfred Neipperg, ». . . befiel den Knaben eine schwere Krankheit, und mit Mühe nur wurde er dem Tode entrissen. Während dieser Zeit begab sich Marie Louise täglich, wenn die Nacht eingebrochen war, am Arm meines Vaters in die Wohnung des Doktors und wachte stundenlang an dem Krankenlager ihres Kindes. Überhaupt war dies die einzige mögliche Art, die Kleinen zu sehen zu bekommen, da natürlich über die ganze Sache der Schleier des tiefsten Geheimnisses gezogen werden mußte.« Die Geheimnistuerei ging so weit, daß die Kinder, als sie größer wurden, ihre Mutter nur »La Signora« nannten.

Auch der General vermied in der Öffentlichkeit streng jede Vertraulichkeit. Er bot, so sein Sohn, »in jeder Gelegenheit und zu jedem Augenblicke vor den Augen der Welt das (Benehmen, Verf.) eines seiner hohen Gebieterin treu ergebenen Dieners«. Aber selbst Alfred, dem bis zum Jahr 1824 die Existenz der Kinder verborgen blieb, war klar, »daß die Sache schon längst kein Geheimnis mehr war und daß man überall, schon mit einer fast gänzlichen Gewißheit sogar die näheren détails derselben kannte«.

Auch der Verbannte auf St. Helena scheint mehr gewußt zu haben, als er zugab. »Ist denn dieser Neipperg wenigstens ein hübscher Mann?« fragte er einmal einen Schicksalsgefährten . . .[37]

Am 19. Juli 1821, als die Herzogin von Parma die »Gazzetta Piemonte« aufschlug, fand sie darin eine welthistorische Nachricht. Napoleon war am 5. Mai 1821 auf St. Helena an Magenkrebs gestorben. Der englische Arzt O'Meara, der den Kaiser eine Zeitlang betreute, hatte bereits im dritten Jahr des Exils nach London berichtet, durch Klima, feuchte Wohnung, Mangel an Bewegung und Kränkung nähme das »Leberleiden« des Kaisers bedenklich zu.[38] Um der marternden Langeweile einigermaßen zu entgehen, diktierte der Exilierte den wenigen Getreuen, die ihm Gefolgschaft geleistet hatten, seine Memoiren: dem Großmarschall Bertrand, den Generalen Gourgaud und Montholon und dem Grafen Las Cases. Insgesamt zählte Napoleons Haushalt anfangs einundfünfzig Köpfe, inklusive der Dienerschaft.

Es war keine harmonische Gemeinschaft. »Die Abgeschlossenheit, die völlige Isolierung, worin wir lebten, hielten unsere Stimmungen, die sich niemals nach außen hin Luft machen konnten, in einem immerwährenden Gärungszustand«, hielt Gourgaud fest.[39]

Es war schon rein äußerlich ein anderer Napoleon, der da vor seinen improvisierten Sekretären bis zu 14 Stunden am Tag sein Leben erzählte: ein gealterter Mann mit aufgeschwemmten Gesichtszügen, in Hausschuhen, nachlässig gekleidet. Um den Tag zu verkürzen, stand er spät auf, las, was ihm in die Hände kam und führte einen umfangreichen Schriftwechsel mit dem englischen Gouverneur der Insel, Sir Hudson-Lowe, der ihm durch kleinliche Schikanen das Leben verbitterte. Anfangs hielt der Kaiser auf Etikette. Fuhr er aus, mußte es sechsspännig und mit livrierten Lakaien sein. Später zog er sich ganz zurück. Abends spielte er mit den Gefährten Karten, wobei er nach Kräften mogelte, las aus französischen Klassikern vor und spielte so schlecht Schach, daß seine Umgebung Mühe hatte, ihn gewinnen zu lassen.[40]

Unentwegt dachte er über sein Schicksal nach. »Niemand ist schuld an meinem Fall als ich selber«, bekannte er. »Ich bin allein mein größter Feind gewesen, der Urheber meines Schicksals.« Und: »Ich habe zu viel gewollt . . .«[41] Fluchtpläne lehnte er ab, aber in Gedanken reiste er. »Es wäre spaßig«, sagte er einmal zu Gourgaud, »wenn man auf diese Weise inkognito in Parma ankäme und die Kaiserin bei der Messe überraschte . . .«[42]

In seinem letzten Lebensjahr plante er einen Garten. Blumen und Sträucher und 24 Bäume ließ er pflanzen. »Den Acker bestellen ist der wahre Beruf des Menschen«, erkannte er.[43] Er sprach nun wieder viel Italienisch, denn bis zuletzt waren fünf Korsen um ihn: Diener und Koch, zwei Priester und der Arzt Antommarchi. »Sterbe ich, so ist das ein großes Unglück für die Nation«, hatte er als Dreißigjähriger gesagt[44], jetzt sagte er: »Alles in allem: welch eine Ballade war mein Leben!«[45] Zuletzt machte er sein Testament. Alles, was er an »Rechten, Schätzen und Lehren« besaß, vermachte er seinem Sohn. Seine »vielgeliebte Gattin« versicherte er seiner »zärtlichen Gefühle« und legte ihr den Sohn ans Herz, dem er empfahl, nie zu vergessen, daß er als französischer Prinz geboren sei.

Obwohl der »schmerzliche Traum« ihrer Ehe mit Napoleon schon Lichtjahre hinter ihr lag, war Marie Louise vom Tod des Kaisers tief berührt. »Ich gestehe, daß ich davon äußerst betroffen war«, schrieb sie am 19. Juli 1821 an Victoire von Crenneville, ihre Jugendfreundin. »Obgleich ich keinerlei großes Gefühl für ihn empfand, kann ich nicht vergessen, daß er der Vater meines Sohnes ist und daß, weit davon entfernt, mich schlecht zu behandeln, wie es die Welt glaubt, er mir mit allen Rücksichten entgegenkam: das Einzige, was man in einer politischen Ehe verlangen kann. Ich war darüber sehr betrübt, und obgleich man glücklich sein muß, daß er sein unglückliches Leben christlich beendet hat, würde ich ihm noch viele glückliche Jahre gewünscht haben, besonders wenn es weit von mir weg wäre.«[46]

Auf schwarzgerändertem Papier teilte sie dem kaiserlichen Vater mit: »Ich und mein Haus werden nach der mit Metternich schon lange vorher getroffenen Übereinkunft eine drey Monath lange Trauer anlegen. Der übrige Hofstaat und die Beamten, Militäre, etc. etc. keine . . .«[47] Nur von ihrem engsten Hofstaat umgeben, nahm Marie Louise an dem Trauergottesdienst für Napoleon teil, der in der offiziellen Todesanzeige lediglich als »der durchlauchtigste Gemahl unserer erhabenen Souveränin« bezeichnet wurde.

Im Oktober 1821 traf der Arzt Antommarchi, der die Autopsie vorgenommen hatte, in Parma ein, um eine letztwillige Verfügung Napoleons auszurichten. Der Kaiser hatte seiner Gemahlin sein Herz zugedacht.

Marie Louise lehnte fast erschrocken ab. »Abgesehen davon, daß die Beerdigung seines Herzens in Parma mir eine neuerliche Aufregung verursachen würde«, schrieb sie an Kaiser Franz, »wäre es ein

Vorwand für alle Übelgesinnten, eine Pilgerfahrt nach Parma zu machen, und dies wäre mir in meiner Stellung äußerst unangenehm, da ich auf dieser Welt nur Ruhe und Frieden verlange.«[48] Keinen Monat wartete sie sodann die Trauer ab. Schon am 8. August 1821 wurde sie in aller Stille mit Neipperg getraut. Auch die Eheschließung wurde streng geheimgehalten. Selbst Alfred Neipperg erfuhr erst drei Jahre später davon.

»Es war an einem Freitage Morgen des Monats September 1824«, hielt er fest. »Mein Vater ließ mich an sein Bett kommen und eröffnete mir, nachdem er mir vorher einen feierlichen Eid abverlangt, über alles, was er mir mittheilen würde, das tiefste Stillschweigen zu beobachten, das Geheimniß seiner Verbindung mit Erzherzogin Marie Louise. Kurze Zeit darauf, als wir Ihre Majestät auf einer kleinen Reise nach Velleja begleiteten, erfuhr ich auch aus ihrem Munde, was mir früher mein Vater anvertraut; einige Tage darauf kündigte mir Marie Louise zuerst an, daß ich eine Schwester und einen Bruder habe. Deren Existenz hatte ich bis dahin nicht geahnt . . .«

Die beiden Kinder bewohnten seit einem Jahr das sogenannte »Gartenhaus« im Parco Ducale. »Da Ihre Majestät unbemerkt dahin gelangen konnte und nur wenige Schritte dahin zu tun hatte«, so Alfred Neipperg, »hielt sie sich einen großen Theil des Tages über bei diesen Kindern auf, welche Abends ihrerseits in das auf jener Seite des Schloßes gelegene Bibliothek-Zimmer kamen . . . Während der übrigen Zeit meines Aufenthalts in Parma brachte ich einen großen Theil meiner Zeit bei den lieben Kindern zu; alle Abend nahm ich an den Bibliothek-Versammlungen Theil, wo wir in den anspruchslosesten Formen das Familienglück genossen. Zuweilen kamen die Damen Ihrer Majestät dazu, öfter der Pflegevater der Kinder, Doktor Rossi, und Richer, der Adjutant meines Vaters.«

Alfred Neipperg hat Parma mehrmals für längere oder kürzere Zeit besucht und das Leben am herzoglichen Hof anschaulich beschrieben: »Eine glücklichere Verbindung, herzlichere Zuneigung von beiden Seiten, innigere Liebe zu den Kindern, mit einem Worte, eine musterhafte Ehe läßt sich nicht denken. Täglich beim Erwachen schrieb mein Vater von seinem Bette aus einige Zeilen an I. M. (Ihre Majestät, Verf.). Die Antwort ließ nicht lange warten; oft kam auch der Brief von I. M. früher – und hie und da wurden mehrere solche Billets gewechselt. Da der ganze Morgen den Geschäften gewidmet war und mein Vater die Gewohnheit hatte, sehr spät erst Toilette zu machen, so verfügte er sich nie früher zu I. M., bis man ihm gemeldet, das Essen sei bereit. I. M. dagegen hatte gewöhnlich schon einen großen Theil des Morgens bei den Kindern zugebracht, ihren Lectionen beigewohnt etc. – Um 1 Uhr wurde gespeist, nach Tisch auf 1/2 (eine halbe Stunde, Verf.) zu den Kindern gegangen, von wo mein Vater sich auf sein Zimmer verfügte, Audienzen gab, etc. und erst nach beendigten Geschäften I. M. zum Spazieren Fahren abholte. – Von da zurückgekehrt, widmete mein Vater neuerdings die nöthige Zeit der Erledigung der laufenden Geschäfte und verfügte sich dann zu I. M., bis gegen 8 Uhr die Kleinen in die Bibliothek kamen, wo dann alles bis gegen 9 versammelt blieb. Dann aßen die Kinder zu Nacht und 1/2 Stunde später wurde bei I. M. gespeist. – Dieß war die gewöhnliche Lebens-Weise, die auch auf dem Lande nur wenige Abänderungen erlitt; nur wurden da öfters die Spazierfahrten en commun gemacht, und überhaupt beobachtete man in Hinsicht der Kinder weniger étiquette als in der Stadt.«

Diese Biedermeier-Idylle scheint freilich auch Schattenseiten gehabt zu haben. Die Notwendigkeit, ihre Kinder vor der Öffentlichkeit zu verstecken und die Schwierigkeiten, die sich aus der unebenbürtigen Stellung Neippergs ergaben, scheinen den General und auch Marie Louise belastet zu haben. »Ich habe mit dem General unsere keineswegs glückliche Stellung gründlich durchgesprochen«, schrieb sie in ihr Tagebuch.[49] »Diese Unterredung hat mich viel weinen gemacht und bis 1/2 1 Uhr am Schlafen gehindert.«

Vielleicht hat sie nicht nur die Unterredung mit dem General am Einschlafen gehindert, sondern auch der Gedanke an ihren erstgeborenen Sohn in Wien und die Angst vor der schiefen Stellung, in die sie geraten würde, sobald er ihr Geheimnis erfuhr. Wer sollte es ihm sagen und wie würde er diese Beichte einer Mutter aufnehmen?

XXI

Der »deliziöse« Reichstadt

Der kleine Prinz saß an der kaiserlichen Tafel. Seine Tischdame war die Lieblingsschwester seiner Mutter, die Erzherzogin Leopoldine, 19 Jahre alt. Es war der 8. Juli 1816.

»Dein Sohn«, teilte Leopoldine anderntags ihrer Schwester Marie Louise mit, »war uns gestern besuchen, er sieht vortrefflich aus und ist zum Fressen; der liebe Papa hatte die Gnade, ihn mir in Aufsicht zu geben, was ich sehr gerne nahm. Beim Essen saß er daher bey mir, und der liebe Papa und ich versichern Dich ohne zu schmeicheln, er unterhielt mich königlich durch seine Geheimnisse, die er mir anvertraute.«[1]

An der kaiserlichen Tafel ging es durchaus nicht steif zu. Wie ein bürgerlicher Hausvater präsidierte der Kaiser der Tischrunde. Man plauderte und zog auch das Kind ins Gespräch. Erzherzog Anton, einer der jüngeren Brüder des Kaisers, meinte scherzhaft, in Schönbrunn gebe es einen kleinen Löwen, auf dem werde er den Kleinen reiten lassen.

Der Fünfjährige war keinen Augenblick um die Antwort verlegen. »Ja, lieber Onkel«, sagte er, »wenn Sie zuerst hinaufsteigen . . .«[2]

Die Schlagfertigkeit seines Enkels entlockte sogar dem ernsten Kaiser ein Lächeln. »Der liebe Papa hatte die größte Freude an dieser Antwort«, berichtete Leopoldine nach Parma.[3]

Dem Charme des blonden, blauäugigen Buben konnte sich niemand am Wiener Hof entziehen. Vor allem seine Tante, die Erzherzogin Leopoldine, war vernarrt in ihren Neffen. »Wenn er größer wäre und ein fremder Prinz, so wäre es mit mir nicht richtig«, schrieb sie am 2. August 1816 ihrer Schwester, »er sieht immer schöner aus und ist von einer außerordentlichen Lebhaftigkeit; er schrieb gestern den lieben Papa einen allerliebsten Brief von eigener Erfindung, die Hand führte ihm der Onkel Rainer, der wirklich

Vater für ihn ist. Du kannst ihm nie genug dankbar seyn für alle Liebe und Sorgfalt, die er für Deinen Sohn hat. Den lieben Papa freute der Brief so außerordentlich, besonders, da ihn Dein Sohn bath, mit ihm ausgehen zu dürfen, daß er gewiß hundertmahl sagte, das wird ein braver Kerl werden, der mir viel Trost und Ehre machen wird.«[4]

Als der Kaiser zu Beginn des Monats November 1816 zum viertenmal heiratete und die Prinzessin Charlotte von Bayern, die sich hinfort Karoline Augusta nannte, zum Traualtar führte, fand auch die neue Kaiserin den Prinzen allerliebst und schloß »Fränzchen«, wie sie ihn nannte, sogleich ins Herz.

Der junge Napoleon hatte von seinem Vater die außergewöhnliche Intelligenz geerbt. »Der Prinz«, so Dietrichstein, »besitzt in hohem Maß, was man einen natürlichen und angeborenen Verstand nennt. Dies erweist sich bei zahllosen Gelegenheiten, wenn er sich einen Gedanken zu eigen macht, diesen ins rechte Licht setzt und entwickelt, wenn er treffende Fragen stellt und durchaus vernünftige und geistreiche Einfälle äußert.«[5] Der Kleine war lebhaft und liebenswürdig, Damen gegenüber von superber Höflichkeit, gutherzig und sensibel. »Dieses Kind«, hielt Friedrich Gentz fest, ». . . hat unendlich viel Charme und Grazie, ist aber schwer zu leiten, da es viel natürlichen Verstand besitzt, der sich mit einem betonten Widerwillen gegen jeden Zwang und jede Unterordnung verbindet.«[6] Fühlte sich der Prinz unter Zwang, setzte er sich mit kindlichen Waffen zur Wehr. Er ärgerte seine Erzieher, gebrauchte Ausreden und Lügen, war unkonzentriert und, so Dietrichstein, »grenzenlos faul«. Vollends einer Ohnmacht nahe war der Graf, als ihm der Prinz nach einem Tadel das Wort »Scheiße« entgegenschmetterte, das ihm sein jugendlicher Onkel Franz Karl beigebracht hatte. Der kleine Sünder wurde eingesperrt, der Anstifter ging ungerechterweise straflos aus.[7]

Schon im Herbst 1815 war zur Unterstützung Dietrichsteins der pensionierte Hauptmann Johann Baptist Foresti herangezogen worden. Der eben vierzigjährige, aus Trient stammende Foresti, erteilte dem Prinzen Unterricht in Mathematik, Geschichte, in der deutschen Sprache und in den Grundrissen der Militärtaktik. Als weiterer Lehrer wurde Mathäus von Collin gewonnen, der an der Wiener Universität Philosophie lehrte und den Kleinen in Latein und Griechisch, Religion und Morallehre unterwies. Später kamen weitere Lehrer hinzu.

Der Herzog von Reichstadt
Gemälde von Moritz Michael Daffinger

Den Bemühungen seiner Erzieher, ihn zu »entfranzösisieren«, setzte der Kleine jedoch ein störrisches »Ich will kein Deutscher, . . . ich will Franzose sein«[8] entgegen. Mit aller Entschiedenheit lehnte er es ab, deutsch zu lernen, und es gab Strafpredigten und Tränen, bis er seinen Widerstand aufgab. Im März 1816 berichtete Erzherzog Rainer seiner Nichte, daß ihr Sohn schon etwas deutsch spreche, »besonders sagt er, wenn man von ihm Abschied nimmt, ›Leben Sie wohl‹, dieses ist das erste, was er lernte.«[9] Der Prinz sollte möglichst wenig an sein früheres Vaterland erinnert werden. Allmählich änderte Dietrichstein die französische Tageseinteilung, entzog seinem Zögling Spielsachen, die den kaiserlichen Adler trugen und ließ Bücher verschwinden, die die napoleonischen Feldzüge beschrieben. Der Prinz erhielt niemals einen Brief seiner väterlichen Verwandtschaft ausgefolgt und durfte mit niemandem von ihnen in Kontakt treten, was Dietrichstein einiges Kopfzerbrechen bereitete, da sich Jérôme Bonaparte und Caroline Murat ausgerechnet in der Umgebung Wiens ankauften.[10] Vor al-

lem aber sollte der Prinz so wenig wie möglich von seinem Vater
reden und erfahren. Am besten, er vergaß ihn ganz.

Gerade sein Vater aber war das Trauma im Leben des Knaben. Er
dachte Tag und Nacht an ihn und stellte seinen Erziehern peinliche
Fragen, die sie ausweichend und moralisierend beantworteten.

Ob sein Vater denn so viel Böses getan habe, daß alle Leute seine
Feinde geworden seien, fragte er einmal Foresti. Der Hauptmann
antwortete, daß der maßlose Ehrgeiz und die kriegerische Angriffslust seines Vaters alle Völker gegen ihn aufgebracht hätten. Sein
österreichischer Großvater dagegen sei ein wahrer Friedensfürst.
Ob der Prinz nicht bemerkt habe, daß der Kaiser von seinen Untertanen immer wie ein Vater begrüßt werde, sobald er von einer
Reise heimkehre? Woher der Jubel, da doch auch er Kriege geführt
habe und sogar mehrmals besiegt worden sei?

»Weil er nur Krieg geführt hat, um sein Land zu verteidigen«,
antwortete der Prinz. Er hatte seine Lektion schon gelernt.

Haben die Erzieher des Herzogs von Reichstadt also herzlos und
grausam den Sohn Napoleons seiner Identität und Nationalität beraubt? War Dietrichstein ein Tyrann?

Es liegt eine gewisse Tragik darin, daß der Graf selbst unter seiner Aufgabe gelitten hat. Die ihm übertragene Pflicht, dem jungen
Napoleon den väterlichen Geist auszutreiben und seine Vergangenheit auszutilgen, machte ihm selbst so zu schaffen, daß er einmal
in Tränen ausbrach. Auch Collin und Foresti seufzten unter der
Last ihres »schweren und harten Loses«. Alle drei waren ihrem
Zögling aufrichtig zugetan, und gerechterweise ist ihnen zuzubilli-
gen, daß sie ja auf allerhöchste Weisung handelten. Erzherzog Rainer, gewiß ein Freund und Beschützer des Prinzen, versicherte jedenfalls seiner Nichte, daß ihr Sohn »in trefflichen Händen dreyer
Biedermänner ist, welche für ihn sorgen als wäre er ihr eigenes
Kind«.[11] Das Verhängnis war, daß der junge Napoleon durch die
Verkettung seines Schicksals mit dem seines Vaters nicht der sein
durfte, der er sein wollte und daß seine Erzieher, die ihn zum Österreicher zu machen hatten, nicht anders wollen konnten als sie durften. Es war eine Situation von auswegloser Tragik.

Seine nie wirklich gestillte Wißbegierde trieb den Prinzen in ein
Dilemma, das selbst Dietrichstein erkannte. »Ich habe immer bemerkt, daß man vor ihm viel von seinem Vater sprach und ihm
gleichzeitig untersagte, über ihn zu sprechen. Dieser ständige Vorbehalt ist eine Qual für einen so frühreifen Geist«, schrieb er am

29. Juni 1816 an Marie Louise.[12] Auch Kaiser Franz sah das Unhaltbare der Situation ein und ermächtigte die Erzieher, den Enkel
mit aller Behutsamkeit »nach und nach über die Stellung seines Vaters und seine eigene aufzuklären«.[13]

»Ich glaube«, erwiderte Marie Louise zustimmend, »daß man
mit ihm wahrheitsgemäß über seinen Vater sprechen muß und,
ohne ihm jemals zu sagen, daß er ein schlechter Mensch gewesen
wäre, ihm nur über seine glänzenden Eigenschaften erzählen soll;
man muß ihm darlegen, daß nur sein maßloser Ehrgeiz ihn von
dem schönsten Thron in das Gefängnis, wo er sich jetzt befindet,
gebracht hat, damit sein Sohn nie auf den Gedanken kommt, ihn
nachzuahmen.«[14]

Auf kindliche Weise ahmte er ihn dennoch nach. Die Baronin Du
Montet, die den Prinzen im Sommer 1817 wiederholt sah, berichtet, daß er die Hände »ständig am Rücken verschränkte und den einen Fuß wie Napoleon vorzusetzen« pflegte.[15] Der einzige Gegenstand, für den er sich brennend interessierte, war der militärische
Unterricht, und als ihm sein Großvater eine komplette Landwehr-
uniform schenkte, war er im siebenten Himmel. Dietrichstein:
»Das war ein Glück, von dem man sich keine Vorstellung machen
kann.«[16]

Im Juni 1818 kehrte die Herzogin von Parma nach Wien zurück.
Zwei Jahre und drei Monate hatte sie ihren Sohn nicht gesehen. Der
Prinz hatte sich verändert und Fortschritte gemacht. »Ihr Sohn ist
etwas gewachsen, . . . er spricht schon deutsch so gut fast als französisch« teilte Erzherzog Rainer Marie Louise mit.[17] Nach Errei-
chung des 6. Lebensjahres erhielt der Kleine die Grundschulausbil-
dung. »Er lernt recht schön in beiden Sprachen und kann schon das
Einmaleins«, erfuhr die Mutter von ihrem Onkel.[18]

Auf Wunsch Marie Louises fuhr Dietrichstein mit seinem Zögling der Herzogin eine Poststation entgegen, »da ich in den ersten
Augenblicken nach so langer Abwesenheit lieber mit meinem Sohn
allein sein möchte als mit meiner ganzen Familie«, hatte sie geschrieben.[19] Am 1. Juli sollte das Zusammentreffen in Theresien-
feld, einem Dorf unweit von Wiener-Neustadt, stattfinden.

Als der Graf mit dem vor Freude übersprudelnden Kind in The-
resienfeld eintraf, war die Exkaiserin noch nicht da, jedoch hatten
sich eine Menge Leute eingefunden, die den Sohn Napoleons sehen
wollten. Dietrichstein brach der Schweiß aus, als er erkannte, daß

es eine ganze französische Kolonie war. Er glaubte den in der Nähe wohnenden Exkönig Jérôme und Exkönigin Caroline zu erkennen, die mit Gefolge und Dienstleuten gekommen waren, um »Napoleon II.« zu huldigen. Rasch wurde der Kleine in das Haus eines gewissen Bernhard Petri gebracht, aber die Menge drängte nach.

»Das Erscheinen des jungen Napoleon«, berichtete Petri, »war das Signal zu einer Szene, die man . . . nicht beschreiben kann. Männer, die in verschiedenen Ländern vielleicht mehr Schlachten mitgemacht, als ein Monat Tage hat, und die kein menschlicher Schmerz so leicht zu Tränen rührte, verneigten sich, standen stramm und jubelten alle dem Sohn ihres Schlachtengottes zu . . .[20]«

Dietrichstein geriet außer sich. »Messieurs«, rief er, »Messieurs, mäßigen Sie sich! Der Prinz spricht nur deutsch . . .!«

In diesem Augenblick rollte die Kutsche Marie Louises heran. Erleichtert hob der Graf seinen Zögling hoch, eilte zum Wagen, in dem Marie Louise mit Neipperg saß und warf das Kind förmlich hinein. Sofort zogen die Pferde an, und im Galopp entschwand der Wagen.

Es wurde ein glückliches Wiedersehen. »Mein kleiner Gefährte hat mich von neun Uhr früh bis zehn Uhr abends nicht einen Augenblick verlassen«, schrieb Marie Louise an die Herzogin von Montebello.[21] Der Kleine war gelöst und heiter. »Welch schönes und gutes Kind«, so Marie Louise gerührt[22], »und welch glückliche Stunden habe ich mit ihm verbracht!«

Freudig auch das Wiedersehen Marie Louises mit dem »liebsten Papa«, herzlich die Aufnahme von seiten der neuen Kaiserin. Karoline Augusta war nicht hübsch, aber, wie Erzherzog Rainer feststellte, »eine vortreffliche Fürstin von aller Einfachheit, herrlichem Herzen und zartem Gefühl. Sie hat eine schöne Figur«.[23] Für ihren kaiserlichen Ehegemahl war das wichtigste, daß sie sich einer robusten Gesundheit erfreute. »Sonst hab i ja glei wieder a Leich'!« bemerkte der Kaiser trocken.[24]

Die neue Kaiserin war als Tochter des ersten Königs von Bayern 1792 geboren und somit um ein Jahr jünger als ihre Stieftochter. Sie war schon einmal verehelicht gewesen und zwar mit dem Kronprinzen von Württemberg, der ihre Vorzüge aber nicht zu schätzen wußte und sie ihrem Vater zurückschickte. Die einvernehmliche Scheidung wurde ihr zum Heil. Am 10. November 1816 führte sie Kaiser Franz als seine vierte Gattin zum Traualtar, und es war symptomatisch, daß die kaiserliche Hochzeit ohne große Festlichkeiten vor sich ging. Die allerhöchsten Brautleute wollten und würden in Ruhe und ohne viel Repräsentation beschaulich leben.

Eine fehlte bei dem Wiedersehen in Wien: die blonde, fröhliche Erzherzogin Leopoldine, die ein noch traurigeres Opfer der Politik wurde als ihre Schwester Marie Louise. Auch sie wurde mit einem Mann verheiratet, den sie nie zuvor gesehen hatte. Der Bräutigam war der portugiesische Thronfolger Dom Pedro aus dem Geschlecht der Braganza, der mit seinem Vater João von Napoleon aus Portugal vertrieben worden und nach Brasilien geflüchtet war. Da in der Neuen Welt die Ideen der Französischen Revolution in so beängstigender Weise Fuß zu fassen begannen, war Metternich durchaus daran interessiert, den aufkeimenden republikanischen Strömungen jenseits des Atlantik durch eine politische Heirat einen Riegel vorzuschieben.

Am 13. Mai 1817 wurde die zwanzigjährige Erzherzogin Leopoldine per procurationem in Wien getraut. »Leopoldine«, schrieb Erzherzog Ludwig an Marie Louise, »wird auf einen der größten Throne der Welt kommen; da kann sie recht botanisieren und Mineralien sammeln.«[25]

Wie wichtig die überseeische Heirat dem Wiener Hof erschien, ging aus der Wahl des Übergabskommissars hervor. »Fürst Metternich begleitet mich als Übergabs-Comissair bis Livorno«, teilte die Braut ihrer Schwester Louise mit, »wie sehr es mich freuet, wirst Du begreifen!?!?«[26] Ein Zwischenaufenthalt in Parma war ihr nicht gestattet worden.

Tränenreich nahm die Braut von ihrer Familie Abschied. ». . . wer weiß, ob je jemand von der Familie sie jemals wieder sehen wird«, sinnierte der Erzherzog Rainer.[27] »Es ist ein Abschied ganz wie von einem Sterbenden . . .«

Leopoldine kehrte nie mehr nach Europa zurück. Sie schickte seltene Pflanzen und Papageien und schrieb Hunderte Briefe, aus denen ihr Heimweh sprach. Den Erzherzog Ludwig wunderte das nicht. »Denken Sie sich einen Wiener in Amerika, ohne gebackene Hühner, ohne Prater und ohne Stephansdom«, schrieb er an Marie Louise.[28]

1822 wurde Leopoldinens Gemahl zum ersten Kaiser von Brasilien ausgerufen. Die junge Kaiserin nahm sich, wenn er durch sein Reich reiste, mit großer Umsicht der Staatsgeschäfte an und gewann die Liebe des Volkes durch ihre Mildtätigkeit. Sie liebte ihren

Mann, aber glücklich wurde sie nicht, denn Dom Pedro demütigte seine Gemahlin in aller Öffentlichkeit mit seinen Mätressen. Dennoch war ihm Leopoldine eine gute Ehefrau und gebar ihm mehrere Kinder. Der ständige Kummer aber machte sie depressiv. »Hört wenigstens den Notschrei eines Opfers, . . . das von Euch nicht Rache, aber Mitleid erbittet«, schrieb sie in ihrem letzten Lebensjahr an ihre Schwester.[29] Infolge einer Frühgeburt erlosch am 11. Dezember 1826 im Palast Boa Vista bei Rio de Janeiro das Leben der erst neunundzwanzigjährigen Habsburgerin. Solange sie lebte, blieb sie in Verbindung mit ihrer Schwester Marie Louise, der sie 145 Briefe schrieb. Bis zuletzt nahm sie Anteil am Schicksal des Herzogs von Reichstadt, den sie in ihren Briefen »ihren Schatz« nannte.

Die glücklichen Wochen, die Mutter und Sohn gemeinsam in Baden und Persenbeug verbrachten, vergingen im Flug. Schon Tage ehe seine Mutter abfuhr, begann der Kleine zu weinen. Am 19. September 1818 bestieg Marie Louise wieder den Reisewagen. Der Prinz sah ihr aus einem Fenster nach, und »lange nachdem er Sie aus den Augen verloren hatte, schienen seine Augen Sie noch zu suchen«, teilte die neue Kaiserin ihrer Stieftochter mit. »Er war in einer mitleiderregenden Verfassung.«[30]

Marie Louise hatte ihrem Sohn versprochen, im folgenden Jahr wiederzukommen, aber ihre zweite Schwangerschaft verhinderte die Reise. Ihre Gesundheit, schrieb sie, erfordere eine Erholungsreise durch Norditalien. »Meine liebe Mama«, antwortete der Achtjährige französisch, ». . . Das macht mich recht traurig. Sie unternehmen eine weite Reise; meine Augen und mein Herz werden Ihnen auf der Landkarte folgen.«[31]

Es war der vorletzte französische Brief des Prinzen. Von nun an

Der erste deutsche Brief des Herzogs von Reichstadt an seine Mutter, bei dem ihm die Hand geführt wurde (Wien 1817)

schrieb er seiner Mutter deutsch* und sprach es bald so ausschließlich, daß er Französischstunden erhalten mußte, damit er seine Muttersprache nicht vergaß. Mit dem Lernen ging es freilich weiter schlecht. Dietrichstein sandte wahre Jeremiaden nach Parma. Immerhin aber bestand der kleine Herzog im April 1820 in Anwesenheit des Kaiserpaares eine Prüfung in allen Unterrichtsfächern. »Ich muß zugeben«, meldete ein stolzer Dietrichstein, »daß ich heute mit ihm sehr zufrieden gewesen bin und ihn darum noch mehr liebe, falls dies möglich ist . . .«[32] Weit mehr als an den Unterricht dachte der Neunjährige freilich ans Vergnügen. Der bildhübsche Bub im blauen Frack, der so graziös tanzte und so artig Konversation machte, erhielt schon bald den Beinamen der »deliziöse« Reichstadt. Dietrichstein berichtete nach Parma, daß man schon anfing, sich um seinen berühmten Zögling »zu reißen«.

Kündigte seine Mutter ihr Kommen an, war der junge Prinz wie elektrisiert. »Wie sehr ich mich freue, Sie nach Ihrer so langen Abwesenheit wieder zu sehen, bin ich nicht im Stande, auszudrükken«, schrieb er ihr am 17. Mai 1820.[33] Dietrichstein hat notiert, wie oft die Herzogin zu Lebzeiten ihres Sohnes nach Österreich kam: von 2 .Juli bis 19. September 1818, von ? Juni bis 17. September 1820, von 6. Juni bis 3. September 1823, von 30. Mai bis 9. Oktober 1826, von 1. Juli bis 29. September 1828 und von 17. Juni bis 29. September 1830.

Wenn sie kam, genoß Reichstadt gemeinsam mit ihr, Neipperg und dessen Sohn Gustav, mit dem er sich anfreundete, eine Art Familienleben auf dem Lande. Man richtete sich in Baden, Laxenburg oder Schönbrunn ein, besuchte den Kaiser in seinem Lieblingsschloß Persenbeug an der Donau, machte Ausflüge und vergnügte sich beim Jagen und Fischen. Das Kind blühte auf während dieser Ferien und genoß sie in vollen Zügen.

Nicht so problemlos waren die Wien-Aufenthalte für Neipperg. Die Außenseiterstellung des Generals brachte kaum zu lösende Schwierigkeiten mit sich. Selbst als er schon der morganatische Ehemann der Kaisertochter war, blieb er sozusagen das fünfte Rad am Wagen. Er war zwar der Schwiegersohn seines Monarchen, hatte aber innerhalb der kaiserlichen Familie weder Rang noch Namen. Das versetzte ihn in eine gereizte Stimmung, die er wiederholt an Marie Louise ausließ. Es gab Auseinandersetzungen und

---

* Erst ab 1827 schrieb der Prinz wieder französisch.

Eifersuchtsszenen, die Marie Louises Jugendschwarm, dem Erzherzog Ludwig, galten.

Besonders schief hing der Haussegen, als Marie Louise einmal von einer Theatervorstellung zu Hause blieb und den Abend mit dem Onkel Ludwig verbrachte. Ob es sich dabei um ein Tête-à-tête oder nur um die harmlose Auffrischung von Jugenderinnerungen handelte, mag dahingestellt bleiben. Jedenfalls war Neipperg besonders übel gelaunt, und als er sich anderntags mit Marie Louise ans Klavier setzte, brach das Donnerwetter los.

»Ich habe Klavier mit dem General gespielt«, hielt Marie Louise in ihrem Tagebuch fest[34], »und auf eine einfache Bemerkung hin, die auf einen von ihm gemachten Fehler sich bezog, der das Weiterspielen verhinderte, begann er einen ziemlich heftigen Streit mit mir. Mein Gott! Warum wählt er immer mich, um seiner schlechten Laune Luft zu machen?«

Auch vom Vater mußte sie eine Rüge einstecken, die eigentlich dem General galt. Das Paar Marie Louise – Neipperg kam zu spät zur kaiserlichen Tafel, woran der General die Schuld trug. »Wir gingen um 1/2 2 Uhr dinieren, und da der General mich hatte warten lassen, hat man mich ein wenig ausgescholten, was mich um so mehr kränkte, da ich weiß, daß mein Vater ihn nicht leiden mag . . .[35]«

Die Laune Neippergs verdüsterte sich noch mehr, als sich seine Gesundheit verschlechterte. Zu den Beschwerden, die ihm seine nie ganz geheilte Augenhöhle verursachte, kam ein Herzleiden, das sich allmählich verschlimmerte. Es war kein Wunder, daß Marie Louise das problemlose Leben in Parma der heiklen Situation in Wien vorzog.

Sie befand sich auch in Parma, als 1821 die Nachricht vom Tode Napoleons in Wien eintraf. Da Kaiser Franz gerade von Wien abwesend war, beauftragte er Hauptmann Foresti, dem Sohn des verstorbenen Kaisers die Trauerbotschaft mitzuteilen.

»Ich wählte die ruhige Abendstunde«, schrieb der Hauptmann am 14. Juli an Neipperg, »und sah mehr Tränen fließen als ich mir von einem Kinde erwartet hätte, welches seinen Vater nie gesehen (sic), nie gekannt hat.«[36] Dietrichstein ergänzte mit gewohnter Zurückhaltung: »Der Prinz zeigte sich betroffen, als Ihre Majestäten ihm davon sprachen.«[37]

Marie Louise meldete sich brieflich. »Ich habe gehört, mein lieber Sohn, daß Du sehr betrübt warst über das Unglück, das uns beide trifft, und es ist mir . . . ein rechter Trost, an Dich zu schreiben und mit Dir davon zu sprechen. Gewiß hast Du einen ebenso tiefen Schmerz empfunden wie ich, denn Du wärest undankbar, wenn Du vergessen könntest, wieviel Liebe und Güte er Dir als Kind entgegengebracht hat. Du mußt Dich bemühen, seine Tugenden nachzuahmen und die Klippen, an denen er gescheitert ist, zu vermeiden.«[38]

»Liebe Mutter«, antwortete der Sohn. »Ich danke Ihnen für Ihr gnädiges Schreiben, in welchem Sie mir Ihre mütterliche Liebe so sehr zu erkennen geben und mich über den Tod meines Vaters, wodurch auch Sie tief in Trauer gesetzt wurden, zu trösten suchen. Sehr bestürzt durch die unerwartete Nachricht und in der größten Betrübniß, die ich zu empfinden fähig bin, wagte ich es nicht, Ihnen dieses traurige Ereigniß zu berichten, welches Sie um so mehr hätte schmerzen müssen, wenn Sie es von Seite Ihres Sohnes zuerst erfahren hätten. Von Ihrer mütterlichen Neigung das Glück meines Lebens erwartend, werde ich mich auch bestreben, Ihren mir bey dieser traurigen Gelegenheit ertheilten Ermahnungen die genaueste Folge zu leisten, und mein Gebeth mit dem Ihrigen für das Wohl meines seeligen Vaters vereinigen. Wie sehr ich meinem Großvater und meiner Großmutter dankbar zu seyn Ursache habe, erkenne ich vollkommen, und habe auch bey dieser Gelegenheit neue Beweise erhalten, daß mich beyde wie einen Sohn lieben und für mich Sorge tragen. Daß Sie, von so traurigen Empfindungen ergriffen, nicht krank geworden sind, ist für mich eine große Beruhigung, und der einzige Trost in diesen Tagen der Trauer. Erlauben Sie mir zugleich, Ihnen meine herzlichsten Wünsche zu Ihrem Namensfeste darzubringen, mich Ihrer Gnade zu empfehlen, und mich zu nennen Ihren gehorsamsten Sohn Franz.«[39]

Schon zu Lebzeiten seines Vaters war »Napoleon II.« in Frankreich Gegenstand bonapartistischer Verehrung geworden. Sein Bild prangte auf Medaillons, Trinkgläsern, Pfeifen und Tabatièren, und »Le Fils de l'Homme«* war Gegenstand zahlreicher Huldigungsgedichte. Wiederholt wurden Versuche unternommen, den Kaisersohn »den Klauen des Wiener Hofes« zu entreißen. So wandten sich bonapartistische Kreise an den als liberal geltenden Erzher-

---

* Titel eines Gedichts von Barthélemy, worin der Herzog von Reichstadt als Gefangener des Wiener Hofes dargestellt wurde.

zog Carl mit der Bitte, die Freilassung des Aiglon zu befürworten. Der bis in die Knochen loyale Erzherzog übergab das Schreiben ungesäumt dem Staatskanzler Metternich.

Als auf legalem Weg nicht weiterzukommen war, wurden Entführungsversuche geplant. Der Polizeichef von Wien, Graf Sedlnitzky, Nachfolger des Barons Hager, hatte unruhige Zeiten. Ständig hörte er von Komplotten von Franzosen, die es darauf anlegten, an den Herzog von Reichstadt heranzukommen. Ein dreistes Subjekt unterstand sich gar, dem Herzog, der mit seinem Großonkel, Erzherzog Ludwig, von Persenbeug aus eine Ausfahrt unternahm, einen Brief in den Wagen zu werfen. »Sire«, hieß es in dem Schreiben, »dreißig Millionen Untertanen ersehnen Ihre Rückkehr«. Den Brief fing allerdings der Erzherzog auf, und der leitete ihn gehorsamst seinem kaiserlichen Bruder weiter.

Blieben die Entführungsversuche auch erfolglos, so riefen sie doch den Argwohn der Bourbonen hervor, die nun ihrerseits versuchten, den unbequemen Thronprätendenten aus dem Weg zu räumen. Daß es sich dabei nicht nur um Gerüchte handelte, bewies eine Demarche des einstigen Polizeiministers Napoleons, Savary. Der Herzog von Rovigo, wie sein Titel lautete, erschien am 21. Dezember 1828 persönlich beim österreichischen Botschafter, Graf Apponyi, in Paris, um ihn vor einem Anschlag auf das Leben des Herzogs von Reichstadt zu warnen.[40] Metternich nahm die Eröffnungen zwar nicht allzu ernst, verstärkte jedoch die Sicherheitsmaßnahmen um den Prinzen.

Schließlich tauchten noch einige Projekte auf, die den Wiener Hof beunruhigten. 1828 waren in Polen Bilder in Umlauf, die den Herzog von Reichstadt in polnischer Nationaltracht darstellten und ihn zum König von Polen proklamierten. Auch für die Throne von Belgien und Italien war er im Gespräch. Als dann 1830 die Pariser Juli-Revolution ausbrach, die die Bourbonen vom Thron fegte, hätte der Sohn Napoleons noch einmal reale Aussichten auf die Krone seines Vaters gehabt – sofern er in Frankreich gewesen wäre. Für den »Gefangenen Europas« aber gab es außerhalb seines vergoldeten Gefängnisses keine Welt. So fiel die Wahl auf den Herzog Louis Philippe von Orléans, den »Bürgerkönig mit dem Regenschirm«, dessen Thron jedoch auf so schwachen Füßen stand, daß die bonapartistische Partei ihre Hoffnungen auf den »jungen Adler« noch nicht aufgab. Die Brüder des toten Kaisers, Joseph und Lucien, schalteten sich ein, und eine mutige Frau unternahm das Wagnis, über alle Polizeischranken hinweg nach Wien und zum Herzog von Reichstadt vorzudringen. Es war das die Gräfin Napoleone Camerata, Tochter der ältesten Schwester Napoleons, der Fürstin Elisa Bacciocchi, ein etwas exzentrisches, aber hochherziges Wesen, das sich 1830 in Männerkleidern auf den Weg nach Wien machte. Tatsächlich gelang es ihr, ihrem Cousin Reichstadt durch einen bestochenen Diener ein Schreiben zukommen zu lassen, in dem sie ihn in flehenden Worten aufforderte, auf den Thron Frankreichs zurückzukehren.

Der Prinz war unangenehm berührt. Er wollte schon Kaiser der Franzosen werden, aber nur auf legale Weise und mit Billigung seines Großvaters. Doch nun mußte er Farbe bekennen. War er der echte Sohn Napoleons, mußten ihn dessen kühne Blitzentscheidungen wie der 18. Brumaire oder die Flucht aus Elba beflügeln. Aber der Sohn Napoleons war auch der Sohn Marie Louises. Eine Flucht bei Nacht und Nebel in ein ungewisses Schicksal war nicht seine Sache. Er sei gerührt und dankbar für die Gefühle der Schreiberin, antwortete er seiner Cousine, aber er bitte sie, ihm nicht mehr zu schreiben.

Er wollte jetzt nur noch ein österreichischer General, ein zweiter »Prinz Eugen«, werden . . .[41]

Schon im Jahr 1818 hatte der kaiserliche Großvater seinen siebenjährigen Enkel zum Korporal ernannt. Fünf Jahre danach wurde der Junge Feldwebel. 1826 bat Marie Louise ihren Vater, er möge ihr zum Namenstag die Freude machen, den Prinzen, der nun im sechzehnten Lebensjahr stand, zum Offizier zu ernennen. Die Ernennung unterblieb, weil Dietrichstein seinen Zögling noch nicht für reif und würdig genug hielt. Erst 1828 wurde der Prinz mit Zustimmung des Erziehers zum Hauptmann des Kaiserregiments ernannt. Reichstadt, »trunken vor Freude und kaum im Stande, eine Antwort zu stammeln«[42], teilte die Freudennachricht brieflich sogleich Foresti mit, den er stolz »Theuerster Herr Kamerad« anredete.[43] Seine Mutter machte ihm den Krummsäbel zum Geschenk, den der General Bonaparte in Ägypten getragen hatte, ein Andenken, das dem Sohn kostbar war und von dem er sich nie trennte. Im Juli 1830 rückte er zum Major des Infanterieregiments Erzherzog Carl (Salis) vor, und vier Monate später erhielt er seine Beförderung zum Oberstleutnant im Infanterieregiment Nassau. »Die Dienste, die ich Eurer Majestät und der Monarchie leisten werde, sollen meine grenzenlose Dankbarkeit bewähren«, schrieb er bewegt seinem kaiserlichen Großvater.[44] Seine Beförderung bedeutete freilich nicht auch die ersehnte Freiheit. Auch beim Militär wurde er beobachtet und bewacht. Sein Kommandeur, General Graf Prokop Hartmann, ein ehrenwerter aber trockener und, wie der Herzog fand, »borniter« Militär, erhielt genaue Instruktionen, die sich über das rein Militärische hinaus auch auf die Privatsphäre des Prinzen erstreckten, und vom Verbot von Schriften, »welche Leidenschaften erregen oder Religionsbegriffe verwirren«[45], bis zum Haushalt des Herzogs und dem Umgang mit Frauen reichten. Selbstverständlich wurde auch die Korrespondenz des Prinzen überwacht, kurz, der Kaiserenkel sollte in Brünn, wo er stationiert werden sollte, an der kurzen Leine gehalten werden.

Aber er kam gar nie nach Brünn. Wieder legte Dietrichstein sein Veto ein. Überängstlich und blind für die qualvolle Situation seines Zöglings, unterstrich er, daß »in diesen bewegten Zeiten, wo ganz Europa von einem revolutionären Fieberschauer gerüttelt werde«[46], der Prinz nur unter den Augen seines Großvaters – also in Wien – seinen Dienst tun könne. Damit ja nichts passieren konnte, bekam der Herzog noch zwei Offiziere an die Seite, die ein Auge auf ihn haben sollten. »Mit welchen Leuten umgibt man mich«, klagte der Unglückliche, »und an diesen Vorbildern soll ich mich aufrichten, aus ihrem Beispiele lernen!«[47]

Er fand dennoch den Mann, an dem er sich aufrichten konnte, einen Freund, dem er sich mit einer an Schwärmerei grenzenden Verehrung anschloß: Anton Prokesch, den späteren Feldzeugmeister Freiherr Prokesch von Osten. Den Generalstabsoffizier, der sich bereits als Diplomat und Militärschriftsteller einen Namen gemacht hatte, eben 34 Jahre alt, lernte Reichstadt 1830 in Graz kennen und fühlte sich sofort zu ihm hingezogen. Prokesch seinerseits rührte der Jüngling, »mit seinem tiefen blauen Auge, der männlichen Stirne, den reichen blonden Haaren, mit dem Schweigen auf seinen Lippen und der ruhigen Selbstbeherrschung in seiner ganzen Haltung«.[48] Es war eine Carlos-Posa-Konstellation, und ganz folgerichtig erregte sie den Verdacht der Staatskanzlei. Als der Hofrat Gentz vorschlug, Prokesch zum militärischen Mentor des Herzogs zu ernennen, lehnte Metternich brüsk ab. »Die beiden zusammen«, erklärte er, »würfen die Welt über den Haufen.«[49]

Die Freundschaft blieb dennoch aufrecht, und Prokesch war es, der dem Herzog zur Seite stand, als ein Ereignis eintrat, das den

Sohn Napoleons ins Innerste traf und sein Mutterbild grundlegend veränderte.

Schon im Juli 1828 hatte sich der Gesundheitszustand Neippergs in alarmierender Weise verschlechtert. Er bekam Fieberanfälle und litt an quälender Atemnot. Daß ihn die Ärzte fleißig zur Ader ließen, verschlechterte das Übel nur, er magerte ab und wurde so schwach, daß er sich im Dezember gezwungen sah, die Regierungsgeschäfte an den Nachfolger Scarampis, Oberst Josef von Werklein, abzugeben. Marie Louise war vor Sorge selbst halb krank. »Ich fühle mich auch so nach und nach hinsterben mit diesem Leben, ein Tag vergeht wie der andere mit Gram und Jammer«[50], schrieb sie an ihren Vater.

Am 22. Februar 1829 verschied »il Signore«, wie ihn Marie Louise und die Kinder nannten, nach einer qualvollen Agonie an der »Wassersucht«. Marie Louise fühlte sich verlassen wie nie im Leben. Sie hatte ihren Mann, ihren Ratgeber und ihren Regierungschef verloren. Als Mitte April der französische Botschafter, Baron de Vitrolles, ein fanatischer Anhänger der Bourbonen, nach Parma kam, um sein Beglaubigungsschreiben zu überreichen, konnte er nicht umhin, festzustellen: »Der Tod des Grafen Neipperg hat allgemeines Bedauern ausgelöst; der Schmerz der Frau Erzherzogin hat noch immer keine Linderung erfahren . . . Das Publikum teilt und achtet diese große Trauer; es wird nicht eine einzige Klage gegen die Verwaltung, man kann sagen, gegen die Regierung, des Grafen Neipperg laut.«[51]

Selbst jetzt, im Augenblick der tiefsten Trauer, bat die souveräne Herzogin von Parma Wien um Verhaltungsmaßregeln. Allen Ernstes fragte sie bei Metternich an, ob sie als Witwe Neippergs Trauer tragen dürfe, und als unverständlicherweise eine negative Antwort eintraf, richtete sie sich danach. So ergab sich die eigenartige Situation, daß sich die Herzogin ihren mittrauernden Untertanen zwar mit rotgeweintem Gesicht, aber in farbigen Kleidern präsentierte.

Die Grafen von Neipperg besaßen im Württembergischen zwar Besitzungen, der General hinterließ jedoch kein Vermögen und empfahl in seinem Testament seine Kinder aus erster Ehe der Gnade seines Monarchen. Ferner hielt er fest, daß er Marie Louise mit Zustimmung des Kaisers geheiratet habe und der Vater zweier gemeinsamer Kinder sei, die die Herzogin in ihrer Eigenschaft als Souveränin zum Grafen und zur Gräfin von Montenuovo (italienisch = Neuberg/Neipperg) ernannt habe, mit dem Versprechen, sie zu adoptieren.

Damit trat der General, ohne es zu wissen, eine Lawine los. »Dieses unglückselige Testament!« schrieb die Kaiserin Karoline Augusta am 17. April 1829 an Marie Louise. »Ach, wenn die Krankheit den Geist des Verblichenen nicht geschwächt hätte, würde er die Verlegenheit, in welche Sie dieses Testament bringen mußte, vorausgesehen haben und hätte sie Ihnen erspart . . .«[52]

In Zusammenhang mit dem Testament, das Marie Louise zur Einsichtnahme nach Wien schicken mußte, verlangte Metternich nämlich Aufklärung über gewisse Tatsachen. »Ich kenne weder das Alter des älteren Kindes noch das genaue Datum der Heirat Eurer Majestät«, schrieb er am 8. März 1829[53] an Marie Louise und zwang sie, die noch zu Napoleons Lebzeiten erfolgte Geburt der beiden Montenuovos expressis verbis in Wien aktenkundig zu machen. Marie Louise mußte sich außerdem zu dem Geständnis bequemen, den kaiserlichen Vater über die Geburtsdaten der Kinder belogen zu haben. »Es ist an der Zeit, Ihnen zu gestehen«, antwortete sie Metternich am 17. März 1829, »daß, als der Kaiser mir Fragen über diese Angelegenheit stellte, ich ihm in einem Sinn antwortete, daß er glauben mußte, sie wären erst seit dem Hinscheiden des Kaisers Napoleon geboren, während die richtigen Daten bei dem älteren Kind, das Albertine heißt, auf den 1. Mai 1817 und bei dem jüngeren, das Wilhelm heißt, auf den 8. August 1819 zurückgehen. Was meine Ehe mit dem General betrifft, so wurde sie erst im Verlauf des September 1821 eingesegnet.«[54] (Richtiges Datum: 8. August 1821)

Kaiser Franz reagierte mit nachsichtigem Vorwurf und väterlicher Verzeihung. »Ich kann Dir den tiefen Kummer nicht verbergen, den mir eine Lage der Dinge verursacht, gegen die heute nichts mehr zu thun ist, die jedoch vor Gott und der Welt nie hätte eintreten sollen«, schrieb er nach einem Metternichschen Entwurf am 5. April an seine zerknirschte Tochter.[55] ». . . Ich bin aber Dein Vater und meine Liebe zu Dir spricht Dich von dem frei, wovon sie Dich lossprechen kann.« Und die liebenswürdige Kaiserin beruhigte die Sünderin: »Nein, fürchten Sie nicht, den Platz in seinem Herzen verloren zu haben. Sie sind noch immer sein Lieblingskind!«[56]

Die nunmehr einbekannten richtigen Geburtsdaten der beiden Kinder brachten den Wiener Hof insofern in nicht geringe Schwierigkeiten, als nach den damals geltenden Gesetzen eine Adoption von aus einem Ehebruch hervorgegangenen Kindern durch deren Eltern unstatthaft und daher nicht möglich war.

Blieb noch der mitbetroffene Herzog von Reichstadt. Da Marie Louise nicht die Courage aufbrachte, selbst ihrem Erstgeborenen den heiklen Sachverhalt zu gestehen, übernahm es der Kaiser, seinen Enkel zu informieren, tat es jedoch nur halb. »Mit Deinem Sohn habe ich gesprochen und er weiß demnach nur, daß du verheirathet warst . . . Um die Kinder hat er nicht gefragt; wenn er es thun wird, so werde ich ihm auch von diesen sprechen, ohne jemals von deren Alter Erwähnung zu machen. Leider wird ihm dasselbe in der Länge nicht verborgen bleiben und hierbei läufst Du wie natürlich Gefahr, daß dessen heiligsten Gefühle gegen Dich nichts gewinnen können . . .«[57]

Der Herzog von Reichstadt hatte Neipperg gern gehabt und als treuen Freund und Mitarbeiter seiner Mutter geschätzt. Sein Tod war ihm sehr nahe gegangen. Die Mitteilung, daß seine Mutter, kaum Witwe geworden, den General geheiratet hatte, nahm er mit Haltung hin. Nach Kindern fragte er vorerst nicht, was Marie Louise keineswegs beruhigte. »Ich habe verschiedene Gespräche mit ihm geführt, die mir bewiesen, daß er niemals verstehen und verzeihen würde, wie man seinen Vater und alles, was ihn betrifft, habe vergessen können . . ., schrieb sie an Dietrichstein.[58]

Schließlich scheint der Herzog aber doch einiges gehört zu haben. Um sich Gewißheit zu verschaffen, griff er zu einer List. In einem Gespräch mit Gustav Neipperg versicherte er dem Freund, er sei durch den Kaiser über »alles« informiert worden. Gustav ging prompt in die Falle. Gesprächsweise erfuhr der Sohn Napoleons, daß er zwei Stiefgeschwister hatte, die noch vor dem Tod seines Vaters in die Welt gesetzt worden waren.

Der Schlag traf ihn ins Mark. Gebrochen vertraute er seinen Jammer dem Freund Prokesch an. »Wäre Joséphine meine Mutter gewesen«, sagte er, »mein Vater läge nicht auf St. Helena und ich säße nicht in Wien. Ach, sie ist gut, . . . aber sie ist kraftlos, . . . sie war nicht die Frau, die mein Vater verdiente.«

Weinend wandte er sich ab. »Nicht wahr«, fuhr er dann verzweifelt fort, »Sie achten sie nicht?«

Der Major Anton von Prokesch rückte die Dinge zurecht. »Doch«, antwortete er, »sie war, was sie sein konnte; kein Mensch vermag mehr . . .[59]

XXII

»Ach Gott, meine Mutter! Ich gehe unter!«

Die Herzogin Maria Luigia stand hochaufgerichtet vor einer Deputation von etwa dreißig Notabeln der Stadt. Sie hatten alle eine Kokarde angesteckt, aber nicht die weiß-rote des Herzogtums Parma, sondern die rot-weiß-grüne der italienischen Freiheitsbewegung. Da standen sie nun vor ihrer Souveränin und machten grimmige Gesichter. Was sie eigentlich wollten, war ihnen selbst nicht ganz klar: ob nur liberalere Reformen, eine Verfassung oder gleich die Ausrufung der Republik. Auf alle Fälle war der Palazzo Ducale umstellt und die Herzogin eine Gefangene.

Es war der Februar des Jahres 1831. Die Unruhen hatten, von Modena ausgehend, auf Parma übergegriffen, und eigentlich richteten sie sich nicht gegen die Herzogin, sondern gegen den Minister Werklein, dessen Härte und Intoleranz ihn bei der Bevölkerung unbeliebt gemacht hatten. Marie Louise begegnete dem Obersten, der seit 1820 in ihren Diensten stand, selbst mit Vorbehalten. »Die Herzogin«, meldete der französische Botschafter, Baron de Vitrolles, nach Paris, »schenkt Werklein weder das Vertrauen, welches ihr Gatte genoß, noch gewährt sie ihm die gleiche Aktionsfreiheit . . . Sie hat daher gewisse Tage für allgemeine Audienzen festgelegt, bei denen jedermann seine Wünsche und Beschwerden ihr vorbringen kann.«[1] Aber auch diese Maßnahme einer gutwilligen Regentin hatte Neipperg nicht zu ersetzen vermocht. »Der starken, geschickten Hand beraubt«, stellte Méneval fest, »machten sich bald Korruption und üble Machenschaften breit, die eine rasch um sich greifende Unzufriedenheit zur Folge hatten.«[2]

Am 12. Februar brachen die Unruhen aus. »Es fing zwischen 6 und 7 Uhr Abends ein fürchterliches Geschrey an auf dem großen Platz, zog sich durch alle Gassen bis auf den Palast, wo man zwar Vivat für mich rief, aber gegen Werklein und die Autoritäten Abscheulichkeiten sagte«, meldete Marie Louise ihrem Vater.[3]

Auch die Französische Revolution hatte 1789 mit diesem Geschrei einer aufgebrachten Menge begonnen, mit diesem hundertstimmigen Lärm, der bedrohlich näherrückte und gegen die Paläste der Mächtigen anbrandete. Aus diesem ersten Donnergrollen war dann der Sturm geworden, der die alte Ordnung hinweggefegt hatte. Die Reformen und die neuen liberalen Ideen, die die große Revolution hervorgebracht hatte, weckten auch das Nationalbewußtsein und das Freiheitsstreben der Italiener. Während der Franzosenherrschaft entstand in Süditalien der Geheimbund der »Carbonari«, der sich nach Napoleons Sturz bis Bologna, Genua und Mailand ausbreitete, und sich nun gegen die Österreicher richtete. Ein Teil des italienischen Adels und des Bürgertums verschwor sich gegen die fremden Souveräne, die in Italien herrschten. »Liberale Verfassungen« und »Nationale Unabhängigkeit« waren die Schlagworte, die zu zünden anfingen. Noch fehlte die Unterstützung der breiten Masse des Volkes, noch war kein zugkräftiges gemeinsames Programm vorhanden. Als aber die norditalienischen Nationalisten unter dem Grafen Camillo Cavour in Turin die Fackel des »Risorgimento« – der Wiedererhebung – entzündeten, wurde ein Brand entfacht, der mit Gewalt zwar noch eingedämmt, aber nie mehr ausgetreten werden konnte.

Die Herzogin Maria Luigia von Parma war ein Kind des achtzehnten Jahrhunderts und im Absolutismus aufgewachsen. Die Landeskinder, die da vor ihr standen und von der Einheit Italiens träumten, waren für sie Aufrührer und Rebellen, denen man nicht nachgeben durfte.

Die Delegation bekam eine entschlossene Herzogin zu sehen. Energisch lehnte sie jede Art von Zugeständnissen ab. Wie die Lage der Dinge stünde, sagte sie, würde sie ihre Ehre und die der Regierung kompromittieren, wenn sie das mindeste Zugeständnis unterzeichnete. Selten war sie so kaltblütig gewesen. »Ich fürchte mich aber gar nicht«, schrieb sie an Kaiser Franz[4], »denn mein Gewissen ist rein, weil ich stets nur das Gute vom Lande gewollt habe, und seien Sie versichert, daß Ihre Tochter eher zu sterben würde wissen, als etwas einzugehen, welches Ihnen durch sie Schande machen könnte.« Tatsächlich gelang es ihr, die Revoluzzer unsicher zu machen. Beeindruckt von der Haltung der Herzogin zogen sie unverrichteterdinge wieder ab.

Wenn autoritäre Souveräne des 18. und 19. Jahrhunderts in innerpolitische Schwierigkeiten der geschilderten Art gerieten, pflegten sie ihre Residenzen zu verlassen und von einem sicheren Ort aus die Beruhigung der Lage abzuwarten. Noch besser war es, wenn einrückende Truppen die rebellischen Landeskinder zur Räson brachten. Marie Louise bat denn auch sogleich den Vater um militärische Hilfe. »Ich bin so fest überzeugt«, schrieb sie an Kaiser Franz, »daß itzt noch wenige Ihrer Truppen genug wären, um das Ganze wieder beizulegen.«[5]

Wer ihr sofort zu Hilfe eilen wollte, war ihr ältester Sohn. »Nachrichten aus Parma; die Erzherzogin von dem Volke gefangen gehalten«, vermerkte Prokesch in seinem Tagebuch.[6] »Reichstadt, ganz erschrocken hierüber, eilt zum Kaiser mit der Bitte, seiner Mutter zu Hilfe eilen zu dürfen. Dietrichstein glühend für diesen Plan, den der Kaiser (aus Furcht vor Frankreich, wie er selbst gesteht), verwirft.« Der enttäuschte Prinz mußte in Wien bleiben. In einem Brief bewunderte er Marie Louises »festes, männlich-starkes Benehmen«.[7] Die ganze Familie sei stolz auf ihre tapfere Haltung.

Dennoch war es unumgänglich, daß Marie Louise Parma verließ. Werklein suchte seine Souveränin – und sich selbst – in Sicherheit zu bringen, wenn nötig »mit Kanonen und Flintenschüssen«. Marie Louise aber wollte kein Blutvergießen. »Ich machte, als wenn ich wollte schlafen gehen, blieb aber die ganze Nacht beynahe auf den Beinen, um den Augenblick zu erwarten, auch wenn es zu Fuß wäre, entwischen zu können . . . Um Ein Uhr in der Nacht kamen wir fort . . . Um sieben Uhr langten wir am Po an . . . Gestern um 8 Uhr früh kam ich nach Casalmaggiore . . . Gottlob bin ich gerettet und in Ihren Staaten.«[8]

Angst gehabt hatte sie nur um ihre Kinder. ». . . für diese armen habe ich mehr gezittert als für mich«, schrieb sie dem Papa.[9] »Ich wollte sie früher wegschicken, . . . um sie in Sicherheit zu wißen und auch, weil, wenn man sich ihrer bemächtigt, es das einzige Mittel gewesen wäre, daß ich den Kopf verloren und keine Festigkeit mehr hätte haben können; man widerrieth es mir aber . . . und so haben die Kleinen die Todesängste mit mir getheilt, sie sind diese zwey Tage . . . immer im Pallast versteckt gewesen . . .«

Von Casalmaggiore flüchtete sie weiter nach Piacenza, und fühlte sich dort, am Standort einer österreichischen Garnison, in Sicherheit. Ruhig aber war sie nicht. »Manchmal scheint mir alles ein böser Fieber Traum«, schrieb sie nach Wien.[10] »Seit gestern nachmittag bin ich wieder in einem schrecklichen Zustand wegen Parma, man hat dort mehrere Geißeln genommen, alle arme Deutsche,

welche ich im Hause hatte, meinen Gärtner von Colorno, meinen
Beichtvater; einen Bischoff!!! hat man von Guastalla mit seiner
Nichte in einen Wagen gepackt und mit Dolch und Flinten Bewaffnete haben ihm nach Parma geschleppt, wo er eingesperrt ist.«
Auch herzogliches Eigentum war gefährdet. »Meine Pferde, von
welchen ich einen Theil zurückgelaßen habe, hat man wollen requi-
riren, meinen Keller einbrechen, ein Inventarium machen von allen, was ich zurückließ (denn ich habe beynahe nichts mit mir), und
vermuthlich den Pallast plündern . . .«

Eine provisorische Regierung, die sich selbst eingesetzt hatte,
wurde schließlich der Lage nicht mehr Herr und konnte speziell die
revoltierenden Studenten nicht mehr im Zaum halten. So ergab
sich die einzigartige Situation, daß die Rebellenregierung die geflo-
hene Souveränin ersuchte, zu intervenieren. »Da bin ich itzt in einer
abscheulichen Lage«, schrieb eine ratlose Marie Louise an den
Papa.[11] »Mit Rebellen kann ich nicht unterhandeln, wenn sie sich
nicht ganz ohne Bedingniß unterwerfen (und von dem sprechen sie
nicht), und in den fünf oder sechs Tagen bis Ihre Truppen kommen, risquire ich, daß so viele treue und gute Leute um ihr Leben
und Gut kommen, weil sie mir anhänglich sind. Ich versichere Sie,

MARIA LUIGIA
PRINCIPESSA IMPERIALE, ARCIDUCHESSA D' AUSTRIA,
PER LA GRAZIA DI DIO
DUCHESSA
DI PARMA, PIACENZA E GUASTALLA
ECC. ECC. ECC.

A' Suoi Sudditi.

Già noti vi sono i motivi che Mi hanno indotta ad abbandonare Parma ed a tra-
sferirmi nella mia fedele Città di Piacenza. Prima della mia partenza Io avea preso le
necessarie disposizioni onde venisse provveduto ai bisogni del mio Stato, sino al mio
ritorno; ma nel frattempo una parte de' miei sudditi, obbliando i proprj doveri verso
di Me, osò di costituire in Parma un cosi detto Governo Provvisorio, il quale sospese
l'azione delle Autorità da Me istituite, e diramò degli ordini, a suo talento, nel mio
Ducato.

Anfang einer Proklamation während der Revolution in Parma, 1831 liebster Papa, daß ich weniger litt, als ich selbst in den Klauen war als seit gestern für die andern.«

Am 12. März 1831 rückten österreichische Truppen, ohne auf Widerstand zu stoßen, in Parma ein und stellten die Ruhe wieder her. Erst am 8. August kehrte die Herzogin in ihre Hauptstadt zurück. »Bis itzt geht alles ruhig fort«, berichtete sie dem Kaiser.[12] »Ich mache mir aber keine Illusionen über den Geist, welcher hier herrscht: man sieht deutlich auf die Gassen, wo die Leute, wenn man vorbeyfährt, zwischen 5 und 6 zusammen stecken und nicht den Hut abziehen.« Der Unmut der Bevölkerung richtete sich jetzt allerdings mehr gegen die Besatzungstruppen als gegen die Herzogin. Da eine Verurteilung der Rädelsführer der Revolte ein Wiederaufflammen der Unruhen befürchten ließ, entschloß sich Marie Louise zu einer Amnestie, die durch ein Dekret der Herzogin am 29. September 1831 verkündet wurde. Aber erst im Februar 1832, als auch Bologna von den Österreichern besetzt war, konnte die Herzogin von Parma die Ruhe in ihren Ländern als wiederhergestellt betrachten. Oberst Werklein wurde verabschiedet.

Inzwischen kam ein neues und größeres Unheil auf sie zu. Der Herzog von Reichstadt begann zu kränkeln und verlor jeden Lebensmut. »Der Herzog ganz trübe, lebensmüde«, trug Prokesch schon im Januar 1831 in sein Tagebuch ein.[13] Da Reichstadt zum bloßen Kasernendienst verdammt war und keinerlei ihn befriedigende Aufgaben erhielt, gab ihm auch der Beruf keinen Auftrieb.

Schließlich begann er das übliche Prinzenleben zu führen, mit nächtelangen Tanzereien, Maskenbällen und galanten Abenteuern. Dem schönen, unglücklichen Sohn Napoleons konnte keine Dame widerstehen, und wenn Prokesch aus Gründen der Diskretion versichert, daß sein Freund »streng sittlich« gewesen sei und nie »Umgang mit Weibern« gehabt habe, so ist das wenig glaubhaft. Der Herzog von Reichstadt wurde mit gefeierten Schönheiten der Gesellschaft, wie der Gräfin Nandine Károlyi, geborenen Fürstin Kaunitz, ebenso in Verbindung gebracht wie mit der Burgschauspielerin Therese Peche und dem Prototyp des süßen Wiener Mädels, der Tänzerin Fanny Elßler, die, in Sorge um ihren Ruf, freilich jedes intime Verhältnis in Abrede stellte.

Der zwanzigjährige Kaiserenkel war einem »Lotterleben« freilich physisch nicht gewachsen. Stattliche 1,86 m groß und überschlank, litt er von Jugend an bei der kleinsten Verkühlung an Entzündungen der Atmungswege. »Exzesse« mußten seine Gesundheit vollends untergraben, wovor der Kaiser und Kaiserin Karoline Augusta vergebens warnten. Der Vorwurf, der Wiener Hof hätte den ihm unbequemen Prinzen absichtlich Verführungen ausgesetzt und so in einen frühen Tod gehetzt, ist eine bis heute nicht verstummte Legende.[14]

Eine Frau am Wiener Hof scheint dem »deliziösen« Reichstadt mehr bedeutet zu haben als alle pikanten Abenteuer. 1824 hatte Marie Louises Bruder, Erzherzog Franz Karl, die Prinzessin Sophie von Bayern geheiratet. Dieses hübsche, kluge Geschöpf, das nur sechs Jahre älter war als Reichstadt, genau wie er eine Außenseiterstellung innehatte und sich ihm durch diese Schicksalsgemeinschaft verbunden fühlte, wurde die Herzensfreundin des jungen Napoleon. Wie die Gräfin Thürheim – ihrerseits eine Verehrerin Reichstadts – berichtet, liebte er die Erzherzogin »überschwänglich«. Das gleichfalls bis heute kursierende Gerücht, Sophies zweiter Sohn, Ferdinand Maximilian, der spätere Kaiser von Mexico, sei ein Sohn Reichstadts gewesen, ist nicht zu beweisen.

In Wahrheit scheint sich der junge Mann bei der jungen Erzherzogin einfach menschlich wohl gefühlt zu haben. »Nachmittags kam der Herzog von Reichstadt«, notierte am 6. Januar 1832 die Baronin Sturmfeder.[15] Die Baronin war die Aja von Sophies Erstgeborenem, dem 1830 zur Welt gekommenen Franz Joseph, eine liebenswürdige, patente Person, die natürlich auch für Reichstadt schwärmte. »Er scherzte mit der Erzherzogin«, so die Sturmfeder, »welche er häufig seine Mutter nannte, dann sagte er zu mir gewendet, mich zähle er der Zahl seiner Schwestern bei. Er erbat sich von der Erzherzogin die Erlaubnis, in zwanzig Jahren der Hüter ihres Sohnes sein zu dürfen . . . ›Bis dahin‹, sagte er, ›werde ich alles wissen, was ich wissen soll und alles vergessen haben, was ich nicht wissen darf.‹«

Drei Tage später, am 9. Januar 1832, standen die Erzherzogin Sophie, die Baronin Sturmfeder und der kleine Franz Joseph am Fenster ihres Appartements in der Wiener Hofburg und beobachteten den Herzog von Reichstadt, der die Inspektion der Garden hatte. »Eine Menge Leute hatten sich angesammelt, um ihn zu sehen«, so die Baronin. »Er schien sehr in Anspruch genommen von seinem Dienste und suchte, so kam es mir vor, seinen Vater in der Haltung und in der Art, den Hut zu tragen, zu imitieren. Da ich nicht gut sehe, nahm ich sein hübsches Gesicht nicht aus, und so glaubte ich wahrhaftig einigemal, den Vater zu sehen, wie er auf den Schlachtenbildern dargestellt ist.«

Die Baronin bemerkte trotz ihrer Kurzsichtigkeit freilich auch, daß der schöne Reichstadt schlecht aussah.»Ihr glaubt nicht, wie interessant dieser arme junge Mann ist«, teilte sie ihrer Verwandtschaft mit.»Ich finde aber, daß er immer gelber wird und daß er nicht gesund sein kann.«

Am 16. Januar 1832 befehligte der Herzog bei strenger Kälte den Leichenkondukt eines Generals, wobei ihm beim Kommandieren die Stimme brach. Am 21. Januar erschien er nicht mehr beim Ball in der Französischen Botschaft. Sein Leiden – die Lungenschwindsucht – nahm nun rapid einen akuten Charakter an. Nach einem Konsilium äußerte sich der behandelnde Arzt mit dem ominösen Namen Dr. Malfatti noch recht hoffnungsvoll. Wäre der Herzog sofort in wärmere Gegenden geschickt worden, vielleicht wäre das Schlimmste noch abzuwenden gewesen. Metternich aber hielt einen Aufenthalt im Süden – etwa gar in Italien – für politisch untragbar. Selbst eine Kur in Ischl wurde abgelehnt. Der Herzog blieb in Wien und wurde lediglich am 23. Mai nach Schönbrunn transferiert. Von fürchterlichem Husten, Auswürfen und Erstickungsanfällen geplagt, siechte er dahin.

Wo blieb die Mutter? Warum kam sie nicht?

Nichts hat Marie Louise bis heute so viel Kritik eingetragen wie ihre so lang hinausgeschobene Reise an das Krankenbett ihres todkranken Sohnes. Von unfaßlicher Gleichgültigkeit und empörender Herzlosigkeit ist da die Rede.

Gerechterweise muß der Vielgeschmähten zugute gehalten werden, daß man sie von Wien aus wochenlang falsch informiert hat. Die Krankheit Reichstadts wurde in einem Maße verharmlost, daß Marie Louise in einem Brief an Dietrichstein am 18. Februar 1832 freudig festhielt:»Ich betrachte meinen Sohn als ganz geheilt und danke Gott, daß er sich trotz seiner Unvorsichtigkeit ohne großen Schaden aus der affaire gezogen hat[16].« Berichte des behandelnden Arztes täuschten sie in einem Maße, daß sie noch am 5. Mai befriedigt dem Erzieher»Dank dem Himmel, daß seine Lunge frei ist«, schrieb.[17]

Wenn der Sohn gar nicht so krank war, durfte sie dann in so unruhigen Zeiten ihr Herzogtum verlassen? Die Ruhe war zwar wiederhergestellt, aber das Feuer glomm noch unter der Asche. War in diesen schlechten Zeiten eine kostspielige Reise nach Wien zu verantworten, und durfte sie ihre Parmesaner im Stich lassen, wo eine Seuche drohte?

»Wenn Sie, mein lieber Graf, wüßten, wie sehr ich wünschte nach Wien zu reisen, so würden Sie mich bedauern«, schrieb sie an Dietrichstein.[18] »Aber ich kann es nicht ohne eine absolute Notwendigkeit und dies, weil die Stimmung noch immer so schlecht, die politische Lage in Italien derart ungewiß und kritisch ist, daß meine Abreise froissieren würde, was man unbedingt vermeiden muß. Andererseits haben wir die Cholera vor den Toren, und wenn ich in diesem Augenblick abreise, würde es einen erbärmlichen Eindruck machen. Dies ist, was die Welt nicht bedenkt und nicht sieht . . .«

Als dann alarmierende Nachrichten aus Wien eintrafen, machte sie sich zwar unverzüglich auf die Reise, fuhr aber über Triest, wo sie mit ihrem Vater zusammentraf, und da sich der Kaiser verspätete, verlor sie abermals Zeit. Wie immer, wenn sie in Streß geriet, litt auch ihre eigene Gesundheit, und diesmal scheint sie tatsächlich krank gewesen zu sein, weil Kaiser Franz von Triest aus an Metternich schrieb: »Zu meinem großen Leidwesen fürchte ich, daß auch sie eine Candidatin der Lungenschwindsucht ist, denn sie hat Fieber und Husten.«[19]

Des Herzogs Zustand hatte sich im Laufe des Monats Juni derart verschlechtert, daß jederzeit mit dem Eintritt des Todes gerechnet werden mußte. Die für ein Mitglied des kaiserlichen Hauses unumgängliche Letzte Ölung war damit notwendig geworden. Um dem Einundzwanzigjährigen den Schock einer Todesvorbereitung zu ersparen, kam die mit ihrem zweiten Kind hochschwangere Erzherzogin Sophie auf die rührende Idee, gemeinsam mit dem Kranken die Kommunion zu nehmen: er für seine Genesung, sie für ihre glückliche Niederkunft. Am 20. Juni fand die traurige Zeremonie statt.

Am 24. Juni traf Marie Louise in Schönbrunn ein und eilte sogleich in das Krankenzimmer. Als der Prinz seine Mutter erblickte, richtete er sich im Bett auf, und sie fielen einander um den Hals. Marie Louise versicherte ihm, daß sie gekommen sei, um ihn zu pflegen. Er möge sie Tag und Nacht rufen lassen. Ihrem Vater teilte sie mit: »Als ich vorgestern Abends hier ankam, hatte ich mir ein so schreckliches Bild seiner Veränderung gemacht, daß ich ihn ein bißchen besser als ich erwartete, fand. Der Himmel gab mir die

Kraft, ihm nicht meinen Schmerz zu zeigen, und dies machte ihn heiter.«[20]

Sehr bald aber zeigte sich, daß Reichstadt die Besuche seiner Mutter wenig schätzte. Rittmeister Baron von Moll, einer der dem Herzog zugeteilten Offiziere, mußte die Herzogin immer wieder abweisen. Da der Kranke auf dem linken Ohr fast ganz taub geworden war, bereitete ihm die Verständigung Mühe. Zu Moll sagte er, seine Mutter fatiguire ihn sehr, er verstehe sie nicht und könne ihr daher auch nicht antworten.[21]

Der Herzog bewohnte die gleichen Zimmer, in denen sein Vater geschlafen hatte, als er in Schönbrunn gewesen war. »Der arme Herzog ist immer gleich schlecht«, notierte die Baronin Sturmfeder am 30. Juni. »Er leidet grausam . . .« Sie traf Marie Louise bisweilen im Garten. »Ich finde sie wie immer außerordentlich liebenswürdig«, so die Baronin, »und so herzensgut, daß man sich zu ihr hingezogen fühlt . . .« (28. Juni 1832). Am 16. Juli schrieb sie ihren Verwandten: »Sonst ist viel Betrübnis in Schönbrunn. Der arme Herzog ist in einem elenden Zustand, immer zwischen Leben und Tod.«

Die Pflege des Todkranken stellte an seine Betreuer fast unerträgliche Anforderungen. Die eitrigen »Expektorationen«, die der Prinz nicht mehr ausspucken konnte, mußten von seiner Umgebung aus seinem Mund entfernt werden. »Den ganzen Vormittag«, so Moll, »litt ich an fortgesetzten, durch einen fürchterlichen Geruch hervorgerufenen Übelkeiten.«[22]

»Die drei, vier letzten Tage konnte man die Beschreibung seiner Qualen beinahe nicht mehr anhören«, berichtet die Baronin Sturmfeder, »und selbst seine Mutter hatte mir vor ein paar Tagen, als ich sie . . . begegnete, gesagt: ›Ich bin nicht Egoistin genug, um die Verlängerung seiner Leiden zu wünschen.‹ Sie weinte, als sie dies sagte.«

Am 21. Juli ging es zu Ende. »Gegen Abend schon war er so, daß man auf alles gefaßt war«, überliefert die Chronistin. »In der Nacht wurde es immer übler, und gegen 3 Uhr sagte er: ›Ach Gott, meine Mutter! Ich gehe unter!‹ Man holte die Erzherzogin. Er sprach beinahe nicht mehr, sah aber alle an und war bei sich bis auf den letzten Augenblick. Seine Mutter, Erzherzog Franz Karl und seine Herren waren bei ihm, bis er aufgehört hatte zu atmen . . .« Es war der 22. Juli 1832.

Kaiser Franz befand sich gerade in Linz, als sein Enkel starb. Sofort ging Baron Moll mit der Trauerbotschaft an ihn ab. Auch der einzige Freund des Toten fehlte an der Bahre. Baron Prokesch war dienstlich nach Italien abkommandiert. Verreist war auch der Mann, der siebzehn Jahre um den Herzog von Reichstadt gewesen war. Graf Dietrichstein war an das Wochenbett seiner Tochter Julia nach Würzburg gefahren. »Ich habe ihn geliebt wie einen Sohn«, schrieb er an die Mutter des Toten.[23]

Der Verstorbene wurde obduziert, einbalsamiert und in einen rotsamtenen, mit Gold ausgeschlagenen Sarg gelegt. Er war in Uniform und hatte die Hände kreuzweise gefaltet. »Er soll seinem Vater frappant ähnlich gesehen haben«, hielt die Baronin Sturmfeder fest, »aber durch die Krankheit und die langen Leiden so gealtert gewesen sein, daß man einen Greis zu sehen glaubte.«

Die Baronin traf die Mutter des Toten. »Ich hatte sie noch nicht gesehen und zerfloß in Tränen, indem ich mich auf ihre Hand stürzte und sie unanständig (sic) küßte . . . Sie weinte nicht, aber sie sieht ganz zernichtet aus . . .«

Am 23. Juli um 10 Uhr abends wurde der Herzog in aller Stille eingesegnet und nach Wien gebracht. Der Sarg, so die Sturmfeder, wurde von Maultieren getragen, Fackelträger ritten zur Seite.

Kaiser Franz kehrte nach Wien zurück. »Der arme Kaiser ist sehr traurig und sprach nur mit Tränen von ihm«, stellte die Baronin fest. Und sie erinnerte sich an einen Ausspruch des unglücklichen Herzogs, der sein ganzes Leben einschloß. »Entre mon berceau et ma bière est un grand zéro«, hatte er bitter gesagt. Zwischen meiner Wiege und meiner Bahre ist eine große Null . . .

Der Leichnam des Prinzen wurde in der Burgkapelle auf einem Katafalk im offenen Sarg aufgebahrt. Auf den Stufen war sein Wappen aufgestellt, an den vier Ecken des Katafalks hielten vier Offiziere der österreichischen und ungarischen Garde die Totenwache. Eine große Menschenmenge defilierte an dem Toten vorbei.

Am 24. Juli um fünf Uhr nachmittags fand das Leichenbegängnis statt. Seit dem Tode Kaiser Josephs II. sei keine so allgemeine Trauer gewesen, erzählt die Baronin. »Er wurde mit allen bei dem Begräbnis eines Erzherzogs üblichen Feierlichkeiten begraben.«

Marie Louise durfte der Etikette gemäß an der Beisetzung ihres Sohnes in der Kapuzinergruft nicht teilnehmen. Am Morgen des Begräbnistages verließ sie um acht Uhr früh die Stadt. Es war wie eine Flucht vor den Erinnerungen . . .

XXIII

La buona duchessa

Immer, wenn der Geiger sein dämonisches Spiel beendete, blieb das Publikum noch sekundenlang schweigend in seinem Bann. Erst dann brach der jubelnde Beifall los. Der Geiger, der ganz Europa in einen Begeisterungstaumel versetzte, trug den Titel eines Wiener Kaiserlichen Kammervirtuosen und hieß Niccolò Paganini.

Die Herzogin Maria Luigia war stolz darauf, daß der »Teufelsgeiger« in Parma nicht nur konzertierte, sondern sich als künstlerischer Leiter »ihres« Teatro Regio und als Dirigent von dessen damals sehr berühmtem Orchester verpflichten ließ.

Mit dem Bau des Teatro Regio hatte der Hofbaumeister Nicola Bettoli noch zu Lebzeiten Neippergs, im Jahr 1821, begonnen. Für die damals astronomische Summe von 1 190 664 Lire entstand eines der schönsten klassizistischen Theater Italiens, das am 16. Mai 1829 mit der von Vincenzo Bellini eigens für diesen Anlaß komponierten Oper »Zaira« eröffnet wurde. Das war der Anfang einer bemerkenswerten künstlerischen Tradition. In dem prächtigen vierrangigen Logentheater wurden vor allem die Werke des in der näheren Umgebung Parmas geborenen Giuseppe Verdi in hochwertigen Aufführungen einem kunstsinnigen Publikum vorgestellt. Der Meister wußte, was er seiner Souveränin zu verdanken hatte. Obwohl Symbol des Risorgimento, widmete er der Herzogin Maria Luigia von Parma eines seiner Frühwerke, die Oper »I Lombardi alla prima Crociata«.

Im Jahr 1821, in dem die Grundsteinlegung für das Theater erfolgte, rief Maria Luigia auch ein Konservatorium ins Leben, dem gleichfalls berühmte Musiker vorstanden, darunter der Baßgeigenvirtuose und Komponist Giovanni Bottesini und der Verdi-Librettist und »Mefistofele«-Komponist Arrigo Boito. Die Musikfreundin Marie Louise brachte das Kunststück zuwege, aus einem Provinzstädtchen die Musikstadt Parma zu machen, aus der eine

Reihe von Berühmtheiten hervorgegangen sind. So etwa hat der legendäre Dirigent Arturo Toscanini seine Laufbahn als Konservatoriumsschüler und Cellist in seiner Geburtsstadt Parma begonnen. Parma veränderte sich überhaupt zu seinem Vorteil. »Verbesserungen und Verschönerungen wurden vorgenommen«, hielt Marie Louises früherer Sekretär Méneval fest, »Brücken und Dämme gegen die oftmaligen Überschwemmungen der Flüsse Taro und Trebbia gebaut, Spitäler für Kranke und Alte, und Waisenhäuser ins Leben gerufen.«[1] Die Herzogin ließ die Universität, eine der ältesten und berühmtesten Hochschulen Italiens, großzügig ausbauen, sie gründete ein Knabenkonvikt und schuf ein Entbindungsheim für uneheliche Mütter – deren Nöte ihr ja bestens bekannt waren. Schon bald erhielt sie ein freundliches Attribut: »la buona duchessa« – die gute Herzogin.

Die Gattin Neippergs vergaß auch ihren toten Gemahl nicht. Wer in Parma die Kirche »Santa Maria della Steccata« betritt, erblickt links vom Hauptportal ein klassizistisches Grabmal, das eines Königs würdig wäre. Es ist die Grabstätte des Generals ALBERTO ADAMO A NEIPPERG. Sie wurde im Auftrag der Herzogin von Lorenzo Bartolini, einem Schüler Canovas, errichtet und verewigt figural und ornamental in weißem Marmor den Kriegsruhm des Generals. Auf einem Schild ist sogar die Schlachtenszene festgehalten, in der Neipperg sein rechtes Auge verlor. Verewigt wurde freilich auch der Kaiser, in dessen Diensten der hier Bestattete stand: Auf den Uniformstücken des Generals prangt das Monogramm von Franz I. von Österreich.

Der Kaiser hatte seiner Tochter für den verabschiedeten Werklein wieder einen Minister an die Seite gestellt. Der neue Mann war Wenzel Philipp Leopold Freiherr von Maréschall, eben 47 Jahre alt, als er im Februar 1831 nach Parma kam. Er hatte als junger Offizier unter Wellington gekämpft, war dann in den österreichischen diplomatischen Dienst getreten und 1826 zum österreichischen Gesandten in Brasilien ernannt worden, wo er mit Marie Louises Schwester Leopoldine in Kontakt kam.

Maréschall kam während der Revolution, in wirtschaftlich schlechtesten Zeiten, nach Parma. Er machte sich keine Illusionen. »Die Wunden sind derart tief und die Mittel derart beschränkt, daß man viel Zeit und Ausdauer brauchen wird, um sie zu heilen«, schrieb er an Metternich.[2] Die Unruhen hatten die finanziellen Mittel des kleinen Staates erschöpft. Maréschall führte Sparmaßnahmen ein, die Marie Louise unterstützte. »Um das Beyspiel zu geben, habe ich auf den fünften Theil meiner Civil-Liste renonciert«, meldete sie dem Papa.[3] Sie schränkte ihren Haushalt ein und verkaufte einen Teil ihres Marstalls sowie ihr Gestüt. Maréschall reformierte die Verwaltung und nahm ein Revirement unter der Beamtenschaft vor, er schaffte Pfründen ab und schob auch der leicht zu mißbrauchenden Güte Marie Louises einen Riegel vor. Er war ein guter Administrator und besaß Energie und Weitblick. Menschlich gesehen war er ein Schwarzseher und Nörgler. Ständig sandte er Jeremiaden nach Wien. Er hielt nicht viel von der Lebenskraft der Herzogtümer und vom Durchsetzungsvermögen der Herzogin. Am allerwenigsten aber hielt er von ihren Tugenden.

Marie Louise besaß eine Schwäche, die Maréschall auf die Nerven ging: ihre Einkaufswut. Reiste sie nach Wien, gingen kistenweise Geschenke nach Parma ab. Die Herzogin ließ sich Kleider und Korsetts, Wein, Schokolade, Briefpapier und Parfum aus Paris schicken, aus Wien Musikinstrumente und Noten, aus Süditalien Blumen und Sträucher für ihre Gärten. Auch Medikamente kamen von auswärts, da sie nie die Angst loswurde, vergiftet zu werden.

Da diese Verschwendung seinem Sparprogramm zuwiderlief, hat sich Maréschall wiederholt sarkastisch darüber geäußert. Was ihn aber noch weit mehr aufregte, war ihre, wie er sich ausdrückte, »pathologische physische Veranlagung«, jene unglückselige Nymphomanie, die Marie Louises historische Erscheinung so sehr verdunkelt hat. Seltsamerweise hat die »Chronique scandaleuse« ihrem Bild als »buona duchessa« nicht geschadet. In Wien, wo Maréschall die Tatsachen weidlich herumerzählte, aber wurde darüber geflüstert und getratscht. Ob Maréschalls Mitteilungsbedürfnis wirklich nur seiner moralischen Entrüstung entsprang und nicht vielleicht der Tatsache, daß er selbst bei seiner Herrin chancenlos war, ist nicht zu eruieren.

Die Liebschaften der Herzogin Maria Luigia sind jenes peinliche Kapitel, das ein Marie-Louise-Biograph am liebsten überginge. Eine »gealterte, ausgemergelte Frau ohne Zähne«, wie sie ihr Patensohn Eugène de Méneval 1832 mitleidlos beschrieb[4], stahl sich bei Untergebenen Liebe, die sie nicht mehr geschenkt erhielt.

Laut Maréschall war einer ihrer ersten Liebhaber der Hauslehrer ihres Sohnes Wilhelm, ein Schweizer namens P. L. Zode. Da Marie Louise ihre Montenuovo-Kinder in einem Haus unweit des Palazzo

Maria Luigia, Herzogin von Parma, Piacenza und Guastalla
Gemälde von G. B. Borghesi

Ducale unterbrachte und zwischen den beiden Gebäuden einen Verbindungsgang herstellen ließ, konnte sie ungesehen in das Haus gelangen, an das sie, so Maréschall, »mehr als ein Band knüpfte«[5]. Das war eine Anspielung auf die Liebe, die sie zwischen ihren Kindern und Zode teilte.

Zode bekam bald einen Nachfolger in Gestalt eines herzoglichen Kammerherrn. Maréschall scheint seiner Empörung über den unsoliden Lebenswandel seiner Herrin eingehend gegenüber dem Rittmeister Baron Moll, einem der Herren des Herzogs von Reichstadt, Luft gemacht zu haben, und Moll hat die ihm anvertrauten Intimitäten getreulich in seinem Tagebuch festgehalten.[6] Als die Herzogin 1832 nach Wien zu ihrem todkranken Sohn Reichstadt gereist sei, so vermerkte er, habe nicht eine Lungenentzündung, sondern eine Fehlgeburt die Verzögerung der Weiterreise in Triest verursacht. »Der Vater«, so Moll, »sei aber nicht der bekannte Zoze oder Zote, sondern ein neues Individuum.« Was Maréschall ihm erzählte, fand Moll bald durch die Herzogin selbst bestätigt. »Ihr drittes Wort ist stets die Berufung auf einen ihrer Kammerherrn, dessen sie bei jeder Gelegenheit erwähnt. Durch Nachfragen habe ich erfahren, dass der Marchese Sanvitale ihr gegenwärtiger Günstling ist . . . Er war mit ihr in Triest und sollte auch nach Wien kommen; mit einem Male aber hieß es, er habe in Parma dringende Geschäfte. Oh, über das ewig junge Herz dieser Frau!« Tatsächlich war der Kammerherr Luigi Sanvitale nach einem heftigen Auftritt von Maréschall zurück nach Parma expediert und die Herzogin allein zur Weiterreise veranlaßt worden.

Waren die Bettgeschichten der Herzogin schließlich ihre Privatangelegenheit, so war, was nun kam, tatsächlich eine Abnormität. Marie Louise verlobte ihre eigene, erst fünfzehnjährige Tochter mit ihrem Liebhaber, und sie scheint mit dieser fatalen Konstellation durchaus zufrieden gewesen zu sein. Dem Papa teilte sie die Verlobung als glücklichen Umstand mit. »Es hat sich nehmlich eine sehr gute Parthie für meine Tochter angetragen, welche ich mit wahrem Trost angenommen habe«, schrieb sie dem Kaiser.[7] »Er ist einer von jenen zwey Kammerherren, welche in itzigen unglücklichen Zeiten mir die größten Beweise von attachement gaben. Graf S. Vitale ist von der ersten adeligen Familie von Parma und stammt durch seine Mutter von den vormaligen Herzogen von Mantua ab. Er ist sehr reich, 30 Jahre alt, eine sehr angenehme Figur, voll von Geist, Talenten und der feinsten Bildung, und was noch viel beßer ist, von einem äußerst moralischen, guten, soliden Karakter. Er lernte seit verfloßenen Winter das Mädchen kennen und sie gefiel ihm sehr, so wie er ihr; die schreckliche Revolution, in welcher er sich auch viel Mühe gab, um meine Kinder in Sicherheit zu bringen, attachirte sie noch mehr aneinander, und mit Einwilligung seines Vaters hat er sie (von) mir begehrt, die Heurath wird aber erst in zwey Jahren geschehen wegen der Jugend und noch nicht vollendeten Erziehung Albertinens und auch, damit er ganz seine Geschäfte bis dort . . . in Ordnung richten kann.« Zur Erleichterung der zur Sparsamkeit gezwungenen Herzogin hatte sich der Graf verpflichtet, sein Vermögen zu realisieren.

Die kirchliche Hochzeit fand am 28. Oktober 1833 in Sala statt. Das Geburtsdatum der glücklichen Braut schien im Trauschein des neuvermählten Paares diskreterweise nicht auf. Über die Reaktion von Kaiser Franz fehlen Einzelheiten.

Marie Louise war ganz gerührte Brautmutter. »Obgleich ich von dem Glück Albertinens überzeugt bin, war der Augenblick der Trennung fürchterlich«, schrieb sie einige Monate später ihrer

Marie Louises Sohn, Gen. Major Wilhelm Graf (später Fürst)
Montenuovo
Lithographie von Josef Kriehuber

Albertine Gräfin Montenuovo, die Tochter Marie Louises, als Braut
Aquarell, anonym

Freundin Victoire de Crenneville.[8] »Ihre Ehe geht wunderbar und wird allgemein gebilligt.« Zumindest der erste Teil dieses Satzes stimmte: Die Ehe der Sanvitales verlief harmonisch. Im Jahr nach der Hochzeit kam Marie Louises erstes Enkelkind, Albert, zur Welt, dem später noch drei Geschwister folgten. Albertine erfreute ihre Mutter durch Anhänglichkeit und oftmalige Besuche. Die »allgemeine Billigung« dieser Heirat aber war eine Fehleinschätzung.

Bis heute wird die »Nymphomanin« Marie Louise, die das eigene Kind mit ihrem Liebhaber verkuppelte, mitleidlos kritisiert und mit Hohn überschüttet. »Während . . . Joséphine nach dem Maßstab bürgerlichen Anstands als Dirne begann, endete Marie Louise als solche«, resümierte ein Napoleon-Biograph.[9] Ganze Bücher erschienen über die »ausschweifende Marie Louise«[10], deren Ansehen immer tiefer sank, je höher in der Legende der Stern Napoleons stieg.

Mit modernen Schlagworten wie »midlife-crisis« ist diesem Phänomen nicht beizukommen, hier liegen die Ursachen tiefer. Ihr Leben lang hatte sich Marie Louise bemüht, den an sie gestellten Anforderungen gerecht zu werden, es war ihr nie wirklich gelungen. Ihr der Staatsräson gebrachtes Opfer war unbedankt geblieben, ihr Wohlverhalten nicht honoriert worden. Der Ausbruch aus der Konvention mag eine Art hilfloser Racheakt am Schicksal gewesen sein, das ihr so übel mitgespielt hatte, die Trotzreaktion einer psychologischen Aussteigerin. Hatte sie nicht die glücklichste Zeit ihres Lebens – die Jahre mit Neipperg – erlebt, weil sie sich über bürgerliche Moral und höfische Konvention hinweggesetzt hatte? Warum es nicht wieder versuchen? Als Neipperg starb, war sie erst 38 Jahre alt. Dringend verlangte es sie nach einem neuen Gefährten, nach menschlicher Wärme und physischer Zärtlichkeit, und bedenkenlos griff sie zu, wo sich ein neuer Partner fand. Daß sie nicht wählerisch war und in Ermangelung einer echten Liebe mit bloßen Bettaffären vorliebnahm, ist sicher zu einem Gutteil ihrer erbbiologischen Veranlagung zuzuschreiben.

Seit der Verbindung mit den Lothringern ist den Habsburgern eine hypertrophe erotische Veranlagung zu eigen. Maria Theresias Gemahl, Franz I. von Lothringen, sein Sohn, Kaiser Leopold II. und sein Enkel Franz II. (als Österreichischer Kaiser Franz I.) bescherten ihren Gemahlinnen insgesamt sechsundvierzig Kinder. Dennoch glaubte Maria Theresia Grund zur Eifersucht auf ihren

»Franzl« zu haben. Ihr Enkel, der sittenstrenge Kaiser Franz, holte sich die Freuden der körperlichen Liebe bei einer willfährigen Frauensperson, wenn seine dritte Angetraute krankheitshalber nicht einsatzfähig war. Die Kaiserin Maria Ludovica wußte das und duldete es nolens volens, daß ihr Eheliebster zu Zeiten zur »Spintin« schlich.

Wurden diese Besuche wenigstens mit größter Diskretion abgewickelt, so ging die Familie Bonaparte weit ungenierter zu Werke. Es war ein offenes Geheimnis, daß Napoleons Schwestern ihre Liebhaber wechselten wie die Hemden, und daß die Kinder der charmanten Hortense nicht durchwegs von ihrem Gatten Louis stammten. Eine ganze Literatur beschäftigt sich mit den illegitimen Nachkommen Napoleons und seiner Brüder, und Neipperg hatte sich seine erste Ehefrau durch einen Ehebruch mit Entführung geholt. Marie Louise war nicht besser und nicht schlechter als diese Beispielgeber, und eigentlich hatte ihre enthemmte Lebenslust sogar etwas Trauriges an sich, und am allertraurigsten war die Affäre mit dem Sangeskünstler. Napoleons Schwester Elisa kam durch ihre Affäre mit Paganini wenigstens zu Operettenehren. Marie Louise kam durch die Romanze mit einem Tenor nur ins Gerede.

Jules Lecomte, 1810 als Sohn eines Marineoffiziers in Frankreich geboren und somit um 19 Jahre jünger als Marie Louise, war zunächst zur See gefahren und hatte dann einige Seefahrerromane geschrieben, mit denen er sogar Erfolg hatte. Als er infolge von Wechselfälschungen in Frankreich mit dem Gesetz in Konflikt geriet, floh er nach Italien, ließ sich zum Sänger ausbilden und begann eine Karriere als Tenor. Über Lüttich, München, Wien und Venedig führte ihn sein Weg auch nach Parma.

Die Herzogin Maria Luigia saß in der Hofloge ihres Teatro Regio, als er auf der Bühne stand. Sie hörte eine klangvolle Tenorstimme und sah einen jungen Menschen, der nicht übel aussah. Wenn er eine Arie anstimmte, trat er an die Rampe, sah zu ihr empor und schien nur für sie zu singen. Sie war entzückt, applaudierte länger als sonst und sandte ihm eine Einladung zum Souper. Er kam – und ging nicht mehr.

Der schöne Jules war ein Kavalier, der zwar genoß, aber nicht schwieg. Seinem Pariser Verleger Souverain teilte er umgehend mit, daß er »die Nachfolge Napoleons« angetreten habe. Die Herzogin, entzückt von seinem Gesang, habe ihn zum Souper gebeten, das bis zum Morgen gedauert habe.«Als ich am Morgen erwachte, konnte ich mir einbilden, ich wäre der Kaiser.«[11]

Der Brief wurde in Pariser Schriftstellerkreisen eingehend diskutiert und belacht. Er schien um so glaubhafter, als der tenorale Don Juan auch die Privatgemächer der Herzogin eingehend beschrieb, sich also dort aufgehalten haben mußte. Da er allerdings unter den an den Wänden hängenden Porträts auch eines von Napoleon gesehen haben will, könnte alles nur frech erfunden sein, denn nachweislich befand sich im ganzen Palast kein einziges Bild Napoleons, was Maréschall einmal ausdrücklich gerügt hat. Die Affäre mit dem Sänger brachte Marie Louise jedenfalls das Spottwort ein, auf ihrem Grabstein solle einst eingraviert werden:»Hier ruht eine, die mit einem Kaiser begann und mit einem Tenor aufhörte . . .«[12]

Was diese Fünf-Kreuzer-Geschichte so besonders fatal macht, ist die Tatsache, daß sie sich während der dreißiger Jahre abspielte, zu einer Zeit also, als die Herzogin bereits wieder verheiratet war. Der Auserwählte, der viel auf Reisen war, war Graf Charles-René von Bombelles. Nach der Verbindung aus Staatsräson mit Napoleon und der Liebesheirat mit Neipperg folgte nun eine Vernunftehe. Wie sie zustande kam, wissen wir nicht, ebensowenig, wie der Graf auf die Amouren seiner Gattin reagierte und ob er sie überhaupt zur Kenntnis nahm.

Metternich hatte den Grafen Bombelles für die Stelle des Obersthofmeisters und Ministers am Hof zu Parma vorgeschlagen, da Maréschall nicht gewillt war, die Geschäfte weiter zu führen. Er sei, schrieb er 1832 verdrossen an den Staatskanzler, »an den eingefleischten und fehlerhaften Gewohnheiten« der Herzogin gescheitert, »die weder Alter, Erfahrung noch die größten häuslichen Kalamitäten bessern oder gar abändern konnten«[13].

Bombelles überlegte sich die Sache gründlich, ehe er im August 1833 in Parma eintraf. Marie Louise scheint er sofort gefallen zu haben. »Ich kann Ihnen nicht genug, liebster Papa, für die Wahl des Grafen Bombelles meine Erkenntlichkeit bezeigen«, schrieb sie am 23. September nach Wien[14], »keinen bessern Obristhofmeister hätte ich in keiner Beziehung haben können.« Am 20. Dezember meldete sie: »Er ist ein vortrefflicher Mann, den ich immer mehr schätze, je näher ich ihm kennenlerne, und welcher sich erstaunlich im Lande beliebt macht.«[15] Hatte sie nicht vor Zeiten dasselbe von Napoleon geschrieben?

Graf Charles-René Bombelles, dritter Gatte Marie Louises
Gemälde von Gaetano Signorini (Ausschnitt)

Charles-René Graf von Bombelles war eigentlich der denkbar ungeeignetste Ratgeber für die Witwe Napoleons, entstammte er doch einer Familie, die mit Leib und Leben den Bourbonen diente. Seine Mutter war Angelique de Mackau gewesen, eine Freundin der Schwester Ludwigs XVI., Madame Elisabeth. Charles-René wurde am 6. November 1784 zu Versailles als Sohn des Marquis Marc de Bombelles geboren, der ein recht abenteuerliches Leben führte. Zu Beginn der Französischen Revolution emigriert, kämpfte er zunächst unter preußischen Fahnen und dann im Condéschen Korps gegen sein revolutionäres Vaterland. Um 1800 hielt er sich mit Familie im Österreichischen auf, wo er seine Frau, die Mutter seiner vier Kinder, verlor. Von Schmerz überwältigt, beschloß der Marquis, Geistlicher zu werden und in ein Kloster in Mähren einzutreten. Tatsächlich nahm er die Weihen, kehrte aber, als sein König wieder in Paris einzog, nach Frankreich zurück und wurde am Tuilerienhof mit offenen Armen aufgenommen. Er brachte es zum Bischof von Amiens, verwaltete sein Bistum mustergültig und war ein kunstsinniger, sehr humorvoller Herr. Als er einmal zu einer Visite mit Familie erschien und sich als »der Bischof von Amiens und seine Söhne« anmelden ließ, korrigierte er sich, als er das konsternierte Gesicht des Bedienten sah: »Sagen Sie lieber: ›der Bischof von Amiens und die Neffen seines Bruders‹.«[16]

Sein Sohn Charles-René trat in jungen Jahren in die österreichische Armee ein und sah seine Heimat erst wieder, als er 1814 als Adjutant Schwarzenbergs in Paris einzog. Selbst ohne Vermögen, heiratete er die reiche Baronesse von Kavanagh, mit der er mehrere Kinder hatte. Nach dem frühen Tod seiner Gattin erhielt er in Paris die gutdotierte Stelle eines Kammerherrn. 1830 befand er sich gerade in Nancy, als die Pariser Julirevolution den »Bürgerkönig« Louis Philippe ans Ruder brachte. Da er diesem »Emporkömmling« nicht dienen wollte, kehrte er nach Österreich zurück.

Die Baronin Du Montet entwarf ein »doppeltes« Charakterbild des Grafen: »Ein loyaler Edelmann, gutherzig wie seine Brüder, doch noch ehrgeiziger als sie«, schrieb sie. »Ein Gemisch von militärischer Rauheit und weltmännischer Sanftmut mit zwei ganz verschiedenen Stimmen, einer furchtbaren und einer anderen, die sanft und schüchtern klingt. Diese zwei Stimmen, man könnte auch sagen, diese zwei Charaktere, haben ihm gute Dienste geleistet. Der schüchterne Mann, reserviert und zartfühlend, hat einigen Frauen gefallen; der rauh sich gebende, welcher diskutierte, seine Bedingungen stellte, hat Eroberungen in den Salons gemacht . . .«[17]

Der Graf eroberte auch Marie Louise. »Ich beglückwünsche mich täglich mehr zu der Wahl, die wir mit Graf Bombelles getroffen haben«, schrieb sie ihrer Freundin Victoire.[18] »Er ist ein wahrer Heiliger und ein so angenehmer Gesellschafter.« Sie spielte damit auf die große, ja bigotte, Frömmigkeit des Grafen an.

Wir sind nicht darüber unterrichtet, wer von beiden die Initiative zu einer Eheschließung ergriffen hat. Will man der Baronin Du Montet glauben, muß es Marie Louise gewesen sein. »Er hat es sicherlich nicht gewünscht«, so die Baronin, »die Erhabenheit seines unabhängigen Charakters ist mir eine sichere Gewähr dafür.«[19] Wie auch immer – jedenfalls fand sechs Monate nach Bombelles Ankunft in Parma – am 17. Februar 1834 – die Vermählung der Herzogin Maria Luigia mit dem Grafen Charles-René de Bombelles statt. Über diese Ehe, die bis zum Tode der Souveränin, also 13 Jahre, währte, sind wir nur mangelhaft unterrichtet. Bombelles hat keinerlei Tagebücher oder aufschlußreiche Dokumente hinterlassen, und Marie Louise erwähnte ihn selten in ihrer Korrespondenz. Auf einem Aquarell, das in Parma aufbewahrt wird, aber spazieren die beiden Seite an Seite in einen Garten hinein. Die Figuren sind von hinten gemalt und lassen keinerlei Rückschlüsse auf den Gesichtsausdruck zu. Über dem ganzen aber liegt ein Hauch friedvoller Harmonie.

Wie seine Vorgänger war auch Bombelles ein fleißiger Arbeiter. Er stand früh auf und erledigte schon vor der täglichen Frühmesse die Korrespondenz. Nach der allmorgendlichen Besprechung mit der Herzogin konferierte er mit Beamten und Militärs, nachmittags erteilte er Audienzen, und um fünf Uhr war Ratskonferenz.

Immer am Nachmittag pflegten die Herzogin und ihr »Gran Maggiordomo« auszufahren. »Das war ein rührendes Schauspiel«, erzählt ein Augenzeuge[20]. »Außerhalb der Stadt stieg sie aus dem Wagen, besuchte die Dörfer und legte am Arm des Grafen von Bombelles große Strecken auf der Landstraße zurück, nur von einem einzigen Diener begleitet, der einen großen Sack mit kleinen Geldrollen trug. Jedermann durfte sie ansprechen, einige alte Frauen knieten sich vor ihr hin, küßten ihre Hand und überreichten Gesuche. Sie hob die Frauen auf und überflog die Bittschriften. Appellierte man an ihre Freigebigkeit, zog sie aus dem großen Sack eine dieser Rollen; war das Ansuchen komplizierter Art, versprach sie, sich darum zu kümmern, und man hat mir versichert, daß sie ihr Versprechen hielt.«

Es war ein einfaches, stilles Leben, das Marie Louise in Parma führte, das Leben, das sie sich immer gewünscht hatte. Ob dieses monotone Leben auch ihren Ehemännern behagte, muß freilich dahingestellt bleiben. Die Baronin Du Montet jedenfalls meinte spitz: »Der General Neipperg, welcher die traurige Ehre hatte, Marie Louise zu heiraten, ist daran aus Langeweile gestorben.«[21]

Abwechslung brachten Theaterbesuche, durchreisende Verwandte, ein gelegentliches »Gran Pranzo a Corte«, zu dem die Herzogin dreißig bis vierzig Personen einlud, festliche Opernaufführungen und die musikalischen Akademien, die alljährlich am 12. Dezember, dem Geburtstag der Souveränin, stattfanden.

Mit Umsicht und Liebe überwachte Marie Louise die Erziehung ihres Sohnes Wilhelm. War sie verreist, schrieb sie ihm zärtliche Briefe und erzählte von Erlebnissen wie der Krönung ihres Bruders Ferdinand zum König von Ungarn, einem Ereignis, dem sie 1830 in Preßburg beiwohnte. Regelmäßig ließ sie sich von ihrem Hofkaplan, dem Deutschen Ordenspriester Marie Antoine Lamprecht, der den Buben erzog, Bericht erstatten und scheute sich auch nicht, für den etwas hochfahrenden, eigensinnigen Jungen Strafen anzuempfehlen, »und desto mehr, da der Eigendünkel und die Rechthaberey ein Familienfehler ist«[22]. Sie war den Kindern Albertines eine liebevolle Großmutter und den Kindern Bombelles eine liebenswürdige Gastgeberin. Es ist ganz biedermeierliche Behaglichkeit, wenn sie von Sala aus an Lamprecht schrieb: »Die Familie Sanvitale ist auch hier, und die Luft scheint den Kleinen vortrefflich anzuschlagen, wenigstens sehen sie prächtig aus. Albertine reitet fleißig mit dem jungen Bombelles spazieren, welcher uns Montag frühe verläßt, worüber sein armer Vater sehr betrübt ist.«[23]

Wenn Marie Louise auf Reisen ging, war Bombelles fast stets an ihrer Seite und kontrollierte, bezahlte und signierte ihre Rechnungen. Offenbar war er auch in Österreich durchaus willkommen. 1834 forderte die Kaiserin Karoline Augusta Marie Louise auf, den Grafen Bombelles nach dem kaiserlichen Sommeraufenthalt Weinzierl bei Melk an der Donau mitzubringen. »Ihr Vater schätzt ihn unendlich und auch ich werde mich freuen, ihn zu sehen«, schrieb sie ihrer Stieftochter in französischer Sprache.[24] Das war nicht ganz selbstverständlich, da die Ehe immer noch tunlichst geheimgehalten wurde. »Ihrer gnädigen Erlaubniß gemäß werde ich den Grafen Bombelles mitbringen«, antwortete Marie Louise.[25] Wie Kaiser Franz seinen dritten Schwiegersohn aufgenommen hat, wissen wir nicht . . .

Der Kaiser war in jenem Jahr 1834 sechsundsechzig Jahre alt. Sein Gesicht war noch bleicher, seine Miene noch grämlicher geworden. Im Jahr 1826 war er krank geworden, so krank, daß man stündlich mit seinem Ableben rechnete. Eine Menge Menschen hatte sich vor der Hofburg eingefunden und wartete stumm auf die Nachricht, ob der Kaiser leben oder sterben würde. Viele weinten. Grillparzer schrieb damals sein rührendes Gedicht vom Tod, der gekommen war, den Kaiser zu holen, aber wieder ging, als er die vielen bangenden Menschen sah. »Ich ward gesandt, ein einzig Herz zu brechen. So viele tausend Herzen brech' ich nicht!«[26]

Als der Wiedergenesene dann zum erstenmal ausfuhr, jubelten die Wiener. »Die Straßen«, schrieb damals der Herzog von Reichstadt an seine Mutter, »waren mit einer unzähligen Volksmenge bedeckt, die durch ein lautes Vivatrufen ihrem Gefühle Raum ließ, die Stühle und Bänke der Caffehäuser, die Fenster waren voll Menschen, die sich glücklich priesen, den Kaiser nur auf einen Augenblick zu sehen; es liefen viele neben seinem Wagen bis zum Wasser im Prater und wieder zurück.«[27]

Noch neun Jahre hatte der Kaiser zu leben, dann kam der Tod wieder, und diesmal ging er nicht mehr. Am 2. März 1835 erlag der Monarch einer Lungenentzündung.

Selten war ein Regent so sehr einer Schwarz-Weiß-Zeichnung unterworfen wie der »gute Kaiser Franz«, dessen Epitheton ornans von vielen Historikern nur mit Sarkasmus verwendet wird. Franz I., das war der Monarch, der politisch Andersdenkende gnadenlos hinrichten ließ oder – wie seinen eigenen Lehrer, den Freiherrn von Riedel – auf dem berüchtigten Brünner Spielberg einem langsamen, elenden Sterben in Ketten aussetzte. Franz I., das war der Kaiser, der eigene Fehler seine Minister entgelten ließ und seine begabteren Brüder stets mit Mißtrauen und Argwohn überwachte. Zeit seines Lebens hielt er die Fenster und Türen »seiner« Monarchie fest verschlossen, damit der revolutionäre Wind von draußen nur ja nicht hereinblies. »Franz der Gute«, das war der Erzreaktionär, Unterdrücker der Freiheit und Chef eines Polizeistaates: der treue Herr seines Dieners Metternich und seiner engherzigen, kleinlichen, oft lächerlichen, manchmal tödlichen Zensur.

Über dem Äußeren Burgtor seiner Haupt- und Residenzstadt Wien aber hat derselbe Kaiser Franz seinen Wahlspruch verewigt: IVSTITIA REGNORVM FVNDAMENTVM – Gerechtigkeit ist die Grundlage der Regenten –, und das Bürgerliche Gesetzbuch, das unter seiner Ägide 1811 erschien und seine Untertanen vor Willkür und Übermut der Ämter schützte, ist ein Gesetzeswerk, das dem Code Napoléon nicht nachsteht und in seinen Grundzügen bis heute Gültigkeit hat. Das ist derselbe Kaiser Franz, der seine Untertanen stets »meine Kinder« nannte und der, wenn er wieder eine Schlacht verloren hatte, zu Napoleons ärgerlichem Erstaunen in Wien mit weit größerem Jubel empfangen wurde als der Sieger in Paris. Er war oft von lähmender Entschlußlosigkeit gewesen, der Kaiser Franz, und ließ es gehen, wie es eben ging, aber mit seinem Stoizismus hatte er dann doch Napoleon überdauert.

Im Inneren Burghof zu Wien, früher auch Franzensplatz genannt, steht das Denkmal des Kaisers Franz. Es zeigt ihn als römischen Imperator, mit dem der Biedermeierkaiser im braunen Rock freilich nichts gemein hatte. Am liebsten regierte er vom Schreibtisch aus und war lange vor seinem Enkel Franz Joseph ein Beamtenkaiser, der bis in die Nacht hinein Akten erledigte. Er war keiner, dem die Herzen zuflogen, aber seine vier Frauen liebten ihn aus Herzensgrund. Seine Lieblingstochter Marie Louise hat er hin- und hergeschoben wie ein Paket, und sie dankte es dem »besten Papa« noch hundertmal. Vom Rokoko bis zum Vormärz hat Franz »der Gute« regiert, 43 Jahre lang. Als er damit anfing, fuhr man mit der Postkutsche und produzierte handgemachte Waren. Als er damit aufhörte, verkehrten die ersten Eisenbahnen, und die erste industrielle Revolution war im Gange. Dem Kaiser freilich waren Neuerungen suspekt. Es sollte alles bleiben, wie es war. Seinem Sohn und Nachfolger schärfte er ein, »nichts an den Grundlagen des Staatsgebäudes zu verrücken«[28].

Das Ableben des Kaisers, der fast ein halbes Jahrhundert regiert hatte, war ein gewaltiges Ereignis. Viele seiner Untertanen spürten, daß mit ihm ein Zeitalter zu Ende ging, das manche »das goldene« nannten. Grillparzer freilich versichert, es wäre alles »mit heitern Gesichtern« zum Begräbnis des »abgöttisch verehrten Monarchen« gegangen. »Er war nicht angebetet worden, wie die Zeitungen schreiben«, so der Dichter. »Der Österreicher liebte seinen Kaiser wie Desdemona den Othello seiner Unglücksfälle wegen.«[29]

Für Marie Louise war der Tod ihres Vaters die vielleicht größte Erschütterung ihres Lebens. »Ich habe das Wesen verloren, das mir in den schwierigsten Umständen meines Lebens Vater, Freund und Ratgeber gewesen ist«, schrieb sie ihrer Freundin Victoire.[30] Der »beste Papa« hatte ihr Wohl freilich stets dem der Monarchie untergeordnet, und oft war er dabei mit einer bemerkenswerten Gefühlskälte vorgegangen. Auf seine Weise aber hatte auch er diese Tochter geliebt. Nun, da er tot war, fühlte sie sich verloren und verlassen. »Mein Glück bestehet izt auf dieser Welt in dem Troste, welchen mir meine guten Kinder verschaffen können und in dem Streben, die Pflichten, welche mir Gott hier auferlegt, so gut als es meine schwachen Kräfte möglichst erlauben, zu erfüllen«, schrieb sie an Lamprecht.[31]

Schon ein Jahr nach dem Tod ihres Vaters sollte sie ausgiebig Gelegenheit dazu erhalten.

Es war der Juni des Jahres 1836. Die Herzogin Maria Luigia befand sich – diesmal ohne Bombelles, der daheim geblieben war – in Schönbrunn, um ihren Bruder, den neuen Kaiser Ferdinand I. zu besuchen. Der arme, kranke »Nandl« hatte zwar den Thron bestiegen, an ein Regieren aber war nicht zu denken. Für den Kranken führte die Amtsgeschäfte ein Staatsrat, dem Fürst Metternich, Erzherzog Ludwig und der Graf Franz Anton Kolowrat angehörten.

Es war Sommerszeit, und in Schönbrunn stand das Gartenparterre in voller Blüte, als Bombelles Brief mit der Unglücksnachricht eintraf. Die Cholera, die in den Ländern Europas reihum ging, hatte nun auch Parma erreicht. Die Herzogin, schrieb der Graf, möge ungesäumt in ihre Herzogtümer zurückkehren.

Marie Louise kam und fand ihre Hauptstadt in ein großes Lazarett verwandelt. Bombelles hatte die Ordensschwestern der umliegenden Klöster mobilisiert, die seinem Ruf sofort gefolgt waren und aufopfernde Pflegedienste leisteten. Sie arbeiteten inmitten der Hölle von Krankheit, Elend, Schmutz und Tod, und sie arbeiteten bis zur Erschöpfung. Viele steckten sich an, starben eines grausamen Todes und wurden, kaum erkaltet, in Massengräber gelegt.

Marie Louise hatte seit Jahren sorgenvoll einem Übergreifen der schrecklichen Krankheit auf Parma entgegengesehen. »Indess mache ich alle Anstalten für das Land und das Haus als wenn sie kommen sollte«, hatte sie bereits 1831 an den Vater geschrieben[32], »und ich mache auch alle meinen wenigen Geschäfte in Ordnung, damit ich bereit bin, wenn Gott mit mir disponieren sollte, und wenn es nicht so ein schreckliches Unglück für das Land wäre, so würde ich die Krankheit sehr gelassen und ohne Furcht erwarten.«

Nun die Krankheit da war, trat sie ihr tatsächlich ohne Furcht entgegen. »La buona duchessa« ging selbst in die Spitäler, tröstete die Bettlägerigen und kniete bei den Kranken, die aus Bettenmangel auf den Boden der Korridore gelegt werden mußten. Den Familien der Erkrankten half sie durch Geld und Lebensmittel. Bombelles unterstützte sie. Gemeinsam organisierten sie die Hilfsmaßnahmen und gemeinsam beteten sie um das Erlöschen der Krankheit. Die Cholera wütete von Juni bis September 1836. Es gab 1212 Krankheitsfälle und 438 Tote.[33]

Marie Louise hatte überlebt, und sie überlebte auch die meisten Menschen, die ihr Leben begleitet und ihr Schicksal mitbestimmt hatten. Ludwig XVIII. war 1824, Zar Alexander I. 1825 gestorben. König Friedrich Wilhelm III. von Preußen verschied 1840, als Marie Louise noch sieben Jahre vor sich hatte. Sie überlebte auch alle Bonapartes mit Ausnahme von Jérôme, dem ehemaligen König von Westfalen, der erst 1860, sechsundsiebzigjährig, starb und von der Familie der einzige war, der noch das zweite Kaiserreich erlebte.

1816 war die Familie Bonaparte aus Frankreich verbannt worden und ihrer französischen Besitztümer, Vermögen und Einkommen verlustig gegangen. Dennoch lebten sie im Ausland als wohlhabende, ja reiche Leute, da sie rechtzeitig Vermögenswerte aus Frankreich weggebracht hatten. Sie pumpten einander gegenseitig an, beerbten einander oder suchten sich finanzkräftige Partner. Caroline, die Exkönigin von Neapel, brachte sogar das Kunststück fertig, von der französischen Deputiertenkammer eine Pension herauszuschlagen.

Zum Großteil wandten sich die Bonapartes nach Italien und domizilierten vorwiegend in Triest und Rom. Bis an ihr Lebensende zankten sich alle und intrigierten gegeneinander. Pauline, Hortense und der Onkel Fesch erlagen wie Napoleon einem Krebsleiden.

Von den Brüdern Napoleons machte Louis, der Exkönig von Holland, durch Skandalgeschichten von sich reden. Lucien, der »Frondeur«, brachte es als Etruskologe zu einigem Ansehen. Joseph, Exkönig von Neapel und Spanien, ging nach Amerika, wo er das Leben eines reichen Farmers führte. Vergebens ersuchten er und Madame Mère die Alliierten um die Erlaubnis, Napoleon auf St. Helena besuchen zu dürfen. Ebenso erfolglos setzte sich Joseph nach Napoleons Tod für die Rechte des Herzogs von Reichstadt

Maria Luigia, Herzogin von Parma
Posthumes Altersbild, Lithographie von Josef Kriehuber

ein. Die ihm angebotene Krone von Mexico schlug er aus. Er habe zwei Kronen getragen, sagte er, das genüge. Mit Kronen und Thronen haben heute nur noch die Nachfahren von Eugène Beauharnais zu tun, die den Königshäusern von Schweden, Norwegen, Belgien und Dänemark angehören.[34]

Das höchste Alter von allen Bonapartes und Beauharnais erreichte Madame Mère. Die Mutter Napoleons starb 1836 im Alter von 86 Jahren. Als Millionärin lebte sie mit ihrem Halbbruder, dem Kardinal Fesch, in römischen Palästen, die voll waren von Andenken an ihren großen Sohn. Sie war auch vermutlich die einzige der Familie, der der Tod des Herzogs von Reichstadt wirklich nahe ging.

Marie Louise teilte ihr am 23. Juli 1832 von Wien aus die Todesnachricht mit. Es war seit siebzehn Jahren das erstemal, daß sie mit Napoleons Mutter in Verbindung trat. Laetitia Bonaparte fand sich nicht bereit, darauf selbst zu antworten. Kardinal Fesch tat es an ihrer Stelle und unterzeichnete mit ihrem Namen[35]. Der Kontakt zwischen Marie Louise und ihrer Schwiegermutter war damit für alle Zeit beendet.

Wie ein Rad, das nicht mehr angetrieben wird, lief Marie Louises Leben langsam aus. »Ich weiß nicht, ob die Kaiserin jemals schön gewesen«, schrieb in den vierziger Jahren der Graf von Falloux, ein überzeugter Royalist, »auf jeden Fall, als ich die Ehre genoß, sie zu sehen, besaß ihr Äußeres nichts Anziehendes mehr. Sie hatte einen runden Rücken, ihre Unterlippe, dick, wie es dem Typus des österreichischen Kaiserhauses entspricht, hing herunter, was sie älter als ihren Jahren entsprechend erscheinen ließ. Sie war einfach und stets bereit, Gehör zu schenken, wie es traditionsgemäß am Wiener Hofe ist. Sie war keine durch ihren Geist glänzende Gesprächspartnerin, doch führte sie die Konversation mit einer recht feinen Gutmütigkeit und mit Nachsicht.«[36]

Diese feine, stille Güte strahlt auch das Aquarell aus, das Josef Kriehuber 1847, im Jahr ihres Todes, von Marie Louise gemalt hat, und das so gar nicht der Schilderung des genannten Augenzeugen entspricht. Aufrecht sitzt sie im dunklen Seidenkleid in einem Lehnstuhl, einen Hermelinumhang lose um die Schultern, die feinen, schmalen Hände ruhig im Schoß und auf der Armlehne. Ein Spitzenhäubchen umschließt das Gesicht, in dem nichts mehr zu lesen ist von den Stürmen und Leidenschaften ihres Lebens.

In ihren letzten Lebensjahren mied Marie Louise Wien, gebrauchte aber regelmäßig die Kur in Bad Ischl, wo sie Schwefel- und Solebäder nahm und sich an den Köstlichkeiten einer bis heute berühmten Konditorei delektierte. Mit großem Vergnügen hat sie – im Jahr 1844 – auch bereits die »k. k. priv. erste Eisenbahn« benützt, die von Linz nach Gmunden verkehrte. »Ich muß gestehen«, schrieb sie, »daß ich mit klopfendem Herzen die Stufen zu dem berühmten Wagen hinaufstieg, in den wir dann eingeschlossen wurden. Ich kann es nicht anders beschreiben, als daß ich mir vorkam, wie von einem Wirbelsturm dahingetragen, im Wagen des Teufels selber . . .«[37]

Die Herzogin befand sich auch in Ischl, als 1847 noch einmal die Wogen gegen die Österreicher in Italien hochschlugen. Infolge der Wahl des liberalen Papstes Pius IX., der dem Gedanken eines italienischen Bundesstaates neuen Auftrieb gab, kam es in Lombardo-Venetien zu heftigen antiösterreichischen Kundgebungen. »Abasso Austria!« schrie die Menge. So heftig waren die Krawalle in Ferrara und in Mailand, daß der Wiener Hof den Vizekönig, Erzherzog Rainer, ermächtigte, gegebenenfalls das Standrecht zu verkünden. Trotz der persönlichen Popularität der »buona duchessa« griff die revolutionäre Bewegung abermals auf Parma über, wurde aber von Bombelles energisch niedergeschlagen. Es war das Wetterleuchten der Revolution, die im folgenden Jahr in Europa reihum gehen sollte . . .

Marie Louise kehrte am 16. November 1847 nach Parma zurück. Am 9. Dezember klagte sie über Schmerzen in der Brust, unternahm aber dennoch eine Ausfahrt. Um 2 Uhr nachmittags wurde sie von einem Schüttelfrost befallen, und ihr Arzt, Dr. Fritsch, stellte Fieber fest. Dennoch führte sie den Vorsitz im Ministerrat und empfing abends Gäste. Vor Mitternacht hatte sie hohes Fieber. Als sie sich zurückzog, wandte sie sich an der Tür noch einmal um.

»Addio, amici miei«, sagte sie.

Die Kunde von der Erkrankung der Herzogin verbreitete sich in der Stadt, und wie vor Jahren in Wien, strömte eine Menge Menschen vor dem Palast zusammen, die schweigend auf Nachrichten warteten. Dr. Fritsch wohnte im Palast, um stets zur Hand zu sein. Am 12. Dezember, ihrem 56. Geburtstag, besserte sich der Zustand der Patientin, und Dr. Fritsch schöpfte neue Hoffnung. Während der folgenden Tage aber trat eine solche Verschlechterung ein, daß die Kranke mit den Tröstungen der Religion versehen und dem Hof zu Wien Mitteilung von ihrer schweren Krankheit gemacht wurde.

In den Kirchen Parmas wurde für die Genesung der guten Herzogin gebetet und Kerzen entzündet. Als Bombelles Marie Louise von der Sorge und Liebe der Bevölkerung berichtete, lächelte sie. Am 23. Mai 1844 hatte sie ihr Testament gemacht. Da Albertine und Wilhelm wegen ihrer illegitimen Geburt nicht erbfähig waren, erhielten beide lediglich je 300 000 Gulden, Schmuck und Erinnerungsstücke. Als Universalerben setzte Marie Louise den Sohn ihres Onkels Rainer, Erzherzog Leopold, ein. Bombelles und die Getreuen, die ihren Weg begleitet hatten, bedachte sie mit Testaten und Andenken. Dann unterschrieb sie eine Proklamation, die nach ihrem Tode veröffentlicht werden sollte. »Ich vergebe allen, die während meiner friedlichen Regierung mein Herz mit Sorge erfüllt haben und mir zu Zeiten Schmerz, Unglück und Unruhe bereitet haben«, hieß es da.[38] »Ich vertraue der Gnade Gottes, daß Er ihnen verzeihen und sie erleuchten wird und daß sie dem neuen Souverän Gehorsam leisten werden.«

Niemand zweifelte mehr daran, daß die Abschiedsstunde nahte. Albertine und Bombelles wechselten einander am Krankenbett ab. Wilhelm fehlte: Er stand in Österreich in Garnison. Marie Louise bat, ihm ihre Grüße auszurichten, sie werde im Himmel für ihn beten. Dann ließ sie ihre vier Enkelkinder kommen und segnete sie. Ihren Schwiegersohn Sanvitale bat sie, ihre Parmesaner zu grüßen. Sie hoffe, man werde sie nicht ganz vergessen.

Am 17. Dezember ging es zu Ende. Bombelles stand am Fußende des Krankenbettes, Albertine und Sanvitale knieten zu beiden Seiten, die Herren und Damen des Hofes sprachen die Sterbegebete. Marie Louise war bei klarem Bewußtsein. Zu Mittag schlummerte sie nach heftigem Erbrechen ein und erwachte nicht mehr. Um 5 Uhr nachmittags war sie tot. Als Todesursache gab Dr. Fritsch »rheumatische Brustfellentzündung« an.

Der Leichnam der Herzogin wurde durch Dr. Rossi, den einstigen Pflegevater der Montenuovokinder, einbalsamiert. Durch einen Schnitt am Hals führte der Arzt in die Kopfschlagader eine Lösung von 10 Liter Alkohol und 1 Kilogramm Arseniksäure ein.[39] Sechs Tage wurde der Leichnam im Palazzo Ducale auf einem Paradebett aufgebahrt, und die Parmesaner zogen an der Frau vorbei, die ihnen 31 Jahre lang eine gute Souveränin gewesen war. Am Heiligen Abend erfolgte die Einsegnung. Dann wurde die Tote in einen mit violettem Samt ausgeschlagenen Holzsarg gelegt, der in einen bleiernen, und einen dritten, hölzernen, verschlossen wurde. Marschall Radetzky, Chef der in Italien stationierten österreichischen Truppen, sandte als Ehreneskorte eine Schwadron Husaren nach Parma. Unter dem Schutz dieser 150 Reiter trat Marie Louise ihre letzte Reise nach Wien an. In der Kapuzinergruft wurde sie zu Füßen ihres Vaters und neben ihrem Sohn Reichstadt beigesetzt.

Bombelles blieb noch zwei Monate in Parma, um den Hofstaat seiner Gemahlin aufzulösen. Am 24. Dezember 1847 übernahm Herzog Karl Ludwig von Lucca, ein Bourbone, die Regierung der Herzogtümer Parma, Piacenza und Guastalla. Bombelles starb 1856, neun Jahre nach Marie Louise.

Ihrem Sohn, Wilhelm Albrecht Graf von Montenuovo, eröffnete sich eine glanzvolle Laufbahn, bis zum General der Kavallerie, Ritter des Goldenen Vlieses und Träger des Militär-Maria-Theresien-Ordens. Eine Zeitlang war er Kommandierender General in Prag. 1864 erhob ihn Kaiser Franz Joseph I. in den Fürstenstand. Wilhelm heiratete Juliana Gräfin Batthyani-Strattmann, mit der er drei Kinder hatte. Das Paar bewohnte ein Palais in der Wiener Löwelstraße, das ebenso wie der Sommersitz, Schloß Margarethen am Moos in Niederösterreich, viele Erinnerungsstücke an Marie Louise enthielt. Der erste Fürst Montenuovo starb am 6. April 1895.

Sein Sohn Alfred, 1854 geboren, wurde Erster Obersthofmeister Franz Josephs, der ihm sein volles Vertrauen schenkte. Der Fürst hat in der Historie eine gewisse Berühmtheit erlangt, weil er sich mit Eifer, ja mit Besessenheit, gegen die Heirat des Thronfolgers Franz Ferdinand mit der Gräfin Sophie Chotek stellte, vielleicht weil er selbst unter seiner nicht lupenreinen Abstammung litt. Fürst Alfred, der eine Gräfin Franziska Kinsky heiratete, mit der er drei Töchter und den Sohn Ferdinand hatte, überlebte den Kaiser und die Monarchie. Er starb am 6. September 1927.

Der dritte Fürst Montenuovo, Ferdinand, kam 1888 zur Welt, war k. u. k. Kämmerer, königlich ungarischer Geheimer Rat und lebenslängliches Mitglied des ungarischen Oberhauses. Er heiratete Ilona Baronesse Solymossy de Loós et Egervár, die ihm nur Töchter schenkte. Mit Fürst Ferdinand, der 1951 in Ungarn starb, ist die Linie Montenuovo aus der Ehe Marie Louises mit General Neipperg im Mannesstamm erloschen.

Nachwort

Parmaveilchen

Wer heute, bald 140 Jahre nach Marie Louises Tod, nach Parma kommt, wird feststellen, daß dort das Andenken der »buona duchessa« noch überaus lebendig ist. Nach Maria Luigia ist eine Straße benannt, eines der ersten Hotels der Stadt trägt ihren Namen, Luxusgeschäfte benennen sich nach ihr, und von jedem Ansichtskartenständer lächelt ihr Bild. Besucht man die Galleria Nazionale – deren Bestände durch die Großzügigkeit der Österreicherin zu einer der bedeutendsten Sammlungen Italiens erweitert wurden –, trifft man dort auf das Gemälde von Giovanni Borghesi, das »Maria Luigia, Duchessa di Parma« als Souveränin in Staatsrobe und mit Biedermeierfrisur zeigt. Auch heroisiert, als marmorne »Concordia« von Antonio Canova, ist sie zu sehen. Wer sich in der Biblioteca Palatina über die Herzogin informieren will, wird in den »Maria-Luigia-Lesesaal« verwiesen, Historiker finden im Archivio di Stato ein eigenes Marie-Louisen-Archiv.

Am lebendigsten aber tritt die Herzogin dem Besucher in einem ihr gewidmeten Museum entgegen, das Professor Glauco Lombardi in verdienstvoller Forschungsarbeit aufgebaut hat und das einzigartige Stücke aus dem Besitz Marie Louises enthält. Ihr azurblauer Herzogsmantel ist da zu sehen und Fragmente ihres silbernen Kaisermantels, ihr Brautbukett, ein Armband mit dem Porträt Neippergs, das Schreib-, das Manikür-, das Stickzeug und die Malutensilien der Habsburgerin, und, von Canova gefertigt, ein Abdruck ihrer Hand. Sie war blond, wie eine Locke ihres Haares belegt, sie hat auf dem erhaltenen Klavier musiziert, Aquarelle und Briefveduten weisen sie als eine feinsinnige Malerin aus. Porträts, Büsten und Medaillons zeigen, wie sie in den verschiedenen Lebensaltern ausgesehen hat, Bilder schildern das Familienleben mit Neipperg und den Kindern. Hier hängen Abbildungen ihrer Schlösser, und auch ihre Mineraliensammlung ist noch da.

Spricht man mit Parmesanern über Maria Luigia, so fällt kein böses Wort über die Österreicherin. Nichts von Charakterschwä-
chen, gebrochener Treue, Männergeschichten; nur Stolz auf alles,
was sie für diese Stadt getan hat. Die Herzogin Maria Luigia ist in
Parma so populär wie die Kaiserin Maria Theresia in Österreich
oder die Königin Luise in Preußen.

Die Parmesaner sähen es gern, wenn »la buona duchessa« in der
Stadt, in der sie einunddreißig Jahre gelebt und gewirkt hat, auch
bestattet wäre. Vielleicht hat Marie Louise sogar selbst daran gedacht, als sie 1823 in der Unterkirche der »Steccata« eine Kapelle
erbauen ließ, in der sich die Grabkammern der Herzöge von Parma
– der Farnese und Bourbonen – befinden. Sie selbst ist allerdings bis
heute nicht dort eingezogen. Wer von den Parmesanern der Herzogin seine Reverenz erweisen will, muß schon nach Wien fahren und
in die Kapuzinergruft hinabsteigen. Marie Louises Sarg steht heute
nicht mehr neben den Sarkophagen ihres Vaters und ihres Sohnes.
Kaiser Franz ruht, umgeben von seinen vier Frauen, in einem eigenen Gelaß. Marie Louises Sarg steht gesondert im nächsten Raum.
Ihr Sohn kehrte 1940 aus Wien nach Paris zurück, wo er an der Seite
seines Vaters im Invalidendom beigesetzt wurde.

Wer, wie die Autorin, im Winter 1982/83 die tote Marie Louise
besuchte, konnte auf ihrem Sarkophag eine Schärpe in den Farben
Parmas sehen und darauf in italienischer Sprache die Inschrift lesen:
»Unserer Herzogin Maria Luigia vom Pensionistenverband der
Sparkasse.« Dabei ein Karton voll unverwelklicher blauer Blüten:
Parmaveilchen . . .

Marie Luise als alte Frau
Daguerreotypie

Anhang

Literatur

Andics, Hellmut: Das österreichische Jahrhundert. Die Donaumonarchie 1804—1900. Wien, 1974.
Archiv für österr. Geschichte, Band 64.
Aretz, Gertrude: Marie Louise, Erzherzogin von Österreich, Kaiserin der Franzosen. Wien—Leipzig, 1936.

Bibl, Viktor: Der Herzog von Reichstadt. Wien, 1925.
Bibl, Viktor: Erzherzog Karl. Der beharrliche Kämpfer für Deutschlands Ehre. Wien—Leipzig, 1942.
Bibl, Viktor: Kaiser Franz. Der letzte römisch-deutsche Kaiser. Leipzig und Wien, 1937.
Bourgoing, Jean de: Achtzehnhundertneun. Wien, 1959.
Bourgoing, Jean de: Marie Louise von Österreich. Kaiserin der Franzosen – Herzogin von Parma. Wien—Zürich, 1949.
Briefe eines jungen Eipeldauers an seinen Herrn Vettern in Kagran. Wien, 1810.

Castelot, André: Der Herzog von Reichstadt. Wien—Berlin—Stuttgart, 1960.
Cole, Hubert: Joséphine. Wien, 1962.
Corti, Egon Caesar Conte: Anonyme Briefe an drei Kaiser. Dokumente aus den geheimen Staatsarchiven. Salzburg—Leipzig, 1936.
Corti, Egon Caesar Conte: Metternich und die Frauen. Wien, 1977.

Drimmel, Heinrich: Kaiser Franz. Ein Wiener übersteht Napoleon. Wien—München, 1981.

Elbin, Günther: Literat und Feldmarschall. Briefe und Erinnerungen des Fürsten Charles Joseph de Ligne (1735—1814). Stuttgart, 1979.

Friedell, Egon: Kulturgeschichte der Neuzeit. München, 1927—1931.
Fritsche, Victor von: Bilder aus dem österreichischen Hof- und Gesellschaftsleben. Wien, 1914.

Gachot, Edouard: Marie Louise intime. Paris, 1911.
Gard, Graf Auguste de la: Gemälde des Wiener Kongresses, Band I. München, 1914.
Gourgaud, Baron Gaspard: Napoleons Gedanken und Erinnerungen. (St. Helena, 1815—1818). Stuttgart, 1898.
Graedener, Hermann: Erzherzog Carl. 1956.
Graeffer, Franz: Francisceische Curiosa. 1849.

Helfert, J. Alexander Freiherr v.: Maria Louise. Erzherzogin von Österreich, Kaiserin der Franzosen. Wien, 1873.
Herre, Franz: Radetzky. Köln, 1981.

Krones, F. X. Ritter von: Aus dem Tagebuche Erzherzog Johanns (1810–1812). Innsbruck, 1891.
Krones, F. X. Ritter von: Aus Österreichs stillen und bewegten Jahren (1810–1815). Innsbruck, 1892.

Langsam, Walter Consuelo: Franz der Gute. Wien–München, 1954.
Las Cases, Marie Josèphe de: Denkwürdigkeiten von Sanct Helena. Stuttgart, 1822.
Ludwig, Emil: Napoleon. 1926.

Mann, Golo: Deutsche Geschichte des 19. und 20. Jahrhunderts. Frankfurt, 1958.
Marie Louise und Napoleon. 1813–1815. Die unveröffentlichten Briefe der Kaiserin mit den Briefen Napoleons, zusammengestellt und kommentiert von C. F. Palmstierna. München, 1960.
Markham, Felix: The Bonapartes. London, 1975.
McGuigan, Dorothy Gies: Familie Habsburg (1273–1918). Wien, 1967.
McGuigan, Dorothy Gies: Metternich, Napoleon und die Herzogin von Sagan. Wien, 1975.
Méneval, Claude François Baron de: Memoirs illustrating the History of Napoleon I from 1802 to 1815. New York, 1894.

Peternell, Pert: Die österreichische Heirat.1959.
Paoletti, Pier Maria: Parma. Illustrierter Kunstführer.
Pichler, Karoline: Denkwürdigkeiten aus meinem Leben. 1844.
Presser, Jacques: Napoleon. Das Leben und die Legende. Stuttgart, 1977.
Prokesch-Osten, Anton Freiherr von: Denkwürdigkeiten aus dem Leben des Feldmarschalls Fürsten Carl zu Schwarzenberg.
Prokesch-Osten, Anton Freiherr von: Mein Verhältnis zum Herzog von Reichstadt. Stuttgart, 1878.

Rauchensteiner, Manfried: Kaiser Franz und Erzherzog Carl. Dynastie und Heerwesen in Österreich (1796–1809). Wien, 1972.

Salata, Francesco: Maria Luigia e i moti del Trentuno.
Sieburg, Friedrich: Napoleon. Die Hundert Tage. Stuttgart, 1967.
Srbik, Heinrich Ritter von: Metternich. Der Staatsmann und der Mensch. Band I. und II., Graz 1979.
Stacton, David: Die Bonapartes. Wien–Hamburg, 1968.
Stoeckl, Agnes de: Four Years an Empress. Marie-Louise Second Wife of Napoleon. London, 1962.
Strich, Michael: Marschall Berthier und sein Ende. München 1908.
Sturmfeder, Louise Baronin von: Die Kindheit unseres Kaisers (1830–1840). Wien, 1910.

Thürheim, Lulu Gräfin: Mein Leben (1788–1918). München, 1913.
Tolstoi, Leo: Krieg und Frieden. Stuttgarter Hausbücherei.
Tritsch, Walther: Franz von Österreich. Der Kaiser des »Gott erhalte«. Leipzig, 1937.

Vallentin, Antonina: Goya, 1955.

Vallotton, Henry: Metternich. Napoleons großer Gegenspieler. München, 1966.

Varnhagen von Ense: Denkwürdigkeiten.

Wagner, Renate: Würde, Glanz und Freude. Vom festlichen Leben und Treiben in den Zeiten. Graz, Wien, Köln, 1981.

Watson, Sydney John: By Command of the Emperor. A life of Marshall Berthier. London, 1957.

Wencker-Wildberg, Friedrich: Das Haus Napoleon. Geschichte eines Geschlechts. Stuttgart, 1939.

Wertheimer, Eduard von: Der Herzog von Reichstadt. Stuttgart, 1902.

Wertheimer, Eduard von: Die ersten drei Frauen des Kaisers Franz. Leipzig, 1893.

Wertheimer, Eduard von: Die Heirat der Erzherzogin Marie Louise mit Napoleon I. Wien, 1882.

Wertheimer, Eduard von: Geschichte Österreichs und Ungarns 1800–1810.

Wolfsgruber, Cölestin: Franz I., Kaiser von Österreich. 1899.

Wright, Constance: Hortense, Tochter Napoleons. Hamburg 1963.

Zweig, Stefan: Marie Antoinette. Wien, 1938.

Wiener Zeitung. Herangezogen wurden diverse Jahrgänge von 1791 bis 1847.

Quellennachweise

Abkürzungen

HHStA = Haus-, Hof- und Staatsarchiv, Wien. – F. A. = Familienarchiv. – MN = Montenuovo-Nachlaß. – oO = ohne Ortsangabe. – oD = ohne Datum.

Kapitel I

1 Die Szene ist dem Bild von Johann Nep. Hoechle nachempfunden.
2 Anwerbung und Vermählung, Min. d. k. k. Hauses, Karton 19, HHStA.
3 HHStA, Ebda.
4 Berthier an Napoleon, 4. März 1810, zit. b. Eduard von Wertheimer: Die Heirat der Erzherzogin Marie Louise mit Napoleon I., S. 26.
5 HHStA, Hausarchiv/Familienkorrespondenz A, Karton 52.
6 Berthier an Napoleon, 7. März 1810, b. Wertheimer S. 27.
7 HHStA, 19, Min. d. k. k. Hauses, Vermählungen, Fasz. XVIII, Nr. 19.
8 Wiener Zeitung, 29. November 1809.
9 Graf Otto an Ministère d. aff. étr. vom 6. Februar 1810, Wertheimer S. 20.
10 Gertrude Aretz: Marie Louise, S. 87.
11 Laborde an Bassano v. 9. März 1910, Arch nat., Wertheimer, S. 28.
12 Caroline Pichler: Denkwürdigkeiten aus meinem Leben, Bd. 2, S. 188/189.
13 Hellmut Andics: Das österreichische Jahrhundert. Die Donaumonarchie 1804–1900, S. 48.
14 Joseph Alexander Frh. von Helfert: Maria Louise, Erzherzogin von Österreich, Kaiserin der Franzosen, S. 66.
15 Helfert, S. 54.
16 Ebda., S. 51, 54.
17 So vertritt der französische Historiker Thiers die Behauptung, der Wiener Hof hätte auf hunderterlei Art zu verstehen gegeben, daß er zur Heirat geneigt sei, während speziell Joseph Alexander Frh. von Helfert und Jean de Bourgoing, zwei österreichische Historiker, diese These dezidiert zurückweisen.
18 Jean de Bourgoing: Marie Louise von Österreich. Kaiserin der Franzosen – Herzogin von Parma, S. 14.
19 Autobiographische Denkschrift 1844, b. Bourgoing, S. 15.
20 Nachweis Paul Bailleu in Historische Zeitschrift, Neue Folge VIII, 253 ff, b. Bourgoing, S. 16.
21 Ebda., S. 21.
22 Ebda.
23 Ebda., S. 23.
24 Ebda., S. 26.
25 Ebda., S. 28.
26 Ebda., S. 74.
27 Henry Vallotton: Metternich, S. 69.
28 Schwarzenberg an Metternich, 8. Februar 1810, Bourgoing, S. 42/43.
29 Ebda., S. 43.

Kapitel II

1 Méneval, Souvenirs I, S. 220—223, Helfert, S. 12.
2 Marie Louise an Kaiser Franz, 25. April 1809, HHStA, F. A., Sammelbände, Karton 43.
3 Helfert, S. 15.
4 Bourgoing, S. 19.
5 Ebda., S. 20.
6 Ebda.
7 Marie Louise an Kaiser Franz, Ofen, den 5ten Jänner 1809 (recte 1810), HHStA, F. A. Sammelbände, Karton 43.
8 Marie Louise an Victoria von Colloredo, 10. Jänner 1809 (recte 1810), Bourgoing, S. 35.
9 Ebda., S. 35/36.
10 Tagebuch eines Ungenannten, 21. Februar 1810, Wertheimer, S. 98.
11 »Les papiers intimes de Marie-Louise«. Jean Hanoteau und Jean de Bourgoing in »Revue des Deux-Mondes«, 15. Dezember 1937, S. 750—791.
12 Egon Caesar Conte Corti: Metternich und die Frauen, S. 100/101.
13 Helfert, S. 93/94.
14 Ebda., S. 95.
15 Varnhagen von Ense: Denkwürdigkeiten, III, S. 14, Helfert S. 95.
16 Pert Peternell: Die österreichische Heirat, S. 7.
17 Bourgoing, S. 45/46 (Konzept im HHStA).

Kapitel III

1 Helfert, S. 80/81.
2 Ebda., S. 395 ff.
3 Hubert Cole: Joséphine, S. 167/168.
4 Jacques Presser: Napoleon. Das Leben und die Legende, S. 285.
5 Helfert, S. 82.
6 Ebda., S. 83.
7 Ebda., S. 396.
8 Ebda., S. 83.
9 Revue rétrospective, S. 162, b. Helfert, S. 396.
10 Champagny an Otto, 9. Februar 1810, b. Bourgoing, S. 50.
11 Wertheimer, Heirat. S. 22.
12 Das eine Schreiben ist mit »Vienne le 15 février 1810« datiert und trägt Lebzelterns Unterschrift, das zweite hat weder Ortsvermerk noch Datum oder Unterschrift und wurde von Metternich in seinem Archiv zu Plass in Böhmen deponiert. Der erste Brief bei Helfert, S. 359, der zweite bei Bourgoing, S. 616, in vollem Wortlaut.
13 Bourgoing, S. 48, 618.
14 Memoiren Consalvi, Band I, S. 417, bei Bourgoing S. 49.
15 Helfert, S. 361/362, wo der ganze Brief wiedergegeben ist.
16 Ebda., S. 101/102.
17 Bourgoing, S. 55.
18 HHStA, Vermählungen des k. k. Hauses XVIII, No. 19.

Kapitel IV

1 Copie d'une lettre de Berthier à Talleyrand, bei Wertheimer: Geschichte Österreichs und Ungarns im ersten Jahrzehnt des 19. Jh.s, Bd. I, S. 329.

2 HHStA, F. A., Sammelbände, Karton 64.
3 HHStA, Ebda., im Dezember 1805 (ohne genaues Datum)
4 Andics, Das österr. Jahrhundert, S. 32/33, Wertheimer, Gesch. Österreichs und Ungarns, Bd. I, S. 374/375.
5 Bourgoing: 1809, S. 63.
6 Wertheimer: Gesch. Österr. und Ung., Bd. I, S. 49.
7 Viktor Bibl: Erzherzog Karl, S. 233.
8 Ebda., S. 21.
9 Ebda., S. 29.
10 Manfried Rauchensteiner: Kaiser Franz und Erzherzog Carl, Dynastie und Heerwesen in Österr. 1796—1809, S. 21/22.
11 Ebda., S.52.
12 Zinzendorf, Tagebücher 1797, b. Rauchensteiner, S. 52.
13 HHStA, F. A., Sammelbände, Karton 40.
14 Rauchensteiner, S. 74.
15 Bibl, S. 257.
16 Wiener Zeitung, 14. März 1810.
17 Ofen, den 17. May 1809, HHStA, F. A., Sammelbände, Karton 42.
18 Brief des Bruders der Kaiserin, Erzhzg. Franz, an Kaiser Franz vom 29. I. 1810, HHStA, F. A., Sammelbände, Karton 43.
19 Ofen, den 29. Oktober 1809, HHStA, F. A., Sammelbände, Karton 42.
20 12. Oktober 1809. Ebda.
21 An Kolowrat, bei Helfert, S. 389.
22 Ofen, den 19. Dezember 1809, HHStA, F. A., Sammelbände, Karton 42.
23 Ofen, den 1. November 1809, HHStA, F. A., Sammelbände, Karton 42.
24 Graf Otto, 7. März 1810, Min. d. aff. étr., bei Wertheimer, Heirat, S. 30.
25 Wertheimer, Heirat, S. 30/31.
26 Wiener Zeitung, 14. März 1810.
27 Ebda.
28 Bourgoing, S. 69.
29 Wiener Zeitung, 14. März 1810.
30 Wertheimer, Heirat, S. 32.
31 Wiener Zeitung, 17. März 1810.
32 Conte Corti: Metternich und die Frauen. S. 111.

Kapitel V

1 Kaiserin Maria Ludovica an Kaiser Franz, 14.März 1810, HHStA, F. A., Sammelbände, Karton 43.
2 »Briefe eines jungen Eipeldauers an seinen Herrn Vettern in Kagran«, 1810, Heft V, S. 47.
3 Wiener Zeitung vom 14. Dezember 1791.
4 »Lorenz Leopold Haschka, geb. zu Wien am 1. September 1749, gestorben zu Wien am 3. August 1827 als in den Ruhestand versetzter Prof. der Aesthetik an der Theresianischen Ritter-Akademie und als Custos der k. k. Universitätsbibliothek« (Franz Graeffer: Franciseische Curiosa, S. 38 f).
5 Haydn empfing für seine Bemühung nicht nur ein ansehnliches Geschenk, sondern auch das Bildnis des Kaisers zur Belohnung, wofür er dem Grafen von Saurau seinen Dank abstattete: »Exzellenz! Eine solche Überraschung und so viele Gnade, besonders über das Bild meines guten Monarchen, habe ich in Betracht meines kleinen Talents noch nie erlebt. Ich danke Euer Exzellenz von Herzen, und bin erbietig, in allen Fällen Euer Exzellenz zu dienen.« (Ebda.)

6 Brief der Erzherzogin Marie Louise an Kaiser Franz, Laxenburg, den 28. August 1804 (HHStA, F. A., Sammelbände, Karton 40).
7 Brief der Erzherzogin Marie Louise an Kaiser Franz, Laxenburg, den 25. Oktober 1804 (Ebda.).
8 Brief der Erzherzogin Marie Louise an Kaiser Franz, Laxenburg, den 15. July 1804 (Ebda.).
9 Brief der Erzherzogin Marie Louise an Kaiser Franz, Laxenburg, den 24. September 1804 (Ebda.).
10 Brief der Erzherzogin Marie Louise an Kaiser Franz, Ofen, den 25. May 1809 (HHStA., F. A., Sammelbände, Karton 43).
11 Brief der Erzherzogin Marie Louise an ihre Kammerfrau Antoinette Streffleur, Ofen, den 4. Mai 1807 (HHStA, Hausarchiv, Fam. Korr., Karton 54).
12 Marie Louise an Kaiser Franz, 4. Oktober 1800, HHStA.
13 Brief der Kaiserin Marie Therese an Kaiser Franz, Wien, den 21. September 1800 (HHStA, F. A., Sammelbände, Karton 38).
14 Brief der Kaiserin Marie Therese an Kaiser Franz, Fridek, (Schlesien), den 14. Dezember 1805 (HHStA, F. A., Sammelbände, Karton 40).
15 Brief der Kaiserin Marie Therese an Erzherzogin Marie Louise, Fridek, 26. Dezember 1805 (HHStA, 54, Hausarchiv, Familienkorrespondenz A).
16 Cölestin Wolfsgruber, Franz I., Kaiser von Österreich, S. 385.
17 Brief der Erzherzogin Marie Louise an Kaiser Franz, Ofen, den 9. Dezember 1809 (HHStA, F. A., Sammelbände, Karton 43).
18 Eduard von Wertheimer: Die Heirat der Erzherzogin Marie Louise mit Napoleon I. (Aus »Archiv für österr. Gesch., Bd. 64, S. 512).
19 Marie Louise zu Graf Otto am 6. März 1810, zit. b. Bourgoing, S. 59.
20 Helfert, S. 115.
21 Erzherzogin Marie Louise an Kaiser Franz, Ofen, den 6. May 1809 (HHStA, F. A., Sammelbände, Karton 42).
22 Brief der Erzherzogin Marie Louise an Kaiser Franz, Erlau, den 17. Juni 1809. Darin heißt es: »Den folgenden Tag um 7 Uhr schlief ich noch recht ruhig, als ich plötzlich an meiner Thüre Onkel Primas schreyen hörte: ›Stehen Sie auf, wir müßen fort, wir haben ein Bataille verlohren.‹ Sie können sich leicht, lieber Papa, unseren Schrecken vorstellen, ich war wie versteinert.« (HHStA, F. A., Sammelbände, Karton 43).
23 Erzherzogin Marie Louise an Kaiser Franz, Erlau, den 6. September 1809 (HHStA, F. A. Sammelbände, Karton 43).
24 Erzherzogin Marie Louise an Kaiserin Marie Therese, 21. November 1805, zit. b. Helfert, S. 17.
25 Erzherzogin Marie Louise an Kaiser Franz, Wien, den 28. Aprill 1809 (HHStA, F. A., Sammelbände, Karton 43).
26 Erzherzogin Marie Louise an Kaiser Franz, Ofen, den 25. May 1809 (Ebda.).
27 Kaiserin Marie Therese an Kaiser Franz, Fridek, den 6. Dezember 1805 (HHStA, F. A., Sammelbände, Karton 40).
28 Dorothy Gies McGuigan: Familie Habsburg, S. 304.
29 Erzherzogin Marie Louise an Kaiser Franz, Wien, den 13. Dezember 1807 (HHStA, F. A., Sammelbände, Karton 41).
30 Bourgoing, S. 61.
31 Fürst Trauttmansdorff-Weinsberg an Kaiser Franz. Beschreibung der Reise der Kaiserin Marie Louise von Wien bis Braunau (HHStA, Vermählungen, XVIII, 19).
32 Ebda.

33 Kaiserin Marie Louise an Kaiser Franz, Braunau, den 16ten März 1810, zit. bei Helfert, S. 119.
34 Ebda.
35 Trauttmansdorff an Kaiser Franz (HHStA, Vermählungen XVIII, 19).
36 Hudelist an Metternich über die Reise nach Braunau, Ried, 17. März 1810, HHStA.
37 Trauttmansdorff an Kaiser Franz (HHStA, XVIII, 19).
38 Kaiserin Marie Louise an Kaiser Franz, Braunau, den 16ten März 1810, HHStA.
39 Helfert, S. 119/120.
40 Trauttmansdorff an Kaiser Franz (HHStA, XVIII, 19).
41 Hudelist an Metternich, Ried, 17. März 1810, HHStA.
42 Helfert, S. 120.
43 Johann Wolfgang von Goethe, Faust, der Tragödie Erster Teil, Auerbachs Keller in Leipzig.
44 Ebda.
45 Andics, S. 24.
46 Helfert, S. 122.
47 Ebda.
48 Bourgoing, S. 65.
49 Helfert, S. 123.
50 Ebda.
51 Marie Louise an Kaiser Franz, Straßburg, 23. März 1810, zit. bei Helfert, S. 124.
52 Bourgoing, S. 68.
53 Helfert, S. 125.
54 Ebda.
55 Bourgoing, S. 70.
56 Ebda., S. 69.
57 Zeugnis der Herzogin von Abrantès, zit. bei André Castelot: Der Herzog von Reichstadt, S. 24.
58 Ebda., S. 26.
59 Bourgoing, S. 71 f.
60 Ebda., S. 72.

Kapitel VI

1 Egon Friedell: Kulturgeschichte der Neuzeit, S. 95 f.
2 Diesem Gedankengang sind französischerseits Pérès, englischerseits Richard Whately nachgegangen. (s. Jacques Presser: Napoleon. Das Leben und die Legende, S. 576).
3 Waldemar Baron von Löwenstern (1776–1858), russischer General, der nach den Feldzügen 1795–1805 sich im Zuge der russisch-französischen Allianz 1809 dem Hauptquartier Napoleons in Wien zuteilen ließ (s. Bourgoing: 1809, S. 16).
4 Bourgoing: 1809, S. 19.
5 Caroline Pichler: Denkwürdigkeiten aus meinem Leben, Bd. II, S. 172.
6 Friedell, S. 932.
7 Emil Ludwig: Napoleon, S. 178.
8 Bourgoing: 1809, S. 12.
9 Presser, S. 90.
10 Ludwig, S. 21.
11 Eduard von Wertheimer: Geschichte Österreichs und Ungarns im ersten Jahrzehnt des 19. Jahrhunderts, Bd. I, S. 47.

12 Bourgoing: 1809, S. 20 f.
13 Ludwig, S. 116 f.
14 Presser, S. 212.
15 Bourgoing: 1809, S. 32 f.
16 Ebda., S. 20.
17 Friedell, S. 927.
18 Presser, S. 272 f.
19 Ebda., S. 232.
20 Ebda., S. 92.
21 Ebda.
22 Friedrich Wencker-Wildberg: Das Haus Napoleon, S. 3 ff.
23 David Stacton: Die Bonapartes, S. 10.
24 Presser, S. 95.
25 Ebda., S. 83.
26 Ebda., S. 91.
27 Presser, S. 391.
28 Antonina Vallentin: Goya, S. 228.
29 Presser, S. 100.
30 Ludwig, S. 45.
31 Wencker-Wildberg, S. 197.
32 Stacton, S. 40.
33 Ebda., S. 78.
34 Hubert Cole: Joséphine, S. 201.
35 Stacton, S. 104.
36 Ebda., S. 215.
37 Presser, S. 522.

Kapitel VII

1 Gourgaud: Napoleons Gedanken und Erinnerungen (St. Helena 1815—1818), 28. I. 1817.
2 Mémoires de la reine Hortense, II, S. 60/61.
3 Gourgaud: Ste.-Hélène Journal inédit, II, S. 312.
4 Helfert, S. 410.
5 Corr. Nap. Nr. 16346, S. 272, b. Helfert, S. 130.
6 Gourgaud, II, S. 312.
7 Ebda.
8 Corr. Nap. XX, Nr. 16361, S. 279, auszugsweise zit. b. Ludwig, S. 353 und Helfert, S. 134.
9 Helfert, S. 134.
10 Marie Louise an Kaiser Franz, 3. April 1810, HHStA.
11 Bourgoing, S. 87 und Helfert, S. 135.
12 Consalvi II, S. 201.
13 Prince Charles de Clary et Aldringen: Trois mois à Paris, zit. bei Agnes de Stoeckl: Four Years an Empress. Marie-Louise, Second Wife of Napoleon, S. 71 f.
14 Wiener Zeitung vom 21. 4. 1810.
15 Ebda.
16 Ebda.
17 Clary, S. 78—80.
18 Helfert, S. 140.

Kapitel VIII

1 Bericht Metternichs an Kaiser Franz vom 4. April 1810, HHStA.
2 Constance Wright: Hortense, Tochter Napoleons, S. 188.
3 Vortrag Metternichs an Kaiser Franz vom 9. Mai 1810. HHStA.
4 Ebda., bei Bourgoing, S. 95.
5 Gourgaud, Ste.-Hélène, Journal inédit, II, 277.
6 Ebda.
7 Ebda.
8 Vortrag Metternichs an Kaiser Franz vom 4. April 1810. HHStA.
9 Clary, S. 161−162.
10 Wright, S. 188.
11 Clary, S. 161/162, zit. Bourgoing, S. 89.
12 Helfert, S. 415, eigene Übersetzung aus dem Französischen.
13 Gourgaud, II, S. 278−279.
14 de Stoeckl, S. 80.
15 Gourgaud, I, S. 451.
16 Bourgoing, S. 83.
17 Vortrag Metternichs an Kaiser Franz vom 4. April 1810. HHStA.
18 Gourgaud, Ste.-Hélène, Journal inédit, II, S. 312.
19 de Stoeckl, S. 87.
20 Reisetagebuch, Marie Louises, 3. und 4. Mai 1810. Bourgoing, S. 98.
21 Mémoires de Mme. la Duchesse d'Abrantès, IX, S. 32, 124 u. a. Helfert, S. 165.
22 Presser, S. 353.
23 Méneval, Sekretär Napoleons, über die Kaiserin.
24 Reisetagebuch Marie Louises.
25 Ebda.
26 Brief der Kaiserin Maria Ludovica an Kaiser Franz vom 7. Juni 1810. HHStA.
27 Reisetagebuch Marie Louises, auszugsweise zit. bei Bourgoing, S. 90 ff.
28 Ebda.
29 Vortrag Metternichs an Kaiser Franz vom 9. Mai 1810. HHStA.
30 Reisetagebuch, zit. bei Bourgoing, S. 99.
31 Ebda.
32 Ebda. S. 100/101.
33 Helfert, S. 146/147.
34 Marie Louise an Kaiser Franz, 2. Juli 1810. HHStA.
35 Erzherzog Franz Karl an Marie Louise, 15. August 1810. HHStA.

Kapitel IX

1 Bourgoing, S. 112.
2 Ludwig, S. 354.
3 André Castelot: Der Herzog von Reichstadt, S. 37.
4 Bourgoing, S. 116.
5 Helfert, S. 174.
6 Ebda., S. 175.
7 Castelot, S. 38.
8 Memoiren der Königin Hortense, bei Wright, S. 184.
9 Castelot, S. 40.
10 Ebda., S. 41.
11 Ebda., S. 43 f.

12 Kaiser Franz an Marie Louise, Wien, 11. I. 1811, HHStA, Montenuovo-Nachlaß (im weiteren MN), Nr. 133.
13 Presser, S. 386.
14 Ebda., S. 418.
15 Ludwig, S. 362, Friedell, S. 923.
16 Friedell, S. 924.
17 Presser, S. 382. Der Autor behandelt die Leiden der französischen Soldaten a. a. O. eingehend und eindrucksvoll.
18 Ebda., S. 371.
19 Ebda., S. 386.
20 Helfert, S. 189 ff.
21 Castelot, S. 58.
22 Helfert, S. 195.
23 Bourgoing, S. 130.
24 Großherzog Ferdinand von Würzburg an Kaiser Franz, Paris, den 20ten März 1811, HHStA, F. A., Sammelbände, Karton 44.
25 Kaiser Franz an Marie Louise, Wien, 26. III. 1811. HHStA/MN.
26 Marie Louise an Kaiser Franz, 23. April 1811. HHStA.
27 Helfert, S. 202.
28 Castelot, S. 60.
29 Helfert, S. 202.
30 Castelot, S. 59/60.
31 Laure Herzogin d' Abrantès, IX, S. 358, b. Helfert, S. 424.
32 Méneval, II, S. 462/463.
33 Erwähnt in einem Brief Marie Louises an die Gräfin Crenneville, b. Bourgoing S. 138.
34 Hubert Cole, Joséphine, S. 354.
35 Castelot, S. 71/72.

Kapitel X

1 Helfert, S. 213.
2 Ebda., S. 185.
3 Hierüber ausführlich Presser, S. 401.
4 Ebda., S. 402.
5 Ludwig, S. 375.
6 Helfert, S. 197.
7 Ebda., S. 197 ff.
8 Ebda., S. 197, 422.
9 Presser, S. 430/431.
10 Ludwig, S. 376.
11 Helfert, S. 208.
12 Bourgoing, S. 137.
13 Helfert, S. 213.
14 Ebda., S. 213/214.
15 HHStA, MN, Nr. 152.
16 Helfert, S. 214.
17 HHStA, MN, Nr. 154.
18 Kaiserin Maria Ludovica an ihre Mutter, Erzherzogin Maria Beatrix, 6. Juni 1812, b. Bourgoing, S. 145.
19 Helfert, S. 216.
20 Bourgoing, S. 145.

21 Ebda., S. 145 ff.

22 Darüber eingehend Golo Mann: Deutsche Geschichte des 19. und 20. Jahrhunderts, S. 74 f.

23 Tagebuch des Erzherzogs Johann, Prag 1812, aus Dr. Franz Ritter von Krones: Aus Österreichs stillen und bewegten Jahren (1810–1812 und 1813–1815).

24 Helfert, S. 217/218.

25 Brief der Kaiserin Maria Ludovica an ihre Mutter vom 21. Juni 1812, bei Bourgoing, S. 151.

26 de Stoeckl, S. 125.

27 Prince Charles de Ligne: Fragments de l'histoire de ma vie, II, S. 317/318, b. Bourgoing, S. 157.

28 Kaiserin Maria Ludovica an Kaiser Franz, Ofen, 15. Dezember 1809, HHStA.

29 HHStA, MN, Nr. 233.

30 HHStA, MN, Wien, den 1ten Dezember 1810.

31 HHStA, MN, Wien, am 8ten Dezember 1812 und Laxenburg, den 13. Juni 1813.

32 HHStA, MN, Wien, den 13ten May 1812.

33 HHStA, MN, Wien, den 16. Jänner 1813.

34 HHStA, MN, 7. Juni 1811.

35 HHStA, MN, 22. August 1812.

36 Aus dem Tagebuche Erzherzog Johanns, 1810–1812, zit. bei Krones.

37 Ebda., Prag, Juni 1812.

38 Krones, S. 165.

39 Helfert, S. 220.

Kapitel XI

1 Helfert, S. 222.

2 Bourgoing, S. 154.

3 Ebda., S. 158 ff.

4 Ebda., S. 155 ff.

5 Ebda., S. 162.

6 Ebda., S. 158.

7 Ebda., S. 163 f.

8 HHStA, MN, Baden, 13. IX. 1812.

9 de Stoeckl, S. 132.

10 Bourgoing, S. 160.

11 Ebda., S. 163.

12 HHStA, MN, Baden, 13. IX. 1812.

13 HHStA, MN, Wien, 3. XI. 1812.

14 K. Waliszewski in seinem dreibändigen Werk über Alexander I., zit. bei Presser, S. 420.

15 s. Golo Mann, Deutsche Geschichte des 19. und 20. Jahrhunderts, S. 92.

16 Leo Tolstoi, Krieg und Frieden, Ausgabe Stuttgarter Hausbücherei, Buch III, Erster Teil, S. 505.

17 Tolstoi, S. 506.

18 Presser, S. 435.

19 Tolstoi, S. 509.

20 Ebda., S. 513.

21 Ebda., S. 645 ff.

22 Ebda., S. 666.

23 Presser, S. 444.

24 Tolstoi, S. 667.
25 Bourgoing, S. 164.
26 Ebda., S. 163.
27 Marie Louise an Kaiser Franz, Saint-Cloud, den 4ten November 1812, HHStA, F. A., Sammelbände, Karton 43.
28 HHStA, MN, Wien, 5. XII. 1812.
29 Prokesch-Osten, Anton: Denkwürdigkeiten aus dem Leben des Feldmarschalls Fürsten Carl zu Schwarzenberg, S. 155.
30 Napoleon an Marie Louise, 19. Oktober 1812, zit. bei Bourgoing, S. 164/165.
31 Prokesch, S. 155.
32 Henry Vallotton: Metternich, S. 84.
33 HHStA, MN, Wien, 3. November 1812.
34 Saint-Cloud, den 21. November 1812, HHStA.
35 Fouché: Mémoires, II, S. 136–144, zit. bei Helfert, S. 427.
36 Helfert darüber ausführlich, S. 226 ff.
37 Bourgoing, S. 172.
38 Nach dem Bericht der Mme. Durand, an den sich auch Helfert (S. 232) hält.
39 Mme. Junot Herzogin d'Abrantès, X, S. 252, zit. bei Helfert, S. 427.
40 Österr. Botschaftsbericht vom 19. Dezember 1812, in französischer Sprache bei Helfert, S. 428.

Kapitel XII

1 HHStA, MN, Wien, 20. XII. 1812.
2 Vallotton, S. 84.
3 Helfert, S. 234.
4 HHStA, MN, Wien, 20. XII. 1812.
5 Paris, den 31ten Dezember 1812, HHStA, F. A., Sammelbände, Karton 43.
6 Ludwig, S. 364/365.
7 Helfert, S. 238.
8 Vallotton, S. 87.
9 Bericht des Staatskanzleirates Wacken an den Grafen Metternich, Paris, 3. Jänner 1813, der sich an die Aufzeichnungen Bubnas hielt, die dieser unmittelbar nach der Audienz gemacht hatte. Bei Helfert, S. 234/235.
10 Castelot, S. 81.
11 Ebda., S. 82.
12 Méneval, Mémoires, Band III, S. 15.
13 HHStA, MN, Fontainebleau, den 27ten Jänner 1813.
14 HHStA, MN, Wien, 24. Jänner 1813, Entwurf von Metternich. Ein Vierteljahr später freilich äußerte sich Metternich weit weniger salbungsvoll, als er in einem vertraulichen Schreiben an Ritter von Lebzeltern, den diplomatischen Vertreter Österreichs im Hauptquartier Alexanders I., auf Marie Louises Regentschaft zu sprechen kam. »Erklären Sie, wenn man Ihnen von der Regentschaft als von etwas für uns Angenehmem spricht, daß der Kaiser (Franz), als man ihm davon sprach, gesagt hat: ›Ich bin böse, daß meine Tochter gezwungen ist, albernes Zeug zu vertreten und daß man damit begonnen hat, sie solches aussprechen zu lassen.‹ Welche Dummheit, uns so zu beurteilen!« (Eigenhändiger Brief Metternichs, bei Bourgoing, S. 189/190).
15 Paris, den 7. März 1813, HHStA, F. A., Sammelbände, Karton 43.
16 Trianon, den 18ten März 1813, HHStA, F. A., Sammelbände, Karton 43.
17 Bourgoing, S. 179.
18 HHStA, F. A., Sammelbände, Karton 43.

19 Ebda.
20 Bourgoing, S. 182.
21 Méneval: Mémoires, Band III, S. 112.
22 C. F. Palmstierna: Marie Louise und Napoleon 1813—1815. Die unveröffentlichten Briefe der Kaiserin mit den Briefen Napoleons, zusammengestellt und
kommentiert, S. 26.
23 Correspondence XXV, 232, zit. bei Bourgoing, S. 185.
24 Corr. XXV, Nr. 20093 und 20094, 7. Juni 1813, zit. bei Helfert, S. 252.
25 Palmstierna, S. 27.
26 Bourgoing, S. 185.
27 HHStA, F. A., Sammelbände, Karton 43.
28 Ebda.
29 Helfert, S. 251.
30 5. Mai 1813, bei Bourgoing, S. 192.
31 Ebda., S. 188.
32 St.-Cloud, den 28ten May 1813, HHStA, F. A., Sammelbände, Karton 43.
33 Bourgoing, S. 192.
34 Ebda., S. 193.
35 St.-Cloud, den 10ten May 1813, HHStA, F. A., Sammelbände, Karton 43.
36 HHStA, MN, Nr. 168.
37 St.-Cloud, den 15ten Juny 1813, HHStA, F. A., Sammelbände, Karton 43.
38 Bourgoing, S. 207.
39 Marie Therese, Schwester Kaiser Franz I., heiratete 1787 Prinz Anton von Sachsen, der 1817 König wurde. Der Brief an ihre Nichte Marie Louise vom 22. VIII.
1813 im HHStA, MN, Nr. 261 in französischer Sprache.
40 Bourgoing, S. 208.
41 Nachgelassene Papiere, I/149—157. Auch Napoleon hat die Unterredung festgehalten und in seinem Sinn gefärbt.
42 Brief Metternichs an seine Tochter Marie; Gitschin, 2. Juli 1813, b. Conte Corti,
Metternich, S. 164.
43 Metternich, Nachgelassene Papiere, I/149—157.
44 Entretien avec Napoléon à Dresde, le 23 juin 1813. Französischer Wortlaut bei
Helfert, S. 363.
45 Bourgoing, S. 209.
46 Conte Corti, Metternich, S. 164.
47 Prag, 16. Juli 1813, HHStA, bei Conte Corti, S. 166.
48 Ebda., S. 165.
49 Kaiserin Maria Ludovica an Kaiser Franz, o. D. 1813, HHStA, bei Conte Corti,
S. 166.
50 Helfert, S. 261.
51 St.-Cloud, den 22ten July 1813, HHStA, F. A., Sammelbände, Karton 43.
52 Bourgoing, S. 213.
53 Bourgoing, S. 214.
54 HHStA, MN, Brandeis, 28. VII. 1813.
55 St.-Cloud, 12. August 1813, HHStA, F. A., Sammelbände, Karton 43.
56 HHStA, MN, Nr. 171.
57 Bourgoing, S. 217.

Kapitel XIII

1 Stefan Zweig, Einleitung zu Marie Antoinette. Bildnis eines mittleren Charakters.
2 HHStA, F. A., Sammelbände, Karton 43.
3 Ebda.
4 HHStA, MN, Nr. 261.
5 Kaiserin Maria Ludovica an Kaiser Franz, Wien, 11. September 1813, zit. bei Bourgoing, S. 225/226.
6 HHStA, F. A., Sammelbände, Karton 43.
7 HHStA, MN, Nr. 172.
8 Marie Louise an Kaiser Franz, St.-Cloud, 23. September 1813, HHStA, F. A., Sammelbände, Karton 43.
9 Metternich an Staatsrat Joseph von Hudelist, HHStA, bei Conte Corti, S. 168.
10 Darüber ausführlich bei Presser, S. 330 ff.
11 Bourgoing, S. 222.
12 Presser. S. 462.
13 Metternich an seinen Vater, Teplitz, 14. September 1813, bei Conte Corti, S. 171.
14 Metternich an seine Tochter Marie, Teplitz, 15. September 1813, bei Conte Corti, S. 172.
15 Metternich an Hudelist, Komotau, 8. Oktober 1813, HHStA, bei Conte Corti, S. 172.
16 Franz Herre: Radetzky, S. 75 ff.
17 »Spät kommt ihr, doch ihr kommt«, soll, so überliefert Méneval in seinen Memoiren (III, S. 143) Bernadotte bei dieser Gelegenheit zu dem sächsischen General gesagt haben.
18 Bourgoing, S. 229.
19 Conte Corti, S. 173/174.
20 HHStA, MN, Nr. 175. Entwurf teilw. von Metternich.
21 Marie Louise an Kaiser Franz, HHStA, F. A., Sammelbände, Karton 43.
22 HHStA, MN, Nr. 176. Entwurf Metternich.
23 Méneval, Mémoires, III, S. 158.
24 Ebda., S. 160.
25 Ebda., S. 139.
26 Presser, S. 410.
27 Edouard Gachot: Marie Louise intime, I, S. 269.
28 La Reine Hortense: Mémoires.
29 HHStA, F. A., Sammelbände, Karton 43.
30 Lehodey de Saultchevreuil: Histoire de la Régence, S. 13, bei Helfert, S. 432.
31 Helfert, S. 273.
32 Savary, VI, S. 301, beschreibt diesen Auftritt, zit. bei Helfert, S. 432.
33 Hortense II, S. 174.
34 Ebda., S. 177.
35 Diese und die folgenden Briefstellen sind dem Band »Marie Louise und Napoleon 1813–1815. Die unveröffentlichten Briefe der Kaiserin mit den Briefen Napoleons, zusammengestellt und kommentiert von C. F. Palmstierna« entnommen. S. 30 ff.
36 Palmstierna, S. 32.
37 Ebda., S. 34.
38 Ebda., S. 37.

Kapitel XIV

1 Palmstierna, S. 60/61.
2 Presser, S. 465.
3 Méneval, S. 168.
4 Paris, den 4ten Jänner (recte Februar) 1814, HHStA, F. A. Sammelbände, Karton 43.
5 Palmstierna, S. 78.
6 Nangis, 18. Februar 1814, Méneval, S. 170.
7 Valloton: Metternich, S. 103.
8 HHStA, zit. bei Conte Corti, Metternich und die Frauen, S. 182.
9 Eleonore Metternich an ihren Gatten, Wien, 22. Jänner 1814, b. Conte Corti, S. 179.
10 Bourgoing, S. 238.
11 Brief vom 28. Jänner 1814, Ebda., S. 239.
12 Eleonore Metternich an ihren Gatten, 23. April 1814, zit. bei Conte Corti, S. 184.
13 Brief im Original im Archiv Bernadotte, Corr. Nap. XXVII, Nr. 21210, S. 131−133, zit. bei Helfert, S. 276.
14 Palmstierna, S. 38.
15 Marie Louise an Napoleon am 3. Februar 1814, Palmstierna, S. 45.
16 Paris, am 6. Februar 1813 (recte 1814), Palmstierna, S. 48/49.
17 Palmstierna, S. 53/54.
18 o. O., 8. Februar 1814, Palmstierna, S. 54.
19 (Paris) am 8. Februar 1813 (recte 1814), Palmstierna, S. 55.
20 Palmstierna, S. 58.
21 Palmstierna, S. 59.
22 Palmstierna, S. 61/62.
23 (Paris) am 15. Februar 1814, Palmstierna, S. 71.
24 Palmstierna, S. 61 und S. 64.
25 Château-Thier(ry), den 13.(Februar 1814), Palmstierna, S. 67.
26 Helfert, S. 277.
27 (Paris) am 22. Februar 1814, Palmstierna, S. 88/89.
28 Nogent, den 22.(Februar 1814), Palmstierna, S. 87/88.
29 (Paris) am 23. Februar 1814, Palmstierna, S. 90.
30 Troye(s), den 25.(Februar 1814), Palmstierna, S. 93/94.
31 HHStA, MN, den 26ten Februar 1814.
32 (Paris), am 26. Februar 1814, Palmstierna, S. 96/97.
33 HHStA, MN, Nr. 179.
34 Palmstierna, S. 113.
35 Méneval, Mémoires, S. 176 f.
36 Helfert, S. 275.
37 Méneval, S. 192.
38 Soissons, 12. März 1814, Palmstierna, S. 130/131.
39 Ebda.
40 (Paris) am 13. März 1814, Palmstierna, S. 132/133.
41 Palmstierna, S. 135.
42 Reims, den 14.(März 1814), Palmstierna, S. 136/137.
43 Palmstierna, S. 141.
44 (Paris) am 14. März 1814, Palmstierna, S. 139.
45 (Paris) am 7. Februar 1813 (recte 1814), Palmstierna, S. 52.

46 (Paris) am 8. Februar 1813 (recte 1814), Palmstierna, S. 56.
47 (Paris) am 6. Februar 1813 (recte 1814), Palmstierna, S. 49.
48 Palmstierna, S. 126.
49 Palmstierna, S. 57.
50 Plancy, den 20. März (1814), Palmstierna, S. 147/148.
51 Paris, am 21. März 1814, Palmstierna, S. 150.
52 (Paris) am 20. März 1814, Palmstierna, S. 148.
53 Ebda., Palmstierna, S. 149.
54 Palmstierna, S. 150.
55 Palmstierna, S. 151.
56 Méneval, S. 188.
57 Ebda., S. 194.
58 de Stoeckl, S. 164 ff.
59 Ebda.
60 Bourgoing, S. 261/262.
61 Mémoires de la reine Hortense, bei Helfert, S. 287.

Kapitel XV

1 Méneval, S. 198.
2 Palmstierna, S. 157.
3 Ebda., S. 158/159.
4 Soissons, 12. März 1814, Corresp. Nap. XXVII, Nr. 21467, S. 305, bei Helfert, S. 279.
5 Méneval, S. 200.
6 Ebda., S. 200/201.
7 Palmstierna, S. 163/164.
8 Ebda., S. 160/161.
9 Derselbe Brief vom 29. März, Palmstierna, S. 161.
10 (Chartres) am 30. März 1814, Palmstierna, S. 162.
11 Derselbe Brief vom 30. März, Palmstierna, S. 163.
12 Derselbe Brief vom 30. März, Ebda.
13 Châteaudun, am 1. April 1814, Palmstierna, S. 165.
14 Palmstierna, S. 164/165.
15 Fontainebleau, den 31. März (1814), Palmstierna, S. 164.
16 Châteaudun, am 1. April 1814, Palmstierna, S. 165.
17 (Blois), am 2. April 1814, Palmstierna, S. 169.
18 Palmstierna, S. 168.
19 (Blois), am 2. April 1814, Palmstierna, S. 170.
20 Heinrich Ritter von Srbik: Metternich. Der Staatsmann und der Mensch, Band 1, S. 167.
21 Bourgoing, S. 302.
22 Palmstierna, S. 171.
23 HHStA, F. A. Sammelbände, Karton 43.
24 Marie Louise an Kaiser Franz, Blois, den 7ten Aprill 1814, HHStA, F. A., Sammelbände, Karton 43.
25 Kaiser Franz an Marie Louise, o. O., 7. April 1814, HHStA, MN, Nr. 180.
26 (Blois) am 7. April 1814, Palmstierna, S. 176.
27 Derselbe Brief, Palmstierna, S. 177.
28 Bourgoing, S. 276.
29 HHStA, F. A. Sammelbände, Karton 43.
30 Bourgoing, S. 305.

31 Palmstierna, S. 180/181.
32 1. Brief, o. O., den 8ten Aprill 1814, HHStA, F. A., Sammelbände, Karton 43.
33 2. Brief, o. O., den 8ten Aprill 1814, Ebda.
34 Bourgoing, S. 281. Der Brief befindet sich im Kriegsarchiv, Wien.
35 (Blois) am 8. April 1814, Palmstierna, S. 182.
36 Palmstierna, S. 182.
37 Helfert, S. 320; Bourgoing, S. 295.
38 und 39 Marie Louise schrieb ihrem Vater unter dem Datum des 10. April 1814 drei Briefe. Die wiedergegebenen Zitate sind dem zweiten und dritten entnommen. HHStA, F. A., Sammelbände, Karton 43.
40 (Orléans) am 10. April 1814, Palmstierna, S. 183/184.
41 Metternich an Marie Louise, Paris, 11. April, im Wortlaut bei Bourgoing, S. 299.
42 Troyes, 12. IV. 1814, HHStA, MN, Nr. 81.
43 (Rambouillet) den 14ten Aprill 1814, HHStA, F. A., Sammelbände, Karton 43.
44 Palmstierna, S. 189.
45 Ebda.
46 Ebda., S. 191/192.
47 Ebda., S. 193.
48 Ebda., S. 196.

Kapitel XVI

1 (Auf halbem Wege zwischen Orléans und Rambouillet, 12./13. April 1814), Palmstierna, S. 195.
2 (Rambouillet) am 14. (recte 13.) April 1814, Palmstierna, S. 197.
3 Fontainebleau, den 14.(April 1814), Palmstierna, S. 198.
4 Palmstierna, S. 199.
5 Ebda., S. 201.
6 Napoleon an Marie Louise, Fontainebleau, den 15.(April 1814), Palmstierna, S. 201.
7 Hortense, Mémoires, II, S. 209/210, bei de Stoeckl, S. 192/193; b. Bourgoing, S. 303/304.
8 Montesquiou, Memoiren, S. 54, bei Bourgoing, S. 284.
9 (Orléans) den 10. Aprill 1814, HHStA, F. A., Sammelbände, Karton 43.
10 Rovigo, VII, S. 182, bei Bourgoing, S. 295.
11 Méneval, III, S. 272.
12 Caulaincourt, III, S. 305/306, bei Bourgoing, S. 298.
13 Rovigo VII, S. 186/187, bei Bourgoing, S. 305.
14 In Fontainebleau will Bausset auch von einer »geheimen Krankheit« Napoleons erfahren haben. Tatsächlich berichtet der preußische General, Graf Waldburg-Truchseß, der Napoleon nach Elba begleitete, daß der Korse an einer venerischen Krankheit litt. Der Arzt des Kaisers, so der General, habe ihm mitgeteilt, Napoleon habe sich das Leiden »im vergangenen Winter in Paris zugezogen«. (s. Castelot: Herzog von Reichstadt, S. 126).
15 Marie Louise an Kaiser Franz, (Orléans), den 10ten Aprill 1814, HHStA, F. A., Sammelbände, Karton 43.
16 Bourgoing, S. 307.
17 Ebda., S. 306.
18 Méneval, S. 253.
19 Ebda.
20 Palmstierna, S. 202.

21 Méneval, S. 258.
22 Palmstierna, S. 212/213.
23 Ebda.
24 Kaiser Franz an Napoleon, 16. April 1814, Bourgoing, S. 320/321.
25 Palmstierna, S. 208.
26 Fontainebleau, den 19.(April 1814), Palmstierna, S. 210.
27 Palmstierna, S. 213/214.
28 (Rambouillet,) am 23. April (1814), Palmstierna, S. 217.
29 Fontainebleau, den 19.(April 1814), Palmstierna, S. 210/211.
30 Briare, den 21. April (1814), Palmstierna, S. 216.
31 Den Wortlaut gibt der Schatzmeister Peyrusse in seinen Erinnerungen wieder;
   b. Bourgoing, S. 339.
32 Fréjus, den 27.(April 1814), Palmstierna, S. 221.
33 Ebda.
34 HHStA, F. A. Sammelbände, Karton 43.
35 Provins, am 26. April 1814, Palmstierna, S. 220.
36 (Dijon), am 26. (recte 28.) April 1814, Palmstierna, S. 222.
37 Ebda.
38 Bourgoing, S. 333.
39 Bausset III, S. 15, bei Helfert, S. 438.
40 HHStA, F. A., Sammelbände, Karton 43.
41 Bourgoing, S. 335.
42 Méneval, S. 270.
43 o. O., den 7. April (recte Mai) 1814, HHStA, F. A., Sammelbände, Karton 43.
44 8. Mai 1814, Palmstierna, S. 225.
45 Basel, den 3ten May 1814, HHStA, F. A., Sammelbände, Karton 43.
46 Castelot, S. 148.
47 Ebda.
48 Ebda., S. 149.

Kapitel XVII

1 Andics, I, S. 30/31.
2 Wiener Zeitung Nr. 141 vom 21. May 1814, und Nr. 195 vom 14. Julius 1814.
3 Andics, I, S. 57/58.
4 Wiener Zeitung Nr. 141 vom 21. May 1814.
5 Andics, I, S. 60.
6 Wiener Zeitung Nr. 143, Montag, den 23. May 1814.
7 Wien, 27. Mai 1814, bei Bourgoing, S. 350.
8 Bourgoing, S. 347.
9 (Schönbrunn), den 24. Mai 1814, Palmstierna, S. 229.
10 Baronin von Reede an Prinzessin Louise von Preußen, Bourgoing, S. 350.
11 Castelot, S. 151.
12 Méneval, S. 277.
13 Palmstierna, S. 227.
14 Ebda., S. 228.
15 Ebda., S. 231.
16 (Schönbrunn) 5. Juni (1814), Palmstierna, S. 232/233.
17 Palmstierna, S. 237.
18 s. Heinrich Ritter von Srbik: Metternich, Bd. 1, S. 178 f.
19 (Schönbrunn) am 22. Juni 1814, Palmstierna, S. 234/235.
20 Ebda.

21 Gachot II, S. 57.
22 Bourgoing, S. 367 f.
23 Emil Ludwig: Napoleon, S. 484.
24 Méneval, S. 292.
25 Ebda., S. 293.
26 Friedrich Sieburg: »Genug Marie Louise«, Artikel in Frankfurter Allgemeine Zeitung, D-II-Ausgabe vom 12. August 1958.
27 Im folgenden aus: Allgemeine Deutsche Biographie, Bd. 23, Leipzig 1886 und Bourgoing, S. 360 ff.
28 Bourgoing, S. 362.
29 Méneval, S. 291/292.
30 Bourgoing, S. 369.
31 s. z. B. André Castelot: Der Herzog von Reichstadt, S. 157: »Eines dieser Mittel bestand darin, . . . den Versuch zu unternehmen, die willensschwache Erzherzogin, die ihren Gatten seit Beginn des Jahres nicht mehr gesehen hatte, zu verführen.«
32 Palmstierna, S. 234.
33 Marie Louise an Kaiser Franz, Mörseburg den 4ten July 1814, HHStA, F. A., Sammelbände, Karton 43.
34 Méneval, S. 291.
35 Palmstierna, S. 240.
36 Aix, den 22. July 1814, HHStA, F. A., Sammelbände, Karton 43.
37 Bourgoing, S. 379.
38 Aix, den 22. July 1814, HHStA, F. A., Sammelbände, Karton 43.
39 Bourgoing, S. 381.
40 Wiener Zeitung Nr. 238 vom 26. August 1814.
41 Aix, den 19. August 1814, HHStA, F. A., Sammelbände, Karton 43.
42 Palmstierna, S. 239.
43 Aix, den 22. July 1814, HHStA, F. A., Sammelbände, Karton 43.
44 9. August 1814, bei Méneval S. 295/296.
45 Ebda.
46 Aix, am 3. August 1814, Palmstierna, S. 243.
47 HHStA, MN.
48 HHStA, F. A., Sammelbände, Karton 43.
49 15. August 1814, Méneval, S. 298.
50 Palmstierna, S. 246.
51 Aix, am 18. August 1814, Palmstierna, S. 247.
52 Bourgoing, S. 388.
53 Ebda., S. 393/394.
54 Ebda., S. 402, Bericht Neippergs an Kaiser Franz vom 24. 8. 1814.
55 Ebda., S. 405.
56 HHStA, F. A., Sammelbände, Karton 43.
57 Gachot II, S. 98.
58 b. Bourgoing, S. 411.
59 Gachot II, S. 90, b. Bourgoing, S. 415.
60 Bourgoing, S. 416.
61 HHStA, F. A., Sammelbände, Karton 43.
62 Ebda.
63 Bourgoing, S. 421.
64 Louise Herzogin von Montebello an Marie Louise, 31. XI. 1814, HHStA, MN.
65 bei Bourgoing, S. 421 f.
66 Méneval, S. 301.

Kapitel XVIII

1 Méneval, S. 438.
2 Gachot II, S. 115.
3 Castelot, S. 161.
4 Ebda., S. 163.
5 Gachot II, S. 141/142.
6 Ebda., S.133.
7 Méneval, S. 319.
8 Ebda.
9 Castelot, S. 162.
10 Gachot II, S. 113.
11 Méneval Enkel, S. 200—202.
12 Gachot II, S. 127.
13 Ebda. S. 125.
14 Ebda., S. 150.
15 s. vor allem Bourgoing, S. 430. Auch André Castelot schließt sich in seinem Buch über den Herzog von Reichstadt dieser Ansicht an.
16 Gachot II, S. 155.
17 Ebda., S. 176/177.
18 Ebda., S. 184/185.
19 Drimmel, Kaiser Franz, Bd. 1, S. 378.
20 Srbik, Metternich, S. 190.
21 Hierüber s. Renate Wagner: Würde, Glanz und Freude, Kapitel »Der Kongreß tanzt«, S. 118 ff.
22 Polizeibericht vom 24. Oktober 1814.
23 Polizeibericht vom 2. Dezember 1814.
24 Gachot II, S. 136/137.
25 Méneval an Caulaincourt, Archiv d. Min. d. Äuß., Paris, Vol 1801, zit. Bourgoing, S. 485/486.
26 Gachot II, S. 163.
27 Palmstierna, S. 250/251.
28 Nach dem Wort von Chateaubriand, wenn man Napoleon heiße, könne man nicht die Souveränität über ein Gemüsebeet hinnehmen . . .
29 Méneval, S. 325.
30 Ludwig, S. 490.

Kapitel XIX

1 Castelot, S. 172.
2 Méneval, S. 372/373.
3 Drimmel, S. 399.
4 Bourgoing, S. 459.
5 Méneval, S.350/351.
6 Marie Louise an Kaiser Franz, 18. März 1815, HHStA, F. A., Sammelbände, Karton 43.
7 Castelot, S. 179.
8 de Stoeckl, S. 240.
9 bei Bourgoing, S. 468.
10 Bourgoing, S. 471.
11 Caroline von Humboldt an ihren Gatten, Berlin, 30. März 1815, zit. bei Bourgoing, S. 460.

12 Bourgoing, S. 490.
13 Sieburg, S. 383.
14 Bourgoing, S. 499.
15 HHStA, bei Bourgoing, S. 497/498.
16 Welschinger: Le Roi de Rome, S. 156; b. Bourgoing, S. 473.
17 Frau von Méneval an ihren Gatten, Paris, 12. April 1815, Interzept, HHStA, zit.
   bei Conte Corti: Metternich, S. 214.
18 Méneval, S. 440.
19 Ebda., S. 437.
20 Ebda., S. 438.
21 Ebda., S. 442.
22 Ebda., S. 443.
23 HHStA, MN, Nr. 220.
24 Brief Erzherzog Rainers an Marie Louise o. D. aus dem Jahr 1815, HHStA, MN,
   Karton II, Nr. 216–220.
25 HHStA, MN, Ebda.
26 HHStA, MN, Nr. 373.
27 Ebda.
28 Bourgoing, S. 474.
29 Ebda., S. 475.
30 1. Mai 1815, bei Bourgoing, S. 476.
31 8. Mai 1815, bei Bourgoing, S. 477.
32 Bourgoing, S. 478.
33 HHStA, MN, Nr. 373.
34 Bourgoing, S. 480.
35 Méneval, S. 432.
36 3. Juni 1815, HHStA, F. A., Sammelbände, Karton 43.
37 HHStA, F. A., Sammelbände, Karton 43.
38 Bourgoing, S. 481.
39 Méneval, III, S. 431, bei Bourgoing, S. 485.
40 s. darüber Sieburg, S. 371.
41 Bourgoing, S. 503.
42 Ebda.
43 Ebda.
44 HHStA, F. A., Sammelbände, Karton 43.
45 Ebda.
46 Kaiser Franz an Marie Louise, Plasser Archiv, bei Bourgoing, S. 500.
47 Bourgoing, S. 505.
48 Ebda., S. 504.
49 Ludwig, S. 600.

Kapitel XX

1 de Stoeckl, S. 223/224.
2 Vallotton, S. 126.
3 HHStA, MN, Nr. 194.
4 Bourgoing, S. 518/519.
5 Kaiser Franz an Marie Louise, Melun, 30. IX. 1815, HHStA, MN, Nr. 192.
6 HHStA, F. A., Karton 43.
7 Castelot, S. 195.
8 Marie Louise an die Herzogin von Montebello, 2. September 1815, bei Castelot,
   S. 194.

9 de Stoeckl, S. 252.
10 Castelot, S. 204.
11 Ebda., S. 205.
12 Ebda., S. 211/212.
13 März 1816, HHStA, MN.
14 Méneval, S. 370.
15 Kaiser Franz an Marie Louise, Paris, 6. IX. 1815, HHStA, MN, Nr. 191.
16 Kaiser Franz an Marie Louise, Mailand, 15. II. 1816, HHStA, MN, Nr. 194.
17 Bourgoing, S. 519.
18 Schönbrunn, den 24ten Juny 1815, HHStA, F. A. Karton 43.
19 Kaiser Franz an Marie Louise, Venedig, 19. XI. 1815, HHStA, MN, Nr. 193.
20 de Stoeckl, S. 254.
21 Dr. Franz Ritter von Krones: Aus dem Tagebuche Erzh. Johanns von Österreich, 1810–1812, Eintragung vom 23. 8. 1811.
22 HHStA, MN.
23 Kaiser Franz an Marie Louise, HHStA, MN, Nr. 195.
24 Wien, 5. May 1816, HHStA, MN.
25 Schönbrunn, 17. May 1816, HHStA, MN.
26 Ebda.
27 Bourgoing, S. 546.
28 Ebda., S. 521.
29 Marie Louise an Kaiser Franz, 28. Oktober 1816, Bourgoing, S. 521/522.
30 HHStA, Hausarchiv, Karton 52, Fam. Korr. A.
31 Bourgoing, S. 527.
32 Franz Graeffer, Francisceische Curiosa, S. 143 f.
33 Marie Louise an Dietrichstein, 26. Februar 1818, bei Bourgoing, S. 526.
34 HHStA, MN.
35 de Stoeckl, S. 255.
36 Die Aufzeichnungen Alfred Neippergs sind als »Anhang I« in Jean de Bourgoings Marie-Louise-Biographie, S. 610 ff, veröffentlicht. Die in diesem Kapitel verwendeten Schilderungen Alfred Neippergs sind durchwegs diesem Zeugnis entnommen.
37 General G. de Gourgaud: Napoleons Gedanken und Erinnerungen St. Helena 1815–1818. Nach dem 1898 veröffentlichten Tagebuch deutsch bearbeitet von Heinrich Conrad, S. 88.
38 Ludwig, S. 611.
39 Gourgaud, S. 70.
40 Ludwig, S. 635.
41 Ebda.
42 Gourgaud, 7. Februar 1817.
43 Ebda.
44 Ludwig, S. 544.
45 Ebda., S. 647.
46 Bourgoing, S. 510.
47 Sala, den 20ten July 1821, Nationalbibliothek Wien, Bildarchiv.
48 Bourgoing, S. 513.
49 Tagebuch Marie Louises, im Besitz der Grafen Clam-Martinic, Trient, Bourgoing, S. 509.

Kapitel XXI

1 Castelot, S. 212.
2 Ebda.
3 Ebda.
4 Ebda., S. 213.
5 Ebda., S. 201.
6 Ebda., S. 206.
7 Marie Therese von Sachsen an ihre Nichte Marie Louise, 29. März 1817, HHStA, MN, Nr. 261.
8 Bibl, S. 188.
9 Erzherzog Rainer an Marie Louise, Wien, den 22. März 1816, HHStA, MN.
10 Exkönig Jérôme von Westfalen erwarb Schloß Schönau, und die Exkönigin Caroline von Neapel ließ sich auf Schloß Frohsdorf nieder, das sie unter dem Namen einer Gräfin von Lipona (Anagramm für Napoli) für eine enorme Summe angekauft hatte. »Es ist ein Unglück«, schrieb Erzherzog Rainer am 6. März 1817 an seine Nichte Marie Louise, »daß diese Menschen eine solche Vorliebe für Österreich gefaßt haben.« (HHStA, MN).
11 Erzherzog Rainer an Marie Louise, Schönbrunn, den 25. May 1816, HHStA, MN.
12 Castelot, S. 217.
13 Ebda.
14 Ebda., S. 217/218.
15 Ebda., S. 230.
16 Ebda., S. 231.
17 Erzherzog Rainer an Marie Louise, 19. Februar 1817, HHStA, MN.
18 Erzherzog Rainer an Marie Louise, 27. Juli 1817. HHStA, MN.
19 Castelot, S. 231.
20 Ebda., S. 234/235.
21 Ebda.
22 Ebda.
23 Erzherzog Rainer an Marie Louise, 9. Februar 1817, HHStA, MN.
24 Castelot, S. 214.
25 Erzherzog Ludwig an Marie Louise, 18. September 1816, HHStA, MN.
26 Castelot, S. 228.
27 Erzherzog Rainer an Marie Louise, 8. Juni 1817, HHStA, MN.
28 Erzherzog Ludwig an Marie Louise, 16. November 1817, HHStA, MN.
29 Malte Olschewski, »Späte Ehren für Dona Leopoldina«, Die Presse, 28./29. Juli 1979.
30 Castelot, S. 236.
31 Herzog von Reichstadt an Marie Louise, Sommer 1819, HHStA, MN, Nr. 20.
32 Castelot, S.242.
33 Ebda., S. 243.
34 Bourgoing, S. 531.
35 Ebda., S. 532.
36 Ebda., S. 513.
37 Dietrichstein an Marie Louise, 1. August 1821, bei Bourgoing, S. 513.
38 Jean de Bourgoing, Le fils de Napoléon, S. 126.
39 Reichstadt an Marie Louise, Wien, 15. August 1821, HHStA, MN, Nr. 36.
40 Bibl, S. 216.
41 Ebda., S. 271 (»Ist es mein Verhängnis, nie wieder nach Frankreich zu kommen,

so ist es mir Ernst mit dem Wunsche, Österreichs anderer Prinz Eugen zu werden . . .«).

42 Reichstadt an Hauptmann Foresti, 19. August 1829. Faksimile dieses Briefes in Eduard Wertheimer: Der Herzog von Reichstadt; daraus Zitat.
43 Ebda.
44 Bibl, S. 245.
45 Ebda., S. 250.
46 Ebda., S. 252.
47 Ebda., S. 267.
48 Ebda., S. 268.
49 Ebda., S. 269.
50 Castelot, S. 297.
51 Mémoires du baron de Vitrolles, III, S. 503, bei Bourgoing, S. 549.
52 HHStA, MN, Nr. 227.
53 Bourgoing, S. 537.
54 Castelot, S. 297/298.
55 Bourgoing, S. 540/541.
56 Kaiserin Karoline Augusta an Marie Louise, 17. April 1829, HHStA, MN.
57 Bourgoing, S. 540/541.
58 Castelot, S. 300.
59 Nach den Marginalien von Prokesch, bei Bourgoing, S. 543/544.

Kapitel XXII

1 Mémoires du baron de Vitrolles, III. S. 504, Bourgoing, S. 549/550.
2 Méneval, S. 523.
3 Marie Louise an Kaiser Franz, 12. Februar 1831, Francesco Salata: Maria Luigia e i moti del Trentuno, S. 126.
4 Ebda.
5 Marie Louise an Kaiser Franz, 16. Februar 1831, Salata, S. 127—129.
6 Anton v. Prokesch, Tagebuch, 19. Februar 1831, Bourgoing, S. 561.
7 Reichstadt an Marie Louise, 20. Februar 1831, HHStA, Katalog Karl und Faber, München.
8 Marie Louise an Kaiser Franz, 16. Februar 1831, Bourgoing, S. 552/553.
9 Marie Louise an Kaiser Franz, 28. Februar 1831, HHStA, F. A., Sammelbände, Karton 52.
10 Piacenza, den 28. Februar 1831, HHStA, F. A., Sammelbände, Karton 52.
11 Ebda.
12 Marie Louise an Kaiser Franz, 12. August 1831, Salata, S. 144.
13 Bibl, S. 325.
14 Am 10. Mai 1889 schrieb die Kaiserin Friedrich (Mutter des deutschen Kaisers Wilhelm II.) an ihre Mutter, die Königin Victoria von England: »Es ist sicher, daß man den armen jungen Herzog von Reichstadt absichtlich losgeworden ist, indem man ihn ein möglichst schlechtes Leben leben und in schlechter Gesellschaft verkehren ließ, da seine Existenz für die österreichische Regierung damals sehr hinderlich war.« (Conte Corti-Materialien, HHStA).
15 Dieses und die folgenden Sturmfeder-Zitate entstammen dem Band »Die Kindheit unseres Kaisers, Briefe der Baronin Louise von Sturmfeder«. (Aus den Jahren 1830—1840).
16 Marie Louise an Dietrichstein, 18. Februar 1832, bei Bourgoing, S. 562.
17 Marie Louise an Dietrichstein, 5. Mai 1832, Ebda., S. 563.
18 Marie Louise an Dietrichstein, 26. Mai 1832, Ebda., S. 566/567.

19 Kaiser Franz an Metternich, 7. Juni 1832, bei Bourgoing, S. 568.
20 Marie Louise an Kaiser Franz, 26. Juni 1832, HHStA, F. A.
21 Bourgoing, S. 579.
22 Ebda., S. 578.
23 Dietrichstein an Marie Louise, 25. August 1832, HHStA, Katalog Karl und Faber, München.

Kapitel XXIII

1 Méneval, Memoiren, Bd. III, S. 523.
2 23. Oktober 1831, Salata, S. 67.
3 Marie Louise an Kaiser Franz, 28. März 1831, Bourgoing, S. 557.
4 Palmstierna, S. 262/263 (Gertrud Grote).
5 Bourgoing, S. 555.
6 Hier und im folgenden, Bourgoing, S. 569 ff.
7 Piacenza, den 7ten July 1831, HHStA, F. A., Sammelbände, Karton 52.
8 Marie Louise an Victoire de Crenneville, 25. Dezember 1833, Bourgoing, S. 590/591.
9 Jacques Presser: Napoleon, S. 93.
10 s. Hector Fleischmann: Marie Louise libertine.
11 Bourgoing, S. 597.
12 de Stoeckl, S. 290.
13 Memorandum Maréschalls an Metternich, 23. November 1832, Salata, S. 68.
14 Salata, S. 153, Bourgoing, S. 592.
15 HHStA, F. A., Sammelbände, Karton 52.
16 Bourgoing, S. 587.
17 Bourgoing, S. 587, aus Max Billard: Les maris de Marie-Louise.
18 Correspondance, S. 309/310, zit. bei Bourgoing, S. 592.
19 Souvenirs de la baronne Du Montet, S. 196.
20 Billard, S. 255/257, zit. bei Bourgoing, S. 595.
21 Du Montet, S. 296.
22 Marie Louise an Lamprecht, Baaden, den 20ten July 1834, HHStA, MN XVI.
23 Marie Louise an Lamprecht, Sala, den 13ten Juny 1839 (Jahreszahl schlecht lesbar). HHStA, MN XVI.
24 Kaiserin Karoline Augusta an Marie Louise, 16. VI. 1834, HHStA, MN.
25 Wels, 23. Juni 1834, HHStA, F. A., Sammelbände, Karton 52.
26 Franz Grillparzer: »Vision«. Zur Genesung des Kaisers Franz (Mitte März 1826).
27 Reichstadt an Marie Louise, 18. IV. 1826, HHStA, Katalog Karl und Faber, München, Nr. 68.
28 Bibl, S. 486.
29 Ebda., S. 391.
30 de Stoeckl, S. 287.
31 Marie Louise an Lamprecht, Sala, den 13ten Juny 1839, HHStA, MN XVI.
32 Marie Louise an Kaiser Franz, 4. Februar 1832, Salata, S. 150/151.
33 de Stoeckl, S. 288.
34 Felix Markham: The Bonapartes, S. 168.
35 Stacton, S. 287.
36 Graf von Falloux: Mémoires d'un royaliste, zit. bei Bourgoing, S. 594.
37 Palmstierna (Gertrud Grote), S. 264.
38 de Stoeckl, S. 296.
39 Bourgoing, S. 604.

Personenregister

Verzeichnis der Abbildungen

Bildquellen

Seite 371: Galleria Nazionale, Parma; 373 rechts, 377: Museo Lombardi, Parma;
Schutzumschlag, Vorderseite: Photographi Girandon, Paris. Schutzumschlag,
Rückseite, und Seiten 30, 58, 361: Haus-, Hof- und Staatsarchiv, Wien; 348: Ver-
steigerungskatalog Karl und Faber, München. Alle übrigen Abbildungen einschließlich Vorsatz: Bildarchiv der Österreichischen Nationalbibliothek, Wien.

Liebster Herr!

Mein armes Sohn ist in diesem Augenblick 5 und 10 ... Minuten ...
... Ich küsse Ihnen ... die Hände ...
... Ihnen ... wie ... Ihnen mein ...
... Herz ... Da ich Ihnen ...
... so bin ich ...
... Ihnen zu ... und ... Dienstag oder Mittwoch in ...
... Herr Moll wird Ihnen die Details geben ich kann
nicht schreiben. Ich küsse Ihnen die Hände und verbleibe mit
der zärtlichsten kindlichen Ehrfurcht
Liebster Herr!

Schönbrunn den 22ten July
1851.

Ihre gehorsamste
... Louise